Bochumer Studien zum Stiftungswesen

Herausgegeben von Karlheinz Muscheler

Band 20

Zur Qualitätssicherung und Peer Review der vorliegenden Publikation

Die Qualität der in dieser Reihe erscheinenden Arbeiten wird vor der Publikation durch externe, von der Herausgeberschaft benannte Gutachter geprüft.

Notes on the quality assurance and peer review of this publication

Prior to publication, the quality of the work published in this series is reviewed by external referees appointed by the editorship.

Die Stiftung bürgerlichen Rechts im gerichtlichen Verfahren

Jörg Alexander Müller

Die Stiftung bürgerlichen Rechts im gerichtlichen Verfahren

Eine Untersuchung unter Berücksichtigung der Möglichkeiten schiedsgerichtlicher Streitbeilegung

PETER LANG

Berlin - Bruxelles - Chennai - Lausanne - New York - Oxford

Bibliografische Information der Deutschen Nationalbibliothek
Die Deutsche Nationalbibliothek verzeichnet diese Publikation in der Deutschen Nationalbibliografie; detaillierte bibliografische Daten sind im Internet über http://dnb.d-nb.de abrufbar.

Zugl.: Bochum, Univ., Diss., 2024

D 294
ISSN 1864-936X
ISBN 978-3-631-93280-3 (Print)
E-ISBN 978-3-631-93283-4 (E-PDF)
E-ISBN 978-3-631-93284-1 (E-PUB)
DOI 10.3726/b22640

Verlegt durch: Peter Lang GmbH, Berlin, Deutschland
info@peterlang.com - www.peterlang.com

Diese Publikation wurde begutachtet.

Diese Publikation wurde einem Peer-Review unterzogen.

Meinen Eltern

Vorwort

Die vorliegende Arbeit wurde im Wintersemester 2023/2024 von der Juristischen Fakultät der Ruhr-Universität Bochum als Dissertation angenommen. Tag der mündlichen Prüfung war der 30. April 2024. Gesetzgebung, Rechtsprechung und Literatur konnten bis Anfang Mai 2024 berücksichtigt werden.

Zunächst gebührt besonderer Dank meinem Doktorvater und akademischem Lehrer Herrn Prof. Dr. Karlheinz Muscheler für die Betreuung der Arbeit, seine wertvollen Hinweise und Anregungen sowie die überaus zügige Erstellung des Erstgutachtens. Während der Zeit an seinem Lehrstuhl hat er mein Interesse am Stiftungsrecht geweckt und damit den Anstoß für die Wahl des Themas dieser Arbeit gegeben. Der wissenschaftliche und persönliche Austausch mit ihm waren stets gewinnbringend und werden mir immer positiv in Erinnerung bleiben. Bedanken möchte ich mich auch bei Herrn Prof. Dr. Bernd Andrick für die Übernahme und ebenfalls zügige Erstellung des Zweitgutachtens sowie seine mir angebotene Gesprächsbereitschaft, die ebenfalls zum Gelingen dieser Arbeit beigetragen hat. Ebenso Dank gebührt Frau Prof. Dr. Katharina Uffmann für die freundliche und unkomplizierte Aufnahme an ihren Lehrstuhl.

All denjenigen, die mich auf dem universitären Weg im Allgemeinen und während der mit nicht unerheblichen Herausforderungen verbundenen Erstellung dieser Arbeit im Speziellen begleitet haben, danke ich sehr herzlich für Zuspruch und aufmunternde Worte. Hier sind neben den geschätzten Kolleginnen und Kollegen an den Lehrstühlen von Prof. Dr. Muscheler und Prof. Dr. Uffmann insbesondere Nils Althoff, Markus Heim, Waldemar Huber und Ludger Kämper zu nennen.

Für ihre immerwährende Unterstützung auf meinem bisherigen Lebensweg gebührt meinen Eltern der größte Dank. Ihnen ist diese Arbeit gewidmet.

Bochum, im Oktober 2024 *Jörg Müller*

Inhaltsübersicht

Inhaltsverzeichnis

Teil 1: Einleitung

§ 1. Einführung in die Thematik

„Gerichtsentscheidungen zu stiftungsrechtlichen Fragen sind selten. (...) Streitfragen im Stiftungsrecht werden (...) kaum durch höchstrichterliche Entscheidungen geklärt."[1]

Mit dieser im Zuge der Novellierung des Stiftungsrechts von der dazu eingesetzten Bund-Länder-Arbeitsgruppe gemachten Feststellung wird ein Problemfeld adressiert, das im Gesellschaftsrecht seit einiger Zeit unter dem Begriff „corporate litigation" vermehrt Gegenstand wissenschaftlicher Untersuchungen ist.[2] Mit dieser Terminologie wird, ausgehend von materiell-rechtlichen Fragen, die Darstellung typischer gesellschaftsrechtlicher Streitigkeiten im prozessualen und außer-, vornehmlich schiedsgerichtlichen Gewand bezeichnet. Dabei werden vor allem praxisrelevante Fragen, etwa zu Prozessrechtsverhältnissen und zur Prozessführung selbst, in den Blick genommen.

Die der vorliegenden Arbeit „Die Stiftung bürgerlichen Rechts im gerichtlichen Verfahren. Eine Untersuchung unter Berücksichtigung der Möglichkeiten schiedsgerichtlicher Streitbeilegung" zugrundeliegende Themenstellung sucht diesem Ansatz Rechnung zu tragen, dem im Stiftungsrecht aus zweierlei Gründen besondere Relevanz zukommt: Zum einen tritt neben die im Bereich der „litigation" typische Verknüpfung von materiellem Recht und Verfahrensrecht im Stiftungsrecht das Zusammenspiel der privatrechtlichen Stiftungsvorschriften des BGB mit den öffentlich-rechtlichen Vorschriften der Landesstiftungsgesetze als Ausprägung der rechtlichen Mehrgesichtigkeit des Stiftungswesens.[3] Zum anderen ist speziell die Ausgestaltung der gerichtlichen Rechtsschutzmöglichkeiten bei stiftungsrechtlichen Streitigkeiten angesichts der Struktureigenheiten der Stiftung bürgerlichen

---

1 Anlage zum Zweiten Bericht der Bund-Länder-Arbeitsgruppe „Stiftungsrecht" vom 27. Februar 2018, 17.

2 S. nur beispielhaft aus dem aktuellen Schrifttum *Mehrbrey*, Hd-Buch Ges. Streitigkeiten; MHdB GesR VII (Gesellschaftsrechtliche Streitigkeiten); *Servatius*, Corporate Litigation; *Waclawik*, Prozessführung im Gesellschaftsrecht.

3 Dazu sowie zur Entwicklung des Stiftungsrechts auf Bundes- und Landesebene ausführlich *Andrick*, in: Werner/Saenger/Fischer, Die Stiftung, § 2 Rn. 1 ff.; ferner *Schiffer/Pruns*, in: NK-BGB, Vor §§ 80 ff. Rn. 27 f.; *Weitemeyer*, in: MüKo-BGB, § 80 Rn. 1, mit dem Hinweis auf die für das Zivilrecht einzigartige Verbindung von Bundes- und Landesrecht.

Rechts[4] als Prozessrechtssubjekt von Interesse. Anhaltspunkte dafür bietet zunächst die Definition in § 80 Abs. 1 Satz 1 BGB[5], wonach es sich bei der rechtsfähigen Stiftung um eine mit einem Vermögen zur dauernden und nachhaltigen Erfüllung eines vom Stifter vorgegebenen Zwecks ausgestattete, mitgliederlose juristische Person handelt. Zwar besitzt sie ebenso wie andere juristische Personen[6] eigene Rechtspersönlichkeit und erlangt Handlungs- und Willensfähigkeit durch ihre Organe. Es handelt sich bei der juristischen Person „Stiftung" jedoch nicht um eine Personenvereinigung im Sinne einer verbandsmäßig, d.h. körperschaftlich strukturierten Organisation oder Gesellschaft.[7] Trotz der übereinstimmenden Ausrichtung auf einen bestimmten Zweck ist die Stiftung, anders als die Gesellschaft oder eine Körperschaft mit den Merkmalen des Mitgliederbestands, der Möglichkeit des Mitgliederwechsels und des Bestimmungsrechts der Mitglieder, gerade durch ihre Mitgliederlosigkeit gekennzeichnet.[8] So mangelt es auch an einem zur

4 Sofern nicht anders angegeben, beschränken sich die nachfolgenden Ausführungen auf die rechtsfähige, als gemeinnützig gem. AO anerkannte Stiftung bürgerlichen Rechts i.S.d. §§ 80 ff. BGB in Form der Ewigkeitsstiftung.

5 Die Bearbeitung legt die mit der bundesrechtlichen Vereinheitlichung des Stiftungszivilrechts zum 1. Juli 2023 in Kraft getretene Rechtslage (Gesetz zur Vereinheitlichung des Stiftungsrechts und zur Änderung des Infektionsschutzgesetzes vom 16. Juli 2021, BGBl. I S. 2947) zugrunde. Auf die vor der Reform geltende Rechtslage wird nur insofern eingegangen, als dies für die Untersuchung der einzelnen Fragestellungen sachdienlich erscheint.

6 Neben dem Grundtyp der juristischen Person, dem rechtsfähigen Verein (§§ 21–53, 55–79 BGB), sind das die Gesellschaft mit beschränkter Haftung (§§ 1 ff. GmbHG), die Aktiengesellschaft (§§ 1 ff. AktG), die Kommanditgesellschaft auf Aktien (§§ 278–290 AktG), die eingetragene Genossenschaft (§§ 1 ff. GenG) und der Versicherungsverein auf Gegenseitigkeit (§§ 7, 15–53 VAG). – Zur Rechtsfähigkeit als Fähigkeit von juristischen Personen, Träger von Rechten und Pflichten zu sein, s. nur *Enneccerus/Nipperdey*, BGB AT, 618, 623, 625 f.

7 BVerwGE 106, 177, 181 = NJW 1998, 2545; *Backert*, in: BeckOK-BGB, § 80 Rn. 3; *Ellenberger*, in: Grüneberg, BGB, Vor § 80 Rn. 9; *Gollan*, Vorstandshaftung, 8; *Hof*, in: Stiftungsrecht in Europa, 309; *Muscheler*, in: Andrick/Muscheler/Uffmann, Stiftungsrecht, § 80 BGB Rn. 13; *G. Roth*, in: MHdB GesR VII, § 96 Rn. 3; *Schlüter/Stolte*, Stiftungsrecht, Kap. 1 Rn. 40; *Weitemeyer*, in: MüKo-BGB, § 80 Rn. 1; *O. Werner*, in: Werner/Saenger/Fischer, Die Stiftung, § 1 Rn. 14.

8 *Backert*, in: BeckOK-BGB, § 80 Rn. 3; *Burgard*, ZStV 2015, 1, 3; *Gollan*, Vorstandshaftung, 8, nach der bei der Stiftung eine Verselbständigung von Vermögen stattfindet, während der rechtsfähige Verein, die GmbH oder die AG einen verselbständigten Personenverband darstellen; *G. Roth*, in: MHdB GesR VII, § 96 Rn. 3; *Schlüter/Stolte*, Stiftungsrecht, Kap. 1 Rn. 40; *Sieger/Bank*, NZG 2010, 641, 642; *Stumpf*, SchiedsVZ

Mitgliederversammlung, Gesellschafterversammlung oder Hauptversammlung äquivalenten Willensbildungsorgan der Stiftung, weil ihre Tätigkeit einzig vom Primat des historischen Stifterwillens bestimmt wird, wie er in Stiftungsgeschäft und Stiftungssatzung Ausdruck gefunden hat.[9] Entsprechend kann es grundsätzlich keine mitgliederbestimmte, autonome Willensbildung geben, sondern die Aufgabe der Stiftungsorgane, zuvorderst des Stiftungsvorstands als gesetzlich vorgesehenem Pflichtorgan (§ 84 Abs. 1 Satz 1 BGB [§§ 86 Satz 1 a.F., 26 Abs. 1 Satz 1 BGB]) zur Vertretung (§ 84 Abs. 2 Satz 1 BGB [§§ 86 Satz 1 a.F., 26 Abs. 1 Satz 2 Hs. 1 BGB]) und grundsätzlich (arg. e § 84 Abs. 1 Satz 2, Abs. 3 BGB) zur umfassenden Geschäftsführung der Stiftung,[10] beschränkt sich auf eine Konkretisierung und auftragsgemäße Erfüllung des zum Ausdruck gekommenen Stifterwillens.[11] Dasselbe gilt für ein vom Stifter satzungsmäßig vorgesehenes Fakultativorgan mit Kontroll-, Beratungs- oder Repräsentationsfunktion.[12] Da sich die Stiftung mit ihrer Anerkennung von der Person des Stifters emanzipiert und nur noch sich selbst gehört, ist sie ab diesem Zeitpunkt als verselbständigte Vermögensmasse ohne Mitglieder, Gesellschafter oder wirtschaftlich interessierte Eigentümer[13] in einer besonderen Gefährdungslage hinsichtlich der Überlagerung der Stiftungstätigkeit durch stiftungsfremde Sonderinteressen. In diese Lücke stößt die als Rechtsaufsicht konzipierte Stiftungsaufsicht, deren Aufgabe es ist sicherzustellen, dass die

---

2009, 266 Fn. 3, wonach die Stiftung ihre Personifizierung nicht aus einem Verbund von Personen, sondern aus einem zweckgebundenen Vermögen bezieht; *Weitemeyer*, in: MüKo-BGB, § 80 Rn. 1; *O. Werner*, in: Werner/Saenger/Fischer, Die Stiftung, § 1 Rn. 14.

9 Grundlegend BVerfGE 46, 73, 85 = NJW 1978, 581; zudem *Backert*, in: BeckOK-BGB, § 80 Rn. 3; *G. Roth*, in: MHdB GesR VII, § 96 Rn. 3; *Schiffer/Pruns*, in: NK-BGB, § 80 Rn. 3 ff.; *Schiffer/Pruns/Schürmann*, Reform des Stiftungsrechts, § 6 Rn.5; *O. Werner*, in: Werner/Saenger/Fischer, Die Stiftung, § 1 Rn. 14.

10 Zur Kritik an der systematischen Verknüpfung der Vertretereigenschaft mit der Geschäftsführungsbefugnis in § 84 Abs. 1 BGB zu Recht *Burgard*, in: Burgard, Stiftungsrecht, § 84 BGB Rn. 1, weil maßgeblich für die Eigenschaft als gesetzlicher Vorstand der Stiftung die Stellung ihres gesetzlichen Vertreters ist.

11 *G. Roth*, in: MHdB GesR VII, § 99 Rn. 1.

12 Für dieses Organ soll in den folgenden Ausführungen der Begriff des Kuratoriums zugrunde gelegt werden; zu weiteren Begriffen, wie Stiftungsrat, Verwaltungsrat oder erweiterter Vorstand, s. nur *Schlüter/Stolte*, Stiftungsrecht, Kap. 2 Rn. 67; *Wernicke*, ZEV 2003, 301, 302.

13 *Gollan*, ErbR 2020, 700; *Kraus*, npoR 2024, 63; *Markworth*, NZG 2021, 100, 103; *Reuter*, in: NPLY 2002, 157, 167 f.; *G. Roth*, in: MHdB GesR VII, § 96 Rn. 6; *Schlüter/Stolte*, Stiftungsrecht, Kap. 1 Rn. 40; *Schwarz*, BB 2001, 2381, 2386; *Uffmann*, ZIP 2021, 1251, 1254; *Weitemeyer*, ZGR 2019, 238, 241 ff.

Verwaltung der Stiftung durch die Stiftungsorgane im Einklang mit dem Stifterwillen sowie den sonstigen satzungs- und gesetzmäßigen Anordnungen vollzogen wird.[14] Gleichwohl kann es an den Schnittstellen der Kontrolle durch stiftungsinterne und stiftungsexterne Gremien sowie der Stiftungsaufsicht zu Kontroll- und Durchsetzungsdefiziten zulasten der Stiftung kommen.[15] Dabei ist nicht nur an Interessenkollisionen legitimer stiftungsrechtlicher Positionen mit den bereits genannten stiftungsfremden Sonderinteressen von Stiftungsbeteiligten zu denken, sondern ebenso an Streitigkeiten in Bezug auf unterschiedliche, wenngleich beiderseitig genuine Stiftungsinteressen.[16] Eine an die „corporate litigation" angelehnte „foundation litigation"[17] muss daher nicht nur Antwort auf die Frage geben, wie die Rechtsschutzmöglichkeiten für die einzelnen Beteiligten im Stiftungsrecht hinsichtlich einer prozessualen Geltendmachung der ihnen innerorganisatorisch zukommenden, materiell-rechtlichen Positionen ausgestaltet sind. Sie muss ebenso Lösungsansätze für eventuelle Rechtsschutzschwächen, die durch die vorstehend skizzierten Struktureigenheiten der Stiftung begründet werden, und deren Kompensation zum Schutz der Stiftung im Blick haben.

Ziel der vorliegenden Arbeit ist es daher, die daraus erwachsenden Konsequenzen für die Beschreitung des Rechtswegs und die gerichtliche Durchsetzbarkeit von Rechten zu beleuchten. Insbesondere soll untersucht werden, wie sich die strukturellen Besonderheiten der Stiftung bürgerlichen Rechts als Rechtsform prozessual abbilden lassen, in welchen Bereichen Lücken bestehen und wie diese im Sinne der Stiftung und der Durchsetzung des Stifterwillens geschlossen werden könnten. Da es infolge des zur Verfügung stehenden Umfangs dieser Bearbeitung nicht möglich ist, jede denkbare prozessuale Konstellation abzubilden, sollen die streitigen Rechtspositionen zwischen den verschiedenen stiftungsrechtlichen Beteiligten anhand typisierter Konfliktfelder im Stiftungsrecht herausgearbeitet werden.[18]

---

14 Zur Aufgabe und Funktion der Stiftungsaufsicht, s. *Winkler*, in: Werner/Saenger/Fischer, Die Stiftung, § 27 Rn. 4 ff.

15 Die korrespondierenden Konfliktfelder werden in den einzelnen Verfahrenskonstellationen unter Teil 2.§ 2. näher beleuchtet.

16 *G. Roth*, in: MHdB GesR VII, § 96 Rn. 4.

17 Zu diesem Begriff und seiner Bedeutung *G. Roth*, in: MHdB GesR VII, § 96 Rn. 17.

18 Dabei beschränkt sich die Darstellung auf die (praxisrelevanteren) Rechtsstreitigkeiten vor den ordentlichen Gerichten und den Verwaltungsgerichten. Ebenfalls denkbare arbeitsgerichtliche Prozesse (z.B. in der Konstellation einer Stiftung als Arbeitgeberin) sowie Streitigkeiten vor den Finanzgerichten (etwa in gerichtlichen Verfahren um die Anerkennung einer Stiftung als gemeinnützig i.S.d. §§ 51 ff. AO) bleiben somit ausgeklammert.

§ 2. Gang der Untersuchung

Im Einzelnen stellt sich der Bearbeitungsgang wie folgt dar:

Teil 2 ist zunächst der Untersuchung der Stiftung bürgerlichen Rechts im gerichtlichen Verfahren gewidmet. Dabei folgt die Bearbeitung nicht etwa einer zwischen Zulässigkeit und Begründetheit verschiedener Klagen differenzierenden Darstellung. Vielmehr wird mit einem Klammerprinzip gearbeitet. Gedanke dieser Herangehensweise ist, diejenigen Verfahrensfragen, die sich regelmäßig bei der Beschreitung des Rechtsweges stellen, zu bündeln und in einem „Allgemeinen Teil" voranzustellen. Dabei soll der unter § 1. hervorgehobenen, rechtsformbedingten Verflechtung privat- und öffentlich-rechtlicher Regelungsmaterien prozessual dadurch Rechnung getragen werden, dass innerhalb der einzelnen Verfahrensvoraussetzungen zwischen der ordentlichen Gerichtsbarkeit und der Verwaltungsgerichtsbarkeit differenziert wird.

Der erste Komplex widmet sich der Stellung im gerichtlichen Verfahren. Zu untersuchen sind dabei vor allem Partei- und Beteiligtenfähigkeit sowie Prozessfähigkeit der Stiftung bürgerlichen Rechts. Das schließt Überlegungen hinsichtlich des Beginns und Endes der Partei- bzw. Beteiligten- und Prozessfähigkeit mit ein, unter Berücksichtigung der Frage, ob für den prozessualen Bereich eine Vor-Stiftung anzuerkennen ist. Dies ist durch eingehende Untersuchung der gesetzlichen Bestimmungen und eventuelle analoge Anwendung geeigneter Regelungen aus dem Gesellschaftsrecht zu ermitteln.

Weiterhin sollen im „Allgemeinen Teil" Zuständigkeitsfragen erörtert werden. In Anbetracht des Spagats des Stiftungsrechts zwischen Zivilrecht einerseits und dem öffentlichen Recht andererseits[19] stehen zu Beginn Überlegungen zur Bestimmung der Rechtswegzuständigkeit einer stiftungsrechtlichen Streitigkeit. Für beide Gerichtsbarkeiten ist ferner die sachliche Zuständigkeit zu untersuchen, im Rahmen der ordentlichen Gerichtsbarkeit vor allem die Bestimmung des Streitwertes einzelner Streitgegenstände. Es schließen sich Ausführungen zur örtlichen Zuständigkeit an. Hier sind für Streitigkeiten vor den ordentlichen Gerichten die Gerichtsstandsregelungen der ZPO heranzuziehen. Im Anschluss an einige allgemeinere Ausführungen sind die stiftungsrechtlich relevanten Gerichtsstände zu untersuchen: Zunächst soll § 17 ZPO als allgemeiner Gerichtsstand juristischer Personen beleuchtet werden. Anzusprechende Problemfelder betreffen die Möglichkeiten und Grenzen, einen vom Verwaltungssitz abweichenden statutarischen Sitz festzulegen oder einen Doppelsitz zu bestimmen. Weitere zu untersuchende Gerichtsstände sind § 21 ZPO (Besonderer

---

19 *Andrick*, in: Stiftungen in Deutschland und Europa, 281, 283.

Gerichtsstand der Niederlassung) und § 22 ZPO (Besonderer Gerichtsstand der Mitgliedschaft), letzterer hinsichtlich seiner Anwendbarkeit auf die Stiftung bürgerlichen Rechts.

Schließlich wird – unter Darstellung stiftungsrechtlicher Prinzipien, wie dem Vermögenserhaltungsgrundsatz – beleuchtet, ob eine Stiftung bürgerlichen Rechts Prozesskostenhilfe in Anspruch nehmen kann. Ergänzt wird der „Allgemeine Teil" um Hinweise zu den Voraussetzungen der Klageerhebung und Besonderheiten, die an dieser Stelle für die Stiftung bürgerlichen Rechts zu beachten sind.

Im „Besonderen Teil" geht es, der unter § 1. geschilderten Einschränkung folgend, um die gerichtliche Klärung einzelner, besonders konfliktträchtiger Rechtsschutzbegehren. Die Darstellung widmet sich geordnet nach den Rechtswegzuständigkeiten klassischen, typisierten Streitigkeiten zwischen stiftungsrechtlich Beteiligten. Untersucht und herausgearbeitet werden nach einleitenden Worten zum prozessualen Anknüpfungsmoment (Streitgegenstand) die jeweils tangierten, streitigen (subjektiven) Rechtspositionen, die im Rahmen der Stiftungstätigkeit und Stiftungspraxis betroffen sein können. Ausgehend von den materiell-rechtlichen Voraussetzungen wird die für die prozessuale Durchsetzung von Rechten elementare Frage beleuchtet, ob ein entsprechendes Klagerecht besteht, das im Namen des Klägers gerichtlich geltend gemacht werden kann, respektive, ob eine Verletzung in eigenen subjektiv-öffentlichen Rechten möglich ist. Im Rahmen dieser Untersuchung wird der eingangs aufgeworfenen Frage nachzugehen sein, inwieweit bei der Durchsetzung stiftungsrechtlicher Positionen Lücken bestehen, sowie ob und mit welchen Mitteln des materiellen Rechts bzw. des Prozessrechts bestehende Kontroll- und Durchsetzungsdefizite zur Stärkung des Rechtsschutzes für die Stiftung ausgeglichen werden können, etwa in Form eines Notvertretungsrechts oder der Möglichkeit einer prozessstandschaftlichen Geltendmachung von Rechten der Stiftung. In diesem Kontext soll zusätzlich geklärt werden, ob die teilweise geforderte Übertragung im Ausland anerkannter Rechtsbehelfe, etwa die im schweizerischen Stiftungsrecht aus Bestimmungen des ZGB hergeleitete Stiftungsaufsichtsbeschwerde, auf das deutsche Recht notwendig und zulässig ist. Besonderes Augenmerk wird auf die Bedeutung des Stifterwillens für stiftungsrechtliche Auseinandersetzungen gelegt, insbesondere, inwiefern der Stifter in Stiftungsgeschäft und Stiftungssatzung rechtsverbindliche Anordnungen treffen kann, die auf verfahrensrechtlicher Ebene durchschlagen.

Weitergehende Verfahrensfragen innerhalb der diskutierten Streitgegenstände beschäftigen sich mit der Durchführung des gerichtlichen Verfahrens und dem einstweiligen Rechtsschutz. Auch die Möglichkeiten der Beteiligung (stiftungsinteressierter) Dritter am Rechtsstreit werden ausführlich untersucht.

Der Bearbeitungsgang rückt schließlich die außergerichtliche Streitbeilegung in Form der echten Schiedsgerichtsbarkeit in den Mittelpunkt.[20] Im Anschluss an eine allgemeine Darstellung zu schiedsgerichtlichen Verfahren (§§ 1025 ff. ZPO) soll hinsichtlich deren Geeignetheit für stiftungsspezifische Streitigkeiten untersucht werden, welche Möglichkeiten bzw. Chancen des Rechtsschutzes die schiedsgerichtliche Klärung für die Stiftungsbeteiligten zulässigerweise bietet. Hier ist insbesondere die Regelung des § 1066 ZPO in den Blick zu nehmen.

---

20 Mit dem exemplarischen Fokus auf die Einsetzung eines Schiedsgerichts wird dem Umstand Rechnung getragen, dass es den Rahmen der vorliegenden Bearbeitung überschreiten würde, sämtliche Methoden alternativer Streitbeilegung darzustellen, zu denen weiterhin etwa das Schlichtungsverfahren und das Mediationsverfahren zu zählen sind.

Teil 2: Die Stiftung bürgerlichen Rechts im gerichtlichen Verfahren

Da sich das Stiftungsrecht mit dem Normgefüge aus bundesgesetzlichen Regelungen und Regelungen der Landesstiftungsgesetze im Spannungsfeld von privatem und öffentlichem Recht bewegt, und diese Dichotomie auch auf das Prozessrecht durchschlägt,[21] soll für die prozessuale Abbildung der Stiftungsstrukturen im Folgenden zwischen der ordentlichen Gerichtsbarkeit, die die Zivil- und Strafgerichtsbarkeit umfasst, und der Verwaltungsgerichtsbarkeit differenziert werden. Dies gilt sowohl für die Darstellung des Allgemeinen Teils, der sich den relevanten Verfahrensvoraussetzungen und der Vorbereitung des gerichtlichen Verfahrens widmet, als auch für die Darstellung des „Besonderen Teils", in dem die Untersuchung typisierter stiftungsrechtlicher Rechtsschutzbegehren im Fokus steht.

§ 1. Allgemeiner Teil: Verfahrensvoraussetzungen und Vorbereitung des gerichtlichen Verfahrens

A. Stellung im gerichtlichen Verfahren

Zunächst sollen diejenigen Verfahrensvoraussetzungen in den Blick genommen werden, die die Stiftung in ihrer Stellung als Partei betreffen. Dazu wird der Fokus im Folgenden auf die Partei- bzw. Beteiligtenfähigkeit sowie die Prozessfähigkeit gelegt.[22]

---

21 Vgl. *Andrick*, in: Stiftungen in Deutschland und Europa, 281, 283.

22 Fragen der Klage- bzw. Prozessführungsbefugnis sollen hingegen nicht an dieser Stelle, sondern im Sachzusammenhang mit den einzelnen Rechtsschutzbegehren des Besonderen Teils (§ 2.) erörtert werden.

I. Partei- und Beteiligtenfähigkeit der Stiftung bürgerlichen Rechts

1. Ordentliche Gerichtsbarkeit: Parteifähigkeit

a) Begriff und Anforderungen gem. § 50 ZPO

Soll die Stiftung in einem Prozess als Partei auftreten, muss sie dafür parteifähig sein. Parteifähigkeit i.S.d. § 50 ZPO bezeichnet die Fähigkeit, Aktiv- oder Passivsubjekt eines Rechtsstreits zu sein.[23]

Die Parteifähigkeit ist zum einen Sachentscheidungsvoraussetzung.[24] Hierunter versteht man diejenigen Voraussetzungen, die spätestens im Zeitpunkt der letzten mündlichen Verhandlung vorliegen müssen, damit ein Urteil in der Sache ergehen darf.[25] Zum anderen ist die Parteifähigkeit eine Prozesshandlungsvoraussetzung.[26] Erwirkungshandlungen sind nur zulässig und Bewirkungshandlungen nur wirksam, wenn die Parteifähigkeit im Zeitpunkt der Vornahme der Prozesshandlung gegeben ist.[27]

Parteifähig ist gem. § 50 ZPO, wer rechtsfähig ist. Die Parteifähigkeit richtet sich damit nach materiellem Recht. Wie bereits einleitend dargelegt, ist die Stiftung eine juristische Person, die mit Anerkennung Rechtsfähigkeit erlangt und

---

23 *Althammer*, in: Zöller, ZPO, § 50 Rn. 1; *Bendtsen*, in: Saenger, ZPO, § 50 Rn. 12; *Gehrlein*, in: Prütting/Gehrlein, ZPO, § 50 Rn. 10; *Jacoby*, in: Stein/Jonas, ZPO, § 50 Rn. 1; *Lindacher/Hau*, in: MüKo-ZPO, § 50 Rn. 1; *Vogt-Beheim*, in: Anders/Gehle, ZPO, § 50 Rn. 5; *Weth*, in: Musielak/Voit, ZPO, § 50 Rn. 13.

24 *Althammer*, in: Zöller, ZPO, § 50 Rn. 5; *Bendtsen*, in: Saenger, ZPO, § 50 Rn. 12; *Hüßtege*, in: Thomas/Putzo, ZPO, § 50 Rn. 10; *Jacoby*, in: Stein/Jonas, ZPO, § 50 Rn. 3; *Lindacher/Hau*, in: MüKo-ZPO, § 50 Rn. 2; *Vogt-Beheim*, in: Anders/Gehle, ZPO, § 50 Rn. 1; *Weth*, in: Musielak/Voit, ZPO, § 50 Rn. 14.

25 *Althammer*, in: Zöller, ZPO, § 50 Rn. 5; *Jacoby*, in: Stein/Jonas, ZPO, § 50 Rn. 3; *Vogt-Beheim*, in: Anders/Gehle, ZPO, § 50 Rn. 2; *Weth*, in: Musielak/Voit, ZPO, § 50 Rn. 14. Eine Abweisung der Klage als unzulässig kommt nicht nur in Betracht, wenn dem Kläger die aktive Parteifähigkeit, sondern auch, wenn dem Beklagten die passive Parteifähigkeit fehlt, *Bendtsen*, in: Saenger, ZPO, § 50 Rn. 12; *Weth*, in: Musielak/Voit, ZPO, § 50 Rn. 13.

26 *Althammer*, in: Zöller, ZPO, § 50 Rn. 5; *Bendtsen*, in: Saenger, ZPO, § 50 Rn. 12; *Hüßtege*, in: Thomas/Putzo, ZPO, § 50 Rn. 10; *Jacoby*, in: Stein/Jonas, ZPO, § 50 Rn. 3; *Lindacher/Hau*, in: MüKo-ZPO, § 50 Rn. 2; *Weth*, in: Musielak/Voit, ZPO, § 50 Rn. 14.

27 *Bendtsen*, in: Saenger, ZPO, § 50 Rn. 12; *Gehrlein*, in: Prütting/Gehrlein, ZPO, § 50 Rn. 12; *Weth*, in: Musielak/Voit, ZPO, § 50 Rn. 14. Allerdings besteht für eine Partei nach Herstellung ihrer Parteifähigkeit die (Heilungs-) Möglichkeit einer Genehmigung der unwirksamen Prozesshandlungen ex tunc, BGHZ 51, 27, 29 = NJW 1969, 188; *Weth*, in: Musielak/Voit, ZPO, § 50 Rn. 14.

von da an jedenfalls bis zu ihrer Auflösung bzw. Aufhebung aktiv und passiv parteifähig ist.[28]

b) Beginn und Ende der Parteifähigkeit

aa) Vor Anerkennung der Stiftung

Es soll ein Bedürfnis für die passive Parteifähigkeit einer Stiftung bereits vor ihrer Anerkennung bei bestimmten Streitgegenständen in Betracht kommen. Von der Rechtsprechung bejaht wurde dies bei Rechtsstreitigkeiten um die Wirksamkeit des Stiftungsgeschäfts[29] und die Geltendmachung eines Pflichtteilsanspruchs gegenüber einer werdenden Stiftung von Todes wegen[30].

Bei einer Stiftungserrichtung unter Lebenden besteht grundsätzlich weder ein Bedürfnis für die aktive noch die passive Parteifähigkeit der noch nicht anerkannten Stiftung. Vor Anerkennung ist eine Klage im Aktivprozess von dem Stifter bzw. den Stiftern, im Passivprozess gegen den oder die Stifter zu erheben. Nach Anerkennung ist ein Prozess von der bzw. gegen die Stiftung als juristische Person zu führen.[31] Etwas anderes könnte sich bei einer Stiftungserrichtung von Todes wegen oder bei einer Stiftungserrichtung unter Lebenden ergeben, wenn der Stifter nach Vornahme des Stiftungsgeschäfts und Beantragung der Stiftung als rechtsfähig, aber vor der Anerkennung verstirbt.

Weil die noch nicht anerkannte Stiftung wegen § 80 Abs. 2 Satz 2 BGB (§ 84 BGB a.F.) mit Vermögen ausgestattet und etwa als Alleinerbin oder Vermächtnisnehmerin eingesetzt werden kann, stellt sich die Frage, ob es zur Geltendmachung

---

28 *Schwarz van Berk/Fischer*, in: MHdB GesR V, § 101 Rn. 3. Zur Frage einer Rechts- und Parteifähigkeit der Stiftung in den Stadien zwischen der Vornahme des Stiftungsgeschäfts und der Erteilung der Anerkennung sowie nach Auflösung bzw. Aufhebung, s. sogleich.

29 RGZ 170, 22, 27; zustimmend *Ebersbach*, Stiftungsrecht, 67; *Stumpf*, in: Richter, Stiftungsrecht, § 4 Rn. 159; *ders.*, in: Stumpf/Suerbaum/Schulte/Pauli, StiftR, B § 80 Rn. 78.

30 LG Heidelberg NJW-RR 1991, 969.

31 Das gilt auch, wenn die Stiftung mit einem mängelbehafteten, u.U. sogar nichtigen Stiftungsgeschäft anerkannt wird. Da sie nach überwiegender Ansicht aufgrund der Anerkennungsentscheidung mit den organisationsrechtlichen Anordnungen des unwirksamen Stiftungsgeschäfts entsteht und Rechtsfähigkeit erlangt (s. nur *Backert*, in: BeckOK-BGB, § 80 Rn. 45; *G. Roth*, in: MHdB GesR VII, § 97 Rn. 5; *Weitemeyer*, in: MüKo-BGB, § 80 Rn. 69), ist in gerichtlichen Verfahren gem. § 50 ZPO folglich von ihrer (aktiven und passiven) Parteifähigkeit auszugehen, *G. Roth*, in: MHdB GesR VII, § 97 Rn. 5.

der Unwirksamkeit des Stiftungsgeschäfts nicht der mit passiver Parteifähigkeit ausgestatteten werdenden Stiftung (von Todes wegen) als Klagegegnerin bedarf, weil der Stifter nach seinem Tod nicht mehr zur Verfügung steht, gleichzeitig die Rechtsfolge des § 80 Abs. 2 Satz 2 BGB (§ 84 BGB a.F.) erst rückwirkend mit Anerkennung der Stiftung greift.[32]

Klärungsbedürftig, weil notwendige Bedingung ist, ob im Gründungsstadium zwischen der Vornahme des Stiftungsgeschäfts und der Anerkennung durch die zuständige Stiftungsbehörde überhaupt ein rechtsfähiges Gebilde besteht, das parteifähig i.S.d. § 50 ZPO ist. Die Stiftung selbst kommt dafür nicht in Betracht, da sie mit Anerkennung erst als juristische Person entsteht.

(1) Dogmatischer Anknüpfungspunkt: Vor-Stiftung

Etwas anderes kann für die Vor-Stiftung als dogmatischer Anknüpfungspunkt gelten.[33] Im Folgenden soll aus dieser Thematik insbesondere die zur Bejahung der Parteifähigkeit erforderliche Rechtsfähigkeit in den Blick genommen werden.

Die Möglichkeit einer mit (Teil-)Rechtsfähigkeit ausgestatteten Vor-Stiftung könnte sich aus einer vergleichenden Betrachtung mit dem Gesellschaftsrecht ergeben. Nicht nur die Vorgesellschaft als solche, sondern auch ihre Teilrechtsfähigkeit

---

32 *G. Roth*, in: MHdB GesR VII, § 97 Rn. 6; *Schwalm*, ZStV 2021, 10, 13.

33 Die wohl noch h.M. negiert das Bestehen einer Vor-Stiftung im Zeitraum zwischen Errichtung und Entstehung, s. nur BFH DStRE 2015, 715, 720 Rn. 62; OVG Münster NJW 1959, 1700; OLG Braunschweig ZStV 2021, 24, 27; *Andrick*, RNotZ 2002, 441, 442; *Andrick/Suerbaum*, NJW 2002, 2905, 2906 f.; *Backert*, in: BeckOK-BGB, § 80 Rn. 57; *Hof*, in: von Campenhausen/Richter, Stiftungsrechts-Handbuch, § 6 Rn. 272; *Hüttemann*, in: FS Spiegelberger, 1292, 1294 ff.; *Hüttemann/Rawert*, in: Staudinger, BGB, § 80 Rn. 49, 51; *K. W. Lange*, in: BeckOGK-BGB, Stand: 01.01.2024, § 81 Rn. 153; *Mehren*, in: Schauhoff/Kirchhain, Hd-Buch Gemeinnützigkeit, § 3 Rn. 44; *Muscheler*, DNotZ 2003, 661, 669; *Neuhoff*, in: Soergel, BGB, § 80 Rn. 16; *Schiffer/Pruns*, BB 2015, 1756, 1757 f.; *Schlüter/Stolte*, Stiftungsrecht, Kap. 2 Rn. 113; *Weitemeyer*, in: MüKo-BGB, § 81 Rn. 62; *Wiese*, in: Erman, BGB, § 80 Rn. 11; expressis verbis für die Vor-Stiftung von Todes wegen *Schwalm*, ZStV 2021, 10, 21. Nach a.A. ist die Vor-Stiftung anzuerkennen, *Ebersbach*, Stiftungsrecht, 66; *Eder*, ZStV 2013, 52, 54 f.; *Ellenberger*, in: Grüneberg, BGB, § 80 Rn. 3; *Hennerkes/Binz/Sorg*, DB 1986, 2269, 2270, mit der Einschränkung, dass die Vor-Stiftung zwar anzuerkennen, jedoch wie eine nichtrechtsfähige Stiftung zu behandeln sei; *Muscheler*, in: Andrick/Muscheler/Uffmann, Stiftungsrecht, § 81 BGB Rn. 118 ff.; *Schwake*, in: MHdB GesR V, § 84 Rn. 11; *Schwinge*, BB 1978, 527, 528; *Wachter*, ZEV 2003, 445, 446; zögernd *O. Werner*, in: Werner/Saenger/Fischer, Die Stiftung, § 11 Rn. 156: „Sondervermögen in Form einer unselbstständigen Vorstiftung“.

sind allgemein anerkannt.[34] Zur Begründung wird auf die getroffenen Vereinbarungen des abgeschlossenen Gesellschaftsvertrags Bezug genommen. Das durch den Zusammenschluss der Gründer entstandene Rechtsgebilde sei bereits verselbständigt und die Vorgesellschaft selbst Trägerin der auf den Zweck einer Entstehung der juristischen Person gerichteten Rechte und Pflichten, mithin teilrechtsfähig.[35]

Eine solche körperschaftliche Struktur gibt es bei der Stiftung mangels personalen Substrats weder in der Tätigkeits- noch in der Errichtungsphase.[36] Die Rechtsfähigkeit lässt sich bei einer Stiftungserrichtung durch mehrere Stifter auch nicht über die Figur der Gesamthand[37] konstruieren, da die Stifter keine Mitglieder der zu gründenden Stiftung sind.[38]

Konstruktiv bietet das Stiftungsgeschäft als organisationsrechtliche Grundlage gleichfalls keinen Anknüpfungspunkt für die Annahme einer wenigstens teilrechtsfähigen Vor-Stiftung. Weil das Stiftungsgeschäft bis zur Anerkennung der Stiftung vom Stifter gem. § 81a Abs. 1 Satz 1 BGB (§ 81 Abs. 2 Satz 1 BGB a.F.) jederzeit frei widerrufen werden kann, fehlt es vor Anerkennung an einer hinreichend verselbständigten Vermögensmasse oder Institution als Rechtsträger.[39]

Gegen die Annahme einer mit Rechtsfähigkeit ausgestatteten werdenden juristischen Person im Bereich des Stiftungsrechts spricht zudem die Untertitelbezeichnung zu den §§ 80–88 BGB. Entsteht erst durch Stiftungsgeschäft und Anerkennung die *rechtsfähige* Stiftung, spricht dies im Umkehrschluss dafür, dass vor der Anerkennung jedenfalls kein Rechtssubjekt existiert. In dieselbe Richtung weisen § 82 Satz 1 BGB bzw. § 82a Satz 1 BGB mit der gesetzessystematischen Lesart einer als *rechtsfähig* anzuerkennenden bzw. einer als *rechtsfähig* anerkannten Stiftung. Demgegenüber lässt sich dem Wortlaut der stiftungsrechtlichen Vorschriften kein An-

---

34 RGZ 82, 288, 290; BGHZ 80, 129, 132 = NJW 1981, 1373; BGHZ 117, 323, 326 = NJW 1992, 1824; *Altmeppen*, GmbHG, § 11 Rn. 18; *Jacoby*, in: Stein/Jonas, ZPO, § 50 Rn. 23a; *C. Jaeger*, in: BeckOK-GmbHG, § 11 Rn. 16.

35 BGHZ 117, 323, 326 = NJW 1992, 1824.

36 *Hüttemann*, in: FS Spiegelberger, 1292, 1294; unklar *Schwinge*, BB 1978, 527, 528: „auch bei der Stiftung ist davon auszugehen, daß schon vor dem Erwerb der Rechtsfähigkeit ein körperschaftliches Gebilde vorhanden ist (…)“.

37 Mit dem Konstrukt der gesellschaftsrechtlichen Gesamthand hat der BGH in seiner Grundsatzentscheidung vom 29.1.2001 (BGHZ 146, 341 = NJW 2001, 1056) begründet, dass die Außen-GbR neben den Gesellschaftern als eigenständiges Rechtssubjekt Trägerin der gesellschaftlichen Rechte und Pflichten ist, ohne juristische Person zu sein.

38 *Thole*, Stiftung in Gründung, 46.

39 BFH DStRE 2015, 715, 720 Rn. 64; *Backert*, in: BeckOK-BGB, § 80 Rn. 57; *Hüttemann/Rawert*, in: Staudinger, BGB, § 80 Rn. 51; *Schiffer/Pruns*, BB 2015, 1756, 1757.

haltspunkt dafür entnehmen, dass einer möglichen Vor-Stiftung zwar nicht die volle, dafür aber eine Teilrechtsfähigkeit zuerkannt werden müsste.[40] Eine andere normative Bestimmung, die in der Errichtungsphase die rechtsfähige Vor-Stiftung als Zuordnungssubjekt bestimmter Rechte und Pflichten voraussetzt, existiert nicht.[41]

Nach einer in der Rechtsprechung vertretenen Ansicht soll die Vor-Stiftung zur Bejahung passiver Parteifähigkeit herangezogen werden dürfen, wenn die werdende Stiftung im Rechtsverkehr bereits als juristische Person aufgetreten ist.[42] Diese an das Recht der Vorgesellschaft angelehnte Formulierung[43] nivelliert die bereits dargestellten konstruktiven Unterschiede in der Gründung von Gesellschaft und Stiftung, indem sie im Sinne eines Zirkelschlusses das zu Prüfende voraussetzt. Das Bestehen einer Vor-Stiftung davon abhängig zu machen, ob sie bereits als juristische Person aufgetreten ist, geht fehl, wenn dafür zunächst zu klären ist, ob sie überhaupt als juristische Person auftreten kann, was nur im Falle ihrer Existenz möglich ist. Dies wird man nach dem bisher Gesagten zu verneinen haben.

Schließlich überzeugt es nicht, die zur Bejahung der Parteifähigkeit notwendige Rechtsfähigkeit der Vor-Stiftung aus einem Vergleich mit der Stiftung in Liquidation herzuleiten.[44] Liquidiert wird ein bestehendes Rechtssubjekt in Form einer juristischen Person, dessen Fortbestand als wenigstens teilrechtsfähiges Gebilde in dieser Phase normativ abgesichert ist (vgl. §§ 87c Abs. 2 Satz 2 BGB, 49 Abs. 2 BGB [§§ 88 Satz 3 a.F., 49 Abs. 2 BGB]). Die stufenweise Abwicklung ergibt sich aus dem Zweck des Liquidationsverfahrens, streitet jedoch nicht gleichzeitig für eine stufenweise Gründungsphase der Stiftung, deren notwendiges Durchgangsstadium die rechtsfähige Vor-Stiftung wäre.[45]

---

40 So *Hof*, in: von Campenhausen/Richter, Stiftungsrechts-Handbuch, § 6 Rn. 274; *Huh*, in: Die Stiftung – Jahreshefte zum Stiftungswesen 8 (2014), 139, 158.

41 Anders ist dies im Gesellschaftsrecht mit der dort anerkannten Vorgesellschaft, der im gesetzlich vorgeschriebenen Rahmen (für die Vor-GmbH etwa durch die Kapitalaufbringungspflichten des § 7 Abs. 2, 3 GmbHG) bereits während ihrer Entstehung eine Teilnahme am Rechtsverkehr ermöglicht wird; dazu auch *Backert*, in: BeckOK-BGB, § 80 Rn. 57; *Schiffer/Pruns*, BB 2015, 1756, 1757.

42 So LG Heidelberg NJW-RR 1991, 969.

43 S. nur BGHZ 79, 239, 241 = NJW 1981, 873 („Sie ist als Vorgesellschaft einer in Gründung begriffenen GmbH eine Personenvereinigung, (…) die als solche auch verklagt werden kann, wenn sie im Rechtsverkehr selbst wie eine juristische Person aufgetreten ist.").

44 *Wachter* möchte mit dem Verweis auf die spiegelbildliche Ausgestaltung von Gründungs- und Beendigungsphase der juristischen Person die Existenz der Vor-Stiftung begründen, ZEV 2003, 445, 446.

45 A.A. *Wachter*, ZEV 2003, 445, 446.

Sie ist nach alldem abzulehnen, sodass sie als Anknüpfungspunkt der Parteifähigkeit in der Phase vor Anerkennung der Stiftung ausscheidet.

(2) Dogmatischer Anknüpfungspunkt: § 54 Abs. 1 BGB analog

Lässt sich die Parteifähigkeit einer Stiftung vor Anerkennung nicht über die Rechtsfigur der Vor-Stiftung herleiten, ist zu prüfen, ob sie sich aus einer analogen Anwendung des § 54 Abs. 1 BGB ergibt. Danach sind für Vereine, deren Zweck nicht auf einen wirtschaftlichen Geschäftsbetrieb gerichtet ist und die nicht durch Eintragung in das Vereinsregister Rechtspersönlichkeit erlangt haben, die Vorschriften der §§ 24 bis 53 entsprechend anzuwenden (Satz 1). Für Vereine, deren Zweck auf einen wirtschaftlichen Geschäftsbetrieb gerichtet ist und die nicht durch staatliche Verleihung Rechtspersönlichkeit erlangt haben, sind die Vorschriften über die Gesellschaft entsprechend anzuwenden (Satz 2). Aufgrund der in Bezug genommenen Vorschriften des Vereins- bzw. Gesellschaftsrechts muss der Verein ohne Rechtspersönlichkeit somit aktiv und passiv parteifähig sein.[46]

Die analoge Anwendung einer Rechtsnorm kommt in Betracht, soweit eine planwidrige Regelungslücke und eine vergleichbare Interessenlage des nicht geregelten mit dem geregelten Fall bestehen.[47]

Für die noch nicht anerkannte Stiftung findet sich keine Vorschrift, die die aktive und passive Parteifähigkeit ausdrücklich einräumt. Die Planwidrigkeit der Regelungslücke kommt in Betracht, wenn es bei Berücksichtigung des Falls einer Stiftung vor Anerkennung dafür eine gesetzliche Regelung gegeben hätte.

Wie unter aa) bereits gezeigt, besteht ein Bedürfnis für die passive Parteifähigkeit einer Stiftung vor Anerkennung besonders in den Fällen des § 80 Abs. 2 Satz 2 BGB (§ 84 BGB a.F.), sodass eine planwidrige Regelungslücke jedenfalls dann bejaht werden kann, wenn ohne die Zuerkennung (passiver) Parteifähigkeit die gerichtliche Durchsetzbarkeit eines Rechts vereitelt würde.[48]

---

46 Da sich seit 1.1.2024 die Parteifähigkeit des nicht eingetragenen Idealvereins ohne Rechtspersönlichkeit bzw. des nicht konzessionierten Wirtschaftsvereins ohne Rechtspersönlichkeit aus § 54 Abs. 1 BGB ergibt und es der Klarstellungsfunktion des ersatzlos weggefallenen § 50 Abs. 2 ZPO a.F. („Ein Verein, der nicht rechtsfähig ist, kann klagen und verklagt werden; in dem Rechtsstreit hat der Verein die Stellung eines rechtsfähigen Vereins.") nicht mehr bedarf (BT-Drs. 19/27635, 202), ist nicht mehr über eine analoge Anwendung des bisherigen § 50 Abs. 2 ZPO a.F., sondern des § 54 Abs. 1 BGB nachzudenken.

47 Statt aller, s. nur *Bartholomeyczik*, Kunst der Gesetzesauslegung, 83; *Larenz/Canaris*, Methodenlehre, 202 ff.

48 Vgl. *G. Roth*, in: MHdB GesR VII, § 96 Rn. 35.

Fraglich ist, ob die Interessenlage mit derjenigen beim Verein ohne Rechtspersönlichkeit vergleichbar ist.

Dafür scheint zu sprechen, dass dem nicht eingetragenen Idealverein bzw. dem nicht konzessionierten Wirtschaftsverein trotz fehlender Rechtspersönlichkeit eine Parteifähigkeit zuerkannt wird. Allerdings folgt das bei dem Verein ohne Rechtspersönlichkeit aus dem Umstand, dass dieser tatsächlich rechtsfähig ist. Schon nach bisheriger Rechtslage ging eine gewichtige Zahl von Stimmen in der Literatur von der Rechtsfähigkeit des nicht rechtsfähigen Vereins aus.[49] Nach neuer Rechtslage folgt die Anerkennung von Rechtsfähigkeit unmittelbar aus dem Gesetzeswortlaut, nämlich für den Idealverein ohne Rechtspersönlichkeit aus dem Umstand, dass er dem eingetragenen Verein gleichgestellt ist (§ 54 Abs. 1 Satz 1 BGB), für den Wirtschaftsverein ohne Rechtspersönlichkeit aus der Verweisung auf das Recht der GbR (§ 54 Abs. 1 Satz 2 BGB), die ihrerseits nach § 705 Abs. 2 BGB rechtsfähig ist.[50] Die Parteifähigkeit, die dem Verein ohne Rechtspersönlichkeit für den Aktiv- und Passivprozess verliehen wird, ist somit nichts anderes als die notwendige prozessrechtliche Konsequenz der Anerkennung von Rechtssubjektivität. Darüber hinaus sprechen die aufgenommene Tätigkeit und die körperschaftliche Verfasstheit des Vereins ohne Rechtspersönlichkeit gegenüber der werdenden Stiftung, die in der Errichtungsphase als Rechtsgebilde noch nicht existent ist, gleichfalls gegen eine Vergleichbarkeit der Interessenlagen.[51]

Die analoge Anwendung des § 54 Abs. 1 BGB zur Begründung aktiver und passiver Parteifähigkeit einer noch nicht anerkannten Stiftung scheidet aus.[52]

---

49 *Ellenberger*, in: Grüneberg, BGB, 82. Aufl. 2023, § 54 Rn. 2; *Hadding*, in: Soergel, BGB, § 54 Rn. 16; *ders.*, ZGR 2001, 712, 727 ff.; *Leuschner*, in: MüKo-BGB, § 54 Rn. 20; *K. Schmidt*, NJW 2001, 993, 1002; *Schwennicke*, in: Staudinger, BGB, Neubearbeitung 2019, § 54 Rn. 71 f.; *Westermann/Anzinger*, in: Erman, BGB, § 54 Rn. 1. Begründet wurde dies u.a. mit dem Verweis auf die ergänzende Anwendung der Vorschriften über die GbR in § 54 Satz 1 BGB a.F., der bedeute, dass der nicht rechtsfähige Verein ebenso wie die GbR als Gesamthand selbst Rechtsträger sei, zumal der nicht eingetragene Verein aufgrund seiner körperschaftlichen Organisation der juristischen Person näherstehe als die GbR als Personengesellschaft, *Ellenberger*, in: Grüneberg, BGB, 82. Aufl. 2023, § 54 Rn. 2; *Hadding*, in: Soergel, BGB, § 54 Rn. 16; *ders.*, ZGR 2001, 712, 729; *Jauernig*, NJW 2001, 2231, 2232; *Schwennicke*, in: Staudinger, BGB, Neubearbeitung 2019, § 54 Rn. 72.

50 *Ellenberger*, in: Grüneberg, BGB, § 54 Rn. 10; *Schöpflin*, in: BeckOK-BGB, § 54 Rn. 57; *ders.*, ZStV 2024, 95, 97; *Schwennicke*, in: Staudinger, BGB, § 54 Rn. 95; *Weth*, in: Musielak/Voit, ZPO, § 50 Rn. 27.

51 *G. Roth*, in: MHdB GesR VII, § 97 Rn. 6.

52 Im Ergebnis ebenso zur analogen Anwendung des § 50 Abs. 2 ZPO a.F. *G. Roth*, in: MHdB GesR VII, § 97 Rn. 6; a.A. LG Heidelberg NJW-RR 1991, 969; implizit auch *Jakob*, Schutz der Stiftung, 409.

(3) Dogmatischer Anknüpfungspunkt: Vergleich mit dem nasciturus

Zu klären bleibt die Möglichkeit, die Parteifähigkeit der Stiftung vor Anerkennung aus einem Vergleich mit den Bestimmungen über den nasciturus herzuleiten.

Für die Vergleichbarkeit von Stiftung und nasciturus sprechen die Regelungen des § 80 Abs. 2 Satz 2 BGB (§ 84 BGB a.F.) und § 1923 Abs. 2 BGB.[53] Gem. § 80 Abs. 2 Satz 2 BGB (§ 84 BGB a.F.) gilt die Stiftung für die Zuwendungen des Stifters als schon vor dessen Tod entstanden, wenn die Stiftung erst nach dem Tode des Stifters anerkannt wird; gem. § 1923 Abs. 2 BGB gilt als vor dem Erbfall geboren, wer zur Zeit des Erbfalls noch nicht lebte, aber bereits gezeugt war.

Die noch nicht anerkannte Stiftung unterliegt hinsichtlich der (letztwilligen) Zuwendungen des Stifters durch § 80 Abs. 2 Satz 2 BGB (§ 84 BGB a.F.) dem gleichen Wirkmechanismus wie der nasciturus in § 1923 Abs. 2 BGB hinsichtlich der Erbfähigkeit.[54] Beide Normen sind rechtstechnisch als Fiktionen zu qualifizieren, beide fingieren das Bestehen von Rechtssubjektivität vor dem tatsächlichen Erwerb der Rechtsfähigkeit, bei beiden vollzieht sich der Eintritt der zugestandenen Rechte aufschiebend bedingt, bei der Stiftung durch deren Anerkennung, beim nasciturus durch dessen Lebendgeburt; bis dahin besteht ein Schwebezustand.

Fraglich ist, inwiefern ein Vergleich mit dem nasciturus die potentielle Rechtssubjektivität der noch nicht anerkannten Stiftung voraussetzt. Diese Betrachtungsweise würde im Stiftungsrecht de facto der Annahme einer Vor-Stiftung nahekommen, die nach hier vertretener Ansicht abzulehnen ist.

Die bereits gezeugte, aber noch nicht geborene Leibesfrucht ist hinsichtlich der ihr qua Gesetzes eingeräumten Rechte[55] als Vorstufe zur natürlichen Person

---

53 So bereits der historische Gesetzgeber für die Stiftung von Todes wegen *Jakobs/Schubert*, Beratung BGB AT, 391; zudem *Damrau*, ZEV 2010, 12, 15; *Muscheler*, DNotZ 2003, 661, 669 ff.; *G. Roth*, in: MHdB GesR VII, § 97 Rn. 6; *Schwalm*, ZStV 2021, 10, 21. Aus der Regelung des § 80 Abs. 2 Satz 2 BGB (§ 84 BGB a.F.) lässt sich kein Argument für die Existenz einer Vor-Stiftung von Todes wegen herleiten, da sich die Fiktion auf das rückwirkende Bestehen der Stiftung zum Zwecke der Erbfähigkeit für die Zuwendungen des Stifters beschränkt, *Hüttemann*, in: FS Spiegelberger, 1292, 1297; ähnlich BFH DStRE 2015, 715, 721 Rn. 68.

54 *Weitemeyer*, in: MüKo-BGB, § 81 Rn. 65.

55 Neben § 1923 Abs. 2 BGB sind dies beispielsweise § 331 Abs. 2 BGB zum Vertrag zugunsten Dritter, § 844 Abs. 2 Satz 2 BGB zur Ersatzpflicht aus unerlaubter Handlung gegenüber unterhaltsberechtigten Dritten im Falle der Tötung des Unterhaltspflichtigen und § 2043 Abs. 2 BGB zum Ausschluss der Erbauseinandersetzung, vgl. die Aufstellung bei *Schöpflin*, in: BeckOGK-BGB, Stand: 01.01.2023, § 1810 Rn. 4.1 f. Ob über diese speziellen Regelungen hinaus eine beschränkte Rechtsfähigkeit des nas-

geschützt.[56] Sie ist dabei jedoch kein vollrechtsfähiges Rechtssubjekt, sondern ist einem Rechtssubjekt nur insoweit gleichgestellt, als es um die Wahrung der Rechtspositionen des erwarteten Kindes geht.[57] Dazu sollen über die bestehenden Regelungen hinaus auch diejenigen Tatbestände gehören, auf die sich ein bestimmtes Rechtsprinzip, das sich aus den normierten Rechten ergibt, erweitern lässt.[58] Hinsichtlich solcher Rechtspositionen ist der nasciturus dann parteifähig.[59]

Die Übertragung dieser Grundsätze auf das Stiftungsrecht ermöglicht es, der Stiftung die unter aufschiebender Bedingung der Anerkennung stehenden Rechte zuzuweisen, ohne auf das Rechtsinstitut der Vor-Stiftung zurückgreifen zu müssen. Aufgrund der dargestellten Gemeinsamkeiten mit dem nasciturus genießt bereits die noch nicht anerkannte Stiftung eigene Rechtsfähigkeit unterhalb der Schwelle einer organisatorischen Verselbständigung, soweit es um Rechte geht, die sich auf die künftige Stiftung als Empfängerin der Zuwendungen des Stifters beziehen; in diesem Rahmen ist die nicht anerkannte Stiftung bis zur Anerkennungsentscheidung auflösend bedingt parteifähig.[60]

---

citurus anzuerkennen ist, wird unterschiedlich beurteilt (dafür etwa OLG Schleswig NJW 2000, 1271, 1272; OLG München NJW-RR 2016, 902, 903 Rn. 14; *Ellenberger*, in: Grüneberg, BGB, § 1 Rn. 7; *Kannowski*, in: Staudinger, BGB, § 1 Rn. 15; *Leipold*, in: MüKo-BGB, § 1923 Rn. 31; dagegen *Behme*, in: BeckOGK-BGB, Stand: 01.05.2023, § 1 Rn. 6; *Müller-Christmann*, in: BeckOK-BGB, § 1923 Rn. 6).

56 OLG Schleswig NJW 2000, 1271, 1272; *Althammer*, in: Zöller, ZPO, § 50 Rn. 10.

57 *Spickhoff*, in: MüKo-BGB, § 1 Rn. 39.

58 So soll sich aus den §§ 331 Abs. 2, 1923 Abs. 2, 2108 und 2178 BGB das übergeordnete Prinzip ergeben, dass der nasciturus bei Rechtserwerb zu seinen Gunsten im Schuld-, Sachen- und Erbrecht den übrigen Rechtssubjekten gleichgestellt ist, *Spickhoff*, in: MüKo-BGB, § 1 Rn. 39.

59 *Hübsch/Kersting*, in: BeckOK-ZPO, § 50 Rn. 12; *Weth*, in: Musielak/Voit, ZPO, § 50 Rn. 16.

60 Vgl. *Muscheler*, DNotZ 2003, 661, 669; *ders.*, in: Andrick/Muscheler/Uffmann, Stiftungsrecht, § 81 BGB Rn. 119, wonach deshalb eine einstweilige Verfügung gegen die Rechtsposition der künftigen Stiftung gefährdende Verfügungsversuche des „Erben" bzw. Miterben beantragt und bei Vorhandensein von Feststellungsinteresse auf Feststellung der Erbberechtigung der künftigen Stiftung bzw. bei einer Stiftungsgründung unter Lebenden auf Feststellung der Rechte aus § 82a BGB geklagt werden könne. *Schwalm* sieht die werdende Stiftung als ein beschränkt rechtsfähiges Gebilde eigener Art, das man sich als juristisch personifizierten nasciturus vorstellen könne, ZStV 2021, 10, 22 f. – Zur Prozessfähigkeit der Stiftung vor Anerkennung, s. Teil 2.§ 1. A.II.1.b)aa).

(4) Zwischenergebnis

Vor Anerkennung der Stiftung durch die Stiftungsbehörde existiert nach hier vertretener Ansicht grundsätzlich kein verselbständigtes Rechtssubjekt in Form einer werdenden Stiftung.

Anhaltspunkte für das Bestehen einer wenigstens teilrechtsfähigen Vor-Stiftung ergeben sich weder aus einem Vergleich mit dem Gesellschaftsrecht noch aus der Vornahme des Stiftungsgeschäfts: ersteres nicht, weil das zur Bejahung der teilrechtsfähigen Vorgesellschaft herangezogene Konstrukt der Gesamthand als Träger von Rechten und Pflichten im Stiftungsrecht mangels personalen Substrats nicht greift; letzteres nicht, weil die Zuerkennung eigener Rechtsfähigkeit für das vom Stifter gewidmete Vermögen ohne eine endgültig rechtliche Verselbständigung ebendieser Vermögenswerte ebenfalls nicht in Betracht kommt.

Die Parteifähigkeit einer Stiftung vor Anerkennung ergibt sich deshalb auch nicht aus einer analogen Anwendung des § 54 Abs. 1 BGB.

Vielmehr lässt sie sich nach hier vertretener Ansicht dann aus einer vergleichenden Betrachtung mit den Regelungen über die Leibesfrucht herleiten, wenn der Stifter bei einer Stiftungserrichtung unter Lebenden oder von Todes wegen vor Anerkennung der Stiftung verstirbt.[61] Andernfalls ist bei Streitigkeiten in der Errichtungsphase die gerichtliche Durchsetzung der Rechtspositionen von dem Stifter oder den Stiftern oder im Fall eines Passivprozesses gegenüber dem Stifter oder den Stiftern zu betreiben.[62]

bb) Nach Auflösung oder Aufhebung der Stiftung

Anhaltspunkte für die Parteifähigkeit im Stadium nach Auflösung oder Aufhebung der Stiftung[63] liefern §§ 87c Abs. 2 Satz 2, 49 Abs. 2 BGB (§§ 88 Satz 3 a.F.,

---

61 Ähnlich, wenngleich in der Begründung nicht ganz eindeutig *Hof*, in: von Campenhausen/Richter, Stiftungsrechts-Handbuch, § 6 Rn. 275.

62 Bei einer Mehrheit von Stiftern sind diese notwendige Streitgenossen gem. § 62 Abs. 1 Alt. 2 ZPO, *Andrick*, in: Andrick/Muscheler/Uffmann, Stiftungsrecht, § 82 BGB Rn. 22; *G. Roth*, in: MHdB GesR VII, § 97 Rn. 10.

63 In Abkehr vom bisherigen Verständnis ist der Begriff der Beendigung unter Geltung der neuen Rechtslage nicht mehr Oberbegriff für die Auflösung bzw. Aufhebung einer Stiftung, sondern Schlusspunkt des Verfahrens, das nach einer entsprechenden Auflösungs- bzw. Aufhebungsentscheidung auf die Abwicklung der Stiftung gerichtet ist, s. klarstellend BT-Drs. 19/28173, 76: „Bei Stiftungen muss der Beendigung (…) immer eine Auflösung oder Aufhebung vorangehen. (…) § 87c BGB-neu bestimmt, wie eine aufgelöste oder aufgehobene Stiftung beendet wird."; ebenso *Winkler*, in: Andrick/Muscheler/Uffmann, Stiftungsrecht, Vor §§ 85 bis 87d BGB Rn. 7 Fn. 12; dies verkennend *Orth*, MDR 2021, 1304, 1310.

49 Abs. 2 BGB)[64]: Hiernach besteht die Stiftung bis zur Beendigung als Stiftung in Liquidation fort, soweit der Zweck der Liquidation es erfordert. Wird die Stiftung durch hoheitliche Aufhebung gem. § 87a BGB (§ 87 BGB a.F.) oder behördliche Genehmigung nach einem Auflösungsbeschluss der Stiftungsorgane beendet, führt dies jedenfalls nicht sofort, anders als es der Wortlaut des § 87c Abs. 1 Satz 1 BGB (§ 88 Satz 1 BGB a.F.) nahe legt, zum Erlöschen im Sinne einer Beendigung der Stiftung, sondern es schließt sich zunächst die Durchführung eines Liquidationsverfahrens mit Zweckänderung der Stiftung in Liquidation an, §§ 87c Abs. 2 Satz 2, 47 ff. BGB (§§ 88 Satz 3 a.F., 47 ff. BGB). Trotz der Änderung des Stiftungszwecks bildet die organisationsrechtliche Grundlage für die Stiftung in Liquidation das Stiftungsgeschäft der aufgehobenen bzw. aufgelösten Stiftung.[65] Aufgrund dieser Identität besitzt die Stiftung in Liquidation weiterhin die uneingeschränkte Fähigkeit, Trägerin von Rechten und Pflichten zu sein.[66]

---

64 Im Folgenden wird von einer nicht-fiskalen Anfallberechtigung ausgegangen.

65 Vgl. *D. Eckardt*, in: NK-BGB, § 47 Rn. 12, mit dem zusätzlichen Hinweis, dass es deshalb keiner Neugründung bedarf.

66 So zu Recht *Burgard*, Gestaltungsfreiheit, 645; *Hüttemann/Rawert*, in: Staudinger, BGB, § 88 Rn. 11; *K. W. Lange*, in: BeckOGK-BGB, Stand: 15.06.2023, § 88 Rn. 10; *Plottek*, Vermögensanfall, 181; *Richter*, in: Richter, Stiftungsrecht, § 9 Rn. 54; *G. Roth*, in: MHdB GesR VII, § 102 Rn. 3; *Schöpflin*, in: Andrick/Muscheler/Uffmann, Stiftungsrecht, § 87c BGB Rn. 14; *Weitemeyer*, in: MüKo-BGB, § 88 Rn. 5; ebenso für andere juristische Personen in Liquidation *D. Eckardt*, in: NK-BGB, § 47 Rn. 13; *Hadding*, in: Soergel, BGB, § 49 Rn. 11; *K. Schmidt*, AcP 184 (1984), 529, 532; *ders.*, Gesellschaftsrecht, 312; *Schöpflin*, in: BeckOK-BGB, § 49 Rn. 5. Dafür sprechen vor allem Aspekte des Verkehrsschutzes, *Burgard*, Gestaltungsfreiheit, 645; *Hadding*, in: Soergel, BGB, § 49 Rn. 11; *Könen*, in: BeckOGK-BGB, Stand: 01.04.2024, § 49 Rn. 7; *Plottek*, Vermögensanfall, 181; *Schöpflin*, in: BeckOK-BGB, § 49 Rn. 5. So dürfte es für einen Vertragspartner, der mit der Stiftung in Liquidation ein Rechtsgeschäft abschließt, häufig nicht zweifelsfrei erkennbar sein, ob es vom Liquidationszweck gedeckt ist oder nicht. Die aus der Überschreitung des Zwecks folgende Unwirksamkeit des betreffenden Rechtsgeschäfts verschiebt die damit verbundenen Risiken unbilligerweise zulasten der Allgemeinheit, vgl. *D. Eckardt*, in: NK-BGB, § 47 Rn. 13; *Könen*, in: BeckOGK-BGB, Stand: 01.04.2024, § 49 Rn. 7; *K. Schmidt*, Gesellschaftsrecht, 312. Dogmatisch erscheint es vorzugswürdig, die im Wortlaut der §§ 87c Abs. 2 Satz 2, 49 Abs. 2 BGB (§§ 88 Satz 3 a.F., 49 Abs. 2 BGB) angedeutete Begrenzung durch den Liquidationszweck lediglich auf (interne) Geschäftsführungsmaßnahmen und die korrespondierende Geschäftsführungsbefugnis der Liquidatoren im Innenverhältnis zur Stiftung in Liquidation zu beziehen, die Rechtsfähigkeit der Stiftung in Liquidation aber nicht zu beschränken. Für diese Begrenzung *Burgard*, Gestaltungsfreiheit, 647; *Richter*, in: Richter, Stiftungsrecht, § 9 Rn. 59; vgl. auch *D. Eckardt*, in: NK-BGB,

Sind zur Abwicklung der laufenden Geschäfte neue Rechtsstreitigkeiten vor Gericht zu führen, ist die Stiftung in Liquidation rechtsfähig und damit aktiv und passiv parteifähig.[67] Dasselbe gilt für Prozesse zu liquidationsfremden Zwecken. Derartige Klagen mit nichtvermögensrechtlichen Streitgegenständen sind nicht wegen fehlender Parteifähigkeit durch Prozessurteil als unzulässig abzuweisen.[68] Klagen, die bereits mit Eintritt der Stiftung in das Liquidationsstadium anhängig waren, werden wegen der Identität mit der rechts- und parteifähigen Stiftung in Liquidation nicht unterbrochen.[69]

Erst mit Beendigung der Stiftung in Liquidation entfallen Rechts- und Parteifähigkeit.[70] Für die Beendigung ist gem. §§ 87c Abs. 2 Satz 2, 49 Abs. 1 Satz 1 BGB

§ 48 Rn. 8; *Hadding*, in: Soergel, BGB, § 49 Rn. 1, 11; *Schwennicke*, in: Staudinger, BGB, § 49 Rn. 28; zudem *Plottek*, Vermögensanfall, 184; *Schöpflin*, in: BeckOK-BGB, § 48 Rn. 3. – Die a.A. (RG JW 1936, 2651; BGHZ 96, 253, 254 = NJW 1986, 1604; BGH NJW-RR 2001, 1552, 1553; OLG Koblenz NZG 2002, 135, 136; *Ebersbach*, Stiftungsrecht, 148; *Ellenberger*, in: Grüneberg, BGB, § 49 Rn. 2; *Steffen*, in: RGRK-BGB, § 49 Rn. 4; *Westermann*, in: Erman, BGB, § 49 Rn. 4) erblickt in dem Wortlaut der §§ 87c Abs. 2 Satz 2, 49 Abs. 2 BGB (§§ 88 Satz 3 a.F., 49 Abs. 2 BGB) hingegen die Anordnung einer auf den Liquidationszweck beschränkten Rechtsfähigkeit.

67 *Althammer*, in: Zöller, ZPO, § 50 Rn. 4; *Bendtsen*, in: Saenger, ZPO, § 50 Rn. 18; *Hüßtege*, in: Thomas/Putzo, ZPO, § 50 Rn. 3; *Lindacher/Hau*, in: MüKo-ZPO, § 50 Rn. 13; *Weth*, in: Musielak/Voit, ZPO, § 50 Rn. 18; vgl. zudem RGZ 134, 91, 94; BAG NJW 1988, 2637; *D. Eckardt*, in: NK-BGB, § 47 Rn. 24f.

68 Nach hier vertretener Ansicht handeln die Liquidatoren bei einer derartigen Klageerhebung für die rechtsfähige Stiftung in Liquidation zwar mit Vertretungsmacht, sie überschreiten aber im Innenverhältnis die auf den Liquidationszweck einer vermögensrechtlichen Abwicklung beschränkte, durch §§ 87c Abs. 2 Satz 2, 49 Abs. 1 BGB (§§ 88 Satz 3 a.F., 49 Abs. 1 BGB) konkretisierte Geschäftsführungsbefugnis, sodass sie sich der Stiftung in Liquidation gegenüber wegen pflichtwidriger Geschäftsführung aus dem organschaftlichen Rechtsverhältnis schadensersatzpflichtig machen.

69 Ebenso für den Liquidationsverein *D. Eckardt*, in: NK-BGB, § 47 Rn. 24; *Ellenberger*, in: Grüneberg, BGB, § 49 Rn. 1; *Könen*, in: BeckOGK-BGB, Stand: 01.04.2024, § 49 Rn. 8; *Leuschner*, in: MüKo-BGB, Vor § 41 Rn. 38; *Steffen*, in: RGRK-BGB, § 49 Rn. 4. Die Einschränkung, liquidationsfremde Prozesse nicht fortzuführen, ergibt sich erneut aus den Geschäftsführungsaufgaben der Liquidatoren im Innenverhältnis zur Stiftung in Liquidation, nicht aber aus fehlender Parteifähigkeit, vgl. *Ellenberger*, in: Grüneberg, BGB, § 49 Rn. 1; *Könen*, in: BeckOGK-BGB, Stand: 01.04.2024, § 49 Rn. 8; *Leuschner*, in: MüKo-BGB, Vor § 41 Rn. 38. Sie sind durch Erledigungserklärung der Liquidatoren zu beenden, *D. Eckardt*, in: NK-BGB, § 47 Rn. 25; *Hadding*, in: Soergel, BGB, § 49 Rn. 4; *Könen*, in: BeckOGK-BGB, Stand: 01.04.2024, § 49 Rn. 27.

70 *Althammer*, in: Zöller, ZPO, § 50 Rn. 4; *Bendtsen*, in: Saenger, ZPO, § 50 Rn. 18; *Hübsch/Kersting*, in: BeckOK-ZPO, § 50 Rn. 16; *Hüßtege*, in: Thomas/Putzo, ZPO, § 50 Rn. 3; *Jacoby*, in: Stein/Jonas, ZPO, § 50 Rn. 42; *Lindacher/Hau*, in: MüKo-ZPO,

(§§ 88 Satz 3 a.F., 49 Abs. 1 Satz 1 BGB) auf den Zeitpunkt abzustellen, an dem kein Abwicklungsbedarf mehr besteht, weil die laufenden Geschäfte beendigt, die Forderungen eingezogen wurden, das übrige Vermögen in Geld umgesetzt wurde, die Gläubiger befriedigt wurden und das verbliebene Stiftungsvermögen an die Anfallberechtigten übertragen wurde.[71] Eine Beendigung scheidet richtigerweise aus, solange die Stiftung in Liquidation im Aktivprozess das Bestehen eines Vermögensrechts geltend macht, weil die Titulierung eines derartigen Anspruchs im Falle des Obsiegens vermögens- und somit abwicklungsrelevant wäre.[72] Selbiges gilt für einen Passivprozess dann, wenn die Klägerseite das Vorhandensein verwertbaren Vermögens bei der Stiftung in Liquidation als Beklagter substantiiert behauptet.[73] Einer Beendigung der vermeintlich vermögenslosen Stiftung

§ 50 Rn. 14; *Richter*, in: Richter, Stiftungsrecht, § 9 Rn. 86; *Weth*, in: Musielak/Voit, ZPO, § 50 Rn. 18; vgl. außerdem BGHZ 74, 212, 213 = NJW 1979, 1592; BGH NJW 1982, 238; OLG Frankfurt a.M. NJW-RR 1991, 318, 319; OLG Koblenz ZIP 1998, 967; *D. Eckardt*, in: NK-BGB, § 47 Rn. 26; *Ellenberger*, in: Grüneberg, BGB, § 49 Rn. 3; *Fischer*, in: MHdB GesR VII, § 15 Rn. 32; *Hadding*, in: Soergel, BGB, § 49 Rn. 14.

71 Auf die Frage, ob es für eine Beendigung neben der Vermögenslosigkeit der juristischen Person in Liquidation auch auf die konstitutive Löschungseintragung im Register ankommt, wie es die Lehre vom Doppeltatbestand im Kapitalgesellschaftsrecht (grundlegend *K. Schmidt*, GmbHR 1988, 209, 211) und nach einer im Vordringen befindlichen Ansicht auch für das Vereinsrecht fordert (s. nur *Könen*, in: BeckOGK-BGB, Stand: 01.04.2024, § 49 Rn. 13), ist für die Stiftung mangels konstitutiver Stiftungsregistereintragung auch nach Einführung eines Stiftungsregisters mit Publizitätswirkung ohne Relevanz.

72 *Althammer*, in: Zöller, ZPO, § 50 Rn. 5; *Bendtsen*, in: Saenger, ZPO, § 50 Rn. 18; *Gehrlein*, in: Prütting/Gehrlein, ZPO, § 50 Rn. 18; *Hübsch/Kersting*, in: BeckOK-ZPO, § 50 Rn. 17; *Jacoby*, in: Stein/Jonas, ZPO, § 50 Rn. 44; *Lindacher/Hau*, in: MüKo-ZPO, § 50 Rn. 15; *Richter*, in: Richter, Stiftungsrecht, § 9 Rn. 88; *Vogt-Beheim*, in: Anders/Gehle, ZPO, § 50 Rn. 34; *Weth*, in: Musielak/Voit, ZPO, § 50 Rn. 18; ebenso für andere juristische Personen in Liquidation RGZ 134, 91, 94; BGHZ 48, 303, 307 = NJW 1968, 297; BGHZ 75, 178, 182 f. = NJW 1980, 233; BGH NJW-RR 1986, 394; BGH NJW-RR 1995, 1237; BGH NJW-RR 2011, 115, 116 Rn. 22; OLG Frankfurt a.M. NJW-RR 1991, 318; OLG Hamm NJW-RR 1996, 1375, 1376; OLG München BeckRS 2006, 05853; *Bork*, JZ 1991, 841, 846; *D. Eckardt*, in: NK-BGB, § 47 Rn. 27; *Hadding*, in: Soergel, BGB, § 49 Rn. 14; *Könen*, in: BeckOGK-BGB, Stand: 01.04.2024, § 49 Rn. 17; *K. Schmidt*, Gesellschaftsrecht, 318; *Schwennicke*, in: Staudinger, BGB, § 49 Rn. 43. Der Vortrag des Klägers ist in diesen Fällen eine doppelrelevante Tatsache, mit der nicht nur die Begründetheit der Klage, sondern zugleich deren Zulässigkeit (hinsichtlich der Parteifähigkeit) gerechtfertigt werden soll.

73 *Althammer*, in: Zöller, ZPO, § 50 Rn. 4a; *Jacoby*, in: Stein/Jonas, ZPO, § 50 Rn. 42; *Lindacher/Hau*, in: MüKo-ZPO, § 50 Rn. 15; *Weth*, in: Musielak/Voit, ZPO, § 50 Rn. 18;

in Liquidation, die zum Verlust der Parteifähigkeit führt, steht auch ohne ein derartiges Vorbringen des Klägers der durch die gerichtliche Kostenentscheidung im Falle des Obsiegens aufschiebend bedingte Kostenerstattungsanspruch gegen den Kläger aus § 91 ZPO entgegen.[74] Gilt nämlich hinsichtlich der Parteifähigkeit als Prozessvoraussetzung gem. § 56 Abs. 1 ZPO der Grundsatz der Amtsprüfung, muss schon mit Rücksicht auf den etwaigen Kostenerstattungsanspruch von weiterem vermögenswertem Abwicklungsbedarf ausgegangen werden, was während der Anhängigkeit des Prozesses bis zur Entscheidung in der Hauptsache gegen die Beendigung der Stiftung in Liquidation spricht.[75] Auch die Erhebung einer Widerklage, mit der die beklagte Stiftung in Liquidation den Kläger im selben Verfahren verklagt, spricht bei einem vermögensrechtlichen Streitgegenstand der Widerklage gegen deren Vermögenslosigkeit.[76] In diesen Fällen bleibt die Stiftung in Liquidation bis zum Abschluss des jeweiligen Prozesses aktiv bzw. passiv parteifähig.

Umstritten ist hingegen, wie es sich auf die Parteifähigkeit der Stiftung in Liquidation auswirkt, wenn während eines Passivprozesses über einen nichtvermögensrechtlichen Streitgegenstand die Stiftung in Liquidation wegen abgeschlossener Liquidation vermögenslos wird.

---

für andere juristische Personen in Liquidation BGHZ 48, 303, 307 = NJW 1968, 297; BGH NJW-RR 2011, 115, 116 Rn. 22; OLG München NZG 2017, 1071, 1072 Rn. 20; *Bork*, JZ 1991, 841, 848; *Schwennicke*, in: Staudinger, BGB, § 49 Rn. 41. Hierfür kann allerdings nicht bereits das Einklagen eines vermögensrechtlichen Anspruchs als solches genügen, weil diesem Begehren nicht die (konkludente) Behauptung entnommen werden kann, dass der Anspruch auch realisierbar ist, *Bork*, JZ 1991, 841, 848. Vielmehr müssen vom Kläger etwa konkrete Sachwerte aufgezeigt werden. Dazu kann auch ein Ersatzanspruch der juristischen Person in Liquidation gegen die Liquidatoren wegen ordnungswidriger Liquidation gehören, OLG München NZG 2017, 1071, 1072 Rn. 20.

74 Ebenso für andere juristische Personen in Liquidation BGH NJW-RR 1986, 394; BGHZ 159, 94, 101 = NJW 2004, 2523; OLG Koblenz ZIP 1998, 967, 968.

75 Vgl. BGH NJW-RR 1986, 394; *Bork*, JZ 1991, 841, 849; *Hadding*, in: Soergel, BGB, § 49 Rn. 14; *Hübsch/Kersting*, in: BeckOK-ZPO, § 50 Rn. 17; a.A. BGH NJW 1982, 238. *Theil*, JZ 1979, 567, 567 f. macht geltend, dass generell nicht von einer (Voll-) Beendigung ausgegangen werden könne, solange noch Passivprozesse schweben, weil noch gar nicht feststehe, welches Vermögen zur Verteilung anstehen wird. Im Aktivprozess dürfte es hingegen nicht genügen, zur Begründung der Parteifähigkeit den (potentiellen) Kostenerstattungsanspruch der Stiftung in Liquidation als (einzigen) Vermögenswert heranzuziehen, weil das Bestehen dieses Anspruchs bereits die Zulässigkeit der Klage voraussetzt, vgl. *Bork*, JZ 1991, 841, 848.

76 Für die GmbH in Liquidation *Bork*, JZ 1991, 841, 849.

Denkbar ist zunächst, dass dies die Beendigung der Stiftung in Liquidation nach sich zieht, wenn keinerlei Anhaltspunkte für verwertbares Vermögen mehr bestehen, sodass die Stiftung in Liquidation für den anhängigen Prozess die Rechts- und Parteifähigkeit verliert.[77] Dafür spricht, dass es bei der Liquidation um die Abwicklung der Vermögensverhältnisse geht, somit bereits begriffsnotwendig Vermögenswerte vorliegen müssen. Für den Nichteintritt der Beendigung wegen einer nichtvermögensrechtlichen Streitigkeit scheint es schon vom Wortlaut der §§ 87c Abs. 2 Satz 2, 49 Abs. 1, 2 BGB (§§ 88 Satz 3 a.F., 49 Abs. 1, 2 BGB) her keinen Anlass zu geben.[78] Andererseits ist nicht zu verkennen, dass die Liquidation primär der Gläubigerbefriedigung dient.[79] Ist die Liquidation wegen ihrer Ordnungsfunktion dafür rechtliches Mittel der Wahl, erscheint es sachgerecht, neben den Gläubigern vermögensbezogener Ansprüche die Gläubiger nichtvermögensrechtlicher Ansprüche ebenfalls zu erfassen.[80] Dies gilt jedenfalls insoweit, als tatsächlich ein schützenswerter Gläubigerbelang betroffen ist, der außerhalb des Liquidationsverfahrens nicht mehr durchzusetzen wäre. Diese Ansicht widerspricht auch nicht dem Wortlaut der §§ 87c Abs. 2 Satz 2, 49 Abs. 1, 2 BGB (§§ 88 Satz 3 a.F., 49 Abs. 1, 2 BGB): Ist der nichtvermögensrechtliche Abwicklungsbedarf nämlich vom Liquidationszweck gedeckt, tritt wegen des anhängigen Passivprozesses noch gar keine Beendigung der Stiftung in Liquidation ein, die den Verlust von Rechts- und Parteifähigkeit nach sich ziehen könnte. Somit ist richtigerweise von der Parteifähigkeit der Stiftung in Liquidation trotz der ein-

---

77 Vgl. BGHZ 74, 212, 213 = NJW 1979, 1592. Der Entscheidung des BGH kann nach zutreffender Auffassung (*Theil*, JZ 1982, 373, 374; a.A. BAG NJW 1982, 1831; *Westermann*, in: Erman, BGB, § 47 Rn. 1) nicht die Aussage entnommen werden, der Eintritt der Vermögenslosigkeit führe nur bei vermögensrechtlichen Leistungsklagen gegen die juristische Person in Liquidation zur Unzulässigkeit. Dass in der Entscheidung gleichzeitig ein nichtvermögensrechtlicher Feststellungsantrag unzulässig wurde, bezeugt vielmehr, dass nach Ansicht des BGH die Parteifähigkeit in jedem Prozess an das Vorliegen verwertbaren Vermögens geknüpft ist. Ebenso BGH NJW 2015, 2424, 2425 Rn. 19.

78 Vgl. BGHZ 74, 212, 213 = NJW 1979, 1592.

79 BAG NJW 1982, 1831; *D. Eckardt*, in: NK-BGB, § 49 Rn. 6; *H. Schmidt*, Vollbeendigung, 7; *K. Schmidt*, Gesellschaftsrecht, 311; *Theil*, JZ 1979, 567.

80 Ebenso *Könen*, in: BeckOGK-BGB, Stand: 01.04.2024, § 47 Rn. 17; *H. Schmidt*, Vollbeendigung, 123. Auch nach der im Gesellschaftsrecht vertretenen Lehre vom erweiterten Doppeltatbestand kommt eine (Voll-)Beendigung der Gesellschaft nur in Betracht, wenn neben der Löschung im Register und tatsächlicher Vermögenslosigkeit kein anderweitiger Abwicklungsbedarf der Gesellschaft mehr besteht (s. nur *H. Schmidt*, Vollbeendigung, 129 ff.).

getretenen Vermögenslosigkeit in Passivprozessen weiterhin auszugehen, wenn der nichtvermögensrechtliche Streitgegenstand deshalb einen Abwicklungsbedarf begründet, weil ein schützenswertes Gläubigerinteresse besteht.[81]

Selbiges wird man für einen Aktivprozess der Stiftung in Liquidation sagen müssen, wenn der nichtvermögensrechtliche Streitgegenstand für die Gläubiger von Interesse ist.[82] Nichtvermögenrechtliche Ansprüche, die nur die Stiftung in Liquidation berühren, etwa bei einer Beseitigungs- und Unterlassungsklage wegen der Beeinträchtigung von Stiftungseigentum, hindern die Beendigung der Stiftung in Liquidation hingegen nicht, sie erlöschen mit ihr. Für den korrespondierenden Aktiv- oder Passivprozess entfällt die Rechts- und damit die Parteifähigkeit.[83]

Entscheidend ist somit weniger die Parteirolle der Stiftung in Liquidation, als vielmehr der Streitgegenstand des konkreten Prozesses.

c) Zwischenergebnis

Die Parteifähigkeit einer Stiftung bemisst sich wie für alle natürlichen und juristischen Personen nach § 50 ZPO: Während ihrer Existenz ist sie rechts- und damit parteifähig. Auch nach ihrer Auflösung oder Aufhebung bleibt sie bis zur vollständigen Liquidation parteifähig. Nach hier vertretener Ansicht gilt dies aufgrund einer vergleichenden Betrachtung mit den Bestimmungen über den nasciturus ebenso bereits für die Phase vor Anerkennung, wenn der Streitgegen-

---

81 Vgl. BAG NJW 1982, 1831: Feststellung, dass die außerordentliche Kündigung eines Arbeitnehmers wegen Vertragsverletzung unwirksam ist, und Geltendmachung eines Zeugnisanspruchs; das Gleiche sowohl für Leistungs- als auch für Feststellungsklagen annehmend *Theil*, JZ 1982, 373, 374; ferner *Könen*, in: BeckOGK-BGB, Stand: 01.04.2024, § 49 Rn. 18; *Lindacher/Hau*, in: MüKo-ZPO, § 50 Rn. 15; *Richter*, in: Richter, Stiftungsrecht, § 9 Rn. 88; *H. Schmidt*, Vollbeendigung, 7; *Westermann*, in: Erman, BGB, § 47 Rn. 1. Teilweise wird von Stimmen aus der Literatur gefordert, dies nur dann anzuerkennen, wenn durch das Urteil das Interesse des Klägers unmittelbar befriedigt wird, etwa bei einem Feststellungsurteil, weil ansonsten mangels Vollstreckbarkeit des Urteils nach (Voll-)Beendigung das Rechtsschutzbedürfnis der Klage fehle, vgl. *Könen*, in: BeckOGK-BGB, Stand: 01.04.2024, § 49 Rn. 18; *Leuschner*, in: MüKo-BGB, Vor § 41 Rn. 39; a.A. *H. Schmidt*, Vollbeendigung, 110.

82 *Bork*, JZ 1991, 841, 847, nennt für die GmbH in Liquidation das Beispiel einer Auskunftsklage. Ein sonstiger, nichtvermögensrechtlicher Abwicklungsbedarf bestehe aber nicht bereits deshalb, weil eine nichtvermögensrechtliche Streitigkeit vorliegt oder überhaupt ein Prozess geführt wird, der noch zu Ende zu bringen ist; *H. Schmidt*, Vollbeendigung, 125.

83 Vgl. RG JW 1936, 2651, 2652: Rechtsstreit um die Ehrverletzung eines in Liquidation befindlichen Vereins; *D. Eckardt*, in: NK-BGB, § 47 Rn. 26.

stand die Grundlagen der künftigen Stiftung als Empfängerin der Zuwendungen des Stifters betrifft.

Für die Parteifähigkeit ergibt sich auf diese Weise ein konsistentes System ohne Regelungslücken.

2. *Verwaltungsgerichtsbarkeit: Beteiligtenfähigkeit*

Der Parteifähigkeit entspricht im Verwaltungsprozess die Sachurteilsvoraussetzung der Beteiligtenfähigkeit, § 61 VwGO. Diese Regelung knüpft systematisch an die Bestimmung zu den tatsächlich am Prozess Beteiligten nach § 63 VwGO an.[84]

Ebenso wie die Parteifähigkeit gem. § 50 ZPO folgt die Beteiligtenfähigkeit grundsätzlich der Rechtsfähigkeit, sodass die Stiftung als juristische Person des Privatrechts gem. § 61 Nr. 1 Alt. 2 VwGO beteiligtenfähig ist.[85]

Da sich Streitigkeiten in der Errichtungsphase der Stiftung in verwaltungsprozessualer Hinsicht auf die Anerkennungsentscheidung der zuständigen Stiftungsbehörde beschränken dürften, ist für die Beteiligtenfähigkeit in erster Linie auf den oder die Stifter, hilfsweise auf dessen oder deren Erben als natürliche Personen gem. § 61 Nr. 1 Alt. 1 VwGO abzustellen, soweit es um die Versagung der Anerkennung geht. Für die Beteiligtenfähigkeit der werdenden Stiftung besteht hingegen in verwaltungsprozessualer Hinsicht kein Bedürfnis, da die vorstehend genannten Streitfälle nicht die Klagegegnereigenschaft der werdenden Stiftung voraussetzen; sie ist somit in Übereinstimmung mit den zur Parteifähigkeit entwickelten Leitsätzen bereits aus diesem Grund abzulehnen. Wird Rechtsschutz gegen einen stiftungsbehördlichen Widerruf der Anerkennung ersucht,[86] ist die Stiftung selbst als Klägerin in einem

---

84 *Bier/Steinbeiß-Winkelmann*, in: Schoch/Schneider, VwGO, § 61 Rn. 2; *Czybulka/ Siegel*, in: Sodan/Ziekow, VwGO, § 61 Rn. 2; *Hoppe*, in: Eyermann, VwGO, § 61 Rn. 1; *Kintz*, in: BeckOK-VwGO, § 61 Rn. 1; *W.-R. Schenke*, in: Kopp/Schenke, VwGO, § 61 Rn. 4.

85 Etwas anderes gilt für die unselbständigen Stiftungen, die keine eigenständigen Rechtssubjekte sind und denen in der Konsequenz die Beteiligtenfähigkeit für den Verwaltungsrechtsstreit fehlt, BVerwG npoR 2014, 243, 244, mit zustimmender Anmerkung *Rawert*, 245.

86 Zu einem Fall mit entsprechendem Streitgegenstand (wenngleich terminologisch als Stiftungsgenehmigung) BVerwGE 29, 314 = NJW 1969, 339. Das Gericht entschied, dass mit dem Charakter der Anerkennungsentscheidung als statusbegründender Verwaltungsakt eine Rücknehmbarkeit mit Wirkung ex tunc nicht zu vereinbaren sei. Dem ist zuzustimmen, da insoweit § 87a BGB (§ 87 BGB a.F.) den §§ 48 ff. VwVfG als lex specialis vorgeht, *Burgard*, in: Burgard, Stiftungsrecht, § 87a BGB Rn. 27; *Hüttemann/Rawert*, in: Staudinger, BGB, § 87 Rn. 7; *Weitemeyer*, in: MüKo-BGB, § 87 Rn. 9.

solchen gerichtlichen Verfahren nach allgemeinen Grundsätzen gem. § 61 Nr. 1 Alt. 2 VwGO beteiligtenfähig, da die Erhebung einer Anfechtungsklage aufschiebende Wirkung gem. § 80 Abs. 1 Satz 1 VwGO hat, sodass die Stiftung bis zu einer ihr nachteiligen rechtskräftigen Entscheidung als Rechtssubjekt fortbesteht.[87]

Der Gleichlauf von Beteiligtenfähigkeit und Parteifähigkeit gilt ebenso in der Beendigungsphase der Stiftung. Solange eine Stiftung trotz Aufhebung oder Auflösung noch nicht beendet ist, besteht sie als juristische Person fort, ist weiterhin rechtsfähig und somit im Verwaltungsprozess beteiligtenfähig.[88] Um Wertungswidersprüche zu vermeiden, sind die im Rahmen der Parteifähigkeit aufgestellten Grundsätze zum Eintritt der Beendigung bei einer Stiftung in Liquidation auf den Verwaltungsrechtsstreit und die Beteiligtenfähigkeit zu übertragen. Gibt es mithin Anhaltspunkte für verwertbares Vermögen, und sei es durch das Vorbringen einer Partei im Prozess, kann nicht von vollständiger Vermögenslosigkeit, die den Verlust der Beteiligtenfähigkeit nach sich zieht, ausgegangen werden.[89] Hierzu kann auch ein Prozess zur Durchsetzung öffentlich-rechtlicher Ansprüche jedenfalls dann gehören, wenn es sich um Abwicklungsansprüche handelt.[90]

---

87 BVerwGE 29, 314, 315 = NJW 1969, 339. Auch bei Anordnung der sofortigen Vollziehung nach § 80 Abs. 2 Satz 1 Nr. 4 VwGO wird man die Beteiligtenfähigkeit anzunehmen haben, da es um die Existenz der Stiftung geht.

88 Vgl. *K. W. Lange*, in: BeckOGK-BGB, Stand: 15.06.2023, § 87 Rn. 45; *Richter*, in: Stiftungsrecht, § 9 Rn. 53. Ebenso für die GmbH in Liquidation VG Köln BeckRS 2013, 51593; VG München BeckRS 2016, 47080; *Bier/Steinbeiß-Winkelmann*, in: Schoch/Schneider, VwGO, § 61 Rn. 4; *Kintz*, in: BeckOK-VwGO, § 61 Rn. 5; zudem OVG Münster NVwZ 1995, 1228, 1229; VGH Mannheim BeckRS 2022, 15469 Rn. 104. – Für den Rechtsschutz gegen eine aufsichtsbehördliche Aufhebungsverfügung (dazu ausführlich unter Teil 2.§ 2.B.II.3.b)) ergibt sich die uneingeschränkte Rechtsfähigkeit und damit Beteiligtenfähigkeit der Stiftung bereits aus der aufschiebenden Wirkung von gegen die Verfügung gerichteten Widerspruch und Anfechtungsklage (§ 80 Abs. 1 Satz 1 VwGO), OLG Hamm NJW-RR 1995, 120, 121; *Backert*, in: BeckOK-BGB, § 87 Rn. 4; *Ellenberger*, in: Grüneberg, BGB, § 87a Rn. 1; *Gantenbrink*, in: Werner/Saenger/Fischer, Die Stiftung, § 23 Rn. 42; *Hüttemann/Rawert*, in: Staudinger, BGB, § 87 Rn. 23; *Jakob/Picht/Kopp*, in: BeckOGK-BGB, Stand: 01.12.2023, § 83 Rn. 64.1; *Mecking*, in: MHdB GesR V, § 103 Rn. 66; *Richter*, in: Richter, Stiftungsrecht, § 9 Rn. 43; *Schwarz van Berk/Fischer*, in: MHdB GesR V, § 101 Rn. 7; *Suerbaum*, in: Stumpf/Suerbaum/Schulte/Pauli, StiftR, B § 87 Rn. 24; *Weitemeyer*, in: MüKo-BGB, § 87 Rn. 19.

89 OVG Münster NVwZ 1995, 1228, 1229; OVG Koblenz NVwZ-RR 2014, 906 Rn. 3; VGH Mannheim BeckRS 2014, 58485 Rn. 25; VGH Mannheim BeckRS 2022, 15469 Rn. 104; *Kintz*, in: BeckOK-VwGO, § 61 Rn. 5.

90 Vgl. OVG Koblenz NVwZ-RR 2014, 906 Rn. 3; VG Gelsenkirchen BeckRS 2014, 58027.

II. Prozessfähigkeit der Stiftung bürgerlichen Rechts

1. Ordentliche Gerichtsbarkeit

a) Begriff und Anforderungen gem. §§ 51, 52 ZPO

Eine weitere Voraussetzung, die erfüllt sein muss, damit bei einer Klage vor den ordentlichen Gerichten eine Entscheidung in der Sache getroffen werden kann, ist die Prozessfähigkeit der am Rechtsstreit beteiligten Parteien.

Als Prozessfähigkeit wird die Fähigkeit einer Partei bezeichnet, einen Rechtsstreit zu führen und Prozesshandlungen entweder selbst oder durch einen selbst bestellten Vertreter wirksam vor- oder entgegenzunehmen.[91]

Die in § 51 Abs. 1 ZPO angesprochene „Fähigkeit einer Partei, vor Gericht zu stehen", also die Prozessfähigkeit, richtet sich mangels diesbezüglicher Vorschriften im bürgerlichen Recht nach § 52 ZPO. Hiernach ist eine Person insoweit prozessfähig, als sie sich durch Verträge verpflichten kann. Mithin besteht ein Gleichlauf zwischen Prozessfähigkeit und Geschäftsfähigkeit.[92]

Juristischen Personen und damit auch Stiftungen selbst fehlt grundsätzlich die Geschäftsfähigkeit, sodass ihre Prozessfähigkeit sich nicht über § 52 ZPO begründen lässt. In Fällen von Prozessunfähigkeit sieht § 51 Abs. 1 ZPO die gesetzliche Vertretung der Partei vor, wobei sich die Person des gesetzlichen Vertreters sowie die Voraussetzungen und der Umfang der Vertretungsmacht qua Verweis erneut nach materiellem Recht richten.[93]

Im Stiftungsrecht ist der Vorstand gem. § 84 Abs. 2 Satz 1 Hs. 1 BGB (§§ 86 Satz 1 a.F., 26 Abs. 1 Satz 2 Hs. 1 BGB) zur gerichtlichen Vertretung der Stiftung in allen Verfahren berufen.[94] Problematisch erscheint dies vor dem Hintergrund,

---

91 *Althammer*, in: Zöller, ZPO, § 52 Rn. 1; *Gehrlein*, in: Prütting/Gehrlein, ZPO, § 51 Rn. 1; *Ghassemi-Tabar*, in: MHdB GesR VII, § 7 Rn. 12; *Hübsch/Kersting*, in: BeckOK-ZPO, § 51 Rn. 1; *Hüßtege*, in: Thomas/Putzo, ZPO, § 51 Rn. 2; *Jacoby*, in: Stein/Jonas, ZPO, § 51 Rn. 1. Sie ist ebenso wie die Parteifähigkeit nicht nur Prozess-, sondern gerade auch Prozesshandlungsvoraussetzung, *Weth*, in: Musielak/Voit, ZPO, § 51 Rn. 2.

92 *Jacoby*, in: Stein/Jonas, ZPO, § 51 Rn. 3; *Lindacher/Hau*, in: MüKo-ZPO, § 52 Rn. 3; *Schwarz van Berk/Fischer*, in: MHdB GesR V, § 101 Rn. 2; *Vogt-Beheim*, in: Anders/Gehle, ZPO, § 51 Rn. 7.

93 *Ghassemi-Tabar*, in: MHdB GesR VII, § 7 Rn. 14; *Hübsch/Kersting*, in: BeckOK-ZPO, § 51 Rn. 4; *Lindacher/Hau*, in: MüKo-ZPO, §§ 51, 52 Rn. 16; *Weth*, in: Musielak/Voit, ZPO, § 51 Rn. 3.

94 Die Regelung zum Vorstand als Vertretungsorgan der Stiftung ist zwingend, der Stifter kann hiervon in der Satzung nicht rechtswirksam abweichen, s. nur *Gollan*, in: Rich-

dass die Stiftung ihre Willens- und Handlungsunfähigkeit nach vorzugswürdiger Ansicht durch das Handeln zu ihr gehörender Organisationseinheiten, der Organe, überwindet. Diese Organtheorie, die sich auf die Theorie der realen Verbandspersönlichkeit[95] stützt, geht davon aus, dass Organhandeln nicht bloß zugerechnetes Handeln eines von der juristischen Person getrennten Rechtssubjekts, sondern Eigenhandeln der juristischen Person ist.[96]

Konzeptionell entspricht eine organschaftliche Vertretung damit nicht der gesetzlichen Vertretung, wie sie von § 51 Abs. 1 ZPO für die Vertretung Prozessunfähiger vorgeschrieben ist.[97] Abhilfe schafft hier § 84 Abs. 2 Satz 1 Hs. 2

---

ter, Stiftungsrecht, § 3a Rn. 80; *Hörmann*, in: Werner/Saenger/Fischer, Die Stiftung, § 21 Rn. 9; *Mansel*, in: Jauernig, BGB, §§ 80–84c nF Rn. 7. Grundsätzlich obliegt dem Vorstand auch die umfassende Geschäftsführung der Stiftung, § 84 Abs. 1 Satz 2 BGB (§§ 86 Satz 1 a.F., 27 Abs. 3 BGB). Allerdings ist wegen § 84 Abs. 3 BGB eine Satzungsregelung, die die Geschäftsführung einem anderen Organ zuweist, möglich. Zu den Möglichkeiten einer Prozessführung durch einen befristet bestellten Vorstand als Notmaßnahme oder einzelne Organe, vgl. ausführlich die einzelnen Rechtsschutzkonstellationen unter Teil 2.§ 2.

95 Grundlegend *von Gierke*, Deutsches Privatrecht I, 469 ff.

96 Dazu *von Gierke*, Deutsches Privatrecht I, 472: „Sie ist kein todtes Begriffsding, (…) sondern ein lebendiges Wesen, das als solches will und handelt. (…) Allein sie kommt in den Lebensaktionen ihrer Organe (…) gleich unmittelbar zur Erscheinung (…).“; zudem für Körperschaften bereits *ders.*, Genossenschaftstheorie, 603 ff., insb. 624: „Das körperschaftliche Wollen und Handeln erscheint als Lebensbethätigung (…), als sie durch das vom recht berufene äussere Organ zur Darstellung gebracht wird. In dem Umfange aber, in welchem dies geschieht, ist es die Gesamtperson selbst, welche durch ihr Organ will und handelt“; ferner *Denecke*, Anspruchsberechtigung, 145; *Ellenberger*, in: Grüneberg, BGB, § 26 Rn. 2; *Enneccerus/Nipperdey*, BGB AT, 617 f.; *Hadding*, in: Soergel, BGB, § 26 Rn. 2 f.; *Schöpflin*, in: BeckOK-BGB, § 21 Rn. 15; *Schwennicke*, in: Staudinger, BGB, § 26 Rn. 18; *Segna*, in: BeckOGK-BGB, Stand: 01.04.2024, § 26 Rn. 2. Für dieses Verständnis spricht, dass eine Teilnahme der juristischen Person am Rechtsverkehr nicht als Handeln des Vertreters für die juristische Person, sondern als ihr eigenes Handeln begriffen wird, *Beuthien*, NJW 1999, 1142, 1143; *Laband*, AcP 73 (1888), 161, 187 f.; *Schöpflin*, in: BeckOK-BGB, § 21 Rn. 16. Anders als durch eigene Handlungsträgerschaft lässt sich auch die Einstandspflicht der juristischen Person für das rechtswidrige Verhalten eines ihrer verfassungsmäßig berufenen Vertreter (s. § 31 BGB) nicht rechtfertigen, *Hadding*, in: Soergel, BGB, § 26 Rn. 2; *Schöpflin*, in: BeckOK-BGB, § 21 Rn. 16.

97 Auch wenn die organschaftliche Stellung über diejenige eines gesetzlichen Vertreters hinausgeht, und die organschaftliche Vertretung neben der gesetzlichen (und der gewillkürten) Vertretung als eigenständige Kategorie begriffen wird (etwa bei *Leuschner*, in: MüKo-BGB, § 26 Rn. 17), ist trotzdem nicht zu verkennen, dass die Organtheorie

BGB (§§ 86 Satz 1 a.F., 26 Abs. 1 Satz 2 Hs. 2 BGB). Danach hat der Vorstand die Stellung eines gesetzlichen Vertreters. Unabhängig vom dogmatischen Ansatz ist somit der Vorstand, obgleich er kein gesetzlicher Vertreter der Stiftung ist, wie ein gesetzlicher Vertreter zur prozessualen Vertretung befugt.[98] Wenn nicht ein Einzelvorstand mit Alleinvertretungsberechtigung die Stiftung gerichtlich vertritt, ist die Vornahme einer Prozesshandlung bei einem mehrköpfigen Vorstand zulässig bzw. wirksam, wenn die Vorstandsmitglieder mehrheitlich handeln (§ 84 Abs. 2 Satz 2 BGB [§§ 86 Satz 1 a.F., 26 Abs. 2 Satz 1 BGB]), soweit nicht in der Satzung Gesamtvertretung durch alle oder Einzelvertretung durch bestimmte Vorstandsmitglieder vorgesehen ist.[99]

Wird in einem gerichtlichen Verfahren um die satzungsmäßige Berechtigung eines Vorstands zur Wahrnehmung der mit dem Vorstandsamt verbunden Aufgaben gestritten, und ist damit auch die gerichtliche Vertretungsmacht in Frage gestellt, ist die Stiftung bis zur rechtskräftigen Feststellung des Vertretungsmangels als wirksam vertreten zu behandeln.[100]

Der zur Vertretung berufene Vorstand ist gem. §§ 253 Abs. 4, 130 Nr. 1 ZPO in der Klageschrift zu bezeichnen.[101] Bis zur Einführung eines elektronischen

---

ein Organhandeln nur dann als Eigenhandeln der juristischen Person begreifen kann, wenn sie auf Zurechnungselemente des Stellvertretungsrechts zurückgreift, *Leuschner*, in: MüKo-BGB, § 26 Rn. 4, 17. Zur terminologischen Widersprüchlichkeit, trotz der Einordnung organschaftlichen Handelns als Eigenhandeln der juristischen Person gleichzeitig von einer Vertretung zu sprechen, vgl. *Beuthien*, NJW 1999, 1142, 1144.

98 *Hübsch/Kersting*, in: BeckOK-ZPO, § 52 Rn. 5; *Lindacher/Hau*, in: MüKo-ZPO, §§ 51, 52 Rn. 23: entsprechende Anwendung der Regelungen.

99 *Ghassemi-Tabar*, in: MHdB GesR VII, § 7 Rn. 15; *Hörmann*, in: Werner/Saenger/Fischer, Die Stiftung, § 21 Rn. 13; *Mehrbrey/Gräler*, in: Mehrbrey, Hd-Buch Ges. Streitigkeiten, § 81 Rn. 3.

100 OLG Hamburg ZIP 1994, 1950.

101 Als Soll-Vorschrift macht ein Verstoß gegen § 130 Nr. 1 ZPO die Klage nicht unzulässig. Die Nennung des gesetzlichen Vertreters eines prozessunfähigen Beklagten „soll" erfolgen, um die Zustellung der Klageschrift zu ermöglichen (vgl. § 170 Abs. 1 Satz 1 ZPO). Bei einer juristischen Person genügt statt einer namentlichen Nennung des Vertreters die Angabe der Organstellung, BGH NJW 1993, 2811, 2813; *Foerste*, in: Musielak/Voit, ZPO, § 253 Rn. 17; *Ghassemi-Tabar*, in: MHdB GesR VII, § 7 Rn. 16. – Etwas anderes gilt bei einer mehrstufigen Organstruktur für die (nicht bloß irrtümliche) Benennung eines für die gerichtliche Vertretung der Stiftung nicht zuständigen Organs, da aufgrund fehlender Heilungsmöglichkeit des Vertretungsmangels durch Rubrumsberichtigung die Klage bereits unzulässig ist, *Uhl*, SB 2023, 3, 4; s. zudem *Ghassemi-Tabar*, in: MHdB GesR VII, § 7 Rn. 16; *Weth*, in: Musielak/Voit, ZPO, § 51 Rn. 3.

Stiftungsregisters mit (negativer) Publizitätswirkung zum 1.1.2026[102] haben die Vorstandsmitglieder ihre Vertretungsbefugnisse für die Stiftung gegenüber den Gerichten durch Vorlage einer Vertretungsbescheinigung nachzuweisen, falls deren Organstellung streitig ist.

Ruhen im Falle der sachlich umfassenden Bestellung eines Sachwalters durch die Stiftungsbehörde die Aufgaben des Stiftungsvorstands, gilt dies auch uneingeschränkt für die Befugnis zur gerichtlichen Vertretung der Stiftung, die anstelle des eigentlich zuständigen Stiftungsorgans für die verfügte Zeit vom eingesetzten Sachwalter übernommen wird.[103] Wird im Rahmen einer behördlich ausgesprochenen Suspendierung einem Vorstandsmitglied die Wahrnehmung seiner Geschäfte einstweilen untersagt, zieht dies gleichfalls den Ausschluss organschaftlicher Befugnis zur wirksamen Vertretung der Stiftung vor Gericht nach sich.[104]

Ist in der Satzung für bestimmte Geschäfte die Bestellung eines besonderen Vertreters gem. §§ 84 Abs. 5, 30 BGB (§§ 86 Satz 1 a.F., 30 BGB) vorgesehen, erstreckt sich dessen organschaftliche Vertretungsmacht im Zweifel auf alle Rechtsgeschäfte, die der zugewiesene Geschäftskreis gewöhnlich mit sich bringt, §§ 84 Abs. 5, 30 Satz 2 BGB (§§ 86 Satz 1 a.F., 30 Satz 2 BGB), vorbehaltlich einer abweichenden Satzungsregelung. Ist das Recht zur Prozessführung danach mitumfasst, kann der besondere Vertreter die Stiftung vor Gericht statt des Vorstands vertreten.[105] Dabei hat der besondere Vertreter anders als der Stiftungsvorstand nicht die Stellung eines gesetzlichen Vertreters.[106] Dafür spricht, dass nur dem Vorstand grundsätzlich umfassende organschaftliche Vertretungsmacht zukommt, die

---

102 Einfügung der §§ 82b-82d, 84d, 85b, 86i, 87d BGB durch Art. 3 G vom 16. Juli 2021 (BGBl. I S. 2947, 2952 f.); Stiftungsregistergesetz durch Art. 4 G vom 16. Juli 2021 (BGBl. I S. 2947, 2953).

103 OVG NRW NVwZ-RR 1996, 426, 427; *Andrick*, in: Stiftungen in Deutschland und Europa, 281, 300; *Andrick/Suerbaum*, Stiftung und Aufsicht, § 9 Rn. 65; *Suerbaum*, in: Stumpf/Suerbaum/Schulte/Pauli, StiftR, B § 87 Rn. 25.

104 Vgl. OVG Münster NVwZ-RR 1995, 628, zur Suspendierung des Kuratoriumsmitglieds und -vorsitzenden einer gemeinnützigen Stiftung durch die Stiftungsbehörde.

105 *Schwarz van Berk/Fischer*, in: MHdB GesR V, § 101 Rn. 9.

106 Ebenso *Barfuß*, NJW 1977, 1273, 1274; *Hadding*, in: Soergel, BGB, § 30 Rn. 11; *Schöpflin*, in: BeckOK-BGB, § 30 Rn. 11; *Schwarz van Berk/Fischer*, in: MHdB GesR V, § 101 Rn. 9; *Schwennicke*, in: Staudinger, BGB, § 30 Rn. 36; einschränkend *Leuschner*, in: MüKo-BGB, § 30 Rn. 13: besonderer Vertreter ist dem gesetzlichen Vertreter gleichzustellen. In der Konsequenz ist der besondere Vertreter nicht wie der gesetzliche Vertreter als Partei (§§ 455 Abs. 1, 445 ff. ZPO), sondern gem. §§ 373 ff. ZPO als Zeuge zu vernehmen, *Barfuß*, NJW 1977, 1273, 1274; *Ellenberger*, in: Grüneberg, BGB, § 30 Rn. 6; *Hadding*, in: Soergel, BGB, § 30 Rn. 11; *Schwarz van Berk/Fischer*,

Vertretungsmacht des besonderen Vertreters hingegen auf die Rechtsgeschäfte eines abgegrenzten Geschäftskreises beschränkt ist. Auch wenn der besondere Vertreter wie der Vorstand Organ der Stiftung ist, leitet nur der Vorstand seine Vertretungsmacht aus dem Gesetz ab, der besondere Vertreter stattdessen aus der Satzung.[107] Nur der Vorstand als Pflichtorgan hat damit die Stellung des gesetzlichen Vertreters der Stiftung i.S.d. § 84 Abs. 2 Satz 1 Hs. 2 BGB (§§ 86 Satz 1 a.F., 26 Abs. 1 Satz 2 Hs. 2 BGB).

b) Prozessfähigkeit der noch nicht anerkannten und aufgelösten bzw. aufgehobenen Stiftung

aa) Vor Anerkennung der Stiftung

Hat der Vorstand während der laufenden Stiftungstätigkeit in gerichtlichen Auseinandersetzungen die Stellung eines gesetzlichen Vertreters, ist zu fragen, wie die künftige Stiftung in der Schwebephase zwischen Tod des Stifters und Anerkennung prozessual vertreten wird.

Gezeigt wurde, dass die noch nicht anerkannte Stiftung in Ansehung der Rechte des § 80 Abs. 2 Satz 2 BGB (§ 84 BGB a.F.) eigene Parteifähigkeit haben kann, in organisatorischer Hinsicht jedoch (noch) kein verselbständigter Rechtsträger ist. Eine Vertretung oder eine andere Rechtshandlung durch den späteren Vorstand kann damit keine Wirkung für oder gegen die Stiftung vor ihrer Anerkennung entfalten.[108]

In Betracht kommt jedoch die Bestellung eines Pflegers, der im Prozess die Rechte und Pflichten der künftigen Stiftung wahrnimmt.[109] Fraglich ist, um welche Art von Pflegschaft es sich handelt. Nach teilweise vertretener Ansicht soll sich die Bestellung des Pflegers für die zu errichtende Stiftung aus einer analogen

---

in: MHdB GesR V, § 101 Rn. 9; *Schwennicke*, in: Staudinger, BGB, § 30 Rn. 36; a.A. *Kling*, in: BeckOGK-BGB, Stand: 01.11.2020, § 30 Rn. 58: Parteivernehmung.

107 *Barfuß*, NJW 1977, 1273, 1274; *Hadding*, in: Soergel, BGB, § 30 Rn. 11; *Kling*, in: BeckOGK-BGB, Stand: 01.11.2020, § 30 Rn. 52.

108 OLG Braunschweig NJW-RR 2020, 1333, 1334 Rn. 27; *Flume*, BGB AT I/2, 146 f.

109 Etwas anderes gilt, wenn bei einer Stiftungserrichtung von Todes wegen vom Erblasser über den Nachlass eine Testamentsvollstreckung angeordnet wurde, weil dann weder ein Fürsorgebedürfnis für die Pflegschaft noch ein sonstiges Fürsorgebedürfnis besteht, das eine (analoge) Anwendung der Pflegschaftsbestimmungen gebietet, OLG Braunschweig NJW-RR 2020, 1333, 1334 Rn. 31; *Krezer*, Stiftung von Todes wegen, 53; *Muscheler*, in: Andrick/Muscheler/Uffmann, Stiftungsrecht, § 81 BGB Rn. 118; *Schwalm*, ZStV 2021, 10, 23; *Weitemeyer*, in: MüKo-BGB, § 81 Rn. 62.

Anwendung der Vorschrift über die Pflegschaft für ein ungeborenes Kind, § 1810 BGB (§ 1912 Abs. 1 BGB a.F.), ergeben.[110] Nach Satz 1 kann für ein bereits gezeugtes Kind zur Wahrung seiner künftigen Rechte ein Pfleger bestellt werden, sofern die Eltern an der Ausübung der elterlichen Sorge verhindert wären, wenn das Kind bereits geboren wäre.

Weil der Gesetzgeber keine Regelungen für die Stiftung im Stadium zwischen Erbfall und Anerkennung getroffen hat, fehlt es trotz des aufgezeigten Bedürfnisses auch an Regelungen zur gerichtlichen Vertretung für diesen Zeitraum, sodass man die planwidrige Regelungslücke wird bejahen können. Auch besteht, wie bereits im Rahmen der Parteifähigkeit ausgeführt,[111] eine strukturelle Vergleichbarkeit der Wirkungen des § 80 Abs. 2 Satz 2 BGB (§ 84 BGB a.F.) einerseits und des § 1923 Abs. 2 BGB andererseits, wobei die aus der Herstellung von Erbfähigkeit resultierenden, erbrechtlichen Ansprüche als zu wahrende künftige Rechte vom Umfang der Pflegschaft aus § 1810 BGB (§ 1912 Abs. 1 BGB a.F.) erfasst anzusehen sind.[112] Das könnte für eine vergleichbare Interessenlage der Pflegschaft für das ungeborene Kind und einer Pflegschaft für die noch nicht anerkannte Stiftung nach Eintritt des Erbfalls sprechen.

Überzeugender erscheint indes die Bestellung eines Nachlasspflegers gem. § 1960 Abs. 1 Satz 2 BGB.[113] Hiernach kann das Nachlassgericht zur Sicherung des Nachlasses für denjenigen, welcher Erbe wird, einen Nachlasspfleger bestellen, wenn der Erbe unbekannt ist. Für die Bestellung eines Nachlasspflegers in der Schwebephase zwischen Erbfall und Anerkennung der künftigen Stiftung spricht bereits die Möglichkeit der direkten Gesetzesanwendung statt einer im Falle des § 1810 BGB notwendigen Analogienbildung.[114] Darüber hinaus erscheint die Anwendung des § 1960 Abs. 1 Satz 2 BGB auch deshalb sachgerecht, weil die

---

110 Dafür KG OLGE 24, 246; *Burgard*, Gestaltungsfreiheit, 89; *Damrau*, ZEV 2010, 12, 15; *Hof*, in: von Campenhausen/Richter, Stiftungsrechts-Handbuch, § 6 Rn. 275; *Hüttemann/Rawert*, in: Staudinger, BGB, § 80 Rn. 54; *G. Roth*, in: MHdB GesR VII, § 97 Rn. 6, in Gesamtanalogie mit §§ 1913, 1960 BGB; *Stumpf*, in: Richter, Stiftungsrecht, § 4 Rn. 158; *ders.*, in: Stumpf/Suerbaum/Schulte/Pauli, StiftR, B § 80 Rn. 77; *Weitemeyer*, in: MüKo-BGB, § 81 Rn. 65.

111 S. Teil 2.§ 1.A.I.1.

112 *Bettin*, in: BeckOK-BGB, § 1810 Rn. 3; *Schneider*, in: MüKo-BGB, § 1810 Rn. 8.

113 *Backert*, in: BeckOK-BGB, § 83 Rn. 4; *Heinemann*, in: BeckOGK-BGB, Stand: 01.05.2024, § 1960 Rn. 33; *Krezer*, Stiftung von Todes wegen, 56 ff.; *Leipold*, in: MüKo-BGB, § 1960 Rn. 24; *Mesina*, in: Staudinger, BGB, § 1960 Rn. 8; *Muscheler*, DNotZ 2003, 661, 669; *ders.*, in: Andrick/Muscheler/Uffmann, Stiftungsrecht, § 81 BGB Rn. 118; *Siegmann/Höger*, in: BeckOK-BGB, § 1960 Rn. 4; differenzierend *Flume*, BGB AT I/2, 147 f.

114 *Krezer*, Stiftung von Todes wegen, 56 f.

Nachlasspflegschaft an die Ungewissheit über den Erben anknüpft, die einer erst noch als rechtsfähig anzuerkennenden Stiftung vor Erteilung oder Versagung der Anerkennung gleichfalls anhaftet.[115] Auch der historische Gesetzgeber ging trotz einer ausdrücklich adressierten Vergleichbarkeit von nasciturus und Stiftung in der Schwebephase zwischen Eintritt des Erbfalls und Geburt bzw. Anerkennung insoweit davon aus, dass es sich aufgrund der ungewissen Erbenstellung weniger um einen Pfleger für die zukünftige Stiftung als um einen Pfleger für denjenigen handele, der Erbe sein wird.[116] Dem entspricht das Institut der Nachlasspflegschaft.

Die Bestellung eines Nachlasspflegers gem. § 1960 Abs. 1 Satz 2 BGB vermag daher zu überzeugen.[117] Da der Nachlasspfleger die gegenständlich auf die Zuwendungen des Stifters beschränkten Rechte[118] im fremden Namen geltend macht, wird dieser bei der Vornahme von Verfahrenshandlungen für die zu gründende Stiftung als ihr gesetzlicher Vertreter tätig.[119]

---

115 *Leipold*, in: MüKo-BGB, § 1960 Rn. 24.

116 Motive BGB I, 124. S. für die Beratung in der Ersten Kommission *Jakobs/Schubert*, Beratung BGB AT, 390.

117 Die ebenfalls denkbare Bestellung eines Pflegers für unbekannte Beteiligte analog § 1882 BGB (§ 1913 BGB a.F.) scheidet regelmäßig aus, weil zum einen der normative Anknüpfungspunkt einer Vor- und Nacherbschaft in den Fällen der beim Erbfall noch nicht entstandenen Stiftung (von Todes wegen) nicht besteht, da diese wegen § 80 Abs. 2 Satz 2 BGB (§ 84 BGB a.F.) mit Anerkennung nicht nur Nacherbin, sondern rückwirkend zur Vollerbin wird (s. § 2101 Abs. 2 Hs. 2 BGB). Darüber hinaus werden im Fall einer Pflegschaft analog § 1882 BGB (§ 1913 BGB a.F.) auch die Voraussetzungen einer Nachlasspflegschaft gegeben sind, weil der unbekannte Beteiligte dann durch den endgültigen, aber noch unbekannten Erben konkretisiert wird, und die zu besorgende Angelegenheit den Nachlass betrifft, *Leipold*, in: MüKo-BGB, § 1960 Rn. 40. Das gilt jedenfalls dann, wenn die Frage der wirksamen Entstehung der künftigen Stiftung mit ihrer Erbeinsetzung korreliert, was im Anwendungsfeld des § 80 Abs. 2 Satz 2 BGB (§ 84 BGB a.F.) zumindest in den Fällen einer entsprechenden Stiftungserrichtung von Todes wegen sowie bei einer vom Erblasser durch Rechtsgeschäft unter Lebenden errichteten Stiftung für deren Erbeinsetzung in einer gesonderten Verfügung von Todes wegen zu bejahen ist. Etwas anderes kommt in Betracht, wenn es nur um eine Zuwendung unter Lebenden an die noch nicht anerkannte Stiftung geht, insbesondere die ursprüngliche Stiftungsdotierung im Stiftungsgeschäft gem. § 81 Abs. 1 Nr. 2 BGB, vgl. *Flume*, BGB AT I/2, 148; *Muscheler*, DNotZ 2003, 661, 665.

118 *Flume*, BGB AT I/2, 147; *Muscheler*, DNotZ 2003, 661, 669.

119 *Muscheler*, DNotZ 2003, 661, 669; *ders.*, in: Andrick/Muscheler/Uffmann, Stiftungsrecht, § 81 BGB Rn. 118. Da der Pfleger mangels juristischer Person nicht „Organ" der nicht anerkannten Stiftung sein kann, stellt sich die dogmatische Streitfrage zwischen Vertreter- und Organtheorie hier nicht.

bb) Nach Auflösung oder Aufhebung der Stiftung

Der Eintritt der Stiftung in das Liquidationsstadium hat keine Auswirkungen auf die Prozessfähigkeit, wenn die bisherigen Vorstandsmitglieder als Liquidatoren gem. §§ 87c Abs. 2 Satz 2, 48 Abs. 1 Satz 1, Abs. 2 BGB (§§ 88 Satz 3 a.F., 48 Abs. 1 Satz 1, Abs. 2 BGB) die Stiftung abwickeln.[120] Das organschaftliche Vorstandsverhältnis wandelt sich dabei ohne neuerlichen Bestellungsakt in ein organschaftliches Liquidatorenverhältnis um.[121]

Legen die Vorstandsmitglieder nach Auflösung oder Aufhebung der Stiftung ihr Amt nieder, sodass ihre Vertretungsbefugnis endet, stellt dies gem. § 241 Abs. 1 ZPO solange einen Unterbrechungsgrund dar, bis die neuen Liquidatoren gem. §§ 88 Satz 3, 48 Abs. 1 Satz 2 BGB bestellt werden und die gerichtliche Vertretung für die prozessunfähige Stiftung in Liquidation ausüben können. Eine Unterbrechung des Verfahrens tritt gem. § 246 Abs. 1 ZPO nicht ein, wenn die Stiftung in dem Rechtsstreit durch einen Prozessbevollmächtigten mit Prozessvollmacht gem. § 86 ZPO wirksam vertreten wird, wie dies in Anwaltsprozessen der Fall ist.[122]

Ebenfalls keine Auswirkungen auf die Prozessfähigkeit zeitigt die bereits im Rahmen der Parteifähigkeit angesprochene Problematik einer durch §§ 87c Abs. 2 Satz 2, 49 Abs. 2 BGB (§§ 88 Satz 3 a.F., 49 Abs. 2 BGB) vorgegebenen Beschränkung auf den Liquidationszweck. Wie ausgeführt, ist darin lediglich eine Begrenzung der Geschäftsführungsbefugnis der Liquidatoren zu sehen, nicht aber der Rechtsfähigkeit der Stiftung in Liquidation, die umfassend bleibt. Geht man aus Verkehrsschutzgesichtspunkten von einer unbeschränkten Rechtsfähigkeit aus, ist auch die gerichtliche und außergerichtliche Vertretungsmacht der Liquidatoren konsequenterweise unbeschränkt.[123] Die Begrenzung durch den Liquidati-

---

120 Für den Liquidationsverein *D. Eckardt*, in: NK-BGB, § 47 Rn. 24; *Hadding*, in: Soergel, BGB, § 49 Rn. 4.

121 Vgl. *D. Eckardt*, in: NK-BGB, § 48 Rn. 6; *Hadding*, in: Soergel, BGB, § 48 Rn. 1.

122 Vgl. BGH NJW 1982, 238; OLG Hamm NJW-RR 1996, 1375, 1376; *Bork*, JZ 1991, 841, 846; *Fischer*, in: MHdB GesR VII, § 15 Rn. 37; *Otto*, in: jurisPK-BGB, § 49 Rn. 6 (Fn. 10); *Weth*, in: Musielak/Voit, ZPO, § 51 Rn. 11. Die wirksame Prozessbevollmächtigung verhindert zwar die Unterbrechung des Verfahrens, ersetzt aber nicht die ordnungsgemäße Vertretung der Stiftung in Liquidation durch ihre (bis zur letzten mündlichen Verhandlung nötigenfalls neu zu bestellenden) Liquidatoren, da die Prozessfähigkeit anders als die Postulationsfähigkeit nicht bloß Prozesshandlungs-, sondern auch Sachurteilsvoraussetzung ist, *Lindacher/Hau*, in: MüKo-ZPO, §§ 51, 52 Rn. 39 f.; ähnlich *Greger*, in: Zöller, ZPO, § 246 Rn. 2b.

123 *Burgard*, Gestaltungsfreiheit, 646 f.; *Plottek*, Vermögensanfall, 184; *Weitemeyer*, in: MüKo-BGB, § 88 Rn. 5; vgl. *D. Eckardt*, in: NK-BGB, § 48 Rn. 8; *Hadding*, in: Soergel, BGB, § 49 Rn. 1, 12 f.; *Könen*, in: BeckOGK-BGB, Stand: 01.04.2024, § 49 Rn. 23; *K.*

onszweck betrifft nur das Innenverhältnis zur Stiftung in Liquidation, nicht das rechtliche Können im Außenverhältnis.

Einschränkungen der Prozessfähigkeit für die zur gerichtlichen Vertretung berufenen Liquidatoren bestehen im Liquidationsstadium somit nicht.

c) Zwischenergebnis

Für die Prozessfähigkeit einer Stiftung gelten keine stiftungsspezifischen Besonderheiten. Während der laufenden Stiftungstätigkeit finden die Grundsätze über die Vertretung Prozessunfähiger gem. § 51 Abs. 1 ZPO Anwendung. Die Stellung des gesetzlichen Vertreters hat im Prozess der Vorstand als gesetzlich vorgeschriebenes Vertretungsorgan. Daneben kann auch ein besonderer Vertreter zur Vertretung der Stiftung vor Gericht befugt sein, soweit ihm diesbezügliche Vertretungsmacht in der Satzung zuerkannt wird. Die Möglichkeit der Vertretung durch einen rechtsgeschäftlich bevollmächtigten Rechtsanwalt bleibt hiervon unberührt.

2. Verwaltungsgerichtsbarkeit

Auch die VwGO geht von der Prozessunfähigkeit von Stiftungen aus. Dies ergibt sich aus § 62 Abs. 3 VwGO, wonach für Vereinigungen sowie für Behörden ihre gesetzlichen Vertreter und Vorstände handeln. Vereinigungen i.S.d. § 62 Abs. 3 VwGO sind u.a. juristische Personen des Privatrechts.[124] Vor den Verwaltungsgerichten sind Stiftungen ebenso wie vor den ordentlichen Gerichten durch ihren Vorstand zu vertreten, § 62 Abs. 3 VwGO i.V.m. § 84 Abs. 2 Satz 1 BGB (§ 62 Abs. 3 VwGO i.V.m. §§ 86 Satz 1 a.F., 26 Abs. 1 Satz 2 BGB).[125] § 246 Abs. 1 ZPO, wonach eine Unterbrechung des Verfahrens nicht eintritt, wenn die Stiftung im Zeitpunkt des Endes der Vertretungsbefugnis ihres Vorstands durch einen Prozessbevollmächtigten vertreten war, findet über § 173 Satz 1 VwGO entsprechende Anwendung.

Schmidt, AcP 174 (1974), 55, 68 ff.; *ders.*, Gesellschaftsrecht, 313; *Schwennicke*, in: Staudinger, BGB, § 49 Rn. 30; a.A. *Ebersbach*, Stiftungsrecht, 149; vgl. zudem RGZ 146, 376, 378: weite Auslegung des Liquidationsgeschäfts („jedes Geschäft, das in den Rahmen der bezeichneten Geschäfte fallen kann"); BGH NJW 1984, 982; *Ellenberger*, in: Grüneberg, BGB, § 48 Rn. 2; *Steffen*, in: RGRK-BGB, § 49 Rn. 3; *Westermann*, in: Erman, BGB, § 49 Rn. 4.

124 *Bier/Steinbeiß-Winkelmann*, in: Schoch/Schneider, VwGO, § 62 Rn. 17; *Czybulka/Siegel*, in: Sodan/Ziekow, VwGO, § 62 Rn. 50; *Hoppe*, in: Eyermann, VwGO, § 62 Rn. 9; *Kintz*, in: BeckOK-VwGO, § 62 Rn. 14; *W.-R. Schenke*, in: Kopp/Schenke, VwGO, § 62 Rn. 14.

125 *Andrick*, in: Stiftungen in Deutschland und Europa, 281, 300.

B. Zuständigkeitsfragen

I. Bestimmung der Rechtswegzuständigkeit einer stiftungsrechtlichen Streitigkeit

Aufgrund des bereits angesprochenen, das Stiftungsrecht kennzeichnenden Spannungsfelds von privatem und öffentlichem Recht sind für die Inanspruchnahme von Rechtsschutz in Bezug auf stiftungsrechtliche Streitigkeiten zunächst Überlegungen zur Rechtswegzuständigkeit anzustrengen, wobei erneut die Abgrenzung von ordentlicher Gerichtsbarkeit und Verwaltungsgerichtsbarkeit für das gerichtliche Vorgehen im Fokus stehen kann.[126]

1. Zuständigkeit der ordentlichen Gerichte gem. § 13 GVG

Für die Zuständigkeit der ordentlichen Gerichte stellt § 13 GVG, definiert als Zivilsachen, darauf ab, dass es sich um bürgerliche Rechtsstreitigkeiten handeln muss[127] und für diese weder die Zuständigkeit von Verwaltungsbehörden oder Verwaltungsgerichten begründet ist noch aufgrund von Vorschriften des Bundesrechts besondere Gerichte bestellt oder zugelassen sind. Ob es sich um eine bürgerlich-rechtliche Streitigkeit handelt, bemisst sich nach allgemeinen Grundsätzen nach der Natur des Rechtsverhältnisses, aus dem der Klageanspruch hergeleitet wird.[128] Die Natur eines

126 Ähnlich *Andrick*, in: Stiftungen in Deutschland und Europa, 281, 283; *Andrick/Suerbaum*, Stiftung und Aufsicht, § 9 Rn. 3; *Jakob*, Schutz der Stiftung, 252; *G. Roth*, in: MHdB GesR VII, § 96 Rn. 9; *Udwari*, in: Udwari/Hertel/Heinrich, Stiftungspraxis, 251.

127 Neben der Rechtswegzuständigkeit, die für die ordentlichen Gerichte über die Regelung des § 13 GVG begründet wird, kommt ihre ausdrückliche Zuständigkeit über spezielle Vorschriften in Betracht, die sich etwa in Art. 34 Satz 3 GG oder § 40 Abs. 2 Satz 1 VwGO finden. – Die in § 13 GVG in Bezug auf Zivilsachen ebenfalls genannten Regelungsgegenstände der Familiensachen und Angelegenheiten der freiwilligen Gerichtsbarkeit spielen für diese Arbeit eine untergeordnete Rolle und sollen daher unberücksichtigt bleiben.

128 BGHZ 97, 312, 313 = NJW 1986, 2359; *Andrick*, in: Stiftungen in Deutschland und Europa, 281, 283; *Andrick/Suerbaum*, Stiftung und Aufsicht, § 9 Rn. 4; *Gerhold*, in: BeckOK-GVG, § 13 Rn. 11; *Musielak/Voit*, Grundkurs ZPO, Rn. 64; *Pabst*, in: MüKo-ZPO, § 13 GVG Rn. 7; *Wittschier*, in: Musielak/Voit, ZPO, § 13 GVG Rn. 5. Für die Rechtswegzuständigkeit ist allerdings nicht die vom Kläger vorgenommene rechtliche Qualifizierung des geltend gemachten Anspruchs maßgebend, sondern sein Tatsachenvortrag, der vom Gericht rechtlich zu bewerten ist und aus dem das Gericht die in Betracht kommende Rechtsfolge selbst abzuleiten hat, *Gerhold*, in: BeckOK-GVG,

Rechtsverhältnisses soll nach dem Gegenstand beurteilt werden, auf den es sich bezieht.[129]

Unabhängig von den im Detail unterschiedlichen Abgrenzungstheorien sind daher jedenfalls all diejenigen Rechtsstreitigkeiten als bürgerlich-rechtlich zu klassifizieren und vor die ordentlichen Gerichte zu bringen, die in der Binnenorganisation des Privatrechtssubjekts Stiftung wurzeln.[130] Der ordentliche Rechtsweg ist somit eröffnet, wenn Rechtsschutz wegen der Verletzung spezifischer organmitgliedschaftlicher Positionen, etwa von allgemeinen Teilnahme-, Informations- oder Fragerechten, aber auch Beschlussrechten im Rahmen von stiftungsinternen Beschlussfassungen, z.B. über Geschäftsführungsmaßnahmen oder Satzungsänderungen, durch ein Handeln anderer Organmitglieder ersucht wird. Ebenso vor den ordentlichen Gerichten geltend zu machen sind Klagebegehren gegen Eingriffe in die Organstellung als solche, z.B. in Form der Abberufung als Organmitglied durch die Stiftung,[131] oder Klagebegehren, welche

---

§ 13 Rn. 11; *Musielak/Voit*, Grundkurs ZPO, Rn. 65; *Vogt-Beheim*, in: Anders/Gehle, ZPO, § 13 GVG Rn. 19; *Wittschier*, in: Musielak/Voit, ZPO, § 13 GVG Rn. 6.

129 *Musielak/Voit*, Grundkurs ZPO, Rn. 70; *Wittschier*, in: Musielak/Voit, ZPO, § 13 GVG Rn. 6. Im Einzelnen werden zur Bestimmung der Rechtswegzuständigkeit in Bezug auf den Gegenstand eines Rechtsverhältnisses verschiedene Kriterien in Form von Abgrenzungstheorien herangezogen. Dazu gehören u.a. die Sonderrechtstheorie, die darauf abstellt, ob der Sachverhalt Rechtssätzen unterworfen ist, die für jedermann gelten (dann bürgerlich-rechtliche Streitigkeit), oder ob sie einem Sonderrecht angehören, durch das im Interesse der Erfüllung öffentlicher Aufgaben das allgemeine Recht verdrängt oder abgeändert wird (dann öffentlich-rechtliche Streitigkeit). Die Subordinationstheorie stellt hingegen darauf ab, ob ein Verhältnis der Über- und Unterordnung (dann öffentlich-rechtliche Streitigkeit) oder der Gleichordnung (dann bürgerlich-rechtliche Streitigkeit) zwischen den Beteiligten besteht. Zu diesen und weiteren Theorien, s. die Darstellungen bei *Gerhold*, in: BeckOK-GVG, § 13 Rn. 11; *Hüßtege*, in: Thomas/Putzo, ZPO, § 13 GVG Rn. 9 ff.; *Pabst*, in: MüKo-ZPO, § 13 GVG Rn. 8 ff; *Rathmann*, in: Saenger, ZPO, § 13 GVG Rn. 13; *Vogt-Beheim*, in: Anders/Gehle, ZPO, § 13 GVG Rn. 15; *Wittschier*, in: Musielak/Voit, ZPO, § 13 GVG Rn. 5.

130 Vergleichbar stellt *Andrick*, in: Stiftungen in Deutschland und Europa, 281, 283, darauf ab, ob die streitgegenständliche Frage den stiftungsautonomen Handlungsspielraum der Stiftung betrifft; ähnlich *Andrick/Suerbaum*, Stiftung und Aufsicht, § 9 Rn. 5.

131 Etwas anderes, nämlich eine öffentlich-rechtliche Streitigkeit, für die der Verwaltungsrechtsweg eröffnet ist, wird man hingegen anzunehmen haben, wenn die Stiftungsbehörde in Folge der Untätigkeit der Stiftung die Abberufung des Organmitglieds selbst hoheitlich verfügt (zu entsprechenden landesstiftungsgesetzlichen Regelungen, s. nur § 7 Abs. 1, 2 NStiftG [§ 14 Abs. 1, 2 NStiftG a.F.] oder § 8 Abs. 1, 2 StiftG NRW [§ 9 Abs. 1, 2 StiftG NRW a.F.]).

die rechtsverbindliche Feststellung der eigenen Organmitgliedschaft aufgrund wirksamer Bestellung zum Gegenstand haben. Dasselbe gilt für Klagen auf Feststellung der Wirksamkeit oder Unwirksamkeit organschaftlicher Beschlüsse.[132] Auch wenn es sich in seiner konkreten Ausprägung um ein Außenrechtsverhältnis handelt, ist der aus einer Verletzung von Pflichten des organisationsrechtlichen Bestellungsverhältnisses resultierende Schadensersatzanspruch der Stiftung gegen die Organmitglieder aufgrund des inneren Strukturzusammenhangs mit der stiftungsrechtlichen Binnenorganisation privatrechtlich geprägt, sodass eine diesbezügliche Rechtsdurchsetzung auf den ordentlichen Rechtsweg verwiesen ist. Selbiges gilt, wenn Destinatäre einer Stiftung Ansprüche auf den Erhalt von Stiftungsleistungen gerichtlich geltend machen[133] oder wenn sie gegen die Verletzung satzungsmäßig vorgesehener Mitwirkungs- oder Leistungsrechte durch ein Handeln der Stiftungsorgane vorgehen möchten[134].

Fraglich ist, welchen Einfluss auf die Rechtswegzuständigkeit es hat, wenn der Gegenstand eines Rechtsverhältnisses zwar privatrechtliche, aber auch öffentlich-rechtliche Berührungspunkte besitzt. Hier ist etwa an gerichtliche Auseinandersetzungen um die Stiftungserrichtung zu denken, deren Entstehung gem. § 80 Abs. 2 Satz 1 BGB (§ 80 Abs. 1 Satz 1 BGB a.F.) das Stiftungsgeschäft und die Anerkennung der zuständigen Stiftungsbehörde voraussetzt und somit von einer privatrechtlichen Erklärung und einem staatlichen Verwaltungsakt abhängig ist.[135] Derselben Kategorie unterfallen Rechtsstreitigkeiten um die organschaftliche Vornahme von Beschlüssen über Satzungsänderungen oder die Stiftungsauflösung,

---

132 BGH WM 1976, 869, 871; BGHZ 99, 344, 347, 355 = NJW 1987, 2364; OLG Hamburg ZIP 1994, 1950; *Blydt-Hansen*, Rechtsstellung der Destinatäre, 140; *Jeß*, Verhältnis des lebenden Stifters, 167 f.; *Mehrbrey/Gräler*, in: Mehrbrey, Hd-Buch Ges. Streitigkeiten, § 84 Rn. 2; *Rawert*, ZIP 1994, 1952, 1952 f.; *ders.*, in: NPLY 2019, 97, 106 f.

133 *Backert*, in: BeckOK-BGB, § 85 Rn. 6; *Blydt-Hansen*, Rechtsstellung der Destinatäre, 113; *Ebersbach*, Stiftungsrecht, 112; *Hüttemann/Rawert*, in: Staudinger, BGB, § 85 Rn. 47; *Jakob/Picht/Kopp*, in: BeckOGK-BGB, Stand: 01.12.2023, § 83 Rn. 30, 47; *Jeß*, Verhältnis des lebenden Stifters, 167; *G. Roth*, in: MHdB GesR VII, § 96 Rn. 9; *Schwintek*, Vorstandskontrolle, 296; *Stumpf*, in: Stumpf/Suerbaum/Schulte/Pauli, StiftR, B § 85 Rn. 28.

134 *Blydt-Hansen*, Rechtsstellung der Destinatäre, 140 f.; *Hüttemann/Rawert*, in: Staudinger, BGB, § 85 Rn. 48 f.; *Jakob/Picht/Kopp*, in: BeckOGK-BGB, Stand: 01.12.2023, § 83 Rn. 51; *Jeß*, Verhältnis des lebenden Stifters, 167; *Mankowski*, FamRZ 1995, 851; *Stumpf*, in: Stumpf/Suerbaum/Schulte/Pauli, StiftR, B § 85 Rn. 30; *Weitemeyer*, in: MüKo-BGB, § 85 Rn. 48; vgl. BVerwG NJW 1985, 2964; BGH NJW 1998, 909, 909 f.; *Suerbaum*, NVwZ 2005, 160, 162.

135 *Schlüter/Stolte*, Stiftungsrecht, Kap. 2 Rn. 32; *Weitemeyer*, in: MüKo-BGB, § 81 Rn. 1.

die aufgrund bundesgesetzlicher (früher landesstiftungsgesetzlicher) Anordnungen einem Genehmigungserfordernis der zuständigen Stiftungsaufsichtsbehörde unterliegen.[136]

Richtigerweise ist in den Fällen mehrerer, rechtlich selbständiger Teilakte keine einheitliche Betrachtung der Rechtswegzuständigkeit anzustrengen, sondern die Frage, ob der Rechtsweg zu den ordentlichen Gerichten oder zu den Verwaltungsgerichten eröffnet ist, bemisst sich danach, ob gegen das Stiftungsgeschäft bzw. den organschaftlichen Beschluss selbst oder gegen den hoheitlichen Akt vorgegangen werden soll.[137] Nur die privatrechtlich geprägten Streitigkeiten um das Stiftungsgeschäft[138] oder einen organschaftlichen Satzungsänderungs- oder Auflösungsbeschluss sind als bürgerlich-rechtlich zu qualifizieren und daher gem. § 13 GVG der ordentlichen Gerichtsbarkeit zuzuweisen, und zwar auch dann, wenn etwa der organschaftliche Beschluss zu seiner Wirksamkeit der

---

136 S. für das Genehmigungserfordernis organschaftlicher Satzungsänderungsbeschlüsse nur die Anordnungen in § 6 Satz 1 StiftG BW (StiftG) a.F.; Art. 5 Abs. 4 Satz 1 BayStG a.F.; § 7 Abs. 3 Satz 3 NStiftG a.F. und § 5 Abs. 2 Satz 3 StiftG NRW a.F. Seit dem 1. Juli 2023 statuiert § 85a Abs. 1 Satz 2 BGB bundesgesetzlich abschließend die Notwendigkeit einer aufsichtlichen Genehmigung. – S. für das Genehmigungserfordernis eines auf Stiftungsauflösung gerichteten Beschlusses nur die Anordnungen in § 14 Abs. 2 Satz 2 StiftG BW (StiftG) a.F.; § 7 Abs. 3 Satz 3 NStiftG a.F. und § 5 Abs. 2 Satz 3 StiftG NRW a.F. Seit dem 1. Juli 2023 statuiert § 87 Abs. 3 BGB bundesgesetzlich abschließend die Notwendigkeit einer aufsichtlichen Genehmigung.

137 Für eine getrennte Betrachtung spricht insoweit auch, dass etwa für die Stiftungsgründung anerkannt ist, dass die Wirksamkeit oder Unwirksamkeit des einen Teilakts keinen Einfluss auf die Wirksamkeit oder Unwirksamkeit des anderen Teilakts hat, insbesondere die Anerkennungsentscheidung ein nichtiges Stiftungsgeschäft nicht heilt, BVerwGE 29, 314, 316 = NJW 1969, 339; *Hüttemann/Rawert*, in: Staudinger, BGB, § 80 Rn. 6; *Neuhoff*, in: Soergel, BGB, § 80 Rn. 1; *G. Roth*, in: MHdB GesR VII, § 97 Rn. 1; *Schreiber*, Unwirksamkeit des Stiftungsgeschäfts, 115; *Weitemeyer*, in: MüKo-BGB, § 80 Rn. 68 f.; *Wiese*, in: Erman, BGB, § 80 Rn. 10. Zu vergleichbaren Überlegungen im Rahmen eines gesetzlich vorgeschriebenen Genehmigungserfordernisses der Stiftungsbehörde BGH WM 1976, 869, 871; KG StiftRspr. I, 163, 168; VGH Mannheim BeckRS 2006, 23996 Rn. 36; VG Schleswig BeckRS 2016, 114825 Rn. 92; *Burgard*, Gestaltungsfreiheit, 464; *Mankowski*, FamRZ 1995, 851; *Muscheler*, JR 2003, 23; *ders.*, WM 2003, 2213, 2218; *Rawert*, ZIP 1994, 1952, 1953; *G. Roth*, in: MHdB GesR VII, § 101 Rn. 8; *Suerbaum*, ZSt 2004, 34, 38; *ders.*, NVwZ 2005, 160, 162; *Weitemeyer*, in: MüKo-BGB, § 85 Rn. 48.

138 BVerwGE 29, 314, 316 = NJW 1969, 339; *G. Roth*, in: MHdB GesR VII, § 97 Rn. 3; *Schreiber*, Unwirksamkeit des Stiftungsgeschäfts, 116.

hoheitlichen Genehmigung bedarf[139]. Diese getrennte Betrachtung führt dazu, dass kein einheitlicher Rechtsweg zu beschreiten ist, sondern dass ordentlicher und verwaltungsgerichtlicher Rechtsschutz nebeneinander bestehen.[140] Allerdings ist das zivilgerichtliche Urteil bei Streitigkeiten, die die Rechtmäßigkeit eines organschaftlichen Satzungsänderungs- oder Auflösungsbeschlusses betreffen, für den Verwaltungsrechtsstreit vorgreiflich, weil die gerichtliche Feststellung z.B. der Nichtigkeit des Organbeschlusses die daraufhin erteilte Genehmigung der Stiftungsbehörde rechtswidrig macht, weil ihr schon kein gültiger, genehmigungsfähiger Beschluss zugrunde lag.[141] Im Regelfall sollte in diesen Konstellationen somit zunächst der Rechtsweg zu den ordentlichen Gerichten beschritten werden.[142]

---

139 OLG Hamburg ZIP 1994, 1950; *Hoffmann*, in: FG Kreutz, 29, 40 Fn. 52; *Jakob/Picht/Kopp*, in: BeckOGK-BGB, Stand: 01.12.2023, § 83 Rn. 51; *Jeß*, Verhältnis des lebenden Stifters, 167; *Mankowski*, FamRZ 1995, 851; *Weitemeyer*, in: MüKo-BGB, § 85 Rn. 48; vgl. BGHZ 99, 344, 347 = NJW 1987, 2364.

140 Für eine solche Konstellation instruktiv der Fall der P-Stiftung, bei dem gegen Satzungsänderungsbeschlüsse sowohl auf dem Verwaltungsrechtsweg, in Form eines Begehrens auf aufsichtsbehördliche Änderung der Satzung (BVerwG NJW 1985, 2964; OVG Lüneburg NJW 1985, 1572), als auch auf dem ordentlichen Rechtsweg (BGHZ 99, 344 = NJW 1987, 2364) vorgegangen wurde. Zum Nebeneinander des Rechtsschutzes für ein gerichtliches Vorgehen gegen nichtige Organbeschlüsse zudem KG StiftRspr. I, 163, 168; *Blydt-Hansen*, Rechtsstellung der Destinatäre, 141; *Hoffmann*, in: FG Kreutz, 29, 40; *Jakob/Picht/Kopp*, in: BeckOGK-BGB, Stand: 01.12.2023, § 83 Rn. 51; *Mankowski*, FamRZ 1995, 851; vgl. BGH WM 1976, 869, 871. Kritisch hinsichtlich der praktischen Nachteile einer gespaltenen Rechtswegzuständigkeit *G. Roth*, in: MHdB GesR VII, § 96 Rn. 9. – Etwas anderes kann sich in der Konstellation einer Zwischenfeststellungsklage ergeben. Wenn etwa die verwaltungsgerichtliche Klage auf Erteilung einer aufsichtlichen Genehmigung mit dem Antrag verbunden wird festzustellen, dass die zugrundeliegenden Satzungsänderungen (nicht) wirksam sind (§ 173 VwGO i.V.m. § 256 Abs. 2 ZPO), weil die Wirksamkeitsfrage für die Erteilung der Genehmigung vorgreiflich ist (zu dieser Voraussetzung *Bacher*, in: BeckOK-ZPO, § 256 Rn. 43), sind ebenfalls die Verwaltungsgerichte zuständig (zu einem solchen Fall BVerwG NZG 2019, 867 sowie die Vorinstanzen OVG Schleswig-Holstein npoR 2018, 262, 264 Rn. 90 ff.; VG Schleswig BeckRS 2016, 114825 Rn. 57, 100 ff.). Dadurch werden allerdings die skizzierten Rechtswegzuständigkeiten und die Rechtswegaufspaltung nicht infrage gestellt.

141 *Blydt-Hansen*, Rechtsstellung der Destinatäre, 141; *Hoffmann*, in: FG Kreutz, 29, 40; *Mankowski*, FamRZ 1995, 851.

142 Für eine generelle Konzentration des Rechtswegs auf die ordentliche Gerichtsbarkeit hinsichtlich sämtlicher stiftungsrechtlicher Streitigkeiten de lege ferenda *G. Roth*, in: MHdB GesR VII, § 96 Rn. 9.

2. *Zuständigkeit der Verwaltungsgerichte gem. § 40 Abs. 1 VwGO*

Die Zulässigkeit des Verwaltungsrechtswegs für stiftungsrechtliche Streitigkeiten bemisst sich, soweit keine aufdrängende Sonderzuweisung besteht,[143] nach der allgemeinen Rechtswegbestimmung des § 40 Abs. 1 VwGO. Hiernach ist der Verwaltungsrechtsweg in allen öffentlich-rechtlichen Streitigkeiten nichtverfassungsrechtlicher Art gegeben, soweit die Streitigkeiten nicht durch Bundesgesetz einem anderen Gericht ausdrücklich zugewiesen sind. Entscheidende Voraussetzung für die Zuständigkeit der Verwaltungsgerichte ist somit regelmäßig (und insoweit in Abgrenzung zur Frage des Vorliegens einer bürgerlich-rechtlichen Streitigkeit, die vor die ordentlichen Gerichte gehört, s. unter I.), dass es sich um eine öffentlich-rechtliche Streitigkeit handelt.[144] Im Grundsatz kommt es dabei auch bei der Eröffnung des Verwaltungsrechtswegs darauf an, dass das dem Rechtsstreit unmittelbar zugrundeliegende und insoweit streitentscheidende Rechtsverhältnis bzw. die Rechtsnatur der das Rechtsverhältnis prägenden Rechtsnormen als öffentlich-rechtlich zu qualifizieren ist.[145] Ob dies der Fall ist, wird anhand der bereits zur Bestimmung einer bürgerlich-rechtlichen Streitigkeit herangezogenen Abgrenzungstheorien beurteilt.[146]

Danach sind jedenfalls diejenigen Streitigkeiten auf den Verwaltungsrechtsweg verwiesen, an denen die Stiftungsbehörden in Ausübung ihrer hoheitlichen Tätigkeit beteiligt sind, weil sie nach Maßgabe der ihnen nur in dieser Funktion

143 Aufdrängende Sonderzuweisungen finden sich etwa in § 54 Abs. 1 BeamtStG oder § 126 Abs. 1 BBG.

144 Auf die weiteren Tatbestandsvoraussetzungen der nichtverfassungsrechtlichen Streitigkeit und des Fehlens einer abdrängenden Sonderzuweisung wird an dieser Stelle nicht weiter eingegangen. Hinzuweisen ist lediglich auf die Möglichkeit der Eröffnung des ordentlichen Rechtswegs in Fällen, in denen der Rechtsträger der Stiftungsbehörde gem. § 839 BGB i.V.m. Art. 34 Satz 1 GG auf Amtshaftung in Anspruch genommen werden soll (Art. 34 Satz 3 GG); s. *Andrick*, in: Stiftungen in Deutschland und Europa, 281, 286.

145 S. aus der st. Rspr. nur BVerwGE 156, 320, 322 Rn. 5 = NVwZ 2017, 329; ferner *von Nicolai*, in: Redeker/von Oertzen, VwGO, § 40 Rn. 6; *Reimer*, in: BeckOK-VwGO, § 40 Rn. 40 ff.; *Ruthig*, in: Kopp/Schenke, VwGO, § 40 Rn. 6; *Sodan*, in: Sodan/Ziekow, VwGO, § 40 Rn. 266.

146 S. Fn. 129. Entsprechend werden zur Bestimmung einer öffentlich-rechtlichen Streitigkeit u.a. die Sonderrechtstheorie, die Subordinationstheorie oder die Interessentheorie herangezogen; Überblick bei *Reimer*, in: BeckOK-VwGO, § 40 Rn. 45.1 ff.; *Sodan*, in: Sodan/Ziekow, VwGO, § 40 Rn. 289 ff.

zustehenden Rechte und Pflichten tätig werden.[147] In konsequenter Anwendung der unter I. gemachten Differenzierung fallen darunter auch hoheitliche Teilakte, die für den Eintritt stiftungszivilrechtlicher Rechtsfolgen konstitutiv sind. Als Streitgegenstände, die gem. § 40 Abs. 1 VwGO dem Verwaltungsrechtsweg zugeordnet sind, kommen daher etwa Streitigkeiten um begünstigende oder belastende Verwaltungsakte in Betracht, wie die Anerkennung der Stiftung zur Erlangung der Rechtsfähigkeit,[148] präventive oder repressive Aufsichtsmaßnahmen während laufender Stiftungstätigkeit, z.B. das Verlangen der Vorlage eines Berichts über die Erfüllung der Stiftungsaufgaben, die Genehmigung eines Satzungsänderungs- oder auf Stiftungsauflösung gerichteten Beschlusses,[149] Beanstandungen oder Anordnungen[150] oder die Aufhebung der Stiftung[151].

---

147 *Blydt-Hansen*, Rechtsstellung der Destinatäre, 61 f.; *Jakob*, Schutz der Stiftung, 252; *Mecking*, in: MHdB GesR V, § 103 Rn. 60; *G. Roth*, in: MHdB GesR VII, § 96 Rn. 9; *Schwintek*, Vorstandskontrolle, 323, im Fall der Aufsichtsbestimmungen der Landesstiftungsgesetze als streitentscheidende Normen; ähnlich *Andrick*, in: Stiftungen in Deutschland und Europa, 281, 284, generell in Fällen der Stiftungsaufsicht, weil die Stiftungsbehörde nach den die Stiftungsaufsicht legitimierenden gesetzlichen Regelungen Berechtigte der daraus erwachsenden Obhuts- und Rechtsaufsichtspflicht ist; *Andrick/Suerbaum*, Stiftung und Aufsicht, § 9 Rn. 5; *Schwarz van Berk/Fischer*, in: MHdB GesR V, § 101 Rn. 16, weil die bei Streitigkeiten mit der Stiftungsbehörde streitentscheidenden Normen ausschließlich einen Hoheitsträger berechtigen und verpflichten; *Suerbaum*, in: Stumpf/Suerbaum/Schulte/Pauli, StiftR, C Rn. 360.

148 *Blydt-Hansen*, Rechtsstellung der Destinatäre, 61; *Mecking*, in: MHdB GesR V, § 103 Rn. 60; *Mehrbrey/Gräler*, in: Mehrbrey, Hd-Buch Ges. Streitigkeiten, § 82 Rn. 9 f.; *G. Roth*, in: MHdB GesR VII, § 97 Rn. 22; *ders.*, in: BeckOGK-BGB, Stand: 01.07.2022, § 80 Rn. 253; *Schwarz van Berk/Fischer*, in: MHdB GesR V, § 101 Rn. 5.

149 OVG Schleswig-Holstein npoR 2018, 262, 264 Rn. 92; VG Schleswig BeckRS 2016, 114825 Rn. 71; *Andrick*, in: Stiftungen in Deutschland und Europa, 281, 283; *Blydt-Hansen*, Rechtsstellung der Destinatäre, 141; *Hoffmann*, in: FG Kreutz, 29, 40; *Mankowski*, FamRZ 1995, 851; *Schwarz van Berk/Fischer*, in: MHdB GesR V, § 101 Rn. 5; *Schwintek*, in: Werner/Saenger/Fischer, Die Stiftung, § 24 Rn. 22; a.A. KG StiftRspr. III, 85, 86: Genehmigung einer Satzungsänderung ist ein Justizverwaltungsakt i.S.d. § 23 EGGVG, gegen den Rechtsschutz vor den ordentlichen Gerichten zu suchen ist.

150 Vgl. *Mecking*, in: MHdB GesR V, § 103 Rn. 60. Richtigerweise gilt die Eröffnung des Verwaltungsrechtswegs zwar für eine Anordnung durch die Stiftungsaufsichtsbehörde, hingegen nicht für eine dann von der Stiftung selbst vorgenommene Umsetzung der angeordneten Maßnahme, gegen die als bürgerliche Rechtsstreitigkeit i.S.d. § 13 GVG Rechtsschutz vor den ordentlichen Gerichten gesucht werden muss, vgl. *G. Roth*, in: MHdB GesR VII, § 96 Rn. 9 Fn. 30, mit entsprechender Differenzierung.

151 *Backert*, in: BeckOK-BGB, § 87 Rn. 4; *Jakob/Picht/Kopp*, in: BeckOGK-BGB, Stand: 01.12.2023, § 83 Rn. 64.1; *Mecking*, in: MHdB GesR V, § 103 Rn. 60; *Schwarz van Berk/*

Der Rechtsweg zu den Verwaltungsgerichten ist nach überzeugender Ansicht ebenso eröffnet, wenn, trotz Beteiligung reiner Privatrechtssubjekte, eine natürliche Person gegenüber der Stiftung einen auf eine Vorschrift der Informationsgesetze des Bundes oder der Länder und somit auf eine öffentlich-rechtliche Norm gestützten Auskunfts- oder Informationsanspruch geltend macht.[152]

II. Bestimmung der sachlichen Zuständigkeit

Des Weiteren kann sich bei Prozessen unter Beteiligung von Stiftungen die Frage nach der sachlichen Zuständigkeit stellen. Die sachliche Zuständigkeit regelt, welches Gericht innerhalb derselben Gerichtsbarkeit in erster Instanz zur Entscheidung eines Rechtsstreits berufen ist.[153] Für die weiteren Ausführungen soll erneut zwischen der ordentlichen Gerichtsbarkeit und der Verwaltungsgerichtsbarkeit differenziert werden.

1. Ordentliche Gerichtsbarkeit

In Verfahren vor den ordentlichen Gerichten kann in erster Instanz entweder das Amtsgericht oder das Landgericht sachlich zuständig sein. Soweit eine Streitigkeit nicht ohne Rücksicht auf etwaige Wertbestimmungen des Streitgegenstands entweder dem Amts- oder dem Landgericht ausdrücklich zugewiesen ist (vgl. §§ 23 Nr. 2, 23a, 71 Abs. 2 GVG), richtet sich die sachliche Zuständigkeit für bürgerlich-rechtliche Streitigkeiten gem. §§ 23, 71 GVG nach der Höhe des Streitwerts. Hier gelten die allgemeinen Grundsätze, dass bei Streitigkeiten über Ansprüche bis zu einem Wert von einschließlich 5.000,00 € die Zuständigkeit des

---

Fischer, in: MHdB GesR V, § 101 Rn. 5; *Suerbaum*, in: Stumpf/Suerbaum/Schulte/Pauli, StiftR, B § 87 Rn. 24.

152 VG Gelsenkirchen BeckRS 2014, 54961, für ein gerichtliches Verfahren um einen auf § 4 Abs. 2 LPG NRW gestützten Auskunftsanspruch; VG Gelsenkirchen BeckRS 2018, 25979 Rn. 12, bei dem für ein auf § 4 IFG NRW gestütztes Informationsgesuch des Klägers gegenüber einer Sparkassenstiftung die Eröffnung des Verwaltungsrechtswegs bejaht wurde; s. dazu die Besprechung von *Gantenbrink*, in: Die Stiftung – Jahreshefte zum Stiftungswesen 13 (2019), 77, 82 ff.; a.A. allerdings LG Schwerin npoR 2022, 205, 205 f. Rn. 20 f., im Zuge eines einstweiligen Verfügungsverfahrens der Verfügungsklägerin gegen die verfügungsbeklagte Stiftung Klima- und Umweltschutz MV, bei dem das Gericht für einen auf § 4 Abs. 1, 2 LPrG M-V gestützten Auskunftsanspruch deshalb die Rechtswegzuständigkeit der ordentlichen Gerichte bejaht hat, weil eine Privatperson gegen ein Privatrechtssubjekt klagt, und an der Rechtsstreitigkeit somit ausschließlich Privatrechtssubjekte beteiligt sind.

153 *Musielak/Voit*, Grundkurs ZPO, Rn. 80.

Amtsgerichts (§ 23 Nr. 1 GVG), bei Streitwerten ab 5.000,01 € die Zuständigkeit des Landgerichts (§ 71 Abs. 1 GVG) begründet ist; stiftungsspezifische Besonderheiten bestehen insoweit nicht.

Für Streitigkeiten, die auf einem auf Geld oder Geldeswert gerichteten Rechtsverhältnis beruhen und die mithin vermögensrechtlicher Art sind,[154] etwa die Schadensersatzklage der Stiftung gegen ihre Organmitglieder oder die Klage der Destinatäre auf den Erhalt von Stiftungsleistungen, gilt somit, dass sich die Streitwertberechnung, sofern nicht die normativ bestimmten Streitwerte der §§ 4–9 ZPO zur Anwendung gelangen, nach § 3 Hs. 1 ZPO bemisst.[155] Hiernach wird der Wert von dem Gericht nach freiem Ermessen festgesetzt, wobei für die konkrete Bestimmung des Streitwerts das Interesse des Klägers in Form seines objektiv zu ermittelnden wirtschaftlichen Interesses für die Wertberechnung entscheidend ist.[156]

Fraglich ist, wie die sachliche Zuständigkeit für Streitigkeiten zu ermitteln ist, die nicht auf eine vermögenswerte Leistung gerichtet sind, sondern die die innerorganisatorischen Rechtsverhältnisse der Stiftung betreffen. Hierzu können etwa gerichtliche Auseinandersetzungen um die Wirksamkeit oder Unwirksamkeit von Satzungsänderungsbeschlüssen oder satzungsmäßig verschaffte Mitwirkungs- oder Kontrollrechte gehören. Soweit bei Streitfragen zur Binnenverfassung der Stiftung keine originären wirtschaftlichen Belange bestehen oder berührt sind, wird man diese Streitigkeiten konsequenterweise als nichtvermögensrechtlich zu qualifizieren haben.[157] Nur mittelbare oder reflexhafte vermögensrechtliche Konsequenzen, wie sie bei einem gerichtlichen Vorgehen etwa gegen einen die satzungsmäßigen Vermögensverwaltungsbestimmungen ändernden Beschluss denkbar sind, machen einen nichtvermögensrechtlichen Streit nicht zu einem vermögensrechtlichen.[158] Liegt im Ergebnis eine nichtvermögensrechtliche Streitigkeit vor, ist für die auch in diesem Rahmen vorzunehmende Streitwertberech-

---

154 Vgl. *Heinrich*, in: Musielak/Voit, ZPO, § 3 Rn. 12.

155 *Beumers*, in: Prütting/Gehrlein, ZPO, § 3 Rn. 4; *Heinrich*, in: Musielak/Voit, ZPO, § 3 Rn. 1; *Hüßtege*, in: Thomas/Putzo, ZPO, § 3 Rn. 1; *Roth*, in: Stein/Jonas, ZPO, § 3 Rn. 1; *Wöstmann*, in: MüKo-ZPO, § 3 Rn. 1.

156 *Heinrich*, in: Musielak/Voit, ZPO, § 3 Rn. 6.

157 Ebenso OLG Hamburg ZIP 1994, 1950; *Mankowski*, FamRZ 1995, 851; *Rawert*, ZIP 1994, 1952, 1953; vgl. zur Einordnung einer Klage auf Feststellung der Unwirksamkeit des Ausschlusses aus einem Idealverein als nichtvermögensrechtliche Streitigkeit BGH BeckRS 2015, 20307 Rn. 10; a.A. OLG Hamm OLGZ 1994, 96, 98: Klage auf Satzungsänderung zur Einräumung einer Bestellungskompetenz von Kuratoriumsmitgliedern ist vermögensrechtlicher Natur.

158 BGH MDR 1969, 747, 748; OLG Hamm OLGZ 1994, 96, 99; *Mankowski*, FamRZ 1995, 851; *Rawert*, ZIP 1994, 1952, 1953.

nung gem. § 3 ZPO[159] nicht allein der Wert des verwalteten Stiftungsvermögens maßgebend,[160] sondern es sind, unter Heranziehung der Grundsätze zur Wertfestsetzung von Gebührenstreitwerten bei nichtvermögensrechtlichen Ansprüchen gem. § 48 Abs. 2, 3 GKG,[161] alle Umstände des Einzelfalls, insbesondere der Umfang der Sache und ihre Bedeutung für den Kläger, zu berücksichtigen. Lässt sich der Streitwert nach diesen Maßstäben nicht ermitteln, ist entsprechend § 23 Abs. 3 Satz 2 RVG auch für nichtvermögensrechtliche Streitigkeiten des Stiftungsrechts von einem Streitwert von 5.000,00 € auszugehen, soweit keine Anhaltspunkte für einen höheren oder niedrigeren Wert bestehen.

2. *Verwaltungsgerichtsbarkeit*

Die Bestimmung der sachlichen Zuständigkeit für die Verwaltungsgerichtsbarkeit bemisst sich grundsätzlich nach § 45 VwGO. Hiernach sind im ersten Rechtszug zur Entscheidung über alle Streitigkeiten, für die der Verwaltungsrechtsweg offensteht, die Verwaltungsgerichte berufen. Hiervon kann die sachliche Zuständigkeit durch die VwGO abweichend geregelt sein.[162] Vorrangige Zuständigkeitsbestimmungen finden sich in §§ 47, 48 VwGO, die für die dort genannten Streitigkeiten die erstinstanzliche Zuständigkeit des OVG begründen, sowie in § 50 VwGO für die erstinstanzliche Zuständigkeit des BVerwG. In gerichtlichen Auseinandersetzungen mit der Stiftungsaufsicht ist damit im Regelfall die sachliche Zuständigkeit der Verwaltungsgerichte eröffnet.

III. *Bestimmung der örtlichen Zuständigkeit*

Ebenfalls zu klären im Vorfeld jedes erstinstanzlichen Verfahrens ist die Frage nach der örtlichen Zuständigkeit. Dies soll auch hier differenziert nach den verschiedenen Gerichtszweigen geschehen, wobei der Schwerpunkt der Darstellung auf den Bestimmungen für die ordentliche Gerichtsbarkeit (und hier besonders der Zivilgerichtsbarkeit) liegt.

---

159 BGH BeckRS 2015, 20307 Rn. 13; *Beumers*, in: Prütting/Gehrlein, ZPO, § 3 Rn. 10; *Heinrich*, in: Musielak/Voit, ZPO, § 3 Rn. 13; *Roth*, in: Stein/Jonas, ZPO, § 3 Rn. 6.

160 Vgl. *Mankowski*, FamRZ 1995, 851.

161 *Beumers*, in: Prütting/Gehrlein, ZPO, § 3 Rn. 10 ff.; *Heinrich*, in: Musielak/Voit, ZPO, § 3 Rn. 13; *Hüßtege*, in: Thomas/Putzo, ZPO, § 3 Rn. 109; *Roth*, in: Stein/Jonas, ZPO, § 3 Rn. 6; *Wöstmann*, in: MüKo-ZPO, § 3 Rn. 104.

162 Eine abweichende Regelung kommt ebenfalls durch besondere Gesetze in Betracht, *Berstermann*, in: BeckOK-VwGO, § 45 Rn. 2. Eine solche sondergesetzliche Zuweisungsnorm statuiert etwa § 190 Nr. 4 VwGO i.V.m. § 138 Abs. 1 FlurbG.

1. Ordentliche Gerichtsbarkeit

a) Überblick zu den Gerichtsstandsbestimmungen

Auskunft darüber, welches Gericht in einem bestimmten räumlichen Gebiet für einen Rechtsstreit örtlich zuständig ist, geben die Gerichtsstandsbestimmungen der §§ 12 ff. ZPO. Hiernach ist zwischen allgemeinen, besonderen und ausschließlichen Gerichtsständen zu unterscheiden.

aa) Allgemeine Gerichtsstände

Die Grundaussage zu den allgemeinen Gerichtsständen der §§ 13 ff. ZPO trifft § 12 ZPO: Danach bezeichnet der allgemeine Gerichtsstand die örtliche Zuständigkeit des Gerichts, bei dem alle Klagen gegen einen Beklagten anhängig zu machen sind. Ist dies eine Person, wird der allgemeine Gerichtsstand durch deren Wohnsitz bestimmt (§ 13 ZPO), bei wohnlosen Personen gem. § 16 ZPO durch den Aufenthaltsort im Inland.

Die Fokussierung auf den Beklagten bei der Bestimmung des örtlich zuständigen Gerichts trägt dem Umstand Rechnung, dass dem Beklagten mit dem Standortvorteil ein Ausgleich dafür gewährt werden soll, dass er in einen Rechtsstreit verwickelt wird, dessen Initiator der Kläger ist.[163]

bb) Besondere Gerichtsstände

Anders als die allgemeinen Gerichtsstände knüpfen die besonderen Gerichtsstände zur Bestimmung der örtlichen Zuständigkeit nicht an die Ansässigkeit des Beklagten an, sondern weisen demjenigen Gericht das Verfahren zu, das zu dem Klagegegenstand die größte Sachnähe aufweist.[164] Dies ermöglicht eine vereinfachte Sachverhaltsaufklärung, Beweiserhebung und letztlich Entscheidung des Rechtsstreits.[165]

---

163 *Bünnigmann*, in: Anders/Gehle, ZPO, § 12 Rn. 2; *Heinrich*, in: Musielak/Voit, ZPO, § 12 Rn. 1; *Musielak/Voit*, Grundkurs ZPO, Rn. 86; *Patzina*, in: MüKo-ZPO, § 12 Rn. 2; *G. Roth*, in: Stein/Jonas, ZPO, § 12 Rn. 2; *Wern*, in: Prütting/Gehrlein, ZPO, § 12 Rn. 1.

164 *Bendtsen*, in: Saenger, ZPO, § 12 Rn. 5; *Bünnigmann*, in: Anders/Gehle, ZPO, § 12 Rn. 3; *Heinrich*, in: Musielak/Voit, ZPO, § 12 Rn. 6; *Musielak/Voit*, Grundkurs ZPO, Rn. 88; *Patzina*, in: MüKo-ZPO, § 12 Rn. 29; *Roth*, in: Stein/Jonas, ZPO, Vor § 12 Rn. 6.

165 Vgl. *Musielak/Voit*, Grundkurs ZPO, Rn. 88.

Besondere Gerichtsstände betreffen beispielsweise die Niederlassung (§ 21 ZPO), die Mitgliedschaft (§ 22 ZPO), die Erbschaft (§ 27 ZPO) oder den Erfüllungsort (§ 29 ZPO). Ist neben einem allgemeinen auch ein besonderer Gerichtsstand oder sind mehrere besondere Gerichtsstände parallel einschlägig, hat der Kläger die Wahl des zuständigen Gerichts, § 35 ZPO.

cc) Ausschließliche Gerichtsstände

Die dritte Kategorie von Gerichtsständen bilden die ausschließlichen Gerichtsstände. Dazu zählen etwa der dingliche Gerichtsstand gem. § 24 ZPO oder für Klagen aus Haustürgeschäften gegen den Verbraucher gem. § 29c Abs. 1 Satz 2 ZPO. Ist für eine Klage ein ausschließlicher Gerichtsstand begründet, besteht allein eine Zuständigkeit dieses Gerichts, sodass etwaige besondere oder allgemeine Zuständigkeiten verdrängt werden, vgl. § 12 a.E. ZPO.

b) Stiftungsrechtlich relevante Gerichtsstände

aa) Allgemeiner Gerichtsstand juristischer Personen: § 17 ZPO

Für die Stiftung als juristische Person trifft § 17 ZPO eine Regelung zum allgemeinen Gerichtsstand. Entsprechend der Begriffsbestimmung aus § 12 ZPO ist diese örtliche Zuständigkeit für die Passivprozesse der Stiftung begründet, d.h. wenn diese verklagt werden soll, im Rechtsstreit also Beklagte ist.[166]

(1) Bestimmung des Sitzes gem. § 17 Abs. 1 ZPO

(a) Grundsätze

Der allgemeine Gerichtsstand einer Stiftung wird gem. § 17 Abs. 1 Satz 1 ZPO durch ihren Sitz bestimmt. Damit wird der Rechtssitz in Bezug genommen, der gem. § 81 Abs. 1 Nr. 1 lit. c BGB (§ 81 Abs. 1 Satz 3 Nr. 2 BGB a.F.) zwingender Bestandteil der Stiftungssatzung ist.[167] Für den Fall, dass kein Rechtssitz angeordnet

---

166 Ist die Stiftung Klägerin, richtet sich die Bestimmung des allgemeinen Gerichtsstands nach den Verhältnissen des Beklagten, vgl. §§ 12 ff. ZPO. Stiftungsrechtliche Eigenheiten bestehen insoweit nicht. Zu § 22 ZPO, s. Teil 2.§ 1.B.III.1.b)bb).

167 *Burgard*, in: Burgard, Stiftungsrecht, § 81 BGB Rn. 63; *Fritsche*, in: Werner/Saenger, Die Stiftung, 1. Aufl. 2008, Rn. 771; *Jakob*, Schutz der Stiftung, 407; *K. W. Lange*, in: BeckOGK-BGB, Stand: 01.01.2024, § 81 Rn. 68; *Mecking*, ZSt 2004, 199, 201; *ders.*, S&S 2023, 30; *Mehrbrey/Gräler*, in: Mehrbrey, Hd-Buch Ges. Streitigkeiten, § 81 Rn. 10; *G. Roth*, in: MHdB GesR VII, § 96 Rn. 34; *Theuffel-Werhahn*, ZStV 2018, 132.

wurde und der Stifter vor Anerkennung der Stiftung bereits verstorben ist, findet § 81 Abs. 4 BGB Anwendung, sodass die Stiftungsbehörde fehlende Satzungsbestimmungen unter Beachtung des wirklichen oder mutmaßlichen Stifterwillens ergänzt. Zu Lebzeiten wird die Stiftungsbehörde den Stifter zur Ergänzung der Satzung auffordern.[168] Kann er auch durch Auslegung nicht eindeutig ermittelt werden, bestimmt hilfsweise der Verwaltungssitz (s. § 83a BGB) den Sitz und damit den Gerichtsstand der Stiftung, § 17 Abs. 1 Satz 2 ZPO.[169] Dieser hängt anders als der Rechtssitz von tatsächlichen Verhältnissen ab und richtet sich nach dem Ort des Mittelpunktes der geschäftlichen Oberleitung, an dem der maßgebliche Wille für die Geschäftsführung der Stiftung gebildet wird.[170] Ergibt sich gem. § 17 Abs. 1 Satz 2 ZPO aber etwas anderes, weil ein für die Gerichtsstandsbestimmung vorrangiger, satzungsmäßiger Sitz besteht, kommt es auf den Verwaltungssitz nicht mehr an, selbst wenn dieser vom Rechtssitz abweicht.[171]

(b) Möglichkeiten und Grenzen der Rechtssitzfestlegung

Fraglich ist, wie frei der Stifter in der Wahl des für den Gerichtsstand der Stiftung grundsätzlich maßgeblichen Rechtssitzes ist.[172] Anknüpfungspunkte für diese

---

168 *Backert*, in: BeckOK-BGB, § 81 Rn. 7; *Hüttemann/Rawert*, in: Staudinger, BGB, § 81 Rn. 41; *K. W. Lange*, in: BeckOGK-BGB, Stand: 01.01.2024, § 81 Rn. 68; *Wiese*, in: Erman, BGB, § 81 Rn. 17.

169 Auf § 17 Abs. 1 Satz 2 ZPO ist ebenfalls zur Ermittlung der amtsgerichtlichen Zuständigkeiten in den Fällen abzustellen, in denen Städte mehrere Amtsgerichte haben und die Satzung nicht den Bezirk angibt, *Mecking*, in: Andrick/Muscheler/Uffmann, Stiftungsrecht, § 81 BGB Rn. 238.

170 *Bendtsen*, in: Saenger, ZPO, § 17 Rn. 6; *Heinrich*, in: Musielak/Voit, ZPO, § 17 Rn. 10; *Hüttemann/Rawert*, in: Staudinger, BGB, § 81 Rn. 42; *K. W. Lange*, in: BeckOGK-BGB, Stand: 01.01.2024, § 81 Rn. 71; *Mecking*, ZSt 2004, 199, 201; *ders.*, S&S 2023, 30; *Neuhoff*, in: Soergel, BGB, § 80 Rn. 6; *Roth*, in: Stein/Jonas, ZPO, § 17 Rn. 6; *Schultzky*, in: Zöller, ZPO, § 17 Rn. 10; *Theuffel-Werhahn*, ZStV 2018, 132; *ders.*, SB 2018, 137; *Wern*, in: Prütting/Gehrlein, ZPO, § 17 Rn. 9; vgl. OLG Hamburg StiftRspr. III, 75, 77. S. zudem BT-Drs. 19/28173, 53: Ort der Verwaltung der Stiftung ist der Ort, an dem die Geschäftsführungsorgane der Stiftung tätig sind.

171 RGZ 59, 106, 107 f.; *Toussaint*, in: BeckOK-ZPO, § 17 Rn. 9.

172 Neben dem allgemeinen Gerichtstand beeinflusst der Sitz der Stiftung zudem deren räumliche Identität, das anzuwendende Landesstiftungsgesetz im Allgemeinen und die Zuständigkeit der Anerkennungs- und Aufsichtsbehörde im Besonderen, *Burgard*, in: Burgard, Stiftungsrecht, § 81 BGB Rn. 63, § 83a BGB Rn. 1; *Ellenberger*, in: Grüneberg, BGB, § 81 Rn. 6; *Jakob*, in: Hüttemann/Richter/Weitemeyer, Landesstiftungsrecht, Rn. 6.9; *Mecking*, ZSt 2004, 199; *ders.*, in: Andrick/Muscheler/Uffmann, Stiftungsrecht, § 81 BGB Rn. 231 ff.; *Meyn*, in: Meyn/Richter/Koss/Gollan, Die Stif-

Wahl können etwa der Verwaltungssitz, der Belegenheitsort des Stiftungsvermögens oder der Wirkungsschwerpunkt der Stiftung sein.[173]

Insbesondere umstritten ist, ob der Stifter bewusst einen vom Ort der Verwaltung oder anderer Stiftungstätigkeit gänzlich unabhängigen Rechtssitz für die Stiftung vorsehen kann.[174]

Weitgehender Konsens besteht zunächst insoweit, dass Rechts- und Verwaltungssitz auseinanderfallen können, der Stifter also nicht den Ort, an dem die Verwaltung geführt werden soll, zum Satzungssitz erklären muss.[175] Für die Richtigkeit dieser Annahme spricht zum einen, dass nur der Rechtssitz, nicht aber auch der Verwaltungssitz maßgeblich für die örtliche Zuständigkeit von Anerkennungs- und Aufsichtsbehörde sowie das einschlägige Landesstiftungsrecht ist, sodass durch ein Auseinanderfallen keine Unklarheiten begründet werden.[176] Auch der Gesetzeswortlaut deckt die Zulässigkeit. Im Fall des Todes des Stifters

---

tung, Rn. 142; *Orth*, MDR 2021, 1304, 1305; *Schiffer/Pruns/Schürmann*, Reform des Stiftungsrechts, § 6 Rn. 14; *Stumpf*, in: Richter, Stiftungsrecht, § 4 Rn. 96; *Theuffel-Werhahn*, ZStV 2018, 192; *Uhl*, in: Orth/Uhl, Stiftungsrechtsreform, Rn. 173; *Wiese*, in: Erman, BGB, § 81 Rn. 15.

173 Vgl. *Ebersbach*, Stiftungsrecht, 80; *Schlüter/Stolte*, Stiftungsrecht, Kap. 2 Rn. 25; *Stumpf*, in: Stumpf/Suerbaum/Schulte/Pauli, StiftR, B § 81 Rn. 23.

174 Dieses teilweise als „forum shopping" titulierte Vorgehen würde es dem Stifter ermöglichen, den Sitz nach den aus seiner Sicht für die Stiftung genehmsten rechtlichen Rahmenbedingungen auszuwählen, vgl. *Schlüter/Stolte*, Stiftungsrecht, Kap. 2 Rn. 25. Ausführlich zum Begriff und zur zivilrechtlichen Zulässigkeit *Theuffel-Werhahn*, ZStV 2018, 132, 133 ff. Zu den materiell-rechtlichen Möglichkeiten und Grenzen einer Aufspaltung von Rechts- und Verwaltungssitz, s. sogleich.

175 *Backert*, in: BeckOK-BGB, § 81 Rn. 7; *Burgard*, in: Burgard, Stiftungsrecht, § 81 BGB Rn. 63; *Ellenberger*, in: Grüneberg, BGB, § 81 Rn. 8; *Hüttemann/Rawert*, in: Staudinger, BGB, § 81 Rn. 42; *dies.*, Beilage zu ZIP 33/2021, 3, 12; *K. W. Lange*, in: BeckOGK-BGB, Stand: 01.01.2024, § 81 Rn. 71; *Lorenz/Meyers*, DStR 2023, 2013, 2014; *Mecking*, ZSt 2004, 199, 201; *ders.*, in: Andrick/Muscheler/Uffmann, Stiftungsrecht, § 81 BGB Rn. 230; *Orth*, MDR 2021, 1304, 1305; *D. U. Otto*, in: jurisPK-BGB, § 81 Rn. 17; *Reinhardt*, NVwZ 2019, 1090 ff.; *Schiffer/Pruns*, in: NK-BGB, § 81 Rn. 18; *Schiffer/Pruns/Schürmann*, Reform des Stiftungsrechts, § 6 Rn. 14; *Stumpf*, in: Stumpf/Suerbaum/Schulte/Pauli, StiftR, B § 81 Rn. 23; *ders.*, in: Richter, Stiftungsrecht, § 4 Rn. 98; *Theuffel-Werhahn*, SB 2018, 137, 139 f.; *Weitemeyer*, in: MüKo-BGB, § 81 Rn. 30; *dies.*, AcP 217 (2017), 431, 467; *Wiese*, in: Erman, BGB, § 81 Rn. 15. Ein solches Auseinanderfallen kommt etwa in Betracht, wenn von der Stiftung betriebene Einrichtungen sich an einem anderen Ort befinden als der Geschäftssitz der Vorstandsmitglieder, an dem diese ihre Sitzungen abhalten, vgl. *Mecking*, ZSt 2004, 199, 202.

176 *Reinhardt*, NVwZ 2019, 1090, 1092.

vor Anerkennung der Stiftung erklärt § 81 Abs. 4 Satz 3 BGB im Zweifel den letzten Wohnsitz des Stifters im Inland zum Satzungssitz. Für den allgemeinen Gerichtsstand der Stiftung normiert § 17 Abs. 1 Satz 2 ZPO, dass Sitz der Stiftung der Ort ist, wo die Verwaltung geführt wird, wenn sich nichts anderes ergibt. Wäre der Verwaltungs- auch gleichzeitig immer Rechtssitz, bedürfte es keiner Zweifelsregel[177] bzw. könnte „sich nichts anderes" ergeben, sodass die Bestimmungen des § 81 Abs. 4 Satz 3 BGB und § 17 Abs. 1 Satz 2 ZPO ins Leere liefen.[178] Der Umkehrschluss zeigt somit, dass Satzungs- und Verwaltungssitz nicht übereinstimmen müssen.[179] Schließlich bezeugt der Bericht der Bund-Länder-Arbeitsgruppe „Stiftungsrecht" vom 9. September 2016 die Zulässigkeit der Trennung von Rechts- und Verwaltungssitz.[180] Hiernach fielen Satzungs- und Verwaltungssitz der Stiftung zusammen, sofern die Verwaltung der Stiftung am Satzungssitz geführt wird, wozu die Stiftung aber nicht verpflichtet sei.[181]

Besteht somit die Möglichkeit eines vom Verwaltungssitz abweichenden Rechtssitzes, ist in einem weiteren Schritt zu prüfen, ob der Stifter dafür anderen Vorgaben bei der Sitzbestimmung unterliegt, etwa der Pflicht zur Bezugnahme auf die Stiftungstätigkeit oder den Stiftungszweck, oder ob er den Sitz der Stiftung völlig frei wählen kann.

Einer solchen Wahlmöglichkeit wird in Teilen der Literatur entgegengehalten, dass dies schon deshalb nicht möglich sei, weil stets ein konkreter sachlicher Bezug der Stiftung zu ihrem Sitz vorliegen muss.[182] Die Möglichkeit, einen rein fiktiven Rechtssitz zu wählen, eröffne die Gefahr des Rechtsmissbrauchs der-

---

177 *Burgard*, in: Burgard, Stiftungsrecht, § 81 BGB Rn. 125, wonach davon auszugehen ist, dass sich der Satzungssitz für gewöhnlich nach dem Verwaltungssitz richtet, was der sachliche Grund für die Zweifelsregel ist.

178 RGZ 59, 106, 108, für die Aktiengesellschaft; vgl. *Reinhardt*, NVwZ 2019, 1090, 1092.

179 *Hüttemann/Rawert*, in: Staudinger, BGB, § 81 Rn. 42; *Reinhardt*, NVwZ 2019, 1090, 1092; *Wiese*, in: Erman, BGB, § 81 Rn. 15 (Erstere jeweils für § 83 Satz 3 BGB a.F.).

180 So auch *Reinhardt*, NVwZ 2019, 1090, 1093.

181 Bericht, 30.

182 Für die wohl h.M. *Backert*, in: BeckOK-BGB, § 81 Rn. 7; *Burgard*, Gestaltungsfreiheit, 82; *Ebersbach*, Stiftungsrecht, 80; *Ellenberger*, in: Grüneberg, BGB, § 81 Rn. 8; *Hüttemann/Rawert*, in: Staudinger, BGB, § 81 Rn. 42; *dies.*, Beilage zu ZIP 33/2021, 3, 12; *Jakob*, Schutz der Stiftung, 408; *Mecking*, ZSt 2004, 199, 202; *Meyn*, in: Meyn/Richter/Koss/Gollan, Die Stiftung, Rn. 142; *Schienke-Ohletz*, in: Schauhoff/Mehren, Stiftungsrecht, Kap. 3 Rn. 19; *Heuel*, in: Henssler/Strohn, GesR, § 81 BGB Rn. 9; *Schlüter/Stolte*, Stiftungsrecht, Kap. 2 Rn. 45; *Stumpf*, in: Stumpf/Suerbaum/Schulte/Pauli, StiftR, B § 81 Rn. 23; *Weitemeyer*, in: MüKo-BGB, § 81 Rn. 30; *dies.*, AcP 217 (2017), 431, 468.

gestalt, dass letztlich nur landesstiftungsrechtliche Vorteile ausgenutzt werden sollen.[183] Etwas anderes gelte nur, wenn zwingende Gründe die freie Sitzwahl sachlich rechtfertigen.[184]

Nach anderer Ansicht unterliegt der Stifter bei der Sitzbestimmung keinerlei Restriktionen.[185] Ein inhaltlicher Zusammenhang zwischen Stiftung und gewähltem Sitz könne schon deshalb nicht gefordert werden, weil die gesetzlichen Regelungen dafür keinerlei Anhaltspunkte böten.[186] Ein Großteil der Stiftungszwecke sei ohnehin ortsunabhängig, bei bundesweit tätigen Stiftungen existiere ein potentieller Bezug zu jedem denkbaren Standort innerhalb Deutschlands.[187] Selbst wenn der Stifter den Sitz nach der aus seiner Sicht stiftungsfreundlichsten und unbürokratischsten Stiftungsbehörde aussuche, sei darin kein rechtsmissbräuchliches Verhalten zu erblicken.[188]

Der letztgenannten Ansicht ist zuzustimmen. Für sie spricht, dass sie die privatautonome Entscheidungs- und Gestaltungsfreiheit des Stifters achtet.[189] Anders

---

183 *Mecking*, ZSt 2004, 199, 202.

184 Vgl. *Mecking*, ZSt 2004, 199, 202.

185 Dafür *Barzen/Fritz/Leininger*, npoR 2024, 16, 21; *Burgard*, in: Burgard, Stiftungsrecht, § 81 BGB Rn. 63; *Mecking*, in: Andrick/Muscheler/Uffmann, Stiftungsrecht, § 81 BGB Rn. 241; *ders.*, S&S 2023, 30; *Schiffer/Pruns*, in: NK-BGB, § 81 Rn. 17; *Schiffer/Pruns/Schürmann*, Reform des Stiftungsrechts, § 6 Rn. 17; *Theuffel-Werhahn*, SB 2018, 137, 139 f.; *O. Werner*, in: Werner/Saenger/Fischer, Die Stiftung, § 11 Rn. 108; *Wiese*, in: Erman, BGB, § 81 Rn. 15; einschränkend *Jakob*, in: Hüttemann/Richter/Weitemeyer, Landesstiftungsrecht, Rn. 6.9: Einzelfallkontrolle an den Grundsätzen des Rechtsmissbrauchs; *Lorenz/Meyers*, DStR 2023, 2013, 2015: Grenze ist ein bloßer Scheinsitz.

186 *Wiese*, in: Erman, BGB, § 81 Rn. 15. Europarechtlich anerkennt der EuGH mit seiner Rechtsprechung zur Niederlassungsfreiheit (s. etwa EuGH, Urt. vom 30.09.2003 – *Inspire Art*, Slg. 2003, I-10155 = NJW 2003, 3331) eine de-facto-Zulässigkeit des „forum shopping"; zu diesem Aspekt als Argument für die freie Wahl des Rechtssitzes der Stiftung *Burgard*, in: Burgard, Stiftungsrecht, § 81 BGB Rn. 63.

187 *Barzen/Fritz/Leininger*, npoR 2024, 16, 21; *Mecking*, S&S 2023, 30, 31.

188 *Wiese*, in: Erman, BGB, § 81 Rn. 15, der für eine solche Entscheidung sogar ein berechtigtes Interesse des Stifters sieht; ebenso *Mecking*, S&S 2023, 30, 31; *Theuffel-Werhahn*, SB 2018, 137, 139 f.; ähnlich aus gebührenrechtlicher Sicht *Barzen/Fritz/Leininger*, npoR 2024, 16, 16 ff.; vgl. *Schiffer/Pruns/Schürmann*, Reform des Stiftungsrechts, § 6 Rn. 17; *O. Werner*, in: Werner/Saenger/Fischer, Die Stiftung, § 11 Rn. 108.

189 Ebenfalls auf den Gedanken der Stifterfreiheit abstellend *Barzen/Fritz/Leininger*, npoR 2024, 16, 21; *Burgard*, in: Burgard, Stiftungsrecht, § 81 BGB Rn. 63; *Lorenz/Meyers*, DStR 2023, 2013, 2015; *Mecking*, in: Andrick/Muscheler/Uffmann, Stiftungsrecht, § 81 BGB Rn. 241; *ders.*, S&S 2023, 30; *O. Werner*, in: Werner/Saenger/Fischer, Die Stiftung, § 11 Rn. 108; *Wiese*, in: Erman, BGB, § 81 Rn. 15.

als nach Auffassung der Gegenansicht gibt es keinen sachlich gerechtfertigten Grund, dass sich diese grundrechtlich geschützte Freiheit nicht auch in Bezug auf die Wahl eines den Vorstellungen des Stifters am meisten entsprechenden aufsichtsrechtlichen Rahmens entfalten soll.[190] Im Gegenteil ist in der Anerkennung einer umfassenden Freiheit des Stifters hinsichtlich der Festlegung des Stiftungssitzes eine Ausprägung föderaler Strukturen zu erblicken.[191] Auch die gesetzliche Regelung selbst deutet in diese Richtung. Dass der Gesetzgeber die Möglichkeit der freien Sitzwahl durch eine gesetzliche Reglementierung beschränkt hätte, zeigt sich an der Regelung des § 83a BGB, die hinsichtlich des Verwaltungssitzes der Stiftung vorsieht, dass dieser im Inland zu führen ist. Der Verzicht auf eine Bestimmung mit Vorgaben zur Festlegung des Rechtssitzes spricht im Umkehrschluss für ein diesbezügliches freies Wahlrecht.[192] Darüber hinaus fordert § 81 Abs. 1 Nr. 1 lit. c BGB (§ 81 Abs. 1 Satz 3 Nr. 2 BGB a.F.) als Pflichtangabe lediglich eine Bestimmung zum Sitz der Stiftung, macht darüber hinaus jedoch keinerlei Vorgaben. Diese und die anderen zwingenden Satzungsbestimmungen gem. § 81 Abs. 1 Nr. 1 BGB (§ 81 Abs. 1 Satz 3 BGB a.F.) sind bundeseinheitlich und abschließend geregelt.[193] Der Stifter hat bei Vorliegen dieser und der weiteren Voraussetzungen gem. § 82 Satz 1 BGB (§ 80 Abs. 2 Satz 1 BGB a.F.) einen gebundenen Anspruch auf Anerkennung der Stiftung als rechtsfähig ohne Ermessen der Anerkennungsbehörde.[194] Insgesamt sprechen die gesetzlichen Rahmenbedingungen somit ebenfalls für die Freiheit des Stifters bei der Festlegung des Stiftungssitzes.

Das von der Gegenansicht aufgestellte Regel-Ausnahme-Verhältnis ist demgemäß umzukehren: Die freie Sitzwahl des Stifters ist die Regel, die nur ausnahmsweise wegen des Bestehens sachlicher Gründe eingeschränkt werden darf. Für den hier besonders interessierenden Gerichtsstand der Stiftung sind derartige Gründe

---

190 *Burgard*, in: Burgard, Stiftungsrecht, § 81 BGB Rn. 63 f., der zu Recht einer räumlichen Nähe von Stiftung und Stiftungsaufsicht als Argument gegen die freie Wahl des Stiftungssitzes angesichts der modernen Kommunikationsmittel keine große Bedeutung zumisst; ähnlich *Mecking*, in: Andrick/Muscheler/Uffmann, Stiftungsrecht, § 81 BGB Rn. 243.

191 Vgl. *Burgard*, in: Burgard, Stiftungsrecht, § 81 BGB Rn. 64, der den föderalen Wettbewerb durch ein „forum shopping“ gefördert sieht; ähnlich *Theuffel-Werhahn*, SB 2018, 137, 139 f.

192 Vgl. *Barzen/Fritz/Leininger*, npoR 2024, 16, 21.

193 *Hüttemann/Rawert*, in: Staudinger, BGB, § 81 Rn. 35.

194 *Schlüter/Stolte*, Stiftungsrecht, Kap. 2 Rn. 114.

nicht ersichtlich. Die Stiftung ist entsprechend an dem Gerichtsstand des Sitzes zu verklagen, den der Stifter in der Satzung bestimmt hat.[195]

(c) Festlegung von Doppelsitzen

Im Rahmen der Sitzanknüpfung des § 17 Abs. 1 ZPO von Relevanz ist schließlich die Frage, wie zu verfahren ist, wenn der Stifter in der Satzung einen Doppelsitz der Stiftung vorsieht.

Sind für jeden Sitz die Voraussetzungen des § 17 ZPO erfüllt, sollen demnach zwei ortsverschiedene allgemeine Gerichtsstände der Stiftung bestehen.[196] Unter zwei allgemeinen Gerichtsständen hat der Kläger gem. § 35 ZPO dann die Wahl.

Ob eine Stiftung aber überhaupt einen statutarischen Doppelsitz haben kann, wird unterschiedlich beurteilt.

Stimmen aus der Literatur bejahen dies, wenn die Stiftung für jeden Sitz die erforderlichen formellen und materiellen Voraussetzungen erfüllt.[197]

Es ist zu differenzieren: Wird die Verwaltung der Stiftung tatsächlich an mehreren Orten geführt, dürften gegen die Angabe von zwei Verwaltungssitzen jedenfalls dann keine Bedenken bestehen, wenn unstreitig ist, welcher von beiden der Rechtssitz sein soll. Etwas anderes wird man für die Bestimmung eines doppelten

---

195 Befinden sich in der politischen Gemeinde, die der Stifter zum Satzungssitz erklärt hat, mehrere Amtsgerichte mit eigenständigen Gerichtsbezirken, können sich bei der Bestimmung des allgemeinen Gerichtsstands dann Probleme ergeben, wenn im konkreten Rechtsstreit das Amtsgericht sachlich zuständig ist. Richtigerweise ist in diesen Fällen hilfsweise der Standort des Verwaltungssitzes heranzuziehen, dessen postalische Anschrift das örtlich zuständige Amtsgericht bestimmt, vgl. BayObLG NJOZ 2002, 2424, 2426; KG NJOZ 2008, 237, 238; *Toussaint*, in: BeckOK-ZPO, § 17 Rn. 11.1. Liegt der Verwaltungssitz in einer anderen Gemeinde, kommt es zu einer Aufspaltung von amtsgerichtlicher und landgerichtlicher Zuständigkeit zwischen Verwaltungs- und Rechtssitz, vgl. KG NJOZ 2008, 237, 239; a.A. *Toussaint*, in: BeckOK-ZPO, § 17 Rn. 11.1.

196 RGZ 59, 106, 108; *Roth*, in: Stein/Jonas, ZPO, § 17 Rn. 4; *Schultzky*, in: Zöller, ZPO, § 17 Rn. 9; *Toussaint*, in: BeckOK-ZPO, § 17 Rn. 10; *Wern*, in: Prütting/Gehrlein, ZPO, § 17 Rn. 7; a.A. *Heinrich*, in: Musielak/Voit, ZPO, § 17 Rn. 10, der mangels eindeutigen Rechtssitzes § 17 Abs. 1 Satz 2 ZPO heranziehen möchte.

197 *Ellenberger*, in: Grüneberg, BGB, § 81 Rn. 8; *Hüttemann/Rawert*, in: Staudinger, BGB, § 81 Rn. 43; *Jakob*, in: Hüttemann/Richter/Weitemeyer, Landesstiftungsrecht, Rn. 6.12 ff.; *Stumpf*, in: Stumpf/Suerbaum/Schulte/Pauli, StiftR, B § 81 Rn. 24; *Udwari*, in: Udwari/Hertel/Heinrich, Stiftungspraxis, 269; *O. Werner*, in: Werner/Saenger/Fischer, Die Stiftung, § 11 Rn. 113.

Rechtssitzes festzustellen haben.[198] Wie bereits ausgeführt, ist der Stifter nach den Grundsätzen der Privatautonomie zwar in der Wahl des Rechtssitzes frei. Aus sachlichen Gründen erscheint es jedoch gerechtfertigt, dem Stifter die Nennung eines weiteren, rechtsverbindlichen statutarischen Sitzes nicht zu ermöglichen. Dafür spricht, dass ein Doppelsitz die Gefahr unklarer Kompetenzverhältnisse eröffnet, wegen § 35 ZPO weniger bezüglich des Gerichtsstands der Stiftung, wohl aber hinsichtlich der örtlichen Zuständigkeit von Anerkennungs- und Aufsichtsbehörde.[199] Das betrifft nicht nur die ggf. abweichende Bewertung der Anerkennungsvoraussetzungen durch zwei unterschiedliche Behörden, sondern auch Abstimmungsprobleme und die von Behörde zu Behörde anders gehandhabte Praxis während der laufenden Stiftungsaufsicht.[200] Selbiges gilt für das anzuwendende Landesstiftungsgesetz und damit einhergehende komplexe Auslegungsprobleme, wenn Sitze in verschiedenen Bundesländern vorgesehen sind.[201] Zudem spricht der Gesetzeswortlaut in § 80 Abs. 2 Satz 1 a.E. BGB (§ 80 Abs. 1 a.E. BGB a.F.) („...in dem die Stiftung ihren Sitz haben soll.") und § 81 Abs. 1 Nr. 1 lit. c BGB (§ 81 Abs. 1 Satz 3 Nr. 2 BGB a.F.) („den Sitz der Stiftung") für die Zulässigkeit bloß eines einzigen Rechtssitzes.[202] Soweit die gegenteilige Ansicht vorbringt, die Nennung eines Doppelsitzes müsse jedenfalls dann möglich sein, wenn vom Stifter die Entscheidung für die formale Zuständigkeit getroffen wird,[203] ist dagegen nichts einzuwenden. Es handelt sich aber dann von vornherein nicht

---

198 Ebenfalls gegen dessen Zulässigkeit *Backert*, in: BeckOK-BGB, § 81 Rn. 7; *Gantenbrink*, in: Die Stiftung - Jahreshefte zum Stiftungswesen 5 (2011), 137, 138 ff.; *Mecking*, ZSt 2004, 199, 202; *ders.*, in: Andrick/Muscheler/Uffmann, Stiftungsrecht, § 81 BGB Rn. 248; *Weitemeyer*, in: MüKo-BGB, § 81 Rn. 31; *dies.*, AcP 217 (2017), 431, 468; *Wiese*, in: Erman, BGB, § 81 Rn. 16; ähnlich *K. W. Lange*, in: BeckOGK-BGB, Stand: 01.01.2024, § 81 Rn. 73 („Zweifel an der Sinnhaftigkeit").

199 Vgl. *Backert*, in: BeckOK-BGB, § 81 Rn. 7; *Gantenbrink*, in: Die Stiftung - Jahreshefte zum Stiftungswesen 5 (2011), 137, 141; *Mecking*, ZSt 2004, 199, 202; *Weitemeyer*, in: MüKo-BGB, § 81 Rn. 31; *dies.*, AcP 217 (2017), 431, 468; *Wiese*, in: Erman, BGB, § 81 Rn. 16.

200 *Gantenbrink*, in: Die Stiftung - Jahreshefte zum Stiftungswesen 5 (2011), 137, 141; *Mecking*, in: Andrick/Muscheler/Uffmann, Stiftungsrecht, § 81 BGB Rn. 248.

201 *Mecking*, in: Andrick/Muscheler/Uffmann, Stiftungsrecht, § 81 BGB Rn. 248; *Weitemeyer*, in: MüKo-BGB, § 81 Rn. 31; *dies.*, AcP 217 (2017), 431, 468.

202 Vgl. *Gantenbrink*, in: Die Stiftung - Jahreshefte zum Stiftungswesen 5 (2011), 137, 140; *Mecking*, ZSt 2004, 199, 202.

203 *Stumpf*, in: Richter, Stiftungsrecht, § 4 Rn. 100; *Udwari*, in: Udwari/Hertel/Heinrich, Stiftungspraxis, 269; *O. Werner*, in: Werner/Saenger/Fischer, Die Stiftung, § 11 Rn. 114.

um zwei rechtlich gleichwertige Stiftungssitze, sondern lediglich der vom Stifter bezeichnete Sitz ist als Rechtssitz Anknüpfungspunkt für Behörden- und Landesstiftungsgesetzzuständigkeit, der weitere Sitz lediglich deklaratorischer Art.[204]

(d) Zwischenergebnis

Für den allgemeinen Gerichtsstand einer Stiftung entscheidend ist gem. § 17 Abs. 1 Satz 1 ZPO deren Rechtssitz. Er ist als zwingender Bestandteil der Stiftungssatzung zu entnehmen. Der Stifter kann als Sitz den Ort der Verwaltung wählen, sodass Rechts- und Verwaltungssitz zusammenfallen, er kann den Sitz an sonstige Stiftungstätigkeit anknüpfen, er kann nach hier vertretener Ansicht aber auch jede andere Örtlichkeit zum Rechtssitz der Stiftung erklären, ohne dass ein sachlicher Bezug oder inhaltlicher Zusammenhang zur Stiftung bestehen muss. Die gegenteilige Ansicht verkennt die grundsätzlich bestehende Privatautonomie des Stifters.

Eingeschränkter ist der Stifter in der Festlegung eines Doppelsitzes. Die Möglichkeit eines doppelten Rechtssitzes ist auch für den Fall abzulehnen, dass dem Grunde nach zu den verschiedenen Orten ein ausreichender Bezug besteht. Der Stifter kann beide Örtlichkeiten in der Satzung nennen, muss zwecks klarer Kompetenzen aber einen Ort zum Rechtssitz erklären.

(2) Beginn und Ende der Gerichtsstandsregelung

Neben den materiell-rechtlichen Bestimmungen des Stifters sind für die Anwendbarkeit des § 17 ZPO darüber hinaus dessen zeitliche Grenzen entscheidend. Für die weiteren Ausführungen zum Beginn und Ende des Gerichtsstands soll zwischen den Zeitpunkten vor Anerkennung und nach Auflösung bzw. Aufhebung der Stiftung differenziert werden.

(a) Vor Anerkennung der Stiftung

Grundsätzlich sollen Beginn und Ende des Gerichtsstands vom Erwerb und Verlust der Rechtsfähigkeit abhängig sein.[205] Dies erscheint zunächst sachgerecht. Die Stiftung muss wenigstens passiv parteifähig sein, um nach dem Wortlaut des

---

204 Ähnlich *Wiese*, in: Erman, BGB, § 81 Rn. 16; a.A. *Hüttemann/Rawert*, in: Staudinger, BGB, § 81 Rn. 43, nach denen bei fehlender Bestimmung des Stifters die Stiftung mehreren Landesstiftungsrechten und der parallelen Aufsicht mehrerer Stiftungsbehörden unterliegt.

205 *Bendtsen*, in: Saenger, ZPO, § 17 Rn. 7; *Heinrich*, in: Musielak/Voit, ZPO, § 17 Rn. 5; *Wern*, in: Prütting/Gehrlein, ZPO, § 17 Rn. 2; unklar für den Beginn der Regelung *Hüßtege*, in: Thomas/Putzo, ZPO, § 17 Rn. 2; *Patzina*, in: MüKo-ZPO, § 17 Rn. 8; *Schultzky*, in: Zöller, ZPO, § 17 Rn. 12: Entstehungszeitpunkt der Partei.

§ 17 Abs. 1 Satz 1 ZPO als solche verklagt werden zu können. Dies ist sie nur im Falle der Rechtsfähigkeit, und nur dann braucht es die Festlegung einer örtlichen Zuständigkeit.

Wie bereits festgestellt,[206] werden der Stiftung vor Anerkennung einzelne Rechtspositionen zugewiesen, hinsichtlich derer sie im Rechtsstreit parteifähig ist, sodass ein Anknüpfungspunkt für die Anwendung des § 17 Abs. 1 ZPO besteht. Die Stiftung in der Gründungsphase ist jedoch nach hier vertretener Ansicht zu diesem Zeitpunkt noch kein verselbständigtes Rechtssubjekt, sodass es regelmäßig an einem satzungsmäßigen Sitz fehlen wird. Deshalb sollte die Gerichtsstandsregelung des § 17 Abs. 1 ZPO, die bereits nach ihrem Wortlaut auf bestehende juristische Personen zugeschnitten ist, erst ab dem Zeitpunkt Anwendung finden, an dem die Stiftung als juristische Person entsteht.[207]

Klagen in der Errichtungsphase der Stiftung sind vielmehr am allgemeinen Gerichtsstand des Stifters bzw. im Falle seiner gerichtlichen Bestellung immer am allgemeinen Gerichtsstand des Pflegers zu erheben, §§ 12, 13 ZPO.[208]

(b) Nach Auflösung oder Aufhebung der Stiftung

Für das Ende der Gerichtsstandsregelung gelangt man zu sachgerechten Ergebnissen, wenn das Eingreifen des § 17 Abs. 1 ZPO davon abhängig gemacht wird, ob der Stiftung für die in Rede stehende Rechtsstreitigkeit wenigstens noch passive Parteifähigkeit zuerkannt wird.[209] Dies entspricht nicht nur dem Wortlaut des § 17 Abs. 1 Satz 1 ZPO, sondern auch dem Umstand, dass es im Falle passiver Parteifähigkeit einer Regelung bedarf, die die örtliche Zuständigkeit einer gegen die Stiftung gerichteten Klage festlegt.

Wie bereits dargelegt,[210] besteht die Stiftung wegen §§ 87c Abs. 2 Satz 2, 49 Abs. 2 BGB (§§ 88 Satz 3 a.F., 49 Abs. 2 BGB) über deren Auflösung bzw. Aufhebung hinaus als Stiftung in Liquidation bis zum Abschluss des Liquidationsverfahrens

---

206 S. dazu Teil 2.§ 1.A.I.1.b).

207 A.A. *Jakob*, Schutz der Stiftung, 409, für den Fall, dass sich bereits ein Sitz der Stiftung herausgebildet hat.

208 Vgl. *Mecking*, in: Andrick/Muscheler/Uffmann, Stiftungsrecht, § 81 BGB Rn. 238.

209 Für andere juristische Personen finden sich in den jeweiligen Spezialgesetzen Regelungen, welche im Liquidationsstadium ausdrücklich den Gerichtsstand für anwendbar erklären, den die juristische Person zur Zeit ihrer Auflösung hatte (für die eG in § 87 Abs. 2 GenG, für die GmbH in § 69 Abs. 2 GmbHG, für die AG in § 264 Abs. 3 AktG).

210 Zur Parteifähigkeit einer Stiftung nach Auflösung bzw. Aufhebung, s. die Ausführungen unter Teil 2.§ 1.A.I.1.b)bb).

fort. Da sie bis zu ihrer Beendigung uneingeschränkt rechtsfähig, mithin (passiv) parteifähig ist, sind gegen die Stiftung in Liquidation gerichtete Klagen auch in der Beendigungsphase gem. § 17 Abs. 1 ZPO an ihrem Rechtssitz, hilfsweise am Verwaltungssitz anzubringen.[211]

bb) Besonderer Gerichtsstand der Mitgliedschaft: § 22 ZPO

(1) Bedeutung und Anwendungsfeld des Gerichtsstands

Auf stiftungsrechtliche Relevanz zu prüfen ist der besondere Gerichtsstand der Mitgliedschaft, § 22 ZPO. Danach ist das Gericht, bei dem die dort bezeichneten Personenvereinigungen ihren allgemeinen Gerichtsstand i.S.d. § 17 ZPO haben, auch für die Klagen zuständig, die das Mitgliedschafts- bzw. Gesellschafterverhältnis als solches betreffen, sei es, dass sie von der Personenvereinigung gegen ihre Mitglieder bzw. Gesellschafter als solche, sei es, dass sie von den Mitgliedern bzw. Gesellschaftern in dieser Eigenschaft gegeneinander erhoben werden. Im Gegensatz zur Regel des § 12 ZPO ist § 22 ZPO damit als Klägergerichtsstand ausgestaltet.[212] Dahinter steckt die Erwägung, die Rechtsstreitigkeiten, die das Mitgliedschafts- bzw. Gesellschafterverhältnis und somit die inneren Rechtsbeziehungen betreffen, am allgemeinen Gerichtsstand der Personenvereinigung zu bündeln, um auf diese Weise eine einheitliche Auslegung und Anwendung der Satzung zu erreichen und gleichzeitig über die räumliche Nähe des Gerichts zum Sitz die Einsichtnahme in Register und Akten zu erleichtern.[213]

§ 22 ZPO tritt als besonderer, nicht-ausschließlicher Gerichtsstand neben den allgemeinen Gerichtsstand des Beklagten und ggf. weitere besondere, nicht-ausschließliche Gerichtsstände.[214]

---

211 Für die h.M., wonach der allgemeine Gerichtsstand juristischer Personen nicht mit Auflösung oder Beginn der Liquidation endet, *Bendtsen*, in: Saenger, ZPO, § 17 Rn. 7; *Ghassemi-Tabar*, in: MHdB GesR VII, § 6 Rn. 20; *Heinrich*, in: Musielak/Voit, ZPO, § 17 Rn. 5; *Hüßtege*, in: Thomas/Putzo, ZPO, § 17 Rn. 2; *Patzina*, in: MüKo-ZPO, § 17 Rn. 8; *Roth*, in: Stein/Jonas, ZPO, § 17 Rn. 24; *Schultzky*, in: Zöller, ZPO, § 17 Rn. 12.

212 *Heinrich*, in: Musielak/Voit, ZPO, § 22 Rn. 1; *Patzina*, in: MüKo-ZPO, § 22 Rn. 1.

213 BGHZ 76, 231, 235 = NJW 1980, 1470; OLG Köln NJW 2004, 862; *Bünnigmann*, in: Anders/Gehle, ZPO, § 22 Rn. 2; *Heinrich*, in: Musielak/Voit, ZPO, § 22 Rn. 1; *Patzina*, in: MüKo-ZPO, § 22 Rn. 1; *Roth*, in: Stein/Jonas, ZPO, § 22 Rn. 1; *Schultzky*, in: Zöller, ZPO, § 22 Rn. 1; *Toussaint*, in: BeckOK-ZPO, § 22 Rn. 1.

214 *Bendtsen*, in: Saenger, ZPO, § 22 Rn. 3; *Heinrich*, in: Musielak/Voit, ZPO, § 22 Rn. 7; *Patzina*, in: MüKo-ZPO, § 22 Rn. 9; *Schultzky*, in: Zöller, ZPO, § 22 Rn. 3; *Toussaint*, in: BeckOK-ZPO, § 22 Rn. 8.

(2) Anwendbarkeit auf die Stiftung

Von Stimmen aus der Literatur wird nunmehr die Heranziehung dieses besonderen Gerichtsstands auch für die Stiftung befürwortet.[215] Dies erscheint insoweit überraschend, als der Wortlaut des § 22 ZPO die Stiftung nicht ausdrücklich nennt. Im Folgenden soll daher der Frage nachgegangen werden, ob § 22 ZPO trotzdem direkt oder hilfsweise analog auf die Stiftung anzuwenden ist.

(a) Direkt

Eine unmittelbare Anwendung des besonderen Gerichtsstands der Mitgliedschaft setzt das Vorliegen einer Personenvereinigung mit körperschaftlicher oder personengesellschaftlicher Struktur voraus, denn nur dann kommt die von § 22 ZPO geforderte Klagemöglichkeit der Vereinigung gegen ihre Mitglieder bzw. Gesellschafter als solche oder Mitglieder bzw. Gesellschafter gegeneinander in Betracht. Die Stiftung ist zwar juristische Person, sie hat allerdings keine Mitglieder und ist deshalb nicht körperschaftlich organisiert.[216] Eine direkte Anwendung des Gerichtsstands der Mitgliedschaft auf die Stiftung scheidet daher aus.

(b) Analog

Denkbar bleibt die analoge Anwendung des § 22 ZPO. Dies setzt eine planwidrige Regelungslücke und eine vergleichbare Interessenlage voraus.[217]

(aa) Planwidrige Regelungslücke

Zunächst sind die gesetzlichen Bestimmungen auf eine Regelungslücke zu überprüfen. Vom Wortlaut des § 22 ZPO erfasst sind nur Gemeinden, Korporationen, Gesellschaften, Genossenschaften und andere Vereine. Für die Rechtsbeziehungen der Stiftung fehlt eine spezielle gesetzliche Gerichtsstandsregelung, sodass insoweit eine Regelungslücke bejaht werden kann.

Bedenken begegnet die Planwidrigkeit der Regelungslücke. Die Ratio des § 22 ZPO, diejenigen Rechtsstreitigkeiten, die das Mitglieder- bzw. Gesellschafterverhältnis betreffen, am Gericht des Sitzes zu bündeln, hat für die Stiftung keine Relevanz. Zwar wird auch für die Stiftung der allgemeine Gerichtsstand

---

215 *Jakob*, Schutz der Stiftung, 410; *G. Roth*, in: MHdB GesR VII, § 96 Rn. 36; a.A. aufgrund der Mitgliederlosigkeit der Stiftung aber *Mehrbrey/Gräler*, in: Mehrbrey, Hd-Buch Ges. Streitigkeiten, § 81 Rn. 11.

216 Zur Strukturanalyse der Stiftung als Prozessrechtssubjekt, vgl. bereits die Ausführungen unter Teil 1.§ 1.

217 S. die Nachweise in Fn. 47.

gem. § 17 Abs. 1 ZPO nach dem Sitz bestimmt, allerdings unterfällt sie nicht den von § 22 ZPO ausschließlich in Bezug genommenen Personenvereinigungen des § 17 ZPO.[218] Gleichwohl bestehen bei der Stiftung Innenrechtsverhältnisse, deren Rechtspositionen klageweise durchgesetzt werden können. Der gesetzgeberischen Entscheidung, derartige Rechtsstreitigkeiten am allgemeinen Gerichtsstand zu konzentrieren, entspräche eine gesetzliche Regelung auch für die mitgliederlose Stiftung. Da es dafür keine besondere Gerichtsstandsbestimmung gibt, ist die Planwidrigkeit der Regelungslücke zu bejahen.

(bb) Vergleichbare Interessenlage

Zu klären bleibt, ob die Interessenlage vergleichbar ist. Besteht der Sinn und Zweck der Bündelung von Rechtsbeziehungen bei den Personenvereinigungen in der Sicherstellung einheitlicher Satzungsauslegung und -anwendung, gilt dies für die Stiftung in ähnlicher Weise.[219] Auch hier schafft eine Konzentration dieser Rechtsbeziehungen am Sitz der Stiftung die Voraussetzungen einheitlicher Beurteilung.[220] Gleichermaßen erleichtert bei der Stiftung eine Ortsnähe zum Sitz die gerichtliche Zugriffsmöglichkeit auf Akten oder andere entscheidungserhebliche Dokumente.[221] In beiden Konstellationen – im gesetzlich geregelten und im gesetzlich nicht geregelten Fall – sprechen damit Zweckmäßigkeitserwägungen für die Anwendung des § 22 ZPO.

Die Interessenlage ist dem Grunde nach vergleichbar. Einer genaueren Untersuchung bedarf hingegen die Frage, ob und, wenn ja, welche Einschränkung für die Reichweite der Analogie sich daraus ergibt, dass die Klage nach § 22 ZPO das Rechtsverhältnis der Mitgliedschaft betreffen muss. Richtigerweise sind, ebenso wie bei direkter Anwendung, Klagen der Stiftung etwa gegen die Organmitglieder aus Vertrag oder unerlaubter Handlung nicht erfasst.[222] Vielmehr muss der Rechtsgrund der Klage in der inneren Struktur der Stiftung liegen. In diesem Zusammenhang plädieren Stimmen aus der Literatur für eine

---

218 OLG Köln NJW 2004, 862; *Bendtsen*, in: Saenger, ZPO, § 22 Rn. 2; *Bünnigmann*, in: Anders/Gehle, ZPO, § 22 Rn. 3; *Heinrich*, in: Musielak/Voit, ZPO, § 22 Rn. 2; *Schultzky*, in: Zöller, ZPO, § 22 Rn. 2; *Toussaint*, in: BeckOK-ZPO, § 22 Rn. 1.

219 *Jakob*, Schutz der Stiftung, 410; *G. Roth*, in: MHdB GesR VII, § 96 Rn. 33.

220 Vgl. *Patzina*, in: MüKo-ZPO, § 22 Rn. 1; *Schultzky*, in: Zöller, ZPO, § 22 Rn. 1.

221 *Jakob*, Schutz der Stiftung, 410; vgl. *Heinrich*, in: Musielak/Voit, ZPO, § 22 Rn. 1; *Patzina*, in: MüKo-ZPO, § 22 Rn. 1.

222 *Jakob*, Schutz der Stiftung, 410; vgl. OLG Köln NJW 2004, 862; *Bendtsen*, in: Saneger, ZPO, § 22 Rn. 2; *Patzina*, in: MüKo-ZPO, § 22 Rn. 7; *Schultzky*, in: Zöller, ZPO, § 22 Rn. 6.

Einschränkung auf Klagen, die das Rechtsverhältnis zwischen der Stiftung und den Destinatären oder zwischen den Destinatären untereinander berühren.[223] Dies folge aus der von § 22 ZPO vorgegebenen Beschränkung auf Klagen aus der Mitgliedschaft.[224]

Diese Ansicht vermag nicht zu überzeugen. Warum die Rechtsbeziehung der Stiftung zu den Destinatären bzw. diejenige zwischen den Destinatären erfasst sein soll, organschaftliche Rechtsverhältnisse aber nicht, lässt sich dem Telos des § 22 ZPO nicht entnehmen.[225] Eine einheitliche Beurteilung der Rechtsbeziehungen und einheitliche Auslegung der Satzung kommt auch ohne körperschaftliche Struktur gleichfalls in Betracht, wenn etwa die Stiftung gegen Vorstandsmitglieder oder Organmitglieder untereinander um satzungsmäßige Zuständigkeiten und Befugnisse prozessieren.[226] Sobald das dem Mitgliedschaftsverhältnis in teleologischer Hinsicht vergleichbare organschaftliche Rechtsverhältnis als solches betroffen ist, sollte § 22 ZPO analog uneingeschränkt Anwendung finden.[227] Ist die Stiftung hingegen Beklagte, ist § 22 ZPO weder direkt noch analog einschlägig, sondern der Gerichtsstand bestimmt sich in diesen Fällen nach § 17 Abs. 1 ZPO.

(c) Zwischenergebnis

Dem Telos des § 22 ZPO entspricht die analoge Anwendung auf die Stiftung. Sie schafft eine Konzentration derjenigen Rechtsstreitigkeiten am Sitz der Stiftung,

---

223 Dafür *Jakob*, Schutz der Stiftung, 410; *G. Roth*, in: MHdB GesR VII, § 96 Rn. 36.

224 *G. Roth*, in: MHdB GesR VII, § 96 Rn. 36.

225 Soweit Haftungsklagen aus organschaftlichen Rechtsverhältnissen als vertragsähnliche Sonderbeziehungen dem besonderen Gerichtsstand des Erfüllungsorts gem. § 29 ZPO zugewiesen werden (vgl. etwa *Heinrich*, in: Musielak/Voit, ZPO, § 29 Rn. 5; *Roth*, in: Stein/Jonas, ZPO, § 29 Rn. 5; *Schultzky*, in: Zöller, ZPO, § 29 Rn. 6a), hat dies zwar Relevanz auch für die Stiftung, denn mit Bestellung der Organmitglieder entsteht ein solches organschaftliches Rechtsverhältnis, aus dem Pflichten verletzt werden können. Gleichwohl lässt § 29 ZPO als nicht-ausschließlicher Gerichtsstand das parallele Vorliegen eines weiteren besonderen, nicht-ausschließlichen Gerichtsstands zu. Vielmehr hat dann der Kläger nach allgemeinen Grundsätzen die Wahl, vgl. § 35 ZPO. In formaler Hinsicht ist die Anwendbarkeit von § 29 ZPO somit kein Argument gegen die Anwendbarkeit von § 22 ZPO.

226 Demgegenüber erscheint es inkonsequent, wenn die in Fn. 215 genannten Literaturstimmen einerseits für die analoge Anwendung des § 22 ZPO auf die Stiftung argumentieren, andererseits dessen Anwendungsfeld gleichzeitig wieder beschränken wollen.

227 A.A. *Jakob*, Schutz der Stiftung, 410; *G. Roth*, in: MHdB GesR VII, § 96 Rn. 36.

die die inneren Rechtsbeziehungen der juristischen Person als solche betreffen. Für eine Ausklammerung bestimmter Klagen (etwa wegen Haftung aus organschaftlichen Sonderrechtsbeziehungen) besteht kein Anlass, auch hier ist die Interessenlage vergleichbar. Um Wertungswidersprüche zu vermeiden, gilt die Gerichtsstandsregelung des § 22 ZPO analog für denselben Zeitraum wie § 17 ZPO.[228]

2. *Verwaltungsgerichtsbarkeit*

Im Fall der Zulässigkeit des Verwaltungsrechtswegs bestimmt sich die örtliche Zuständigkeit des einzelnen Verwaltungsgerichts nach der Regelungssystematik des § 52 VwGO.[229]

Vorrang gegenüber den anderen Gerichtsständen des § 52 VwGO genießt Nr. 1, der Gerichtsstand der Belegenheit.[230] Stiftungsrechtliche Relevanz hat dessen Anwendungsbereich, in den Streitigkeiten fallen, die sich auf unbewegliches Vermögen oder ein ortsgebundenes Recht oder Rechtsverhältnis beziehen, regelmäßig nicht. Zwar sind derartige Streitigkeiten im Stiftungsrecht denkbar, wenn etwa der Stifter seiner Übertragungspflicht aus § 82a Satz 1 BGB (§ 82 Satz 1 BGB a.F.) nicht nachkommt, und zu diesem Anfangsvermögen auch Immobilien gehören. Allerdings unterfallen diese schon nicht der Verwaltungsgerichtsbarkeit, sodass die Zuständigkeitsordnung der VwGO nicht berührt ist.[231]

Der Prüfung von Nr. 4 schließt sich diejenige von Nr. 2 an, beide für stiftungsrechtliche Klagen ohne Bedeutung.

Anderes gilt für die örtliche Zuständigkeit gem. § 52 Nr. 3 VwGO wegen der öffentlich-rechtlich geprägten landesstiftungsgesetzlichen Bestimmungen im Bereich der Stiftungsaufsicht. Soweit eine Maßnahme der Anerkennungs- oder

---

228 Dazu bereits Teil 2.§ 1.B.III.1.b)aa).

229 Anders als die ZPO unterscheidet die VwGO nicht zwischen allgemeinen und besonderen, ausschließlichen und nicht-ausschließlichen Gerichtsständen, sondern kennt nur ausschließliche, vgl. *Ziekow*, in: Sodan/Ziekow, VwGO, § 52 Rn. 3. Für ein Wahlrecht des Klägers, wie es § 35 ZPO vorsieht, bleibt kein Raum. Kommen ausnahmsweise verschiedene Gerichte in Betracht, weil es an einem eindeutig zuständigen Gericht fehlt, obliegt dem nächsthöheren Gericht dessen Bestimmung, vgl. § 53 Abs. 1 Nr. 3 VwGO.

230 *Ziekow*, in: Sodan/Ziekow, VwGO, § 52 Nr. 4, mit dem Hinweis, dass ein in der Prüfungsreihenfolge vorgehender Gerichtsstand alle weiteren Gerichtsstände ausschließt.

231 Für die sachliche Zuständigkeit arg. e § 45 a.E. VwGO; zur prozessualen Einordnung dieser Streitigkeiten ausführlich Teil 2.§ 1.B.I.

Aufsichtsbehörde als Verwaltungsakt zu qualifizieren ist, ist für eine dagegen gerichtete Anfechtungsklage nach Satz 1 das Verwaltungsgericht örtlich zuständig, in dessen Bezirk der Verwaltungsakt erlassen wurde. Wird der Erlass eines begünstigenden Verwaltungsakts begehrt, bestimmt sich die örtliche Zuständigkeit für eine derartige Verpflichtungsklage gem. § 52 Nr. 3 Satz 5, 1 VwGO nach dem Bezirk, in dem der Verwaltungsakt zu erlassen ist.

Für Streitigkeiten, die nicht unter Nr. 3 zu subsumieren sind, bleibt die Auffangzuständigkeit des § 52 Nr. 5 VwGO, die das Verwaltungsgericht für örtlich zuständig erklärt, in dessen Bezirk der Beklagte seinen Sitz, Wohnsitz oder in Ermangelung dessen seinen Aufenthaltsort hat. Ist die Stiftung Beklagte, gelten die für die ordentliche Gerichtsbarkeit aufgestellten Grundsätze zur Bestimmung des Sitzes auch für die Verwaltungsgerichtsbarkeit.

C. Gewährung von Prozesskostenhilfe an Stiftungen bürgerlichen Rechts

Das Vermögen ist für die Stiftung seit dem Stadium ihrer Errichtung von herausragender Relevanz: Bereits im Stiftungsgeschäft muss der Stifter gem. § 81 Abs. 1 Nr. 2 BGB zur Erfüllung des von ihm vorgegebenen Stiftungszwecks ein Vermögen widmen. Der Stiftungszweck wird in erster Linie mit den Erträgen des Stiftungsvermögens verwirklicht, und eine entsprechende Ausstattung mit dem von ihm gewidmeten Vermögen ist für den Stifter nach Anerkennung der Stiftung Rechtspflicht (vgl. § 82a Satz 1 BGB [§ 82 Satz 1 BGB a.F.]). Ist das „Stiften" nun aber die Widmung einer Vermögensmasse zu einem vom Stifter in der Satzung festgelegten Zweck,[232] so stellt sich die Frage nach dem Einsatz dieser Vermögenswerte zur Übernahme der Prozessführungskosten. Anders gewendet: Kann eine Stiftung bürgerlichen Rechts trotz entsprechender Vermögensausstattung Prozesskostenhilfe in Anspruch nehmen? Von der Antwort mag der Stiftungsvorstand, insbesondere bei einer Stiftung mit geringerer Kapitalausstattung, möglicherweise die Entscheidung über eine Klageerhebung abhängig machen.[233] Im Folgenden soll zur Beantwortung dieser Frage das Verhältnis der einschlägigen prozessualen Vorschriften – unter Berücksichtigung der Gesetzgebungsgeschichte – zu stiftungsrechtlichen Grundsätzen analysiert werden.

---

232 Vgl. etwa *von Campenhausen/Stumpf*, in: Richter, Stiftungsrecht, § 1 Rn. 1.

233 Vgl. *Regierer/Ruhlmann*, DIE STIFTUNG 6/2016, 22.

I. Bewilligungsberechtigung der juristischen Person im System des Prozesskostenhilferechts

1. Vorüberlegungen zur Bedeutung und verfassungsrechtlichen Herleitung der Prozesskostenhilfe

Das Institut der Prozesskostenhilfe, das in §§ 114 ff. ZPO geregelt ist, beruht auf der Prämisse, dass die gerichtliche Durchsetzung einer Rechtsposition nicht an den eingeschränkten finanziellen Möglichkeiten des Einzelnen scheitern darf, sondern auch bei fehlender Finanzierbarkeit gewährleistet sein muss.[234] Den Unbemittelten hinsichtlich seiner Zugangsmöglichkeiten zum Gericht einem ausreichend Bemittelten weitgehend gleichzustellen, ist aber nicht allein Ausdruck gesetzgeberischer Philanthropie, sondern verfassungsrechtlich geboten.[235] Die Rechtsschutzgleichheit ergibt sich zum einen aus Art. 3 Abs. 1 GG in Verbindung mit dem Rechtsstaatsgrundsatz (Art. 20 Abs. 3 GG).[236] Wenn diesem Grundsatz nämlich innewohnt, dass der Einzelne Rechtsansprüche nicht eigenmächtig, sondern vor Gerichten durchzusetzen hat, muss der Staat diese Gerichte schaffen und den Zugang zu ihnen jedermann in grundsätzlich gleicher Weise eröffnen.[237] Zum anderen wurzelt die Prozesskostenhilfe als besondere Form der Sozialhilfe verfassungsrechtlich auch im Sozialstaatsprinzip (Art. 20 Abs. 3 GG).[238] Sie stellt sich insoweit als Leistung der staatlichen Daseinsfürsorge dar, mit der der soziale Rechtsstaat Ungleichheiten zwischen den Menschen solidarisch auszugleichen sucht.[239] Er muss deshalb dafür Sorge tragen, dass auch der Arme seine Belange in einer dem Gleichheitsgebot gemäßen Weise im Rechtsstreit geltend machen kann.[240] Diese verfassungsrechtlichen Wertungen sind im Folgenden bei der Auslegung und Anwendung der einzelnen Prozesskostenhilfevoraussetzungen für juristische Personen zu berücksichtigen.

---

234 *Fischer*, in: Musielak/Voit, ZPO, § 114 Rn. 1; *Wache*, in: MüKo-ZPO, § 114 Rn. 1; *Wittenstein*, in: Bahrenfuss, FamFG, § 114 ZPO Rn. 1.

235 BVerfGE 9, 124, 131 f. = NJW 1959, 715; BVerfGE 10, 264, 270 = NJW 1960, 331; BVerfGE 81, 347, 356 = NJW 1991, 413.

236 BVerfGE 81, 347, 356 = NJW 1991, 413.

237 BVerfGE 81, 347, 356 = NJW 1991, 413; *Rosenberg/Schwab/Gottwald*, Zivilprozessrecht, § 87 Rn. 1.

238 BVerfGE 9, 124, 131 = NJW 1959, 715; BVerfGE 35, 348, 355 = NJW 1974, 229; *Rosenberg/Schwab/Gottwald*, Zivilprozessrecht, § 87 Rn. 1; *Wache*, in: MüKo-ZPO, § 114 Rn. 3; *Wittenstein*, in: Bahrenfuss, FamFG, § 114 ZPO Rn. 1.

239 BVerfGE 9, 256, 258 = NJW 1959, 1028; BVerfGE 35, 348, 355 = NJW 1974, 229.

240 BVerfGE 35, 348, 355 = NJW 1974, 229.

2. *Rechtshistorische Entwicklung der Bewilligungsberechtigung*

Ist die Prozesskostenhilfe dem Grunde nach auf natürliche Personen zugeschnitten, so mag es auf den ersten Blick überraschen, dass § 116 ZPO in Erweiterung des Anwendungsbereichs von § 114 ZPO für juristische Personen, und damit auch für Stiftungen, unter den in Satz 1 Nr. 2 genannten Voraussetzungen, ebenso wie für parteifähige Vereinigungen[241] und gemäß § 116 Satz 1 Nr. 1 ZPO auch für Parteien kraft Amtes[242], gleichwohl einen Bewilligungstatbestand vorsieht. Die Anwendbarkeit prozesskostenhilferechtlicher Vorschriften auf juristische Personen war in Rechtsprechung und Literatur aber lange Zeit äußerst umstritten.

a) Civilprozeßordnung vom 30. Januar 1877 (RGBl. I S. 83)

Die am 30. Januar 1877 als Teil der Reichsjustizgesetze[243] verabschiedete „Civilprozeßordnung"[244] trat am 1. Oktober 1879 in Kraft und schuf ein im gesamten Gebiet des Deutschen Kaiserreichs geltendes einheitliches Prozessrecht.[245] Die Regelungen zur Inanspruchnahme staatlicher Unterstützung bei fehlender oder eingeschränkter finanzieller Leistungsfähigkeit der Prozesspartei wurden unter

---

241 Den parteifähigen Vereinigungen unterfallen alle sonstigen Zusammenschlüsse des Privatrechts mit (Teil-)Rechtsfähigkeit, z.B. die OHG (§ 124 HGB) und die KG (§ 161 HGB), aber auch politische Parteien oder Gewerkschaften (dazu *Kießling*, in: Saenger, ZPO, § 116 Rn. 18; *Reichling*, in: BeckOK-ZPO, § 116 Rn. 15).

242 Partei kraft Amtes ist, wer von der Rechtsordnung durch besonderen Bestellungsakt mit der Wahrnehmung fremder Rechte im eigenen Namen betraut wird (*Kießling*, in: Saenger, ZPO, § 116 Rn. 3). Hierzu zählen etwa der Insolvenzverwalter (§ 56 InsO), der Nachlassverwalter (§ 1985 BGB) oder der Testamentsvollstrecker gem. § 2112 BGB (vgl. für weitere Parteien kraft Amtes die Aufzählungen bei *Kießling*, in: Saenger, ZPO, § 116 Rn. 3; *Reichling*, in: BeckOK-ZPO, § 116 Rn. 2). Strukturell besteht eine Nähe zur gesetzlichen Prozessstandschaft, die jedoch keines besonderen Bestellungsaktes bedarf (*Wache*, in: MüKo-ZPO, § 116 Rn. 8).

243 Neben der Zivilprozessordnung traten am 1. Oktober 1879 die Strafprozessordnung, das Gerichtsverfassungsgesetz sowie eine Konkursordnung in Kraft und bildeten (nebst den zugehörigen Einführungsgesetzen) die Reichsjustizgesetze, vgl. *Kissel*, NJW 2004, 2872.

244 Civilprozeßordnung vom 30. Januar 1877 (RGBl. I S. 83).

245 Entsprechend ordnete § 14 des „Gesetzes, betreffend die Einführung der Civilprozeßordnung" vom 30. Januar 1877 (RGBl. I S. 244) an, dass die prozessrechtlichen Vorschriften der Landesgesetze für alle bürgerlichen Rechtsstreitigkeiten, die vor die ordentlichen Gerichte gehören, außer Kraft treten, soweit sich nicht aus der Zivilprozessordnung ausnahmsweise etwas anderes ergibt.

dem Terminus „Armenrecht" im siebenten Titel gebündelt (§§ 106–118 CPO).[246] Gemäß § 106 Abs. 1 CPO hatte nur derjenige einen Anspruch auf Gewährung des Armenrechts, der „außer Stande ist, ohne Beeinträchtigung des für ihn und seine Familie nothwendigen Unterhalts die Kosten des Prozesses zu bestreiten", und wenn zudem „die beabsichtigte Rechtsverfolgung oder Rechtsvertheidigung nicht muthwillig oder aussichtslos erscheint". Eine der geltenden Fassung des § 116 ZPO vergleichbare Regelung für juristische Personen bestand nicht.

Kontrovers diskutiert wurde über die Möglichkeit, einen solchen Anspruch aus § 106 Abs. 1 CPO herzuleiten. Die dagegen geäußerten Bedenken in zeitgenössischer Rechtsprechung und Literatur waren vielfältig, im Ergebnis wurde die Bewilligung von Armenrecht an andere als physische Personen positivrechtlich nahezu einhellig abgelehnt.[247] Dafür wurde zum einen der Wortlaut der Armenrechtsvorschriften angeführt. Die juristische Person sei bereits strukturell für das in § 106 Abs. 1 CPO normativ vorausgesetzte Familienverhältnis und damit verknüpfter Unterhaltsverpflichtung kein taugliches Rechtssubjekt.[248] Ein dem

---

246 Gleichwohl war das Institut des Armenrechts im deutschen Recht keine originäre Schöpfung der Zivilprozessordnung, sondern wurde – beeinflusst durch den Gedanken einer sogar für jedermann unentgeltlichen Rechtspflege im römischen Recht und der gesetzlichen Befreiung der Armen von den Prozesskosten als Ausnahme von der Regel grundsätzlicher Entgeltlichkeit der Rechtspflege im kanonischen Recht – seit dem germanischen Recht in der Prozessgesetzgebung fortentwickelt, vgl. die Nachweise bei *Hahn*, Materialien, 206 f.; *Wetzell*, System, 328 f., und speziell zur Geschichte des Armenrechts *Schott*, Armenrecht, 4 ff.

247 Vgl. nur RGZ 33, 366, 367 = JW 1894, 194; OAG Lübeck Seuff. Archiv, Band II, Nr. 353, 446; OLG Colmar ZfdC 1884, 97; *Francke*, ZfdC 1883, 91; *Gaupp/Stein*, Civilprozeßordnung, 3. Aufl. 1897, Vorb. §§ 106 ff., 277; *Planck*, Lehrbuch I, 169; *Reincke*, Die Deutsche Civilprozeßordnung, 3. Aufl. 1896, § 106 Rn. 1; *Seuffert*, Civilprozeßordnung, 7. Aufl. 1895, Vorb. §§ 106 ff. Rn. 2; *Struckmann/Koch*, Civilprozeßordnung, 6. Aufl. 1895, § 106 Rn. 2; *Sturm*, in: Beiträge 1886, 829, 830 („kein Zweifel"); für die Bewilligung von Armenrecht an andere als physische Personen aber KG Berlin ZfdC 1889, 368, 369 (im Falle der Bewilligung für einen Nachlass); *Scherer*, Rheinisches Recht, 144 (Armenrecht für den Konkursverwalter); *Schott*, Armenrecht, 52 ff.

248 RGZ 33, 366, 367 = JW 1894, 194; *Francke*, ZfdC 1883, 91, der des Weiteren mit dem Wortlaut der den § 106 Abs. 1 CPO flankierenden Vorschrift des § 109 Abs. 2 CPO argumentiert: Die Angabe von „Stand oder Gewerbe" in dem dem Gesuch beizufügenden Zeugnis lasse sich auf juristische Personen mangels „Standes" nicht übertragen; *ders.*, ZfdC 1883, 92; *Sturm*, in: Beiträge 1886, 829; a.A. *Schott*, Armenrecht, 53 f., der das Wortlautargument von *Francke* u.a. mit der Anführung von Rechtssätzen zu entkräften sucht, die – obgleich tatbestandlich an menschliche Eigenschaften anknüpfend – ebenso auf juristische Personen angewendet werden.

Unterhalt entsprechendes Äquivalent könne höchstens in dem Bestand der juristischen Person gesehen werden, nicht aber schon in der Zweckerfüllung.[249] Habe der Staat an der Rechtsdurchsetzung gewisser juristischer Personen ein Interesse, so sei dieses Interesse vielmehr über die Befreiung von Gerichtskosten nach landesrechtlichen Vorschriften zu verfolgen, deren Anwendung auch nach Inkrafttreten des GKG gemäß § 98 GKG a.F. nicht ausgeschlossen sei.[250]

Auch die Begründung des Entwurfs der „Civilprozeßordnung“ stritt gegen die Möglichkeit der Bewilligung von Armenrecht an juristische Personen: „Diese Formulierung des objektiven Erfordernisses der Armuth ist mit geringen Modifikationen den allegirten Gesetzgebungen gemeinsam und bezieht sich nur auf physische Personen. Inwieweit ein Recht der juristischen Personen auf Gebührenfreiheit anzuerkennen, wird in der Prozeßordnung nicht bestimmt.“[251] Die Gegenmeinung argumentierte, es sei zwar richtig, dass die Motive zur CPO die objektiven Erfordernisse der Armut nur für physische Personen formulieren, damit sei aber eben nur auf den regelmäßigen Fall hingewiesen und nichts darüber bestimmt, inwieweit juristische Personen das Armenrecht haben sollen; 106 CPO schließe eine Erweiterung auf nicht-physische Personen auch nicht aus.[252] Dies überzeugte nicht. Das für die Frage der Bedürftigkeit in § 106 Abs. 1 CPO aufgestellte Kriterium passte einzig für natürliche, hingegen nicht für die Verhältnisse von juristischen Personen.[253] Selbiges gilt für die Formulierung des § 113 CPO, wonach das Armenrecht mit dem Tod der Person erlischt, welcher es bewilligt

---

249 *Francke*, ZfdC 1883, 91; mit Recht weist *Sturm*, in: Beiträge 1886, 829, aber darauf hin, dass eine juristische Person grundsätzlich in der Lage sein müsse, als Zweckschöpfung ihren Bestand aus eigener Kraft zu sichern; kritisch auch *Schott*, Armenrecht, 54.

250 *Francke*, ZfdC 1883, 91; *Gaupp*, Civilprozeßordnung, 1. Aufl. 1879, Vorb. §§ 106 ff., 321 f.; zustimmend *Sturm*, in: Beiträge 1886, 829, 830; ablehnend KG Berlin ZfdC 1889, 369: „Die denselben etwa zustehende Gebührenfreiheit gewährt keine genügende Hülfe wegen der zwischen ihr und dem Armenrecht bestehenden Verschiedenheit.“

251 *Hahn*, Materialien, 207.

252 KG Berlin ZfdC 1889, 368, 369; *Schott*, Armenrecht, 56 ff., nimmt eine ungenaue Ausdrucksweise der Motive an: Absicht des Gesetzgebers sei es nicht gewesen, die Bewilligung von Armenrecht an juristische Personen auszuschließen, sondern dieses Institut der CPO deutlich von der landesrechtlich geregelten Gebührenfreiheit, bei deren Gewährung vorzugsweise an juristische Personen gedacht worden sei, abzugrenzen.

253 So auch RGZ 33, 366, 367 = JW 1894, 194, mit dem Hinweis, dass den Armenrechtsvorschriften kein allgemeiner Rechtgedanke zugrunde liege, der eine extensive Interpretation gestatte.

wurde.[254] Zudem nimmt das Bekenntnis in der Begründung des Gesetzentwurfs, die Gewährung von Gebührenfreiheit an juristische Personen in der CPO nicht zu regeln, der Vorschrift angesichts der Bedeutung der Gebührenfreiheit als Bestandteil des Armenrechts (vgl. nur § 107 Nr. 1 CPO) mangels planwidriger Regelungslücke auch die Analogiefähigkeit. Die Bewilligung von Armenrecht an Stiftungen (und andere juristische Personen) war de lege lata somit ausgeschlossen.

b) Gesetz, betr. die Ermächtigung des Reichskanzlers zur Bekanntmachung der Texte verschiedener Reichsgesetze vom 17. Mai 1898 (RGBl. I S. 342)

Größere Anpassungen erfuhr die Zivilprozessordnung im Zuge der Kodifikation des bürgerlichen Rechts im BGB um die Jahrhundertwende durch das „Gesetz, betreffend Änderungen der Civilprozeßordnung“[255]. Hinsichtlich der Armenrechtsvorschriften beschränkten sich diese Änderungen auf die Nummernfolge der Paragraphen, wie sie qua Ermächtigung des Reichskanzlers[256] durch diesen bekannt gemacht wurde.[257] Mit der wortlautgleichen Fassung des Armenhilfeanspruchs in § 114 Abs. 1 CPO verband sich entsprechend kein verändertes Verständnis hinsichtlich der Anspruchsberechtigung, die überwiegend weiterhin nur für physische Personen angenommen wurde.[258]

---

254 KG GRUR 1930, 1139 f., zur wortlautgleichen Fassung des am 1.1.1900 in Kraft getretenen § 122 CPO.

255 Gesetz, betreffend Änderungen der Civilprozeßordnung vom 17. Mai 1898 (RGBl. I S. 256).

256 Gesetz, betreffend die Ermächtigung des Reichskanzlers zur Bekanntmachung der Texte verschiedener Reichsgesetze vom 17. Mai 1898 (RGBl. I S. 342).

257 Bekanntmachung der Texte verschiedener Reichsgesetze in der vom 1. Januar 1900 an geltenden Fassung vom 20. Mai 1898 (RGBl. I S. 369). Normativ verortet wurden die Vorschriften der Armenhilfe ab 1. Januar 1900 in §§ 114 ff. CPO.

258 RGZ 50, 394; 65, 287 f. („Von diesem Grundsatze abzugehen liegt kein Anlaß vor“); 112, 107 f.; RG JW 1901, 248; umfassend RG JW 1931, 85 ff.; KG GRUR 1930, 1139 ff.; OLG Jena DJZ 1919, 355; *Reincke/Wienstein*, Zivilprozeßordnung, 6. Aufl. 1910, § 114, 128; *Schmidt*, Lehrbuch des Zivilprozessrechts, 2. Aufl. 1906, 1063; *Stein/Jonas*, Zivilprozeßordnung, 14. Aufl. 1928, § 114 Rn. 1; *Struckmann/Koch*, Zivilprozeßordnung, 9. Aufl. 1910, § 114 Rn. 2; a.A. *Baumbach*, Zivilprozeßordnung, 7. Aufl. 1933, § 114 Rn. 2; *Förster/Kann*, Zivilprozeßordnung, 3. Aufl. 1913, § 114 Rn. 1; *Hellwig*, System I, 235; *Jacobi*, JW 1930, 751; *Reimer*, GRUR 1930, 1090 ff.; *Rosenberg*, Zivilprozeßrecht, 3. Aufl. 1931, 250; jetzt auch *Seuffert*, Civilprozessordnung, 8. Aufl. 1902, § 114 Rn. 1, der nunmehr – anders als in den Vorauflagen – § 114 CPO auf juristische Personen entsprechend anwenden wollte, da die Versagung des Armen-

Obschon in der rechtlichen Praxis das Armenrecht in Einzelfällen vor allem Personengesellschaften tatsächlich immer wieder bewilligt wurde,[259] war die Möglichkeit der Gewährung an andere Parteien als physische Personen, insbesondere an juristische Personen, nach geltendem Recht normativ weiterhin nicht abgesichert.[260] Daran vermochten auch veränderte Bedürfnisse vor dem Hintergrund zeitgenössischer Entwicklungen, wie sie von Teilen der Literatur in einer steigenden Zahl juristischer Personen und gewandelter Verhältnisse des Wirtschaftslebens gesehen wurden,[261] nichts zu ändern.

c) Gesetz zur Änderung des Verfahrens in bürgerlichen Rechtsstreitigkeiten vom 27. Oktober 1933 (RGBl. I S. 780)

Ein Novum brachte das „Gesetz zur Änderung des Verfahrens in bürgerlichen Rechtsstreitigkeiten“[262], indem es für die Armenrechtsbewilligung an juristische Personen eine gesetzliche Grundlage schuf und den jahrzehntelangen Streit um die Berechtigung damit zu ihren Gunsten entschied. Gem. § 114 Abs. 4 ZPO konnte einer inländischen juristischen Person nunmehr das Armenrecht bewilligt werden, wenn die zur Führung des Prozesses erforderlichen Mittel weder von ihr noch von den an der Führung des Prozesses wirtschaftlich Beteiligten aufgebracht werden konnten, die Unterlassung der Rechtsverfolgung oder Rechtsverteidigung allgemeinen Interessen zuwiderlief und, unter Verweis auf die Voraussetzungen des § 114 Abs. 1 ZPO, die Rechtsverfolgung oder -verteidigung hinreichende Aussicht auf Erfolg bot und nicht mutwillig erschien.[263] Der Wortlaut war hin-

---

rechts andernfalls auf eine Versagung des Rechtsschutzes hinauslaufen könne. Diese Bedenken griffen angesichts des unveränderten Wortlauts genau genommen ebenso für die Vorgängerfassung, den § 106 CPO.

259 So wurde etwa in einer Entscheidung des Reichsgerichts einer Kommanditgesellschaft das Armenrecht erteilt, mit der Begründung, dass sie eine Vereinigung physischer Personen sei, die Träger des Vermögens der Gesellschaft sind, ohne ein selbständiges Rechtssubjekt zu bilden, JW 1898, 386; zustimmend *Walsmann*, Zivilprozeßordnung, 12. Aufl. 1932, § 114 Rn. 1. Weitere Beispiele finden sich bei *Rosenberg*, Zivilprozeßrecht, 3. Aufl. 1931, 250 f.

260 Gegen die Ausdehnung des Armenrechts auf juristische Personen deutlich KG GRUR 1930, 1139 f.: Einerseits fehle jeglicher Anlass dazu, andererseits widerspreche ein solches Verständnis auch positiven Bestimmungen des Gesetzes.

261 *Jacobi*, JW 1930, 751; *Reimer*, GRUR 1930, 1089, 1092.

262 RGBl. I S. 780.

263 Die Entwurfsfassung, § 117 Abs. 3 ZPO, hatte hingegen juristischen Personen nicht *per se*, sondern nur explizit gemeinnützigen Personengesamtheiten, Stiftungen und

sichtlich der darzulegenden Voraussetzungen der heutigen Fassung (dazu unter III.) bereits stark angenähert.

Als Grund für die Neufassung der Vorschrift wurden Unbilligkeitsgesichtspunkte angeführt, die aus der bisher fehlenden Möglichkeit, auch juristischen Personen das Armenrecht zu bewilligen, resultieren konnten.[264] Als Beispiel nennt die Gesetzesbegründung das Gesuch einer gemeinnützigen Stiftung, die an der Erfüllung ihrer der Allgemeinheit dienenden Aufgaben gehindert wäre, wenn die Stiftung den Rechtsstreit, der ihr die zur Erfüllung nötigen Mittel verschaffen soll, nicht durchführen kann.[265]

Gleichwohl bestand selbst bei Vorliegen aller Voraussetzungen in diesen Fällen kein Anspruch auf die Bewilligung des Armenrechts. Die Ausgestaltung als bloße Kann-Vorschrift stellte die Entscheidung vielmehr in das Ermessen des Gerichts und sollte auf diese Weise möglichem Missbrauch begegnen und gleichzeitig die Gewährung des Armenrechts auf Ausnahmefälle beschränken.[266] Diese rechtspolitischen Erwägungen spiegelten sich letztlich im neuen Gesetzeswortlaut wider. Die Bewilligung des Armenrechts an juristische Personen war damit nur unter strengeren Voraussetzungen als diejenige an natürliche Personen möglich. Das BVerfG hat die Verfassungsmäßigkeit der Vorschrift 1973 festgestellt und insbesondere eine Verletzung des Art. 3 Abs. 1 GG wegen dieser strengeren Anforderungen verneint.[267] Die getroffene Differenzierung zwischen natürlichen und juristischen Personen sei verfassungsrechtlich nicht zu beanstanden, da der Charakter des Armenrechts als Leistung der staatlichen Daseinsfürsorge (dazu schon unter 1.) und seine Begründung aus dem Sozialstaatsprinzip bei der juristischen Person als künstlicher Schöpfung der Rechtsordnung nicht zum Tragen kommen.[268] Diese Wertungen sind auf die Nachfolgevorschrift des § 116 Satz 1 Nr. 2 ZPO (dazu sogleich) übertragbar.[269]

Anstalten das Armenrecht für den Fall gegeben, dass ohne die Aufbringung der Prozesskosten die Erfüllung ihrer Aufgaben gefährdet war, vgl. *Entwurf*, 296 f.

264 *Entwurf*, 296. Die Gesetzesbegründung spricht gar von einem „ernsten Mißstand", RAnz. 1933 Nr. 257, 2.

265 RAnz. 1933 Nr. 257, 2.

266 RAnz. 1933 Nr. 257, 2.

267 BVerfGE 35, 348, 357 f. = NJW 1974, 229.

268 BVerfGE 35, 348, 357 = NJW 1974, 229; zustimmend *Kilian*, ZSt 2004, 170; *ders.*, in: FG Werner, 85, 86.

269 OLG Celle NJW-RR 1986, 741.

d) Gesetz über die Prozeßkostenhilfe vom 13. Juni 1980 (BGBl. I S. 677)

Weitere Anpassungen sowohl terminologischer als auch rechtlicher Art erfuhr die Vorschrift des § 114 Abs. 4 ZPO aF durch das „Gesetz über die Prozeßkostenhilfe“[270]. „Armenrecht“ hieß nunmehr „Prozesskostenhilfe“ und war, anders als unter Geltung der Vorgängerfassung, gemäß § 116 Satz 1 Nr. 2 ZPO bei Erfüllung der gesetzlichen Voraussetzungen an die juristische Person zu bewilligen, ohne dass dem Gericht dabei ein Ermessen zukam.[271] Nach wie vor darzulegen waren die Vermögenslosigkeit der am Rechtsstreit wirtschaftlich Beteiligten sowie das Zuwiderlaufen gegen allgemeine Interessen im Falle unterlassener Rechtsverfolgung oder Rechtsverteidigung. Die Neufassung des Wortlauts der Vorschrift folgte somit im Wesentlichen den Grundauffassungen und Wertungen zu § 114 Abs. 4 ZPO a.F.[272]

3. *Zwischenergebnis*

Die historische Betrachtung hat gezeigt, dass der Gesetzgeber mit einer Erweiterung der ursprünglich nur für natürliche Personen vorgesehenen Prozesskostenhilfe letztlich konsequent auf die gestiegene Bedeutung der juristischen Person für den Wirtschafts- und Rechtsverkehr reagierte.

II. Bewilligungsvoraussetzungen, § 116 Satz 1 Nr. 2, Satz 2 ZPO

Die bisherigen Ausführungen machten deutlich, dass die Gewährung von Prozesskostenhilfe an juristische Personen rechtlich möglich ist, jedoch nur in begründeten Fällen in Betracht kommen soll.[273] Dem tragen die prozesskostenhilferechtlichen Vorschriften dadurch Rechnung, dass neben den allgemeinen Bewilligungsgrundsätzen, die sich aus § 114 Abs. 1 Satz 1 Hs. 2, Abs. 2 ZPO ergeben und die über § 116 Satz 2 ZPO in Bezug genommen werden, auch die strengeren objektiven und subjektiven Voraussetzungen des § 116 Satz 1 Nr. 2 ZPO vorliegen müssen.[274] Begehrt eine Stiftung bürgerlichen Rechts Prozesskostenhilfe, muss sie

---

270 BGBl. I S. 677.

271 Vgl. Begründung zu § 114c ZPO im Gesetzentwurf der Bundesregierung, BT-Drs. 8/3068, 26; dazu *Schneider*, MDR 1981, 1, 3.

272 BT-Drs. 8/3068, 27.

273 *Fischer*, in: Musielak/Voit, ZPO, § 116 Rn. 1.

274 Da in anderen Gesetzen auf die Vorschriften der Zivilprozessordnung verwiesen wird (vgl. § 166 VwGO, § 142 FGO, § 11a Abs. 1 ArbGG und § 73a SGG), ergibt sich hinsichtlich der Bewilligungsvoraussetzungen ein einheitliches Prozesskostenhilferecht, vgl. *Schwarz van Berk/Fischer*, in: MHdB GesR V, § 101 Rn. 11.

die für die Bewilligung vorgeschriebenen Umstände darlegen und gemäß § 118 Abs. 2 Satz 1 ZPO auf Verlangen des Gerichts glaubhaft machen. Die einzelnen Voraussetzungen sollen im Folgenden dargestellt und erörtert werden.

1. Voraussetzungen des § 116 Satz 1 Nr. 2 ZPO

Gemäß § 116 Satz 1 Nr. 2 ZPO ist Prozesskostenhilfe einer juristischen Person nur dann zu gewähren, wenn die Kosten weder von ihr noch von den am Gegenstand des Rechtsstreits wirtschaftlich Beteiligten aufgebracht werden können und wenn zudem die Unterlassung der Rechtsverfolgung oder Rechtsverteidigung allgemeinen Interessen zuwiderlaufen würde.

a) Keine Kostenaufbringung durch die Stiftung

Normativ gefordert ist zunächst, dass die Stiftung *selbst* nicht in der Lage ist, die Kosten des Rechtsstreits aufzubringen. Damit knüpft die Vorschrift – ebenso wie § 114 ZPO für natürliche Personen – die Prozesskostenhilfebewilligung zuvörderst an die Mittellosigkeit der juristischen Person.

aa) Einzusetzende Vermögenswerte

Einzusetzen ist von der Stiftung im Grundsatz das gesamte verwertbare Vermögen.[275] Verwertbar ist Vermögen jedenfalls dann, wenn es tatsächlich veräußert werden kann.[276] Es muss ferner kurzfristig verwertet werden können, um für die Prozesskosten einsetzbar zu sein.[277] Für die Stiftung bedeutet dies zunächst, dass sämtliche Eigenmittel (Bar- und das sonstige verwertbare Vermögen) einzusetzen sind.[278] Das umfasst das Grundstockvermögen mit dem vom Stifter im Stiftungsgeschäft gewidmeten Vermögen und diesbezüglichen, späteren Vermögensänderungen, etwa Zuwendungen in Form von Zustiftungen, ebenso wie die sonstigen Vermögenswerte (vgl. § 83b Abs. 1 Satz 1 BGB), etwa Erträge aus der Vermögensverwaltung, Spenden und Zuschüsse, ferner etwaig gebildete Rücklagen der Stiftung.[279]

---

275 *Wache*, in: MüKo-ZPO, § 116 Rn. 23.

276 *Fischer*, in: Musielak/Voit, ZPO, § 115 Rn. 35; *Reichling*, in: BeckOK-ZPO, § 115 Rn. 50.

277 *Reichling*, in: BeckOK-ZPO, § 115 Rn. 50.

278 *Kilian*, ZSt 2004, 170; *ders.*, in: FG Werner, 85, 86; *Nerius*, ZSt 2003, 167; *Schwarz van Berk/Fischer*, in: MHdB GesR V, § 101 Rn. 12.

279 Zu den einzelnen Vermögensbestandteilen im Speziellen umfassend *Burgard*, in: Burgard, Stiftungsrecht, § 83b BGB Rn. 22 ff.; *Fritz*, in: Andrick/Muscheler/Uffmann, Stiftungsrecht, § 83b BGB Rn. 2 ff.; *Godron*, in: Richter, Stiftungsrecht, § 7 Rn. 1 ff.;

Ist die Verwertung des Vermögens mit einem erheblichen Zeitaufwand verbunden und droht deshalb eine Gefährdung des Rechtsschutzes, so kann der Stiftung die Prozesskostenhilfe nicht mit Hinweis auf ebendiese Vermögenswerte verweigert werden.[280] Vielmehr ist auch in diesen Fällen nach allgemeinen Grundsätzen die Prozesskostenhilfe unter gleichzeitiger Erstattungsanordnung zu einem bestimmten Zeitpunkt zu bewilligen.[281]

Im Rahmen der Prozesskostenhilfegewährung an natürliche Personen steht der Vermögenseinsatz unter dem Vorbehalt des § 115 Abs. 3 ZPO. Hiernach hat die Partei ihr Vermögen zur Finanzierung der Prozesskosten nur einzusetzen, soweit ihr dies zumutbar ist, Satz 1. Insbesondere nicht zuzumuten ist der Einsatz unverwertbarer Vermögensgegenstände gem. § 115 Abs. 3 Satz 2 ZPO, für deren Bestimmung die sozialhilferechtliche Norm des § 90 Abs. 2, 3 SGB XII entsprechend angewendet wird. § 116 ZPO selbst enthält für juristische Personen keine dahingehende Regelung und nimmt auch keinen Bezug auf eine Ausnahmevorschrift. Die Heranziehung von § 90 Abs. 2, 3 SGB XII über § 115 Abs. 3 Satz 2 ZPO scheitert aus systematischen und teleologischen Erwägungen: ersteres, weil § 116 ZPO dem § 115 ZPO nachfolgt und auf diesen – anders als auf Bestimmungen des § 114 ZPO – nicht verweist, letzteres, weil die aus dem Sozialstaatsprinzip hergeleitete Fürsorgepflicht in Form von Prozesskostenhilfe gegenüber juristischen Personen nicht besteht.[282] Das Privileg eines für die Prozessführungskosten nicht zu berücksichtigenden Schonvermögens bleibt damit auf natürliche Personen beschränkt.

Hüttemann/Rawert, Beilage zu ZIP 33/2021, 3, 13 ff.; *Mehren*, in: Schauhoff/Mehren, Stiftungsrecht, Kap. 7 Rn. 3 ff.; ferner unter Geltung der bisherigen Rechtslage *Fritz*, in: Werner/Saenger/Fischer, Die Stiftung, § 14 Rn. 6 ff.; vgl. auch *Schlüter/Stolte*, Stiftungsrecht, Kap. 5 Rn. 3 f.

280 *Wache*, in: MüKo-ZPO, § 115 Rn. 72 f.

281 *Wache*, in: MüKo-ZPO, § 115 Rn. 73.

282 BVerfGE 35, 348, 355 = NJW 1974, 229; zu diesem Gedanken auch *Kilian*, ZSt 2004, 170; *ders.*, in: FG Werner, 85, 86; a.A. *Nerius*, ZSt 2003, 167, 168, nach der auch von einer juristischen Person nicht verlangt werden kann, dass sie ihr Vermögen in wirtschaftlich unvertretbarer Weise verwertet, sodass der Stiftung die zur Aufrechterhaltung ihrer Existenz notwendigen Mittel zu verbleiben hätten. Dieser Ansicht ist nicht zuzustimmen. Mit dem Merkmal der existenziellen Notwendigkeit führt sie eine (bei juristischen Personen gesetzlich gerade nicht vorgesehene) Zumutbarkeitsprüfung des Mitteleinsatzes durch die Hintertür ein. Zudem bleiben Zuständigkeit und Verfahren zur Bestimmung der notwendigen Mittel unklar.

(1) Einfluss des Vermögenserhaltungsgrundsatzes

Zu untersuchen ist nunmehr, inwieweit die Auffassung, dass das gesamte verwertbare Vermögen der Stiftung einzusetzen ist, vor dem Hintergrund des stiftungsrechtlichen Vermögenserhaltungsgrundsatzes einer Korrektur bedarf. Als Vorgabe für die Vermögensverwaltung bindet er die Stiftungsorgane dergestalt, dass das Grundstockvermögen ungeschmälert in seinem Bestand zu erhalten ist.[283] Der Vermögenserhaltungsgrundsatz im Stiftungsrecht bildet damit die Grundlage, Erträge für die Verwirklichung des Stiftungszwecks dauernd und nachhaltig (vgl. § 80 Abs. 1 Satz 1 BGB [§ 80 Abs. 2 Satz 1 BGB a.F.]) generieren zu können.[284] Er findet sich nicht nur in Stiftungssatzungen, sondern war schon bisher, bezogen auf das Stiftungsvermögen, in nahezu allen Landesstiftungsgesetzen normiert[285] und wurde durch die zum 1. Juli 2023 in Kraft getretene Stiftungsrechtsreform in § 83c Abs. 1 Satz 1 BGB bundesgesetzlich kodifiziert.[286] Schutzzweck des Vermögenserhaltungsgrundsatzes ist dabei nicht primär das Vermögen selbst (Verbot der Selbstzweckstiftung), sondern vielmehr

283 *Schlüter/Stolte*, Stiftungsrecht, Kap. 5 Rn. 9. Zur bisherigen Streitfrage, ob mit dem Begriff der Vermögenserhaltung ein gegenständlicher oder wertmäßiger Bestandserhalt, und hier entweder ein nominaler oder realer Werterhalt im Sinne einer Kaufkrafterhaltung gemeint ist, vgl. ausführlich *Hüttemann*, in: FG Flume, 59, 59 ff. Nach der aktuellen Rechtslage zielt der Vermögenserhaltungsgrundsatz ausweislich der Gesetzesbegründung nicht auf einen gegenständlichen (Erhaltungspflicht bezieht sich nicht auf die einzelnen Vermögensgegenstände, BT-Drs. 19/28173, 56) und (wohl) auch nicht auf einen nominalen Werterhalt (Schwankungen beim Marktwert der Vermögensgegenstände sind unerheblich, BT-Drs. 19/28173, 56), sodass von einem realen Werterhalt im Sinne der Erhaltung der Leistungskraft des Grundstockvermögens auszugehen ist; s. dazu *Burgard*, in: Burgard, Stiftungsrecht, § 83c BGB Rn. 37.

284 *Schlüter/Stolte*, Stiftungsrecht, Kap. 5 Rn. 12.

285 § 7 Abs. 2 Satz 1 StiftG BW (StiftG) a.F.; Art. 6 Abs. 2 BayStG a.F.; § 3 Satz 1 StiftG Bln a.F.; § 7 Abs. 1 Satz 1 BremStiftG a.F.; § 4 Abs. 2 Satz 3 HamStiftG a.F.; § 6 Abs. 1 Satz 1 HessStiftG a.F.; § 6 Abs. 1 Satz 1 NStiftG a.F.; § 4 Abs. 2 Satz 1 StiftG NRW a.F.; § 7 Abs. 2 Satz 1 RhPfStiftG (LStiftG) a.F.; § 6 Abs. 1 Satz 1 SaarStiftG a.F.; § 4 Abs. 3 Satz 1 SächsStiftG a.F.; § 4 Abs. 2 Satz 1 SHStiftG (StiftG) a.F.; § 7 Abs. 2 Satz 1 StiftG LSA a.F.; § 8 Abs. 2 Satz 1 ThürStiftG a.F.

286 Zum Norminhalt der neuen Vorschrift, s. die Ausführungen bei *Burgard*, in: Burgard, Stiftungsrecht, § 83c BGB Rn. 24 ff.; *Ellenberger*, in: Grüneberg, BGB, § 83c Rn. 2; *Fritz/Werner*, in: Andrick/Muscheler/Uffmann, Stiftungsrecht, § 83c BGB Rn. 1 ff.; *Hüttemann/Rawert*, Beilage zu ZIP 33/2021, 3, 15 f.; *Mehren*, in: Schauhoff/Mehren, Stiftungsrecht, Kap. 7 Rn. 46 ff.; *Orth*, in: Orth/Uhl, Stiftungsrechtsreform, Rn. 392 ff.

die dauernde und nachhaltige Verwirklichung des im Stiftungszweck zum Ausdruck gekommenen Stifterwillens.[287]

Der Stifterwille, der maßgebend für die Vermögensverwaltung und das Handeln der Organe im Innenverhältnis ist, kann jedoch nicht zu einer anderen Bewertung der einzusetzenden Vermögenswerte im Rahmen der objektiven Rechtsnormen des Prozesskostenhilferechts führen. Könnte der Allgemeinheit durch die Satzung die Übernahme der Prozesskosten auferlegt werden, käme dies einer zivilrechtlich grundsätzlich unzulässigen Verpflichtung Dritter gleich.[288] Im Ergebnis ist objektiv vorhandenes und verwertbares Stiftungskapital trotz des Vermögenserhaltungsgrundsatzes daher für die Prozessführung einzusetzen.[289]

(2) Einfluss des Grundsatzes satzungsgemäßer Mittelverwendung

Aus den einzusetzenden Vermögenswerten ausgeklammert sein könnte bei gemeinnützigen Stiftungen aber das sonstige Vermögen aufgrund des Grundsatzes satzungsgemäßer Mittelverwendung. Neben der aus der Bindung an den Stifterwillen abgeleiteten allgemeinen Geschäftsführungspflicht zur Verwirklichung des Stiftungszwecks findet sich dieser zivilrechtlich kodifiziert insbesondere in den §§ 83b Abs. 4 Satz 2, 83c Abs. 1 Satz 2 BGB. Hiernach darf mit dem Stiftungsvermögen (und damit auch dem sonstigen Vermögen) nur der Stiftungszweck erfüllt werden, bzw. sind alle Nutzungen des Stiftungsvermögens unmittelbar oder mittelbar zur Erfüllung des Stiftungszwecks zu verwenden[290]. Als Ausfluss der Selbstlosigkeit (§ 55 AO) ergibt sich zudem gemeinnützigkeitsrechtlich gem.

287 *Fritz*, in: Werner/Saenger/Fischer, Die Stiftung, § 14 Rn. 49, der die dienende Funktion des Vermögens gegenüber dem Stiftungszweck herausstellt; ähnlich *Andrick*, in: Andrick/Muscheler/Uffmann, Stiftungsrecht, § 81 BGB Rn. 173; *von Campenhausen/Stumpf*, in: Richter, Stiftungsrecht, § 1 Rn. 12. Ebenso hebt die Gesetzesbegründung zu § 83c Abs. 1 Satz 1 BGB den Erhalt des Grundstockvermögens für die Stiftung als Mittel zur dauernden und nachhaltigen Erfüllung des Stiftungszwecks hervor, BT-Drs. 19/28173, 56.

288 In entsprechender Anwendung des Rechtsgedankens eines unzulässigen Vertrags zulasten Dritter; berechtigterweise weist *Kilian*, in: FG Werner, 85, 87, zudem darauf hin, dass bei diesem Verständnis der Vermögenserhaltungsgrundsatz zur Festlegung eines für juristische Personen gesetzlich gerade nicht vorgesehenen Schonvermögens führen würde.

289 Ebenso OLG Dresden ZIP 2004, 1498; *Kießling*, in: Saenger, ZPO, § 116 Rn. 20; *Kilian*, ZSt 2004, 170, 171; *ders.*, in: FG Werner, 85, 87; *Mehrbrey/Gräler*, in: Mehrbrey, Hd-Buch Ges. Streitigkeiten, § 81 Rn. 13; *Weitemeyer*, in: MüKo-BGB, § 85 Rn. 27.

290 BT-Drs. 19/28173, 57; kritisch zu dieser Regelung *Burgard*, in: Burgard, Stiftungsrecht, § 83c BGB Rn. 42 ff.

§ 55 Abs. 1 Nr. 1, 3 AO, dass die Stiftungsmittel anders als das Grundstockvermögen einer Verwendungspflicht für die steuerbegünstigten Satzungszwecke der gemeinnützigen Stiftung unterliegen.[291] Ausnahmen zur Thesaurierung der Mittel sind grundsätzlich nur im gesetzlich vorgegebenen Umfang möglich (vgl. § 62 Abs. 1 Nr. 3 AO).

Es stellt sich die Frage, ob der Einsatz der Stiftungsmittel zur Übernahme der Prozesskosten gegen den Grundsatz satzungsgemäßer Mittelverwendung verstößt und damit unzulässig ist. Eine bewusste Mittelfehlverwendung, die unter Umständen zum Verlust der Steuervorteile führt, kann von der Stiftung kaum erwartet werden. Entscheidend ist daher, inwieweit der Einsatz der Stiftungsmittel zur Prozessführung „satzungsgemäß" ist. Die Satzungsgemäßheit ist gegeben, wenn der Mitteleinsatz im Einklang mit dem vom Stifter in der Satzung festgelegten Stiftungszweck steht. Das ist jedenfalls dann der Fall, wenn er ihm unmittelbar zugutekommt. Nun wird der Stifter in der Satzung regelmäßig keine Ausschüttungen für die Führung von Prozessen vorsehen. Doch schon die Möglichkeit eines Vermögenserhaltungskonzepts, aufgrund dessen die im Rahmen der Stiftungsverwaltung generierten Erträge neben der Erfüllung des Stiftungszwecks in den zulässigen Grenzen auch zum Erhalt des Grundstockvermögens und damit zur Thesaurierung eingesetzt werden dürfen,[292] zeigt, dass ein Einsatz der Stiftungsmittel auch dann satzungsgemäß sein kann, wenn er dem Stiftungszweck bloß mittelbar zugutekommt, indem er Werteinbußen des Grundstocks ausgleicht und auf diese Weise die Grundlage weiterer Ertragserwirtschaftung sichert. Dasselbe wird man dann konsequenterweise auch für die gerichtliche Durchsetzung von Ansprüchen der Stiftung festzustellen haben, sodass die Gewährung von Prozesskostenhilfe nicht allein auf die Geltendmachung eines Verstoßes gegen den Mittelverwendungsgrundsatz bei Einsatz der Stiftungsmittel gestützt werden kann.[293]

---

291 *Kampermann*, in: Schauhoff/Mehren, Stiftungsrecht, Kap. 5 Rn. 57 ff.; *Schlüter/Stolte*, Stiftungsrecht, Kap. 7 Rn. 47; *von Campenhausen/Stumpf*, in: Richter, Stiftungsrecht, § 1 Rn. 12.

292 Dazu *Burgard*, in: Burgard, Stiftungsrecht, § 83c BGB Rn. 24; *Schauhoff/Mehren*, NJW 2021, 2993, 2997. Enthält die Satzung eine dahingehende Regelung, stellt sich die Frage eines Verstoßes gegen den Mittelverwendungsgrundsatz ohnehin nicht. Entsprechende Bestimmungen in den Landesstiftungsgesetzen fanden sich bisher in § 7 Abs. 3 Satz 2 BremStiftG a.F.; § 4 Abs. 3 HamStiftG a.F.; § 6 Abs. 2 Satz 2 NStiftG a.F.; § 7 Abs. 3 Satz 2 RhPfStiftG (LStiftG) a.F.; § 6 Abs. 2 Satz 2 SaarStiftG a.F.; § 4 Abs. 4 Satz 1 SHStiftG (StiftG) a.F.

293 Ähnlich *Kilian*, ZSt 2004, 170, 172, der erst bei wirtschaftlich unsinniger Prozessführung einen Verstoß gegen das Mittelverwendungsgebot annimmt; *ders.*, in: FG Werner, 85, 89. In Fällen, in denen Stiftungsorgane einen Prozess trotz

bb) Zwischenergebnis

Es lässt sich somit festhalten, dass die Stiftung ihre Eigenmittel zur Aufbringung der Prozesskosten in gleicher Weise einzusetzen hat wie jede andere juristische Person. Ein abweichendes Ergebnis, insbesondere die Ausklammerung zweckgebundenen Vermögens aus dem einzusetzenden Bestand, ergibt sich für die Prozesskostenhilfebewilligung auch nicht aus stiftungsspezifischen Besonderheiten.[294] Erst wenn das Stiftungsvermögen die Kosten des Rechtsstreits nicht decken kann, liegt eine Bedürftigkeit der Stiftung vor, die das Gesetz für die Gewährung von Prozesskostenhilfe voraussetzt.

b) Keine Kostenaufbringung durch die wirtschaftlich Beteiligten

aa) Zweck der Regelung

§ 116 Satz 1 Nr. 2 ZPO verlangt nicht nur die fehlende Möglichkeit der Kostenaufbringung durch die juristische Person selbst, sondern zusätzlich auch eine Bedürftigkeit der am Rechtsstreit wirtschaftlich Beteiligten. Mit dieser Regelung soll verhindert werden, dass vermögende Personen, die sich unvermögender juristischer Personen im Rechtsverkehr bedienen oder am Ausgang des Verfahrens wirtschaftlich interessiert sind, die Kosten eines Prozesses auf die Allgemeinheit verlagern.[295]

bb) Begriff des wirtschaftlich Beteiligten

Die Untersuchung der Frage, auf wessen Bedürftigkeit im Rahmen der Kostenaufbringung abzustellen ist, setzt die begriffliche Klärung der wirtschaftlichen Beteiligung für die Akteure im Stiftungsbereich voraus.

---

seiner geringen Erfolgsaussichten führen, kann ein solcher Verstoß gegen die ordnungsgemäße Geschäftsführung darüber hinaus gemeinnützigkeitsschädliche Implikationen haben, wenn nicht die Organe aus ex-ante-Sicht zu dem Entschluss kommen durften, dass der Prozess mit überwiegender Wahrscheinlichkeit zum Erfolg führen wird, *O. Werner*, in: Werner/Saenger/Fischer, Die Stiftung, § 10 Rn. 11 f.

294 Im Ergebnis auch *Fritsche*, in: Werner/Saenger, Die Stiftung, 1. Aufl. 2008, Rn. 774; *Kilian*, ZSt 2004, 170, 172; *ders.*, in: FG Werner, 85, 95; a.A. aber *Nerius*, ZSt 2003, 167, 168.

295 BVerfGE 35, 348, 359 = NJW 1974, 229; Bezug nehmend auch BT-Drs. 8/3068, 26; OLG Frankfurt a.M. NZG 2016, 1386, 1387.

(1) Grundsätze

Als am Gegenstand des Rechtsstreits wirtschaftlich beteiligt ist zunächst derjenige anzusehen, der ein tatsächliches wirtschaftliches Interesse an der Prozessführung hat, weil sich das Obsiegen oder Unterliegen der juristischen Person auf seine Vermögenslage wirtschaftlich auswirkt.[296] Andere Stimmen fragen auch danach, wessen endgültigem Nutzen der Rechtsstreit dienen soll.[297] Richtigerweise kann – über den vermögensrechtlichen Anknüpfungspunkt hinaus – auch derjenige am Gegenstand des Rechtsstreits wirtschaftlich beteiligt sein, der ein eigenes Interesse am Streitgegenstand hat und der als sachlich Betroffener durch die juristische Person repräsentiert wird.[298] In Betracht kommt dies etwa bei gemeinnützigen juristischen Personen, die nicht in erster Linie wirtschaftliche Zwecke verfolgen. Auch dann wird verhindert, dass derjenige, der sich einer juristischen Person für eigene Belange bedient, deren Vermögenslosigkeit nicht nutzt, um Rechtsstreitigkeiten auf Kosten der Allgemeinheit zu führen.[299] Der Begriff des wirtschaftlich

---

296 RGZ 148, 196, 197; OLG Düsseldorf MDR 1968, 331; OLG München GmbHR 1986, 46; OLG Bamberg NJW-RR 1990, 638; OVG Münster, NJW 2005, 3512; *Dunkhase*, in: Anders/Gehle, ZPO, § 116 Rn. 20; *Kießling*, in: Saenger, ZPO, § 116 Rn. 20; *Reichling*, in: BeckOK-ZPO, § 116 Rn. 21; *Schneider*, EWiR 1987, 301, 302; *Schultzky*, in: Zöller, ZPO, § 116 Rn. 20; *Schwarz van Berk/Fischer*, in: MHdB GesR V, § 101 Rn. 13. Die zu den Vorgängerfassungen § 114 Abs. 4 ZPO a.F. und § 116 Satz 1 Nr. 2 ZPO a.F. ergangene Rechtsprechung, die die Frage der wirtschaftlichen Beteiligung zusätzlich davon abhängig machte, dass „eine Heranziehung zu den Prozeßkosten der Prozeßpartei möglich und zumutbar ist" (so etwa KG NJW 1955, 469) respektive dass „die Aufbringung der zur Prozeßführung erforderlichen Mittel zugemutet werden kann" (etwa RGZ 148, 196, 197), ist mit der geltenden Rechtslage aus systematischen Erwägungen nicht mehr vereinbar (so aber noch *Bork*, in: Stein/Jonas, ZPO, § 116 Rn. 21 f.; *Fischer*, in: Musielak/Voit, ZPO, § 116 Rn. 14): Denn mit Kodifikation des Kriteriums der Unzumutbarkeit (nur) in § 116 Satz 1 Nr. 1 ZPO bleibt e contrario für dessen Anwendung im Rahmen von Nr. 2 kein Raum (vgl. etwa *Kießling*, in: Saenger, ZPO, § 116 Rn. 1, 20; *Schneider*, EWiR 1987, 301, 302; *Schwarz van Berk/Fischer*, in: MHdB GesR V, § 101 Rn. 13; *Seiler*, in: Thomas/Putzo, ZPO, § 116 Rn. 5; *Wache*, in: MüKo-ZPO, § 116 Rn. 25).

297 OLG Bamberg NJW-RR 1990, 638; OLG München JurBüro 1990, 756; *Fischer*, in: Musielak/Voit, § 116 Rn. 14; *Seiler*, in: Thomas/Putzo, ZPO, § 116 Rn. 1b; *Zempel*, in: Prütting/Gehrlein, ZPO, § 116 Rn. 5.

298 OVG Münster NJW 2005, 3512; OLG Frankfurt a.M. NZG 2016, 1386, 1387 Rn. 12; *Fischer*, in: MHdB GesR VII, § 17 Rn. 11.

299 OVG Münster NJW 2005, 3512.

Beteiligten i.S.d. § 116 Satz 1 Nr. 2 ZPO ist damit extensiv auszulegen.[300] Sein Vorliegen ist nicht generalisierend zu beurteilen, sondern nur unter Berücksichtigung aller Einzelfallumstände.[301]

Für die Frage der wirtschaftlichen Beteiligung hingegen ohne Relevanz ist der Umstand, ob für den Dritten eine rechtliche Verpflichtung zur Übernahme der Prozesskosten besteht.[302] Auch die in der ZPO vorgesehenen Möglichkeiten rechtlicher Beteiligung an einem fremden Rechtsstreit (vgl. §§ 66 ff. ZPO) mit den dazu normierten Voraussetzungen (etwa dem rechtlichen Interesse i.S.d. § 66 Abs. 1 ZPO für die Zulässigkeit einer Nebenintervention) sind von der wirtschaftlichen Beteiligung zu unterscheiden.[303]

(2) Einzelfragen

(a) Stifter

Zunächst ist zu prüfen, ob der Stifter selbst wirtschaftlich Beteiligter am Gegenstand eines Rechtsstreits der Stiftung sein kann. Immerhin beruhen die Stiftungserrichtung und die damit verbundene Vermögensübertragung auf seiner privatautonomen Entscheidung, sodass deshalb die wirtschaftliche Beteiligung des Stifters angenommen werden könnte. Entscheidend ist jedoch, dass sich der Stifter bei Gründung einer Stiftung von den im Stiftungsgeschäft gewidmeten Vermögenswerten endgültig lossagt. Mit Anerkennung als rechtsfähig entsteht die juristische Person „Stiftung" und diese gehört nunmehr nur noch sich selbst, ihre Unverfügbarkeit als verselbständigte Vermögensmasse gegenüber dem Stifter ist formal gerade charakteristisch.[304]

---

300 KG NJW 1955, 469; OLG Düsseldorf MDR 1968, 331; OLG München GmbHR 1986, 46; *Fischer*, in: Musielak/Voit, ZPO, § 116 Rn. 14; *Reichling*, in: BeckOK-ZPO, § 116 Rn. 21.1.

301 RGZ 148, 196, 197; OLG Düsseldorf MDR 1968, 331.

302 RGZ 148, 196, 197; OLG München GmbHR 1986, 46; *Bork*, in: Stein/Jonas, ZPO, § 116 Rn. 22; *Fischer*, in: Musielak/Voit, ZPO, § 116 Rn. 14; *Schneider*, DB 1978, 287, 288 f.; *Schultzky*, in: Zöller, ZPO, § 116 Rn. 20; *Wache*, in: MüKo-ZPO, § 116 Rn. 24; *Zempel*, in: Prütting/Gehrlein, ZPO, § 116 Rn. 14.

303 RGZ 148, 196, 197; OLG Düsseldorf MDR 1968, 331; OLG München GmbHR 1986, 46; OLG Bamberg NJW-RR 1990, 638.

304 *Aigner*, Schutz der Stiftung, 30 f.; *Jeß*, Verhältnis des lebenden Stifters, 28; *G. Roth*, in: MHdB GesR VII, § 96 Rn. 3; *Schlüter/Stolte*, Stiftungsrecht, Kap. 1 Rn. 40; *Sieger/Bank*, NZG 2010, 641; *O. Werner*, in: Werner/Saenger/Fischer, Die Stiftung, § 11 Rn. 145.

Wegen dieser Verselbständigung hat ein Obsiegen oder Unterliegen der Stiftung keine Auswirkungen auf die Vermögenslage des Stifters. Auch eine nichtvermögensrechtliche, sachliche Betroffenheit scheidet aus. Der Stifter selbst ist damit jedenfalls nicht wirtschaftlich Beteiligter am Gegenstand des Rechtsstreits einer Stiftung.[305] Für den Fall, dass sich der Stifter in der Satzung organschaftliche Rechte eingeräumt, sich also etwa als Vorstand i.S.d. § 84 Abs. 1 Satz 1 BGB (§§ 86 Satz 1 a.F., 26 Abs. 1 Satz 1 BGB) eingesetzt hat, kommt eine wirtschaftliche Beteiligung allenfalls in dieser Funktion in Betracht, hingegen nicht als Stifter ohne organschaftliche Stellung. Dies gilt es strikt zu trennen.

(b) Stiftungsvorstand

Als am Gegenstand des Rechtsstreits einer Stiftung wirtschaftlich Beteiligter kommt zuvörderst das Pflichtorgan der Stiftung, der Vorstand, in Betracht. Dieser vertritt die Stiftung gerichtlich und außergerichtlich und ist – vorbehaltlich einer abweichenden Regelung in der Satzung – zuständig für die umfassende Geschäftsführung der Stiftung.[306] Es stellt sich nunmehr die Frage, wann ein tatsächliches wirtschaftliches Interesse der Vorstandsmitglieder an der Prozessführung bejaht werden kann.

Das Bestehen von Forderungsrechten gegen die Stiftung (etwa bei einem Vergütungsanspruch der Vorstandsmitglieder aus einem schuldrechtlichen Anstellungsverhältnis)[307] ist für die Annahme eines Eigeninteresses noch nicht ausreichend. Hinzukommen muss eine Gewähr dafür, dass sich das Obsiegen oder Unterliegen der Stiftung wirtschaftlich (wenigstens mittelbar) in der Vermögenslage des Dritten niederschlägt. Andernfalls lässt sich die Heranziehung zu den Prozesskosten auch bei extensiver Auslegung des Begriffs der wirtschaftlichen

---

305 So auch *Kilian*, in: FG Werner, 85, 91; *Nerius*, ZSt 2003, 167, 168.

306 *Schlüter/Stolte*, Stiftungsrecht, Kap. 2 Rn. 64; *O. Werner*, in: Werner/Saenger/Fischer, Die Stiftung, § 10 Rn. 6.

307 Da auf das organschaftliche Rechtsverhältnis zwischen Vorstand und Stiftung gem. § 84a Abs. 1 Satz 1 BGB (§§ 86 Satz 1 a.F., 27 Abs. 3 Satz 1 BGB) die Regeln des Auftragsrechts Anwendung finden, ist das Vorstandsmitglied – abgesehen von einem Aufwendungsersatzanspruch (§§ 84a Abs. 1 Satz 1, 670 BGB [§§ 86 Satz 1 a.F., 27 Abs. 3 Satz 1, 670 BGB]) – grundsätzlich unentgeltlich tätig (vgl. § 84a Abs. 1 Satz 2 BGB [§§ 86 Satz 1 a.F., 27 Abs. 3 Satz 2 BGB]). Die Vereinbarung einer angemessenen Vergütung für den Vorstand bedarf neben einer Satzungsgrundlage eines darauf fußenden schuldrechtlichen Anstellungsvertrags, etwa eines Dienstvertrags gem. § 611 BGB, und kommt bei entsprechender Aufgabenquantität mit erhöhtem Zeitaufwand in Betracht (vgl. *Godron/Gollan*, in: Richter, Stiftungsrecht, § 6 Rn. 66 f.; *Schlüter/Stolte*, Stiftungsrecht, Kap. 2 Rn. 70).

Beteiligung nicht rechtfertigen. Soweit geltend gemacht wird, die Stellung als Gläubiger der Stiftung reiche deshalb nicht aus, weil es einem Organmitglied billigerweise nicht zuzumuten sei, etwaige Prozesskosten zu tragen,[308] kann dem nur im Ergebnis, nicht in der Begründung gefolgt werden. Diese Ansicht verkennt, dass eine etwaige Zumutbarkeit gerade kein Kriterium für die Frage wirtschaftlicher Beteiligung ist.[309] Es darf daher an dieser Stelle auch nicht herangezogen werden.

Die Prozessführung selbst, die der Vorstand im Rahmen der ihm zugewiesenen gerichtlichen Vertretungsmacht für die Stiftung übernimmt, vermag eine wirtschaftliche Beteiligung ebenfalls nicht zu erzeugen. Die Betroffenheit leitet sich hier aus den mit der Stellung als Vorstandsmitglied verbundenen organschaftlichen Vertretungs- und Geschäftsführungspflichten ab, ist jedoch grundsätzlich nicht wirtschaftlich begründet.[310] Es entsteht kein persönlicher Vorteil der Vorstandsmitglieder, vielmehr verbessert ein erfolgreicher Prozess die Wirkungsmöglichkeiten der Stiftung.[311] Wird für Mitglieder gemeinnütziger Idealvereine eine wirtschaftliche Beteiligung deshalb bejaht, weil sie durch den Verein repräsentiert werden und ihre mit der Mitgliedschaft verfolgten Ziele identisch mit dem Vereinszweck sind,[312] kann diese Argumentation nicht auf die Stiftung übertragen werden, denn sie ist mitgliederlos, und oberste Richtschnur für das Handeln des Vorstands ist einzig der Stifterwille und dessen Verwirklichung. Auch von einer sachlichen Betroffenheit durch Repräsentation, die nach hier vertretener Ansicht ebenfalls die Kriterien wirtschaftlicher Beteiligung i.S.d. § 116 Satz 1 Nr. 2 ZPO erfüllt, kann deshalb nicht gesprochen werden.

Zusammenfassend lässt sich sagen, dass eine pauschale Negierung wirtschaftlicher Beteiligung des Vorstands am Gegenstand des Rechtsstreits einer Stiftung

308 *Kilian*, in: FG Werner, 85, 92.

309 Dazu bereits in Fn. 296.

310 So auch OLG Hamburg NJW-RR 1987, 894, im Fall eines gemeinnützigen Vereins, dessen Mitglieder deshalb nicht als wirtschaftlich Beteiligte zur Zahlung der Prozesskosten herangezogen werden konnten, weil der Großteil der Vereinsmittel aus der öffentlichen Hand bezogen wurde und ein Regressprozess zur Wiederherstellung einer ordnungsgemäßen Verwaltung der Vereinsfinanzen nicht ihre eigenen Vermögensinteressen berührte.

311 Vgl. *Schneider*, EWiR 1987, 301, 302.

312 OLG Düsseldorf MDR 1968, 331; OLG Frankfurt a.M. NZG 2016, 1386, 1387 Rn. 13; KG NJW 1955, 469, stellt daneben auf die wirtschaftliche Abhängigkeit des Vereins von seinen Mitgliedern ab.

zwar fehl geht.[313] Eine solche Beteiligung kommt aufgrund struktureller Besonderheiten der Stiftung aber nur in Betracht, wenn über die bloße Verwaltung des Stiftungsvermögens hinaus wirtschaftliche Eigeninteressen des Vorstandsmitglieds durch den konkreten Prozess und dessen Ausgang auch tatsächlich berührt sind.[314]

(c) Stiftungsaufsicht

Die Stiftungsaufsicht wird im öffentlichen Interesse tätig und hat als reine Rechtsaufsicht darüber zu wachen, dass die Stiftung ihre Tätigkeit im Einklang mit dem Stifterwillen und den satzungsmäßigen und gesetzlichen Bestimmungen ausübt.[315] Neben einer Kontrollfunktion, die die Vornahme präventiver und repressiver Maßnahmen erlaubt, werden die Aufsichtsbehörden zudem in beratender Funktion tätig.[316] Vermögensrechtliche Implikationen hat das Tätigwerden für die Aufsicht jedoch in keinem Fall, sodass sich das Obsiegen oder Unterliegen der Stiftung auf die Vermögenslage der Aufsichtsbehörden wirtschaftlich nicht auswirkt. Eine sachliche Betroffenheit durch Repräsentation ist ebenfalls nicht denkbar. Die wirtschaftliche Beteiligung der Aufsicht am Gegenstand des Rechtsstreits einer Stiftung kommt damit nicht in Betracht.[317]

(d) Destinatäre der Stiftung

Zielt § 116 Satz 1 Nr. 2 ZPO auf eine Heranziehung derjenigen zu den Prozesskosten, die deshalb ein Interesse an der Prozessführung haben, weil sich der Ausgang des Rechtsstreits auf ihre Vermögenslage wirtschaftlich auswirken kann, so sind auch die Nutzungsberechtigten des Stiftungszwecks, die Destinatäre, als am Gegenstand eines Rechtsstreits der Stiftung wirtschaftlich Beteiligte denkbar. Ein entsprechendes wirtschaftliches Interesse ließe sich möglicherweise für den Fall

---

313 Anders *Nerius*, ZSt 2003, 167, 168, unter Bezugnahme auf die bereits angesprochene Entscheidung des OLG Hamburg (NJW-RR 1987, 894), die allerdings aufgrund ihrer zahlreichen Besonderheiten (gemeinnütziger Verein, dessen Vereinsmittel zum wesentlichen Teil aus der öffentlichen Hand bezogen wurden, sodass Mitgliedsbeiträge demgegenüber nur einen geringen Umfang hatten) für die Frage wirtschaftlicher Beteiligung von Vorstandsmitgliedern nicht verallgemeinerungsfähig sein dürfte.

314 Zögernd *Kilian*, in: FG Werner, 85, 92.

315 *Schlüter/Stolte*, Stiftungsrecht, Kap. 3 Rn. 1; *Winkler*, in: Werner/Saenger/Fischer, Die Stiftung, § 27 Rn. 33, 37 ff.

316 *Schlüter/Stolte*, Stiftungsrecht, Kap. 3 Rn. 5; *Winkler*, in: Werner/Saenger/Fischer, Die Stiftung, § 27 Rn. 41 f.

317 OLG Bamberg NJW-RR 1990, 638, 639; *Kilian*, in: FG Werner, 85, 95.

begründen, dass dem Destinatär aufgrund einer konkreten Satzungsbestimmung ein schuldrechtlicher Anspruch auf Stiftungsleistungen eingeräumt wurde,[318] und dessen Werthaltigkeit durch den Prozess berührt wird.

Dies wird man verneinen müssen. Anders als etwa bei Kapitalgesellschaften, bei denen die Gesellschafter der Gesellschaft Kapital zur Verfügung stellen und deshalb durch Veränderungen des Gesellschaftsvermögens betroffen sind, partizipieren die Destinatäre am Stiftungsvermögen und dessen Erträgen nur in Höhe des ihnen in der Satzung zuerkannten Anspruchs, dessen Umfang durch das Obsiegen oder Unterliegen der Stiftung im Rechtsstreit aber nicht verändert wird. Zudem verlangt der Wortlaut der gesetzlichen Vorschrift eine „Beteiligung" an der Prozessführung. Dies wird man erst bei einer über die bloße Gläubigerstellung hinausgehenden vertieften wirtschaftlichen Beziehung bejahen können.[319] Die Stellung des Destinatärs spricht somit gegen eine Qualifikation als wirtschaftlich Beteiligter am Gegenstand des Rechtsstreits einer Stiftung und damit gegen eine Heranziehung zur Übernahme der Prozesskosten.[320]

(e) Anfallberechtigte

Auch die Anfallberechtigten i.S.d. § 87c Abs. 1 Satz 1 BGB (§ 88 Satz 1 BGB a.F.) kommen als wirtschaftlich am Gegenstand des Rechtsstreits Beteiligte in Betracht.[321] Richtigerweise ist zu differenzieren: Ein wirtschaftliches Interesse an der Prozessführung setzt eine Rechtsposition mit vermögensrechtlichem Gehalt voraus. Ein derartiger Anspruch, auf den sich der Ausgang eines Rechtsstreits dann wirtschaftlich auswirken könnte, wird für die Anfallberechtigten überhaupt erst mit Beginn des Liquidationsverfahrens gem. §§ 87c Abs. 2 Satz 2, 49 Abs. 1 Satz 1 BGB (§§ 88 Satz 3 a.F., 49 Abs. 1 Satz 1 BGB) begründet, durch das ihnen

---

318 Nach der Rechtsprechung sind dafür die Anordnungen des Stifters in Stiftungssatzung und -geschäft entscheidend, BGH NZG 2017, 268, 270 Rn. 22. Ein solcher klagbarer Anspruch kommt danach nur in Betracht, wenn Umfang und Berechtigung in der Satzung festgelegt sind bzw. der Kreis der Begünstigten derart individualisiert ist, dass für ein Auswahlermessen kein Raum bleibt, hingegen nicht, wenn die Destinatäre erst aus einem in der Satzung näher umschriebenen Kreis von Personen auszuwählen sind, BGH NZG 2017, 268, 270 Rn. 29. Ausführlich, auch zu den prozessualen Problemen dieser Thematik, s. Teil 2.§ 2.A.II.2.a).

319 RGZ 148, 196, 197; *Bork*, in: Stein/Jonas, ZPO, § 116 Rn. 21; *Schultzky*, in: Zöller, ZPO, § 116 Rn. 21.

320 Im Ergebnis auch *Kilian*, in: FG Werner, 85, 93; *Schwarz van Berk/Fischer*, in: MHdB GesR V, § 101 Rn. 13.

321 Es wird im Folgenden von einer nicht-fiskalen Anfallberechtigung ausgegangen.

das verbliebene Restvermögen der Stiftung übertragen werden soll. Da auch von einer sachlichen Betroffenheit durch Repräsentation nicht gesprochen werden kann, kommt eine wirtschaftliche Beteiligung i.S.d. § 116 Satz 1 Nr. 2 ZPO vor diesem Zeitpunkt nicht in Betracht.[322]

Anders ist die Rechtslage zu beurteilen, wenn der Vorstand nach Auflösung oder Aufhebung im Rahmen der Liquidation einen Rechtsstreit führt. Da Zusammensetzung und Wert des auszukehrenden Stiftungsvermögens berührt werden, und sich der Anspruch der Anfallberechtigten gem. §§ 87c Abs. 2 Satz 2, 49 Abs. 1 Satz 1 BGB (§§ 88 Satz 3 a.F., 49 Abs. 1 Satz 1 BGB) auf Übertragung ebenjenes Restvermögens richtet, wirkt sich – anders als für die Destinatäre – das Obsiegen oder Unterliegen der Stiftung in Liquidation im Prozess unmittelbar auf die Vermögenslage der Anfallberechtigten aus. Damit besteht ein tatsächliches wirtschaftliches Interesse an der Prozessführung, sodass die Voraussetzungen wirtschaftlicher Beteiligung in der Person der Anfallberechtigten erfüllt sind.[323]

cc) Zwischenergebnis

Die strukturellen Besonderheiten der Stiftung als verselbständigter, mitgliederloser Vermögensmasse, deren Organe die Stiftung im Einklang mit dem Stifterwillen zu verwalten haben, sorgen dafür, dass die wirtschaftliche Beteiligung am Gegenstand eines Rechtsstreits auch bei extensiver Auslegung nur in den dargestellten Fällen in Betracht kommt. Regelmäßig wird eine Heranziehung zu den Prozesskosten der Stiftung daher ausgeschlossen sein.

c) Unterlassung der Rechtsverfolgung oder Rechtsverteidigung läuft allgemeinen Interessen zuwider

aa) Zweck der Regelung

Begehrt eine Stiftung Prozesskostenhilfe, muss neben den bereits dargestellten Voraussetzungen gem. § 116 Satz 1 Nr. 2 a.E. ZPO hinzukommen, dass die Unterlassung der Rechtsverfolgung oder Rechtsverteidigung allgemeinen Interessen zuwiderlaufen würde. Damit knüpft die Vorschrift an die besonderen Verhältnisse bei der juristischen Person an. Sie ist eine künstliche Schöpfung nach Maßgabe einer von der Rechtsordnung aus Zweckmäßigkeitsgründen zugelassenen Rechtsform.[324] Ihre Rechtsträgerschaft ist an ein ausreichendes Vermögen gebunden,

---

322 *Kilian*, in: FG Werner, 85, 94.

323 Ebenso *Kilian*, in: FG Werner, 85, 94.

324 BT-Drs. 8/3068, 26; *Fischer*, in: Musielak/Voit, ZPO, § 116 Rn. 17.

das Voraussetzung sowohl für die Gründung als auch die weitere Existenz ist.[325] Juristische Personen besitzen deshalb nur dann eine von der Rechtsordnung anerkannte Existenzberechtigung, wenn sie in der Lage sind, ihre Ziele und Aufgaben aus eigener Kraft zu verfolgen.[326] Begehrt eine Stiftung Prozesskostenhilfe, weil weder sie noch die wirtschaftlich Beteiligten die zur Prozessführung notwendigen Mittel aufbringen können, ist diese Berechtigung infrage gestellt. Eine Gewährung scheint deshalb nur dann gerechtfertigt, wenn der Rechtsstreit nicht nur singuläre Interessen der Stiftung berührt, sondern darüber hinaus im öffentlichen Interesse liegt.[327] Der Voraussetzung wohnt damit ein Kompensationsgedanke inne.

bb) Begriff der allgemeinen Interessen

(1) Grundsätze

Zunächst ist zu klären, was das Gesetz in § 116 Satz 1 Nr. 2 ZPO unter allgemeinen Interessen versteht. Dabei handelt es sich um einen unbestimmten Rechtsbegriff, der trotz seiner Vieldeutigkeit die rechtsstaatlichen Anforderungen an Normklarheit und Justiziabilität deshalb nicht unterläuft, weil die Regelung dem Richter ermöglicht, alle denkbaren allgemeinen Interessen zugunsten der juristischen Person zu berücksichtigen.[328] Allein die Notwendigkeit einer Konkretisierung des Rechtsbegriffs im Einzelfall stellt daher keinen Verstoß gegen den Bestimmtheitsgrundsatz dar.[329]

In Rechtsprechung und Literatur hat sich bezüglich dieser Konkretisierung eine entsprechende Kasuistik herausgebildet. Hiernach liegt eine Rechtsverfolgung

---

325 BT-Drs. 8/3068, 26; BGH NZI 2015, 413 Rn. 8; OLG Frankfurt a.M. NZG 2016, 1386, 1388 Rn. 16.

326 BT-Drs. 8/3068, 26; BGH NJW 2011, 1595, 1596 Rn. 9; BGH NZI 2015, 413 Rn. 8; OLG Frankfurt a.M. NZG 2016, 1386, 1388 Rn. 16; *Kießling*, in: Saenger, ZPO, § 116 Rn. 19.

327 *Wache*, in: MüKo-ZPO, § 116 Rn. 26; vgl. BGH NJW 2011, 1595, 1596 Rn. 9 und OLG Frankfurt a.M. NZG 2016, 1386, 1388 Rn. 16, die den Regelungszweck in der Vorsorge dagegen sehen, dass mittellose Vereinigungen wirtschaftliche Interessen auf Kosten der Allgemeinheit verwirklichen; a.A. *Bork*, in: Stein/Jonas, ZPO, § 116 Rn. 24, der das Erfordernis der Beeinträchtigung allgemeiner Interessen für nicht verfassungskonform hält, da die das Prozesskostenhilferecht prägenden verfassungsrechtlichen Rechtsschutzgarantien gem. Art. 19 Abs. 3 GG auch und in gleicher Weise gegenüber juristischen Personen bestünden.

328 BVerfGE 35, 348, 358 = NJW 1974, 229; BGH NJW 1991, 703; OLG Frankfurt a.M. NJW-RR 1996, 552.

329 BVerfGE 35, 348, 358 = NJW 1974, 229.

oder -verteidigung im allgemeinen Interesse, wenn es sich um eine Entscheidung handelt, die größere Kreise der Bevölkerung oder des Wirtschaftslebens ansprechen und soziale Wirkungen nach sich ziehen kann.[330] Dies ist etwa dann der Fall, wenn außer den an der Führung des Rechtsstreits wirtschaftlich Beteiligten ein erheblicher Kreis von Personen durch die Unterlassung der Rechtsverfolgung oder -verteidigung in Mitleidenschaft gezogen würde,[331] wenn die juristische Person an der Erfüllung ihrer der Allgemeinheit dienenden Aufgaben gehindert wäre, falls der Rechtsstreit nicht durchgeführt werden könnte,[332] wenn von der Durchführung des Rechtsstreits die Existenz eines Unternehmens abhängt, an dessen Erhaltung wegen der großen Zahl von Arbeitsplätzen ein allgemeines Interesse besteht,[333] oder wenn eine große Zahl von Kleingläubigern betroffen ist[334]. Jeden-

---

330 BGHZ 25, 183, 185 = NJW 1957, 1636; BGH, Beschl. v. 29.1.1987 – V ZR 160/85 = KostRspr. ZPO § 116 Nr. 7; BGH NJW-RR 1990, 474; BGH BeckRS 2010, 14151 Rn. 2; BGH BeckRS 2010, 16182 Rn. 3; BGH NJW 2011, 1595, 1596 Rn. 10; BGH NZI 2015, 413 Rn. 9; OLG München GmbHR 1986, 46, 47; OLG Celle NJW-RR 1986, 741; LAG Bremen NJW-RR 1987, 894; OVG Magdeburg NVwZ-RR 2008, 583; OLG Frankfurt a.M. NZG 2016, 1386, 1388 Rn. 17; *Bork*, in: Stein/Jonas, ZPO, § 116 Rn. 25; *Fischer*, in: Musielak/Voit, ZPO, § 116 Rn. 17; *Kießling*, in: Saenger, ZPO, § 116 Rn. 19; *Reichling*, in: BeckOK-ZPO, § 116 Rn. 24; *Rosenberg/Schwab/Gottwald*, Zivilprozessrecht, § 87 Rn. 23; *Seiler*, in: Thomas/Putzo, ZPO, § 116 Rn. 6; *Zempel*, in: Prütting/Gehrlein, ZPO, § 116 Rn. 15.

331 BFH NJW 1974, 256; BGH NJW 2011, 1595, 1596 Rn. 10; BGH NZI 2015, 413 Rn. 9; OLG Celle NJW-RR 1986, 741; OLG Frankfurt a.M. NZG 2016, 1386, 1388 Rn. 17.

332 RAnz. 1933 Nr. 257, 2, zu § 114 Abs. 4 ZPO a.F.; an dieser Auffassung festhaltend BT-Drs. 8/3068, 26; ebenfalls BGH BeckRS 2010, 14151 Rn. 2; BGH BeckRS 2010, 16182 Rn. 3; BGH NJW 2011, 1595, 1596 Rn. 10; BGH NZI 2015, 413 Rn. 9; OVG Magdeburg NVwZ-RR 2008, 583; OLG Frankfurt a.M. NZG 2016, 1386, 1388 Rn. 17; *Dunkhase*, in: Anders/Gehle, ZPO, § 116 Rn. 27; *Fischer*, in: Musielak/Voit, ZPO, § 116 Rn. 17; *Kießling*, in: Saenger, ZPO, § 116 Rn. 19; *Schultzky*, in: Zöller, ZPO, § 116 Rn. 23; *Seiler*, in: Thomas/Putzo, ZPO, § 116 Rn. 6.

333 RAnz. 1933 Nr. 257, 2, zu § 114 Abs. 4 ZPO a.F.; an dieser Auffassung festhaltend BT-Drs. 8/3068, 27; ebenfalls BGH NJW 1986, 2058, 2059; BGH BeckRS 2010, 14151 Rn. 2; BGH BeckRS 2010, 16182 Rn. 3; BGH NJW 2011, 1595, 1596 Rn. 10; BGH NZI 2015, 413 Rn. 9; *Bork*, in: Stein/Jonas, ZPO, § 116 Rn. 27; *Reichling*, in: BeckOK-ZPO, § 116 Rn. 24; *Schultzky*, in: Zöller, ZPO, § 116 Rn. 24; *Wache*, in: MüKo-ZPO, § 116 Rn. 26.

334 BGH NJW 1986, 2058, 2059; BGH NJW 1991, 703, bei einer Größenordnung von 27 Gläubigern; BGH NJW 2011, 1595, 1596 Rn. 10; OLG Frankfurt a.M. NZG 2016, 1386, 1388 Rn. 17; *Bork*, in: Stein/Jonas, ZPO, § 116 Rn. 27; *Kießling*, in: Saenger, ZPO, § 116 Rn. 19; *Rosenberg/Schwab/Gottwald*, Zivilprozessrecht, § 87 Rn. 23; *Schultzky*, in: Zöller, ZPO, § 116 Rn. 24; *Wache*, in: MüKo-ZPO, § 116 Rn. 26.

falls entspricht es dem gesetzgeberischen Willen, das Tatbestandsmerkmal der allgemeinen Interessen auf besondere Ausnahmefälle zu beschränken.[335] Deshalb genügt das allgemeine Interesse an der richtigen Entscheidung eines Prozesses grundsätzlich nicht.[336] Selbiges gilt für den Umstand, dass bei der Entscheidung des Rechtsstreits Rechtsfragen von allgemeiner Bedeutung zu beantworten sind.[337]

(2) Einfluss der Gemeinnützigkeit

(a) Meinungsstand

Angesichts der Tatsache, dass rund 90 % der rechtsfähigen deutschen Stiftungen bürgerlichen Rechts rein steuerbegünstigte Zwecke verfolgen,[338] stellt sich die Frage, ob die Unterlassung der Rechtsverfolgung oder -verteidigung bereits immer dann allgemeinen Interessen zuwiderläuft, wenn die Stiftung als gemeinnützig anerkannt ist.[339] In Rechtsprechung und Literatur wird das ganz überwiegend abgelehnt.[340] Dabei beschränken sich die Ausführungen aber meistens auf die lapidare Feststellung, alleine die Gemeinnützigkeit einer juristischen Person

---

335 So bereits RAnz. 1933 Nr. 257, 2, zu § 114 Abs. 4 ZPO a.F.; diesem Verständnis der allgemeinen Interessen folgend BGHZ 25, 183, 185 = NJW 1957, 1636; BGH NJW 2011, 1595, 1596 Rn. 8; BGH NZI 2015, 314 Rn. 7; OLG Frankfurt a.M. NZG 2016, 1386, 1387 Rn. 15; *Bork*, in: Stein/Jonas, ZPO, § 116 Rn. 24; *Wache*, in: MüKo-ZPO, § 116 Rn. 26.

336 BGHZ 25, 183, 185 = NJW 1957, 1636; BGH NJW 1986, 2058, 2059; BGH BeckRS 2010, 14151 Rn. 2; BGH BeckRS 2010, 16182 Rn. 3; OLG München GmbHR 1986, 46, 47; OLG Celle NJW-RR 1986, 741; a.A. nur LG Kassel MDR 1954, 45, 46.

337 BGH NJW 1965, 585; BGH NJW-RR 1990, 474; BGH BeckRS 2010, 14151 Rn. 2; BGH Becks 2010, 16182 Rn. 3; BGH NJW 2011, 1595, 1597 Rn. 10; BGH NZI 2015, 413 Rn. 9; OLG Frankfurt a.M. NZG 2016, 1386, 1388 Rn. 17; *Bork*, in: Stein/Jonas, ZPO, § 116 Rn. 25; *Fischer*, in: Musielak/Voit, ZPO, § 116 Rn. 18; *Kießling*, in: Saenger, ZPO, § 116 Rn. 19; *Seiler*, in: Thomas/Putzo, ZPO, § 116 Rn. 6; *Wache*, in: MüKo-ZPO, § 116 Rn. 26; *Zempel*, in: Prütting/Gehrlein, ZPO, § 116 Rn. 15.

338 Bundesverband Deutscher Stiftungen, Pressemitteilung: Bundesverband veröffentlicht Jahreszahlen 2023 – Beliebtheit des Stiftens ungebrochen.

339 Wenngleich der Begriff der Gemeinnützigkeit häufig als Synonym für das Bestehen einer Steuerbegünstigung verwendet wird (vgl. nur *Winheller*, in: Werner/Saenger/Fischer, Die Stiftung, § 6 Rn. 113), soll damit in den folgenden Ausführungen auf eine Stiftung Bezug genommen werden, die gemeinnützige Zwecke i.S.d. § 52 AO verfolgt.

340 Vgl. BGH, Beschl. v. 29.1.1987 – V ZR 160/85 = KostRspr. ZPO § 116 Nr. 7; KG NJOZ 2007, 55, 56; OLG Frankfurt a.M. NZG 2016, 1386, 1388 Rn. 17 in Fällen gemeinnütziger Vereine; BGH NJW 2011, 1595, 1597 Rn. 10; OVG Magdeburg NVwZ-RR 2008, 583; *Dunkhase*, in: Anders/Gehle, ZPO, § 116 Rn. 28; *Fischer*, in: Musielak/Voit, ZPO,

oder parteifähigen Vereinigung begründe noch kein allgemeines Interesse an der Rechtsverfolgung oder Rechtsverteidigung.[341] Diese Fragestellung soll im Folgenden näher untersucht werden.

(b) Auslegung

Da es sich bei den allgemeinen Interessen um einen im Gesetz nicht näher definierten unbestimmten Rechtsbegriff handelt, ist durch Auslegung zu ermitteln, ob die Gemeinnützigkeit einer Stiftung konkretisiertes allgemeines Interesse i.S.d. § 116 Satz 1 Nr. 2 a.E. ZPO sein kann.[342] Dazu sind der Wortlaut, die Systematik, die Entstehungsgeschichte und der Sinn und Zweck der Vorschrift heranzuziehen.

(aa) Wortlaut

Spricht das Gesetz von allgemeinen Interessen, bedeutet das vom Wortsinn her zunächst, dass das in Rede stehende Interesse einen quantitativ größeren Kreis von Personen tangieren muss. Ein Allgemeininteresse steht im Gegensatz zu den Belangen des Einzelnen.[343] Eine Entscheidung, deren unmittelbare Wirkungen sich auf den Einzelfall beschränken, berührt wiederum nicht das soziale Gefüge.[344] Von dieser Auslegung gedeckt sind auch die in Rechtsprechung und Literatur zu dem Merkmal der allgemeinen Interessen entwickelten und bereits dargestellten Fälle. Bedeutet die Gemeinnützigkeit demnach sinngemäß „der Allgemeinheit nützend", bezieht sich der Begriff bei diesem Verständnis nicht auf den Einzelfall, sondern vielmehr auf einen unbegrenzten Personenkreis. Die Gemeinnützigkeit bewegt sich im durch die Wortlautauslegung der allgemeinen Interessen vorgegebenen Rahmen und kommt damit als Konkretisierung dieses Rechtsbegriffs in Betracht.

(bb) Systematik

Im zweiten Schritt der Auslegung ist zu untersuchen, welcher Aussagegehalt der Voraussetzung des § 116 Satz 1 Nr. 2 a.E. ZPO im Zusammenhang mit anderen

---

§ 116 Rn. 18; *Fischer*, in: MHdB GesR VII, § 17 Rn. 16; *Kießling*, in: Saenger, ZPO, § 116 Rn. 19; *Wache*, in: MüKo-ZPO, § 116 Rn. 26.

341 BGH, Beschl. v. 29.1.1987 – V ZR 160/85 = KostRspr. ZPO § 116 Nr. 7; OVG Magdeburg NVwZ-RR 2008, 583; OLG Frankfurt a.M. NZG 2016, 1386, 1388 Rn. 17; *Dunkhase*, in: Anders/Gehle, ZPO, § 116 Rn. 28; *Kießling*, in: Saenger, ZPO, § 116 Rn. 19; *Wache*, in: MüKo-ZPO, § 116 Rn. 26.

342 Vgl. BVerfGE 35, 348, 358 = NJW 1974, 229; BFH NJW 1974, 256.

343 BGHZ 25, 183, 185 = NJW 1957, 1636; BFH NJW 1974, 256; OLG Celle NJW-RR 1986, 741.

344 OLG Celle NJW-RR 1986, 741.

Normen entnommen werden kann. So muss gem. §§ 116 Satz 2, 114 Abs. 1 Satz 1 a.E. ZPO zur Gewährung von Prozesskostenhilfe die beabsichtigte Rechtsverfolgung oder Rechtsverteidigung hinreichende Aussicht auf Erfolg bieten und darf nicht mutwillig sein. Unterlässt der Antragsteller nach Prüfung dieser Voraussetzungen das weitere Verfahren, berührt dies ausschließlich seine eigenen Interessen.[345] Beziehen sich die genannten Voraussetzungen demnach auf das Einzelinteresse des Antragstellers, muss das zusätzliche Erfordernis der allgemeinen Interessen in § 116 Satz 1 Nr. 2 ZPO eine weitergehende Bedeutung haben.[346] Dieses Verständnis entspricht dem bereits durch die Wortlautauslegung gefundenen Zwischenergebnis. Rückschlüsse darauf, dass mit den allgemeinen Interessen auch die Gemeinnützigkeit einer juristischen Person gemeint sein soll, lässt die systematische Auslegung zwar nicht zu, sie schließt dies aber auch nicht aus.

(cc) Entstehungsgeschichte

Im Rahmen der historischen Auslegung ist die Entstehungsgeschichte im engeren Sinn in den Blick zu nehmen, mithin die Materialien, die zu dem konkret zu beurteilenden Gesetz geführt haben.[347] § 116 Satz 1 Nr. 2 ZPO wurde durch das „Gesetz über die Prozeßkostenhilfe“ vom 13. Juni 1980 in die ZPO eingefügt.[348] Nach der Begründung zu dieser Norm im Gesetzentwurf der Bundesregierung soll bei den „allgemeinen Interessen“ in erster Linie an Fälle zu denken sein, in denen eine juristische Person ohne die Durchführung des Rechtsstreits behindert sein würde, der Allgemeinheit dienende Aufgaben zu erfüllen, oder wenn von der Durchführung des Prozesses die Existenz eines Unternehmens abhängt, an dessen Erhaltung wegen der großen Zahl der von ihm beschäftigten Arbeitnehmer ein allgemeines Interesse besteht.[349] Von Gemeinnützigkeit ist hier zwar keine Rede, allerdings macht die Formulierung der Gesetzesbegründung auch den nichtabschließenden Charakter der Aufzählung deutlich, wenn sie davon spricht, dass „in erster Linie“ den dort bezeichneten Fällen Rechnung getragen werden soll.

Da die allgemeinen Interessen nicht erst in § 116 Satz 1 Nr. 2 ZPO, sondern bereits in der Fassung des § 114 Abs. 4 ZPO a.F. wortlautgleich normiert waren (dazu bereits unter I.2.c)), ist die amtliche Begründung dieser Vorgängerregelung zur Auslegung ebenfalls heranzuziehen. Diese bejaht ein allgemeines Interesse

345 BFH NJW 1974, 256; OLG Celle NJW-RR 1986, 741.
346 BFH NJW 1974, 256; OLG Celle NJW-RR 1986, 741.
347 *Wank/Maties*, Auslegung von Gesetzen, 68.
348 BGBl. I S. 677; dazu bereits unter Teil 1.§ 1.C.I.2.d).
349 BT-Drs. 8/3068, 26 f.

ebenfalls dann, wenn eine juristische Person an der Erfüllung ihrer der Allgemeinheit dienenden Aufgaben gehindert sein würde, wenn ihr die Durchführung des in Frage stehenden Rechtsstreits nicht ermöglicht wird.[350] Dazu wird als Beispiel expressis verbis eine gemeinnützige Stiftung angeführt.[351] Deren Nennung kann zum einen darin begründet sein, dass eine Stiftung eben eine juristische Person ist. Allerdings ist auch eine rein privatnützige Stiftung juristische Person. Die Betonung der Gemeinnützigkeit der Stiftung spricht eher dafür, dass die Gesetzesbegründung dies als das entscheidende Kriterium für das Vorliegen der Allgemeinheit dienender Aufgaben ansieht.

Zu prüfen bleibt aber, inwiefern diese zu § 114 Abs. 4 ZPO a.F. entwickelten Erkenntnisse für die historische Auslegung des § 116 Satz 1 Nr. 2 ZPO fruchtbar gemacht werden können. Dazu findet sich in der Begründung des Regierungsentwurfs der Hinweis, der Entwurf halte an der zu § 114 Abs. 4 ZPO a.F. entwickelten Grundauffassung der allgemeinen Interessen fest.[352] Entsprechend wird ebenfalls auf den Fall abgestellt, dass die juristische Person ohne die Durchführung des Rechtsstreits behindert sein würde, der Allgemeinheit dienende Aufgaben zu erfüllen.[353] Anders als zu § 114 Abs. 4 ZPO a.F. wird die gemeinnützige Stiftung als Beispiel aber nicht ausdrücklich genannt. Das könnte dafür sprechen, dass das Vorliegen von Gemeinnützigkeit für sich genommen noch keine Konkretisierung der allgemeinen Interessen darstellen soll. Der Hinweis, an der Grundauffassung werde festgehalten, würde sich dann nur auf das ausdrücklich Benannte beziehen. Es erscheint jedoch plausibler, dass der Gesetzgeber sich mit dem Verweis vor allem die inhaltliche Aussage der Begründung zu § 114 Abs. 4 ZPO a.F. zu eigen machen wollte. Die fehlende ausdrückliche Nennung gemeinnütziger Stiftungstätigkeit steht somit der Bejahung eines allgemeinen Interesses nicht im Wege. Die historische Auslegung spricht somit eher dafür, dass schon bei Vorliegen von Gemeinnützigkeit die Unterlassung der Rechtsverfolgung oder Rechtsverteidigung durch die Stiftung allgemeinen Interessen zuwiderläuft.

(dd) Sinn und Zweck

Schließlich ist nach dem Regelungszweck der Vorschrift zu fragen. Wie unter aa) bereits dargestellt, soll ein Ausgleich dafür geschaffen werden, dass die juristische

---

350 RAnz. 1933 Nr. 257, 2.

351 RAnz. 1933 Nr. 257, 2. Als weiterer Anwendungsfall wird das Beispiel einer Gemeinde genannt.

352 BT-Drs. 8/3068, 27.

353 BT-Drs. 8/3068, 26.

Person trotz Rechtsträgerschaft die zur Prozessführung notwendigen Mittel nicht aufbringen kann. Nur wenn im Einzelfall ein öffentliches Interesse an dem Rechtsstreit besteht, ist die Bewilligung von Prozesskostenhilfe gerechtfertigt.

Demgegenüber bezieht sich der steuerrechtliche Terminus der Gemeinnützigkeit anders als der Begriff der allgemeinen Interessen nicht auf eine konkrete Rechtsverfolgung oder -verteidigung, sondern knüpft an die generelle Zweckrichtung der Stiftung und die von ihr wahrgenommenen Aufgaben an.[354] Die Allgemeinheit auf materiellem, geistigem oder sittlichem Gebiet zu fördern (vgl. § 52 Abs. 1 Satz 1 AO), sagt noch nichts darüber aus, ob auch der konkrete Klagegegenstand für die allgemeinen Interessen von Bedeutung ist. Führt die Stiftung beispielsweise einen Schadensersatzprozess wegen der Zerstörung von Stiftungseigentum, spricht dies weder größere Kreise der Bevölkerung oder des Wirtschaftslebens an, noch zieht es soziale Wirkungen nach sich, liegt also nicht im allgemeinen Interesse, auch wenn die Stiftung als gemeinnützig anerkannt sein mag.[355]

Eine Gleichsetzung von allgemeinen Interessen und gemeinnütziger Tätigkeit verfehlt den Telos der Vorschrift.[356] Die Auslegung nach Sinn und Zweck ergibt somit, dass die Gemeinnützigkeit als solche noch kein allgemeines Interesse i.S.d. § 116 Satz 1 Nr. 2 a.E. ZPO darstellt.

(c) Zwischenergebnis

Die Ergebnisse zu den vier Auslegungskriterien ergeben kein einheitliches Bild. Während die Auslegung des Wortlauts und der Systematik die Einordnung der Gemeinnützigkeit als allgemeines Interesse möglich erscheinen lässt, ohne sie zwingend nahezulegen, spricht vor allem die Vorgeschichte des § 116 Satz 1 Nr. 2 ZPO für diese Deutungsmöglichkeit, abgeschwächt auch die Entstehungsgeschichte im engeren Sinn.

Das vierte Auslegungskriterium, der Sinn und Zweck, deutet klar in die entgegengesetzte Richtung. Da es von den vier Kriterien das eindeutigste Auslegungsergebnis liefert, wird man dem Sinn und Zweck gegenüber den anderen Kriterien in der vorliegenden Auslegungsfrage das größte Gewicht beizumessen haben. Es ist somit festzuhalten, dass allein die Gemeinnützigkeit einer Stiftung noch kein allgemeines Interesse an der Rechtsverfolgung oder Rechtsverteidigung begründet.

---

354 BGH NJW 2011, 1595, 1597 Rn. 14.

355 Vgl. *Regierer/Ruhlmann*, DIE STIFTUNG 6/2016, 22, 23.

356 Vgl. KG NJOZ 2007, 55, 56.

2. *Verweis auf die allgemeinen Voraussetzungen des § 114 Abs. 1 Satz 1 a.E., Abs. 2 ZPO in § 116 Satz 2 ZPO*

Neben den speziellen subjektiven und objektiven Voraussetzungen, die § 116 Satz 1 Nr. 2 ZPO an die Gewährung von Prozesskostenhilfe für juristische Personen stellt, müssen zusätzlich die objektiven Voraussetzungen des § 114 Abs. 1 Satz 1 a.E., Abs. 2 ZPO geprüft werden, auf die in § 116 Satz 2 ZPO verwiesen wird. Hiernach muss die beabsichtigte Rechtsverfolgung oder Rechtsverteidigung hinreichende Aussicht auf Erfolg bieten und darf nicht mutwillig erscheinen. Erst bei kumulativem Vorliegen aller Voraussetzungen kommt die Bewilligung von Prozesskostenhilfe an Stiftungen in Betracht.

a) Hinreichende Aussicht auf Erfolg der beabsichtigten Rechtsverfolgung/ Rechtsverteidigung

Zunächst muss die beabsichtigte Rechtsverfolgung bzw. Rechtsverteidigung der Stiftung hinreichende Aussicht auf Erfolg bieten, §§ 116 Satz 2, 114 Abs. 1 Satz 1 a.E. ZPO. Diese Aussicht ist anhand der Rechtslage und der tatsächlichen Voraussetzungen aufgrund der Angaben des Antragstellers (vgl. § 118 Abs. 2 Satz 1 ZPO) und der Stellungnahme des Gegners (§ 118 Abs. 1 ZPO) durch das Gericht zu prüfen.[357] Das Gericht muss den Rechtsstandpunkt des Prozesskostenhilfeantragstellers für vertretbar halten.[358] Es gilt jedoch, dass das Prozesskostenhilfeverfahren das Hauptsacheverfahren nicht vorwegnehmen darf, sodass nur eine summarische Prüfung der Erfolgsaussichten grundsätzlich ohne Beweisaufnahme vorzunehmen ist.[359] Dem Umstand, dass das Prozesskostenhilfeverfahren den Rechtsstreit nicht selbst durchführen, sondern erst ermöglichen soll, trägt der Gesetzgeber dadurch Rechnung, dass die Gewährung von Prozesskostenhilfe bereits bei hinreichender Erfolgsaussicht des beabsichtigten Rechtsstreits in Betracht kommt, ohne dass der Prozesserfolg gewiss sein muss.[360]

---

357 *Musielak/Voit*, Grundkurs ZPO, Rn. 33; *Rosenberg/Schwab/Gottwald*, Zivilprozessrecht, § 87 Rn. 33; *Zempel*, in: Prütting/Gehrlein, ZPO, § 114 Rn. 22; vgl. *Stackmann*, JuS 2006, 233, 235.

358 *Regierer/Ruhlmann*, DIE STIFTUNG 6/2016, 22, 23; *Rosenberg/Schwab/Gottwald*, Zivilprozessrecht, § 87 Rn. 32; *Zempel*, in: Prütting/Gehrlein, ZPO, § 114 Rn. 22.

359 *Regierer/Ruhlmann*, DIE STIFTUNG 6/2016, 22, 23; *Rosenberg/Schwab/Gottwald*, Zivilprozessrecht, § 87 Rn. 32; *Stackmann*, JuS 2006, 233, 235; *Wache*, in: MüKo-ZPO, § 114 Rn. 1.

360 BVerfGE 81, 347, 357 = NJW 1991, 413; *Wache*, in: MüKo-ZPO, § 114 Rn. 1.

b) Keine Mutwilligkeit

§ 116 Satz 2 ZPO verweist über § 114 Abs. 1 Satz 1 a.E. ZPO zudem auf das Erfordernis fehlender Mutwilligkeit bei der beabsichtigten Prozessführung der Stiftung. Für deren Beurteilung findet sich in § 114 Abs. 2 ZPO eine Legaldefinition, die mit Wirkung zum 1. Januar 2014 durch das „Gesetz zur Änderung des Prozesskostenhilfe- und Beratungshilferechts" vom 31. August 2013[361] in die ZPO eingefügt wurde. Danach ist eine Rechtsverfolgung oder Rechtsverteidigung mutwillig, wenn eine Partei, die keine Prozesskostenhilfe beansprucht, bei verständiger Würdigung aller Umstände von der Rechtsverfolgung oder -verteidigung absehen würde, obwohl eine hinreichende Aussicht auf Erfolg besteht. Mit dem Vergleichsmaßstab einer selbstzahlenden Partei, die ihre Prozessaussichten vernünftig abwägt und dabei auch das Kostenrisiko berücksichtigt, soll verhindert werden, dass der Staat einen Prozess finanzieren muss, der nicht von sachlichen Erwägungen getragen wird.[362] Verfassungsrechtlich geboten ist keine vollständige Gleichstellung Bemittelter und Unbemittelter, sondern nur eine weitgehende Angleichung dergestalt, dass einem Unbemittelten die Möglichkeiten eines verständigen Bemittelten eingeräumt werden.[363] Das Tatbestandsmerkmal der Mutwilligkeit soll deshalb auch gewährleisten, dass dieser Rahmen der Prozesskostenhilfe im Einzelfall nicht überschritten wird.[364] Eine Mutwilligkeit ist jedoch grundsätzlich nicht schon bei Rechtsstreitigkeiten um geringe Beträge wegen ihres niedrigen Streitwerts anzunehmen.[365]

c) Zwischenergebnis

Begehrt eine Stiftung Prozesskostenhilfe, hat sie nicht nur die Voraussetzungen des § 116 Satz 1 Nr. 2 ZPO zu erfüllen, sondern es ist darüber hinaus zu prüfen, ob die beabsichtigte Prozessführung hinreichende Aussicht auf Erfolg bietet und nicht mutwillig erscheint. Die dargestellten Grundsätze gelten wegen ihres gemeinsamen normativen Anknüpfungspunkts in § 114 Abs. 1 Satz 1 a.E., Abs. 2 ZPO sowohl für natürlich als auch für juristische Personen kraft Verweises in § 116 Satz 2 ZPO, womit für Stiftungen keine Besonderheiten zu berücksichtigen sind.

---

361 BGBl. I S. 3533.

362 Vgl. BT-Drs. 17/11472, 29; BGH NZI 2018, 581, 583 Rn. 21.

363 BVerfGE 81, 347, 357 = NJW 1991, 413; *Seiler*, in: Thomas/Putzo, ZPO, § 114 Rn. 1; *Wache*, in: MüKo-ZPO, § 114 Rn. 1; *Zempel*, in: Prütting/Gehrlein, ZPO, § 114 Rn. 2.

364 BT-Drs. 17/11472, 29.

365 BT-Drs. 17/11472, 29.

III. Gesamtergebnis

Insgesamt bleibt festzuhalten: Im Vorfeld einer Prozessführung sollte seitens des Stiftungsvorstands immer an die Möglichkeit einer Bewilligung von Prozesskostenhilfe gedacht werden. Im Rahmen der Prüfung des einschlägigen § 116 Satz 1 Nr. 2 ZPO ist jedoch nach Besonderheiten des Stiftungsrechts zu fragen. Es wurde gezeigt, dass grundsätzlich alle Vermögenswerte der Stiftung zur Finanzierung des Prozesses einzusetzen sind. Daran ändern auch der stiftungsrechtliche Vermögenserhaltungsgrundsatz, der nur die Stiftung selbst bindet, und das Mittelverwendungsgebot nichts. Vermögensrechtliche Interessen, die die Vorstandsmitglieder zu wirtschaftlich Beteiligten machen, ergeben sich für den Stiftungsvorstand nicht bereits aus seiner satzungsmäßigen Pflicht zur ordnungsgemäßen Verwaltung des Stiftungsvermögens. Überhaupt ist es der Struktur der Stiftung geschuldet, dass während ihres Bestehens eine solche wirtschaftliche Beteiligung, die die Gewährung von Prozesskostenhilfe ausschließt, nur in seltenen Fällen in Betracht kommen wird. Andererseits ist die Bewilligung der Prozesskostenhilfe wegen des eng auszulegenden Tatbestandsmerkmals der allgemeinen Interessen nicht jedem Streitgegenstand zugänglich. Deshalb hat die Stiftung im Einzelfall darzulegen und auf Verlangen des Gerichts glaubhaft zu machen, dass sie ohne Durchführung des Prozesses an der Erfüllung ihrer der Allgemeinheit dienenden Aufgaben gehindert sein würde. Wie ausgeführt, ergibt sich dies nicht bereits aus dem Hinweis auf die Gemeinnützigkeit der Stiftung. Schließlich ist zu berücksichtigen, dass neben den Voraussetzungen des § 116 Satz 1 Nr. 2 ZPO die beabsichtigte Rechtsverfolgung oder Rechtsverteidigung auch hinreichende Aussicht auf Erfolg bieten muss und nicht mutwillig erscheinen darf (§§ 116 Satz 2, 114 Abs. 1 Satz 1 a.E., Abs. 2 ZPO).

§ 2. Besonderer Teil: Gerichtliche Klärung einzelner Rechtsschutzbegehren im Stiftungsrecht – Klagesituationen und Prozessführungsfragen

A. Rechtswegzuständigkeit: Ordentliche Gerichtsbarkeit

I. Klagearten und einstweiliger Rechtsschutz

Ist der Rechtsweg zu den ordentlichen Gerichten eröffnet, lassen sich stiftungsrechtliche Auseinandersetzungen ebenso wie sonstige gerichtliche Verfahren verschiedenen Klagearten des Zivilprozessrechts zuordnen. Je nach Art des mit dem Klageantrag verfolgten Rechtsschutzbegehrens (vgl. § 253 Abs. 2 Nr. 2 ZPO) sind

Leistungsklagen, Feststellungsklagen und Gestaltungsklagen zu unterscheiden. In Betracht zu ziehen ist zudem die Möglichkeit eines Vorgehens im Wege des einstweiligen Rechtsschutzes.

1. Leistungsklagen

Mit der Leistungsklage will der Kläger den Beklagten zur Erfüllung eines Anspruchs verurteilen lassen.[366] Die im Zuge einer solchen Klage gerichtlich ausgesprochene Verpflichtung des Beklagten ermöglicht die Durchsetzung des Anspruchs im Wege der Zwangsvollstreckung.[367]

Je nach Art des Anspruchs steht dabei entweder die Verurteilung zu einem Tun oder zu einem Unterlassen in Rede. Ansprüche auf Tun können etwa auf eine Geldzahlung, die Abgabe einer Willenserklärung (§ 894 ZPO), die Herausgabe einer Sache (§§ 883 ff. ZPO) oder sonstige Handlungen (§§ 887–889 ZPO) gerichtet sein.[368] Die ebenfalls im Wege der Leistungsklage gerichtlich durchzusetzenden Unterlassungsansprüche (vgl. §§ 890, 892 ZPO) können sich etwa aus § 12 BGB oder aus § 1004 BGB ergeben.[369] Leistungsklagen kommen zudem in Betracht, wenn Streitgegenstand des Prozesses nicht die Erfüllung eines Anspruchs ist, sondern die Klage z.B. auf die Herstellung der ehelichen Lebensgemeinschaft (vgl. § 1353 Abs. 1 BGB), die Leistung von Diensten oder die Duldung der Zwangsvollstreckung in bestimmte Vermögensgegenstände zielt.[370]

2. Feststellungsklagen

Die in § 256 ZPO geregelte Feststellungsklage ist statthaft, wenn der Kläger nicht die Erfüllung eines Anspruchs, sondern die Feststellung des Bestehens oder Nicht-

---

366 *Anders*, in: Anders/Gehle, ZPO, Vor § 253 Rn. 8; *Roth*, in: Stein/Jonas, ZPO, Vor § 253 Rn. 74; *Seiler*, in: Thomas/Putzo, ZPO, Vorb § 253 Rn. 3.

367 *Anders*, in: Anders/Gehle, ZPO, Vor § 253 Rn. 8; *Musielak/Voit*, Grundkurs ZPO, 131; *Roth*, in: Stein/Jonas, ZPO, Vor § 253 Rn. 74; *Seiler*, in: Thomas/Putzo, ZPO, Vorb § 253 Rn. 3.

368 *Anders*, in: Anders/Gehle, ZPO, Vor § 253 Rn. 8; *Foerste*, in: Musielak/Voit, ZPO, Vor § 253 Rn. 14; *Roth*, in: Stein/Jonas, ZPO, Vor § 253 Rn. 75; *Seiler*, in: Thomas/Putzo, ZPO, Vorb § 253 Rn. 3.

369 *Foerste*, in: Musielak/Voit, ZPO, Vor § 253 Rn. 14; *Roth*, in: Stein/Jonas, ZPO, Vor § 253 Rn. 76.

370 *Anders*, in: Anders/Gehle, ZPO, Vor § 253 Rn. 8; *Foerste*, in: Musielak/Voit, ZPO, Vor § 253 Rn. 14; *Roth*, in: Stein/Jonas, ZPO, Vor § 253 Rn. 80; *Seiler*, in: Thomas/Putzo, ZPO, Vorb § 253 Rn. 3.

bestehens eines Rechtsverhältnisses bzw. der Echtheit oder Unechtheit einer Urkunde begehrt.[371]

Das in § 256 Abs. 1 ZPO als Streitgegenstand einer Feststellungsklage vorausgesetzte Rechtsverhältnis ist die aus einem vorgetragenen Sachverhalt abgeleitete rechtliche Beziehung einer Person zu einer anderen Person oder zu einem Gegenstand.[372] Feststellungsfähig[373] sind grundsätzlich subjektive Rechte aller Art, darunter relative Rechte, insbesondere Gestaltungsrechte, Ansprüche aus vertraglichen oder gesetzlichen Schuldverhältnissen, aus Herrschaftsverhältnissen sowie aus familienrechtlichen Rechtsverhältnissen, absolute Rechte, wie das Eigentum, oder beschränkt dingliche Rechte, etwa Nutzungs-, Verwertungs- oder Erwerbsrechte. Die Feststellungsfähigkeit ist ebenfalls zu bejahen bei Schuldverhältnissen im weiteren Sinne, zu denen schuldrechtliche Vertragsverhältnisse gehören können, darunter Kauf-, Miet- oder Werkverträge. Die Statthaftigkeit einer Feststellungsklage ist hingegen dann zu verneinen, wenn Gegenstand des gerichtlichen Verfahrens kein Rechtsverhältnis als solches ist, sondern wenn ein bloßes Element oder die Vorfrage eines Rechtsverhältnisses, wie eine tatbestandliche Voraussetzung, einer gerichtlichen Feststellung zugeführt werden soll.[374]

---

371 Je nachdem, ob das Bestehen des Rechtsverhältnisses bzw. die Echtheit einer Urkunde vom Kläger behauptet oder negiert wird, lassen sich positive Feststellungsklagen und negative Feststellungsklagen unterscheiden, *Becker-Eberhard*, in: MüKo-ZPO, § 256 Rn. 9.

372 S. nur BGHZ 5, 385, 387 = NJW 1952, 780; BGHZ 22, 43, 37 = NJW 1957, 21; BGHZ 99, 344, 356 = NJW 1987, 2364; *Anders*, in: Anders/Gehle, ZPO, § 256 Rn. 13; *Becker-Eberhard*, in: MüKo-ZPO, § 256 Rn. 10; *Geisler*, in: Prütting/Gehrlein, ZPO, § 256 Rn. 3; *Seiler*, in: Thomas/Putzo, ZPO, § 256 Rn. 5.

373 Zur umfangreichen Kasuistik feststellungsfähiger Rechtsverhältnisse, s. nur *Anders*, in: Anders/Gehle, ZPO, § 256 Rn. 64 ff.; *Becker-Eberhard*, in: MüKo-ZPO, § 256 Rn. 11 ff; *Roth*, in: Stein/Jonas, ZPO, § 256 Rn. 23 ff. – Im stiftungsrechtlichen Kontext ist die Erhebung einer Feststellungsklage etwa dann statthaft, wenn ein Vorstandsmitglied die Feststellung seiner wirksamen organschaftlichen Bestellung begehrt.

374 Allgemein BGHZ 68, 331, 332 = NJW 1977, 1288; BGHZ 191, 354, 357 Rn. 14 = NZG 2012, 222; exemplarisch nur BGH NJW 2000, 2280, 2281, zur fehlenden Feststellungsfähigkeit des Schuldnerverzugs; OLG Frankfurt a.M. NJW-RR 2006, 405, zur fehlenden Feststellungsfähigkeit der Nichtigkeit einer Vertragsbestimmung; s. *Roth*, in: Stein/Jonas, ZPO, § 256 Rn. 27 ff., m. umfangreichen Rechtsprechungsnachweisen. Aus der Lit. *Anders*, in: Anders/Gehle, ZPO, § 256 Rn. 15; *Geisler*, in: Prütting/Gehrlein, ZPO, § 256 Rn. 9; *Seiler*, in: Thomas/Putzo, ZPO, § 256 Rn. 10. Die nicht statthafte Feststellungsklage ist durch Prozessurteil als unzulässig abzuweisen.

Selbiges gilt für die Wirksamkeit von Willenserklärungen oder die Rechtswidrigkeit eines Verhaltens.[375]

In gewissen Konstellationen sollen sich allerdings für ein Rechtsverhältnis bedeutsame Umstände zu eigenständigen Rechtsverhältnissen verdichten lassen, sodass sie ebenfalls Gegenstand einer Feststellungsklage sein können. Angesichts damit verbundener Abgrenzungsschwierigkeiten von Festellungs- und Nichtfeststellungsfähigkeit plädieren Stimmen in der Literatur für ein weites Begriffsverständnis des Rechtsverhältnisses, um die Statthaftigkeit einer Feststellungsklage bejahen zu können.[376] Dies überzeugt aus Zweckmäßigkeitserwägungen im Sinne eines lückenlosen gerichtlichen Rechtsschutzes.[377]

Zulässig ist eine Feststellungsklage darüber hinaus nur, wenn der Kläger ein Feststellungsinteresse hat. Dieses als weitere Sachentscheidungsvoraussetzung ausgestaltete besondere Rechtsschutzbedürfnis[378] kann grundsätzlich nur dann bejahrt werden, wenn dem Recht oder der Rechtslage des Klägers eine gegenwärtige Gefahr der Unsicherheit droht und das Feststellungsurteil geeignet ist, diese Gefahr zu beseitigen.[379] Die Definition erhellt, dass rein wirtschaftliche, wissenschaftliche oder sonstige ideelle Interessen nicht genügen,[380] sondern das Feststellungsinteresse i.S.d. § 256 Abs. 1 ZPO als rechtliches Interesse an der baldigen Feststellung verstanden werden muss. Ein solches Interesse kommt aber regelmäßig dann nicht in Betracht, wenn der Kläger das mit der Feststellungsklage

---

375 BGHZ 68, 331, 332 = NJW 1977, 1288, zu Unzulässigkeit der Feststellung der Rechtswidrigkeit einer Persönlichkeitsverletzung; BGHZ 109, 306, 308 = NJW 1990, 911, zur Unzulässigkeit der Feststellung der Wirksamkeit bzw. Unwirksamkeit einer Willenserklärung; BGH NJW 2000, 2280, 2281; s. *Roth*, in: Stein/Jonas, ZPO, § 256 Rn. 27, m. weiteren Rechtsprechungsnachweisen. Aus der Lit. *Geisler*, in: Prütting/Gehrlein, ZPO, § 256 Rn. 9.

376 *Becker-Eberhard*, in: MüKo-ZPO, § 256 Rn. 27; *Roth*, in: Stein/Jonas, ZPO, § 256 Rn. 27a.

377 Ebenso *Becker-Eberhard*, in: MüKo-ZPO, § 256 Rn. 27.

378 *Becker-Eberhard*, in: MüKo-ZPO, § 256 Rn. 37; *Roth*, in: Stein/Jonas, ZPO, § 256 Rn. 43.

379 Aus der st. Rspr. nur BGHZ 69, 144, 147 = NJW 1977, 1881; ferner *Anders*, in: Anders/Gehle, ZPO, § 256 Rn. 30; *Becker-Eberhard*, in: MüKo-ZPO, § 256 Rn. 39; *Foerste*, in: Musielak/Voit, ZPO, § 256 Rn. 8; *Geisler*, in: Prütting/Gehrlein, ZPO, § 256 Rn. 12; *Greger*, in: Zöller, ZPO, § 256 Rn. 12 ff.; *Roth*, in: Stein/Jonas, ZPO, § 256 Rn. 45; *Seiler*, in: Thomas/Putzo, ZPO, § 256 Rn. 13.

380 Allg. Ansicht, s. nur *Becker-Eberhard*, in: MüKo-ZPO, § 256 Rn. 39.

verfolgte Ziel durch eine Leistungsklage erreichen kann.[381] Da Feststellungsurteile über das Bestehen eines Rechts oder einer Rechtslage mangels Vollstreckbarkeit nicht zur Befriedigung hinsichtlich dieses Rechts führen, müsste der Kläger nach einem Feststellungsurteil erneut auf Erfüllung des Anspruchs klagen.[382] Deshalb ist er grundsätzlich gehalten, eine sofortige Leistungsklage zu erheben, falls der Kläger sein Leistungsziel genau benennen und deshalb auf Leistung oder Unterlassung klagen kann.[383] Die Verurteilung des Beklagten zu einem Tun oder Unterlassen enthält dann inzident die Feststellung, dass dem Kläger ein entsprechendes Recht zusteht.[384]

3. *Gestaltungsklagen*

Mit der Gestaltungsklage wird die Gestaltung, also eine Begründung oder Änderung eines Rechtsverhältnisses durch Urteil, verfolgt.[385] Konstellationen, in denen diese Einwirkung nur durch einen Richterspruch möglich ist, betreffen z.B. die Aufhebung (§ 1313 BGB) oder Scheidung der Ehe (§ 1564 BGB) auf Antrag bzw. auf Antrag eines oder beider Ehegatten, die Vaterschaftsanfechtung (§ 1599 Abs. 1 BGB) oder die Bestimmung einer Leistung, wenn diese durch einen der Vertragschließenden nicht nach billigem Ermessen getroffen wurde (§ 315 Abs. 3 Satz 2 Hs. 1 BGB).[386]

Die Gestaltungswirkung tritt mit der formellen Rechtskraft des Urteils für und gegen alle ein, sodass es keiner weiteren Vollstreckung bedarf.[387]

---

381 BGH NJW 1996, 453; *Anders*, in: Anders/Gehle, ZPO, § 256 Rn. 41; *Musielak/Voit*, Grundkurs ZPO, 130; *Roth*, in: Stein/Jonas, ZPO, § 256 Rn. 64; *Seiler*, in: Thomas/Putzo, ZPO, § 256 Rn. 18.

382 *Musielak/Voit*, Grundkurs ZPO, 131.

383 Eine generelle Subsidiarität der Feststellungs- gegenüber der Leistungsklage besteht nicht, sodass trotz der Möglichkeit zur Erhebung einer Leistungsklage die Feststellungsklage nicht als unzulässig abgewiesen werden darf, wenn die Durchführung des Feststellungsverfahrens unter dem Gesichtspunkt der Prozesswirtschaftlichkeit zu einer sinnvollen und sachgemäßen Erledigung der strittigen Punkte führt, *Anders*, in: Anders/Gehle, ZPO, § 256 Rn. 41; *Becker-Eberhard*, in: MüKo-ZPO, § 256 Rn. 55.

384 *Musielak/Voit*, Grundkurs ZPO, 131.

385 *Foerste*, in: Musielak/Voit, ZPO, Vor § 253 Rn. 17; *Seiler*, in: Thomas/Putzo, ZPO, Vorb § 253 Rn. 5.

386 S. für weitere Beispiele die Aufzählungen bei *Anders*, in: Anders/Gehle, ZPO, Vor § 253 Rn. 11; *Foerste*, in: Musielak/Voit, ZPO, Vor § 253 Rn. 17; *Roth*, in: Stein/Jonas, ZPO, Vor § 253 Rn. 92 ff.

387 *Foerste*, in: Musielak/Voit, ZPO, Vor § 253 Rn. 17; *Seiler*, in: Thomas/Putzo, ZPO, Vorb § 253 Rn. 6.

4. *Einstweiliger Rechtsschutz*

In gerichtlichen Auseinandersetzungen um stiftungsrechtliche Streitgegenstände kommt ebenso ein Vorgehen im Wege des einstweiligen Rechtsschutzes (§§ 916 ff. ZPO) in Betracht. Nach allgemeinen Grundsätzen ist das zwecks Sicherung der Rechtsverwirklichung in Betracht zu ziehen, wenn andernfalls die Realisierung eines Anspruchs in der Zeit bis zum Ergehen eines vollstreckungsfähigen Titels vereitelt oder erheblich beeinträchtigt werden könnte.[388]

Einstweiliger Rechtsschutz kann im Zivilprozessrecht zum einen in Form des Arrests (§§ 916–934 ZPO), zum anderen in Form der einstweiligen Verfügung (§§ 935, 940 ZPO) begehrt werden.

Die Erwirkung eines Arrests dient der Sicherung von Geldforderungen oder Forderungen, die in eine Geldforderung übergehen können, und setzt neben dem Bestehen eines entsprechenden materiell-rechtlichen Anspruchs (sog. Arrestanspruch, § 916 ZPO) zusätzlich das Vorliegen eines Arrestgrundes voraus, dessen Voraussetzungen danach divergieren, ob es sich um einen dinglichen Arrest (§ 917 ZPO) oder um einen persönlichen Arrest (§ 918 ZPO) handelt. Zur Erwirkung eines Arrests ist ein Arrestprozess in Form eines summarischen Erkenntnisverfahrens durchzuführen.[389]

Ein Vorgehen im Wege der einstweiligen Verfügung kommt hingegen für die Realisierung anderweitiger, nicht bereits vom Arrest erfasster Ansprüche in Betracht.[390] Der Erlass einer einstweiligen Verfügung setzt neben dem Bestehen eines entsprechenden Verfügungsanspruchs einen Verfügungsgrund voraus, wobei die jeweiligen Voraussetzungen nach Art der einstweiligen Verfügung variieren: Bei der Sicherungsverfügung (§ 935 ZPO) steht die Sicherung nicht auf Geld gerichteter Ansprüche vor einer Veränderung des bestehenden Zustands im Vordergrund, bei der Regelungsverfügung i.S.d. § 940 ZPO die Regelung eines einstweiligen Zustands in Bezug auf ein streitiges Rechtsverhältnis etwa zur Abwendung wesentlicher Nachteile. In seltenen Fällen kommt zudem eine Leistungsverfügung in Betracht, mit dem der Verfügungskläger bereits im Verfügungsverfahren hinsichtlich seines Anspruchs eine Befriedigung erwirken kann. Da die gerichtliche Klärung des Be-

---

388 S. dazu nur *Becker*, in: Anders/Gehle, ZPO, Vor § 916 Rn. 3; *Fischer*, in: Prütting/Gehrlein, ZPO, § 916 Rn. 1; *Musielak/Voit*, Grundkurs ZPO, Rn. 1359.

389 *Becker*, in: Anders/Gehle, ZPO, Vor § 916 Rn. 11; *Fischer*, in: Prütting/Gehrlein, ZPO, § 916 Rn. 1; *Musielak/Voit*, Grundkurs ZPO, Rn. 1360; *Seiler*, in: Thomas/Putzo, Vorb § 916 Rn. 4.

390 S. im stiftungsrechtlichen Kontext etwa OLG Koblenz NZG 2002, 135, in dessen Verfahren mittels einstweiliger Verfügung der Eintritt der Rechtsgültigkeit einer Stiftungsauflösung dadurch verhindert werden sollte, dass der Antrag auf Genehmigung bei der zuständigen Stiftungsaufsichtsbehörde weiter betrieben wird.

stehens derartiger Ansprüche grundsätzlich dem Hauptsacheverfahren vorbehalten bleiben soll, sind zur Betonung des Ausnahmecharakters der Leistungsverfügung an den Verfügungsgrund richtigerweise strenge Anforderungen zu stellen.[391]

II. Einzelne Rechtsschutzbegehren

1. Inanspruchnahme von Rechtsschutz

Die in Art. 19 Abs. 4 GG verfassungsrechtlich verankerte Rechtsschutzgarantie knüpft die Gewährleistung effektiven Rechtsschutzes an die individuelle Rechtsbetroffenheit des Rechtsschutzsuchenden.[392] Dass nicht jeder nach Belieben eigene oder fremde Rechte einklagen kann, sondern ein gerichtliches Vorgehen grundsätzlich nur bei einer Betroffenheit in eigenen, subjektiven Rechten möglich ist, dient der Verhinderung zivilprozessual atypischer Popularklagen.

Im Mittelpunkt einer Darstellung des stiftungsrechtlichen Rechtsschutzsystems muss daher die Frage nach den Möglichkeiten einer solchen individuellen Rechtsbetroffenheit der Stiftungsbeteiligten stehen. Abzugrenzen ist zudem die aktive und passive Prozessführungsbefugnis.

a) Bestehen eines Klagerechts

Den vorstehend skizzierten Überlegungen zur eigenen Rechtsbetroffenheit folgend ist in Verfahren vor den Zivilgerichten grundsätzlich nach einem Klagerecht der Stiftungsbeteiligten zu fragen.[393] Fehlt das Klagerecht, weil es nach der materiellen Rechtslage entweder gar nicht besteht bzw. nicht dem Kläger zusteht oder sich nicht gegen den richtigen Beklagten richtet, ist die darauf gestützte

---

391 *Musielak/Voit*, Grundkurs ZPO, Rn. 1373.

392 *Sachs*, in: Sachs, GG, Art. 19 Rn. 126 ff.

393 Mit dem häufig synonym verwendeten Begriff der Klagebefugnis (s. nur bei *G. Roth*, in: MHdB GesR VII, § 96 Rn. 17, der den Begriff der Klagebefugnis in seinem weiteren, prozessualen wie materiell-rechtlichen Sinn gebrauchen will) ist in zivilprozessualen Verfahren letztlich nichts anderes als eine Sachlegitimation bzw. Sachbefugnis im Sinne eines Klagerechts gemeint (so explizit BGHZ 99, 344, 347 = NJW 1987, 2364; *Jakob/Picht/Kopp*, in: BeckOGK-BGB, Stand: 01.12.2023, § 83 Rn. 54; ähnlich OLG Hamm NZG 2022, 676, 677 Rn. 38 f.: Sachbefugnis als Frage der Aktivlegitimation). Da die Klagebefugnis jedoch eher eine Begrifflichkeit des Verwaltungsprozessrechts ist (vgl. § 42 Abs. 2 VwGO; dazu unter Teil 2.§ 2.B.II.1.a)), ist deren Verwendung im Zivilprozessrecht ungenau und sollte unterbleiben (ähnlich *Musielak/Voit*, Grundkurs ZPO, Rn. 244).

Klage mangels bestehender Aktiv- oder Passivlegitimation[394] durch Sachurteil als unbegründet abzuweisen.

Je nach Klageart variiert der rechtliche Anknüpfungspunkt für das geltend zu machende Klagerecht: So ist etwa bei einer Leistungsklage das Klagerecht der Anspruch, dessen Erfüllung durch Tun oder Unterlassen angestrebt wird. Knüpft die Feststellungklage an ein feststellungsfähiges Rechtsverhältnis an, muss ein Klagerecht in Form eines bestehenden oder nicht bestehenden Rechtsverhältnisses vorliegen. Hierbei gilt es jedoch, ein mögliches extensives Verständnis des Begriffs des Rechtsverhältnisses angemessen rechtlich zu würdigen. Bejaht man eine weite Auslegung, wird im Rahmen einer Feststellungsklage regelmäßig ein Klagerecht anzunehmen sein, obwohl für sich genommen kein subjektiv-privater Rechtsbezug gegeben ist, sodass die Betonung der individuellen Betroffenheit verwässert zu werden droht. Einer Ausuferung der Klagemöglichkeiten ist deshalb durch eine Verlagerung des Erfordernisses eigener Rechtsbetroffenheit auf die Sachentscheidungsvoraussetzung des Feststellungsinteresses Rechnung zu tragen.[395] Fehlt das Feststellungsinteresse und scheidet deshalb eine Rechtsbetroffenheit aus, ist in diesen Fällen die Feststellungsklage bereits unzulässig.[396]

b) Prozessführungsbefugnis

Vom Klagerecht ist die Frage nach dem Bestehen der Prozessführungsbefugnis zu unterscheiden.[397] Als Prozessführungsbefugnis wird das Recht bezeichnet, über das durch Klage geltend gemachte Recht im eigenen Namen einen Rechtsstreit als Kläger (aktive Prozessführungsbefugnis) oder Beklagter (passive Prozessführungsbefugnis) zu führen.[398]

---

394 Wird im Fortgang dieser Arbeit die Beklagteneigenschaft untersucht, ist somit stets die Frage der Passivlegitimation angesprochen, nicht die passive Prozessführungsbefugnis des Klagegegners.

395 *Becker-Eberhard*, in: MüKo-ZPO, § 256 Rn. 27, der ebenfalls für eine sachgerechte Handhabung des Erfordernisses des Feststellungsinteresses plädiert.

396 *Anders*, in: Anders/Gehle, ZPO, § 256 Rn. 28; *Jakob/Picht/Kopp*, in: BeckOGK-BGB, Stand: 01.12.2023, § 83 Rn. 54; *Roth*, in: Stein/Jonas, ZPO, § 256 Rn. 44.

397 BGHZ 99, 344, 347 = NJW 1987, 2364; *Hüßtege*, in: Thomas/Putzo, ZPO, § 51 Rn. 20; *Jacoby*, in: Stein/Jonas, ZPO, Vor § 50 Rn. 27; *Jakob/Picht/Kopp*, in: BeckOGK-BGB, Stand: 01.12.2023, § 83 Rn. 54; *Vogt-Beheim*, in: Anders/Gehle, ZPO, Vor § 50 Rn. 29.

398 *Anders*, in: Anders/Gehle, ZPO, Vor § 253 Rn. 32; *Gehrlein*, in: Prütting/Gehrlein, ZPO, § 50 Rn. 33; *Hüßtege*, in: Thomas/Putzo, ZPO, § 51 Rn. 20; *Jacoby*, in: Stein/Jonas, ZPO, Vor § 50 Rn. 27; *Musielak/Voit*, Grundkurs ZPO, Rn. 244.

In den Konstellationen, in denen ein behauptetes eigenes Klagerecht gerichtlich durchgesetzt werden soll, ist die Prozessführungsbefugnis in jedem Fall gegeben.[399] In Fortwirkung des Ausschlusses von Popularklagen durch die Festlegung der richtigen Parteien kann die Prozessführungsbefugnis jedoch zweifelhaft sein, wenn der Kläger nicht über ein behauptetes eigenes, sondern über ein fremdes Recht im eigenen Namen einen Prozess führen will. Da grundsätzlich niemand ohne eine besondere Befugnis fremde Rechte prozessual durchsetzen können soll, ist eine Prozessführungsbefugnis nur dann zu bejahen, wenn die Voraussetzungen eines prozessstandschaftlichen Vorgehens gegeben sind. Entsprechend ihrem Rechtsgrund entweder in einer Ermächtigung des Rechtsträgers oder in einer gesetzlichen Regelung, lässt sich die gewillkürte von der gesetzlichen Prozessstandschaft unterscheiden. Eine gewillkürte Prozessstandschaft kommt in Betracht, wenn ein schutzwürdiges Interesse an der Geltendmachung des fremden Rechts im eignen Namen gegeben ist, weil durch die Entscheidung des Prozesses die eigene Rechtslage des Klägers beeinflusst wird.[400] Gesetzlich geregelte Fälle einer Prozessstandschaft finden sich etwa in den familienrechtlichen Vorschriften der § 1368 BGB und § 1422 BGB.

Fehlt die Prozessführungsbefugnis, ist eine gleichwohl erhobene Klage nicht unbegründet, sondern bereits unzulässig. Es handelt sich bei der Befugnis, über das durch Klage geltend gemachte Recht im eigenen Namen einen Rechtsstreit zu führen, mithin um eine Sachentscheidungsvoraussetzung.[401]

2. *Gerichtliche Verfahren rund um die verfassungsmäßig begründeten Rechte und Pflichten*

a) Streitgegenstand: Geltendmachung eines Anspruchs auf Stiftungsleistung

Denkbar ist auch, dass um das Recht auf Stiftungsleistung prozessiert wird. Bevor untersucht wird, wie dies klageweise durchgesetzt werden kann, ist zunächst

---

399 *Anders*, in: Anders/Gehle, ZPO, Vor § 253 Rn. 32; *Gehrlein*, in: Prütting/Gehrlein, ZPO, § 50 Rn. 33; *Hüßtege*, in: Thomas/Putzo, ZPO, § 51 Rn. 21; *Jacoby*, in: Stein/Jonas, ZPO, Vor § 50 Rn. 28.

400 BGH NJW-RR 1988, 127; *Gehrlein*, in: Prütting/Gehrlein, ZPO, § 50 Rn. 42; *Hüßtege*, in: Thomas/Putzo, ZPO, § 51 Rn. 34; *Jacoby*, in: Stein/Jonas, ZPO, Vor § 50 Rn. 50, jeweils mit Beispielen aus der Rechtsprechung, in denen ein schutzwürdiges Interesse bejaht wurde.

401 BGHZ 99, 344, 347 = NJW 1987, 2364; BGHZ 100, 217, 219 = NJW 1987, 2018; *Anders*, in: Anders/Gehle, ZPO, Vor § 253 Rn. 32; *Gehrlein*, in: Prütting/Gehrlein, ZPO, § 50 Rn. 33; *Hüßtege*, in: Thomas/Putzo, ZPO, § 51 Rn. 22; *Jacoby*, in: Stein/Jonas, ZPO, Vor § 50 Rn. 29.

zu klären, wem ein solcher Anspruch nach materiellem Recht wann überhaupt zusteht.

aa) Sachbefugnis: Materiell-rechtliche Grundlagen

Ein Anspruch auf Stiftungsleistungen steht grundsätzlich nicht jedem außerhalb der Stiftung stehenden Dritten, sondern prinzipiell nur den Destinatären als den Begünstigten des Stiftungsvermögens zu.[402]

Für die Rechtsbeziehung der Stiftung zu den Destinatären wie für deren sonstige Rechtsverhältnisse bestimmt § 83 Abs. 1 BGB, dass sich diese nach den bundes- und landesgesetzlichen Bestimmungen des Stiftungsrechts und den Vorgaben des Stifters aus dem Stiftungsgeschäft und insbesondere der Satzung richten.

Hinsichtlich der Ansprüche von Destinatären auf Stiftungsleistungen finden sich keine gesetzlichen Bestimmungen im BGB oder in den Landesstiftungsgesetzen, die eine Anspruchsgrundlage für den Erhalt der Stiftungsnutzungen bieten. Da es bei der Ausgestaltung der Rechtsstellung der Stiftungsbegünstigten um eine Kernfrage der Stifterfreiheit geht, erscheint es sachgerecht, dass es keine gesetzlich an festgelegte Voraussetzungen geknüpften Ansprüche auf Stiftungsleistungen geben kann. Dass es dadurch an einer Bestimmung mangelt, die den Stifter zur Schaffung derartiger Ansprüche ermächtigt, stellt deren freie Regelungsmöglichkeit nicht in Zweifel.[403]

---

402 Die folgenden Ausführungen betreffen in erster Linie Individualdestinatäre (Begriff nach *Muscheler*, WM 2003, 2213), denen nach Art der Zweckverwirklichung überhaupt ein individueller Leistungsanspruch gegen die Stiftung zustehen kann.

403 BGH NJW 1957, 708; BGHZ 99, 344, 351 f. = NJW 1987, 2364; BGHZ 213, 179, 186 Rn. 22 = NZG 2017, 268; *Fritsche*, ZSt 2003, 113; *Hörmann*, in: Werner/Saenger/Fischer, Die Stiftung, § 21 Rn. 72; *Hof*, in: Stiftungsrecht in Europa, 313 f.; *Schwarz van Berk/Fischer*, in: MHdB GesR V, § 101 Rn. 54; grundsätzlich zu der Frage, ob durch Satzungsbestimmungen Ansprüche der Destinatäre begründet werden können, *Klinger*, Klagerecht des Stiftungsinteressenten, 24 ff.; vgl. *Jakob*, Schutz der Stiftung, 168. Dabei handelt es sich für das BGB um eine bewusste Entscheidung des Gesetzgebers, Protokolle, BGB, Band I, 596 ff.: „Der Satz, daß durch das Stiftungsgeschäft Rechte Dritter bezüglich der Verwaltung und des Genusses des Stiftungsvermögens begründet werden können, bedürfe einer besonderen gesetzlichen Anerkennung nicht. Wenn es sich auch vielleicht theoretisch bezweifeln lasse, ob der Satz aus den Vorschriften über Verträge zu Gunsten Dritter auf dem Wege der Analogie abgeleitet werden könne, so sei doch die Praxis über die Möglichkeit solcher Rechte niemals im Zweifel gewesen", 597 f. – Dass die Regelungsmöglichkeit besteht, „Ansprüche auf Stiftungsleistungen" in „der Satzung" begründen zu können (vgl. §§ 86 Nr. 4, 86a Nr. 3, 86c Abs. 1 Satz 2 BGB), wird nach aktueller Rechtslage nunmehr ausdrücklich vorausgesetzt.

Ob ein Destinatär bei der gerichtlichen Geltendmachung des Rechts auf Stiftungsleistungen aktivlegitimiert ist, hängt somit von der Ausgestaltung der Stiftungsverfassung, mithin vom Willen des Stifters ab, wie er sich aus dem Stiftungsgeschäft und insbesondere der Stiftungssatzung ergibt.[404] Dabei kann dieser Wille durch Auslegung zu ermitteln sein.[405]

Danach kann sich der Anspruch eines Destinatärs auf Stiftungsleistungen zum einen unmittelbar aus der Stiftungssatzung ergeben.[406] Dies kommt in Betracht,

---

404 RGZ 100, 230, 234 f.; BGH NJW 1957, 708; BGHZ 99, 344, 351 = NJW 1987, 2364; BGH NZG 2009, 1433, 1434 Rn. 16; BGHZ 213, 179, 188 Rn. 28 = NZG 2017, 268; OLG Hamm NJW-RR 1992, 451, 452; OLG Stuttgart BeckRS 2013, 12706; *Ebersbach*, Stiftungsrecht, 112; *Ellenberger*, in: Grüneberg, BGB, § 83 Rn. 4; *Hörmann*, in: Werner/Saenger/Fischer, Die Stiftung, § 21 Rn. 72; *Hüttemann/Rawert*, in: Staudinger, BGB, § 85 Rn. 41; *Kampermann*, in: Schauhoff/Mehren, Stiftungsrecht, Kap. 5 Rn. 73; *Mehrbrey/Gräler*, in: Mehrbrey, Hd-Buch Ges. Streitigkeiten, § 83 Rn. 3; *Klinger*, Klagerecht des Stiftungsinteressenten, 59; *Muscheler*, WM 2003, 2213, 2214; *Richter*, Rechtsfähige Stiftung, 378; *Stumpf*, in: Stumpf/Suerbaum/Schulte/Pauli, StiftR, B § 85 Rn. 22; *Wiese*, in: Erman, BGB, § 84 Rn. 13; vgl. BFH StiftRspr. II, 142, 144.

405 BGH NJW 1957, 708; BGHZ 213, 179, 188 Rn. 28 = NZG 2017, 268; *Ebersbach*, Stiftungsrecht, 112. Der BGH hat unter Rückgriff auf die Rechtsprechung des RG (in HRR 1929 Nr. 1523) deutlich gemacht, dass die Satzung infolge des Normcharakters ihrer Vorschriften der freien Auslegung durch das Revisionsgericht unterliegt, und sich die revisionsmäßige Nachprüfung der Auslegung deshalb nicht auf die Beachtung der anerkannten Auslegungsgrundsätze durch das Berufungsgericht beschränkt, NJW 1957, 708.

406 BGH NZG 2009, 1433, 1434 Rn. 12; BGHZ 213, 179, 187 Rn. 26 = NZG 2017, 268; OLG Hamm NJW-RR 1992, 451, 452; *Backert*, in: BeckOK-BGB, § 85 Rn. 5; *Blydt-Hansen*, Rechtsstellung der Destinatäre, 96; *Fritsche*, ZSt 2003, 113; *Hörmann*, in: Werner/Saenger/Fischer, Die Stiftung, § 21 Rn. 72; *Hüttemann/Rawert*, in: Staudinger, BGB, § 85 Rn. 38 f.; *Jakob*, Schutz der Stiftung, 168; *Mehrbrey/Gräler*, in: Mehrbrey, Hd-Buch Ges. Streitigkeiten, § 83 Rn. 3; *Muscheler*, in: Andrick/Muscheler/Uffmann, Stiftungsrecht, § 81 BGB Rn. 128; *Schwintek*, Vorstandskontrolle, 292 f.; *Stumpf*, in: Stumpf/Suerbaum/Schulte/Pauli, StiftR, B § 85 Rn. 23; *Weitemeyer*, in: MüKo-BGB, § 85 Rn. 39 f. Dass der Stifter derartige Regelungen in die Satzung aufnehmen kann, ergibt sich, wie bereits angedeutet, aus der auf dem Grundsatz der Privatautonomie fußenden Stifterfreiheit, den Zweck der Stiftung zu bestimmen und die Rechtsstellung der Destinatäre auszugestalten. Zudem lässt sich die Möglichkeit, solche Ansprüche vorzusehen, auch damit begründen, dass die in § 81 Abs. 1 Nr. 1 a)-d) BGB (§ 81 Abs. 1 Satz 3 Nr. 1–5 BGB a.F.) genannten Angaben nur den Mindestinhalt der Satzung regeln, ohne weitergehende Regelungen auszuschließen, *Hörmann*, in: Werner/Saenger/Fischer, Die Stiftung, § 21 Rn. 72; *Hüttemann/Rawert*, in: Staudinger, BGB, § 85 Rn. 37. – Umstritten ist, ob auf satzungsmäßig begründete Destinatärsansprüche

wenn die Satzung für den Kreis der in Frage kommenden Destinatäre bestimmte objektive Merkmale aufstellt, durch deren Erfüllung die Eigenschaft eines Destinatärs unmittelbar erworben wird, ohne dass den Stiftungsorganen die Möglichkeit einer Auswahl gelassen ist, und diese satzungsmäßigen Bedingungen erfüllt sind.[407] Die Destinatärseigenschaft ist in solchen Fällen nach dem Willen des Stifters derart konkretisiert, dass für die Berechtigten unmittelbar ein Anspruch auf Stiftungsleistungen besteht.[408]

Etwas anderes gilt, wenn einem Stiftungsorgan oder einem Dritten die Befugnis eingeräumt wird, die Stiftungsdestinatäre, die in den Genuss der Stiftungsleistungen kommen sollen, aus einem in der Satzung näher umschriebenen Kreis potentiell Begünstigter auszuwählen.[409] In dieser Konstellation besteht kraft Satzung

---

Schenkungsrecht analog anzuwenden ist (so etwa *Muscheler*, WM 2003, 2213, 2216) oder ob es sich um Ansprüche sui generis handelt, deren Rechtsgrund im Stiftungszweck zu erblicken ist (so die wohl h.M., s. nur *Stumpf*, in: Stumpf/Suerbaum/Schulte/Pauli, StiftR, B § 85 Rn. 27; *Weitemeyer*, in: MüKo-BGB, § 85 Rn. 41 f.).

407 BGH NJW 1957, 708; BGHZ 99, 344, 355 = NJW 1987, 2364; BGHZ 213, 179, 188 Rn. 28 = NZG 2017, 268; *Backert*, in: BeckOK-BGB, § 85 Rn. 5; *Ebersbach*, Stiftungsrecht, 112; *Ellenberger*, in: Grüneberg, BGB, § 83 Rn. 4; *Fritsche*, ZSt 2003, 113 f.; *Hof*, in: Stiftungsrecht in Europa, 314; *Hörmann*, in: Werner/Saenger/Fischer, Die Stiftung, § 21 Rn. 78; *Jakob*, Schutz der Stiftung, 173; *Mankowski*, FamRZ 1995, 851, 852; *Muscheler*, in: Andrick/Muscheler/Uffmann, Stiftungsrecht, § 81 BGB Rn. 130; *G. Roth*, in: MHdB GesR VII, § 103 Rn. 24; *Schwarz van Berk/Fischer*, in: MHdB GesR V, § 101 Rn. 54; *Schwintek*, Vorstandskontrolle, 293; *Stumpf*, in: Stumpf/Suerbaum/Schulte/Pauli, StiftR, B § 85 Rn. 25; *Wernicke*, ZEV 2003, 301, 305; vgl. OLG Hamm NJW-RR 1992, 451, 452. Dasselbe gilt, wenn die Begünstigten sogar namentlich in der Satzung bezeichnet werden, *Ebersbach*, Stiftungsrecht, 112; *Schwarz van Berk/Fischer*, in: MHdB GesR V, § 101 Rn. 54; *Schwintek*, Vorstandskontrolle, 293.

408 *Hörmann*, in: Werner/Saenger/Fischer, Die Stiftung, § 21 Rn. 72; vgl. OLG Hamm NJW-RR 1992, 451, 452, nach dem eine Konkretisierung auch dann vorliegt, wenn die Voraussetzungen für Gewährung und Verlust einer Begünstigung abschließend festgelegt sind, dem Vorstand in der Satzung aber das Recht eingeräumt wird, in Zweifelsfällen nach eigenem Ermessen zu entscheiden. In dem zugrundeliegenden Fall machte der Kläger einen Anspruch auf die Gewährung von Studiumszuschüssen gegenüber einer Familienstiftung geltend. Das OLG Hamm entschied, dass die Ermessensentscheidung des Vorstands hinsichtlich der Frage, ob eine anspruchsausschließende, überlange Studiendauer des Klägers vorlag, vom Gericht auf die Vereinbarkeit mit den Satzungsbestimmungen überprüft werden konnte.

409 BGH NJW 1957, 708; BGHZ 213, 179, 188 Rn. 28 = NZG 2017, 268; *Ebersbach*, Stiftungsrecht, 113; *Hörmann*, in: Werner/Saenger/Fischer, Die Stiftung, § 21 Rn. 83; *Hüttemann/Rawert*, in: Staudinger, BGB, § 85 Rn. 41; *Schwarz van Berk/Fischer*, in: MHdB GesR V, § 101 Rn. 54; *Steffen*, in: RGRK-BGB, § 85 Rn. 4. Zu den Gründen,

kein unmittelbarer Rechtsanspruch auf die Leistungen der Stiftung. Der Anspruch entsteht vielmehr erst infolge einseitiger Zuerkennung des dafür zuständigen Stiftungsorgans, das die Destinatäre anhand der in der Satzung festgelegten Kriterien mittels sachgerechten Auswahlermessens bestimmt.[410] Vorher besteht lediglich eine rechtlich nicht gesicherte Chance auf den Erhalt von Stiftungsleistungen.[411]

Schließlich ist denkbar, dass der Anspruch eines Destinatärs auf Stiftungsleistungen durch Vertragsschluss mit der Stiftung begründet wird.[412] Dieser Weg ist zu bestreiten, wenn weder unmittelbare Ansprüche noch ein Auswahlermessen zur Begründung organschaftlicher Ansprüche in der Satzung eingeräumt worden sind.[413] Die Zuwendung von Stiftungsmitteln an Destinatäre durch vertragliche Vereinbarung ist als Vertretungsmaßnahme zulässig, soweit die Vertretungsmacht des Vorstands nicht eingeschränkt (vgl. § 84 Abs. 3 Hs. 2 BGB [§§ 86 Satz 1 a.F.,

---

von einer satzungsmäßigen Einräumung klagbarer Destinatärsansprüche abzusehen, vgl. nur *Stumpf*, in: Stumpf/Suerbaum/Schulte/Pauli, StiftR, B § 85 Rn. 22.

410 BGH NJW 1957, 708; BGHZ 213, 179, 187 Rn. 26 = NZG 2017, 268; *Backert*, in: BeckOK-BGB, § 85 Rn. 5; *Blydt-Hansen*, Rechtsstellung der Destinatäre, 107; *Ellenberger*, in: Grüneberg, BGB, § 83 Rn. 4; *Jakob*, Schutz der Stiftung, 174; *Mehrbrey/Gräler*, in: Mehrbrey, Hd-Buch Ges. Streitigkeiten, § 83 Rn. 5; *Muscheler*, NJW 2010, 341, 342, in den § 2151 BGB entsprechenden Fällen eines hinreichend konkret beschriebenen Destinatärskreises, weil die Auswahlentscheidung dann mittelbar als eine Entscheidung des Stifters erscheint; *Schwarz van Berk/Fischer*, in: MHdB GesR V, § 101 Rn. 54; *Steffen*, in: RGRK-BGB, § 85 Rn. 4; *Stumpf*, in: Stumpf/Suerbaum/Schulte/Pauli, StiftR, B § 85 Rn. 25; *Wiese*, in: Erman, BGB, § 84 Rn. 13; differenzierter *Schwintek*, Vorstandskontrolle, 295, für den Fall, dass das Ermessen des Stiftungsorgans auf nur eine rechtmäßige, dem Stifterwillen entsprechende Entscheidung reduziert ist. – Etwas anderes gilt dann, wenn die Zuerkennung nach dem (ggf. durch Auslegung zu ermittelnden) Stifterwillen keine klagbaren Ansprüche begründen soll, BGH NJW 1957, 708; *Muscheler*, WM 2003, 2213, 2220; a.A. *Blydt-Hansen*, Rechtsstellung der Destinatäre, 108.

411 BGHZ 213, 179, 188 Rn. 28 = NZG 2017, 268; *Hüttemann/Rawert*, in: Staudinger, BGB, § 85 Rn. 41; *Stumpf*, in: Stumpf/Suerbaum/Schulte/Pauli, StiftR, B § 85 Rn. 23. Vergleichbar mit der Stellung des potentiellen Destinatärs ist diejenige einer als Erbe eingesetzten Person zu Lebzeiten des Erblassers. Vor dem Erbfall gibt es ebenfalls weder ein durchsetzbares (Erb-)Recht noch eine rechtlich gesicherte Anwartschaft, sondern nur eine tatsächliche Aussicht, vgl. BGHZ 12, 115, 118 = NJW 1954, 633.

412 BGH NZG 2009, 1433, 1434 Rn. 13; BGHZ 213, 179, 188 Rn. 26 = NZG 2017, 268; *Hörmann*, in: Werner/Saenger/Fischer, Die Stiftung, § 21 Rn. 91; *Mehrbrey/Gräler*, in: Mehrbrey, Hd-Buch Ges. Streitigkeiten, § 83 Rn. 6; *Muscheler*, WM 2003, 2213, 2221. Kritisch zu dessen Rechtsnatur *Muscheler*, NJW 2010, 341, 342 ff.

413 *Muscheler*, WM 2003, 2213, 2221.

26 Abs. 1 Satz 3 BGB]) und die Auswahl der Destinatäre vom Stiftungszweck gedeckt ist.[414]

bb) Gerichtliche Durchsetzung

Ausgehend von den unter aa) dargestellten materiell-rechtlichen Differenzierungen ist nunmehr zu untersuchen, wie ein Destinatär seinen Anspruch auf Stiftungsleistungen vor den ordentlichen Gerichten durchsetzen kann. Als natürliche Person ist er dabei unzweifelhaft sowohl parteifähig gem. § 50 ZPO als auch prozessfähig gem. § 52 ZPO. Da der Destinatär vorgibt, selbst Träger eines Rechts auf Stiftungsleistungen zu sein, kann er über dieses Recht im eigenen Namen den Rechtsstreit führen, ist somit prozessführungsbefugt. Auch wenn die Begründung derartiger Ansprüche auf den Stifterwillen rekurriert, ist Klagegegner infolge ihrer Verselbständigung die Stiftung, nicht der Stifter.[415]

(1) Unmittelbar satzungsmäßig begründete Destinatärsansprüche

Für den Fall, dass der Stifter in der Satzung unmittelbare Ansprüche vorgesehen hat, sind diese uneingeschränkt klagbar. Da die Stiftung zu einem Tun verurteilt werden soll, ist die Leistungsklage die statthafte Klageart.[416]

Problematisch kann sich bei der Klageerhebung für den Destinatär erweisen, dass die Klageschrift gem. § 253 Abs. 2 Nr. 2 a.E. ZPO einen bestimmten Antrag enthalten muss, der Kläger allerdings über die Höhe seines Anspruchs mangels

---

414 *Hörmann*, in: Werner/Saenger/Fischer, Die Stiftung, § 21 Rn. 91; vgl. *Muscheler*, WM 2003, 2213, 2221. Im Fall einer Einschränkung der organschaftlichen Vertretungsmacht des Stiftungsvorstands richtet sich die Gewährung von Stiftungsleistungen ausschließlich nach einem satzungsgemäßen Auswahlermessen, *Hörmann*, in: Werner/Saenger/Fischer, Die Stiftung, § 21 Rn. 93.

415 *Gollan*, Vorstandshaftung, 189.

416 *Blydt-Hansen*, Rechtsstellung der Destinatäre, 113; *Fritsche*, ZSt 2003, 113, 114; *Jakob*, Schutz der Stiftung, 175; *Jakob/Picht/Kopp*, in: BeckOGK-BGB, Stand: 01.12.2023, § 83 Rn. 47; *Mehrbrey/Gräler*, in: Mehrbrey, Hd-Buch Ges. Streitigkeiten, § 83 Rn. 9; *G. Roth*, in: MHdB GesR VII, § 100 Rn. 1; *Schwarz van Berk/Fischer*, in: MHdB GesR V, § 101 Rn. 54; *Schwintek*, Vorstandskontrolle, 296. Hingegen wird man einer Feststellungklage i.S.d. § 256 ZPO, mit der ein Destinatär die Feststellung begehrt, zu den begünstigten Zuwendungsempfängern der Stiftung zu gehören, die Zulässigkeit versagen müssen. Da der Destinatär sein Klageziel unmittelbar mit einer Leistungsklage erreichen kann, fehlt es bereits am erforderlichen Feststellungsinteresse; s. nur *Bacher*, in: BeckOK-ZPO, § 256 Rn. 26, zum Verhältnis von Leistungs- und Feststellungsklage.

diesbezüglicher Satzungsvorgaben oder Kenntnis der Ertragslage bei der Stiftung im Unklaren ist.[417]

In diesem Fall kommt für den Destinatär die Erhebung einer Stufenklage gem. § 254 ZPO in Betracht.[418] Die Stufenklage ermöglicht es dem Kläger, einen (Haupt-)Anspruch auf Zahlung oder Herausgabe zusammen mit einem zu dessen Konkretisierung notwendigen weiteren Anspruch zu verbinden und befreit ihn damit zunächst vom Bestimmtheitserfordernis des § 253 Abs. 2 Nr. 2 a.E. ZPO.[419] Eine Stufenklage ist vor dem Hintergrund jedoch nur dann als zulässig anzusehen, wenn mit der Erfüllung des Anspruchs auf erster Stufe der Nichtbezifferbarkeit und damit Unbestimmtheit des Leistungsanspruchs abgeholfen werden soll.[420]

Um sich die benötigten Informationen zu verschaffen, kommen für den Destinatär auf der ersten Stufe gem. § 254 ZPO Klagen auf Rechnungslegung oder auf Vorlegung eines Vermögensverzeichnisses in Betracht.[421] Bei der Rechnungs-

---

417 Fehlen zur Anspruchshöhe Angaben in der Satzung, ändert dies nichts an der Klassifikation dieses Anspruchs als unmittelbar durch die Satzung begründet, *Hörmann*, in: Werner/Saenger/Fischer, Die Stiftung, § 21 Rn. 78. Insbesondere vor dem Hintergrund dauernder und nachhaltiger Erfüllung des Stiftungszwecks und gleichzeitig unsicherer Ertragserwirtschaftung sollte bei Stiftungsgründung sogar davon abgesehen werden, die Höhe des Destinatärsanspruchs bereits in der Satzung festzulegen, vgl. *Fritsche*, ZSt 2003, 113, 114.

418 Ebenso *Blydt-Hansen*, Rechtsstellung der Destinatäre, 114; *Fritsche*, ZSt 2003, 113, 114; *Jakob*, Schutz der Stiftung, 175; *Jakob/Picht/Kopp*, in: BeckOGK-BGB, Stand: 01.12.2023, § 83 Rn. 48; *Mehrbrey/Gräler*, in: Mehrbrey, Hd-Buch Ges. Streitigkeiten, § 83 Rn. 9; *G. Roth*, in: MHdB GesR VII, § 100 Rn. 1; *Schwintek*, Vorstandskontrolle, 296; *Udwari*, in: Udwari/Hertel/Heinrich, Stiftungspraxis, 259.

419 *Anders*, in: Anders/Gehle, ZPO, § 254 Rn. 2; *Bacher*, in: BeckOK-ZPO, § 254 Vor Rn. 1, Rn. 1; *Becker-Eberhard*, in: MüKo-ZPO, § 254 Rn. 1; *Blydt-Hansen*, Rechtsstellung der Destinatäre, 114 f.; *Foerste*, in: Musielak/Voit, ZPO, § 254 Rn. 1; *Geisler*, in: Prütting/Gehrlein, ZPO, § 254 Rn. 1; *Greger*, in: Zöller, ZPO, § 254 Rn. 1; *Roth*, in: Stein/Jonas, ZPO, § 254 Rn. 1 ff.; *Saenger*, in: Saenger, ZPO, § 254 Rn. 1; *Seiler*, in: Thomas/Putzo, ZPO, § 254 Rn. 1. Die Stufenklage stellt einen Fall objektiver Klagehäufung dar, s. nur *Becker-Eberhard*, in: MüKo-ZPO, § 254 Rn. 6; *Foerste*, in: Musielak/Voit, ZPO, § 254 Rn. 3.

420 *Bacher*, in: BeckOK-ZPO, § 254 Rn. 4; *Becker-Eberhard*, in: MüKo-ZPO, § 254 Rn. 7; *Geisler*, in: Prütting/Gehrlein, ZPO, § 254 Rn. 1; *Roth*, in: Stein/Jonas, ZPO, § 254 Rn. 2; *Saenger*, in: Saenger, ZPO, § 254 Rn. 5.

421 Die im Wortlaut der Vorschrift genannte Abgabe einer eidesstattlichen Versicherung kann als weiterer Anspruch und damit weitere Stufe zwischen Auskunfts- und Leistungsbegehren in die Stufenklage eingebunden werden, soweit Anhaltspunkte dafür bestehen, dass die auf erster Stufe gemachten Angaben nicht mit der erforderlichen

legung ist Rechenschaft über eine mit Einnahmen oder Ausgaben verbundene Verwaltung durch eine geordnete Zusammenstellung dieser Positionen sowie gegebenenfalls die Vorlage von Belegen abzulegen (vgl. § 259 Abs. 1 BGB). Nach dem klaren Wortlaut des § 259 Abs. 1 BGB müsste dafür jedoch eine Rechtspflicht begründet sein, die gerade gegenüber dem klagenden Destinatär zu erfüllen ist.

Zwar findet sich eine Auskunfts- und Rechenschaftspflicht in § 666 BGB, der über § 84a Abs. 1 Satz 1 BGB (§§ 86 Satz 1 a.F., 27 Abs. 3 BGB) auf das Stiftungsrecht entsprechend anzuwenden ist. Verpflichteter ist allerdings der geschäftsführungsbefugte und -verpflichtete Vorstand aus seinem organschaftlichen Rechtsverhältnis mit der Stiftung, die deshalb Gläubigerin eines Anspruchs aus §§ 84a Abs. 1 Satz 1, 666, 259 BGB (§§ 86 Satz 1 a.F., 27 Abs. 3, 666, 259 BGB) ist.[422] Ein Anspruch auf Rechenschaftslegung im Sinne dieser Vorschriften auch gegenüber den Destinatären ist ausgeschlossen, weil die Destinatäre nicht durch mitgliedschaftliche oder aufsichtsmäßige Kontrollrechte in die Stiftungsorganisation eingebunden sind.[423] Etwas anderes wird man nur dann annehmen können, wenn der Stifter in Ausübung seiner Stifterautonomie den Destinatären mitgliedschaftsähnliche Kontroll- und Prüfrechte in Form von Rechenschaftsansprüchen in der Satzung zuerkennt.[424] Andernfalls kommt ein Anspruch auf Rechnungslegung i.S.d. § 254 ZPO zur Informationserlangung für den Destinatär nicht in Betracht.[425]

Sorgfalt vorgenommen wurden (vgl. §§ 259 Abs. 2, 260 Abs. 2 BGB), *Becker-Eberhard*, in: MüKo-ZPO, § 254 Rn. 9, 16. Das genaue Vorgehen unterliegt der Disposition des Klägers.

422 Ähnlich *Blydt-Hansen*, Rechtsstellung der Destinatäre, 121; *Hüttemann/Rawert*, in: Staudinger, BGB, § 85 Rn. 47; *Muscheler*, WM 2003, 2213, 2217; *Schwintek*, Vorstandskontrolle, 303, der die systematische Stellung der Vorschrift des § 27 Abs. 3 BGB betont; *Weitemeyer*, in: MüKo-BGB, § 85 Rn. 48.

423 BGHZ 99, 344, 350 = NJW 1987, 2364; *Blydt-Hansen*, Rechtsstellung der Destinatäre, 121; *Weitemeyer*, in: MüKo-BGB, § 85 Rn. 48.

424 *Blydt-Hansen*, Rechtsstellung der Destinatäre, 125; *G. Roth*, in: MHdB GesR VII, § 100 Rn. 5. Diese dürfen nach Art und Umfang aber nicht mitgliedschaftlichen Willensbildungselementen nahekommen, weil die Stiftung als reine Verwaltungsorganisation eine mitgliederlose juristische Person ist, deren einziges personales Element ihre Organe sind, BGHZ 99, 344, 350 f. = NJW 1987, 2364; OLG Stuttgart BeckRS 2013, 12706; *Mankowski*, FamRZ 1995, 851, 852; *G. Roth*, in: MHdB GesR VII, § 100 Rn. 5. Ausführlich zu dieser Einschränkung bei der Einräumung satzungsmäßiger Mitwirkungsrechte für Destinatäre, s. Teil 2.§ 2.A.II.2.b)bb)(2)(a)(bb).

425 A.A. OLG Hamburg StiftRspr. III, 106, 109, wonach bereits die Einräumung eines (uneingeschränkten) Einsichtsrechts des Destinatärs einer Familienstiftung in die

Klagt er auf Stiftungsleistungen, kann seinen Leistungsanspruch jedoch nicht beziffern, ist dann zu prüfen, ob der Destinatär ein Recht auf Auskunft hat, das er mit seinem noch nicht bezifferten Leistungsbegehren im Wege der Stufenklage geltend machen kann. Zwar spricht der Wortlaut des § 254 ZPO nur von Klagen auf Rechnungslegung oder auf Vorlage eines Vermögensverzeichnisses, nicht aber von Klagen auf Auskunft. Da auch Auskunftsansprüche als Informationsrechte dazu geeignet sind, bestehende Leistungsansprüche zu konkretisieren, entspricht es der ratio des § 254 ZPO, die Norm auf Auskunftsbegehren zu erstrecken.[426]

In Betracht kommt der allgemeine Auskunftsanspruch nach § 242 BGB.[427] Ein solcher auf Treu und Glauben gestützter Auskunftsanspruch besteht nach gefestigter Rechtsprechung dann, wenn die zwischen den Parteien bestehenden Rechtsbeziehungen es mit sich bringen, dass der Berechtigte entschuldbarerweise über das Bestehen oder den Umfang seines Rechts im Unklaren ist, und der Verpflichtete in der Lage ist, unschwer die zur Beseitigung dieser Ungewissheit erforderliche Auskunft zu erteilen.[428]

Die als erste Voraussetzung geforderte rechtliche Beziehung zwischen Auskunftsberechtigtem und Auskunftsverpflichtetem in Form eines dem Grunde nach bestehenden Leistungsanspruchs ist vorliegend in dem durch die Satzung eingeräumten Leistungsanspruch des Destinatärs gegenüber der Stiftung zu erblicken, unabhängig von seiner Rechtsnatur.[429] Ferner ist der Destinatär in dieser

---

Stiftungsunterlagen einen Anspruch auf Rechenschaftslegung umfassen soll; ebenso *Mehrbrey/Gräler*, in: Mehrbrey, Hd-Buch Ges. Streitigkeiten, § 83 Rn. 11; kritisch *Weitemeyer*, in: MüKo-BGB, § 85 Rn. 48.

426 RGZ 53, 252, 254; BGH NJW 2011, 1815, 1816 Rn. 8; *Bacher*, in: BeckOK-ZPO, § 254 Rn. 3 f.; *Becker-Eberhard*, in: MüKo-ZPO, § 254 Rn. 9; *Foerste*, in: Musielak/Voit, ZPO, § 254 Rn. 2; *Greger*, in: Zöller, ZPO, § 254 Rn. 2; *Roth*, in: Stein/Jonas, ZPO, § 254 Rn. 11 ff.; *Saenger*, in: Saenger, ZPO, § 254 Rn. 4; *Seiler*, in: Thomas/Putzo, ZPO, § 254 Rn. 2.

427 Zwar besteht mit den §§ 84a Abs. 1 Satz 1, 666 BGB (§§ 86 Satz 1 a.F., 27 Abs. 3, 666 BGB) eine spezielle gesetzliche Regelung für einen Auskunftsanspruch, allerdings – wie der Anspruch auf Rechenschaftslegung – nicht für den Destinatär als bloßen Begünstigten des Stiftungsvermögens. Etwas anderes gilt für satzungsmäßige Auskunfts- oder Einsichtsrechte, die als Informationsrechte ebenfalls im Wege der Stufenklage geltend gemacht werden können, aber nur, soweit sie zugunsten der Destinatäre vorgesehen sind.

428 S. nur RGZ 108, 1, 7; BGHZ 10, 385, 387 = NJW 1954, 70; BGH NJW 1957, 669; BGH NJW 2007, 1806, 1807 Rn. 13.

429 *Blydt-Hansen*, Rechtsstellung der Destinatäre, 123; *Schwintek*, Vorstandskontrolle, 305.

Rechtsbeziehung entschuldbarerweise über die Höhe und damit den Umfang seines Anspruchs im Unklaren. Als außerhalb der Stiftung stehender Dritter hat er keine Möglichkeit, sich anderweitig etwa über die Anzahl der Begünstigten oder die Vermögensverwaltung und damit verbundene Ertragslage der Stiftung derart Kenntnis zu verschaffen, dass er seinen Leistungsanspruch ohne diesbezügliche Informationserteilung in der gebotenen Weise beziffern kann.[430] Daran ändert auch nichts die geplante Einführung eines mit Publizitätswirkung ausgestatteten Stiftungsregisters durch § 82b Abs. 1 BGB-neu. Zwar soll die Einsichtnahme gem. § 15 StiftRG-neu jedermann gestattet sein. Allerdings helfen die zur Eintragung anzumeldenden Angaben der Stiftung (vgl. § 2 StiftRG-neu) dem Destinatär nicht bei der Konkretisierung seines Leistungsbegehrens, sodass eine adäquate Kenntnisverschaffung über die benötigten Informationen durch das Stiftungsregister nicht möglich ist. Schließlich ist die Stiftung in der Lage, durch ihren Vorstand unschwer die diese Ungewissheit beseitigende Auskunft über die Anzahl der Begünstigten oder die Höhe der erwirtschafteten Erträge bei einem quotalen Leistungsanspruch des Destinatärs zu erteilen. Die dafür relevante Frage der Zumutbarkeit ist im Fall dieser Auskunftserteilung sowohl vor dem Hintergrund des damit verbundenen Bearbeitungsaufwands als auch möglicher Geheimhaltungsinteressen der Stiftung zu bejahen.[431] Aufgrund der Sachbezogenheit der Auskunft liegt insbesondere auch kein Verstoß gegen die aus der Geschäftsführungspflicht resultierende Treuepflicht des Vorstands gegenüber der Stiftung vor.

Bei Vorliegen der Voraussetzungen besteht für den Destinatär ein Auskunftsanspruch gem. § 242 BGB, den er im Wege der Stufenklage zusammen mit seinem Leistungsanspruch geltend machen kann.

Die Stiftung muss im Fall ihrer Verurteilung auf erster Stufe dem Destinatär Auskunft über die zur Bezifferung des Leistungsanspruchs erforderlichen Informationen erteilen.[432] Dabei soll der Destinatär nach teilweise vertretener Ansicht auch befugt sein, die Rechnungslegung der Stiftung zu kontrollie-

430 *Blydt-Hansen*, Rechtsstellung der Destinatäre, 123; *Schwintek*, Vorstandskontrolle, 305.

431 Ebenso *Schwintek*, Vorstandskontrolle, 306, wonach durch diese Faktoren im Einzelfall der Umfang, nicht aber das Bestehen des Auskunftsanspruchs als solches beeinflusst werden kann; einschränkend *Blydt-Hansen*, Rechtsstellung der Destinatäre, 123, für den Fall eines großen Kreises anspruchsberechtigter Destinatäre.

432 *Jakob/Picht/Kopp*, in: BeckOGK-BGB, Stand: 01.12.2023, § 83 Rn. 31; *Schwintek*, Vorstandskontrolle, 306; vgl. *Blydt-Hansen*, Rechtsstellung der Destinatäre, 122.

ren.[433] Dies vermag nicht zu überzeugen. Die Rechnungslegung umfasst eine geordnete Zusammenstellung sämtlicher Einnahmen und Ausgaben sowie die Vorlage von Belegen (vgl. § 259 Abs. 1 BGB), soweit üblich, und geht deutlich über eine bloße Auskunftserteilung hinaus. Auch wenn damit verbundene Angaben dem Destinatär zur Bestimmung seines Leistungsanspruchs dienlich sein mögen, sollten die gesetzgeberischen Wertungen, nach denen eine Rechenschaftspflicht grundsätzlich nur für den Vorstand gegenüber der Stiftung, bzw. sollte die Stifterautonomie, wonach diese Pflicht nur dann besteht, wenn sie gegenüber den Destinatären in der Satzung vorgesehen ist, nicht unterlaufen werden.

Will der Destinatär sich der Richtigkeit der erhaltenen Auskünfte versichern, kann er aber einen Anspruch auf Abgabe einer eidesstattlichen Versicherung als zweite Stufe in die Stufenklage integrieren (vgl. § 254 ZPO). In entsprechender Anwendung der §§ 259 Abs. 2, 260 Abs. 2 BGB muss dafür Grund zu der Annahme bestehen, dass die Auskunftsverpflichtung von der Stiftung nicht mit der erforderlichen Sorgfalt erfüllt worden ist.[434]

(2) Organschaftlich begründete Destinatärsansprüche

Anders stellt sich die prozessuale Durchsetzung gegenüber der Stiftung für den Fall dar, dass sich der Anspruch eines Destinatärs auf den Erhalt von Stiftungsleistungen nicht unmittelbar aus der Satzung ergibt, sondern vielmehr dadurch begründet wird, dass ein Stiftungsorgan die Begünstigten aus einem in der Satzung näher umschriebenen Kreis von Personen auswählt.[435] Vor der Ermessensausübung des zuständigen Stiftungsorgans ist die Erhebung einer Leistungsklage mangels klagbaren Rechts nicht statthaft.[436]

Ein gerichtliches Vorgehen könnte jedoch darauf abzielen festzustellen, dass die in der Satzung festgelegten Kriterien für die Destinatärseigenschaft erfüllt

433 So *Blydt-Hansen*, Rechtsstellung der Destinatäre, 123; *G. Roth*, in: MHdB GesR VII, § 100 Rn. 5; *Schwintek*, Vorstandskontrolle, 306; offenlassend *Jakob/Picht/Kopp*, in: BeckOGK-BGB, Stand: 01.12.2023, § 83 Rn. 31; ablehnend *Hof*, in: von Campenhausen/Richter, Stiftungsrechts-Handbuch, § 7 Rn. 166: „wohl beträchtlich überzogen".

434 Vgl. *Becker-Eberhard*, in: MüKo-ZPO, § 254 Rn. 16.

435 S. zu den verschiedenen Ausgestaltungsmöglichkeiten bereits unter Teil 2.§ 2.A.II.2.a) aa).

436 *Blydt-Hansen*, Rechtsstellung der Destinatäre, 115; *Hüttemann/Rawert*, in: Staudinger, BGB, § 85 Rn. 47; *Jakob*, Schutz der Stiftung, 175; *Jakob/Picht/Kopp*, in: BeckOGK-BGB, Stand: 01.12.2023, § 83 Rn. 56; *G. Roth*, in: MHdB GesR VII, § 100 Rn. 2; *Schwintek*, Vorstandskontrolle, 294.

sind. Dieses Rechtsschutzziel kann mit der Erhebung einer Feststellungsklage gem. § 256 Abs. 1 ZPO zu verfolgen sein.[437] Voraussetzung für deren Statthaftigkeit ist das Bestehen eines Rechtsverhältnisses zwischen den Parteien.[438]

Problematisch erscheint, dass vor der Auswahlentscheidung des zuständigen Stiftungsorgans noch gar keine Destinatärs-, sondern nur die Stellung eines potentiellen Destinatärs der Stiftung bestehen kann. Auch wenn der Kläger in Zukunft möglicherweise eine rechtliche Beziehung zu der Stiftung haben wird, hat er sie zum jetzigen Zeitpunkt noch nicht. Zwar können auch einzelne, sich aus einem Rechtsverhältnis ergebende Rechte und Pflichten zum Gegenstand einer Feststellungsklage gehören.[439] Etwas anderes gilt jedoch insbesondere für Vorfragen eines Rechtsverhältnisses.[440]

Ob eine Person zu einer nach bestimmten Kriterien abgegrenzten Personengruppe gehört, begründet in diesem Sinne noch keine rechtliche Wirkung, weil mit der Zugehörigkeit nicht per se, sondern erst bei entsprechender Zuerkennung ein Anspruch und damit ein Rechtsverhältnis besteht, das zum Gegenstand einer Feststellungsklage gemacht werden kann.[441]

Mit ähnlicher Argumentation verneint auch der BGH[442] die Zulässigkeit der Feststellungsklage. In dem Revisionsverfahren ging es um eine gemeinnützige Stiftung des bürgerlichen Rechts, die ihren Stiftungszweck u.a. durch die Vergabe

---

437 Die Feststellungsklage ist nicht bereits deshalb unstatthaft, weil der Destinatär im Fall der Feststellung des Rechts ggf. noch auf Leistung an sich klagen muss. Anders als bei einem unmittelbar in der Satzung verankerten Anspruch besteht in dieser Konstellation für den Destinatär von vornherein kein prozessökonomischerer Weg, das von ihm verfolgte Rechtsschutzziel des Erhalts von Stiftungsleistungen zu erreichen.

438 Zum Begriff bereits ausführlich unter Teil 2.§ 2.A.I.2.

439 BGH NJW 2000, 2280, 2281; dazu zudem bereits unter Teil 2.§ 2.A.I.2.

440 BGH NZG 2017, 268, 272 Rn. 42; *Bacher*, in: BeckOK-ZPO, § 256 Rn. 3; *Becker-Eberhard*, in: MüKo-ZPO, § 256 Rn. 10; *Foerste*, in: Musielak/Voit, ZPO, § 256 Rn. 2; *Saenger*, in: Saenger, ZPO, § 256 Rn. 3; *Seiler*, in: Thomas/Putzo, ZPO, § 256 Rn. 10; einschränkend für konkrete rechtliche Streitpunkte *Greger*, in: Zöller, ZPO, § 256 Rn. 4; dazu zudem bereits unter Teil 2.§ 2.A.I.2.

441 *Blydt-Hansen*, Rechtsstellung der Destinatäre, 117; *Hüttemann/Rawert*, in: Staudinger, BGB, § 85 Rn. 47; *Jakob*, Schutz der Stiftung, 176; *Jakob/Picht/Kopp*, in: BeckOGK-BGB, Stand: 01.12.2023, § 83 Rn. 57; *G. Roth*, in: MHdB GesR VII, § 100 Rn. 2; *Weitemeyer*, in: MüKo-BGB, § 85 Rn. 45, die dieses Problem allerdings unzutreffend beim Feststellungsinteresse und nicht bei der Statthaftigkeit der Feststellungsklage verortet; a.A. *Ebersbach*, Stiftungsrecht, 114; *Steffen*, in: RGRK-BGB, § 85 Rn. 4.

442 BGHZ 213, 179 = NZG 2017, 268, mit Besprechung *Andrick*, in: Die Stiftung – Jahreshefte zum Stiftungswesen 12 (2018), 67 ff.

von Stipendien verwirklichte. Die Satzung gewährte keinen Rechtsanspruch auf den Erhalt eines Stipendiums, sondern stellte Bewerbungskriterien auf, dessen Erfüllung die Teilnahme an einem Auswahlverfahren ermöglichte, in dem der Stiftungsvorstand dann die Stipendiaten ermittelte. Der Kläger, der mit seiner Bewerbung gescheitert war, beantragte u.a. festzustellen, dass die Ablehnung der Bewerbung mit der von der beklagten Stiftung gegebenen Begründung rechtswidrig gewesen sei. Der BGH entschied, dass die Beanstandung bloß Einzelfragen bzw. die Modalitäten des Auswahlverfahrens betraf, die als Vorfragen keine feststellungsfähigen Einzelbestandteile eines Rechtsverhältnisses waren.[443]

Das Verhältnis, das sich aus der Stellung als potentieller Destinatär der Stiftung ergibt, erschöpft sich mithin in der bloßen Möglichkeit auf den Erhalt von Stiftungsleistungen und ist daher als solches nicht feststellungsfähig.[444] Wählt ein Stiftungsorgan die Begünstigten aus einem in der Satzung näher umschriebenen Kreis von Personen aus, besteht für den potentiell Begünstigten vor der Auswahlentscheidung im Ergebnis keine Möglichkeit, eine Ingenussnahme der Nutzungen des Stiftungsvermögens gegen die Stiftung zivilgerichtlich geltend zu machen.

Dasselbe gilt für die Geltendmachung einer mit den Satzungsvorgaben objektiv nicht zu vereinbarenden Auswahlentscheidung durch den nicht Berücksichtigten. Maßgeblich dafür ist erneut der (hilfsweise durch Auslegung zu ermittelnde) Wille des Stifters. Besteht danach schon kein satzungsmäßiger unmittelbarer Anspruch auf den Erhalt von Stiftungsleistungen, wird man auch keine Sachbefugnis des potentiellen Destinatärs zur gerichtlichen Kontrolle einer Auswahlentscheidung annehmen können.[445] Dies obliegt vielmehr einem dafür vorgesehenen Fakulta-

---

443 BGHZ 213, 179, 193 Rn. 43 = NZG 2017, 268; plastisch auch BGHZ 99, 344, 356 = NJW 1987, 2364, wonach keiner der möglichen Genussberechtigten vor der Auswahlentscheidung sicher sein kann, zukünftig zum Kreis der Begünstigten zu zählen.

444 Ebenso BGHZ 99, 344, 356 = NJW 1987, 2364; *Blydt-Hansen*, Rechtsstellung der Destinatäre, 118; *Hüttemann/Rawert*, in: Staudinger, BGB, § 85 Rn. 47; *Muscheler*, in: Andrick/Muscheler/Uffmann, Stiftungsrecht, § 81 BGB Rn. 130. Bestätigt wird diese Ansicht durch einen Vergleich mit dem Erbrecht. Klagt der als Erbe Eingesetzte zu Lebzeiten des Erblassers auf die Feststellung der Rechtswirksamkeit einer letztwilligen Verfügung oder das Bestehen eines Erbrechts, wird man die Zulässigkeit der Klage verneinen müssen, denn es geht nicht um ein gegenwärtiges konkretes Rechtsverhältnis, sondern stets nur um ein möglicherweise in der Zukunft entstehendes Rechtsverhältnis, BGHZ 37, 136, 145 = NJW 1962, 1723; zustimmend *Blydt-Hansen*, Rechtsstellung der Destinatäre, 118.

445 A.A. wohl *Schwarz van Berk/Fischer*, in: MHdB GesR V, § 101 Rn. 54, wonach „unter Umständen“ eine gerichtliche Überprüfung durch den übergangenen Destinatär in Betracht kommt, ohne näher darauf einzugehen, auf welcher Rechtsgrundlage und in

tivorgan, andernfalls der Stiftungsaufsicht als Wächterin einer rechtmäßigen, der Stiftungssatzung und den Gesetzen entsprechenden Stiftungsverwaltung. Damit verbunden ist jedoch de lege lata kein (auf dem Verwaltungsrechtsweg geltend zu machendes) Recht des potentiellen Destinatärs auf ein Einschreiten der Stiftungsaufsicht zu seinen Gunsten. Dies kommt schon deshalb nicht in Betracht, weil die Stiftungs- als Rechtsaufsicht und die diesbezüglichen landesrechtlichen Bestimmungen nur dem öffentlichen Interesse und dem Interesse der Stiftung dienen, hingegen nicht dem Interesse des (potentiellen) Destinatärs, sodass es mangels Betroffenheit in subjektiv-öffentlichen Rechten bereits an der Klagebefugnis gem. § 42 Abs. 2 VwGO fehlt.[446]

(3) Vertraglich begründete Destinatärsansprüche

Für den Fall, dass es zur Begründung eines Destinatärsanspruchs einer vertraglichen Vereinbarung zwischen Stiftung und Destinatär bedarf,[447] ist die Erhebung einer Leistungsklage zur Erfüllung dieser vertraglichen Ansprüche statthaft.[448] Vor Abschluss eines Vertrags kommt weder die Erhebung einer Leistungsklage und erst recht nicht die Erhebung einer Feststellungsklage gegen die Stiftung in Betracht.

cc) Gesamtergebnis

Über das Ob und Wie der prozessualen Durchsetzbarkeit von Destinatärsansprüchen entscheidet der Stifter mit seinen in Stiftungsgeschäft und -satzung getroffenen Bestimmungen zu den Leistungen der Stiftung gegenüber Destinatären.

---

welchen Fällen dies möglich sein soll; ähnlich *Backert*, in: BeckOK-BGB, § 85 Rn. 5. Zu den Rechtsschutzmöglichkeiten von Destinatären gegen pflichtwidriges Handeln des Stiftungsvorstands, s. ausführlich Teil 2.§ 2.A.II.2.b)bb)(2)(a)(bb).

446 Vgl. BVerwG NJW 1985, 2964; *Schwarz van Berk/Fischer*, in: MHdB GesR V, § 101 Rn. 37, 55: kein drittschützender Charakter der Stiftungsaufsicht; ebenso *Andrick*, in: Stiftungen in Deutschland und Europa, 281, 299; *Backert*, in: BeckOK-BGB, § 85 Rn. 6; *Hüttemann/Rawert*, in: Staudinger, BGB, § 85 Rn. 48; *Muscheler*, WM 2003, 2213, 2218; *Schwintek*, Vorstandskontrolle, 324 f.; *Stumpf*, in: Stumpf/Suerbaum/Schulte/Pauli, StiftR, B § 85 Rn. 29; *Weitemeyer*, in: MüKo-BGB, § 85 Rn. 49. – Für die ausführlichen Argumentationslinien hinsichtlich des Nichtbestehens eines Anspruchs auf stiftungsaufsichtliches Einschreiten, s. die Ausführungen unter Teil 2.§ 2.B.II.3.a) bb)(3).

447 S. dazu unter Teil 2.§ 2.A.II.2.a)aa).

448 *Hörmann*, in: Werner/Saenger/Fischer, Die Stiftung, § 21 Rn. 93; *Muscheler*, WM 2003, 2213, 2221.

Ergeben sich Ansprüche auf Stiftungsleistungen unmittelbar aus der Stiftungssatzung und werden sie vom Vorstand nicht erfüllt, können diese (nur) mit einer Leistungsklage gegen die Stiftung gerichtlich geltend gemacht werden. Gibt die Satzung einem Stiftungsorgan die Befugnis, die Zuwendungsempfänger aus einem näher umschriebenen Kreis von Personen auszuwählen, bleibt vor dieser Auswahlentscheidung Raum weder für eine Leistungs-, noch für eine Feststellungsklage; eine trotzdem erhobene Feststellungsklage ist mangels Statthaftigkeit als unzulässig abzuweisen. Selbiges gilt für die Konstellation, bei der Destinatärsansprüche nur durch vertragliche Vereinbarung begründet werden können, vor dem Vertragsschluss.

Ein (korrekturbedürftiges) Schutzdefizit ergibt sich aus dieser Staffelung der Rechtsschutzmöglichkeiten gegenüber der Stiftung nicht. Sie entspricht vielmehr der Freiheit des Stifters in Bezug auf die Ausgestaltung der Rechtsstellung (potentieller) Destinatäre.

b) Streitgegenstand: Pflichtverletzungen durch den Stiftungsvorstand

aa) Überblick zum Pflichtenkatalog und möglichen Pflichtverletzungen

Das vom Vorstand einzuhaltende Pflichtenprogramm ergibt sich aus dem organschaftlichen Rechtsverhältnis, das durch Bestellung als Vorstandsmitglied mit der Stiftung entsteht, sowie aus einem ggf. geschlossenen schuldrechtlichen Anstellungsverhältnis. Die organschaftlichen Pflichten wiederum werden hauptsächlich durch bundesrechtliche Regelungen sowie die Vorgaben aus Stiftungsgeschäft und Stiftungssatzung konkretisiert.[449]

Mit der Bestellung entstehen das Recht und die Pflicht zur Geschäftsführung. Eine Pflichtverletzung ist daher grundsätzlich zu bejahen, wenn im Innenverhältnis zur Stiftung und den sonstigen Vorstandsmitgliedern eine pflichtwidrige Geschäftsführungsmaßnahme durch Tun oder Unterlassen einer Willensbildung bzw. einer auf Ausführung des Willens gerichteten Handlung vorliegt, weil die der Geschäftsführungsbefugnis durch die Stiftungsverfassung gesetzten Grenzen überschritten wurden.

Bundesrechtliche Vorgaben in Bezug auf die vom Vorstandsmitglied zu beachtenden organschaftlichen Pflichten ergeben sich zum einen unmittelbar aus

---

449 *Backert*, in: BeckOK-BGB, § 86 Rn. 5; *G. Roth*, in: MHdB GesR VII, § 98 Rn. 1; *ders.*, in: Hüttemann/Richter/Weitemeyer, Landesstiftungsrecht, Rn. 17.26; *Uffmann*, in: Andrick/Muscheler/Uffmann, Stiftungsrecht, § 84a BGB Rn. 71.

§§ 80 ff. BGB.[450] Da die Stiftung einen vom Stifter gewählten Zweck mittels eines dazu gewidmeten Vermögens verfolgt, umfasst die Geschäftsführung die Verwaltung des Stiftungsvermögens und die Verwirklichung des Stiftungszwecks.[451] Gleichzeitig werden die organschaftlichen Geschäftsführungspflichten für die Vorstandsmitglieder aufgrund ihrer Treuhänderstellung für den in Stiftungsgeschäft und Stiftungssatzung niedergelegten Stifterwillen durch die Bestimmungen des Auftragsrechts (§§ 664–670 BGB), die über § 84a Abs. 1 Satz 1 BGB (§§ 86 Satz 1 a.F., 27 Abs. 3 BGB) in Bezug genommen werden, konkretisiert.[452]

Aus den Pflichten zur ordnungsgemäßen Vermögensverwaltung sowie zur möglichst wirksamen Erfüllung des Stiftungszwecks ergeben sich auf diese Weise eine Reihe weiterer organschaftlicher Pflichten.[453] Hierzu gehören etwa die Pflicht zur Vermögensbewirtschaftung, also die Pflicht zur ertragsbringenden Anlage, die Pflicht zur Vermögenstrennung (s. § 83b Abs. 4 Satz 1 BGB) sowie die Pflicht zur Beachtung des Vermögenserhaltungsgrundsatzes für das der Bestandserhaltung unterstellte Stiftungsvermögen, damit der Stiftungszweck dauernd und nachhaltig erfüllt werden kann (vgl. § 83c Abs. 1 Satz 1 BGB). Diesbezügliche Pflichtverletzungen sind z.B. in der Form denkbar, dass das Grundstockvermögen sich durch Verbrauch oder auf sonstige Weise reduziert, etwa durch eine mit erheblichen Verlustrisiken behaftete oder im Widerspruch zu den Anlagerichtlinien des Stif-

450 *Godron/Gollan*, in: Richter, Stiftungsrecht, § 6 Rn. 145; *Kiethe*, NZG 2007, 810; *G. Roth*, in: MHdB GesR VII, § 98 Rn. 3; *ders.*, in: Hüttemann/Richter/Weitemeyer, Landesstiftungsrecht, Rn. 17.29.

451 *Hof*, in: Stiftungsrecht in Europa, 310; *G. Roth*, in: MHdB GesR VII, § 98 Rn. 3; *Schlüter/Stolte*, Stiftungsrecht, Kap. 2 Rn. 64; *Uffmann*, in: Andrick/Muscheler/Uffmann, Stiftungsrecht, § 84a BGB Rn. 85 f.; *Windeknecht*, in: Schauhoff/Mehren, Stiftungsrecht, Kap. 6 Rn. 11.

452 *Godron/Gollan*, in: Richter, Stiftungsrecht, § 6 Rn. 145; *Hüttemann/Rawert*, in: Staudinger, BGB, § 86 Rn. 25; *Jakob/Picht*, in: BeckOGK-BGB, Stand: 01.02.2021, § 86 Rn. 24; *Kiethe*, NZG 2007, 810, 811; *Reuter*, in: NPLY 2002, 157, 157 f.; *G. Roth*, in: MHdB GesR VII, § 98 Rn. 3; *ders.*, in: Hüttemann/Richter/Weitemeyer, Landesstiftungsrecht, Rn. 17.29, 17.31; *Weitemeyer*, in: MüKo-BGB, § 86 Rn. 22.

453 Dazu und zu den folgenden Einzelpflichten, s. nur die Ausführungen bei *Godron/Gollan*, in: Richter, Stiftungsrecht, § 6 Rn. 149 ff.; *Hüttemann*, in: Hüttemann/Richter/Weitemeyer, Landesstiftungsrecht, Rn. 13.4 ff., 14.5 ff.; *Kiethe*, NZG 2007, 810, 811; *Mehren*, in: Schauhoff/Kirchhain, Hd-Buch Gemeinnützigkeit, § 3 Rn. 91 ff.; *Reuter*, in: NPLY 2002, 157, 158 ff.; *Schwintek*, Vorstandskontrolle, 150 ff.; *Uffmann*, in: Andrick/Muscheler/Uffmann, Stiftungsrecht, § 84a BGB Rn. 71 ff.; *Weitemeyer*, in: MüKo-BGB, § 86 Rn. 31 ff.

tungsgeschäfts stehende Vermögensanlage.[454] Auch der Einsatz von Stiftungserträgen zur Verwirklichung satzungswidriger Zwecke erfüllt den Tatbestand der Pflichtverletzung.

Weitere organschaftliche Pflichten, die von den Vorstandsmitgliedern verletzt werden können, sind Legalitäts-, Treue- und Verschwiegenheitspflichten sowie die aus §§ 666, 667 BGB hergeleiteten Auskunfts-, Rechenschafts- und Herausgabepflichten.

Neben einer in den bereits dargestellten Geschäftsführungspflichten begründeten Beschränkung der Geschäftsführungsbefugnis, die bei Überschreitung die Pflichtwidrigkeit der Geschäftsführungsmaßnahme nach sich zieht, könne sich weitere Grenzen der Geschäftsführungsbefugnis aus satzungsmäßigen Anordnungen des Stifters ergeben.[455] Denkbar ist zum einen die pflichtwidrige Nichtbeachtung von Zustimmungsvorbehalten oder Weisungsrechten anderer Stiftungsorgane.[456] Ist der Vorstand das gesetzlich vorgesehene Vertretungsorgan der Stiftung, kann sich eine Pflichtverletzung zudem ergeben, wenn die Geschäftsführungsbefugnis des Vorstands im Innenverhältnis zur Stiftung aufgrund einer Satzungsbestimmung hinter der Vertretungsmacht zurückbleibt. Da jede Vertretungsmaßnahme gleichzeitig eine interne Geschäftsführungsmaßnahme des Vorstands darstellt, liegt im Ergebnis eine pflichtwidrige Geschäftsführungshandlung vor, auch wenn die Vertretung selbst wirksam ist.[457]

bb) Sachbefugnis zur gerichtlichen Durchsetzung des Stiftungsinteresses

(1) Grundsatz und Durchsetzungsdefizite

Die gerichtliche Geltendmachung und Durchsetzung des Stiftungsinteresses bei Pflichtverletzungen durch den Stiftungsvorstand obliegt im Grundsatz dem gesetzlich vorgesehenen Vertretungsorgan der Stiftung, nämlich dem Stiftungsvorstand selbst.[458] Ein Durchsetzungsdefizit kann dabei aus rechtlichen oder

---

454 Vgl. *Kraus*, in: Schauhoff/Mehren, Stiftungsrecht, Kap. 6 Rn. 111.

455 *Burgard*, in: Burgard, Stiftungsrecht, § 84 BGB Rn. 30 f.; *Windeknecht*, in: Schauhoff/Mehren, Stiftungsrecht, Kap. 6 Rn. 14.

456 *Burgard*, in: Burgard, Stiftungsrecht, § 84 BGB Rn. 31.

457 Für den Verein *Schöpflin*, in: BeckOK-BGB, § 27 Rn. 17 f.

458 *Burgard*, in: Burgard, Stiftungsrecht, Anh 1 zu § 84a BGB Rn. 35; *Godron/Gollan*, in: Richter, Stiftungsrecht, § 6 Rn. 237; *Gollan*, Vorstandshaftung, 185; *Hüttemann*, npoR 2009, 27, 29; *Kiethe*, NZG 2007, 810, 813; *Kraus*, in: Schauhoff/Mehren, Stiftungsrecht, Kap. 6 Rn. 155; *Markworth*, NZG 2021, 100, 103; *Mehrbrey/Gräler*, in: Mehrbrey, Hd-Buch Ges. Streitigkeiten, § 85 Rn. 18; *Meyn*, in: Meyn/Richter/Koss/Gollan, Die

aus tatsächlichen Gegebenheiten resultieren. Im Folgenden soll daher zwischen einem Nicht-Können und einem Nicht-Wollen der prozessualen Durchsetzung differenziert werden.

Ein Nicht-Können eines mehrgliedrigen Vorstands kommt zunächst in Betracht, wenn die satzungsmäßigen oder gesetzlichen Regelungen zur Vertretung der Stiftung infolge der Einschränkung der Vertretungsmacht gem. § 181 BGB einem gerichtlichen Vorgehen im Wege stehen. Denkbar ist dies etwa bei einer satzungsmäßig angeordneten (vgl. § 84 Abs. 2 Satz 2, Abs. 3 BGB [§§ 86 Satz 1 a.F., 26 Abs. 2 Satz 1 BGB]) Gesamtvertretung aller oder bestimmter Vorstandsmitglieder, wenn in der Person wenigstens eines zur wirksamen Vertretung benötigten Vorstandsmitglieds gleichzeitig der Vorwurf pflichtwidriger Vorstandstätigkeit begründet liegt. Dieselbe Konstellation besteht bei der gesetzlich vorgesehenen Mehrheitsvertretung (§ 84 Abs. 2 Satz 2 BGB [§§ 86 Satz 1 a.F., 26 Abs. 2 Satz 1 BGB]), wenn ohne die an der (vermeintlichen) Pflichtverletzung beteiligten Vorstandsmitglieder ein prozessuales Vorgehen in vertretungsberechtigter Anzahl ausgeschlossen ist. Dasselbe gilt bei einem eingliedrigen Vorstand, wenn nämlich das einzige Vorstandsmitglied gegen sich selbst einschreiten müsste.[459] Da in diesen Fällen das Verbot des Selbstkontrahierens greift, ist zu besorgen, dass die Bestimmungen zur gerichtlichen Vertretung der Stiftung die Durchsetzung berechtigter Stiftungsinteressen auf dem Rechtsweg verhindern.[460]

Existiert kein Durchsetzungsdefizit infolge eines Nicht-Könnens des Vorstands, gilt für die Durchsetzung des Stiftungsinteresses gegenüber den pflichtwidrig handelnden Vorstandsmitgliedern für den (Rest-)Vorstand die grundsätzliche Pflicht zur Selbstverfolgung.[461] Nach der gesetzlichen Konzeption müsste dieser

---

Stiftung, Rn. 629; *G. Roth*, in: MHdB GesR VII, § 98 Rn. 11; *ders.*, in: Hüttemann/Richter/Weitemeyer, Landesstiftungsrecht, Rn. 17.51; *Uffmann*, ZIP 2021, 1251, 1254; *dies.*, in: Andrick/Muscheler/Uffmann, Stiftungsrecht, § 84a BGB Rn. 30; *Werner*, ZEV 2009, 366, 370.

459 *Jakob*, Schutz der Stiftung, 217.

460 Vgl. *Jakob*, Schutz der Stiftung, 217; *Weitemeyer*, in: MüKo-BGB, § 86 Rn. 16. Die Einschränkung der Vertretungsmacht aufgrund des § 181 BGB gilt jedoch nicht, wenn der Stifter Ausnahmen dieses Grundsatzes in der Satzung vorsieht, wozu er nach überwiegender Ansicht die Möglichkeit hat, s. nur *Burgard*, in: Burgard, Stiftungsrecht, § 84 BGB Rn. 38; *Godron/Gollan*, in: Richter, Stiftungsrecht, § 6 Rn. 33; *Hüttemann/Rawert*, in: Staudinger, BGB, § 86 Rn. 20; *Weitemeyer*, in: MüKo-BGB, § 86 Rn. 16. Die Verhinderung eines Durchsetzungsdefizits des Vorstands bereits auf Ebene des Nicht-Könnens ist daher ein möglicher Mechanismus des Stifters, einer Schutzlosigkeit seiner Stiftung abzuhelfen.

461 S. dazu bereits die Nachweise in Fn. 458.

somit gegen die eigenen Vorstandskollegen vorgehen. In der Konstellation besteht die begründete Gefahr, dass die gerichtliche Durchsetzung des Stifterwillens aufgrund einer den Stiftungsinteressen zuwiderlaufenden Motivation (Solidarität oder sonstige Verbundenheit mit den Vorstandskollegen, Sorge vor eigener Inanspruchnahme bei der Prüfung des pflichtwidrigen Verhaltens etc.), also eines Nicht-Wollens, unterbleibt.[462]

Sehen die Vorstandsmitglieder zuungunsten der Stiftung von einem gerichtlichen Vorgehen gegen pflichtwidriges Vorstandsverhalten ab und missachten deshalb die satzungs- und gesetzmäßigen Vorgaben, obliegt es zum Schutz der Stiftung und des Stifterwillens sowie zur Kompensation des vorstandsbezogenen Durchsetzungsdefizits nunmehr der zuständigen Stiftungsaufsichtsbehörde, den Stiftungsinteressen zur Erfüllung zu verhelfen.[463]

Für die Geltendmachung von Rechten der Stiftung, die sich insbesondere aufgrund pflichtwidrigen Verhaltens gegen einzelne Organmitglieder richten, kommt der Rückgriff auf spezielle aufsichtliche Durchsetzungsbefugnisse in Betracht, soweit landesgesetzlich vorgesehen.[464] In diese Kategorie fallen die Regelungen der § 11 Abs. 3 StiftG BW (StiftG), Art. 13 Satz 1 BayStG, § 8 Abs. 4 Satz 1 StiftGBbg, § 9 Satz 1 BremStiftG, § 8 NStiftG und § 9 Satz 1 StiftG NRW. Gem. § 11 Abs. 3 StiftG BW (StiftG) werden Ansprüche der Stiftung gegen Mitglieder von vertretungsberechtigten Organen von der Stiftungsbehörde im Namen und auf Kosten der Stiftung geltend gemacht. Demgegenüber ordnet Art. 13 Satz 1 BayStG an, dass die Stiftungsaufsichtsbehörde befugt ist, im Namen der Stiftung Ansprüche gegen Mitglieder der Stiftungsorgane gerichtlich geltend zu machen, sofern dies nicht binnen angemessener Frist durch das zuständige Organ der Stiftung selbst geschieht. Speziell für die Geltendmachung von Schadensersatzansprüchen im Namen der Stiftung gegen Mitglieder der Stiftungsorgane erteilen § 8 Abs. 4 Satz 1 StiftGBbg bzw. § 9 Satz 1 BremStiftG bei entsprechender Kenntniserlangung der

---

462 *Burgard*, in: Burgard, Stiftungsrecht, Anh 1 zu § 84a BGB Rn. 37; *G. Roth*, in: MHdB GesR VII, § 98 Rn. 11; *ders.*, in: Hüttemann/Richter/Weitemeyer, Landesstiftungsrecht, Rn. 17.51; *Uffmann*, ZIP 2021, 1251, 1254.

463 Vgl. nur die landesgesetzlichen Ermächtigungsgrundlagen für ein grundsätzliches Tätigwerden der Stiftungsaufsicht, z.B. in § 5 Abs. 1 Satz 1 BremStiftG: „Die Stiftungsbehörde übt die Aufsicht darüber aus, dass die Stiftung in Übereinstimmung mit den Gesetzen und der Satzung verwaltet wird."

464 Überblick bei *Orth*, ZStV 2024, 3, 31 f.; vgl. *Mehrbrey/Gräler*, in: Mehrbrey, Hd-Buch Ges. Streitigkeiten, § 85 Rn. 19; *Roth*, in: Hüttemann/Richter/Weitemeyer, Landesstiftungsrecht, Rn. 17.56; *Uffmann*, in: Andrick/Muscheler/Uffmann, Stiftungsrecht, § 84a BGB Rn. 32.

Stiftungsbehörde die Befugnis, eine vertretungsberechtigte Person zur Klärung und Durchsetzung dieser Ansprüche zu bestellen, ebenso wie § 8 NStiftG die Befugnis zur gerichtlichen Geltendmachung der Ansprüche auf Schadensersatz der Stiftungsbehörde selbst einräumt, sofern dies nicht innerhalb einer bestimmten Frist durch das zuständige Stiftungsorgan geschieht oder die Stiftung dazu nicht in der Lage ist. Schließlich normiert § 9 Satz 1 StiftG NRW, dass die Stiftungsbehörde der Stiftung eine vertretungsberechtigte Person zur Klärung und Durchsetzung ihrer Ansprüche bestellen kann, sofern sie von einem Sachverhalt Kenntnis erlangt, der Schadensersatzansprüche der Stiftung gegen Mitglieder der Stiftungsorgane begründen könnte.

Bestehen keine speziellen gesetzlichen Durchsetzungsbefugnisse der Stiftungsaufsichtsbehörden, müssen diese auf die allgemeinen Eingriffs- und Durchsetzungsinstrumentarien zurückgreifen, um den Schutz der Stiftung vor pflichtwidriger Vorstandstätigkeit sicherzustellen.[465] Dazu können etwa ein Recht zur Abberufung, Beanstandungen oder Weisungen sowie schließlich die Bestellung eines Sachwalters gehören.[466] Ebenfalls in Betracht kommt die befristete Bestellung von Organmitgliedern als Notmaßnahme gem. § 84c Abs. 1 BGB (§§ 86 Satz 1 a.F., 29 BGB), weil das Fehlen erforderlicher Vorstandsmitglieder tatbestandlich erfüllt ist, wenn diese wegen § 181 BGB (und somit im Falle eines Nicht-Könnens) an der Wahrnehmung ihrer Aufgaben gehindert sind.[467]

Durchsetzungsdefizite sind allerdings auch bei einem eigentlich notwendigen Vorgehen der Stiftungsaufsichtsbehörden denkbar, wobei erneut zwischen einem Nicht-Können und einem Nicht-Wollen zu differenzieren ist.

Der in einem Nicht-Können begründet liegende Ausschluss einer prozessualen Durchsetzung berechtigter Stiftungsinteressen, die im Zusammenhang mit einem pflichtwidrigen Verhalten des Stiftungsvorstands stehen, wurzelt regelmäßig in der das Recht der Stiftungsaufsicht prägenden Beachtung des Verhältnismäßigkeitsprinzips und des daraus abgeleiteten Grundsatzes der Subsidiarität aufsichtlichen Einschreitens.[468] In Bezug auf ein aufsichtliches Vorgehen zum Schutz der

---

465 *Roth*, in: Hüttemann/Richter/Weitemeyer, Landesstiftungsrecht, Rn. 17.57; *Uffmann*, in: Andrick/Muscheler/Uffmann, Stiftungsrecht, § 84a BGB Rn. 32.

466 S. für weitere Beispiele die Aufzählung bei *Roth*, in: Hüttemann/Richter/Weitemeyer, Landesstiftungsrecht, Rn. 17.57.

467 *Uffmann*, in: Andrick/Muscheler/Uffmann, Stiftungsrecht, § 84 BGB Rn. 49; ebenso *Weitemeyer*, in: MüKo-BGB, § 86 Rn. 16, 18, zur Rechtslage unter Geltung der §§ 86 Satz 1 a.F., 29 BGB.

468 Vgl. nur die bereits dargestellten Regelungen des Art. 13 Satz 1 BayStG und § 9 Satz 1 StiftG NRW für eine tatbestandliche Verbriefung des Subsidiaritätsgrundsatzes bei

Stiftung ist der Grundsatz dahingehend zu konkretisieren, dass ein Eingreifen der Stiftungsbehörde nicht in Betracht kommt, wenn die Überwachung der Stiftungsverwaltung und die Durchsetzung der Stiftungsinteressen stiftungsintern gewährleistet ist, sei es durch ein Vorgehen durchsetzungsfähiger und -williger Vorstandsmitglieder, sei es durch ein in der Stiftungssatzung vorgesehenes Kontrollorgan[469].[470] Da ein Nicht-Können der Stiftungsaufsicht somit in einem Tätigwerden, mithin einem Wollen der Stiftungsorgane begründet liegt, besteht im Ergebnis von vornherein kein Durchsetzungsvakuum und damit keine Gefährdung einer Durchsetzung von Stiftungsinteressen, sodass diese Konstellation für die hier zu untersuchende Thematik auszuklammern ist.

Etwas anderes kann sich ergeben, wenn die zuständige Stiftungsbehörde, obwohl diese aufgrund eines Nicht-Könnens oder Nicht-Wollens der Vorstandsmitglieder tätig werden müsste, auf eine Rechtsdurchsetzung zugunsten der Stiftung verzichtet. Zwar lässt sich diskutieren, inwiefern ein gemeinsamer Verzicht auf ein Eingreifen in der Stiftungspraxis tatsächlich vorkommt und deshalb aufgrund eines strukturellen Defizits eine reale Gefahr für die Stiftung bedeutet: So sehen Stimmen in der Literatur in opportunistischen Arrangements zwischen Stiftungsorganen und Stiftungsbehörden keinesfalls nur graue Theorie.[471] Als Katalysator eines Nicht-Wollens wird ein mögliches gering ausgeprägtes Interesse der staatli-

---

der Durchsetzung von Stiftungsansprüchen gegen die Mitglieder von Stiftungsorganen; dazu ebenfalls *Roth*, in: Hüttemann/Richter/Weitemeyer, Landesstiftungsrecht, Rn. 17.58 ff.; *Suerbaum*, in: Andrick/Suerbaum, StiftG NRW, § 11 Rn. 9 ff. Ebenfalls in die Kategorie eines Nicht-Könnens fällt die Ausübung der Aufsichtstätigkeit bei privatnützigen Stiftungen, etwa Familienstiftungen, weil diese landesstiftungsgesetzlich von vornherein nur einer eingeschränkten oder gar keiner Aufsicht unterliegen, s. nur *Roth*, in: MHdB GesR VII, § 96 Rn. 28.

469 Zu den diesbezüglichen Rechtsfragen, s. ausführlich unter Teil 2.§ 2.A.II.2.b)bb)(2)(a)(aa).

470 *Roth*, in: Hüttemann/Richter/Weitemeyer, Landesstiftungsrecht, Rn. 17.58.

471 *Burgard*, ZStV 2015, 1, 3, der die Gründe für ein zuweilen zu beobachtendes kollusives Zusammenwirken zum Nachteil der Stiftung aus einem erheblichen Interessengleichlauf zwischen den Mitarbeitern von Stiftungsaufsichtsbehörden und den Mitgliedern von Stiftungsorganen ableitet; *Weitemeyer*, in: MüKo-BGB, § 85 Rn. 31, unter Hinweis u.a. auf BGHZ 99, 344 = NJW 1987, 2364, wonach eine (in dem konkreten Fall vorgenommene) Umwandlung einer Familienstiftung in eine gemeinnützige Stiftung nicht deshalb folgenlos bleiben dürfe, weil niemand befugt ist, dagegen zu klagen; vgl. *Gollan*, ErbR 2020, 700, 703; *Reuter*, in: NPLY 2002, 157, 170 f.; *G. Roth*, in: MHdB GesR VII, § 96 Rn. 28; *Schauhoff*, in: Schauhoff/Mehren, Stiftungsrecht, Kap. 1 Rn. 29, der aufgrund des strukturellen Risikos umfassendere Klagerechte einfordert.

chen Verwaltung in Bezug auf bestimmte Stiftungen angeführt, die die Behörden aufgrund des gebundenen Anspruchs in § 82 Satz 1 BGB (§ 80 Abs. 2 Satz 1 BGB a.F.) anders als früher zwar anerkennen *müssen*, die ihr aber tatsächlich gleichgültig sind oder möglicherweise sogar missfallen.[472] Dem wird entgegengehalten, dass ein der Annahme eines Nicht-Wollens zugrundeliegendes Misstrauen gegenüber den Stiftungsbehörden sowohl rechtlich als auch tatsächlich jeder Grundlage entbehrt: ersteres, weil die Rechtsaufsicht als exekutives Organ gemäß Art. 20 Abs. 3 GG an Recht und Gesetz gebunden ist und aus dieser verfassungsrechtlichen Bindung ihre Handlungsoptionen herzuleiten hat; letzteres, weil jedenfalls die Infragestellung des Willens und der Fähigkeiten von Stiftungsbehörden, ihre Aufgaben rechtstreu zu erfüllen, in der Stiftungspraxis keine Grundlage findet.[473]

Auch wenn hinter einem Nicht-Eingreifen in Bezug auf pflichtwidriges Vorstandsverhalten nicht zwangsläufig ein gemeinsamer Wille oder ein planmäßiges Zusammenwirken von Stiftungsvorstand und Stiftungsbehörde stehen muss und keine grundsätzlichen Zweifel an der Gesetzmäßigkeit der Verwaltung bestehen, lässt sich andererseits nicht leugnen, dass das stiftungstypische Fehlen von natürlichen Trägern eines Eigeninteresses[474] gerade in Bezug auf Pflichtverletzungen durch den Stiftungsvorstand zu Defiziten bei der Rechtsdurchsetzung führen kann. Verstärkt wird dieses Durchsetzungsdefizit durch den Umstand, dass es auch etwaigen Stiftungsbeteiligten mit berechtigten Interessen zu Recht nicht möglich ist, einen Anspruch auf ein aktives Einschreiten der Stiftungsbehörde etwa gegen das pflichtwidrige Verhalten des Stiftungsvorstands geltend zu machen.[475] Die gem. § 42 Abs. 2 VwGO für die erforderliche verwaltungsgerichtliche Klagebefugnis notwendige Möglichkeit einer Betroffenheit in subjektiv-

---

472 *Reuter*, in: NPLY 2002, 157, 170; *Weitemeyer*, in: MüKo-BGB, § 85 Rn. 29; in eine ähnliche Richtung *Richter*, Rechtsfähige Stiftung, 378 („stiftungsideologische Indifferenz); *G. Roth*, in: MHdB GesR VII, § 96 Rn. 28 (kein Interesse an der Durchsetzung satzungskonformer Stiftungstätigkeit aus politischen Gründen).

473 *Andrick*, Stellungnahme, 34, 42 f.

474 Dazu schon in der Einleitung unter Teil 1.§ 1.

475 Ganz h.M.: *Andrick*, in: Stiftungen in Deutschland und Europa, 281, 296 f.; *Reuter*, in: NPLY 2002, 157, 167; *G. Roth*, in: MHdB GesR VII, § 96 Rn. 19. Dass bei einem rechtswidrigen Verhalten der Stiftungsorgane kein Anspruch auf ein Einschreiten der Stiftungsaufsicht besteht, gilt insbesondere auch für Destinatäre (dazu bei einer Vorenthaltung von Stiftungsleistungen bereits unter Teil 2.§ 2.A.II.2.a)bb)(2)) sowie für den Stifter selbst, *Hüttemann/Rawert*, in: Staudinger, BGB, § 85 Rn. 34; *Schwarz van Berk/Fischer*, in: MHdB GesR V, § 101 Rn. 34; *Weitemeyer*, in: MüKo-BGB, § 85 Rn. 35. S. dazu und zu der nachfolgenden dogmatischen Begründung zudem die Ausführungen unter Teil 2.§ 2.B.II.3.a)bb)(3).

öffentlichen Rechten ist bereits deshalb zu verneinen, weil die für einen solchen Anspruch herangezogenen landesstiftungsgesetzlichen Vorschriften über die Stiftungsaufsicht keinen Individualinteressen dienen und damit keinen drittschützenden Charakter entfalten.[476] Der Auftrag der Stiftungsbehörden sicherzustellen, dass die Organe der Stiftung den in Stiftungsgeschäft und Stiftungssatzung zum Ausdruck kommenden Stifterwillen beachten und die Tätigkeit der Stiftung im Einklang mit Recht und Gesetz steht, dient vielmehr allein dem allgemeinen, öffentlichen Interesse am Funktionserhalt der Rechtsfigur Stiftung sowie dem Schutz der Stiftung selbst.[477] Eine subjektive Rechtsbetroffenheit Dritter aufgrund eines separierten Individualinteresses in Form des Anspruchs auf ein stiftungsaufsichtliches Einschreiten besteht mithin nicht.

Um eventuelle Rechtsschutzschwächen von vornherein zu erkennen und (stifterseitig) zu verhindern, erscheint es – mit dem Ziel eines modernen und robusten Stiftungsrechtssystems – sachgerecht zu erörtern, ob und wie eine gerichtliche Rechtsdurchsetzung gelingen kann, wenn im Ergebnis ein Eingreifen zum Schutz der Stiftung unterbleibt, weil die normale Kompetenzordnung aufgrund kumulativer Durchsetzungsstörungen versagt.

(2) Gewillkürte Lösungsansätze

Um einem möglichen Durchsetzungsdefizit bei der gerichtlichen Geltendmachung von Pflichtverletzungen des Stiftungsvorstands abzuhelfen, kommen sowohl gewillkürte als auch gesetzliche Lösungsansätze in Betracht. In Ansehung der dem Stifter verliehenen Freiheit bei der Ausgestaltung der Stiftung und ihrer Organisationsstruktur erscheint es konsequent, darin nicht nur das Recht, sondern auch eine Pflicht des Stifters zu sehen, sich maßgeblich eigenverantwortlich um wirksame Mechanismen zur Durchsetzung berechtigter Stiftungsinteressen zu bemühen.[478]

---

476 *Andrick*, in: Stiftungen in Deutschland und Europa, 281, 296; *G. Roth*, in: MHdB GesR VII, § 96 Rn. 19.

477 *Andrick*, in: Stiftungen in Deutschland und Europa, 281, 297; *G. Roth*, in: MHdB GesR VII, § 96 Rn. 19.

478 Ähnlich *Burgard*, ZStV 2015, 1, 7 f., für die Implementierung von Satzungsregelungen zur Verbesserung der Foundation Governance; *G. Roth*, in: MHdB GesR VII, § 96 Rn. 29; *Uhl*, SB 2022, 193, 195. Zu den Stiftungsinteressen können sowohl ein repressives Vorgehen in Gestalt eines Schadensersatzanspruchs als auch ein präventives Vorgehen im Wege der Geltendmachung von Unterlassungsansprüchen gegen den pflichtwidrig handelnden Vorstand gehören.

Daher sollen zunächst die gewillkürten Regelungsmöglichkeiten in den Blick genommen werden.

(a) Begründung von Klagerechten in der Satzung

Maßgeblich in Betracht kommt die Erweiterung der gesetzlich vorgesehenen Sachbefugnis zur gerichtlichen Durchsetzung der Stiftungsrechte im Wege der Einräumung weiterer Klagerechte in der Satzung. Diese sollen im Folgenden einzeln erörtert werden.

(aa) Recht des Kuratoriums

(α) Regelungsmöglichkeiten und -grenzen

Anknüpfungspunkt für das Bestehen eines Klagerechts des Kuratoriums ist dessen satzungsmäßige Einrichtung, aufgrund der dem Fakultativorgan die Kontrolle und Überwachung des Stiftungsvorstands und seiner Geschäftsführung als Organkompetenz zugewiesen sind.[479]

Der Stifter kann die einzelnen Kontroll- und Überwachungsaufgaben detailliert ausgestalten, sodass eine Überprüfung abgeschlossener und ggf. künftiger Geschäftsführungsmaßnahmen des Stiftungsvorstands auf ihre Rechtmäßigkeit hin ermöglicht wird, mithin auf ihre Vereinbarkeit mit den satzungsmäßigen und gesetzlichen Vorgaben.[480] Diese Überwachungskompetenz des Kuratoriums kann der Stifter durch die Normierung von Hilfsrechten flankieren, die dem Organ seine primären Organpflichten ermöglichen und erleichtern sollen.[481]

---

479 Dies empfehlend *Burgard*, ZStV 2015, 1, 8; *Godron/Gollan*, in: Richter, Stiftungsrecht, § 6 Rn. 143; *Kraus*, npoR 2024, 63, 65 f.; *Orth*, in: Orth/Uhl, Stiftungsrechtsreform, Rn. 445; *Richter*, Rechtsfähige Stiftung, 375 f.; *G. Roth*, in: MHdB GesR VII, § 98 Rn. 2; *Wernicke*, ZEV 2003, 301, 303.

480 Zu den Überwachungsaufgaben können etwa die Prüfung von Vorstandsberichten, Wirtschaftsplänen und Jahresrechnungen oder die gerichtliche bzw. außergerichtliche Vertretung der Stiftung gegenüber Mitgliedern des Vorstands gehören, s. nur die Aufzählungen bei *Godron/Gollan*, in: Richter, Stiftungsrecht, § 6 Rn. 105 f.; *Hof*, in: von Campenhausen/Richter, Stiftungsrechts-Handbuch, § 8 Rn. 83; *Kilian*, Stellung des Beirates, 54 f.; *Schiffer/Pruns*, in: NK-BGB, § 81 Rn. 37; *O. Werner*, in: Werner/Saenger/Fischer, Die Stiftung, § 10 Rn. 42 ff.; *Wernicke*, ZEV 2003, 301, 302.

481 *Kilian*, Stellung des Beirates, 54 f.; vgl. für die AG *Bork*, ZGR 1989, 1, 15; *Habersack*, in: MüKo-AktG, § 111 Rn. 22. In Betracht kommen etwa Informationsrechte in Form von Ansprüchen auf Berichterstattung oder Einsichtnahme in Stiftungsunterlagen (vgl. §§ 90 Abs. 3 Satz 1, 111 Abs. 2 Satz 1 AktG für entsprechende Regelungen im Recht der Aktiengesellschaft) oder die Einräumung von Vertretungsmacht zur

Zulässig ist, durch die Einräumung einer Kontrollkompetenz dem Kuratorium nicht nur eine Recht-, sondern auch eine Zweckmäßigkeitskontrolle der Geschäftsführung des Stiftungsvorstands zu ermöglichen.[482] Damit wird das Kuratorium in die Lage versetzt, die Vorstandstätigkeit zusätzlich auf ihre Zweckdienlichkeit zur Erfüllung des Stifterwillens zu überprüfen.[483] Über die konkrete Ausformung der Zweckmäßigkeitskontrolle entscheidet der Stifter durch die Anordnungen in Stiftungsgeschäft und -satzung. Denkbar ist etwa, den Zweckmäßigkeitserwägungen des Kuratoriums im Rahmen einer zukunftsbezogenen Kontrolle durch die Anordnung von Zustimmungsvorbehalten Raum zu geben.[484]

Richtigerweise stößt eine Zweckmäßigkeitskontrolle dann an ihre Grenzen, wenn in den satzungsmäßig festgelegten Bereich der Entscheidungsfreiheit des Vorstands bei der eigenverantwortlichen Leitung der Stiftung eingegriffen würde. In diesen Fällen kann das ausgeübte Ermessen bei der Geschäftsführung lediglich auf Ermessensfehler überprüft werden (§ 40 VwVfG, § 114 VwGO) und darüber hinaus keine Weisungsbefugnis des Kuratoriums bestehen.[485] Die Einwirkungsmöglichkeiten des Kuratoriums erschöpfen sich dann in der Vorstellung abweichender Maßnahmen und der Fassung eines missbilligenden Beschlusses.

Als Zwischenergebnis ist festzuhalten, dass für ein auf Kontrolle gestütztes Klagerecht zur Durchsetzung von Stiftungsinteressen ein satzungsmäßig vorgesehenes Kuratorium aufgrund seiner möglichen Kontrollfunktion geradezu

---

Durchsetzung von Stiftungsansprüchen gegenüber Vorstandsmitgliedern; vgl. *Kilian*, Stellung des Beirates, 50, mit Beispielen für satzungsmäßige Informationsansprüche des Kuratoriums aus der Stiftungspraxis.

482 Unstrittig ist, dass jedenfalls die Stiftungsaufsicht als reine Rechtsaufsicht zwar die Vereinbarkeit der Stiftungstätigkeit mit den satzungsmäßigen Vorgaben und gesetzlichen Bestimmungen überprüfen kann und muss, sie jedoch keine eigenen Zweckmäßigkeitserwägungen anstellen darf, s. nur *Fischer*, in: Richter, Stiftungsrecht, § 8 Rn. 46 ff.; *Wernicke*, ZEV 2003, 301, 304.

483 *Kilian*, Stellung des Beirates, 53; *G. Roth*, in: MHdB GesR VII, 99 Rn. 15; *Wernicke*, ZEV 2003, 301, 303.

484 Dazu *Kilian*, Stellung des Beirates, 55 f.; *O. Werner*, in: Werner/Saenger/Fischer, Die Stiftung, § 10 Rn. 44; *Wernicke*, ZEV 2003, 301, 302 f.; vgl. *Habersack*, in: MüKo-AktG, § 111 Rn. 31. Derartige Zustimmungserfordernisse des Kuratoriums etwa für wichtige oder potentiell gefährliche Stiftungsgeschäfte stellen eine besonders intensive Form der Kontrolle dar, *Kilian*, Stellung des Beirates, 55 f.; *O. Werner*, in: Werner/Saenger/Fischer, Die Stiftung, § 10 Rn. 44.

485 *G. Roth*, in: MHdB GesR VII, § 99 Rn. 15, spricht insoweit von einer Entscheidungsprärogative des Stiftungsvorstands als Leitungsorgan.

prädestiniert ist. Die diesbezügliche Einräumung von Kontrollkompetenzen für das Organ ist dabei in den vorstehend skizzierten Grenzen möglich.

(β) Stiftungsinteresse: Geltendmachung von Schadensersatzansprüchen

(αα) Konzeption des Klagerechts und Konsequenzen für die gerichtliche Durchsetzung

Ergeben sich aufgrund einer Pflichtverletzung des Vorstands Schadensersatzansprüche,[486] handelt es sich um Schadensersatzansprüche der Stiftung, weil die aus dem organschaftlichen Bestellungsverhältnis oder schuldrechtlichen Anstellungsverhältnis verletzten Pflichten ihr gegenüber bestehen, sodass sie als Berechtigte im gerichtlichen Verfahren aktivlegitimiert ist.[487] Kommt eine Leistungsklage des Kuratoriums aus eigenem Recht somit nicht in Betracht, kann eine eingeräumte Kontrollkompetenz hinsichtlich der Geltendmachung von Schadensersatzansprüchen nur die Funktion haben, anstelle des gem. § 84 Abs. 2 Satz 1 BGB (§§ 86 Satz 1 a.F., 26 Abs. 1 Satz 2 BGB) eigentlich zuständigen Vorstands die Rechte in fremdem Namen, mithin als Vertreter der Stiftung durchzusetzen.[488]

---

486 Je nach Art der Pflichtverletzung kommt im Bereich der Innenhaftung als Anspruchsgrundlage entweder § 280 Abs. 1 i.V.m. §§ 84a Abs. 1 Satz 1, 664 ff. BGB (§§ 86 Satz 1 a.F., 27 Abs. 3, 664 ff. BGB) wegen der Verletzung einer Pflicht aus dem organschaftlichen Bestellungsverhältnis, alternativ § 280 Abs. 1 i.V.m. § 675 BGB bzw. § 611 BGB wegen der Verletzung einer Pflicht aus dem schuldrechtlichen Anstellungsverhältnis in Betracht, *Fischer*, in: Werner/Saenger/Fischer, Die Stiftung, § 20 Rn. 59; *Jakob/Picht*, in: BeckOGK-BGB, Stand: 01.02.2021, § 86 Rn. 75; *Kiethe*, NZG 2007, 810, 811.

487 Vgl. *G. Roth*, in: MHdB GesR VII, § 98 Rn. 8.

488 Die Frage, ob ein Kontrollrecht als subjektives Recht des Kuratoriums im innerorganisatorischen Bereich der Stiftung in Betracht kommt, muss bei der hier auf das Außenrecht bezogenen Haftungsklage der Stiftung somit (noch) nicht entschieden werden; dazu aber unter Teil 2.§ 2.A.II.2.b)bb)(2)(a)(aa)(γ). – Gegen die Zulässigkeit einer Feststellungsklage der Stiftung gegen ihren Vorstand auf Feststellung der Nichtigkeit des einer Vorstandsmaßnahme zugrundeliegenden Organbeschlusses spricht zweierlei: Zum einen dürfte es bereits am erforderlichen Feststellungsinteresse fehlen, da mit der Leistungsklage eine prozessökonomischere und damit vorrangige Klagemöglichkeit zur Verfügung steht. Erkennt das Gericht nämlich etwa das Bestehen eines Schadensersatzanspruchs an, ist damit gleichzeitig ein Urteil über die Rechtmäßigkeit der entsprechenden Vorstandshandlung gefällt. Zum anderen besteht die Gefahr eines unzulässigen Insichprozesses: Da die rechtliche Klärung eines wirksamen Organbeschlusses dem Innenbereich der Stiftung zuzuordnen ist,

Problematisch kann sich in diesem Zusammenhang die Begründung der dafür erforderlichen Vertretungsmacht erweisen. Dies gilt nicht, wenn der Stifter dem Kuratorium in der Satzung eine auf die kontrollierende Rechtsposition zugeschnittene, flankierende Durchsetzungsbefugnis in Form organschaftlicher Vertretungsmacht explizit eingeräumt hat.[489]

Unklar ist, wie eine Vertretungsmacht begründet werden kann, wenn in der Satzung zwar die Einrichtung und Bestellung eines Kuratoriums vorgesehen ist, darüber hinaus jedoch Regelungen zur Durchsetzung der eingeräumten Befugnisse fehlen.

(aaa) § 112 AktG analog

Nach einer Ansicht kommt in diesen Fällen die gerichtliche Durchsetzung der Stiftungsansprüche aufgrund einer analogen Anwendung des § 112 AktG in Betracht.[490]

Gemäß § 112 Satz 1 AktG vertritt gegenüber Vorstandsmitgliedern der Aufsichtsrat die Gesellschaft gerichtlich und außergerichtlich. Zweck der Vorschrift und insoweit Anknüpfungspunkt für eine mit dem Stiftungsrecht vergleichbare Interessenlage ist der Schutz der Gesellschaft vor einer (abstrakten) Gefährdung ihrer Belange aufgrund des mit § 78 Abs. 1 Satz 1 AktG verbundenen Interessenkonflikts des Vorstands und damit einhergehender Befangenheit.[491] Eine analoge

---

stünde nicht nur auf der Klägerseite, sondern auch auf der Beklagtenseite wegen der hier vertretenen Unzulässigkeit rechts- und parteifähiger Organe (dazu ausführlich unter Teil 2.§ 2.A.II.2.b)bb)(2)(a)(aa)(γ)) nicht der Vorstand, sondern die Stiftung, der das Organhandeln zugerechnet wird, BGHZ 99, 344, 346 f. = NJW 1987, 2364; OLG Frankfurt a.M. npoR 2019, 72, 74 Rn. 45 (Stiftung ist „im Grundsatz" richtiger Klagegegner); *Hüttemann/Rawert*, in: Staudinger, BGB, § 86 Rn. 65; *Jakob*, Schutz der Stiftung, 187; *Jakob/Picht/Kopp*, in: BeckOGK-BGB, Stand: 01.12.2023, § 83 Rn. 50; a.A. *G. Roth*, in: MHdB GesR VII, § 99 Rn. 12.

489 *Meyn*, in: Meyn/Richter/Koss/Gollan, Die Stiftung, Rn. 629. In diesem Fall hat der Stifter nur darauf zu achten, dass er den Umfang der Vertretungsmacht auf die betreffenden Konstellationen begrenzt, um nicht in Konflikt mit der stiftungsrechtlichen Zuständigkeitsordnung zu geraten, die den Vorstand als Vertretungsorgan der Stiftung vorschreibt.

490 *Roth*, in: Hüttemann/Richter/Weitemeyer, Landesstiftungsrecht, Rn. 17.53; *ders.*, in: MHdB GesR VII, § 98 Rn. 10, der missverständlich und ungenau von § 112 AktG als Klagerecht spricht. Vielmehr enthält § 112 AktG die Regelung einer organschaftlichen Vertretungsmacht, die ein bestehendes Klagerecht, hier ein solches der Stiftung, die als Inhaberin des Schadensersatzanspruchs aktivlegitimiert ist, voraussetzt.

491 *Habersack*, in: MüKo-AktG, § 112 Rn. 1, zieht Parallelen zum Verbot des Insichgeschäfts gem. § 181 BGB; *Spindler/Veil*, in: BeckOGK-AktG, Stand: 01.02.2024, § 112 Rn. 2.

Anwendung soll danach in Betracht kommen, wenn dem Aufsichtsorgan ähnlich dem aktienrechtlichen Aufsichtsrat weitreichende Kontroll- und Überwachungsrechte über das Handeln des Vorstands eingeräumt sind.[492]

(bbb) § 30 Satz 2 BGB analog

Nach anderer Ansicht ergibt sich eine organschaftliche Vertretungsmacht des Kuratoriums zur Durchsetzung von Schadensersatzansprüchen der Stiftung aus einer analogen Anwendung des § 30 Satz 2 BGB.[493]

Danach erstreckt sich die Vertretungsmacht eines besonderen Vertreters im Zweifel auf alle Rechtsgeschäfte, die der ihm zugewiesene Geschäftskreis gewöhnlich mit sich bringt. Die Rechtsstellung des Kuratoriums entspreche hinsichtlich einer auf gewisse Geschäfte beschränkten Zuständigkeit und der Zuweisung damit in Zusammenhang stehender Kompetenzen derjenigen eines besonderen Vertreters, sodass eine entsprechende Anwendung des Rechtsgedankens des § 30 Satz 2 BGB geboten sei.

(ccc) Stellungnahme

Den vorstehend genannten Ansichten ist im Ergebnis, aber nicht in ihren jeweiligen dogmatischen Begründungen zuzustimmen.

Die analoge Anwendung des § 112 AktG scheint in den Fällen zu passen, in denen das Kuratorium nach der Stiftungssatzung eben nicht (nur) als Beratungs- oder Repräsentationsorgan der Stiftung konzipiert, sondern wie der aktienrechtliche Aufsichtsrat (s. § 111 Abs. 1 AktG) mit einer Kompetenz zur Kontrolle und Überwachung des geschäftsführenden Vorstands ausgestattet ist.[494] Zudem greift der Anwendungszweck der Vorschrift, Interessenkollisionen innerhalb des Vorstands zulasten der Gesellschaft zu verhindern, auch bei der hier diskutierten Konstellation einer Durchsetzung von Schadensersatzansprüchen der Stiftung gegen Vorstandsmitglieder. Dagegen spricht, dass es für den Aufgabenzuschnitt der Stiftungsorgane jenseits des Vorstands kein gesetzliches Leitbild gibt, sodass fraglich ist, ob die Funktion des Kontrollorgans der des Aufsichtsrats im Recht der AG hinreichend vergleichbar ist.[495]

---

492 *G. Roth*, in: MHdB GesR VII, § 98 Rn. 10.

493 *Burgard*, Gestaltungsfreiheit, 284; *Schwintek*, Vorstandskontrolle, 373; *Werner*, ZEV 2009, 366, 371; vgl. OLG Frankfurt a.M. npoR 2019, 72, 73 Rn. 38.

494 Zu den verschiedenen möglichen Funktionen des Kuratoriums, s. nur *Kilian*, Stellung des Beirates, 47 ff.; *O. Werner*, in: Werner/Saenger/Fischer, Die Stiftung, § 10 Rn. 41 ff.; vgl. *Gollan*, Vorstandshaftung, 186.

495 *Meyn*, in: Meyn/Richter/Koss/Gollan, Die Stiftung, Rn. 629 Fn. 959.

Den Stimmen, die für eine analoge Anwendung der besonderen Vertreterregelung des § 30 Satz 2 BGB streiten, ist zuzubilligen, dass eine Anknüpfung an die Kontrollfunktion des Kuratoriums die Herleitung des von § 30 Satz 2 BGB geforderten, satzungsmäßig klar abgegrenzten Aufgabenkreises ermöglicht. Allerdings kann § 30 Satz 2 BGB analog nur hinsichtlich des Umfangs der organschaftlichen Vertretungsmacht Abhilfe schaffen, nicht hinsichtlich der hier interessierenden Frage, ob überhaupt eine organschaftliche Vertretungsmacht des Kuratoriums besteht.[496]

Es ist deshalb fraglich, ob eine Analogie der richtige Ansatz zur Begründung organschaftlicher Vertretungsmacht des Kuratoriums ist. Unter Berücksichtigung des Primats des Stifterwillens erscheint es sachgerechter, diese Vertretungsmacht bereits im Wege einer Auslegung der die Kontrollkompetenz normierenden Satzungsbestimmungen herzuleiten.[497] Einen Stifterwillen, dem Kuratorium die gerichtliche Durchsetzung bestehender Schadensersatzansprüche zugunsten der Stiftung zu ermöglichen, wird man jedenfalls bei einer umfassenden und engmaschigen Kontrollkompetenz des Aufsichtsorgans über das Handeln des Vor-

---

496 Vgl. für die Differenzierung zwischen dem Bestehen und dem Umfang organschaftlicher Vertretungsmacht nur *Schöpflin*, in: BeckOK-BGB, § 30 Rn. 7 f. Im Zusammenhang mit dem Recht des besonderen Vertreters wird nämlich richtigerweise angenommen, dass aufgrund der Vereinsautonomie die Schaffung von bloßen Innenorganen, also Organen ohne organschaftliche Vertretungsmacht, jenseits einer Anwendung des § 30 BGB in jedem Fall möglich sein muss, *Leuschner*, in: MüKo-BGB, § 30 Rn. 5 („Dass es zulässig ist, ein reines Innenorgan zu schaffen, steht außer Frage."). Dieser Gedanke ist auf das Stiftungsrecht übertragbar.

497 Ebenfalls diese Möglichkeit in Betracht ziehend *Godron/Gollan*, in: Richter, Stiftungsrecht, § 6 Rn. 322; *von Harder*, ZStV 2019, 146, 147. Maßstab der Satzungsauslegung ist der verobjektivierte Wille des Stifters im Zeitpunkt der Stiftungsanerkennung aufgrund des gemeinsamen Empfängerhorizonts von Stiftungsorganen und Stiftungsaufsicht, *Weitemeyer*, in: MüKo-BGB, § 85 Rn. 18; ähnlich *Backert*, in: BeckOK-BGB, § 85 Rn. 2; *Hüttemann/Rawert*, in: Staudinger, BGB, § 81 Rn. 13; *Jakob*, Schutz der Stiftung, 138; *Jakob/Picht/Kopp*, in: BeckOGK-BGB, Stand: 01.12.2023, § 83 Rn. 3. Etwas anderes soll bei einer Stiftungserrichtung unter Lebenden für den sonstigen Inhalt des Stiftungsgeschäfts als nicht empfangsbedürftige Willenserklärung gelten. Hier sei nach § 133 BGB ein rein subjektiver Maßstab anzulegen, sodass mangels zu berücksichtigender Vertrauensinteressen anderer Personen stets der wirkliche Wille des Stifters zu erforschen ist, *Hüttemann/Rawert*, in: Staudinger, BGB, § 81 Rn. 12 f.; *Jakob*, Schutz der Stiftung, 138; *K. W. Lange*, in: BeckOGK-BGB, Stand: 01.01.2024, § 81 Rn. 19; *Weitemeyer*, in: MüKo-BGB, § 85 Rn. 18.

stands annehmen können.[498] Dafür spricht, dass der Stifter über die geforderten gesetzlichen Mindestinhalte hinaus sich privatautonom aktiv durch ausgestaltende Regelungen um den Schutz seiner Stiftung bemüht hat. Durch die Einsetzung einer stiftungsinternen Rechtmäßigkeitskontrollinstanz ist der Wille des Stifters erkennbar, ein pflichtgemäßes Vorstandsverhalten von innen heraus abzusichern. Diesem Stifterwillen würde es widersprechen, wenn das Kuratorium die ihm verliehenen Kontrollbefugnisse nicht gerichtlich durchsetzen könnte.[499] Der Überwachungsfunktion würde mit der fehlenden Durchsetzbarkeit ein entscheidender Baustein genommen, die Stiftung vor pflichtwidrigem Vorstandsverhalten effektiv zu schützen. Dass dies angesichts detailliert ausgestalteter Kontrollregelungen dem objektiven Stifterwillen entspricht, ist nicht anzunehmen. In diesen Fällen ist vielmehr der Wille gegeben, die satzungsmäßige Kontrollstellung des Kuratoriums durch die Einräumung organschaftlicher Vertretungsmacht zu flankieren.

Die Auslegung der Stiftungssatzung ist nach hier vertretener Ansicht mithin der vorzugswürdige dogmatische Ansatz.

Ist nach den vorstehenden Ausführungen im Einzelfall eine organschaftliche Vertretungsmacht anzunehmen, ist für deren Wahrnehmung durch das Kuratorium im Rahmen der gerichtlichen Geltendmachung von Schadensersatzansprüchen zu unterscheiden zwischen der internen Willensbildung innerhalb des Organs und der nach außen gerichteten Vertretung der Stiftung.[500] Ausgangspunkt ist die Feststellung, dass die Zuerkennung organschaftlicher Vertretungsmacht Ausfluss der angesprochenen Kontrollkompetenz sein muss. Diese Kontrollkompetenz ist keine Eigenkompetenz der einzelnen Kuratoriumsmitglieder, sondern es handelt sich um eine Kompetenz des Kuratoriums als Gesamtorgan.[501] Dementsprechend

---

498 *Godron/Gollan*, in: Richter, Stiftungsrecht, § 6 Rn. 322; *G. Roth*, in: MHdB GesR VII, § 98 Rn. 10; *Schwintek*, Vorstandskontrolle, 373.

499 *Kraus*, npoR 2024, 63, 65; *G. Roth*, in: MHdB GesR VII, § 98 Rn. 10, arbeitet pointiert mit dem Bild des zahnlosen Tigers; *Schwintek*, Vorstandskontrolle, 373; *Weitemeyer*, in: MüKo-BGB, § 85 Rn. 30.

500 Vgl. für den aktienrechtlichen Aufsichtsrat *Spindler/Veil*, in: BeckOGK-AktG, Stand: 01.02.2024, § 112 Rn. 37 ff.

501 Daran ändert nichts, dass die Ausübung der organschaftlichen Rechte und Pflichten durch das dem Organ zugerechnete Handeln der Organmitglieder als natürliche Personen erfolgt. Ebenfalls zu keiner anderen Einschätzung führt die (mögliche) Übertragung bestimmter Aufgabengebiete oder Sachfragen, inklusive der Vorbereitung von Beschlüssen oder der Beschlussfassung selbst, auf einzelne Mitglieder durch die Bildung von Ausschüssen. Dass die Gesamtverantwortung des Organs hiervon unberührt bleibt, ergibt sich daraus, dass sich eine Geschäftsordnung nicht über die verfassungsmäßigen Kompetenzzuweisungen hinwegsetzen kann, *Burgard*, in: Bur-

kann jedenfalls die sich in der Beschlussfassung vollziehende Willensbildung über eine Vertretung der Stiftung in einem mehrgliedrigen Kontrollorgan nicht einem einzelnen Kuratoriumsmitglied übertragen werden. Für die Beschlussfassung des Kuratoriums gelten vielmehr die satzungsmäßigen Vorgaben, hilfsweise § 84b Satz 1 BGB (§§ 86 Satz 1 a.F., 28, 32 BGB analog).

Für die eigentliche Vertretung der Stiftung im gerichtlichen Verfahren gegen den Vorstand ist, vorbehaltlich diesbezüglicher satzungsmäßiger Vorgaben im Zusammenhang mit einer dem Kuratorium ausdrücklich eingeräumten Vertretungsmacht, § 84 Abs. 2 Satz 2 BGB analog (§§ 86 Satz 1 a.F., 26 Abs. 2 Satz 1 BGB analog) anzuwenden, sodass die Stiftung vor Gericht durch die Mehrheit der Kuratoriumsmitglieder vertreten wird. In dem Prozess hat das Kuratorium die Stellung eines gesetzlichen Vertreters i.S.d. § 51 Abs. 1 ZPO.

(ββ) Klagegegner

Richtiger Klagegegner im gerichtlichen Verfahren zur Durchsetzung von Schadensersatzansprüchen der Stiftung sind die jeweils pflichtwidrig handelnden Vorstandsmitglieder.[502] Bei einer Mehrzahl sind diese im Falle ihrer Haftung aufgrund von Gesamtschuldnerschaft gem. § 421 BGB als einfache Streitgenossen i.S.d. § 59 Alt. 1 ZPO zu verklagen.[503] Das gilt jedenfalls für amtierende Vorstandsmitglieder.

Fraglich ist, ob Schadensersatzansprüche auch gegenüber ausgeschiedenen Mitgliedern des Vorstands als Klagegegner durch das Kuratorium geltend gemacht werden können. Diesbezüglich wird für das Aktienrecht im Rahmen des § 112 AktG angeführt, die Rechtsdurchsetzung gegenüber ausgeschiedenen Vorstandsmitgliedern sei bereits deshalb nicht durch das Kontrollorgan zu bewirken, weil in dieser Konstellation nicht die Gefahr einer Befangenheit des Vorstands bestehe und dieser zudem durch den Aufsichtsrat kontrolliert werde.[504]

Dieser Ansicht ist nicht zuzustimmen. Sie verkennt, dass es auch gegenüber ausgeschiedenen Vorstandsmitgliedern zu Interessenkollisionen kommen kann, die die Rechtsdurchsetzung berechtigter Stiftungsansprüche in Frage stellen.[505] Denkbare Motivationen, Ansprüche zulasten der Stiftung gerichtlich nicht durchzusetzen, können sowohl in einer fortwährenden Solidarität aufgrund einer per-

---

gard, Stiftungsrecht, § 84b BGB Rn. 11. Vgl. für den aktienrechtlichen Aufsichtsrat *Bork*, ZGR 1989, 1, 34; *Deckert*, AG 1994, 457, 463; *Grobe*, Inter- und Intraorganklagen, 32 ff.; *Raiser*, ZGR 1989, 44, 67.

502 *G. Roth*, in: MHdB GesR VII, § 98 Rn. 8.

503 Vgl. *Fischer*, in: Werner/Saenger/Fischer, Die Stiftung, § 20 Rn. 79.

504 *Behr/Kindl*, DStR 1999, 119, 122.

505 Vgl. *Spindler/Veil*, in: BeckOGK-AktG, Stand: 01.02.2024, § 112 Rn. 17.

sönlichen Verbundenheit mit dem ausgeschiedenen Vorstandsmitglied bzw. den ausgeschiedenen Vorstandsmitgliedern begründet sein als auch auf einem möglichen eigenen Haftungsrisiko für den amtierenden Vorstand fußen.

Konsequent erscheint es daher, bei der gerichtlichen Geltendmachung von Schadensersatzansprüchen der Stiftung aufgrund pflichtwidriger Vorstandstätigkeit für amtierende und ausgeschiedene Vorstandsmitglieder als Klagegegner dieselben Maßstäbe anzulegen, sodass im Falle eines satzungsmäßig vorgesehenen Kontrollorgans die Stiftung immer durch das Kuratorium vertreten wird.[506]

(γ) Stiftungsinteresse: Geltendmachung von Unterlassungsansprüchen

Das Stiftungsinteresse bei pflichtwidriger Vorstandstätigkeit kann nicht nur repressiv auf die Geltendmachung eines Schadensersatzanspruchs, sondern auch präventiv auf ein Unterlassen der nämlichen Vorstandshandlungen als Invollzugsetzung eines möglicherweise unwirksamen Organbeschlusses gerichtet sein.

Überlegenswert in diesem Zusammenhang ist, ob das Kuratorium aufgrund einer satzungsmäßigen Kontrollstellung selbst, also aus eigenem Recht, den Vorstand per Leistungsklage gerichtlich auf Unterlassung in Anspruch nehmen kann,[507] um auf diese Weise die Beachtung des Stifterwillens sicherzustellen und das Schutzniveau für die Stiftung effektiv zu erhöhen.[508] Für diese Möglichkeit zur Einhaltung und ggf. gerichtlichen Erzwingung rechtmäßigen Organverhaltens spricht deren effektiver und zukunftsbezogener Ansatz, der es erlauben würde, bereits im Vorfeld einer eventuellen Pflichtverletzung des Vorstands zu reagieren.[509]

---

506 Ebenso *G. Roth*, in: Hüttemann/Richter/Weitemeyer, Landesstiftungsrecht, Rn. 17.51 Fn. 168, unter Bezugnahme auf BGH NZG 2009, 466.

507 Demgegenüber dürfte eine Klage auf Vornahme einer bestimmten Vorstandshandlung regelmäßig bereits deshalb ausgeschlossen sein, weil damit in den geschützten Bereich des Entscheidungsermessens des Vorstands als grundsätzlich vorgesehenes Geschäftsführungs- und Leitungsorgan eingegriffen würde.

508 Bejahendenfalls wird gegen den Vollzug eines Vorstandsbeschlusses regelmäßig ein Vorgehen im Wege des einstweiligen Rechtsschutzes (§§ 935, 940 ZPO) in Betracht zu ziehen sein, vgl. *Sandhaus*, Rechtsschutz gegen Beschlüsse, 63 Fn. 333.

509 Demgegenüber steht das nachträgliche Kontroll- und Sanktionsinstrument der Geltendmachung eines Schadensersatzanspruchs, das schon begriffsnotwendig den Eintritt eines Schadens voraussetzt, woran es zudem fehlen könnte, wenn das rechtswidrige Vorstandsverhalten keinen Schaden nach sich gezogen hat, vgl. *Pflugradt*, Leistungsklagen, 56. Noch schärfer und aufgrund ihres erheblichen Eingriffs in die Stiftungsautonomie ohnehin nur in sehr engen Grenzen zulässig ist die in den Landesstiftungsgesetzen vorgesehene Befugnis der Aufsichtsbehörden, unter bestimmten Voraussetzungen Mitglieder von Stiftungsorganen abzuberufen; dazu ausführlich

Zudem könnten auch derartige Rechtsfragen einer Klärung zugeführt werden, bei denen keine Pflichtverletzung des Vorstands vorliegt, sondern vielmehr eine Kompetenzstreitigkeit zwischen Vorstand und Kuratorium in Rede steht.

Die rechtliche Untersuchung dieser Frage hat zweierlei zu berücksichtigen: Zum einen ist zu erläutern, ob ein solches Recht aus der stiftungsverfassungsrechtlichen Stellung des Kuratoriums im Einzelfall abgeleitet werden kann, bejahendenfalls, wie weit es reicht, und ob es sich im innerorganisatorischen Bereich der Stiftung um ein eigenes subjektives Recht des Kontrollorgans handelt und überhaupt handeln kann; letzteres bestimmt die Frage nach den prozessualen Konsequenzen, insbesondere zur Zulässigkeit eines Interorganstreitverfahrens im Stiftungsrecht.

Rechtliche Aussagen oberinstanzlicher Gerichte zu diesem thematischen Komplex bietet vor allem eine Entscheidung des OLG Frankfurt a.M.[510] In dem zugrundeliegenden Verfahren des einstweiligen Rechtsschutzes begehrten die Verfügungskläger den Erlass einer einstweiligen Verfügung zur Rücknahme eines bei der Stiftungsaufsicht vom Stiftungsrat als Verfügungsbeklagten eingereichten Antrags auf Genehmigung einer Verfassungsänderung bei der betreffenden Stiftung. Dem Antrag zugrunde lag ein Beschluss des Stiftungsrats, die Verfassung der Stiftung dahingehend zu ändern, dass der ehrenamtlich tätige Vorstand durch einen aus Angestellten der Stiftung bestehenden Vorstand ersetzt wird, und die bisherigen, ehrenamtlich tätigen Vorstandsmitglieder abberufen werden. Als Verfügungskläger traten die rechtsfähige Stiftung bürgerlichen Rechts, der Stiftungsvorstand, ein ehemaliges Vorstandsmitglied sowie die verbliebenen Vorstandsmitglieder auf. In Bezug auf ein mögliches Prozessrechtsverhältnis zwischen Vorstand und Stiftungsrat musste das Gericht sich mit der Zulässigkeit einer Interorganklage auseinandersetzen.

(αα) Konzeption des Klagerechts und Konsequenzen für die gerichtliche Durchsetzung

Soll das Kuratorium aus eigenem Recht den Vorstand auf Unterlassen in Anspruch nehmen, müsste die Kontrollstellung des Kuratoriums durch eine hinreichend bestimmte Verhaltensberechtigung flankiert sein, die es erlaubt, regulierend in

---

Winkler, in: Werner/Saenger/Fischer, Die Stiftung, § 27 Rn. 120 ff. Ebenfalls für eine Leistungsklage zur Erzwingung rechtmäßigen Vorstandsverhaltens im Recht der AG streiten *Pflugradt*, Leistungsklagen, 57; *Lewerenz*, Leistungsklagen, 52, da die sonstigen Durchsetzungsinstrumente entweder zu mild oder zu schneidig und damit häufig unverhältnismäßig seien.

510 OLG Frankfurt a.M. npoR 2019, 72.

den Kompetenzbereich des Vorstands als Geschäftsführungsorgan der Stiftung einzugreifen, wenn die primären Organaufgaben durch den Vorstand nicht im Einklang mit den gesetz- und satzungsmäßigen Vorgaben ausgeführt werden. Aufgrund ihrer rechtlichen Qualifikation als bloße Kompetenznorm genügt die Überwachungsfunktion des Kuratoriums als solche zur Anspruchsbegründung richtigerweise nicht. Vielmehr ist nach einem mit der Kontrollkompetenz in unmittelbarem Zusammenhang stehenden und diese konkretisierenden Recht zu fragen.[511]

Dafür kommt ein Recht auf Verhaltenskontrolle als Klagerecht in Betracht.[512] Problematisch erscheint, dass es dabei nicht um die Abwehr von Vorstandshandlungen geht, die das stiftungsrechtliche Organisationsgefüge verletzen, weil sie unzulässigerweise in den Kompetenzbereich des Kuratoriums eingreifen, sondern um Unterlassungsansprüche des Kuratoriums im Zusammenhang mit einer allgemeinen Kontrolle der Geschäftsführungsmaßnahmen des Vorstands, somit eines fremden Kompetenzbereichs.

Ob es eine solche Rechtsposition im Stiftungsrecht geben kann, ist deshalb umstritten. Für das Recht der Aktiengesellschaft wird die Annahme eines allgemeinen Kontrollrechts, mittels dessen die Einhaltung der primären Organrechte und -pflichten des Vorstands durch den Aufsichtsrat überwacht und ggf. auf dem Klageweg durchgesetzt werden kann, überwiegend abgelehnt.[513]

Gestützt wird dies auf die bindenden funktionsteiligen Zuweisungen in der aktienrechtlichen Kompetenzordnung.[514] Hiernach hat der Vorstand gem. § 76 Abs. 1 AktG unter eigener Verantwortung die Gesellschaft zu leiten; gem. § 111 Abs. 1 AktG hat der Aufsichtsrat die Geschäftsführung zu überwachen. Maßnahmen der Geschäftsführung können dem Aufsichtsrat nach § 111 Abs. 4 Satz 1 AktG gerade nicht übertragen werden. Damit sei klargestellt, dass ein klagbarer Anspruch auf Unterlassung aufgrund einer allgemeinen Verhaltenskontrolle der Geschäftsführung durch den Aufsichtsrat einen unzulässigen Eingriff in die un-

511 Vgl. *Bauer*, Organklagen, 14.

512 Für den Begriff des allgemeinen Verhaltenskontrollrechts im Recht der AG, s. nur die Ausführungen bei *Bauer*, Organklagen, 16; *Bork*, ZGR 1989, 1, 20 ff.; *Deckert*, AG 1994, 457, 463; *Raiser*, ZGR 1989, 44, 63; *K. Schmidt*, ZZP 92 (1979), 212, 214 f.

513 *Bauer*, Organklagen, 119 ff.; *Bork*, ZGR 1989, 1, 21; *Lewerenz*, Leistungsklagen, 121 ff.; *K. Schmidt*, ZZP 92 (1979), 212, 227 ff.; anders aber *Raiser*, ZGR 1989, 44, 64 f., für evident rechtswidrige Geschäftsführungsmaßnahmen des Vorstands, bei denen aufgrund der Schwere der Tat oder der Relevanz für die AG ohne die Annahme eines (klagbaren) Unterlassungsanspruchs des Aufsichtsrats ein irreparabler Schaden droht.

514 *Bauer*, Organklagen, 120 f.; *Bork*, ZGR 1989, 1, 21; *ders.*, ZIP 1991, 137, 139.

ternehmerische Handlungsfreiheit und Eigenverantwortlichkeit des Vorstands darstelle.[515] Zudem bestehe die latente Gefahr für den Vorstand, mit Unterlassungs- oder Vornahmeklagen des Aufsichtsrats überzogen zu werden.[516] In der Konsequenz bedeute dies, dass der Vorstand zwar seinerseits die Kompetenzen des Aufsichtsrats zu achten habe, gleichzeitig wiederum die ihm zugewiesenen Kompetenzen ohne Eingriffe des Aufsichtsrats oder anderer Organe wahrzunehmen berechtigt sei.[517]

Statt eines Rechts auf allgemeine Verhaltenskontrolle habe der Aufsichtsrat daher nur die Möglichkeit zur Fassung eines missbilligenden Beschlusses oder der repressiven Sanktionen des Schadensersatzanspruchs und der Abberufung.[518]

Diese Wertungen sind auf das Stiftungsrecht nicht ohne Weiteres übertragbar. Dem Vorwurf einer Verletzung des innerorganisatorischen Kompetenzgefüges durch ein allgemeines Kontrollrecht kann nach dem geltenden Recht bereits deshalb entgegengetreten werden, weil es – anders als im Aktienrecht – die Möglichkeit gibt, zumindest einzelne Geschäftsführungsmaßnahmen vom Vorstand auf das Kuratorium zu übertragen. Für die Einrichtung sowie die Aufgaben und Kompetenzen des Fakultativorgans gelten die Anordnungen des Stifters in Stiftungsgeschäft und Stiftungssatzung. Zwar findet eine beliebige Ausgestaltung der Rechtsstellung des Kuratoriums ihre Grenzen in der nicht dispositiven Rechtsstellung des Vorstands als gesetzlich vorgesehenes Pflichtorgan der Stiftung, das grundsätzlich zur Vertretung und umfassenden Geschäftsführung berufen ist.[519]

Anders als die Vertreterstellung, die zwingend ist,[520] können das Recht und die Pflicht des Vorstands zur Geschäftsführung abweichend geregelt, somit auch

---

515 *Bauer*, Organklagen, 121, mit der Feststellung, der Vorstand sei dann nur noch Vollzugsorgan des Aufsichtsrats; *Bork*, ZGR 1989, 1, 21; *Raiser*, ZGR 1989, 44, 63.

516 *Bauer*, Organklagen, 120.

517 So nachdrücklich *Bork*, ZGR 1989, 1, 21, der zusätzlich darauf hinweist, dass das Aktienrecht folgerichtig keine Norm enthalte, die dem Aufsichtsrat die Verhaltensberechtigung zuweist, dem Vorstand Geschäftsführungsmaßnahmen vorzuschreiben oder zu untersagen. Die Zuerkennung eines Rechts auf allgemeine Verhaltenskontrolle würde somit dem Aufsichtsrat eine Klagerecht ohne konkretes kompetenzverletzendes Verhalten des Vorstands liefern, *Bauer*, Organklagen, 120.

518 *Raiser*, ZGR 1989, 44, 63 ff.

519 *Schlüter/Stolte*, Stiftungsrecht, Kap. 2 Rn. 64.

520 Arg. e § 84 Abs. 3 BGB, wonach zwar von § 84 Abs. 1 Satz 2 und § 84 Abs. 2 Satz 2 BGB, aber gerade nicht von § 84 Abs. 2 Satz 1 BGB durch die Satzung abgewichen werden kann; ebenso *Gollan*, in: Richter, Stiftungsrecht, § 3a Rn. 80; *Schiffer/Pruns/Schürmann*, Reform des Stiftungsrechts, § 8 Rn. 2; vgl. *Denecke*, Anspruchsberechtigung, 146 f.

eingeschränkt und Geschäftsführungsmaßnahmen einem anderen Organ zugewiesen werden.[521] Dies kann bloß einzelne Rechte und Pflichten, aber auch wesentliche Entscheidungsbefugnisse hinsichtlich der ordnungsgemäßen Verwaltung des Stiftungsvermögens sowie der Verwirklichung des Stiftungszwecks betreffen, etwa zur Verwendung der Stiftungsmittel oder zur Vermögensanlage.[522]

Das zeigt sich zunächst daran, dass eine § 111 Abs. 4 Satz 1 AktG entsprechende Vorschrift im Stiftungsrecht fehlt. Ferner ließ sich dieser Schluss schon nach bisheriger Rechtslage aus der Verweisvorschrift des § 86 Satz 1 BGB a.F. auf das Vereinsrecht ziehen, wonach die in Bezug genommenen §§ 26 Abs. 2 Satz 1, 27 Abs. 3 und 28 BGB nur insoweit Anwendung fanden, als sich nicht aus der Verfassung der Stiftung ein anderes ergab. Mit § 27 Abs. 3 Satz 1 BGB wurde dabei richtigerweise nicht nur die Anwendung der Auftragsregeln der §§ 664–670 BGB zur Disposition des Stifters gestellt, sondern ebenso die umfassende Geschäftsführung als Organkompetenz gerade des Vorstands. Noch deutlicher ergibt sich die Möglichkeit des Stifters zur abweichenden Regelung der Geschäftsführungskompetenz nach der seit 1. Juli 2023 geltenden Rechtslage. Gem. § 84 Abs. 1 Satz 2 BGB führt der Vorstand die Geschäfte der Stiftung, wobei nach § 84 Abs. 3 BGB hiervon durch die Satzung abgewichen werden kann.[523]

Bestehen gegen die Annahme eines allgemeinen Kontrollrechts mangels Verstoßes gegen bindende funktionsteilige Kompetenzzuweisungen unter diesem Gesichtspunkt keine durchgreifenden rechtlichen Bedenken, ist im Weiteren zu fragen, wann eine auf dieses Recht gestützte Klage zur Unterlassung bestimmter Vorstandsmaßnahmen in Betracht kommt.

Ob dem Kuratorium tatsächlich Geschäftsführungsmaßnahmen übertragen wurden, ist richtigerweise keine Voraussetzung. Dass es sowohl nach geltender als auch nach künftiger Rechtslage möglich und rechtlich zulässig ist, gewisse Geschäftsführungsaufgaben durch Satzungsbestimmung aus dem

---

521 Dazu grundlegend *Schiffer/Pruns/Schürmann*, Reform des Stiftungsrechts, § 8 Rn. 2; *Schlüter/Stolte*, Stiftungsrecht, Kap. 2 Rn. 64; *Windeknecht*, in: Schauhoff/Mehren, Stiftungsrecht, Kap. 6 Rn. 14.; vgl. aus dem Vereinsrecht *Schöpflin*, in: BeckOK-BGB, § 27 Rn. 19.

522 *Schlüter/Stolte*, Stiftungsrecht, Kap. 2 Rn. 64; *O. Werner*, in: Werner/Saenger/Fischer, Die Stiftung, § 10 Rn. 41 f., hält den Stifter an darüber zu entscheiden, ob er einen starken Vorstand oder ein starkes fakultatives Organ möchte, das den Vorstand in (völlige) Abhängigkeit bringt. Umstritten ist, ob die Geschäftsführung dem Vorstand durch Satzungsregelung auch komplett entzogen werden kann (dazu etwa bei *Burgard*, in: Burgard, Stiftungsrecht, § 84 BGB Rn. 32 ff.).

523 Dazu *Gollan*, in: Richter, Stiftungsrecht, § 3a Rn. 80.

Zuständigkeits- und Kompetenzbereich des Vorstands heraus zu verweisen, wurde bereits gezeigt.[524] Missachtet der Vorstand aber die durch die Satzung gezogenen Kompetenzgrenzen und greift in einen fremden Zuständigkeitsbereich ein, indem er eine Geschäftsführungsaufgabe wahrnimmt, die vom Stifter dem Kuratorium zugewiesen wurde, kann das Kuratorium bereits aufgrund dieses konkreten Kompetenzübergriffs die Rechtmäßigkeit der streitgegenständlichen Maßnahme gerichtlich überprüfen lassen. Ein Anwendungsfall einer allgemeinen Verhaltenskontrolle liegt dann ohnehin nicht vor.[525]

Zwingend zu fordern sein wird daher nur die Einräumung einer Kontrollkompetenz des Kuratoriums. Die Begründung einer bloßen Beratungs- oder Repräsentationsfunktion bietet keinen geeigneten Anknüpfungspunkt für ein auf Grundlage der Organkompetenz konkretisiertes, innerorganisatorisches Kontrollrecht.

Begründet liegen die hier vertretenen niedrigschwelligen Voraussetzungen für die Annahme einer allgemeinen Verhaltenskontrollmöglichkeit durch das Kuratorium im Schutzgedanken der Stiftung vor pflichtwidrigem Vorstandshandeln.[526] In Anbetracht der Mitgliederlosigkeit der Stiftung und des damit verbundenen Kontrolldefizits wegen fehlender Eigeninteressen kommt der Stellung des Kontrollorgans als gerade zu diesem Zweck installierter, interner Wächter des Stifterwillens besondere Bedeutung zu.[527]

Ist demnach ein Recht auf allgemeine Verhaltenskontrolle als Klagerecht anzuerkennen, bleibt allerdings klärungsbedürftig, wann der Vorstand gerichtlich auf Unterlassung bestimmter Geschäftsführungsmaßnahmen in Anspruch genommen werden kann.

Umfasst ist jedenfalls eine Rechtmäßigkeitskontrolle.[528] Es können deshalb Vorstandsmaßnahmen auf ihre Pflichtgemäßheit, insbesondere im Falle von Ermessensentscheidungen diese auf die Einhaltung des Ermessensspielraums über-

524 Wenn sogar dies zulässig ist, muss dasselbe erst recht gelten, wenn der Vorstand bei der Ausübung der ihm zugewiesenen Rechte und Pflichten nur kontrolliert werden soll.

525 Die vorstehende Konstellation wird in der Literatur häufig unter dem Begriff des Kompetenzschutzrechts thematisiert, vgl. für die AG nur *Bork*, ZGR 1989, 1, 17 ff.; *Deckert*, AG 1994, 437, 461.

526 *G. Roth*, in: MHdB GesR VII, § 99 Rn. 15.

527 Vgl. *G. Roth*, in: MHdB GesR VII, § 96 Rn. 28.

528 Vgl. *G. Roth*, in: MHdB GesR VII, § 99 Rn. 15; vgl. für die AG *Raiser*, ZGR 1989, 44, 64; *Stodolkowitz*, ZHR 154 (1990), 1, 10 ff.

prüft werden.[529] Nach teilweise vertretener Ansicht soll sogar eine umfassende Rechtmäßigkeitskontrolle durch das Kuratorium im Rahmen einer allgemeinen Verhaltenskontrolle angezeigt sein.[530] Das überzeugt nicht. Dieses Verständnis würde die Kontrollkompetenz dahingehend verengen, dass das Kuratorium gezwungen wäre, bei jeder (potentiell) rechtswidrigen Maßnahme des Vorstands diesen auf Unterlassung in Anspruch zu nehmen, um selbst einer möglichen Haftung zu entgehen. Das Handeln des Vorstands müsste nicht nur auf Vereinbarkeit mit den durch die Satzung konkretisierten organschaftlichen Pflichten, sondern auch mit sämtlichen gesetzlichen Vorschriften überprüft werden, und seien es bloße Ordnungsvorschriften.[531] Ein solches Verständnis des allgemeinen Verhaltenskontrollrechts erscheint weder zweckmäßig noch zielführend. Es birgt die Gefahr, dass die Stiftungstätigkeit durch eine Vielzahl gerichtlicher Verfahren belastet würde. Ein Klagerecht, die Unterlassung bestimmter Geschäftsführungsmaßnahmen vom Vorstand zu verlangen, wird man daher nur annehmen können, wenn der Vorstand gegen konkrete, aus dem organschaftlichen Rechtsverhältnis erwachsende Verhaltenspflichten verstößt.[532] Dazu zählen insbesondere die Pflicht zur ordnungsgemäßen Verwaltung des Stiftungsvermögens und zur Verwirklichung des Stiftungszwecks. Droht etwa bei einer Ewigkeitsstiftung ein eklatanter Verstoß gegen den Vermögenserhaltungsgrundsatz, wäre es nicht gerechtfertigt, wenn das Kuratorium erst im Nachgang zur fraglichen Vorstandshandlung mit entsprechenden Sanktionen regieren könnte.[533] In solchen Fällen muss es vielmehr möglich sein, dass auf Unterlassung der betreffenden Maßnahme geklagt werden kann.[534] In den übrigen, für den Schutz der Stiftung weniger relevanten Fällen genügt hingegen die Ausübung der Kontrollkompetenz etwa im Wege der nachträglichen Geltendmachung eines Schadensersatzanspruchs. Eine Pflicht,

---

529 *G. Roth*, in: MHdB GesR VII, § 99 Rn. 15; vgl. für die AG *Stodolkowitz*, ZHR 154 (1990), 1, 12.

530 *G. Roth*, in: MHdB GesR VII, § 99 Rn. 15.

531 Vgl. für die AG *Raiser*, ZGR 1989, 44, 64; *Stodolkowitz*, ZHR 154 (1990), 1, 12.

532 Vgl. für die AG *Stodolkowitz*, ZHR 154 (1990), 1, 11.

533 Ebenso *Stodolkowitz*, ZHR 154 (1990), 1, 11, der für das Recht der AG darauf hinweist, dass sich die Hinnahme einer absehbaren Pflichtverletzung schwerlich begründen ließe, sodass eine Unterlassungsklage nicht unzulässig, sondern allenfalls unbegründet sein könne, wenn sich nach gerichtlicher Beurteilung herausstellt, dass tatsächlich keine Pflichtverletzung vorliegt.

534 Denkbar wäre zwar auch, die materielle Rechtswidrigkeit des zugrundeliegenden Beschlusses im Wege der Feststellungsklage gem. § 256 Abs. 1 ZPO gerichtlich geltend zu machen. Allerdings wird einer solchen Klage, wenn man wie hier die Möglichkeit einer Leistungsklage auf Unterlassen bejaht, dann das Rechtsschutzbedürfnis fehlen.

den Vorstand bei jeder rechtswidrigen Geschäftsführungsmaßnahme auf Unterlassung in Anspruch zu nehmen, besteht daher nicht.

Fraglich ist, ob darüber hinaus auch eine Zweckmäßigkeitskontrolle durch das Kuratorium möglich ist, wenn sich der Vorstand im Rahmen seines pflichtgemäßen Ermessens bewegt.

Dies wird man zu verneinen haben. Wie bereits dargestellt, darf in den satzungsmäßig festgelegten Bereich der Entscheidungsfreiheit des Vorstands bei der eigenverantwortlichen Leitung der Gesellschaft nicht eingegriffen werden. Dem würde es widersprechen, wenn das Kuratorium dann aber auf dem Klageweg seine eigenen Zweckmäßigkeitserwägungen durch die Hintertür durchsetzen könnte, nämlich durch die Inanspruchnahme gerichtlichen Rechtsschutzes.[535] Da es bei der Bewertung der Zweckdienlichkeit einer Geschäftsführungsmaßnahme zudem nicht mehr um deren Vereinbarkeit mit den gesetz- und satzungsmäßigen Bestimmungen geht, ist das Unterfallen einer Zweckmäßigkeitskontrolle unter den Anwendungsbereich eines allgemeinen Verhaltenskontrollrechts auch sachlich nicht gerechtfertigt. Schließlich bestünde die Gefahr, dass die Zweckmäßigkeitsentscheidung vom zuständigen Organ auf das entscheidende Gericht verlagert wird.[536]

Es bleibt festzuhalten, dass im Stiftungsrecht die Annahme eines allgemeinen Verhaltenskontrollrechts als Klagerecht in Betracht kommt und eine darauf gestützte Klage zur Unterlassung bestimmter Geschäftsführungsmaßnahmen zielführend sein kann, sofern die Pflichtwidrigkeit einer beabsichtigten Vorstandsmaßnahme geltend gemacht wird. Die Ausweitung auf eine Zweckmäßigkeitskontrolle ist demgegenüber abzulehnen.

In einem weiteren Schritt ist zu fragen, wie gerichtlicher Rechtsschutz für eine Streitigkeit zwischen Vorstand und Kuratorium begehrt werden kann. Möchte das Kuratorium den Vorstand nämlich aus eigenem Recht in Anspruch nehmen, setzt das voraus, dass es sich bei dem allgemeinen Verhaltenskontrollrecht um ein subjektives Recht des Kuratoriums handelt, da gerichtliche Verfahren gerade der Durchsetzung subjektiver Rechte dienen.[537]

Es ist zunächst zu fragen, ob eine Innen- oder Außenrechtsstreitigkeit in Rede steht. Geht es nämlich um eine stiftungsinterne Auseinandersetzung, verlangt die Anerkennung eines subjektiven Rechts des Kuratoriums, dass es im Innenbereich der Stiftung Rechtsbeziehungen zwischen Rechtssubjekten gibt, die Or-

---

535 *G. Roth*, in: MHdB GesR VII, § 99 Rn. 15.

536 *G. Roth*, in: MHdB GesR VII, § 99 Rn. 15.

537 *Bauer*, Organklagen, 36; *Musielak/Voit*, ZPO, Rn. 21 ff.; *Rosenberg/Schwab/Gottwald*, Zivilprozessrecht, § 1 Rn. 9 ff.

gane mithin als Träger gerichtlich durchsetzbarer Rechtspositionen in Betracht kommen.[538]

(ααα) Innen- und Außenbereich juristischer Personen

Anknüpfungspunkt für eine Differenzierung zwischen Innen- und Außenbereich bei der juristischen Person ist der Umstand, dass sie als solche zwar rechtsfähig ist, Handlungs- und Willensfähigkeit aber erst durch ihre Organe erlangt.[539] Da das Organ selbst ebenfalls weder handlungs- noch willensfähig ist, muss im Hinblick auf die zugewiesenen Aufgaben die Willensbildung des Organs durch natürliche Personen, die Organmitglieder, erfolgen, bei einem mehrgliedrigen Vorstand durch Beschlussfassung desselben.

Die Struktur der juristischen Person erhellt, dass für ein Auftreten der Stiftung im Außenbereich das innere Organisationsgefüge maßgeblich ist.[540] Dieses Organisationsgefüge ist bei einer Rechtsstreitigkeit jedoch nur dann betroffen, wenn tatsächlich um Innenbeziehungen zwischen der Stiftung, ihren Organen und Organmitgliedern gestritten wird.[541] Die Rechtsstreitigkeit muss ihren Ursprung daher in den durch das Organisationsstatut zugewiesenen Funktionskompetenzen haben.

Keinen Besonderheiten hinsichtlich der Anerkennung subjektiver Rechte unterliegen hingegen Rechtsstreitigkeiten, in denen der Außenbereich der Stiftung betroffen ist. In einer Außenrechtsbeziehung steht ein Organmitglied der Stiftung nicht in dieser Funktion, sondern als bloßer Vertragspartner oder Schadensersatzverpflichteter gegenüber.[542]

Diese Differenzierung zugrunde gelegt betrifft ein Unterlassungsanspruch, mittels dem ein Organ zur ordnungsgemäßen Erfüllung seiner Pflichten angehalten werden soll, den innerorganisatorischen Bereich der Stiftung. Mit dem Recht auf allgemeine Verhaltenskontrolle als Ausfluss der Kontrollkompetenz des

---

538 Vgl. *Bauer*, Organklagen, 29; *Grobe*, Inter- und Intraorganklagen, 388 ff.

539 So jedenfalls nach der Theorie der realen Verbandspersönlichkeit, die auf *Otto von Gierke* zurückgeht, Deutsches Privatrecht I, 469 ff.

540 Vgl. *Bauer*, Organklagen, 28, wonach der im Innenbereich gebildete Wille durch bestimmte Handlungen der Organe nach außen manifestiert wird.

541 Vgl. *Bork*, ZGR 1989, 1, 3. Das kommt etwa bei einer Streitigkeit zwischen dem einzelnen Kuratoriums- bzw. Vorstandsmitglied und dem Gesamtorgan oder der Stiftung aus dem organschaftlichen Bestellungsverhältnis in Betracht.

542 Dem Außenbereich zuzuordnen sind deshalb etwa Schadensersatzansprüche oder Streitigkeiten um Rechte und Pflichten aus einem schuldrechtlichen Anstellungsverhältnis, vgl. *Bork*, ZGR 1989, 1, 3; *Deckert*, AG 1994, 457, 458.

Kuratoriums sollen Geschäftsführungsmaßnahem, die der Vorstand qua seiner Organkompetenz vornimmt, auf ihre Rechtmäßigkeit überprüft werden. Handelt es sich damit um eine funktionsbezogene Streitigkeit, können nur die inneren Verhältnisse der Stiftung berührt sein.

Es stellt sich daher die Frage, ob und wie der Innenbereich der Stiftung rechtlich zu erfassen ist, um daraus Rückschlüsse zur Zulässigkeit eines Interorganstreitverfahrens zwischen Vorstand und Kuratorium ableiten zu können. Da die materiell-rechtliche Lage die prozessrechtlichen Folgefragen determiniert, soll zunächst diese untersucht werden.[543]

(βββ) Rechtsverhältnisse im Innenbereich der Stiftung

(αααα) Grundsätzliche Überlegungen

Zu überlegen ist, ob die Übertragung des Begriffs des Rechtsverhältnisses auf den Innenbereich der Stiftung nicht bereits deshalb scheitern muss, weil es ausschließlich auf den Innenbereich bezogene rechtliche Regelungen ohne Außenwirkung nicht geben kann.[544]

Dem widerspricht, dass der Stifter die Stellung der Organe im innerorganisatorischen Gefüge durch Anordnungen selbst ausgestalten kann, sodass diese rechtlich auch zu erfassen sein müssen. Das betrifft zunächst die Organkompetenz als Summe der durch gesetz- und satzungsmäßige Festlegungen zugewiesenen Aufgaben.[545] In Bezug auf den Vorstand bedeutet das die Zuweisung einer Geschäftsführungskompetenz, in Bezug auf das Kuratorium die Einräumung einer Kontroll-, Beratungs- und/oder Repräsentationskompetenz. Ferner bestehen sich aus der Kompetenz unmittelbar ergebende Rechte und Pflichten, welche die jeweilige Or-

543 Anders etwa *Häsemeyer*, ZHR 144 (1980), 265, 268 ff., der sich dem Problemkreis stattdessen über die Parteistellung im internen Streit zu nähern sucht.

544 So die früher im Staatsrecht insbesondere von *Gerhard Anschütz*, *Georg Jellinek* und *Paul Laband* vertretene Impermeabilitätstheorie, wonach der Innenbereich des Staates rechtlichen Regelungen nicht zugänglich ist, sodass es aus dem Innenbereich abgeleitete Rechtspositionen einzelner Funktionsträger als Gegenstand von Rechtsstreitigkeiten nicht geben kann, *Detterbeck*, Allgemeines Verwaltungsrecht, Rn. 1454; *Kingreen*, DVBl. 1995, 1337, 1338; *Krüger*, in: FS Smend, 211, 216; *Mühl-Jäckel*, DVBl. 2018, 1042, 1045; *Roth*, Organstreitigkeiten, 165 ff. Heute gilt die Lehre als überholt, s. nur *Bauer*, Organklagen, 30 f.; *Hoppe*, Organstreitigkeiten, 161 ff.; *Kingreen*, DVBl. 1995, 1337, 1338; *Mühl-Jäckel*, DVBl. 2018, 1042, 1045; *Roth*, Organstreitigkeiten, 167.

545 *Bauer*, Organklagen, 59.

ganfunktion ausgestalten und konkretisieren.[546] Dazu sind im Zusammenhang mit der Kontrollkompetenz des Kuratoriums etwa ein satzungsmäßig vorgesehener Zustimmungsvorbehalt für Geschäftsführungsmaßnahmen des Vorstands oder (nach hier vertretener Ansicht) ein Recht auf allgemeine Verhaltenskontrolle zu zählen. Des Weiteren können (sekundäre) Hilfsrechte angeordnet sein, die die Ausübung der zugewiesenen Aufgaben ermöglichen und erleichtern sollen, z.B. Informations- oder Einsichtsrechte in Stiftungsunterlagen für das Kuratorium.[547] Da es im Rahmen des organschaftlichen Kompetenzgefüges gerade zwischen Vorstand und Kuratorium als Instanz zur Kontrolle des Geschäftsführungsorgans zu Berührungen und damit zu Streitigkeiten kommen kann, ist die Annahme von Rechtsbeziehungen zwischen den Organen grundsätzlich in Betracht zu ziehen.

Eine Rechtsbeziehung besteht aber nur dann, wenn die aus der Organkompetenz[548] abgeleiteten Rechte und Pflichten den Organen auch zu eigenem Recht und eigener Pflicht zugeordnet sind.[549] Es schließt sich damit die Frage an, ob das hier interessierende allgemeine Verhaltenskontrollrecht durch das Kuratorium gerichtlich einklagbar ist. Das setzt voraus, dass es sich um ein subjektives Recht des Kuratoriums handelt, das gerade gegenüber dem Vorstand als Pflichtigem besteht.

(ββββ) Strukturmerkmale des subjektiven Rechts und Übertragbarkeit auf den Innenbereich der Stiftung

Fraglich erscheint, inwiefern es im Innenbereich der Stiftung überhaupt subjektive Rechte der Organe geben kann. In Abgrenzung zum objektiven Recht als der für jedermann geltenden Rechtsnormen bezeichnet der Begriff des subjektiven Rechts die dem Einzelnen verliehene Rechtsmacht, seine Interessen zu befriedigen und notfalls gerichtlich durchzusetzen.[550]

---

546 Vgl. *Bauer*, Organklagen, 59.

547 Vgl. *Bork*, ZGR 1989, 1, 15.

548 Zwar handelt es sich bei der Kontrollkompetenz des Kuratoriums bzw. der Leituns-kompetenz des Vorstands nach h.M. um alleinige Kompetenzen des jeweiligen Organs, vgl. nur *Bauer*, Organklagen, 59; *Bork*, ZGR 1989, 1, 17. Da die Kompetenznormen jedoch nicht schon subjektive Rechte an der Kompetenz gewähren (vgl. *Bork*, ZGR 1989, 1, 18), lassen sich daraus für die Untersuchungsfrage keine Rückschlüsse ziehen.

549 Dass es im Innenbereich Rechtsverhältnisse zwischen Organisationseinheiten geben kann, aus denen klagbare Rechtspositionen erwachsen, zeigt sich auch mit Blick auf das Bundesverfassungsrecht, das in Art. 93 Abs. 1 Nr. 1 GG die Möglichkeit des Organstreits vorsieht; ähnlich *Stodolkowitz*, ZHR 154 (1990), 1, 3.

550 S. nur *Enneccerus/Nipperdey*, BGB AT, 428 f., 477; weiter *Neuner*, BGB AT, § 20 Rn. 2 ff.

Konzeptionell weist diese Definition zunächst auf die Notwendigkeit des Bestehens eigener Interessen hin, andernfalls bedürfte es keiner darauf gerichteten Rechtsmacht.[551] Demgegenüber nehmen die Organe ihre Kompetenzen und daraus abgeleiteten Einzelbefugnisse nicht aus eigennütziger Motivation, sondern ausschließlich aus Fremdnützigkeit wahr.[552] Dass sie die ihnen satzungsmäßig zugewiesenen Aufgaben nicht aus eigenem Interesse erfüllen, erhellt die Stellung der Organe als bloße Organisationseinheiten des übergeordneten Rechtsträgers Stiftung, in dessen Dienste das gesamte Handeln der Organe steht und dem dieses Verhalten deshalb zugerechnet wird.[553]

Weitere Bedenken hinsichtlich der Annahme subjektiver Rechte im Innenbereich juristischer Personen und damit auch der Stiftung ergeben sich, wenn man das Merkmal der Verfügungsbefugnis vom Bedeutungsgehalt des subjektiven Rechts umfasst sieht.[554] Die dem Organ verschafften Befugnisse stehen gerade nicht zu seiner Disposition, vielmehr sind deren Wahrnehmungsspielräume durch das Organisationsstatut determiniert, sodass das Organ in der Ausübung dieser Befugnisse nicht frei ist.

(γγγγ) Stellungnahme

Festzuhalten ist, dass die Qualifikation innerorganisatorischer Positionen als subjektive Rechte bereits aufgrund der strukturellen Merkmale Bedenken begegnen muss. Des Weiteren erscheint problematisch, dass die Eigenschaft, Träger von subjektiven Rechten (und Pflichten) zu sein, die Rechtsfähigkeit des Zuordnungssubjekts bedingt. Damit können subjektive Rechte prinzipiell nur in außenrechtlichen

---

551 *Häsemeyer*, ZHR 144 (1980), 265, 266, spricht insoweit von Eigennützigkeit als Definitionskriterium; a.A. *Bork*, ZGR 1989, 1, 7 f., der die Annahme subjektiver Rechte der Organe im innerorganisatorischen Bereich nicht an das Erfordernis im eigenen Interesse verliehener Rechtsmacht knüpfen möchte.

552 *Cahn*, in: KK-AktG, Vor § 76 Rn. 3; *Häsemeyer*, ZHR 144 (1980), 265, 266; *Koch*, AktG, § 90 Rn. 19; *Schwab*, Prozeßrecht, 590.

553 Vgl. *Bauer*, Organklagen, 36; *Cahn*, in: KK-AktG, Vor § 76 Rn. 3; *Koch*, AktG, § 90 Rn. 19. Etwas anderes kann nicht für Interessen zur Wahrung des Kompetenzbereichs der Organe angenommen werden (so aber *Bork*, ZGR 1989, 1, 17 ff.). Zwar muss es einem Organ möglich sein, Eingriffe eines anderen Organs in den eigenen Kompetenzbereich abzuwehren. Besteht aber bereits die Hauptorgankompetenz nicht im eigenen, sondern nur im Drittinteresse, können flankierende Schutzbefugnisse sich nicht als selbständige Organinteressen zu eigenen subjektiven Rechten der Organe verdichten.

554 *Enneccerus/Nipperdey*, BGB AT, 431 f.; *Häsemeyer*, ZHR 144 (1980), 265, 266, wonach das einzelne subjektive Recht in aller Regel disponibel ist.

Beziehungen zwischen natürlichen und juristischen Personen als selbständige Rechtssubjekte bestehen.[555]

Die Annahme von Rechtssubjektivität im Innenbereich juristischer Personen passt hingegen schon deshalb nicht, weil den Organen keine unbegrenzte Rechtsfähigkeit zukommen kann. Dem wird entgegengehalten, das Verständnis einer absoluten oder umfassenden Rechtsfähigkeit sei nicht sachgerecht, da es nicht darauf ankomme und auch rechtlich nicht möglich sei, in sämtlich denkbaren Rechtsbeziehungen Träger von Rechten und Pflichten zu sein.[556] So fehle natürlichen Personen die Völkerrechtsfähigkeit, juristische Personen hingegen seien weder ehe- noch testierfähig.[557] Eine Rechtsfähigkeit sei stattdessen immer dann anzunehmen, wenn die Rechtsordnung einem Konstrukt konkrete Rechte und Pflichten zuweist, da die Zuweisung die auf diesen Rechts- und Pflichtenkreis begrenzte Rechtsfähigkeit nach sich zieht.[558]

In diesem Sinne möchten die Befürworter dieser Ansicht den Organen einer juristischen Person eine Teilrechtsfähigkeit zuerkennen.[559] Die dafür erforderliche Rechtsmacht ergebe sich aus der Wahrnehmung von Zuständigkeiten innerhalb der juristischen Person.[560] Zwar sei es richtig, dass die Organe bloße Träger von Wahrnehmungszuständigkeiten in Bezug auf die Rechte und Pflichten der juristischen Person seien. Das gelte aber nur im Außenverhältnis zu anderen Rechtssubjekten, um die Zurechnung des Organverhaltens zur juristischen Person zu ermöglichen.[561] Im Innenbereich hingegen kämen den Organen die Zuständigkeiten nicht zu transitorischer Wahrnehmung für die juristische Person, sondern als eigene Zuständigkeiten zu, sodass sie als Zurechnungsendsubjekte der Organisationsnormen konsequenterweise Träger der daraus resultierenden

---

555 Ebenso *Bauer*, Organklagen, 37; a.A. *Fleischer*, in: BeckOGK-AktG, Stand: 01.02.2024, § 90 Rn. 73; *Grobe*, Inter- und Intraorganklagen, 396 ff., 402.

556 So *Bauer*, Organklagen, 33.

557 *Krebs*, JURA 1981, 569, 574, mit weiteren Beispielen.

558 *Bork*, ZGR 1989, 1, 13, spricht von themenbezogener Rechtsfähigkeit; *Schnapp*, Rechtstheorie, 284, sieht die Rechtsfähigkeit nicht als Voraussetzung für, sondern als Folge der Zuerkennung von Rechten und Pflichten; ähnlich *Bauer*, Organklagen, 33.

559 *Bauer*, Organklagen, 34; *Bork*, ZIP 1991, 137, 139; *Fleischer*, in: BeckOGK-AktG, Stand: 01.02.2024, § 90 Rn. 73; *Grobe*, Inter- und Intraorganklagen, 389 f.; *Kort*, in: GK-AktG, § 90 Rn. 183.

560 *Bauer*, Organklagen, 39; *Bork*, ZGR 1989, 1, 14 f.; *Grobe*, Inter- und Intraorganklagen, 392.

561 *Bauer*, Organklagen, 39; *Bork*, ZGR 1989, 1, 14.

Rechte und Pflichten seien.[562] In Bezug auf diese Innenbeziehungen agierten die Organe nicht mehr zur Herstellung von Handlungsfähigkeit der juristischen Person, sondern vielmehr als mit eigenen Rechten und Pflichten ausgestattete, mithin teilrechtsfähige Rechtssubjekte.[563]

Diese Argumentationslinien vermögen nicht zu überzeugen. Zunächst erscheint es konstruiert, dass eine dem Organ qua Satzung zugewiesene Position im Innen- und im Außenbereich der juristischen Person eine konträr ausgestaltete Wirkungsdimension haben soll, nämlich zum einen als transitorische Wahrnehmungszuständigkeit, gleichzeitig aber als Eigenzuständigkeit des Organs. Daher stellt sich die Frage, ob die Organe in Bezug auf die transitorische Funktionswahrnehmung tatsächlich ausschließlich im Außenbereich agieren, sodass es im Innenbereich um ihre Eigenrechte gehen kann. Dagegen spricht, dass sich die Kompetenzausübung der Organe und die damit im Zusammenhang stehenden Rechte und Pflichten in erster Linie im Innenbereich entfalten.[564] Besteht etwa ein Konflikt zwischen Geschäftsführungs- und Kontrollorgan um Rechte, die sich aus dem Kompetenzbereich eines Organs ergeben, hat dies keinerlei außenrechtliche Implikationen. Der Schluss, es handele sich deshalb nicht mehr um Ausübungsbefugnisse für die juristische Person, sondern um Eigenbefugnisse des Organs, lässt sich daraus nicht ziehen.

Auch wenn man das Bestehen eigener Rechte und Pflichten des Organs unterstellt, ergibt sich ein weiteres Argument gegen die Anerkennung einer Teilrechtsfähigkeit der Organe aus den Inkonsistenzen dieser Ansicht in Bezug auf den Bedeutungsgehalt einer partiellen Rechtsfähigkeit.

Zwar ist zuzugeben, dass die Annahme einer umfassenden Rechtsfähigkeit rechtstheoretischen Bedenken begegnen muss, sodass sich eine auf bestimmte Bereiche begrenzte Rechtsfähigkeit grundsätzlich begründen ließe, damit auch für das Innenrecht der juristischen Person.

Kennzeichen einer so verstandenen partiellen Rechtsfähigkeit ist jedoch immer, dass die Rechtsmacht innerhalb dieser Rechtsbereiche uneingeschränkt besteht, sodass die Rechtssubjekte insbesondere Träger vertraglich begründeter

---

562 *Bauer*, Organklagen, 39; *Grobe*, Inter- und Intraorganklagen, 392, nach dessen Ausführungen es zur Erhaltung der internen Zuständigkeitsordnung geradezu notwendig sei, dass den Organen durchsetzbare Rechte zur Verfügung gestellt werden.

563 Vgl. *Bauer*. Organklagen, 39.

564 Ähnlich *Bauer*, Organklagen 58, für die AG, wonach sich Vorstand und Aufsichtsrat bei der Ausübung ihrer Funktionen im Innenrecht der AG gegenüberstehen. Eine Ausnahme bildet insofern die Vertretung der juristischen Person durch das dafür vorgesehene Organ gegenüber anderen natürlichen oder juristischen Personen.

Rechte und Pflichten sein können. Demgegenüber müssen die Vertreter einer relativen Rechtsfähigkeit der Organe es von vornherein bei einer Rechtsfähigkeit belassen, die auf die gesetzlich bzw. satzungsmäßig zugewiesenen Rechte und Pflichten beschränkt ist.[565] Dies zeigt, dass die Übertragung der Grundsätze einer (auch nur partiellen) Rechtsfähigkeit auf die interne Organisationsstruktur der juristischen Person nicht passt.

Auch die prozessualen Folgen von teilrechtsfähigen Organen einer juristischen Person überzeugen nicht. Gem. § 50 ZPO ist parteifähig, wer rechtsfähig ist. Sollen die Organe selbst Zurechnungssubjekte eigener Rechte und Pflichten aus dem Innenbereich sein und anerkennt man in Bezug auf innerorganisatorische Positionen deshalb eine Rechtssubjektivität in Form relativer Rechtsfähigkeit der Organe, muss daraus konsequenterweise die Teilparteifähigkeit der Organe folgen.[566] § 50 ZPO widerspricht dem grundsätzlich nicht, sondern verlangt für die Fähigkeit, als Partei zur gerichtlichen Durchsetzung von Rechten in einem Prozess aufzutreten, nur, dass man auch nach materiellem Recht Träger dieser Rechte sein kann.[567] Die Organe wären damit in der Lage, als Parteien selbst einen Rechtsstreit um innerorganisatorische Rechte und Pflichten zu führen.

Dem ist bereits deshalb zu widersprechen, weil die Organe keine tauglichen Kostenschuldner sein können.[568] Auch unter Zugrundelegung eines formellen Parteibegriffs, wonach sich die Parteistellung danach bemisst, wer gerichtlichen Rechtsschutz begehrt und gegen wen sich dieser Rechtsschutz richtet, ist nicht zu verkennen, dass es ein Vermögen geben muss, dem das streitige Recht und die

---

565 So etwa *Bork*, ZGR 1989, 1, 14 Fn. 48, der zudem darauf hinweist, dass die Organe erst recht keine eigenen Rechte und Pflichten vertraglich begründen könnten, denn damit seien sie in der Lage, ihre grundsätzlich beschränkte Rechtsfähigkeit selbständig zu erweitern. Dabei wird jedoch die Rechtsfähigkeit begrifflich mit der Geschäftsfähigkeit als Möglichkeit, durch eigenes Handeln Rechte zu erwerben und Pflichten einzugehen, vermengt.

566 *Bork*, ZGR 1989, 1, 22 f.; *ders.*, ZIP 1991, 137, 139; vgl. *Grobe*, Inter- und Intraorganklagen, 443.

567 *Bork*, ZGR 1989, 1, 23, der unter Bezugnahme auf § 50 Abs. 2 ZPO a.F. den Schluss zieht, dass erst recht teilrechtsfähige Subjekte parteifähig sein müssen, wenn in anderen Fällen, etwa für den nicht rechtsfähigen Verein, aus Zweckmäßigkeits- und Effektivitätserwägungen ganz auf die Rechtsfähigkeit als Voraussetzung verzichtet wird.

568 Ähnlich *Weth*, in: Musielak/Voit, ZPO, § 50 Rn. 19; a.A. *Grobe*, Inter- und Intraorganklagen, 447, weil es den Organen möglich sein soll, für die Kostentragung auf das Gesellschaftsvermögen als Haftungsmasse zurückzugreifen.

korrespondierende Verhaltens- oder Duldungspflicht jeweils zugeordnet sind und in dessen Interesse prozessiert wird.[569]

Unproblematisch ist dies in einem Prozess zweier natürlicher Personen, bei dem sich das geltend gemachte Recht dem Vermögen des Klägers und die Pflicht dem Beklagtenvermögen zu eigennütziger Rechtsmacht zuordnen lassen, und die als Parteien deshalb mit ihrem eigenen Vermögen die Kosten des Rechtsstreits im Fall ihres gerichtlichen Unterliegens zu tragen haben.[570] Wären auf Kläger- und/oder Beklagtenseite hingegen Organe als Parteien am Rechtsstreit beteiligt, stellte sich bereits das Problem mangelnden (eigenen) Organvermögens. Aufgrund der nachgewiesenen Fremdnützigkeit der Organtätigkeit sind alle Befugnisse vielmehr dem Vermögen der juristischen Person, hier dem Stiftungsvermögen zugeordnet. Es erscheint deshalb sachgerecht, dass dieses Vermögen mit den Kosten des Rechtsstreits belastet wird, sodass ein Organ hinsichtlich der fremdvermögensbezogenen Rechte und Pflichten dann nicht mehr als Partei für eigene subjektive Rechte und Pflichten im Prozess auftreten kann.[571] Auch die prozessualen Konsequenzen erhellen somit, dass sich in einem Rechtsstreit nicht zwei Organe gegenüberstehen können, sondern die Stiftung selbst am Prozess beteiligt sein muss.[572]

Es bleibt festzuhalten, dass die rechtliche Zulässigkeit eines Interorganstreitverfahrens zwischen den Organen einer Stiftung abzulehnen ist. Weder bestehen im Innenbereich juristischer Personen subjektive Rechte, die erforderlichenfalls auf dem Klageweg durchgesetzt werden könnten, noch überzeugt die Annahme relativer Rechtssubjektivität der Organe im Allgemeinen. Auch ist die Möglichkeit einer Parteistellung der Organe zu verneinen. Zu eigenen subjektiven Rechten der Organe wird man deshalb nur im Wege der Rechtsfortbildung kommen können.[573] Ob ein solches Bedürfnis besteht, weil sich innerorganisatorische Rechte

569 Für ein solches funktionales Verständnis des Parteibegriffs, s. vor allem *Henckel*, Parteilehre, 37 ff. Darauf rekurrierend *Häsemeyer*, ZHR 144 (1980), 265, 268 ff.

570 Vgl. *Häsemeyer*, ZHR 144 (1980), 265, 268.

571 *Häsemeyer*, ZHR 144 (1980), 265, 269.

572 *Weth*, in: Musielak/Voit, ZPO, § 50 Rn. 19, spricht hinsichtlich der Parteifähigkeit der Organe von einem Fremdkörper im Zivilprozess; a.A. *Frese*, EWiR 2019, 39, 40. – Dass trotzdem nicht auf Kläger- und auf Beklagtenseite die Stiftung stehen darf, auch wenn auf beiden Seiten das Stiftungsvermögen betroffen ist, ergibt sich bereits aus der grundsätzlichen Unzulässigkeit eines Insichprozesses. Dem wird man bei der Bestimmung des richtigen Klagegegners Rechnung zu tragen haben.

573 Ebenso *Stodolkowitz*, ZHR 154 (1990), 1, 4; *Koch*, AktG, § 90 Rn. 19; a.A. *Kort*, in: GK-AktG, § 90 Rn. 191 ff.

nicht anders gerichtlich durchsetzen lassen, soll im Folgenden anhand des (bereits bejahten) Rechts auf allgemeine Verhaltenskontrolle untersucht werden.

Da dieses Recht nach dem bisher Gesagten nicht als Klagerecht des Kuratoriums bestehen kann, kommt eine Klage aus eigenem Recht zur Unterlassung pflichtwidrigen Organhandelns insoweit nicht in Betracht.

Fraglich ist daher, wie organschaftliche Befugnisse zu qualifizieren sind, und welche Rückschlüsse sich daraus für deren Rechtsträgerschaft ziehen lassen.

Hommelhoff möchte die innerorganisatorischen Rechte in Abgrenzung zum subjektiven Recht als Organrechte bezeichnen.[574] Ein funktionsbezogen begrenztes Recht könne zwar kein subjektives Recht im herkömmlichen Sinne sein, sei aber als Organrecht gleichwohl durch die Organe gerichtlich durchsetzbar, wofür diesen eine teilweise Rechts- und Parteifähigkeit zugestanden werden müsse.[575] Diese Ansicht überzeugt nicht. Es erscheint inkonsequent, für den Innenbereich juristischer Personen berechtigterweise die Annahme subjektiver Rechte abzulehnen, deren Wesensmerkmale dann aber, gleichsam durch die Hintertür, in Form sogenannter Organrechte wieder einzuführen. Da es sich dabei offensichtlich nicht um objektives Recht als den für jedermann geltenden Rechtsnormen handelt, müssen solche Organrechte subjektiv geprägt sein.[576] Andernfalls ließe sich zudem deren gerichtliche Durchsetzbarkeit nicht begründen.

In gleicher Weise ist deshalb die Einordnung innerorganisatorischer Positionen als Interorganrechte[577] zu kritisieren. Begrifflich soll damit dem Umstand Rechnung getragen werden, dass „echte“ subjektive Rechte im Innenbereich nicht bestehen können, sodass auch eine Identität von subjektivem Recht und Interorganrecht ausscheidet.[578] Die vorgenannten Vorbehalte gelten jedoch ebenso für die Annahme von Interorganrechten, da auch diese die Organe unzulässigerweise zum Zuordnungssubjekt innerorganisatorischer (subjektiver) Rechte und Pflichten machen.

Bei den aus den Organkompetenzen erwachsenden Rechten kann es sich somit nur um Rechte der Stiftung handeln, die als Klägerin im gerichtlichen Verfah-

574 ZHR 143 (1979), 288, 303.

575 *Hommelhoff*, ZHR 143 (1979), 288, 307.

576 Kritisch dazu auch *Bork*, ZGR 1989, 1, 10, der einen begrifflichen Unterschied zwischen subjektiven Rechten der Organe einerseits und subjektiven Organrechten andererseits berechtigterweise nicht auszumachen vermag.

577 So *Bauer*, Organklagen, 38.

578 *Bauer*, Organklagen, 39.

ren aktivlegitimiert ist.[579] Für die Organe stellen sich die innerorganisatorischen Rechte hingegen in Anlehnung an die jeweilige Haupt(organ)kompetenz als bloße Ausübungsbefugnisse in Form unselbständiger Funktionskompetenzen dar.[580] Diese Einordnung erscheint stimmig, weil sie an die Funktionsträgerschaft der Organe anknüpft, die ihre Befugnisse ausschließlich im fremdnützigen Interesse der Stiftung ausüben. Dadurch wird gleichzeitig deutlich gemacht, dass die Funktionskompetenzen keine subjektiven Rechte sind und deshalb durch die Organe nicht gerichtlich durchgesetzt werden können.

Ist die Stiftung selbst Trägerin innerorganisatorischer Befugnisse und damit auch in Bezug auf ein Recht auf allgemeine Verhaltenskontrolle zur Erzwingung rechtmäßigen Vorstandsverhaltens im Prozess aktivlegitimiert, stellt sich in einem weiteren Schritt die Frage nach dessen gerichtlicher Durchsetzungsmöglichkeit.

Damit bei einer diesbezüglichen Leistungsklage auf Unterlassen das Urteil Rechtskraft für die Stiftung entfaltet, muss diese selbst als Klägerin, mithin als Partei am Verfahren beteiligt sein. Das ergibt sich aus der subjektiven Rechtskraftwirkung des § 325 Abs. 1 ZPO, wonach das rechtskräftige Urteil grundsätzlich nur für und gegen die Partei wirkt.

In Betracht kommt somit die gerichtliche Durchsetzung des Klagerechts der Stiftung durch das Kuratorium im fremden oder im eigenen Namen, somit als Vertreter oder Prozessstandschafter der Stiftung. Zwar ist nur bei der Vertretungssituation die Stiftung Partei des Prozesses. Bei der Prozessstandschaft tritt aber eine Rechtskrafterstreckung einer für und gegen den Prozessstandschafter ergangenen Entscheidung auf den am Rechtsstreit nicht beteiligten Rechtsträger ein.[581]

Häsemeyer sieht in den organschaftlichen Funktionszuweisungen eine Parallele zur Aufbrechung der Verbindung von Rechtsträgerschaft, Verfügungsbefugnis und Rechtsschutzinteresse in bestimmten Konstellationen der Prozessführungsbefugnis und möchte deshalb interne Rechtsstreitigkeiten in der juristischen Person über die Anwendungsgrundsätze einer (gesetzlichen) Prozessstandschaft gelöst wissen.[582] Charakteristikum einer Prozessstandschaft sei die Wahrnehmung

---

579 An der Prozessführungsbefugnis der Stiftung bestehen bereits deshalb keine Zweifel, da man für eigene Rechte stets prozessführungsbefugt ist.

580 Ebenso *Häsemeyer*, ZHR 144 (1980), 265, 269. Für die Pflichtseite kann entsprechend mit dem Begriff der Funktionsverantwortung operiert werden.

581 *Gruber*, in: BeckOK-ZPO, § 325 Rn. 41.

582 ZHR 144 (1980), 265, 275 ff.

fremdnütziger, interessenpluralistisch strukturierter Befugnisse.[583] Dieselben Überlegungen träfen auch auf die Funktionskompetenzen der Organe einer juristischen Person zu. Die Fremdnützigkeit ergebe sich bereits aus der Zuweisung der Kompetenzen zum Vermögen der juristischen Person. Die Voraussetzung eines Interessenpluralismus, die sich im organschaftlichen Kompetenzstreit aus dem Umstand speise, dass die streitgegenständliche Funktion aktiv und passiv dem Vermögen der juristischen Person zugeordnet sei, bestehe in Form fremdnützigen, weil rechtsträgerbezogenen Interesses und einem darüber hinaus zu fordernden, eigenen Kompetenzschutzinteresse der Organe.[584] Dass es sich bei dem Kompetenzschutzinteresse nicht nur um ein fremdnütziges, sondern zudem um ein eigenes, selbständiges Interesse des Kompetenzträgers handele, ergebe sich aus der Funktionsfähigkeit der Organe, die gewährleistet werden müsse und auf anderem Weg nicht gesichert werden könne.[585] Aufgrund der dargestellten Schnittmengen sei die Anwendung der Grundsätze der Prozessführungsbefugnis in Form einer Prozessstandschaft für den Rechtsschutz der juristischen Person sachgerecht und dann zulässig, wenn dem klagenden Organ zum einen eine Funktionskompetenz zugewiesen sei und zum anderen ein verselbständigtes Kompetenzschutzinteresse bestehe.[586]

Die gerichtliche Durchsetzung stiftungsinterner Positionen über die Figur der Prozessstandschaft überzeugt trotz bestehender struktureller Gemeinsamkeiten im Ergebnis nicht. Bedenken begegnet bereits die Herleitung einer Parteistellung des Kuratoriums aus einem selbständigen Kompetenzschutzinteresse der einzelnen Organe. Mit der Einführung derartiger Eigeninteressen wird zum einen die Qualifikation der dem Organ zugewiesenen Funktionen als fremdnützig verwässert, zum anderen nähern sich die stiftungsinternen, bloßen Ausübungsbefugnisse in unzulässiger Weise den Definitionsmerkmalen subjektiver Rechte an, als welche Funktionskompetenzen rechtlich gerade nicht zu qualifizieren sind. Zudem erscheint es inkonsequent, innerorganisatorischen Positionen zwar die Qualität subjektiver Rechte abzusprechen, weil sie einzig im Interesse der Organisation bestehen, gleichzeitig aber zur Begründung einer Prozessführungsbefugnis selb-

583 *Häsemeyer*, ZHR 144 (1980), 265, 276, nennt als Beispiele die Prozessführungsbefugnis der Sachwalter über fremdes Vermögen, etwa Konkursverwalter, Nachlassverwalter oder Testamentsvollstrecker, und die Prozessführungsbefugnis über fremde Einzelrechte, bei der jedenfalls das Interesse des Rechtsträgers und ein gesondertes Interesse des Prozessstandschafters selbst bestehen.

584 *Häsemeyer*, ZHR 144 (1980), 265, 276 f.

585 *Häsemeyer*, ZHR 144 (1980), 265, 277.

586 *Häsemeyer*, ZHR 144 (1980), 265, 277 f.

ständige Kompetenzschutzinteressen als Eigeninteressen der Organe etablieren zu wollen.[587] Dann stellt sich nämlich die Frage, was diese Eigeninteressen als Grundlage für die Annahme einer Prozessführungsbefugnis rechtlich von den Eigeninteressen als Grundlage einer Zuerkennung subjektiver Rechte unterscheidet.[588] Das belegt die dogmatischen Schwächen dieser Ansicht.

Zudem führt die Annahme einer Prozessführungsbefugnis über ein verselbständigtes Kompetenzschutzinteresse in den Fällen nicht weiter, in denen ein solches Interesse von vornherein nicht bestehen kann, weil schon kein Übergriff eines Organs in den Kompetenzbereich eines anderen Organs in Rede steht. Das betrifft insbesondere den hier interessierenden Streit um ein allgemeines Verhaltenskontrollrecht, der dadurch gekennzeichnet ist, dass die Geschäftsführungsmaßnahme, die dem Vorstand untersagt werden soll, innerhalb des dem Vorstand zugewiesenen Kompetenzbereichs bleibt und damit gerade nicht in fremde Zuständigkeiten und Kompetenzen eingreift. Hier mangelt es von vornherein an einer Grundlage für die Annahme eines Kompetenzschutzinteresses zur Herleitung der Prozessführungsbefugnis des Kuratoriums.

Schließlich spricht gegen die prozessstandschaftliche Geltendmachung eines innerorganisatorischen Rechts der Stiftung durch das Kontrollorgan, dass man aufgrund des in § 50 ZPO festgeschriebenen Anknüpfungspunkts der Parteifähigkeit die Rechtsfähigkeit des prozessführungsbefugten Organs bejahen müsste, auch wenn man die Anerkennung rechtsfähiger Organe zunächst dadurch umgehen kann, dass man innerorganisatorische Positionen als Rechte der Stiftung und bloße Ausübungsbefugnisse für die Organe klassifiziert. Da bei einer Prozessstandschaft der Prozessstandschafter selbst Partei des Rechtsstreits wird, setzt das jedoch zwingend dessen Parteifähigkeit und damit eigentlich die Rechtsfähigkeit des Organs voraus. Dem wird entgegengehalten, die Parteifähigkeit des Organs sei nur ein Annex der Prozessführungsbefugnis und keine selbständige Zulässigkeitsvoraussetzung.[589] Da die Parteifähigkeit als Prozessvoraussetzung jedoch von Amts wegen zu prüfen ist (vgl. § 56 Abs. 1 ZPO), wird man darauf nicht verzichten können. Der Annahme, dass die auf Kompetenzzuweisung und Kompetenzschutzinteresse beruhende Prozessführungsbefugnis die Parteifähigkeit des Organs impliziere,[590] liegt eine petitio principii zugrunde, denn wenn die

587 *Bork*, ZGR 1989, 1, 8 f.

588 *Bork*, ZGR 1989, 1, 9, erscheint es deshalb stimmiger, von vornherein eigene Rechte der Organe anzunehmen, weil die Eigeninteressen der Organe zur Legitimation eigener subjektiver Rechte ausreichen.

589 *Häsemeyer*, ZHR 144 (1980), 265, 284.

590 So *Häsemeyer*, ZHR 144 (1980), 265, 284.

Prozessführungsbefugnis als Recht definiert wird, über das durch Klage geltend gemachte Recht im eigenen Namen einen Rechtsstreit als Kläger oder Beklagter, mithin als Partei zu führen,[591] kann nur derjenige prozessführungsbefugt sein, der auch parteifähig ist.

Im Ergebnis ist die Möglichkeit einer gerichtlichen Geltendmachung des allgemeinen Verhaltenskontrollrechts der Stiftung durch das Kuratorium im eigenen Namen abzulehnen. Mithin kommt im Prozess nur die organschaftliche Vertretung der Stiftung durch das Kuratorium in Betracht.[592]

Im Rahmen der konzeptionellen Analyse des allgemeinen Verhaltenskontrollrechts als Klagerecht zu würdigen bleibt schließlich, ob ein einzelnes Kuratoriumsmitglied aus eigenem Recht[593] auf Unterlassung vermeintlich pflichtwidriger Geschäftsführungsmaßnahmen des Vorstands klagen kann.[594] Das ist ebenfalls zu verneinen. Nach allgemeinen Grundsätzen wäre dafür Voraussetzung, dass die Mitglieder des Kuratoriums durch die streitgegenständliche Maßnahme in eigenen Rechten betroffen sind. Die Überwachungsfunktion als Grundlage eines möglichen allgemeinen Verhaltenskontrollrechts ist jedoch eine Kompetenz des Gesamtkuratoriums, nicht der einzelnen Organmitglieder.[595] Die Mitglieder wirken an den gesamtorganschaftlich konzipierten Aufgaben zwar im Rahmen

591 Dazu bereits unter Teil 2.§ 1.A.I.1.a).

592 Ebenso OLG Frankfurt a.M. npoR 2019, 72, 74 Rn. 49, 56. Die Herleitung der dazu erforderlichen organschaftlichen Vertretungsmacht richtet sich für den stiftungsinternen Rechtsschutz in Form der Unterlassungsklage nach den gleichen Grundsätzen, wie sie bereits im Rahmen der gerichtlichen Durchsetzung von Schadensersatzansprüchen der Stiftung entwickelt wurden, und zwar im Wege der Auslegung der die Kontrollfunktion des Kuratoriums normierenden, satzungsmäßigen Bestimmungen; s. unter Teil 2.§ 2.A.II.2.b)bb)(2)(a)(aa)(β).

593 Eine andere Frage ist, ob eine Klage einzelner Kuratoriumsmitglieder aus fremdem Recht, aber im eigenen Namen im Wege einer an die actio pro socio angelehnten gesetzlichen Prozessstandschaft in Betracht zu ziehen ist; dazu ausführlich unter Teil 2.§ 2.A.II.2.b)bb)(3)(a).

594 Ein solches Bedürfnis könnte theoretisch bestehen, wenn einzelne Kuratoriumsmitglieder ein Verhalten des Vorstands gerichtlich überprüfen lassen wollen, sich mit ihrem Standpunkt im Rahmen der Beschlussfassung über eine Vertretung der Stiftung aber nicht durchsetzen konnten.

595 Dazu bereits unter Teil 2.§ 2.A.II.2.b)bb)(2)(a)(aa)(β)(αα). Die dort angestrengten Überlegungen zur unangetastet bleibenden Gesamtverantwortung des Organs greifen erneut im Falle der Bildung eines Ausschusses einzelner oder mehrerer Organmitglieder in dieser Sachfrage, *Burgard*, in: Burgard, Stiftungsrecht, § 84b BGB Rn. 11. Vgl. für das Recht der AG *Deckert*, AG 1994, 457, 463; *Raiser*, ZGR 1989, 44, 69; *Stodolkowitz*, ZHR 154 (1990), 1, 19.

der internen Willensbildung mit, ihnen sind die organschaftlichen Kompetenzen selbst aber nicht zu eigenem Recht zugewiesen, sodass eine diesbezügliche Rechtsbetroffenheit ausscheidet.[596] Ein Klagerecht eines einzelnen Kuratoriumsmitglieds gegen den Vorstand kann vom Stifter daher nicht in der Satzung vorgesehen werden.

(ββ) Klagegegner

Klärungsbedürftig bleibt, gegen welchen Klagegegner eine auf das allgemeine Verhaltenskontrollrecht der Stiftung gestützte Leistungsklage zur Unterlassung pflichtwidriger Geschäftsführungsmaßnahmen zu richten ist. In Betracht kommt, als Pflichtigen und damit als passivlegitimierten Beklagten im Prozess entweder die Stiftung, den Vorstand als Organ oder die einzelnen Vorstandsmitglieder anzusehen.

Konsequent erscheint es zunächst, aufgrund der dargestellten Fremdnützigkeit aller Organtätigkeit auch auf der Pflichtseite sämtliche Pflichten der juristischen Person selbst, somit der Stiftung zuzuweisen, sodass die Organe lediglich Funktionsverantwortungen übernehmen.[597] Die prozessuale Folge davon wäre allerdings, dass sowohl auf der Kläger- wie auf der Beklagtenseite die jeweils durch ein Organ vertretene Stiftung und damit dasselbe Rechtssubjekt stünde, die Stiftung mithin sich selbst verklagen müsste. Das kann aufgrund der Unzulässigkeit von Insichprozessen nicht in Betracht kommen.[598]

---

596 Für den Fall, dass sich aus dem innerorganisatorischen Gefüge eine nicht-kompetenzielle Verhaltensberechtigung des einzelnen Kuratoriumsmitglieds ableiten lässt, wie dies für in der Satzung vorgesehene mitgliedschaftliche Hilfs- und Teilnahmerechte an den Organaufgaben gegenüber dem Gesamtkuratorium denkbar ist, dürfte es sich dabei um ein eigenes subjektives Recht des Kuratoriumsmitglieds handeln, sodass dieses im Rahmen eines Intraorganstreitverfahrens als Kläger aktivlegitimiert ist, vgl. aus dem Recht der AG *Deckert*, AG 1994, 457, 460; *Stodolkowitz*, ZHR 154 (1990), 1, 16. Richtiger Klagegegner aufgrund der hier vertretenen Unzulässigkeit rechts- und parteifähiger Organe ist die Stiftung, vertreten durch den Vorstand, § 84 Abs. 2 Satz 1 Hs. 1 BGB (§§ 86 Satz 1 a.F., 26 Abs. 1 Satz 2 Hs. 1 BGB), *G. Roth*, in: MHdB GesR VII, § 99 Rn. 21; vgl. aus dem Recht der AG *Deckert*, AG 1994, 457, 460; *Koch*, AktG, § 90 Rn. 22; *ders.*, in: MHdB GesR VII, § 30 Rn. 98; *Spindler*, in: MüKo-AktG, § 90 Rn. 64; a.A. *Bork*, ZGR 1989, 1, 32; *ders.*, ZIP 1991, 137, 141 (Klage ist gegen das Organ selbst zu richten).

597 Vgl. *Häsemeyer*, ZHR 144 (1980), 265, 269.

598 Aus dem Zweiparteienprinzip ergibt sich, dass Kläger und Beklagter grundsätzlich nicht personenidentisch sein können, weil niemand gegen sich selbst prozessualen Rechtsschutz begehren kann, BGH NJW-RR 2003, 217; *Gehrlein*, in: Prütting/Gehr-

Steht die Stiftung als Klagegegnerin nicht zur Verfügung, ist zu überlegen, ob der Vorstand als Organ richtiger Beklagter ist.[599] Lehnt man es, wie bereits unter (αα) ausführlich dargestellt, ab, für den Innenbereich juristischer Personen subjektive Rechte der Organe und damit ihre Rechts- und Parteifähigkeit anzuerkennen, ist es inkonsequent, für die Pflichtseite zu einer abweichenden Beurteilung zu gelangen und den Organen eine partielle Rechtssubjektivität einzuräumen. Was auf der Aktivseite gilt, muss auch auf der Passivseite gelten.[600] Zudem läuft die Annahme einer gegen das Organ gerichteten Klage der Stiftung konstruktiv auf die Billigung eines intrapersonalen, für den Innenbereich wirkenden subjektiven Rechts der Stiftung auf ungestörte funktionsmäßige Aufgabenerfüllung der Organe hinaus.[601] Dieses innerorganisatorische subjektive Recht der Stiftung soll dann im Wege der Prozessstandschaft aufgrund einer organisationsrechtlichen Wahrnehmungszuständigkeit von dem Organ gerichtlich durchgesetzt werden, dessen Kompetenzbereich durch das streitgegenständliche Organverhalten be-

---

lein, ZPO, § 50 Rn. 3; *Jacoby*, in: Stein/Jonas, ZPO, Vor § 50 Rn. 25 f.; *Vogt-Beheim*, in: Anders/Gehle, ZPO, Vor § 50 Rn. 15. – Von der hier geschilderten Unzulässigkeit aufgrund eines Insichprozesses ist die Unzulässigkeit aufgrund § 181 BGB zu unterscheiden, bei der nicht auf Seiten des Vertretenen, sondern auf Seiten des Vertreters eine Personenidentität besteht, vgl. *Bauer*, Organklagen, 68; *Teichmann*, in: FS Mühl, 663, 669.

599 Dafür OLG Frankfurt a.M. npoR 2019, 72, 73 f. Rn. 44, in der vergleichbaren Konstellation des Kuratoriums als Organ auf Beklagtenseite, das laut den Entscheidungsgründen „schon logisch" nur als Passivlegitimierter in Betracht kommt; ebenso *G. Roth*, in: MHdB GesR VII, § 98 Rn. 8 („...nur konsequent, dass das Organ als solches richtiger Klagegegner ist."); *Stallmann*, npoR 2019, 79.

600 Insofern ist es inkonsequent, wenn das OLG Frankfurt a.M. in der zitierten Entscheidung zwar berechtigterweise die Möglichkeit eines Inter-Organstreitverfahrens im Stiftungsrecht verneint, die der Ablehnung zugrundeliegenden Erwägungen dann aber bei der Frage nach dem richtigen Klagegegner außer Acht lässt und damit der Anerkennung rechts- und parteifähiger Organe wieder Tür und Tor öffnet; ebenfalls kritisch zu diesem Punkt *von Harder*, ZStV 2019, 146, 147, wonach die Parteistellung des Kuratoriums nach der gerichtlichen Argumentation als systemwidrig angesehen werden muss; zustimmend hingegen *Stallmann*, npoR 2019, 79, der die Parteifähigkeit als Vehikel für den Umstand auffasst, dass es Insichprozesse nicht geben könne.

601 So vor allem *Hoppe*, DVBl. 1970, 845, 847, für Organstreitigkeiten in öffentlich-rechtlichen Körperschaften, wonach zwar keine eigenen subjektiven Rechte der Organe aufgrund fehlender Eigeninteressen bestehen könnten, wohl aber ein auf den Innenbereich bezogenes Interesse der Gesamtorganisation am gemeinschaftlichen Zusammenwirken aller Beteiligten und einer planmäßigen Verteilung der zur Durchführung des Gemeinzwecks regulierten Rechte und Pflichten unter die verschiedenen Organe.

troffen ist.[602] Die Ansicht widerspricht damit zum einem dem Grundsatz, dass es im Innenbereich juristischer Personen keine subjektiven Rechte geben kann, gleichgültig, ob man sie den Organen als organschaftliche subjektive (Innen-) Rechte oder der Organisation als organisationsrechtliche subjektive (Innen-) Rechte zuweist. Zum anderen bestehen die bereits unter (αα) geäußerten Bedenken zur Einordnung der Organe als Prozessstandschafter der Stiftung ohne nähere Begründung der dazu erforderlichen Rechts- und Parteifähigkeit.

Im Ergebnis wird man eine auf das allgemeine Verhaltenskontrollrecht gestützte Klage zur Durchsetzung rechtmäßigen Vorstandsverhaltens daher als Klage der durch das Kuratorium vertretenen Stiftung gegen die Vorstandsmitglieder als natürliche Personen zu qualifizieren haben.[603] Dem wird entgegengehalten, dieser Standpunkt vermenge die innerorganisatorische mit der außenrechtlichen Ebene, indem eine aus der Organkompetenz folgende und damit dem Innenbereich zuzuordnende Unterlassungspflicht den Vorstandsmitgliedern persönlich als Privatpersonen auferlegt werde.[604] Eine persönliche Pflicht des Organmitglieds könne jedoch niemals den kompetenziellen Innenbereich der Stiftung, sondern ausschließlich aus Haftungstatbeständen oder Anstellungsverträgen erwachsende Außenrechtsbeziehungen betreffen, und sei daher unzulässig. Dass die im Zusammenhang mit der Organkompetenz stehenden Rechte und Pflichten von den Organmitgliedern als natürliche Personen erfüllt würden, weil diese anders als das Organ selbst handlungsfähig seien, ändere nichts daran, dass die Organkompetenz und damit zusammenhängende Aufgaben dem Gesamtorgan zugeordnet seien, nicht den einzelnen Mitgliedern.[605] Das zeige sich bereits daran, dass die individuellen Handlungen der einzelnen Organmitglieder entpersönlicht würden, weil es zur Erfüllung der dem jeweiligen Organ zugewiesenen Aufgaben nur entscheidend sei, *dass* die notwendigen Handlungen erbracht würden, nicht hingegen

---

602 *Hoppe*, DVBl. 1970, 845, 848; vgl. *Bauer*, Organklagen, 38; *Lewerenz*, Leistungsklagen, 68.

603 Vgl. ebenso für das Recht der AG anhand des im Zusammenhang mit § 90 AktG dargestellten Problems von Interorganstreitigkeiten *Cahn*, in: KK-AktG, § 90 Rn. 66; *Koch*, AktG, § 90 Rn. 15; *ders.*, in: MHdB GesR VII, § 30 Rn. 92 f.; *Spindler*, in: MüKo-AktG, § 90 Rn. 61; *Stodolkowitz*, ZHR 154 (1990), 1, 13; *Westermann*, in: FS Bötticher, 369, 376 ff.

604 *Bauer*, Organklagen, 25; *Grobe*, Inter- und Intraorganklagen, 445 ff.; *Häsemeyer*, ZHR 144 (1980), 265, 270: „Sollen die Vorstandsmitglieder – einzeln oder in ihrer Gesamtheit – mit Vornahme oder Unterlassungsklagen zu ordnungsgemäßer Geschäftsführung gezwungen werden können, so steckt dahinter offenbar die Vorstellung, die einzelnen Vorstandsmitglieder treffe persönlich (…) eine entsprechende Pflicht (…)."

605 Vgl. *Bork*, ZGR 1989, 1, 17; *Hommelhoff*, ZHR 143 (1979), 288, 292.

von wem.[606] Seien die Organaufgaben aber dem Vorstand selbst auferlegt, könne es auf die Ausübung oder Nichtausübung anvertrauter fremdnütziger Funktionen gerichtete Leistungsklagen gegen die jeweiligen Organmitglieder nicht geben.[607]

Die Argumente gegen eine Bewältigung von Innenrechtsstreitigkeiten in der Stiftung mittels der für das Außenrecht geltenden Grundsätze sind indes nicht zwingend. Dass diese Sphären nicht immer strikt voneinander getrennt werden, zeigt sich bereits daran, dass nicht nur die Verletzung von Pflichten aus einem etwaigen schuldrechtlichen Anstellungsverhältnis, sondern auch die Verletzung von Pflichten aus einem dem Innenbereich zuzuordnenden organschaftlichen Bestellungsverhältnis Schadensersatzansprüche gegen das einzelne Organmitglied persönlich auszulösen vermögen.[608]

Auch überzeugt der Einwand nicht, stiftungsrechtliche Organstreitigkeiten könnten prozessual deshalb nicht als Klagen der durch ein Organ vertretenen Stiftung gegen die Mitglieder eines anderen Organs qualifiziert werden, weil der Umstand der schnelleren Klageerhebung darüber entscheide, wer „mit der Gesellschaft im Rücken“ den Prozess führen könne.[609] Richtigerweise ist darin jedoch kein Verstoß gegen den Grundsatz der prozessualen Waffengleichheit zu erblicken.[610] Zwar kommt aufgrund des Verbots eines zivilprozessualen Insichprozesses ein beiderseitiges Vorgehen der Organe in Vertretung der Stiftung nicht in Betracht.[611] Willkürlichkeiten, die sich aus der zeitlichen Reihenfolge der Klageerhebung durch die Organe ergeben könnten, lassen sich aber dadurch ausschließen, dass jenes Organ, dessen mögliche Pflichtverletzung gerichtlich geklärt werden soll, nicht als organschaftlicher Vertreter der Stiftung im Prozess

---

606 Vgl. *Hommelhoff*, ZHR 143 (1979), 288, 292 f., wonach der Zweck allen Handelns der Organmitglieder darin begründet liegt, im planmäßig organisierten Zusammenwirken in ihrer organisatorischen Verbundenheit innerhalb des Organs für dessen Funktionieren im Sinne des Gesetzes (und bezogen auf die Stiftung im Sinne der Satzung) zu sorgen.

607 Vgl. *Häsemeyer*, ZHR 144 (1980), 265, 271, nach dem eine persönliche Inanspruchnahme der Organmitglieder nur im Wege der (nachträglichen) Abberufung oder der externen Geltendmachung eines Schadensersatzanspruchs im Wege der Regressklage möglich sein soll; *Hommelhoff*, ZHR 143 (1979), 288, 292.

608 Vgl. *Stodolkowitz*, ZHR 154 (1990), 1, 5.

609 In diese Richtung *G. Roth*, in: MHdB GesR VII, § 99 Rn. 17, wonach die Stiftung nicht nach dem Zufallsprinzip auf der Kläger- oder Beklagtenseite stehen sollte; vgl. dazu zudem *Bauer*, Organklagen, 50; *Grobe*, Inter- und Intraorganklagen, 445; *Hommelhoff*, ZHR 143 (1979), 288, 306.

610 So aber *Bork*, ZGR 1989, 1, 27 Fn.116; *Hommelhoff*, ZHR 143 (1979), 288, 306.

611 Vgl. *Bauer*, Organklagen, 50.

agieren kann.[612] Bezogen auf eine Leistungsklage zur Unterlassung bestimmter Geschäftsführungsmaßnahmen des Vorstands bedeutet das, dass die auf der Klägerseite stehende Stiftung nicht durch den Vorstand, sondern im Prozess durch das Kuratorium vertreten wird. Dass dann der Vorstand keinen Rechtsstreit im Namen der Stiftung führen kann, sondern auf der Beklagtenseite die Vorstandsmitglieder als natürliche Personen stehen, erscheint aufgrund des streitgegenständlichen Vorstandsverhaltens sachgerecht.[613]

Daran ändert auch die Verteilung des Kostenrisikos nichts, das im Fall einer begründeten Klage der Stiftung gem. § 91 Abs. 1 Satz 1 ZPO die Übernahme der Prozesskosten durch die unterliegenden Vorstandsmitglieder persönlich vorsieht.[614] Eine Korrektur dieses Ergebnisses nicht über das Kostenrecht, aber über das materielle Recht soll aus Billigkeitserwägungen in Betracht kommen, wenn die Organmitglieder vernünftigerweise annehmen durften, sich der Nichtvornahme der beanstandeten Geschäftsführungsmaßnahme im Interesse der Stiftung und der ihnen obliegenden Geschäftsführungsaufgaben zu Recht zu widersetzen.[615] Bei diesem an die Business-Judgment-Rule angelehnten Standpunkt fehlt es genau genommen bereits an einem sanktionierbaren Pflichtverstoß. Eine auf Unterlassung bestimmter Geschäftsführungsmaßnahmen gerichtete Leistungsklage würde somit als unbegründet abgewiesen, sodass von vornherein nicht die verklagten Organmitglieder, sondern die Stiftung als Kostenschuldner heranzuziehen ist. Wird hingegen eine (potentielle) Pflichtverletzung festgestellt, und ist die Klage damit begründet, erscheint es gerechtfertigt, die Organmitglieder auch die Kosten des Rechtsstreits tragen zu lassen; eine Korrektur, etwa in Form eines entsprechenden Freistellungsanspruchs gegen die Stiftung, ist dann nicht angezeigt.[616]

Zu überlegen bleibt, wie eine innerorganisatorische Klage der Stiftung gegen die Mitglieder des Vorstands gerichtlich durchzusetzen ist. Nach wohl überwiegender Auffassung sollen die Organmitglieder als notwendige Streitgenossen i.S.d.

---

612 Für die Ersetzung eines zeitbezogenen Kriteriums durch das sachbezogene Kriterium der gerichtlich zu überprüfenden Pflichtverletzung im Recht der AG, vgl. *Stodolkowitz*, ZHR 154 (1990), 1, 21.

613 Vgl. *Stodolkowitz*, ZHR 154 (1990), 1, 21.

614 Ebenso *Stodolkowitz*, ZHR 154 (1990), 1, 23.

615 Vgl. *Lewerenz*, Leistungsklagen, 145, der den Organmitgliedern in diesem Fall einen gegen die juristische Person gerichteten Aufwendungsersatzanspruch (im Stiftungsrecht gem. §§ 84a Abs. 1 Satz 1, 670 BGB [§§ 86 Satz 1 a.F., 27 Abs. 3 Satz 1, 670 BGB]) zubilligen möchte; vorsichtiger *Stodolkowitz*, ZHR 154 (1990), 1, 23.

616 *Stodolkowitz*, ZHR 154 (1990), 1, 23.

§ 62 Abs. 1 ZPO zu verklagen sein.[617] Aufgrund ihrer organisationsrechtlichen Verbundenheit innerhalb des Gesamtorgans sei ein Anwendungsfall notwendiger Streitgenossenschaft wegen der Notwendigkeit einer gemeinschaftlichen Klage gegen alle Vorstandsmitglieder gegeben.[618]

Unabhängig von den Beschlussfassungsbestimmungen zur internen Willensbildung der konkreten Stiftung dürfte es genügen, die Unterlassung der streitigen Geschäftsführungsmaßnahme verweigernden Vorstandsmitglieder als einfache Streitgenossen zu verklagen.[619] Kann durch ein entsprechendes Sachurteil gegenüber den verklagten Organmitgliedern dem pflichtwidrigen Verhalten des Stiftungsvorstands abgeholfen werden, ist eine gegenüber allen Organwaltern ergehende, einheitliche Entscheidung nicht notwendig.[620] Hinzunehmen ist bei der Annahme einer Beklagtenstellung der einzelnen Vorstandsmitglieder, dass auf während des Rechtsstreits ausgeschiedene oder bestellte Mitglieder unter Umständen prozessual reagiert werden muss, und dass die Rechtskraft der gerichtlichen Entscheidung nur für und gegen die am Prozess beteiligten natürlichen Personen wirkt.[621]

(γγ) Zwischenergebnis

Festzuhalten bleibt, dass im Stiftungsrecht Klagerechte zur gerichtlichen Durchsetzung rechtmäßigen Verhaltens des Vorstands im Wege der Leistungsklage auch ohne die Voraussetzungen eines konkreten Kompetenzübergriffs nicht gegen das funktionsteilige Kompetenzgefüge verstoßen und deshalb vom Stifter in der Satzung vorgesehen werden können, um bereits präventiv pflichtwidriger

---

617 Im Stiftungsrecht *von Harder*, ZStV 2019, 146, 147; vgl. im Recht der AG *Koch*, AktG, § 90 Rn. 15; *ders.*, in: MHdB GesR VII, § 30 Rn. 92; *Lewerenz*, Leistungsklagen, 106; *Spindler*, in: MüKo-AktG, § 90 Rn. 61; *Westermann*, in: FS Bötticher, 369, 380.

618 *Lewerenz*, Leistungsklagen, 106.

619 Zustimmend *Stodolkowitz*, ZHR 154 (1990), 1, 21.

620 *Stodolkowitz*, ZHR 154 (1990), 1, 21.

621 Diese Ansicht aufgrund ihrer (vermeintlich) prozessunökonomischen Konsequenzen ablehnend *Bork*, ZIP 1991, 137, 140; *G. Roth*, in: MHdB GesR VII, § 99 Rn. 12; a.A. *Lewerenz*, Leistungsklagen, 105, nach dessen Ansicht das praktisch keine schwerwiegenden Konsequenzen haben dürfte; *Stodolkowitz*, ZHR 154 (1990), 1, 21. Demgegenüber zeitigt bei der Anerkennung einer Parteistellung der Organe ein Wechsel in der personalen Zusammensetzung keine verfahrensrechtlichen Konsequenzen, und vollstreckt werden kann aus einem gegen das Organ ergangenen rechtskräftigen Titel gegen die zugehörigen Organmitglieder auch dann, wenn diese erst nach Eintritt der Rechtskraft bestellt wurden und damit nicht am Verfahren beteiligt waren, *Bork*, ZGR 1989, 1, 26; zu letzterem sehr kritisch *Stodolkowitz*, ZHR 154 (1990), 1, 21 f.

Vorstandstätigkeit zuvorzukommen und gleichzeitig einem möglichen Durchsetzungsdefizit abzuhelfen.

Gezeigt wurde, dass es sich bei diesem Recht auf allgemeine Verhaltenskontrolle nicht um eine subjektives Recht des Kuratoriums handeln kann, weil mit Rechtsfähigkeit ausgestattete Organe im Innenbereich der Stiftung abzulehnen sind. Für eine Korrektur dieses Ergebnisses im Wege der Rechtsfortbildung besteht nach hier vertretener Ansicht deshalb kein Bedürfnis, weil sich Streitigkeiten um die Unterlassung bestimmter Geschäftsführungsmaßnahmen prozessual als Klagen der Stiftung, vertreten durch das Kuratorium, gegen die pflichtwidrig handelnden Vorstandsmitglieder darstellen und befriedigend lösen lassen.[622]

Die hierzu entwickelten Grundsätze sind auf andere gerichtliche Verfahren aus dem innerorganisatorischen Bereich der Stiftung übertragbar. Insgesamt ist die Anerkennung stiftungsrechtlicher Interorganklagen daher zu verneinen.

(bb) Recht der Destinatäre

Sind die Destinatäre Nutznießer der Stiftungsleistungen und damit Stiftungsbeteiligte, ist es denkbar, für die Durchsetzung von Ansprüchen gegen Vorstandsmitglieder die Destinatäre ausgestattet mit diesbezüglichen Klagerechten zu installieren. Dabei könnte sich der Stifter zur Effektivierung der gerichtlichen Rechtsverfolgung etwaiger Pflichtverstöße das Interesse leistungsberechtigter Destinatäre an einer ordnungsgemäßen Stiftungsverwaltung zu Nutze machen.[623]

Zu klären bleibt, wann ein solches Klagerecht angenommen werden kann, welche Regelungsgrenzen möglicherweise bestehen und wie das Recht gerichtlich durchzusetzen ist.

(α) Regelungsmöglichkeiten und -grenzen

Möchte der Stifter für die Destinatäre seiner Stiftung Klagerechte begründen, wird er dies regelmäßig über die Formulierung und Ausgestaltung entsprechender statutarischer Regelungen zu erreichen versuchen.[624]

Für die weiteren Ausführungen soll begrifflich zwischen unmittelbar und mittelbar eingeräumten Klagerechten unterschieden werden.

---

622 Vgl. *Koch*, AktG, § 90 Rn. 19; *ders.*, in: MHdB GesR VII, § 30 Rn. 93.

623 *G. Roth*, in: MHdB GesR VII, § 96 Rn. 29; s. zu Kontrollmöglichkeiten durch die Begünstigten der Stiftung zudem *Reuter*, in: NPLY 2002, 157, 172 ff.; *Schlüter*, Privatautonomie und Gemeinwohlbindung, 437 ff.

624 Vgl. *Jakob/Picht/Kopp*, in: BeckOGK-BGB, Stand: 01.12.2023, § 83 Rn. 23, die in dem Zusammenhang von dem Stiftungsgeschäft als Medium für die Begründung von Rechtspositionen sprechen.

(αα) Ansätze zur unmittelbaren Herleitung von Klagerechten

Denkbar ist zunächst, dass sich ein Klagerecht für die Destinatäre aus einem Kontroll- und Überwachungsrecht in der Satzung ergibt.[625]

Das Vorliegen eines Kontroll- und Überwachungsrechts kommt dann in Betracht, wenn eine Rechtsposition ihrem Inhalt nach den Destinatären die Möglichkeit einräumt, das zuständige Stiftungsorgan hinsichtlich einer ordnungs- und pflichtgemäßen Stiftungsverwaltung zu überprüfen.

Dabei muss der Stifter in der Satzung zunächst festlegen, inwieweit die Bestimmtheit der Destinatärseigenschaft Bedingung für das Bestehen von Kontrollrechten sein soll. Destinatär kann begrifflich nämlich nicht nur derjenige sein, dem in der Satzung ein Leistungsanspruch eingeräumt wurde, sondern auch derjenige, der nur potentiell Begünstigter ist, weil er entweder erst aus einem in der Satzung näher umschriebenen Kreis von Personen, dessen Voraussetzungen er erfüllt, ausgewählt werden muss, oder weil der von der Stiftung verfolgte Zweck nicht an persönliche Eigenschaften anknüpft und daher keinen definierten Begünstigtenkreis voraussetzt.[626] Um die Inhaberschaft von Kontrollrechten und damit die Kontroll- und Überwachungsmöglichkeiten stärker zu konturieren, kann es dem Stifterwillen entsprechen, wenn diese Rechte nur den leistungsberechtigten Destinatären eingeräumt werden. Hierunter können unmittelbar satzungsmäßig, organschaftlich oder vertraglich begründete Destinatärsansprüche fallen.[627] Bloß potentiellen Destinatären stünden die in der Satzung eingeräumten Kontrollrechte ebenso wenig zu wie den Destinatären von solchen Stiftungen, deren Art der Zweckverfolgung die Begründung von individuellen Leistungsansprüchen ausschließt.[628] Die Leistungsberechtigung erscheint als sachgerechtes Begrenzungskriterium, weil sich in ihr das (vermutete) Interesse der Destinatäre am Schutz der Stiftung manifestiert, welches sich der Stifter bei der Kontrolle des Vorstandshandelns durch die Begünstigten zunutze machen möchte.[629] Ob eine derartige Eingrenzung dem Stifterwillen entspricht, ist durch seine Auslegung anhand der Bestimmungen in Stiftungsgeschäft und Stiftungssatzung zu ermitteln.

---

625 *Jakob/Picht/Kopp*, in: BeckOGK-BGB, Stand: 01.12.2023, § 83 Rn. 23; *Stumpf*, in: Stumpf/Suerbaum/Schulte/Pauli, StiftR, B § 85 Rn. 23.

626 *Muscheler* unterscheidet insoweit zwischen Destinatären mit schon bestehendem Leistungsanspruch gegen die Stiftung (Aktualdestinatäre) und solchen mit möglicherweise in der Zukunft entstehendem Leistungsanspruch (Potentialdestinatäre), WM 2003, 2213, 2214.

627 Zu den verschiedenen Konstellationen, s. bereits unter Teil 2.§ 2.A.II.2.a)aa).

628 Zu solchen Publikumsdestinatären, s. *Muscheler*, WM 2003, 2213.

629 Ähnlich *G. Roth*, in: MHdB GesR VII, § 96 Rn. 29.

Zu untersuchen ist weiterhin, ob und wenn ja, welchen Grenzen bei der Rechteinräumung der Stifter mit Blick auf die strukturellen Besonderheiten der Stiftung unterliegt.

Kontroll- und Aufsichtsrechte kommen ebenso wie andere Verwaltungsrechte, etwa Mitbestimmungs- oder Informationsrechte, als satzungsmäßige Mitwirkungsrechte in Betracht, durch deren Anordnung der Stifter die Rechtsstellung der Destinatäre ausformen kann.[630] Dass er im Grundsatz dazu befähigt ist, ergibt sich aus parallelen Erwägungen zur Frage der Einräumung einer Leistungsberechtigung für die Destinatäre in der Satzung.[631] Hier wie dort wurzelt das Recht dazu in der privatautonomen Freiheit des Stifters, die Stiftung insbesondere hinsichtlich der Stellung der Begünstigten nach seinen Vorstellungen ausgestalten zu können.[632]

Als problematisch könnten sich allerdings Bestimmungen erweisen, die dazu führen, dass korporative Elemente in die Satzung eingefügt werden. Die Stiftung als mitgliederloses Konstrukt zur Verfolgung eines bestimmten Zwecks wird nur vom Stifterwillen beherrscht, wie er sich aus Stiftungsgeschäft und Stiftungssatzung ergibt.[633] Mitgliedschaftliche Willensbildungselemente oder die Berücksichtigung stiftungsfremder Sonderinteressen sind mit der Stiftungsautonomie nicht vereinbar und daher ausgeschlossen.[634]

Aus dem vorstehend Gesagten ergibt sich hinsichtlich des Bestehens von Klagerechten für die Destinatäre nicht nur eine Regelungsmöglichkeit, sondern insbesondere auch eine Regelungsnotwendigkeit des Stifters, weil ein Klagerecht bereits

630 BGHZ 99, 344, 352 = NJW 1987, 2364; *Jakob/Picht/Kopp*, in: BeckOGK-BGB, Stand: 01.12.2023, § 83 Rn. 33; *G. Roth*, in: MHdB GesR VII, § 100 Rn. 5. Auch für Kontroll- und Prüfrechte ist auf die Ausgestaltung der Stiftungsverfassung durch das Stiftungsgeschäft und die Stiftungssatzung abzustellen. Der Verzicht auf eine gesetzliche Vorschrift, die dem Stifter die Begründung nicht nur von Leistungs-, sondern auch von Verwaltungsrechten gestattet, wird vom BGB-Gesetzgeber gleichfalls mit Verweis auf den in der Praxis bestehenden Konsens in dieser Frage erklärt, Protokolle, BGB, Band I, 597 f.

631 Dazu bereits die Ausführungen unter Teil 2.§ 2.A.II.2.a)aa).

632 BGHZ 99, 344, 351 f. = NJW 1987, 2364; vgl. *Jakob/Picht/Kopp*, in: BeckOGK-BGB, Stand: 01.12.2023, § 83 Rn. 23.

633 *Mankowski*, FamRZ 1995, 851, 852.

634 BGHZ 99, 344, 351 = NJW 1987, 2364. Das gilt etwa für die Schaffung einer an das Vereinsrecht angelehnten Mitgliederversammlung, die mit Destinatären besetzt wird und einen vom Stifterwillen losgelösten, autonomen Willen bildet, *Jakob/Picht/Kopp*, in: BeckOGK-BGB, Stand: 01.12.2023, § 83 Rn. 34; *G. Roth*, in: MHdB GesR VII, § 100 Rn. 5.

aus mitgliedschaftlicher Betroffenheit nicht in Betracht kommt.[635] Auch als Nutznießer des Stiftungsvermögens können die Destinatäre unabhängig von einer satzungsmäßigen Leistungsberechtigung nicht die Stellung von Mitgliedern haben.[636]

Im Weiteren soll geprüft werden, inwieweit die für die Destinatäre vorgesehenen Mitwirkungsrechte mit der fehlenden körperschaftlichen Organisationsstruktur der Stiftung in Einklang zu bringen sind.

Dabei ist im Grundsatz von ihrer Regelbarkeit durch den Stifter auszugehen und nur im begründeten Einzelfall die Zulässigkeit zu versagen, um der Gestaltungsfreiheit des Stifters den größtmöglichen Raum zu geben.[637] Diese endet erst dort, wo den Destinatären eine Einflussnahme ermöglicht wird, die auf eine vom ursprünglichen Stifterwillen gelöste, autonome Willensbildung der Stiftung hinausläuft.[638]

Normiert der Stifter Kontroll- und Prüfrechte für die Destinatäre in der Satzung, geht es dabei nicht um die Etablierung einer dem ursprünglichen Stifterwillen zuwiderlaufenden Struktur, sondern vielmehr um die Sicherung und Wahrung dieses Willens. Die Destinatäre sollen keinen autonomen Willen bilden, wie dies bei Mitbestimmungsrechten denkbar ist, sondern je nach Inhalt und Umfang der Rechtseinräumung den Stiftungsvorstand und/oder fakultative Stiftungsorgane hinsichtlich einer pflichtgemäßen Stiftungsverwaltung kontrollieren oder über die Beachtung und Einhaltung des Stifterwillens wachen. Zwar ist dies originäre Aufgabe der Stiftungsaufsicht. Allerdings kann und sollte es dem Stifter wegen der bereits dargestellten Möglichkeit eines Durchsetzungsvakuums[639] nicht verwehrt werden, sich durch geeignete Regelungen im Rahmen des Zulässigen eigenverantwortlich um die Sicherung und den Schutz der Stiftung und ihres Vermögens zu bemühen.[640]

Da durch Kontroll- und Beanstandungsrechte für Destinatäre keine korporativen Elemente in die Stiftungssatzung eingefügt werden, muss ihre Einräumung jedenfalls unter diesem Gesichtspunkt möglich sein.[641]

---

635 *Wernicke*, ZEV 2003, 301, 305.

636 BGHZ 99, 344, 350 = NJW 1987, 2364.

637 Ähnlich *Jakob/Picht/Kopp*, in: BeckOGK-BGB, Stand: 01.12.2023, § 83 Rn. 33, wonach sich der Reichweite der satzungsmäßigen Mitwirkungsrechte anhand einer negativen Abgrenzung dergestalt zu nähern ist, dass die Stifterautonomie regiert, bis sie an die Grenzen des Stiftungsbegriffs stößt.

638 *Hüttemann/Rawert*, in: Staudinger, BGB, § 85 Rn. 38.

639 S. Teil 2.§ 2.A.II.2.b)bb)(1).

640 *G. Roth*, in: MHdB GesR VII, § 96 Rn. 29; *Wernicke*, ZEV 2003, 301, 305.

641 Ebenso *Blydt-Hansen*, Rechtsstellung der Destinatäre, 128 f.; *Schwintek*, Vorstandskontrolle, 320 f.; *Veltmann*, in: Werner/Saenger/Fischer, Die Stiftung, § 17 Rn. 54; *Wernicke*, ZEV 2003, 301, 304.

Je nach Ausgestaltung der Satzungsregelung können die Kompetenzen den Destinatären in Person als externe Instanzen[642] oder als Organmitglieder eines mit Destinatären besetzten Kontrollorgans oder eines eigenen Destinatärorgans[643] zugewiesen werden.

Die Grenzen der Zulässigkeit könnte aber eine Rechtsverschaffung für die Destinatäre der Stiftung dann überschreiten, wenn dadurch die Zuständigkeiten des gesetzlichen Pflichtorgans, des Stiftungsvorstands, ausgehöhlt werden.[644] Als problematisch sind deshalb Regelungen zu beurteilen, die etwa den Destinatären die umfassende Vertretungsmacht für die gerichtliche und außergerichtliche Vertretung der Stiftung einräumen.[645]

Indes geht es darum bei den in Rede stehenden Kontroll- und Prüfrechten der Destinatäre nicht. Diese sollen keine Parallelzuständigkeiten für die Geschäftsführung und Vertretung der Stiftung schaffen, sondern dafür Sorge tragen, dass der Vorstand die ihm zugewiesenen und unangetastet bleibenden Aufgaben im Einklang mit den satzungsmäßigen und gesetzlichen Vorgaben erfüllt. Gegen die Einräumung derartiger Rechte in der Satzung bestehen daher auch unter diesem Gesichtspunkt keine Zulässigkeitsbedenken.[646]

Ist in der Satzung neben dem Vorstand die Einrichtung eines fakultativen Organs, etwa ein Kuratorium, zur Kontrolle des Vorstands vorgesehen, ist es dem

642 Dies kommt in Betracht, weil die Destinatäre außerhalb von Mitbestimmungs- oder Verwaltungsrechten nicht über eine organschaftliche Rechtsstellung in die Stiftungsorganisation eingebunden sein müssen. Da die Unverfügbarkeit der Stiftung durch bloße Kontrollrechte nicht infrage gestellt wird, ist gegen deren Rechtseinräumung für Destinatäre außerhalb von Stiftungsorganen nichts einzuwenden, vgl. *Schwarz*, BB 2001, 2381, 2386; *Schwintek*, Vorstandskontrolle, 319; *Wernicke*, ZEV 2003, 301, 302; a.A. *Godron/Gollan*, in: Richter, Stiftungsrecht, § 6 Rn. 101 (anders noch die Vorauflage).

643 *Blydt-Hansen*, Rechtsstellung der Destinatäre, 125; *Godron/Gollan*, in: Richter, Stiftungsrecht, § 6 Rn. 114; *Schwintek*, Vorstandskontrolle, 319; *Wernicke*, ZEV 2003, 301, 304. Richtigerweise weist *Blydt-Hansen* darauf hin, dass in den letztgenannten Fällen nicht von Destinatärsrechten gesprochen werden sollte, da die eingeräumten Rechte den Destinatären nicht in dieser Eigenschaft, sondern aufgrund von Organkompetenz zustehen, Rechtsstellung der Destinatäre, 125 f.

644 *Jakob/Picht/Kopp*, in: BeckOGK-BGB, Stand: 01.12.2023, § 83 Rn. 34. Zu diesem Punkt auf Ebene der gerichtlichen Durchsetzung, s. die Ausführungen unter Teil 2.§ 2.A.II.2.b)bb)(2)(a)(aa)(β).

645 Vgl. *Jakob/Picht/Kopp*, in: BeckOGK-BGB, Stand: 01.12.2023, § 83 Rn. 34.

646 *Schwintek*, Vorstandskontrolle, 319, weist zurecht darauf hin, dass eine solche Rechtmäßigkeitskontrolle nicht in den Kompetenzbereich des Vorstands eingreift.

Stifter aufgrund der Stifterfreiheit unbenommen, weitere Schutzmechanismen in die Satzung einzubauen.[647] Er kann also auch in diesen Fällen die Destinatäre mit Kontroll- und Prüfrechten ausstatten. Dies erscheint etwa für den Fall sinnvoll, dass das Kontrollorgan entgegen seiner satzungsmäßigen Aufgabe bei Pflichtverletzungen des Vorstands nicht einschreitet und auf diese Weise den vorgesehenen Schutzmechanismus zuungunsten der Stiftung unterläuft.[648] Bei der Einräumung hat der Stifter nur darauf zu achten, die einzelnen Rechtspositionen sorgfältig aufeinander abzustimmen, indem er etwa das Kontrollrecht der Destinatäre als Notkontrollkompetenz ausgestaltet, die erst greift, wenn das zur Kontrolle eingesetzte Organ untätig bleibt.

Als Zwischenergebnis ist festzuhalten, dass die Gestaltungsfreiheit des Stifters auch die Regelung von Kontroll- und Aufsichtsrechten für die Destinatäre zum Schutz der Stiftung abdeckt und hierin weder ein Verstoß gegen stiftungsrechtliche Strukturprinzipien noch gegen stiftungsinterne Zuständigkeitsregelungen zu erblicken ist.

(ββ) Ansätze zur mittelbaren Herleitung von Klagerechten

Lässt sich der Satzung kein unmittelbares Klagerecht entnehmen, ist im Weiteren zu prüfen, ob eine mittelbare Einräumung in Betracht kommt. Von einem mittelbar bestehenden Klagerecht kann gesprochen werden, wenn den Destinatären zwar keine auf Kontrolle und Beanstandung des Vorstandshandelns gerichtete Rechtsposition verschafft wurde, dafür aber ein anderes Recht, dem ggf. durch Auslegung der Wille des Stifters zu entnehmen ist, dass die Destinatäre Rechtsschutz gegen pflichtwidriges Vorstandshandeln ersuchen dürfen.

Dafür kommt ein satzungsmäßiges Leistungsrecht der Destinatäre in Betracht.[649] Mit der Einräumung eines satzungsmäßigen Anspruchs auf Stiftungsleistungen gestaltet der Stifter die Rechtsstellung der Destinatäre über eine rein abstrakte Formulierung des Stiftungszwecks hinaus aus.[650] Er macht von seiner

---

647 *G. Roth*, in: MHdB GesR VII, § 96 Rn. 29.

648 *G. Roth*, in: MHdB GesR VII, § 96 Rn. 29 Fn. 70.

649 Dass ein Leistungsanspruch nach hier vertretener Ansicht Voraussetzung für das Bestehen unmittelbarer Klagerechte sein sollte (vgl. Teil 2.§ 2.A.II.2.b)bb)(2)(a)(bb)(α)(αα)), stellt insoweit keinen Widerspruch dar. Bei dieser Frage ging es um die Leistungsberechtigung als notwendige Bedingung, hier um die Leistungsberechtigung als hinreichende Bedingung für die Annahme eines Klagerechts.

650 *Schwintek*, Vorstandskontrolle, 315.

Stiftungsautonomie Gebrauch und schafft bewusst eine seinen Vorstellungen entsprechende Stellung der Begünstigten.[651]

Im Falle eines Leistungsrechts ist diese Position zunächst auf die passive Empfangnahme von Stiftungsleistungen beschränkt. Dass der Destinatär darüber hinaus z.B. durch sonstige Verwaltungsrechte aktiv in die Stiftungsorganisation eingebunden werden soll, bringt der Stifter damit nicht zum Ausdruck. Im Gegenteil muss der Stifterwille dahingehend interpretiert werden, dass sich die Rechtsstellung der Destinatäre im Bestehen des Leistungsanspruchs erschöpft. Durch dessen Einräumung kann dem Argument entgegengetreten werden, der Stifter habe keine Kenntnis von der Möglichkeit gehabt, individuelle Rechte für die Destinatäre in die Stiftungssatzung aufzunehmen.

Deshalb überzeugt es auch nicht, durch eine ergänzende Auslegung von Stiftungsgeschäft und Stiftungssatzung, insbesondere des Leistungsanspruchs, ein Klagerecht der Destinatäre für Ansprüche der Stiftung gegen die Vorstandsmitglieder ableiten zu wollen.[652] Dafür müsste eine planwidrige, somit regelungsbedürftige Lücke in den Bestimmungen des Stifters festzustellen sein, die durch Ermittlung des hypothetischen Stifterwillens zu schließen ist. Zwar besteht in den Fällen, in denen die Ansprüche der Stiftung von dem zuständigen Organ nicht gerichtlich durchgesetzt werden und auch die Stiftungsaufsicht nicht tätig wird, eine Lücke in der Stiftungsverfassung, wenn der Stifter bei Stiftungserrichtung davon ausgegangen ist, er habe wirksame Schutzmechanismen zugunsten der Stiftung installiert.[653] Von einer Planwidrigkeit dieser Lücke wird man dabei auch deshalb auszugehen haben, weil die aus deren Missachtung folgende Preisga-

---

651 Vgl. BGHZ 99, 344, 351 f. = NJW 1987, 2364.

652 So *Schwintek*, Vorstandskontrolle, 311 ff., der darauf abstellt, dass ein Stifter besonders an den durch ihn privilegierten Personenkreis denken würde, wenn es um die Sicherung der Voraussetzungen der Zweckverwirklichung geht, 315; dagegen *G. Roth*, in: MHdB GesR VII, § 98 Rn. 32. Die Möglichkeit einer ergänzenden Auslegung von Stiftungsgeschäft und Stiftungssatzung an sich wurde bisher allgemein als zulässig erachtet, BGH NJW 1994, 184, 186; *Jakob/Picht/Kopp*, in: BeckOGK-BGB, Stand: 01.12.2023, § 83 Rn. 33. Sie ist durch das „Gesetz zur Vereinheitlichung des Stiftungsrechts und zur Änderung des Infektionsschutzgesetzes" vom 16. Juli 2021 (BGBl. I S. 2947) in § 83 Abs. 2 BGB mit der hilfsweisen Anknüpfung an den mutmaßlichen Stifterwillen für das Verhalten von Stiftungsorganen und Stiftungsaufsicht nunmehr auf eine gesetzliche Grundlage gestellt. Als mutmaßlicher Stifterwille ist dabei der Wille anzusehen, der dem Interesse der Stiftung entspricht, BT-Drs. 19/28173, 52.

653 *Schwintek*, Vorstandskontrolle, 313, stellt ebenfalls auf ein Versagen der stiftungsverfassungsrechtlichen Zuständigkeitsordnung ab; zustimmend *Thymm*, Kontrollproblem, 352.

be der organschaftlichen Zuständigkeiten kaum dem Stifterwillen entsprechen dürfte.[654] Es ist allerdings fraglich, ob ein satzungsmäßiger Leistungsanspruch ausreichende Anhaltspunkte für den hypothetischen Stifterwillen bildet, dass gerade die Destinatäre bei organschaftlicher und aufsichtlicher Untätigkeit die Stiftungsinteressen gerichtlich durchsetzen sollen.[655] Wie bereits dargelegt, unterscheiden sich bloße Leistungsrechte und satzungsmäßige Mitwirkungs- oder Kontrollrechte insbesondere durch den Grad des Einflusses auf die Stiftung. Während der Mitwirkungsberechtigte je nach Rechtsposition etwa Informationsrechte geltend machen oder Bestellungs- und Abberufungsbefugnisse haben kann, ermöglicht eine Leistungsberechtigung (nur) die Partizipation an den Nutzungen des Stiftungsvermögens. Aufgrund der für die Stiftungstätigkeit essentiellen Ertragserwirtschaftung stehen pflichtgemäße Vermögensverwaltung, Stiftungszweckerfüllung und Leistungsrecht der Destinatäre zwar nicht zusammenhangslos nebeneinander. Andererseits betrifft eine gegen die Vorstandsmitglieder gerichtete Schadensersatz- oder Unterlassungsklage in erster Linie die Stiftung und nur mittelbar die Rechtsposition der leistungsberechtigten Destinatäre. Das alleine dürfte für die Annahme des mutmaßlichen Stifterwillens, dass derjenige, dessen Rechtsstellung kraft Satzung auf ein passives Genussrecht beschränkt ist, aktiv gerichtliche Verfahren gegen pflichtwidrige Vorstandstätigkeit betreiben soll, nicht ausreichend sein.[656]

Im Ergebnis ist die Herleitung eines Klagerechts der Destinatäre im Wege ergänzender Auslegung eines satzungsmäßigen Leistungsanspruchs abzulehnen.[657]

Ist den Destinatären ausdrücklich kein Kontrollrecht in der Satzung eingeräumt und ergibt sich ein Klagerecht nicht im Wege ergänzender Auslegung, wird diskutiert, ob ein gerichtlich durchsetzbares Überwachungsrecht zur Gel-

---

654 *Schwintek*, Vorstandskontrolle, 313. Etwas anderes ergibt sich aufgrund des Primats des Stifterwillens selbstverständlich dann, wenn sich diesbezügliche Anhaltspunkte in Stiftungsgeschäft oder -satzung finden.

655 So *Schwintek*, Vorstandskontrolle, 315.

656 Ähnlich *G. Roth*, in: MHdB GesR VII, § 98 Rn. 32; a.A. *Schwintek*, Vorstandskontrolle, 315.

657 Auch aus Wirksamkeitsgründen muss hinter die auf den Leistungsanspruch gestützte Herleitung eines Klagerechts als Mittel zur Überwindung des angesprochenen Durchsetzungsdefizits ein Fragezeichen gesetzt werden. Oftmals wird es an einem satzungsmäßigen Leistungsanspruch fehlen, weil der Stifter die Handlungsfreiheit der Stiftung bei der Zweckerfüllung nicht einschränken will, *Schwintek*, Vorstandskontrolle, 294; *Stumpf*, in: Stumpf/Suerbaum/Schulte/Pauli, StiftR, B § 85 Rn. 22.

tendmachung von Pflichtverletzungen des Vorstands aufgrund eines Anspruchs der Destinatäre auf ordnungsgemäße Stiftungsverwaltung besteht.[658]

Fraglich ist, auf welcher Rechtsgrundlage ein solcher Anspruch angenommen werden kann. Geht es um die Ausgestaltung der Rechtsstellung der Destinatäre, ist dies, ebenso wie die Frage nach dem Bestehen von Leistungsansprüchen oder Kontrollrechten, anhand der stiftungsverfassungsrechtlichen Bestimmungen zu beurteilen, mithin anhand der bundes- und landesgesetzlichen Vorschriften sowie den Vorgaben in Stiftungsgeschäft und Stiftungssatzung (§ 83 Abs. 1 BGB).[659] Mangels diesbezüglicher gesetzlicher Regelungen richtet sich ein möglicher Destinatärsanspruch auf ordnungsgemäße Stiftungsverwaltung nach dem Stifterwillen. Fehlt es an einer ausdrücklichen Bestimmung für dessen Einräumung, bieten satzungsmäßige Beanstandungs- oder Aufsichtsrechte zwar entsprechende Anhaltspunkte, da sie ihrem Inhalt nach auch auf die Einhaltung der Vermögensverwaltungspflichten durch die zuständigen Stiftungsorgane zielen. Da aus diesen Rechten selbst unmittelbar Klagerechte abgeleitet werden, und die Destinatäre so gegen pflichtwidriges Vorstandshandeln vorgehen können,[660] besteht unter diesem Gesichtspunkt kein Grund für die Anerkennung eines solchen Anspruchs.

Zu klären bleibt, ob ein Anspruch auf ordnungsgemäße Stiftungsverwaltung gleichsam als Notfallkontrollkompetenz zum Schutz der Stiftungsinteressen auch angenommen werden kann, wenn die Satzung keinerlei diesbezügliche Anknüpfungspunkte bietet. Auch wenn das praktikabel erscheinen mag, spricht die Struktur der Stiftung als mitgliederloses, nur am Stifterwillen ausgerichtetes Zweckvermögen dagegen.[661] Damit ist gesagt, dass die Stiftung bei ihrer Tätigkeit frei von stiftungsfremden Sonderinteressen oder Einflussnahme durch Dritte zu halten ist, sofern Gesetz oder Satzung keine Ausnahmen normieren.[662] Etwas anderes ergibt sich auch nicht unter Hinweis auf die Möglichkeit der Verschaffung von Leistungsrechten für Destinatäre. Gegen die Vergleichbarkeit mit satzungsmäßigen Leistungsansprüchen spricht bereits, dass bei einem solchen Recht der Stifterwille durch die Satzungsbestimmung Ausdruck gefunden hat, woran es beim Anspruch auf ordnungsgemäße Stiftungsverwaltung ohne satzungsmäßige Anknüpfung gerade mangelt. Darüber hinaus gilt für Leistungsansprüche qua

658 Dazu RG JW 1909, 160; *Blydt-Hansen*, Rechtsstellung der Destinatäre, 131 ff.; *Jakob*, Schutz der Stiftung, 185; *G. Roth*, in: MHdB GesR VII, § 98 Rn. 13; *Schwintek*, Vorstandskontrolle, 297 ff.

659 Vgl. BGHZ 99, 344, 350 = NJW 1987, 2364.

660 S. dazu die Ausführungen unter Teil 2.§ 2.A.II.2.b)bb)(2)(a)(bb)(α)(αα).

661 BGHZ 99, 344, 351 = NJW 1987, 2364.

662 BGHZ 99, 344, 351 = NJW 1987, 2364.

Satzung, dass die Ausschüttung von Stiftungsleistungen oder sonstige Hingabe der Vermögensnutzungen als wesentlicher Bestandteil der Zweckerfüllung dem Stifterwillen entspricht und damit im originären Stiftungsinteresse liegt. Ein Anspruch auf ordnungsgemäße Stiftungsverwaltung durch Destinatäre ist ohne Anhaltspunkte in der Satzung nicht vom Stifterwillen gedeckt. Die Annahme eines solchen Anspruchs ist dann als stiftungsfremdes Sonderinteresse zu qualifizieren und im Ergebnis unzulässig.[663]

Demgegenüber nahm das RG ein gerichtlich durchsetzbares Überwachungsrecht aufgrund eines Anspruchs auf eine ordnungsgemäße Stiftungsverwaltung auch ohne entsprechende Satzungsregelung im Fall einer Familienstiftung an.[664] Deren Bezugsberechtigte begehrte von dem ersten Kurator, dem ersten Nebenkurator und dem Erben des zweiten Nebenkurators Schadensersatz für die Schädigung ihrer Bezugsrechte, die sie dadurch erlitt, dass sich das Stiftungskapital durch ein Verschulden der Beklagten verringerte, wodurch ebenfalls die Höhe der Stiftungsbezüge herabgesetzt wurde.[665] Das RG stützte seine Überlegungen zum Bestehen der Sachlegitimation dabei auf die Leistungsberechtigung zwischen Destinatärin und Stiftung und leitete aus ihr die Befugnis ab, die Verwaltung der Stiftung auf Gesetz- und Satzungsgemäßheit hin zu überwachen.[666] Es argumentierte, dass bei einer Familienstiftung die Beziehungen der leistungsberechtigten Familienmitglieder zur Stiftung nicht einem schlichten Gläubigerverhältnis entsprächen, sondern dass die Familienmitglieder in einem besonders gearteten, weil intimeren Verhältnis zur Familienstiftung stünden.[667] Die Rechtsstellung der Klägerin als genussberechtigtes Familienmitglied erschöpfe sich demnach nicht in der Inhaberschaft obligatorischer Ansprüche auf Stiftungsleistungen, sondern es bestehe ein daraus abgeleitetes, gerichtlich durchsetzbares Überwachungsrecht.[668]

Der Entscheidung ist im Ergebnis nicht zuzustimmen. Der Ansatz rein leistungsanspruchsgestützter Überwachungsrechte ohne weiteren satzungsmäßigen Anknüpfungspunkt überzeugt auch im Fall einer Familienstiftung nicht.

Zwar gelten für die Familienstiftung Besonderheiten, wie die Ausrichtung des Stiftungszwecks auf die Versorgung oder sonstige Begünstigung der Mitglieder

---

663 Ebenso *Wernicke*, ZEV 2003, 301, 304; vgl. BGHZ 99, 344, 352 = NJW 1987, 2364.

664 RG JW 1909, 160.

665 RG JW 1909, 160.

666 RG JW 1909, 160.

667 RG JW 1909, 160, unter Bezugnahme auf RGZ 61, 28, 36.

668 RG JW 1909, 160; vgl. RGZ 61, 28, 36, wonach das obligatorische Forderungsrecht der Familienmitglieder zwar weniger zum Inhalt hat als ein dingliches Nutzungsrecht, aber mehr als ein sonstiges gewöhnliches persönliches Recht.

einer oder mehrerer Familien[669] und die Einschränkung[670] oder der Wegfall[671] staatlicher Stiftungsaufsicht in einigen Landesstiftungsgesetzen. Andererseits sind Familienstiftungen keine eigenständige Rechtsform, sondern eine spezielle Ausprägung der Rechtsform Stiftung bürgerlichen Rechts.[672] Mit der Entscheidung für die Errichtung einer Familienstiftung ist sie den für die Stiftungen geltenden Grundsätzen unterworfen. Dazu gehört auch das Primat des Stifterwillens. Dass aufgrund des vom RG herausgestellten, engeren Verhältnisses zwischen den Familienangehörigen als Begünstigten und der Familienstiftung – häufiger als bei anderen Stiftungsformen – bereits die Satzung konkrete Leistungsansprüche normiert, und die Destinatäre deshalb ein größeres Interesse am Wohlergehen der Stiftung haben, lässt für sich genommen noch nicht den Schluss zu, dass mit dem Leistungsanspruch stets ein Anspruch auf gesetz- und satzungsmäßige Stiftungsverwaltung verknüpft ist. Hierfür bleibt vielmehr der Stifterwille maßgebend, der hilfsweise durch Auslegung von Stiftungsgeschäft und -satzung zu ermitteln ist. Fehlen danach Anhaltspunkte für den Willen, zugunsten der Familienmitglieder einen solchen Anspruch zu begründen, muss dessen Bestehen verneint werden.

(β) Konzeption des Klagerechts und Konsequenzen für die gerichtliche Durchsetzung

Ist den Destinatären ein Kontroll- und Überwachungsrecht in der Satzung eingeräumt worden, stellt sich die Frage, ob und wie sie eine Pflichtverletzung des Vorstands gerichtlich geltend machen können.[673]

Über das Ob dieser Frage bestehen auch bei den Klagerechten der Destinatäre jedenfalls dann keine Zweifel, wenn die gerichtliche Durchsetzbarkeit ausdrück-

---

669 Dazu *Schlüter/Stolte*, Stiftungsrecht, Kap. 1 Rn. 59.

670 § 13 Abs. 2 StiftG BW (StiftG); § 9 Abs. 1, 2 StiftG Bln; § 5 Abs. 2 Satz 1 StiftGBbg; § 5 Abs. 1 Satz 2 i.V.m. § 13 Abs. 2 BremStiftG; § 5 Abs. 1 Satz 2 i.V.m. § 2 Abs. 1 HamStiftG; § 5 Abs. 1 Satz 4 i.V.m. § 2 Abs. 3 HessStiftG; § 4 Abs. 2 NStiftG; § 5 Abs. 2 StiftG NRW; § 9 Abs. 1 Satz 3 i.V.m. § 3 Abs. 2 RhPfStiftG (LStiftG) a.F.; § 10 Abs. 3 Satz 1 SaarStiftG a.F.; § 11 Abs. 1 Satz 2 SächsStiftG; § 17 Abs. 2 SHStiftG (StiftG). S. auch die Übersicht bei *Orth*, ZStV 2024, 3, 18.

671 Arg. e Art. 10 Abs. 1 i.V.m. Art. 2 Abs. 2 Satz 2 BayStG.

672 *Muscheler*, in: Stiftungsrecht, 317, spricht in diesem Zusammenhang von einer Anwendungsvariante; ähnlich *Meyn*, in: Meyn/Richter/Koss/Gollan, Die Stiftung, Rn. 44; *Richter*, in: Richter, Stiftungsrecht, § 11 Rn. 2.

673 Richtiger Klagegegner sind wieder die Mitglieder des Stiftungsvorstands als Streitgenossen i.S.d. § 59 Alt. 1 ZPO, nicht der Vorstand als Organ.

lich festgelegt ist.[674] Dafür, dass ein in der Satzung eingeräumtes Kontroll- oder Überwachungsrecht auch ohne Anordnung unmittelbar eine Durchsetzungsbefugnis liefert, spricht auch hier der (hilfsweise durch Auslegung zu ermittelnde) Wille des Stifters.[675] Sieht der Stifter nämlich ein solches Aufsichtsrecht in der Satzung vor, hat er damit erkennbar die Voraussetzungen schaffen wollen, um einer Schutzlosigkeit der Stiftung bei einem mit dem Stifterwillen nicht zu vereinbarenden Handeln des Vorstands und gleichzeitiger Untätigkeit der Kontrollinstanzen abzuhelfen. Es erscheint wenig plausibel, warum der Stifter dann den Destinatären die Möglichkeit einer gerichtlichen Durchsetzung der Stiftungsinteressen versagen sollte.[676]

Bedenken begegnet diese Auffassung dann, wenn die Stiftungstätigkeit durch eine ausschweifende Kontrolle und damit verbundene Prozessführung seitens der Destinatäre belastet wird.[677] Zwar entsprechen die Interessen der Destinatäre, insbesondere das Interesse am Erhalt der Stiftungsleistungen, grundsätzlich den genuinen Stiftungsinteressen.[678] Etwas anderes ergibt sich, wenn sich die Destinatärsinteressen durch die Einräumung von gerichtlich durchsetzbaren Kontroll- und Prüfrechten zu stiftungsfremden Sonderinteressen entwickeln. Das ist denkbar, wenn diese Rechte nicht (mehr) zum Wohle der Stiftung, sondern zur Verfolgung der Stiftungsautonomie zuwiderlaufenden Eigeninteressen der Destinatäre eingesetzt werden.[679] Damit würde ein zum Schutz implementiertes Kontrollrecht, das ein Klagerecht begründet, konterkariert werden.

Möchte der Stifter das verhindern, kann er zwar die Satzungsbestimmungen zu den Kontroll- und Klagemöglichkeiten eng fassen und etwa auf schwerwiegende Pflichtverletzungen des Vorstands begrenzen, würde dabei aber den bezweckten Schutz von vornherein abschwächen. In Betracht kommt – vorbehaltlich ihrer Zulässigkeit – ferner eine prozessuale Lösung dergestalt, dass der Stifter bei der Einräumung des Kontrollrechts die Destinatäre zur gerichtlichen

---

674 *Veltmann*, in: Werner/Saenger/Fischer, Die Stiftung, § 17 Rn. 54, rät zu einem solchen klarstellenden Hinweis in der Stiftungssatzung.

675 Ebenso *G. Roth*, in: MHdB GesR VII, § 98 Rn. 13; *Wernicke*, ZEV 2003, 301, 305.

676 *Veltmann*, in: Werner/Saenger/Fischer, Die Stiftung, § 17 Rn. 54; *Wernicke*, ZEV 2003, 301, 305; vgl. *G. Roth*, in: MHdB GesR VII, § 98 Rn. 10.

677 *G. Roth*, in: MHdB GesR VII, § 96 Rn. 29; *Schwintek*, Vorstandskontrolle, 319 f.

678 Dies gilt jedenfalls dann, wenn die Interessen der Destinatäre auf diejenigen Leistungen und Rechte gehen, die vom Stifter in der Satzung eingeräumt wurden, *Jakob/Picht/Kopp*, in: BeckOGK-BGB, Stand: 01.12.2023, § 83 Rn. 23.1; *Muscheler*, WM 2003, 2213, 2215.

679 Vgl. *Jakob/Picht/Kopp*, in: BeckOGK-BGB, Stand: 01.12.2023, § 83 Rn. 23.1.

Durchsetzung des Stiftungsinteresses als gewillkürter Prozessstandschafter der Stiftung ermächtigt.[680] Das hätte zur Konsequenz, dass der klagende Destinatär selbst Partei des Prozessrechtsverhältnisses wird. Das Risiko, in seiner Person unter Umständen mit der Kostentragungspflicht des § 91 Abs. 1 Satz 1 ZPO belastet zu werden, könnte den Destinatär zu einer maßvollen Inanspruchnahme gerichtlichen Rechtsschutzes anhalten. Ebenso denkbar ist allerdings, dass dies die Bereitschaft zur klageweisen Durchsetzung von Ansprüchen gegen den Stiftungsvorstand hemmt.[681]

Ist Gegenstand des Rechtsstreits ein Schadensersatz- oder Unterlassungsanspruch der Stiftung, die als Trägerin des Rechts mithin aktivlegitimiert ist, können satzungsmäßige Kontroll- und Überwachungsrechte erneut nur dahingehend auszulegen sein, dass die Destinatäre nicht aus eigenem Recht klagen, sondern dass ihnen das Recht eingeräumt werden soll, den Anspruch der Stiftung gegen die Vorstandsmitglieder gerichtlich durchzusetzen.[682]

Damit bei einer diesbezüglichen Leistungsklage das Urteil Rechtskraft für die Stiftung entfaltet, können die Destinatäre als Vertreter der Stiftung oder (mangels

---

680 Zu diesen Konsequenzen für die gerichtliche Durchsetzung, s. sogleich. Bei der gewillkürten Prozessstandschaft ermächtigt der Rechteinhaber einen anderen, ein dem Rechteinhaber zustehendes Recht im eigenen Namen geltend zu machen, s. nur *Weth*, in: Musielak/Voit, ZPO, § 51 Rn. 25. Es handelt sich um eine Frage der Prozessführungsbefugnis und diese ist für die Zulässigkeit einer Klage von Relevanz, *Weth*, in: Musielak/Voit, ZPO, § 51 Rn. 17 f.

681 In diese Richtung *G. Roth*, in: MHdB GesR VII, § 98 Rn. 31.

682 *G. Roth*, in: MHdB GesR VII, § 98 Rn. 31 f. Demgegenüber dürfte eine Klage der kontrollberechtigten Destinatäre, mit der die Feststellung begehrt werden soll, Vorstandsmaßnahmen seien nicht mit Satzung und Gesetz vereinbar, aufgrund ihres subsidiären Charakters bereits als unzulässig abgewiesen werden. Gleiches gilt aus den bereits dargestellten Gründen wieder für eine Klage der Stiftung gegen ihren Vorstand auf Feststellung der Nichtigkeit des einer Vorstandsmaßnahme zugrundeliegenden Organbeschlusses. Sonstige Mitwirkungsrechte, die den Destinatären eine geschützte Rechtsposition zuweisen, sind im Falle ihrer Verletzung mit einer Leistungsklage auf Vor- bzw. Rücknahme der betreffenden Stiftungshandlung bzw. des Stiftungsbeschlusses, hilfsweise mit einer Feststellungsklage gem. § 256 Abs. 1 ZPO gerichtlich durchzusetzen, und zwar jeweils gegen die Stiftung, vertreten durch den Vorstand, *Jakob*, Schutz der Stiftung, 187 ff.; *Jakob/Picht/Kopp*, in: BeckOGK-BGB, Stand: 01.12.2023, § 83 Rn. 50 ff. Dazu kann etwa die Feststellung einer Wirksamkeit oder Unwirksamkeit von Stiftungshandeln gehören, *Jakob/Picht/Kopp*, in: BeckOGK-BGB, Stand: 01.12.2023, § 83 Rn. 50. S. auch die Ausführungen unter Teil 2.§ 2.A.II.3.

gesetzlicher Regelung) als ihre gewillkürten Prozessstandschafter agieren.[683] Im ersten Fall machen die Destinatäre ein fremdes Recht im fremden Namen, bei der Prozessstandschaft ein fremdes Recht im eigenen Namen geltend.[684]

(αα) Gewillkürte Prozessstandschaft

Voraussetzungen für eine gewillkürte Prozessstandschaft sind insbesondere die wirksame Ermächtigung des Rechtsinhabers und ein schutzwürdiges Interesse des Klägers an der Geltendmachung eines fremden Rechts im eigenen Namen.[685]

Die Ermächtigung zur Prozessführung muss sich ausdrücklich oder durch Auslegung aus der Stiftungssatzung ergeben.[686] Sie bezieht sich mit dem Schadensersatz- oder Unterlassungsanspruch, den die Stiftung infolge einer Pflichtverletzung des Vorstands aus dem organschaftlichen Bestellungsverhältnis bzw. schuldrechtlichen Anstellungsverhältnis erwirbt, auf einen bestimmbaren Anspruch aus einem bestimmten Rechtsverhältnis.[687] Zur wirksamen Ermächtigung des Rechtsinhabers muss ein eigenes schutzwürdiges Interesse des Ermächtigten hinzukommen.[688] Ein solches schutzwürdiges Interesse wird bejaht, wenn die Entscheidung des Prozesses die eigene Rechtslage des Prozessführenden beein-

683 Vgl. *G. Roth*, in: MHdB GesR VII, § 98 Rn. 31. Es gelten insoweit dieselben Überlegungen, wie sie bereits unter Teil 2.§ 2.A.II.2.b)bb)(2)(a)(aa)(γ)(αα) angestellt wurden.

684 Bilden die Destinatäre qua Satzung ein eigenes Kontrollorgan, wäre eine Prozessstandschaft allerdings von vornherein nicht möglich, da eine Parteistellung des Destinatärsorgans wegen der hier vertretenen Unzulässigkeit rechts- und parteifähiger Organe nicht anzuerkennen ist.

685 BGHZ 89, 1, 2 = NJW 1984, 2220; BGHZ 96, 151, 152 f. = NJW 1986, 850; BGHZ 100, 217, 218 = NJW 1987, 2018; BGHZ 119, 237, 242 = JZ 1993, 1166; *Gehrlein*, in: Prütting/Gehrlein, ZPO, § 50 Rn. 38; *Hübsch/Kersting*, in: BeckOK-ZPO, § 51 Rn. 47 ff.; *Hüßtege*, in: Thomas/Putzo, ZPO, § 51 Rn. 32 ff.; *Jacoby*, in: Stein/Jonas, ZPO, Vor § 50 Rn. 46; *Vogt-Beheim*, in: Anders/Gehle, ZPO, Vor § 50 Rn. 34 ff.; *Weth*, in: Musielak/Voit, ZPO, § 51 Rn. 26 ff.

686 Vgl. BGHZ 145, 383, 386 = NJW 2001, 680; *Gehrlein*, in: Prütting/Gehrlein, ZPO, § 50 Rn. 39; *Hübsch/Kersting*, in: BeckOK-ZPO, § 51 Rn. 47; *Hüßtege*, in: Thomas/Putzo, ZPO, § 51 Rn. 33; *Jacoby*, in: Stein/Jonas, ZPO, Vor § 50 Rn. 58.

687 Zu dieser Voraussetzung *Gehrlein*, in: Prütting/Gehrlein, ZPO, § 50 Rn. 39; *Hübsch/Kersting*, in: BeckOK-ZPO, § 51 Rn. 47.

688 Zur st. Rspr., s. BGHZ 96, 151, 152 = NJW 1986, 850; BGHZ 108, 52, 56 = NJW 1989, 2750; BGHZ 125, 196, 199 = NJW 1994, 2540; BGH NJW 2017, 487, 488 Rn. 17; ferner *Gehrlein*, in: Prütting/Gehrlein, ZPO, § 50 Rn. 42; *Hüßtege*, in: Thomas/Putzo, ZPO, § 51 Rn. 34; *Jacoby*, in: Stein/Jonas, ZPO, Vor § 50 Rn. 50; *Vogt-Beheim*, in: Anders/Gehle, ZPO, Vor § 50 Rn. 35; *Weth*, in: Musielak/Voit, ZPO, § 51 Rn. 27.

flusst.[689] Es stellt sich daher die Frage, wie eine Entscheidung über den Anspruch der Stiftung die Rechtsstellung der Destinatäre beeinflussen soll. Eine Einwirkung könnte angenommen werden, wenn der mit einem Klagerecht ausgestattete Destinatär (wie nach hier vertretener Ansicht favorisiert) gleichzeitig immer Leistungsberechtigter der Stiftung ist. Da auch rein wirtschaftliche Interessen den schutzwürdigen Eigeninteressen unterfallen können,[690] kommt ein Leistungsinteresse der Destinatäre zur Bejahung der Prozessführungsbefugnis für Rechte der Stiftung grundsätzlich in Betracht.

Gegen diese Einordnung spricht jedoch, dass durch die gerichtliche Entscheidung die Lage des Prozessführenden *beeinflusst* werden muss. Dies verlangt eine unmittelbar zurechenbare Auswirkung auf die Rechtsstellung der Destinatäre. Ein Obsiegen oder Unterliegen im Prozess über einen Schadensersatz- oder Unterlassungsanspruch der Stiftung ändert erst einmal nichts an der Leistungsberechtigung als solcher. Dies gilt jedenfalls dann, wenn die Destinatäre keinen Anspruch auf eine Ertragsausschüttung in bestimmter Höhe oder Quote haben, sondern sich die Anspruchshöhe anhand der zu diesem Zeitpunkt verteilungsfähigen Erträge bemisst. Eine gerichtliche Entscheidung kann hier allenfalls Auswirkungen auf das zur Ertragserwirtschaftung tatsächlich verfügbare Stiftungsvermögen und damit die künftige Leistungsfähigkeit der Stiftung haben.

Auch bei einem satzungsmäßig begründeten Anspruch mit festgelegter Leistungshöhe kann sich ein solcher Einfluss auf die Destinatärsstellung nur dann ergeben, wenn ohne die gerichtliche Durchsetzung die Erfüllung des Leistungsanspruchs gefährdet ist. Dies ist jedoch nur in Haftungsfällen denkbar, bei denen sich etwa die Vermögenssubstanz der Stiftung derart verringert hat, dass die dauernde und nachhaltige Erfüllung des Stiftungszwecks nicht mehr sichergestellt ist. Nicht ausreichend dürfte bei einem quotalen Destinatärsanspruch sein, wenn zwar der Bestand des Stiftungsvermögens durch eine Schadensersatzzahlung an die Stiftung wieder ausgeglichen wird, sodass ein weiterer, ungeschmälerter Genuss der Stiftungsleistungen möglich ist, die Quote an den generierten Erträgen im Übrigen aber unverändert bleibt.[691] In diesen Fällen bleibt es bei bloß mittel-

---

689 *Gehrlein*, in: Prütting/Gehrlein, ZPO, § 50 Rn. 42; *Hübsch/Kersting*, in: BeckOK-ZPO, § 51 Rn. 50; *Hüßtege*, in: Thomas/Putzo, ZPO, § 51 Rn. 34; *Musielak/Voit*, Grundkurs ZPO, Rn. 249; *Vogt-Beheim*, in: Anders/Gehle, ZPO, Vor § 50 Rn. 37; *Weth*, in: Musielak/Voit, ZPO, § 51 Rn. 27.

690 BGH GRUR 1990, 361, 362; BGHZ 119, 237, 242 = JZ 1993, 1166; BGH NJW 1995, 3186. Dazu zählt etwa die Klage des beherrschenden Gesellschafters einer GmbH wegen Schadensersatzansprüchen der GmbH, BGH NJW-RR 1987, 57.

691 Zu einer solchen Konstellation, vgl. RG JW 1909, 160.

baren Konsequenzen der gerichtlichen Entscheidung.[692] Das wird man angesichts des Umstands, dass die Durchsetzung fremder Rechte im Prozess nur in begründeten Fällen in Betracht kommt und ansonsten die Ausnahme bleiben muss,[693] nicht genügen lassen können.[694]

Über Rechte der Stiftung können die Destinatäre damit keinen Rechtsstreit als gewillkürte Prozessstandschafter führen.

(ββ) Vertretung der Stiftung

Die Destinatäre müssten die Rechte der Stiftung im fremden Namen, somit als ihr Vertreter geltend machen.[695] Dies setzt eine den Destinatären eingeräumte Vertretungsmacht voraus.

Dabei ist zu unterscheiden: Hat der Stifter ihnen die Kontrollkompetenz als Mitglieder eines teilweise oder ausschließlich mit Destinatären besetzten Kontrollorgans zugewiesen, haben sie eine durch Organbestellung begründete organschaftliche Vertretungsmacht in Auslegung der satzungsmäßigen Bestimmungen.[696] Diese erlaubt im durch die Kontrollfunktion vorgegebenen Umfang die gerichtliche Vertretung der Stiftung i.S.d. § 51 Abs. 1 ZPO in Rechtsstreitigkeiten mit Vorstandsmitgliedern. Gleichzeitig greift eine Begrenzung der organschaftlichen Vertretungsmacht auf den Geschäftskreis, der den Destinatären in der Satzung zugewiesen ist. Eine Aushöhlung und damit einhergehende Verletzung der nicht dispositiven Zuständigkeitsregelung des § 84 Abs. 2 Satz 1 Hs. 1 BGB (§§ 86 Satz 1 a.F., 26 Abs. 1 Satz 2 Hs. 1 BGB), wonach der Vorstand zur

692 Mit *Blydt-Hansen*, Rechtsstellung der Destinatäre, 163, kann bei einer Betroffenheit wegen Verringerung der verteilungsfähigen Stiftungserträge von einer nur reflexhaften Auswirkung des bei der Stiftung entstandenen Schadens gesprochen werden.

693 S. Teil 2.§ 2.A.II.1.b).

694 Mit ähnlichen Erwägungen wurde bereits die wirtschaftliche Beteiligung der Destinatäre am Gegenstand eines Rechtsstreits der Stiftung verneint, die im Rahmen der Gewährung von Prozesskostenhilfe zu prüfen war, s. Teil 2.§ 1.C.II.1.b). Anders aber *Schwintek*, Vorstandskontrolle, 316, für die (vergleichbare) Durchsetzung eines aus ergänzender Auslegung abgeleiteten Klagerechts in gewillkürter Prozessstandschaft, wonach sich das erforderliche rechtsschutzwürdige Interesse „ohne weiteres" aus der Gefährdung der Destinatärsansprüche durch das Verhalten der beklagten Organmitglieder ergeben soll. Für die Annahme eines solchen Interesses ist jedoch nicht die bloße Gefährdung der Destinatärsansprüche, sondern deren Beeinflussung durch den Ausgang des Prozesses entscheidend.

695 Dagegen *Blydt-Hansen*, Rechtsstellung der Destinatäre, 178.

696 Dazu bereits unter Teil 2.§ 2.A.II.2.b)bb)(2)(a)(aa)(β)(αα) für die gerichtliche Durchsetzung eines Stiftungsrechts durch das Kuratorium.

gerichtlichen und außergerichtlichen Vertretung der Stiftung berufen ist, wird auf diese Weise vermieden.

Ist die Rechtsstellung der Destinatäre nicht organschaftlich geprägt, scheidet eine diesbezügliche Vertretungsmacht von vornherein aus. Da keine Vertretungsmacht kraft Gesetzes besteht, verbleibt den Destinatären nur eine rechtsgeschäftlich erteilte Vertretungsmacht.

Zwar könnte sich diese Vertretungsmacht durch Auslegung der das Kontrollrecht normierenden Satzungsbestimmung ergeben, soweit eine ausdrückliche Bevollmächtigung in der Satzung fehlt. Problematisch erscheint, dass eine rechtsgeschäftlich erteilte Vertretungsmacht, die eine gerichtliche Vertretung der Stiftung umfassen soll, Prozessvollmacht i.S.d. §§ 80 ff. ZPO ist.[697] Eine Prozessvollmacht liegt nicht nur bei einer (konkludenten) Bevollmächtigung für einen konkreten Prozess vor, sondern auch, wenn man eine umfassende Bevollmächtigung für alle mit der Kontrolltätigkeit zusammenhängenden Maßnahmen annimmt, zu denen neben der außergerichtlichen auch die prozessuale Vertretung gehört.[698]

Einem Auftreten der Destinatäre als Prozessvertreter der Stiftung widerspricht allerdings § 79 Abs. 2 Satz 1, 2 ZPO. Hiernach kommen als Bevollmächtigte der Partei nur ein Rechtsanwalt (Satz 1) oder einer der in Satz 2 genannten natürlichen oder juristischen Personen oder Verbände in Betracht. Die Person des Destinatärs ist danach nicht vertretungsbefugt. Selbst für den Fall, dass die Destinatäre als Prozessvertreter der Stiftung agieren könnten, steht einer gerichtlichen Durchsetzung der Stiftungsansprüche durch die Destinatäre und damit dem Stifterwillen entgegen, dass die Stiftung bei handlungsunwilligem oder -unfähigem Vorstand nicht ordnungsgemäß organschaftlich vertreten und somit nicht prozessfähig i.S.d. § 51 Abs. 1 ZPO ist. Bereits die Klageerhebung als Erwirkungshandlung ist infolge fehlender Prozessfähigkeit auch bei Vertretung durch einen Prozessbevollmächtigten unzulässig.[699] Schließlich setzt auch die Erteilung der Prozessvollmacht selbst trotz ihres satzungsmäßigen Anknüpfungspunkts die organschaftliche Vertretung der Stiftung voraus, weil sie Prozesshandlung und als solche ihre Wirksamkeit nicht nach materiellem, sondern nach Prozessrecht zu beurteilen ist.[700]

---

697 Anders als auf die gewillkürte rechtsgeschäftliche Vertretung finden die Vorschriften zur Prozessvollmacht auf organschaftliche oder gesetzliche Vertreter keine Anwendung, s. nur *Toussaint*, in: MüKo-ZPO, § 80 Rn. 9.

698 *Toussaint*, in: MüKo-ZPO, § 80 Rn. 2, 9.

699 *Lindacher/Hau*, in: MüKo-ZPO, §§ 51, 52 Rn. 38.

700 *Becker*, in: Anders/Gehle, ZPO, § 80 Rn. 10; *Burgermeister*, in: Prütting/Gehrlein, ZPO, § 80 Rn. 1, 5; *Hüßtege*, in: Thomas/Putzo, ZPO, § 80 Rn. 2; *Toussaint*, in: MüKo-ZPO, § 80 Rn. 6.

(γγ) Stellungnahme

Sind die Destinatäre nach alledem nur bei organschaftlicher Rechtsstellung zur gerichtlichen Vertretung der Stiftung befugt, bleibt zu überlegen, wie sie die Durchsetzung des Stiftungsanspruchs gegen den Vorstand in den sonstigen Fällen betreiben können.

Zu prüfen ist die analoge Anwendung des § 46 Nr. 8 Alt. 2 GmbHG.[701] Danach bestimmen die Gesellschafter über die Vertretung der Gesellschaft in Prozessen, welche sie gegen die Geschäftsführer zu führen hat.

Kommt eine entsprechende Anwendung der Vorschrift in Betracht, könnten die leistungsberechtigten Destinatäre einen besonderen Vertreter mit der Prozessführung betrauen, der dann die Stellung eines gesetzlichen Vertreters gem. § 51 Abs. 1 ZPO einnimmt.

Dafür müsste zunächst eine planwidrige Regelungslücke bestehen. Eine Regelungslücke liegt insbesondere dann vor, wenn der Stifter den Destinatären durch Satzungsbestimmung in Form eines Kontrollrechts die Möglichkeit einräumt, Rechte der Stiftung vor Gericht durchzusetzen, aber keine organschaftliche Stellung der Destinatäre schafft, sodass es an der erforderlichen Vertretungsmacht mangelt.[702] Ist auch kein fakultatives Kontrollorgan in der Satzung vorgesehen, das Stiftungsansprüche gegen die pflichtwidrig handelnden Vorstandsmitglieder gerichtlich geltend machen kann, oder verweigert dieses die gerichtliche Durchsetzung, ist eine Regelungslücke zu bejahen. Von einer Planwidrigkeit dieser Regelungslücke ist bereits deshalb auszugehen, weil es dem Stifterwillen nicht entsprechen dürfte, einerseits ein Klagerecht der Destinatäre zum Schutz der Stiftung in die Satzung aufzunehmen, dessen effektive Durchsetzung aufgrund fehlender Vertretungsmacht aber scheitern zu lassen.

Für eine analoge Anwendbarkeit müsste die vergleichbare Interessenlage mit § 46 Nr. 8 Alt. 2 GmbHG hinzutreten. Mit der Vorschrift soll einer drohenden Handlungsunfähigkeit der GmbH für den Fall vorgebeugt werden, dass die Mitglieder des Leitungsorgans Geschäftsführung die Gesellschaft in Prozessen gegen einzelne Geschäftsführer vertreten müssen und dies verweigern oder von vornherein nur ein vertretungsberechtigter Geschäftsführer vorhanden ist.[703] In dieser Konstellation obliegt es der Gesellschafterversammlung, in Abweichung

---

701 Ebenso für den rechtsfähigen Verein *Segna*, in: BeckOGK-BGB, Stand: 01.04.2024, § 26 Rn. 25.

702 Vgl. *von Harder*, ZStV 2019, 146.

703 Vgl. *Segna*, in: BeckOGK-BGB, Stand: 01.04.2024, § 26 Rn. 24.1.

des zwingenden Grundsatzes, dass die Gesellschaft durch die Geschäftsführer gerichtlich und außergerichtlich vertreten wird (s. § 35 Abs. 1 Satz 1 GmbHG), einen Vertreter mit organschaftlicher Vertretungsmacht zur Prozessführung zu bestellen.[704] Parallelen zum Stiftungsrecht ergeben sich dadurch, dass es ebenfalls um die gerichtliche Durchsetzung eines Ersatzanspruchs der Institution geht, hier der Stiftung, dort der Gesellschaft, gegen das Leitungs- bzw. Geschäftsführungsorgan, hier den Vorstand, dort die Geschäftsführung, welches gleichzeitig die Stellung eines gesetzlichen Vertreters hat, hier gem. § 84 Abs. 2 Satz 1 BGB (§§ 86 Satz 1 a.F., 26 Abs. 1 Satz 2 BGB), dort gem. § 35 Abs. 1 Satz 1 GmbHG, wodurch eine ordnungsgemäße Vertretung im Prozess in Frage steht. Die Interessenlage, durch Erweiterung der Vertretungskompetenz eine Handlungsunfähigkeit der Stiftung bzw. GmbH zu verhindern, ist insofern vergleichbar.

Allerdings vollzieht sich gem. § 46 Nr. 8 Alt. 2 GmbHG die Bestellung des Vertreters durch Beschluss der Gesellschafterversammlung, mithin des Willensbildungsorgans der GmbH. Dies erscheint deshalb problematisch, weil die Stiftung als mitgliederlose juristische Person nur vom Stifterwillen beherrscht wird, wie er in Stiftungsgeschäft und -satzung zum Ausdruck kommt. Zwar haben die Destinatäre im Falle einer wie hier geforderten Leistungsberechtigung gesellschafterähnliche Eigeninteressen. Für eine autonome Willensbildung der Destinatäre verbleibt aber kein Raum.

Fraglich ist, ob die Bestellung eines organschaftlichen Vertreters zur Prozessführung vor dem Hintergrund als eine solche unzulässige Willensbildung anzusehen wäre. Dagegen spricht, dass die Entscheidung zur Einsetzung eines Vertreters zwar auf einer (Willens-)Entscheidung der Destinatäre, sich diese aber nicht losgelöst vom Stifterwillen vollziehen würde, sondern vielmehr notwendiges Mittel ist, um dem in der Satzung niedergelegten Stifterwillen zur Geltung zu verhelfen. Ist den (leistungsberechtigten) Destinatären danach vom Stifter ein Kontroll- und damit Klagerecht eingeräumt, und sind diese zur Durchsetzung der Rechtsposition auf die Einsetzung eines organschaftlichen Vertreters angewiesen, kann ihre Entscheidung mittelbar als Entscheidung des Stifters angesehen werden. Die Bestellung durch Destinatäre widerspricht demnach nicht der Vergleichbarkeit der Interessenlage.

Selbstverständlich kann den Destinatären nur erlaubt sein, was auch dem Stifter möglich ist. Deshalb erscheint die Berechtigung zur Bestellung eines besonderen

---

704 *Schindler*, in: BeckOK-GmbHG, § 46 Rn. 109. Der Vertreter führt den Prozess im Namen der Gesellschaft und kann etwa Prozesshandlungen vornehmen oder eine Prozessvollmacht erteilen, *Schindler*, in: BeckOK-GmbHG, § 46 Rn. 109.

Vertreters gem. §§ 84 Abs. 5, 30 BGB (§§ 86 Satz 1 a.F., 30 BGB) sachgerecht, weil seine Einrichtung aufgrund des Gesamtinhalts der Satzung auch ohne ausdrückliche Satzungsbestimmung möglich ist,[705] und er eine eigene organschaftliche Vertretungsmacht im Zweifel für alle Rechtsgeschäfte hat, die der ihm zugewiesene Geschäftskreis mit sich bringt.[706] Der Umfang der Vertretungsmacht ergibt sich konkludent aus dem Bezug auf das Kontrollrecht der Destinatäre, sodass der besondere Vertreter nur insoweit organschaftliche Vertretungsmacht besitzt, als es der damit verbundene Aufgabenkreis, etwa zur Durchsetzung der Stiftungsansprüche gegen die Vorstandsmitglieder, verlangt. Damit wird verhindert, dass durch die Satzung die grundsätzliche Zuständigkeit des Vorstands als gesetzlich vorgesehenes Vertretungsorgan gem. § 84 Abs. 2 Satz 1 BGB (§§ 86 Satz 1 a.F., 26 Abs. 1 Satz 2 BGB) unterlaufen wird.[707] Zugleich stellt die Bezugnahme auf das in der Satzung eingeräumte Kontrollrecht sicher, dass der Umfang der Bestellungsbefugnis seitens der Destinatäre begrenzt und die Einflussnahme durch den besonderen Vertreter vom Stifterwillen gedeckt ist, sodass die Stiftung in ihrer Autonomie nicht gefährdet oder verletzt wird.

Mithin sind Ersatzansprüche der Stiftung bei einem den Destinatären eingeräumten Klagerecht im Falle fehlender organschaftlicher Vertretungsmacht nicht von diesen, sondern von einem zur Vertretung der Stiftung bestellten besonderen Vertreter analog § 46 Nr. 8 Alt. 2 GmbHG gerichtlich durchzusetzen.[708]

Das Recht der Bestellung obliegt konsequenterweise den Destinatären. Dass die Zuweisung der Bestellungskompetenz an einen Externen möglich ist, zeigt sich daran, dass nach Auffassung von Stimmen aus der Literatur sogar die Bestellung des Pflichtorgans der Stiftung, des Vorstands, von einem Stiftungsexternen vor-

---

705 So *Schöpflin*, in: BeckOK-BGB, § 30 Rn. 4.

706 *Backert*, in: BeckOK-BGB, § 86 Rn. 6; *Godron/Gollan*, in: Richter, Stiftungsrecht, § 6 Rn. 134; *Hörmann*, in: Werner/Saenger/Fischer, Die Stiftung, § 21 Rn. 25; *Hüttemann/Rawert*, in: Staudinger, BGB, § 86 Rn. 80. In ähnlicher Weise ermöglicht § 9 Satz 1 StiftG NRW der Stiftungsaufsichtsbehörde, unter Beachtung des Subsidiaritätsgrundsatzes aufsichtlichen Einschreitens für die Durchsetzung von Schadensersatzansprüchen gegen Mitglieder von Stiftungsorganen der Stiftung einen besonderen Vertreter zu bestellen.

707 *Godron/Gollan*, in: Richter, Stiftungsrecht, § 6 Rn. 135; *Hörmann*, in: Werner/Saenger/Fischer, Die Stiftung, § 21 Rn. 26, wonach sich die Zuständigkeit des besonderen Vertreters nicht auf alle Vorstandsgeschäfte im Sinne einer vorstandsgleichen Vertreterstellung beziehen darf.

708 Ähnlich für das Vereinsrecht *Segna*, in: BeckOGK-BGB, Stand: 01.04.2024, § 26 Rn. 25.

genommen werden kann.[709] Zwar wird einschränkend geltend gemacht, dass der Externe durch die Bestellung des Vorstands zum Stiftungsorgan und damit in die Stiftungsorganisation eingebunden wird.[710] Die dieser Konstruktion zugrundeliegenden Bedenken, das Handeln eines Externen setzte die Stiftung einer mit der Stiftungsautonomie und der Bindung an den historischen Stifterwillen nicht zu vereinbarenden Fremdbestimmung aus und unterliege darüber hinaus nicht der Rechtsaufsicht der Stiftungsbehörde, bestehen in der hier zu erörternden Konstellation jedoch nicht. Das Bestellungsrecht der Destinatäre ist von vornherein nur Mittel zum Zweck der Wahrnehmung der Kontrollkompetenz und wird durch sie begrenzt. Da sich das Recht der Bestellung auf einen besonderen Vertreter beschränkt, der anders als der Stiftungsvorstand nicht Vertretungs- und umfassendes Geschäftsführungsorgan ist und der Rechtmäßigkeitskontrolle der Stiftungsaufsicht unterliegt, sind die tatsächlichen Einflussmöglichkeiten auf die Stiftung gering, sodass ein Unterwandern der Stiftungsautonomie nicht zu befürchten ist.

Eine Bestellungskompetenz stiftungsexterner Destinatäre für die gerichtliche Durchsetzung von Stiftungsansprüchen ist insgesamt als zulässig zu beurteilen.

In Ansehung des Stifterwillens und der Stiftungsautonomie ist in Prozessen gegen Vorstandsmitglieder, wenn möglich, zuvorderst ein für den Schaden der Stiftung nicht verantwortliches Vorstandsmitglied als besonderer Vertreter zu bestellen, andernfalls ein leistungsberechtigter Destinatär und nur subsidiär ein sonstiger, außenstehender Dritter.[711]

Mit der Anwendung der Vorschriften über den besonderen Vertreter gelangt man für die gerichtliche Durchsetzung der Rechte der Stiftung durch die Destinatäre somit zu sachgerechten Ergebnissen.

(γ) Zwischenergebnis

Es bleibt festzuhalten, dass das Bestehen von Destinatärsklagerechten, mittels derer Ansprüche der Stiftung gegen den pflichtwidrig handelnden Vorstand gericht-

---

709 *Hüttemann/Rawert*, in: Staudinger, BGB, § 81 Rn. 73; *Lunk/Rawert*, in: NPLY 2001, 91, 96.

710 *Aigner*, Schutz der Stiftung, 34; *Burgard*, Gestaltungsfreiheit, 221; *Hüttemann/Rawert*, in: Staudinger, BGB, § 81 Rn. 73; in diese Richtung auch *Godron/Gollan*, in: Richter, Stiftungsrecht, § 6 Rn. 65.

711 Vgl. *Segna*, in: BeckOGK-BGB, Stand: 01.04.2024, § 26 Rn. 25.1. Durch die Bestellung entsteht ein organschaftliches Rechtsverhältnis, auf das mangels abweichender Satzungsregelung die Vorschriften der §§ 84a Abs. 1 Satz 1, 664 ff. BGB analog (§§ 86 Satz 1 a.F., 27 Abs. 3 Satz 1, 664 ff. BGB analog) anzuwenden sind, *Schöpflin*, in: BeckOK-BGB, § 30 Rn. 9.

lich durchgesetzt werden können, durch die Festlegungen des Stifters determiniert wird. Ohne einen darauf gerichteten Stifterwillen ergibt sich ein Klagerecht mittelbar weder aus einem Anspruch auf ordnungsgemäße Stiftungsverwaltung noch aufgrund einer ergänzenden Auslegung satzungsmäßiger Leistungsberechtigung.

Klagemöglichkeiten für die Destinatäre sind anzunehmen, wenn ihnen Rechte eingeräumt werden, die ihrem Inhalt nach etwa auf Kontrolle oder Überwachung der Vorstandstätigkeit ausgelegt sind. Sie können dabei helfen, das Fehlen mitgliedschaftlicher Betroffenheit bzw. mitgliedschaftlicher Interessen am Schutz der Stiftung zu kompensieren und auf diese Weise einem Durchsetzungsdefizit berechtigter Stiftungsansprüche entgegenzuwirken, das aufgrund eines untätigen Vorstands und passiver Stiftungsaufsicht besteht.

Als problematisch kann sich erweisen, wenn das Klagerecht nicht (mehr) dem Stifterwillen gemäß zum Wohle der Stiftung, sondern nur noch zur Befriedigung der (nach hier vertretener Ansicht vorauszusetzender) Leistungsberechtigung oder sonstiger Interessen der Destinatäre eingesetzt wird. Eine Verknüpfung von Leistungs- und Kontrollrecht birgt daher auch die Gefahr, dass der beabsichtigte Nutzen der Destinatärsklagerechte für die Stiftung möglicherweise von unerwünschten, zeit- und kostenintensiven gerichtlichen Auseinandersetzungen überlagert wird.[712] Verschärft wird die Problematik dadurch, dass die Destinatäre bei der klageweisen Durchsetzung von Ansprüchen der Stiftung nach hier vertretener Ansicht unter Anwendung der Vertretungsregeln agieren müssen, weil die Voraussetzungen einer Prozessführungsbefugnis in Form gewillkürter Prozessstandschaft nicht erfüllt sind. Damit wird die Stiftung als Prozesspartei allerdings mit dem Kostentragungsrisiko belastet.

Dies gilt es für den Stifter zu bedenken, wenn er einen auf Destinatärsklagerechte gestützten Ansatz zur Überwindung des Schutzdefizits im Falle pflichtwidrig handelnden Vorstands wählt.

(cc) Recht des Stifters

Schließlich ist an ein Klagerecht des Stifters selbst zu denken. Dieser könnte zuvorderst daran interessiert sein, gegen Pflichtverletzungen des Stiftungsvorstands gegenüber der von ihm errichteten Stiftung gerichtlich vorzugehen.

Dabei ist zunächst festzuhalten, dass dem Stifter nicht bereits aufgrund seiner Stiftereigenschaft ein Klagerecht zukommt.[713] Dass sich die Stiftung mit Anerken-

712 Vgl. *Thymm*, Kontrollproblem, 331 f.

713 So ausdrücklich OLG Hamm NZG 2022, 676, 677 Rn. 41, wonach einem Stifter ein nur auf dieser Eigenschaft beruhendes Klagerecht für die Beschreitung des Zivil-

nung als rechtsfähige juristische Person verselbständigt und von dem Zeitpunkt an nur noch sich selbst und keinem anderen, vor allem nicht mehr dem Stifter gehört, gilt nicht nur in materiell-rechtlicher, sondern auch in prozessualer Hinsicht.[714]

Für den Stifter bedeutet das, dass er in Bezug auf den hier diskutierten Streitgegenstand stiftungsrechtliche Ansprüche nur geltend machen kann, wenn er sich diesbezügliche Rechte, insbesondere umfangreiche Kontroll- und Überwachungsrechte oder daraus abgeleitete Vertretungsbefugnisse, gegenüber dem Vorstand in der Satzung eingeräumt hat.[715] Ebenso wie bei den Destinatären kommt die Rechtsverschaffung für den Stifter als externe Instanz in persona oder als Organmitglied eines Kontrollorgans in Betracht. Gleichfalls denkbar ist die Verschaffung organschaftlicher Vertretungsmacht durch die Einsetzung als besonderer Vertreter gem. §§ 84 Abs. 5, 30 BGB (§§ 86 Satz 1 a.F., 30 BGB).[716] Anzumerken ist allerdings, dass in den beiden letztgenannten Fällen der Stifter Rechte der Stiftung nicht in dieser Eigenschaft, sondern als Organ bzw. Organmitglied geltend macht.

Nicht überzeugend ist es, ein Klagerecht des Stifters zur Untersagung pflichtwidrigen Vorstandsverhaltens auch ohne satzungsmäßige Anordnung aus einer analogen Anwendung des § 525 BGB herzuleiten.[717] Das Recht, die Vollziehung der Auflage verlangen zu können, bedeute im Kontext der Stiftung, dass der Stifter von der Stiftung die Verfolgung des Stiftungszwecks verlangen kann, also das Recht hat, sich nicht nur gegen ein Verhalten des Vorstands zu wehren, das dem Stiftungszweck zuwiderläuft, sondern aufgrund des inneren Zusammenhangs

---

rechtswegs (ebenso wie für die Beschreitung des Verwaltungsrechtswegs wegen des Fehlens der gem. § 42 Abs. 2 VwGO notwendigen Klagebefugnis; dazu bereits unter Teil 2.§ 2.A.II.2.a)bb)(2)) nicht zuzubilligen ist.

714 Vgl. OLG Hamm NZG 2022, 676, 677 Rn. 41, das darauf abstellt, dass sich eine Stiftung mit ihrer Anerkennung vom Stifter emanzipiert und das rechtliche Band zu diesem endgültig zertrennt wird; *G. Roth*, in: MHdB GesR VII, § 96 Rn. 22.

715 *Gollan*, Vorstandshaftung, 185; *G. Roth*, in: MHdB GesR VII, § 98 Rn. 12; *Schwarz van Berk/Fischer*, in: MHdB GesR V, § 101 Rn. 52; vgl. OLG Hamm NZG 2022, 676, 678 Rn. 41; zur ebenfalls denkbaren Möglichkeit des Stifters, sich selbst als Vorstandsmitglied oder Alleinvorstand einzusetzen, *Aigner*, Schutz der Stiftung, 36; *Mehren*, in: Schauhoff/Kirchhain, Hd-Buch Gemeinnützigkeit, § 3 Rn. 45; *Meyn*, in: Meyn/Richter/Koss/Gollan, Die Stiftung, Rn. 167; *Schlüter/Stolte*, Stiftungsrecht, Kap. 2 Rn. 58; *Sieger/Bank*, NZG 2010, 641, 642; *Weitemeyer*, in: MüKo-BGB, § 81 Rn. 46.

716 *Gollan*, Vorstandshaftung, 188.

717 *Kersting*, in: NPLY 2006, 57, 67 f. Allgemein zur analogen Anwendbarkeit des Schenkungsrechts auf den vermögensrechtlichen Teil des Stiftungsgeschäfts *Kersting*, in: NPLY 2006, 57, 63 ff.

von Stiftungszweck und Satzungsgestaltung sich generell einem gesetz- und satzungswidrigen Verhalten zu widersetzen.[718] Ein solches Auflagenverständnis verkennt jedoch, dass die Zweckbestimmung und die anderen Satzungsinhalte nur insoweit Vollzugsgesichtspunkten analog § 525 BGB unterliegen können, als sie in Stiftungsgeschäft und Stiftungssatzung Ausdruck gefunden haben. Fehlt eine entsprechende Rechtseinräumung des Stifters zur Durchsetzung gesetz- und satzungsmäßigen Verhaltens des Vorstands, liefe dessen Anerkennung über den Umweg des Schenkungsrechts auf eine Aufweichung des Primats des ursprünglichen Stifterwillens und der Unverfügbarkeit der Stiftung hinaus.[719]

(b) Zwischenergebnis zu den satzungsmäßigen Klagerechten

Die Stärkung von Durchsetzungsrechten für Ansprüche der Stiftung in Bezug auf pflichtwidrige Vorstandstätigkeit qua satzungsmäßiger Regelung kommt insbesondere zugunsten der Mitglieder eines zur Kontrolle und Überwachung eingerichteten Kuratoriums oder der leistungsberechtigten Destinatäre in Betracht, die im gerichtlichen Verfahren als organschaftliche Vertreter der Stiftung agieren. Darüber hinaus ist die Anordnung eines allgemeinen Verhaltenskontrollrechts möglich, jedoch nur für die aktivlegitimierte Stiftung selbst, da es mangels rechts- und parteifähiger Organe im Innenbereich juristischer Personen auch keine diesbezüglichen Interorganstreitigkeiten zwischen Stiftungsorganen geben kann.

(3) Gesetzliche Lösungsansätze

Fehlt es an geeigneten satzungsmäßigen Anordnungen des Stifters, ist in einem weiteren Schritt zu untersuchen, ob einem Durchsetzungsdefizit bei der gerichtlichen Geltendmachung von Pflichtverletzungen des Stiftungsvorstands mittels gesetzlicher Instrumentarien de lege lata oder de lege ferenda abgeholfen werden kann.

Abzulehnen ist die Annäherung an diese Thematik im Wege eines vor allem von Literaturstimmen in die Diskussion eingebrachten Notklagerechts Stiftungsinteressierter.[720] Diese Bezeichnung ist der darzustellenden Problematik weder in personaler noch in sachlicher Hinsicht adäquat: Die Eingrenzung auf die Stiftungsinteressierten widerspricht der tatsächlich geltend gemachten Ausweitung ei-

718 *Kersting*, in: NPLY 2006, 57, 67.

719 Vgl. *Weitemeyer*, in: MüKo-BGB, § 85 Rn. 30.

720 S. nur *Jakob/Picht/Kopp*, in: BeckOGK-BGB, Stand: 01.12.2023, § 83 Rn. 64.8; *Philippi*, npoR 2023, 86; *Weitemeyer*, ZGR 2019, 238, 262 ff.; *dies.*, npoR 2021, 219, 223; *dies.*, in: MüKo-BGB, § 85 Rn. 30 ff.; *Werner*, NZG 2022, 1479, 1480 ff.

nes gerichtlichen Rechtsschutzes für die Stiftung nicht nur durch Organmitglieder oder sonstige Stiftungsbeteiligte, sondern auch durch außerhalb der Stiftungsorganisation stehende Dritte. Insbesondere in sachlich-inhaltlicher Hinsicht überzeugt der rechtliche Zuschnitt als Notklagerecht nicht: Zunächst impliziert der Begriff ausweislich des Wortlauts die Notwendigkeit einer materiell-rechtlichen Berechtigung im Sinne einer Aktivlegitimation. In der im Kontext des Notklagerechts am häufigsten thematisierten zivil- bzw. verwaltungsprozessualen Rechtsschutzkonstellation für die Durchsetzung eines gesetz- und satzungsmäßigen Verhaltens der Stiftungsorgane bzw. die gerichtliche Kontrolle etwaiger rechtswidriger Maßnahmen der Stiftungsaufsichtsbehörde auf dem Verwaltungsrechtsweg geht es allerdings nicht um die Geltendmachung eines eigenen Rechts, sondern um die Durchsetzung eines fremden Rechts im eigenen Namen, mithin um eine Prozessführungsbefugnis in Form gesetzlicher Prozessstandschaft.[721] Andererseits sollen die Konstellationen eines gerichtlichen Vorgehens aufgrund eigener Sachbefugnis und als (Not-)Vertreter zur Durchsetzung eines fremden Rechts im fremden Namen ebenfalls erfasst sein.[722] Schließlich müssen einem so bezeichneten Notklagerecht Fälle zugeordnet werden, bei denen tatsächlich die Frage des Vorliegens der verwaltungsprozessualen Klagebefugnis im Vordergrund steht. Einer notwendigen Differenzierung in der Darstellung der einzelnen Streitgegenstände wird der Begriff des Notklagerechts damit nicht gerecht. Er hat lediglich Schlagwortcharakter, bietet darüber hinaus jedoch keine brauchbare rechtliche Handhabung, sodass auf ihn aus den genannten Praktikabilitätserwägungen verzichtet werden sollte.

Als gesetzliche Instrumentarien zur Überwindung eines Durchsetzungsdefizits bei der gerichtlichen Geltendmachung von Pflichtverletzungen des Stiftungsvorstands kommen vielmehr die actio pro socio, die Stiftungsaufsichtsbeschwerde oder die befristete Bestellung von Vorstandsmitgliedern als Notmaßnahme in Betracht.[723]

(a) Anwendung der actio pro socio im Stiftungsrecht

Da nach den bisherigen Ausführungen Klagerechte der Stiftung, namentlich aufgrund außenrechtlicher oder innerorganisatorischer Positionen, im Zusam-

---

721 Zu diesem Verständnis etwa VGH Mannheim BeckRS 2022, 15469 passim.; VG Sigmaringen npoR 2021, 208 passim.; *Philippi*, npoR 2023, 86, 88 („gesetzliche Prozessstandschaft der Kläger im Sinne des proklamierten „Notklagerechts""); *Weitemeyer*, npoR 2021, 219, 223; *dies.*, in: MüKo-BGB, § 85 Rn. 31.

722 S. die heterogene Aufzählung der in diesem Kontext entschiedenen Sachverhalte vor den ordentlichen Gerichten und den Verwaltungsgerichten bei *Weitemeyer*, in: MüKo-BGB, § 85 Rn. 30 ff.; zudem OVG Berlin NVwZ-RR 2003, 323, 325 f.; *Jakob/Picht/Kopp*, in: BeckOGK-BGB, Stand: 01.12.2023, § 83 Rn. 64.6 ff.

723 Vgl. *G. Roth*, in: MHdB GesR VII, § 96 Rn. 30.

menhang mit Pflichtverletzungen durch den Stiftungsvorstand im Vordergrund standen, könnte einer auf das Stiftungsrecht übertragenen actio pro socio[724] als Möglichkeit von Stiftungsbeteiligten, aus fremdem Recht im eigenen Namen zu klagen, Relevanz zukommen. In der Literatur wird dementsprechend in der rechtsfortbildenden Anerkennung einer actio pro fundatione ein probates Mittel gesehen, strukturellen Durchsetzungsdefiziten in Bezug auf die gerichtliche Geltendmachung von Rechten der Stiftung abzuhelfen.[725]

Diskutiert wird sowohl eine (mangels Ermächtigung in Stiftungsgeschäft oder -satzung) gesetzliche Prozessstandschaft des Stifters[726] und von Organmitgliedern[727] als auch von außerhalb der Stiftungsorganisation stehenden leistungsberechtigten Destinatären[728] oder anderweitigen Dritten, insbesondere Personen mit berechtigtem Interesse[729].

Ob es Stiftungsbeteiligten möglich ist, im Wege einer actio pro fundatione Rechte der Stiftung[730] im eigenen Namen geltend zu machen, soll im Folgenden untersucht werden, wobei zunächst die Grundlagen der gesellschaftsrechtlichen actio pro socio zu klären sind.

---

724 Vielfach wird in Anlehnung an die actio pro socio im Stiftungsrecht von einer actio pro fundatione gesprochen, s. nur *Gollan*, in: Richter, Stiftungsrecht, § 3a Rn. 135; *G. Roth*, in: MHdB GesR VII, § 96 Rn. 31; *Weitemeyer*, in: MüKo-BGB, § 85 Rn. 31; *dies.*, NZG 2020, 569, 574 f.

725 Thematisiert wird dieser gesetzliche Lösungsansatz etwa bei *Weitemeyer*, in: MüKo-BGB, § 85 Rn. 31.

726 *G. Roth*, in: MHdB GesR VII, § 96 Rn. 31.

727 Dafür, als Grundlage einer Klagemöglichkeit lege ferenda, *Weitemeyer*, NZG 2020, 569, 574 f., unter Bezugnahme auf § 85 Abs. 3 im Professorenentwurf zur Stiftungsrechtsreform, Beilage zu ZIP 10/2020, 3, 8 f., wonach Organmitglieder das Recht haben sollen, Rechte und Ansprüche der Stiftung im eigenen Namen geltend zu machen, wenn das zuständige Stiftungsorgan nicht binnen angemessener Frist tätig wird; *dies.*, Stellungnahme, 81, 88, in wortlautgleicher Ergänzung der Regelung des § 83 BGB-neu (G. vom 16. Juli 2021, BGBl. I S. 2947); ebenso Änderungsantrag BÜNDNIS 90/DIE GRÜNEN, Protokoll-Nr. 19/150, 104, 104 f.; Bundesverband Deutscher Stiftungen, Stellungnahme, 45, 61 f.

728 *Gollan*, Vorstandshaftung, 189 ff.; *G. Roth*, in: MHdB GesR VII, § 96 Rn. 31; *Weitemeyer*, in: MüKo-BGB, § 85 Rn. 31.

729 Dafür, als Grundlage einer Klagemöglichkeit lege ferenda, *Weitemeyer*, Stellungnahme, 81, 88, in Ergänzung der Regelung des § 83 BGB-neu (G. vom 16. Juli 2021, BGBl. I S. 2947), wonach darüber hinaus Personen mit berechtigtem Interesse Rechte der Stiftung geltend machen können, wenn anders die Existenz der Stiftung nicht gewährleistet werden kann.

730 Dass es sich bei der klageweisen Durchsetzung von Fremdrechten im Wege der Prozessstandschaft von vornherein nur um solche der Stiftung handeln kann, ergibt sich konsequenterweise daraus, dass nach hier vertretener Ansicht nur der Stiftung, nicht hingegen den Organen eine Inhaberschaft an subjektiven (Klage-)Rechten zukommt.

(aa) Grundsätze und Anwendungsbereich der actio pro socio

Geht es um die Erfüllung der einem Gesellschafter aus dem Gesellschaftsvertrag erwachsenden Pflichten oder werden diese sogar in schadensersatzberechtigender Weise verletzt, obliegt die Geltendmachung der primär- bzw. sekundärvertraglichen Sozialansprüche als Geschäftsführungsmaßnahme den nach dem Gesellschaftsvertrag geschäftsführungsbefugten bzw. in Bezug auf die gerichtliche Durchsetzung vertretungsbefugten Gesellschaftern. Entsteht aus den bereits dargestellten Gründen ein Durchsetzungsdefizit, weil etwa die geschäftsführungs- und vertretungsbefugten Gesellschafter selbst anspruchsverpflichtet sind, sollen in einem solchen Fall auch die nicht zur Geschäftsführung berufenen Gesellschafter befugt sein, die der Gesellschaft zustehenden Ansprüche[731] im eigenen Namen gegen den oder die betreffenden Mitgesellschafter geltend zu machen.[732]

Die gesetzliche Berechtigung, ein fremdes Recht im eigenen Namen durchzusetzen, erfüllt als Anwendungsfall einer gesetzlichen Prozessstandschaft die

---

731 So bisher schon die wohl h.M. im Gesellschaftsrecht, die die actio pro socio deshalb als Fall der Prozessstandschaft einordnete, s. nur *Grunewald*, Gesellschafterklage, 14, am Beispiel des Anspruchs auf Leistung der Beiträge; *Habermeier*, in: Staudinger, BGB, § 705 Rn. 46; *Hadding/Kießling*, in: Soergel, BGB, § 705 Rn. 50; *Hassold*, JuS 1980, 32, 34; *Schäfer*, in: MüKo-BGB, 8. Aufl. 2020, § 705 Rn. 214; *K. Schmidt*, Gesellschaftsrecht, 636; *Westermann*, in: Erman, BGB, 16. Aufl. 2020, § 705 Rn. 57; a.A. BGHZ 25, 47, 49 = NJW 1957, 1358; BGH NJW 1973, 2198, 2199: eigener materiellrechtlicher Anspruch des Gesellschafters. Mit der Kodifikation dieser Rechtsfigur als „Gesellschafterklage“ in § 715b BGB durch das „Gesetz zur Modernisierung des Personengesellschaftsrechts“ vom 17. August 2021 (BGBl. I S. 3436) wird der Streitstand dahingehend entschieden, dass die Neuregelung die Gesellschafterklage als gesetzliche Prozessstandschaft qualifiziert (BT-Drs. 19/27635, 175; zudem *Lieder*, in: Erman, BGB, § 715b Rn. 3; *Retzlaff*, in: Grüneberg, BGB, § 715b Rn. 7; *Schäfer*, in: MüKo-BGB, § 715b Rn. 3; *Schöne*, in: BeckOK-BGB, § 715b Rn. 26). Bisher war nämlich ebenfalls umstritten, ob, bei Annahme einer Prozessstandschaft, es sich insoweit um eine aus der ergänzenden Auslegung des Gesellschaftsvertrags ergebende gewillkürte Prozessstandschaft (dafür *Grunewald*, Gesellschafterklage, 14; *Hadding/Kießling*, in: Soergel, BGB, § 705 Rn. 50; *Westermann*, in: Erman, BGB, 16. Aufl. 2020, § 705 Rn. 57) oder eine gesetzliche Prozessstandschaft aufgrund einer quasigesetzlichen Befugnis kraft Gewohnheitsrechts (dafür *Habermeier*, in: Staudinger, BGB, § 705 Rn. 46; *Schäfer*, in: MüKo-BGB, 8. Aufl. 2020, § 705 Rn. 215; *Weipert*, in: MHdB GesR I, § 6 Rn. 25) handelt.

732 Grundsätzlich zur actio pro socio *Flume*, BGB AT I/1, 139 ff.; *Geibel*, in: BeckOGK-BGB, Stand: 01.12.2019, § 709 Rn. 49 ff.; *Keller*, ZJS 2022, 469; *K. Schmidt*, Gesellschaftsrecht, 629 ff.

Voraussetzungen der Prozessführungsbefugnis.[733] Die Befugnis des gesetzlichen Prozessstandschafters ist dementsprechend auf Ebene der Zulässigkeit und nicht als Begründetheitsvoraussetzung der Klage zu prüfen.

Das Rechtsinstitut der actio pro socio findet Anwendung auf Ansprüche mit Grundlage im Gesellschaftsvertrag.[734] Gemäß § 715b Abs. 1 Satz 2 BGB können unter bestimmten Voraussetzungen auch Drittansprüche der Gesellschaft durch einen Gesellschafter gerichtlich geltend gemacht werden, wobei die Regelung ebenso wie für die Geltendmachung von Sozialansprüchen dem Gesellschafter eine diesbezügliche Prozessführungsbefugnis zuweist.[735]

Umstritten ist die dogmatische Herleitung der actio pro socio. Nach wohl überwiegender Ansicht in Rechtsprechung und Literatur wurzelt diese im Gesellschaftsverhältnis und ist Ausfluss des Mitgliedschaftsrechts des Gesellschafters.[736] Die verbandsmäßige Verbundenheit, die sich mit Abschluss des Gesellschaftsvertrags begründeter, wechselseitiger Verpflichtungen jedes Gesellschafters, insbesondere in Form von gegenseitigen Förder- und Treuepflichten, ergibt, rechtfertige das Recht, die Erfüllung der eingegangenen Verpflichtungen der jeweiligen Mitgesellschafter durchsetzen zu können.[737] Ungeachtet der bei Personen(handels)gesellschaften wesentlich stärker ausgeprägten Personenbezogenheit werden die für das Recht der BGB-Gesellschaft, OHG oder KG entwickelten Grundsätze zur actio pro socio nach allgemeiner Ansicht auf die GmbH als juristische Person trotz ihrer Verselbständigung gegenüber den Gesellschaftern entsprechend angewendet.[738]

---

733 Unpräzise ist es daher, wie in § 715b Abs. 2 BGB die Berechtigung des gesetzlichen Prozessstandschafters als Klagerecht zu klassifizieren; so ebenfalls *Schäfer*, in: MüKo-BGB, 8. Aufl. 2020, § 705 Rn. 213; aber auch BT-Drs. 19/27635, 175. Ein Klagerecht im Sinne einer aktiven Sachlegitimation hat (nur) derjenige, dem nach materieller Rechtslage das geltend gemachte Recht, das der (gesetzliche) Prozessstandschafter im eigenen Namen prozessual durchsetzen möchte, zusteht.

734 *Schäfer*, in: MüKo-BGB, § 715b Rn. 7.

735 Dazu *Retzlaff*, in: Grüneberg, BGB, § 715b Rn. 6; *Schäfer*, in: MüKo-BGB, § 715b Rn. 16 f.

736 BGH NJW 1992, 1890, 1892; BGH NJW-RR 2010, 1123 Rn. 3; *Lieder*, in: Erman, BGB, § 715b Rn. 2; *Retzlaff*, in: Grüneberg, BGB, § 715b Rn. 1; *Schäfer*, in: MüKo-BGB, § 715b Rn. 2; *Schöne*, in: BeckOK-BGB, § 715b Rn. 8; vgl. VG Sigmaringen npoR 2021, 208, 216 Rn. 133.

737 Vgl. BGHZ 25, 47, 49 = NJW 1957, 1358.

738 *Altmeppen*, GmbHG, § 13 Rn. 15 m.w.Nachw. Ob die Gesellschafterklage im GmbH-Recht trotz fehlender Verweisungsnorm und wegen der Möglichkeit der Bestellung eines besonderen Vertreters zur Durchsetzung von Sozial- und Drittansprüchen als

(bb) Möglichkeiten und Grenzen der Herleitung einer actio pro fundatione für einzelne Stiftungsbeteiligte

Zunächst ist zu überprüfen, ob den Organmitgliedern das Instrument der actio pro fundatione zur gerichtlichen Durchsetzung von Stiftungsansprüchen offenstehen kann. Als Organmitglieder in Betracht kommen einzelne Vorstandsmitglieder, denen aufgrund der satzungsmäßigen Vorgaben selbst keine Vertretungsmacht zur gerichtlichen Durchsetzung stiftungsrechtlicher Ansprüche zusteht,[739] oder Kuratoriumsmitglieder eines zur Kontrolle eingerichteten Organs, die sich mit ihrer Ansicht im Zuge der einer Vertretung zugrundeliegenden Gesamtwillensbildung des Kollegialorgans durch Beschlussfassung nicht durchsetzen konnten,[740] ferner Mitglieder eines lediglich mit Beratungs- und/oder Repräsentationsaufgaben betrauten Kuratoriums.

---

allgemeines Rechtsinstitut weiterhin Anwendung finden soll, ist bisher ungeklärt; dazu *Schöne*, in: BeckOK-BGB, § 715b Rn. 5. Dagegen soll die Anerkennung einer aktienrechtlichen actio pro socio deshalb nicht in Betracht kommen, weil der Gesetzgeber mit dem artverwandten Klagezulassungsverfahren der Aktionäre in § 148 AktG diesen Aspekt abschließend und umfassend geregelt habe, *Koch*, AktG, § 148 Rn. 2; *Mock*, in: BeckOGK-AktG, Stand: 01.02.2024, § 148 Rn. 40.

739 Denkbar ist dies etwa für das sich der Pflicht zur Selbstverfolgung unterwerfende Vorstandsmitglied in einem mehrgliedrigen Vorstand, für den in der Satzung aber Gesamtvertretung durch sämtliche Vorstandsmitglieder (vgl. § 84 Abs. 2 Satz 2 BGB [§§ 86 Satz 1 a.E. a.F., 26 Abs. 2 Satz 1 BGB]) angeordnet ist.

740 Ist hingegen ein entsprechender Beschluss gefasst, ist richtigerweise von der Subsidiarität einer möglichen actio pro fundatione auszugehen. Weil nach hier vertretener Ansicht in Auslegung der satzungsmäßigen Kontrollbefugnisse des Kuratoriums eine organschaftliche Vertretungsmacht der Kuratoriumsmitglieder besteht (s. Teil 2.§ 2.A.II.2.b)bb)(2)(a)(aa)(β)(αα)), kommt dieser unmittelbar auf die Satzung zurückzuführenden Vertretungsregelung zur Durchsetzung von Stiftungsansprüchen aufgrund des Primats des Stifterwillens ein Anwendungsvorrang zu, sodass für eine mögliche actio pro fundatione einzelner Organmitglieder kein Raum verbleibt. Für die Subsidiarität der actio pro socio gegenüber der gesellschaftlichen Geschäftsführungs- und Vertretungsordnung bereits nach bisheriger Rechtslage *Geibel*, in: BeckOGK-BGB, Stand: 01.12.2019, § 709 Rn. 58; *Schwab*, Prozeßrecht, 109; *Westermann*, in: Erman, BGB, 16. Aufl. 2020, § 709 Rn. 59; a.A. aber BGHZ 25, 47, 50 = NJW 1957, 1358; *Habermeier*, in: Staudinger, BGB, § 705 Rn. 47. Nunmehr ist die Subsidiarität der Gesellschafterklage in § 715b Abs. 1 Satz 1 a.E. BGB gesetzlich kodifiziert (vgl. BT-Drs. 19/27635, 176).

Für eine actio pro fundatione von Organmitgliedern wird mit einer Verbesserung der Governance von Stiftungen argumentiert.[741] Einzelnen Organmitgliedern die Befugnis einzuräumen, Rechte der Stiftung im eigenen Namen zugunsten der Stiftung geltend zu machen, könne nicht nur strukturelle Durchsetzungsdefizite hinsichtlich stiftungsrechtlicher Ansprüche ausgleichen.[742] Eine allgemeine Regelung wirke zudem präventiv gegen die Pflichtvergessenheit von Organen und sei deshalb ein notwendiges Korrektiv angesichts einer Haftungserleichterung durch die Einführung der Business Judgment Rule in § 84a Abs. 2 Satz 2 BGB.[743]

Auch wenn die vorgeschlagene Regelung die gesetzliche Prozessstandschaft von Organmitgliedern unter den Vorbehalt stellt, dass das zuständige Stiftungsorgan nicht binnen angemessener Frist tätig wird,[744] und auf diese Weise satzungsmäßigen Geschäftsführungs- und Vertretungsvorgaben des Stifters der Vorrang eingeräumt wird, überzeugt die Annahme einer actio pro fundatione für Organmitglieder im Ergebnis nicht.

Das liegt zunächst darin begründet, dass es in der mitgliederlosen Stiftung strukturell des mitgliedschaftlichen Anknüpfungspunkts für eine actio pro fundatione ermangelt.[745] Problematisch erscheint das vor dem Hintergrund, dass die sich aus der Mitgliedschaft ergebende Treuepflicht des Gesellschafters nach herrschender Ansicht die Ausübung der actio pro socio begrenzen oder ausschließen kann.[746] Weil Organmitglieder aus dem organisationsrechtlichen Bestellungsver-

---

741 Bundesverband Deutscher Stiftungen, Stellungnahme, 45, 62, sieht in dem Bemühen eines Organmitglieds, zum Schutz der Stifterwillens gegen eine andere Organmehrheit vorzugehen, gegenwärtig ein juristisches Hürdenlaufen, was zu einer Resignation in derartigen Streitfällen führen könne; *Gollan*, in: Richter, Stiftungsrecht, § 3a Rn. 135 f.; *Weitemeyer*, NZG 2020, 569, 574.

742 *Weitemeyer*, NZG 2020, 569, 574 f.

743 *Weitemeyer*, NZG 2020, 569, 575; zu dieser Handlungssteuerungsfunktion ebenso Änderungsantrag BÜNDNIS 90/DIE GRÜNEN, Protokoll-Nr. 19/150, 104, 104 f.

744 So § 85 Abs. 3 im Professorenentwurf zur Stiftungsrechtsreform, Beilage zu ZIP 10/2020, 3, 8 f.; *Weitemeyer*, Stellungnahme, 81, 88, in Ergänzung der Regelung des § 83 BGB-neu (G. vom 16. Juli 2021, BGBl. I S. 2947).

745 Vgl. *G. Roth*, in: MHdB GesR VII, § 96 Rn. 31, der in der Mitgliedschaft einen verlässlichen und sachgerechten Rahmen für die actio pro socio sieht.

746 BGHZ 25, 47, 50 = NJW 1957, 1358; BGH NZG 2019, 702 Rn. 11 ff.; *Habermeier*, in: Staudinger, BGB, § 705 Rn. 47. Die actio pro socio soll dann unzulässig sein, wenn die Geltendmachung des Sozialanspruchs durch den einzelnen Gesellschafter unter Berücksichtigung der besonderen Verhältnisse in der Gesellschaft rechtsmissbräuchlich wäre, BGHZ 25, 47, 50 = NJW 1957, 1358.

hältnis jedenfalls gegenüber der Stiftung ebenfalls Treuepflichten unterliegen,[747] ließe sich überlegen, die actio pro fundatione von Organmitgliedern aus einem Organmitgliedschaftsrecht herzuleiten.[748] Mit dem Begriff des Organmitgliedschaftsrechts soll das Bündel der dem einzelnen Organmitglied zugewiesenen innerorganisatorischen Verhaltensberechtigungen (also das Recht auf ordnungsgemäße Ladung, auf Sitzungsteilnahme, auf Änderung und Antragstellung etc.) in Form eines subjektiven Rechts im weiteren Sinne bezeichnet werden, aus dem ein ungeschriebenes innerorganisatorisches Störungsverbot folgt, dessen (drohende) Verletzung ein Abwehrrecht zu erzeugen vermag.[749]

Ob diese Überlegungen zum Organmitgliedschaftsrecht zur Begründung einer actio pro fundatione im Stiftungsrecht fruchtbar gemacht werden können, erscheint fraglich. Die dargestellten Verhaltensberechtigungen kommen dem Organmitglied gerade in dieser Funktion und nicht als „Mitglied der Stiftung" zu, sodass sie aufgrund der strukturellen Unterschiede zur Herleitung einer Prozessführungsbefugnis für Rechte der Stiftung nicht herangezogen werden dürfen.[750] Bedenken begegnet darüber hinaus, dass sowohl für außen- wie für innerrechtliche Ansprüche der Stiftung die betreffenden Organmitglieder zu verklagen sind, deren organisationsrechtliche Stellung wiederum nicht derjenigen von Mitgesellschaftern, sondern vielmehr von Dritten entspricht, die jedoch nicht ohne Weiteres dem Anwendungsbereich der actio pro socio unterfallen.

Die Möglichkeit einer Klage des Organmitglieds aus fremdem Recht im eigenen Namen ist daher grundsätzlich zu verneinen. Werden etwa organmitgliedschaftliche Rechte des Kuratoriumsmitglieds dadurch verletzt, dass sich das satzungsmäßig als Kontrollorgan eingesetzte Kuratorium mit einer bestimmten, potentiell gegen gesetz- oder satzungsmäßige Vorgaben verstoßenden Geschäftsführungsmaßnahme des Vorstands nicht befassen will, kann das Kuratoriumsmitglied nur aus eigenem (Teilnahme-)Recht auf Beratung und Beschlussfassung klagen.[751] Beschließt dieses Kuratorium, von einer Vertretung der Stiftung im Rahmen einer Leistungsklage zur Unterlassung bestimmter Geschäftsführungs-

---

747 Dazu bereits unter Teil 2.§ 2.A.II.2.b)aa).

748 So zur Begründung einer actio pro socio im Recht der AG *Bork*, ZGR 1989, 1, 40 ff.

749 Dafür im Recht der AG *Bork*, ZGR 1989, 1, 34 f.; vgl. *Deckert*, AG 1994, 457, 461.

750 Vgl. *Bork*, ZGR 1989, 1, 40, der in Bezug auf die Prozessführungsbefugnis entsprechend der actio pro socio zu Recht zwischen einer vertraglich und einer organisationsrechtlich begründeten Prozessstandschaft unterscheiden will.

751 Vgl. *Bork*, ZGR 1989, 1, 40.

maßnahmen des Vorstands abzusehen,[752] ist das meinungsdivergente Kuratoriumsmitglied an diese Willensbildung des Gesamtorgans gebunden; keinesfalls lässt sich unter Heranziehung eines Organmitgliedschaftsrechts eine Hilfs- und Notzuständigkeit des einzelnen Kuratoriumsmitglieds im Sinne einer actio pro fundatione herleiten.[753]

Fraglich ist, ob aus der organmitgliedschaftlichen Stellung des einzelnen Kuratoriumsmitglieds dann ein Vorgehen im Wege der actio pro fundatione abgeleitet werden kann, wenn etwa das Kuratorium aus kompetenzabseitiger Motivation beschließt, gegen ein pflichtwidriges Geschäftsführungsgebaren des Vorstands nicht vorzugehen.[754]

Ob und unter welchen Voraussetzungen eine derartige Befugnis im Stiftungsrecht in Betracht kommt, hat sich richtigerweise primär nach dem in Stiftungsgeschäft und -satzung zum Ausdruck gekommenen Stifterwillen zu orientieren. Hat danach der Stifter mit der Einsetzung eines Kontrollorgans erkennbar die Voraussetzungen schaffen wollen, einer Schutzlosigkeit der Stiftung entgegenzuwirken, wird diese dem Kuratorium vom Stifter in der Satzung zuerkannte Rolle unterlaufen, wenn das Organ seine Kontrollkompetenzen nicht ausübt. In dieser Konstellation eines wider die auftragsgemäße Erfüllung des Stifterwillens handelnden Kuratoriums erscheint es daher vorstellbar, dass das handlungswillige Kuratoriumsmitglied ausnahmsweise berechtigt ist, sich zum Hüter des Stif-

---

752 Nach a.A., die die Rechtsfähigkeit von Organen bejaht (dazu ausführlich unter Teil 2.§ 2.A.II.2.b)bb)(2)(a)(aa)(γ)), geht es um die Geltendmachung eines eigenen, dem Kuratorium als Kollegialorgan gegen den Vorstand zustehenden Rechts.

753 Ebenso im Recht der AG *Deckert*, AG 1994, 457, 464, wonach sich die Möglichkeit zur actio pro socio nicht bereits daraus ergebe, dass eine bestimmte Gruppe von Aufsichtsratsmitgliedern bei der Beschlussfassung überstimmt wird.

754 Zur Begründung einer actio pro socio des einzelnen Aufsichtsratsmitglieds im Recht der AG werden in dieser Konstellation verschiedene Voraussetzungen aufgestellt. Ein prozessstandschaftliches Vorgehen soll wahlweise in Betracht kommen, wenn die Legitimation einer umfassenden Willensbildung des Aufsichtsrats als Kollegialorgan entfalle, weil die Gesamtwillensbildung nachweisbar durch unternehmensfremde, vor allem spezifisch „aufsichtsratsfremde“ Erwägungen ausschlaggebend beeinflusst worden ist (so *Hommelhoff/Timm*, AG 1976, 330, 333), wenn das einzelne Aufsichtsratsmitglied offensichtlich an der Ausübung seines Amtes in einer Weise gehindert wird, die die objektiven Tatbestandsvoraussetzungen des § 826 BGB erfüllt (so *Kort*, AG 1987, 193, 199), wenn eine kollusive Untätigkeit des Aufsichtsrats gegeben ist (so *Kort*, CR 1988, 289) oder wenn die innerorganisatorischen Mittel versagen, weil etwa eine Beratung des Aufsichtsrats zu spät käme oder aus anderen Gründen nicht zum Erfolg verhilft (so *Bork*, ZGR 1989, 1, 42).

terwillens aufzuschwingen und gegen den pflichtwidrig handelnden Vorstand vorzugehen.

Unüberwindbare strukturelle Bedenken sprechen indes auch hier dagegen, die Grundsätze einer actio pro socio Anwendung finden zu lassen.

Der Versuch, in Anlehnung an das Mitgliedschaftsrecht des Gesellschafters die actio pro fundatione des Kuratoriumsmitglieds über ein Organmitgliedschaftsrecht herzuleiten, vermag nicht zu erklären, warum es deshalb gegen den Vorstand vorgehen kann. Wenn sich die vom Organmitgliedschaftsrecht umfassten Verhaltensberechtigungen nämlich allein auf das innerorganisatorische Verhältnis zwischen Organmitglied und Gesamtorgan beziehen, erscheint es sachgerecht, die Schutzmöglichkeiten auf diesen Rechtskreis zu beschränken. In diesem Zusammenhang ist zu erwägen, die Anerkennung einer actio pro fundatione auch deshalb zu versagen, weil – in konsequenter Fortschreibung des Subsidiaritätsgrundsatzes der actio pro socio – ein Vorgehen aus fremdem Recht nicht in Betracht kommt, wenn das Kuratoriumsmitglied aus eigenem Recht vorgehen kann und muss.

Zu denken ist an einen mittelbaren Schutz der Stiftung vor pflichtwidriger Vorstandstätigkeit durch die Geltendmachung der materiellen Fehlerhaftigkeit und damit[755] Nichtigkeit des Kuratoriumsbeschlusses, mit dem ein Eingreifen abgelehnt wurde.[756] Dafür kommt ein Vorgehen im Wege der Feststellungsklage zur Feststellung der Beschlussnichtigkeit gem. § 256 Abs. 1 ZPO in Betracht.[757]

---

755 Die wohl h.M. im Stiftungsrecht leitet aus der formellen oder materiellen Fehlerhaftigkeit eines organschaftlichen Beschlusses dessen grundsätzliche Nichtigkeit ipso iure ab, *Ebersbach*, Stiftungsrecht, 104 f.; *Godron/Gollan*, in: Richter, Stiftungsrecht, § 6 Rn. 51; *Hoffmann*, in: FG Kreutz, 29, 35; *Hüttemann/Rawert*, in: Staudinger, BGB, § 86 Rn. 62. Insbesondere sollen die aktienrechtlichen Beschlussmängelvorschriften zu Hauptversammlungsbeschlüssen (§§ 241 ff. AktG) auf die Stiftung keine analoge Anwendung finden; dazu ausführlich *Stallmann*, Fehlerhafte Beschlüsse, 57 ff.; zudem *Ebersbach*, Stiftungsrecht, 104 f.; *Hüttemann/Rawert*, in: Staudinger, BGB, § 86 Rn. 63; *Weitemeyer*, in: MüKo-BGB, § 86 Rn. 27 ff. In Bezug auf bestimmte formelle Beschlussmängel wird von einigen Literaturstimmen auf der Rechtsfolgenseite zwischen nichtigen und nur vernichtbaren Organbeschlüssen differenziert, *Hüttemann/Rawert*, in: Staudinger, BGB, § 86 Rn. 63; *Stallmann*, Fehlerhafte Beschlüsse, 157 ff. S. zudem die weiteren Ausführungen unter Teil 2.§ 2.A.II.3.

756 Vgl. zu diesem Vorgehen im Recht der AG *Deckert*, AG 1994, 457, 460 f.; *Raiser*, ZGR 1989, 44, 67 f.; *Stodolkowitz*, ZHR 154 (1990), 1, 17 f.

757 *Hüttemann/Rawert*, in: Staudinger, BGB, § 86 Rn. 65; *G. Roth*, in: MHdB GesR VII, § 99 Rn. 12.

Dies setzt allerdings das Bestehen eines Feststellungsinteresses voraus,[758] das in dieser Konstellation nur zu bejahen sein soll, wenn das Kuratoriumsmitglied durch den organschaftlichen Beschluss des Kuratoriums in eigenen organschaftlichen Rechten beeinträchtigt wird.[759]

Als problematisch könnte sich eine Bejahung dieses Erfordernisses erweisen, wenn das Kuratoriumsmitglied, wie hier, sein Vorbringen nicht auf eine Verletzung der sich aus der organmitgliedschaftlichen Stellung erwachsenden Mitwirkungsrechte, sondern die Nichtigkeit auf ein mit dem Stifterwillen nicht zu vereinbarendes, pflichtwidriges Nicht-Eingreifen des Kuratoriums stützt, mithin eine materielle Fehlerhaftigkeit des gesamtorganschaftlich gefassten Beschlusses geltend macht.

Hier soll ein Feststellungsinteresse deshalb nicht in Betracht kommen, weil im Falle eines verfahrensrechtlich fehlerfrei zustande gekommenen Beschlusses jedes Kuratoriumsmitglied die Möglichkeit hatte, sein Mitwirkungsrecht in der satzungsmäßig vorgesehenen Weise auszuüben.[760] Zu mehr sei es weder berechtigt noch verpflichtet.[761] Eine allgemeine Befugnis der Organmitglieder, Beschlüsse des Organs im eigenen Namen einer gerichtlichen Kontrolle zuzuführen, bestehe im Stiftungsrecht hingegen nicht.[762]

Diese Argumentation vermag im Ergebnis nicht zu überzeugen. Dass sich die organmitgliedschaftliche Stellung nicht nur in Hilfs- und Teilnahmerechten erschöpft, sondern darüber hinaus die Pflichtenbindung der Organe auf die Organmitglieder ausstrahlen und sich zu einem relevanten rechtlichen Interesse i.S.d. § 256 Abs. 1 ZPO für diese verdichten kann, lässt sich mit deren Mitverantwortung für das Zustandekommen rechtmäßiger Organbeschlüsse begründen.[763] Diese muss umso stärker Berücksichtigung finden, je mehr die Organisation, wie die mitgliederlose Stiftung, auf ein satzungs- und gesetzmäßiges Verhalten ihrer Organe angewiesen ist.[764] Angesichts einer möglichen Haftung des einzelnen Ku-

---

758 Zu den allgemeinen Voraussetzungen einer Feststellungsklage, s. bereits unter Teil 2.§ 2.A.I.2.

759 BGH NJW 1994, 184, 185; *Ebersbach*, Stiftungsrecht, 105.

760 Vgl. *Stodolkowitz*, ZHR 154 (1990), 1, 17.

761 Vgl. *Stodolkowitz*, ZHR 154 (1990), 1, 17.

762 BGH NJW 1994, 184, 185; VGH Mannheim BeckRS 2006, 23996 Rn. 36.

763 *Burgard*, Gestaltungsfreiheit, 289 f.; *ders.*, in: Burgard, Stiftungsrecht, § 84b BGB Rn. 99; *Hoffmann*, in: FG Kreutz, 29, 40 f.; *Hüttemann/Rawert*, in: Staudinger, BGB, § 86 Rn. 65; *Rawert*, in: NPLY 2019, 97, 107; *G. Roth*, in: MHdB GesR VII, § 99 Rn. 18; *Weitemeyer*, in: MüKo-BGB, § 86 Rn. 30.

764 *Burgard*, Gestaltungsfreiheit, 289 f.; *Hüttemann/Rawert*, in: Staudinger, BGB, § 86 Rn. 65; *G. Roth*, in: MHdB GesR VII, § 99 Rn. 18.

ratoriumsmitglieds[765] wäre es nicht gerechtfertigt, wenn diesem die Möglichkeit genommen würde, sich von einem unter seiner Mitwirkung zustande gekommenen rechtswidrigen Beschluss zu distanzieren.[766]

Dass das Kuratoriumsmitglied damit aus eigenem Recht gegen einen fehlerhaften Beschluss des Kuratoriums im Wege der Feststellungsklage gem. § 256 Abs. 1 ZPO vorgehen kann, nicht aber aus einem allgemeinen Verhaltenskontrollrecht gegen den pflichtwidrig handelnden Vorstand direkt,[767] ist insofern kein Widerspruch. Dogmatisch knüpft das Recht auf Feststellung der Nichtigkeit eines Kuratoriumsbeschlusses nämlich an die Organmitgliedschaft, nicht an die Kontrollkompetenz des Kuratoriums an. Letztere ist eine Kompetenz des Gesamtorgans und kann dem einzelnen Kuratoriumsmitglied deshalb auch kein Klagerecht vermitteln.

Als zu weitgehend erscheint es, dem einzelnen Kuratoriumsmitglied nicht nur die gerichtliche Geltendmachung von Beschlussmängeln des Kuratoriums als dem Organ, dem es angehört, zu ermöglichen, sondern zudem das Recht einzuräumen, die Nichtigkeit von Beschlüssen anderer Stiftungsorgane feststellen zu lassen.[768] Das diesbezügliche Feststellungsinteresse soll zu bejahen sein, wenn der Klagewillige Mitglied eines als Kontrollinstanz installierten Organs sei, zu dessen Pflichtenkreis damit gerade die Rechtmäßigkeitskontrolle des Handelns eines anderen Organs gehöre.[769]

---

765 *Hüttemann/Rawert*, in: Staudinger, BGB, § 86 Rn. 65, sehen nicht nur in besonderen Konstellationen (vgl. im Recht der AG *Raiser*, ZGR 1989, 44, 68: Beschränkung auf seltene, besonders zugespitzte Fälle), sondern stets eine Pflicht des Kuratoriumsmitglieds zur Rechtsverfolgung, wenn es einen Organbeschluss für unwirksam hält. Das erscheint angesichts der besonderen Gefährdungslage zum Schutz der Stiftung und zur Durchsetzung des Stifterwillens gerechtfertigt.

766 Vgl. im Recht der AG *Stodolkowitz*, ZHR 154 (1990), 1, 18; ebenso *Raiser*, ZGR 1989, 44, 68, wonach sich kein Aufsichtsratsmitglied so weit der Mehrheit unterwerfen muss, dass es rechtswidrige Beschlüsse hinzunehmen braucht.

767 Dazu bereits unter Teil 2.§ 2.A.II.2.b)bb)(2)(a)(aa)(γ).

768 Dafür die wohl h.M.: *Burgard*, in: Burgard, Stiftungsrecht, § 84b BGB Rn. 102; *Hüttemann/Rawert*, in: Staudinger, BGB, § 86 Rn. 65; *Rawert*, in: NPLY 2019, 97, 107 f.; *G. Roth*, in: MHdB GesR VII, 99 Rn. 19; *Stallmann*, Fehlerhafte Beschlüsse, 182; *Weitemeyer*, NZG 2020, 569, 574 f., unter Bezugnahme auf § 85 Abs. 3 im Professorenentwurf zur Stiftungsrechtsreform, Beilage zu ZIP 10/2020, 3, 8 f.; *dies.*, Stellungnahme, 81, 88, in wortlautgleicher Ergänzung der Regelung des § 83 BGB-neu.

769 *Burgard*, in: Burgard, Stiftungsrecht, § 84b BGB Rn. 102; *Hoffmann*, in: FG Kreutz, 29, 41; *Rawert*, in: NPLY 2019, 97, 107 f.; *G. Roth*, in: MHdB GesR VII, § 99 Rn. 10; *Stallmann*, Fehlerhafte Beschlüsse, 182; *Weitemeyer*, in: MüKo-BGB, § 86 Rn. 30.

Diese Ansicht verkennt, dass aufgrund der gesamtorganschaftlich konzipierten Überwachungsfunktion des Kuratoriums ein Feststellungsinteresse des einzelnen Kuratoriumsmitglieds für fehlerhafte Beschlüsse außerhalb des eigenen organmitgliedschaftlichen Bereichs und damit eine Betroffenheit in eigenen Rechten regelmäßig ausscheidet.[770]

Mit vergleichbarer Argumentation ist schließlich die Möglichkeit einer Klage zu versagen, mit der das Kuratorium verpflichtet werden soll, Schadensersatz- oder Unterlassungsansprüche gegen den Vorstand geltend zu machen.[771] Dies läuft erneut auf eine Verhaltenskontrolle des Vorstands hinaus, für die dem Kuratoriumsmitglied mangels persönlicher Kontroll- und Überwachungskompetenz kein Klagerecht zustehen kann.

Kann dieses im Ergebnis somit nur die Nichtigkeit eines mit dem Stifterwillen nicht zu vereinbarenden, materiell fehlerhaften Beschlusses des eigenen Organs gerichtlich geltend machen, ist weiterhin zu klären, gegen wen eine diesbezügliche Feststellungsklage zu erheben ist. Wenn man, wie in der vorliegenden Arbeit, eine Rechts- und Parteifähigkeit von Organen nicht anerkennt, kommt als richtiger Klagegegner nur die Stiftung in Betracht.[772] Diese soll nach teilweise vertretener Ansicht durch die den betreffenden Beschluss verteidigenden Kuratoriumsmitglieder vertreten werden.[773] Das überzeugt nicht. Die Stiftung wird in dieser Konstellation nach allgemeinen Grundsätzen gem. § 84 Abs. 2 Satz 1 BGB (§§ 86 Satz 1 a.F., 26 Abs. 1 Satz 2 BGB) durch den Vorstand vertreten.[774] Zwar ließe

770 Zu vergleichbaren Überlegungen im Rahmen des allgemeinen Verhaltenskontrollrechts, s. bereits unter Teil 2.§ 2.A.II.2.b)bb)(2)(a)(aa)(γ). Dies gilt erneut auch für mit Kontrollfragen betrauten einzelnen Organmitgliedern in Ausschüssen aufgrund der in jedem Fall unangetastet bleibenden Gesamtverantwortung des Organs, *Burgard*, in: Burgard, Stiftungsrecht, § 84b BGB Rn. 11.

771 Dies im Recht der AG unter Umständen in Betracht ziehend *Raiser*, ZGR 1989, 44, 68 f.

772 BGHZ 99, 344 = NJW 1987, 2364; *Hüttemann/Rawert*, in: Staudinger, BGB, § 86 Rn. 65; *Stallmann*, Fehlerhafte Beschlüsse, 18; ebenso im Recht der AG für die Beklagtenstellung der Gesellschaft BGHZ 122, 342, 344 f. = NJW 1993, 2307; *Deckert*, AG 1994, 457, 460 f.; *Stodolkowitz*, ZHR 154 (1990), 1, 18. Dafür spricht auch, dass das Kuratorium Beschlüsse als Organ der Stiftung für diese fasst, vgl. BGHZ 122, 342, 344 = NJW 1993, 2307; *Jakob/Picht*, in: BeckOGK-BGB, Stand: 01.02.2021, § 86 Rn. 26. A.A. aber wiederum *Bork*, ZGR 1989, 1, 36 f.: Klagegegner ist das beschlussfassende Organ; *G. Roth*, in: MHdB GesR VII, § 99 Rn. 12.

773 Vgl. im Recht der AG *Stodolkowitz*, ZHR 154 (1990), 1, 18.

774 Ebenso im Recht der AG BGHZ 122, 342, 345 f. = NJW 1993, 2307; *Deckert*, AG 1994, 457, 461.

sich argumentieren, dass dies das festgestellte Durchsetzungsdefizit manifestiert, weil der Vorstand an einer gerichtlichen Vertretung der Stiftung ebenso wenig interessiert sein könnte, wenn er annehmen muss, dass durch die Überprüfung des ein Eingreifen ablehnenden Kuratoriumsbeschlusses einem Vorgehen gegen ihn indirekt Vorschub geleistet wird. Allerdings bleibt die Annahme einer Interessenkollision in dieser Konstellation spekulativ. Sie lässt sich insbesondere nicht mit der Situation vergleichen, bei der stiftungsrechtliche Ansprüche direkt gegen einzelne Vorstandsmitglieder geltend zu machen sind, da hier die Annahme eines gering ausgeprägten Durchsetzungsinteresses deutlich substantiierter ist.[775] Deshalb sollte es bei der gesetzlich vorgesehenen Vertretungsberechtigung bleiben, sodass die Stiftung im Falle der Klage eines Kuratoriumsmitglieds auf Feststellung der Nichtigkeit eines Kuratoriumsbeschlusses in diesem Rechtsstreit durch ihren Vorstand vertreten wird.

Da im Rahmen der gerichtlichen Überprüfung des ein Handeln des Vorstands billigenden Kuratoriumsbeschlusses die Rechtmäßigkeit der Vorstandsmaßnahme zu klären ist, wohnt einem Feststellungsurteil über die Nichtigkeit des Organbeschlusses gleichzeitig ein Urteil über die Rechtmäßigkeit des Vorstandsverhaltens inne.[776]

Kommt somit ein Vorgehen des Kuratoriumsmitglieds aus eigenem Recht in Betracht, weil es die Nichtigkeit eines Kuratoriumsbeschlusses gerichtlich feststellen lassen kann,[777] sollten die Rechtsschutzmöglichkeiten auf diesen organinternen Bereich beschränkt bleiben.[778] Dieser Umstand sowie die strukturellen Bedenken zur Übertragung der Grundsätze der actio pro socio sprechen dagegen, Mitgliedern eines als Kontrollorgan in der Satzung vorgesehenen Kuratoriums die Möglichkeit einzuräumen, Rechte der Stiftung im eigenen Namen gerichtlich durchzusetzen. Das gilt erst recht für Mitglieder eines lediglich zu Beratungs- oder Repräsentationsaufgaben in der Satzung angeordneten Kuratoriums ebenso wie für einzelne Vorstandsmitglieder.

Weiterhin wird vereinzelt erwogen, dem Stifter selbst rechtfortbildend eine Prozessführungsbefugnis für Rechte der Stiftung im Wege einer actio pro fun-

775 Vgl. BGHZ 122, 342, 346 = NJW 1993, 2307.

776 Vgl. *Raiser*, ZGR 1989, 44, 68, der richtigerweise darauf hinweist, dass sich die Rechtskraft eines solchen Urteils zwar nicht auf den Vorstand erstrecke, diesem aber dennoch eine disziplinierende Signalwirkung zukommen könne.

777 Dieselbe Möglichkeit steht danach einem handlungswilligen Vorstandsmitglied offen, wenn der Nichtdurchsetzung eines stiftungsrechtlichen Anspruchs ein entsprechender Vorstandsbeschluss zugrunde liegt.

778 Vgl. im Recht der AG vorsichtig in diese Richtung *Raiser*, ZGR 1989, 44, 70.

datione einzuräumen.[779] Zwar fehle es in der Stiftung mangels Mitgliedschaft bestimmter Personen an einem genuin exakt bestimmbaren Abgrenzungsmerkmal, mit der Person des Stifters könne der Kreis der Stiftungsinteressierten zur Herleitung einer Notklagemöglichkeit jedoch effektiv begrenzt werden.[780]

Auch wenn ein Interesse des Stifters, die Stiftung vor einem gesetz- oder satzungswidrigen Handeln ihrer Organe zu schützen, regelmäßig tatsächlich vorliegen dürfte, vermag dieser Ansatz im Ergebnis gleichwohl nicht zu überzeugen.

Wie bereits bei den Organmitgliedern, bietet die Rechtsstellung des Stifters kein geeignetes Äquivalent zur Mitgliedschaft und dem damit einhergehenden Gefüge aus Rechten und Pflichten, insbesondere keine dem Stifter obliegenden Treuepflichten, zumal hier noch nicht einmal der Ansatz der Organmitgliedschaft in Betracht kommt.[781] Besonders deutlich wird dies, weil sich die Stiftung mit der Anerkennung vom Stifter emanzipiert, und dieser nach dem im deutschen Recht herrschenden konstruktiven Stiftungsverständnis ab diesem Zeitpunkt in keiner Weise mehr in die Stiftungsorganisation eingebunden ist.[782] Es würde die Grenzen der Rechtsfortbildung überschreiten, wollte man dem Stifter trotzdem eine Klagemöglichkeit im Sinne einer actio pro fundatione verschaffen. Sie ist somit abzulehnen.

Teilweise wird vertreten, für die gerichtliche Durchsetzung gesetz- und satzungsmäßigen Verhaltens des Stiftungsvorstands sei auf die Destinatäre der Stiftung zurückzugreifen.[783]

Eine actio pro fundatione zur Geltendmachung von Ansprüchen der Stiftung soll dabei von vornherein nur in Person der Aktualdestinatäre[784] in Betracht kommen, also der leistungsberechtigten Destinatäre, denen ein unmittelbar satzungsmäßig, organschaftlich oder vertraglich begründeter Destinatärsanspruch zukommt.[785]

---

779 S. die Nachweise in Fn. 724.

780 Vgl. *G. Roth*, in: MHdB GesR VII, § 96 Rn. 31.

781 Vgl. *G. Roth*, in: MHdB GesR VII, § 96 Rn. 31. Sollte sich der Stifter als Organ bzw. Organmitglied eingesetzt haben, kann auf die dortigen Ausführungen verwiesen werden, weil er dann nicht mehr originär in seiner Stifterrolle agiert, vgl. OLG Hamm NZG 2022, 676, 677 f. Rn. 41 f.

782 S. etwa die Ausführungen bei OLG Hamm NZG 2022, 676, 677 Rn. 41, wonach sich eine Stiftung mit ihrer Anerkennung vom Stifter emanzipiert und das rechtliche Band zu diesem endgültig zertrennt wird.

783 S. dafür die Nachweise in Fn. 728.

784 Begriff nach *Muscheler*, WM 2003, 2213, 2214.

785 Zu den verschiedenen Konstellationen, s. bereits der Streitgegenstand unter Teil 2.§ 2.A.II.2.a). Nur auf ein satzungsmäßiges Recht auf Stiftungsleistung abstellend

Dabei stützt man sich zum einen auf deren hinreichende Individualisierbarkeit zur Vermeidung von Popularklagen, zum anderen stünden die leistungsberechtigten Destinatäre in einer Rechtsbeziehung mit der Stiftung und damit den Verbandsmitgliedern noch am nächsten.[786]

Zwar kann man argumentieren, dass es einer Einschränkung des Kreises der durch die Stiftung Begünstigten deshalb nicht bedarf, weil die Gefahr missbräuchlicher Klagen dadurch herabgesetzt ist, dass der Destinatär bei Klageerhebung als gesetzlicher Prozessstandschafter selbst als Partei am Verfahren beteiligt ist, damit im Falle des Unterliegens mit der Kostentragungspflicht des § 91 ZPO belastet wird. Dem ließe sich eine regelnde Wirkung in Bezug auf die Erhebung wenig erfolgversprechender Klagen attestieren.[787]

Ein Verzicht auf die Bestimmtheit der Destinatärseigenschaft widerspricht allerdings dem auch auf Ebene der Prozessführungsbefugnis fortwirkenden Gebot der Vermeidung im deutschen Recht atypischer Popularklagen, wonach grundsätzlich nur über eigene Rechte im eigenen Namen ein Prozess geführt werden darf, und eine Geltendmachung fremder Rechte im eigenen Namen nur in engen Grenzen möglich und stets begründungsbedürftig ist.[788] Die Anknüpfung an die Leistungsberechtigung der Destinatäre erscheint unter diesem Gesichtspunkt notwendig und sachgerecht.

Bedenken begegnet, wie bei den Organmitgliedern, die rechtliche Stellung der leistungsberechtigten Destinatäre als Anknüpfungspunkt für die Begründung einer actio pro fundatione.[789] Das äußert sich vor allem darin, dass die Destinatäre von vornherein nicht in das innerorganisatorische Gefüge der Stiftung eingebunden sind. Die Rechtsstellung beschränkt sich auf die Wahrnehmung der begründeten Destinatärsansprüche und zwar im Verhältnis zur Stiftung, gegenüber der die Leistungsberechtigung besteht.[790] Von wechselseitigen Rechten und

---

und damit zu eng *G. Roth*, in: MHdB GesR VII, § 96 Rn. 31. Zu unterscheiden ist ein (mögliches) Vorgehen der Destinatäre im Wege der actio pro fundatione als Fall gesetzlicher Prozessstandschaft von der aus bestehendem Kontrollrecht abgeleiteten Durchsetzungsmöglichkeit von Ansprüchen der Stiftung als ihre gewillkürten Prozessstandschafter (nach hier vertretener Ansicht abzulehnen, s. unter Teil 2.§ 2.A.II.2.b)bb)(2)(a)(aa)(β)).

786 Vgl. *G. Roth*, in: MHdB GesR VII, § 96 Rn. 31.

787 In diese Richtung, vgl. *Thymm*, Kontrollproblem, 331 f.; *Weitemeyer*, in: MüKo-BGB, § 85 Rn. 31.

788 Zur Prozessführungsbefugnis, s. bereits unter Teil 2.§ 2.A.II.1.b).

789 Vgl. *Schwintek*, Vorstandskontrolle, 310.

790 Vgl. *Schwintek*, Vorstandskontrolle, 310.

Pflichten der leistungsberechtigten Destinatäre, insbesondere einer Treuepflicht[791] gegenüber der Stiftung, den übrigen Destinatären oder gar den Organmitgliedern als Anknüpfungspunkt einer wenigstens mitgliedschaftsähnlichen Stellung kann deshalb keine Rede sein.[792]

Eine rechtsfortbildende Anerkennung der actio pro fundatione für leistungsberechtigte Destinatäre ist ebenfalls abzulehnen.

(cc) Überlegungen de lege ferenda

Kommt die rechtfortbildende Anerkennung einer actio pro fundatione für Stiftungsbeteiligte zur Durchsetzung stiftungsrechtlicher Ansprüche de lege lata nicht in Betracht, ist ergänzend zu überlegen, ob eine ausdrückliche gesetzliche Fixierung de lege ferenda möglich ist und sinnvoll erscheint.[793] Als zu weitgehend erweist sich in diesem Zusammenhang der Vorschlag, künftig Personen mit berechtigtem Interesse eine Klagemöglichkeit für Rechte der Stiftung einzuräumen, wenn anders die Existenz der Stiftung nicht gewährleistet werden kann.[794] Im Verständnis eines weiten beteiligtenbezogenen Kontrollansatzes sollen dazu etwa auch Erben des Stifters oder sämtliche Gläubiger der Stiftung gehören können.[795]

Obgleich existenzbedrohende Vorgänge in Bezug auf den hier in Rede stehenden Streitgegenstand eines nicht gesetz- oder satzungskonformen Verhaltens des Stiftungsvorstands ohnehin eine untergeordnete Rolle spielen dürften[796] und einem Durchsetzungsdefizit in den meisten Fällen mit der vorgeschlagenen Regelung de lege ferenda ebenfalls nicht effektiv begegnet werden könnte, überzeugt der Vorschlag darüber hinaus aus anderen Gründen nicht.

---

791 Zur Bedeutung der Treuepflicht im Kontext der actio pro socio, s. nur BGHZ 25, 47, 50 = NJW 1957, 1358; *Habermeier*, in: Staudinger, BGB, § 705 Rn. 47; *Schäfer*, in: MüKo-BGB, § 715b Rn. 15.

792 Ebenso *G. Roth*, in: MHdB GesR VII, § 96 Rn. 31; *Schwintek*, Vorstandskontrolle, 310 f.; vgl. VG München BeckRS 2024, 3870 Rn. 71.

793 Dafür *Weitemeyer*, in: MüKo-BGB, § 85 Rn. 31 („Da über diese Rechtslage [de lege lata] aber kein Einvernehmen besteht, sollte ein solches Klagerecht ergänzend gesetzlich verankert werden."); ähnlich *G. Roth*, in: MHdB GesR VII, § 96 Rn. 31.

794 Dafür *Weitemeyer*, Stellungnahme, 81, 88, in Ergänzung der Regelung des § 83 BGB-neu (G. vom 16. Juli 2021, BGBl. I S. 2947).

795 Vgl. *Jakob/Picht/Kopp*, in: BeckOGK-BGB, Stand: 01.12.2023, § 83 Rn. 61 ff.

796 Denkbar ist dies etwa bei einer den Satzungsvorgaben widersprechenden Anlage des Stiftungsvermögens, aufgrund dessen sich dieses in erheblicher Weise reduziert und dadurch die weitere Stiftungstätigkeit, insbesondere die dauernde und nachhaltige Erfüllung des Stiftungszwecks, erheblich in Frage gestellt wird; s. in diesem Kontext den Fall der Johannes a Lasco-Bibliothek Emden, BGH ZStV 2015, 93 ff.

Es erscheint fraglich, ob damit nicht Elemente einer Popularklage im Gewand einer zu wenig klar umrissenen gesetzlichen Prozessstandschaft eingeführt würden.[797] Eine personale Beschränkung soll zwar dadurch erfolgen, dass das berechtigte Interesse eng ausgelegt wird, weil nur Klagen bei existenzbedrohenden Vorgängen in Betracht zu ziehen seien.[798] Allerdings begründet das noch nicht in ausreichender Weise den bei anderen gesetzlichen Prozessstandschaften häufig begrenzenden inneren Zusammenhang von Prozessführendem und dem geltend zu machenden fremden Recht.

Über den unbestimmten Rechtsbegriff des berechtigten Interesses Stiftungsinteressierten eine Prozessführungsbefugnis für Rechte der Stiftung einzuräumen, erscheint auch vor dem Hintergrund der Geltung des Primats des Stifterwillens problematisch. Zwar ließe sich argumentieren, dass eine erfolgreiche Klage gegen den pflichtwidrig handelnden Vorstand der Stiftung zugutekommt und damit immer auch im Interesse des Stifters liegen müsste. Ggf. ungerechtfertigte gerichtliche Auseinandersetzungen mit Organmitgliedern, die unter Umständen sogar zu einer potentiellen Lähmung der Stiftungsarbeit führen, dürften wiederum kaum dem Stifterwillen entsprechen.[799] Die Gefahr unerwünschter Klagen scheint bei außerhalb der Stiftungsorganisation stehenden Personen mit berechtigtem Interesse gesteigert, weil diese häufig nicht über das notwendige Erkenntnisfundament verfügen, um die Erfolgsaussichten einer gegen den Vorstand gerichteten Klage adäquat zu bewerten, auch wenn die mit der Stellung als gesetzlicher Prozessstandschafter verbundene Übernahme des Prozesskostenrisikos einer allzu hohen Klagefreudigkeit entgegenwirken dürfte.[800]

Deshalb wird man eine Durchsetzungsmöglichkeit von Dritten für Rechte der Stiftung letztlich nur annehmen können, wenn der Stifterwille selbst Anzeichen für den Wunsch des Stifters hergibt, dass auch Personen mit einem berechtigten Interesse für einen Schutz der Stiftung sorgen sollen.[801] Für eine Klagemöglichkeit interessenberechtigter Personen ohne satzungsmäßige Anhaltspunkte im Wege der gesetzlichen Prozessstandschaft verbleibt auch de lege ferenda kein Raum.

---

797 In diese Richtung, vgl. *Hüttemann*, Stellungnahme, 63, 67.

798 *Weitemeyer*, Stellungnahme, 81, 88.

799 Vgl. die entsprechenden Überlegungen in Bezug auf Leistungsrechte der Destinatäre bei *Thymm*, Kontrollproblem, 331 f.

800 Vgl. *Thymm*, Kontrollproblem, 329 ff.

801 Vgl. VGH Mannheim BeckRS 2022, 15469 Rn. 20, im Zusammenhang mit existenzvernichtenden Eingriffen der Stiftungsaufsicht; zu diesem Streitgegenstand, s. Teil 2.§ 2.B.II.3.b).

Selbiges gilt für einzelne Organmitglieder, weil die Normierung einer gesetzlichen Prozessstandschaft nicht in Betracht kommt, wenn der Prozessführende aus eigenem innerorganisatorischem Recht die gerichtliche Rechtsverfolgung betreiben kann.

Denkbar bleibt die Regelung einer gesetzlichen Klagemöglichkeit de lege ferenda im Sinne einer actio pro fundatione somit vor allem zugunsten der leistungsberechtigten Destinatäre. Das Tatbestandsmerkmal der Leistungsberechtigung bietet, wie bereits geschildert,[802] ein adäquates Kriterium zur Vermeidung von Popularklagen. Die leistungsberechtigten Destinatäre sind zudem nicht in das innerorganisatorische Gefüge durch Verwaltungs- oder sonstige Mitwirkungsrechte eingebunden, dürften durch die ihnen zugestandene Rechtsposition aber ein gesteigertes Interesse am satzungs- und gesetzmäßigen Vollzug des Stifterwillens haben.

In einer künftigen Regelung sollte gleichwohl in Anerkennung der besonderen Bedeutung des Stifterwillens für das Handeln sämtlicher Beteiligten im Stiftungsrecht die Wahrnehmungs- und gerichtliche Durchsetzungsmöglichkeit der Stiftungsrechte unter den ausdrücklichen Vorbehalt gestellt werden, dass sich keine anderweitigen Anhaltspunkte aus den Vorgaben in Stiftungsgeschäft und Stiftungssatzung ergeben, und insbesondere den gesetzlichen und etwaigen vom Stifter satzungsmäßig vorgesehenen Kontrollmechanismen Vorrang zukommt. Ersteres scheint speziell vor dem Hintergrund geboten, dass sich nach hier vertretener Ansicht jedenfalls de lege lata aus satzungsmäßig vorgesehenen Leistungsrechten der Destinatäre mittelbar keine Klagerechte herleiten lassen.[803]

Die gesetzliche Kodifikation einer Klagemöglichkeit für leistungsberechtigte Destinatäre als Prozessstandschafter der Stiftung de lege ferenda könnte im Ergebnis wie folgt lauten:

„Die unmittelbar satzungsmäßig, organschaftlich oder vertraglich Begünstigten einer Stiftung bürgerlichen Rechts sind berechtigt, Rechte der Stiftung gegen das pflichtwidrig handelnde Vorstandsmitglied oder die pflichtwidrig handelnden Vorstandsmitglieder im eigenen Namen gerichtlich geltend zu machen, wenn die Rechte vom zuständigen Stiftungsorgan nicht durchgesetzt werden, die nach Landesrecht zuständige Stiftungsbehörde pflichtwidrig untätig bleibt und der in Stiftungsgeschäft und Stiftungssatzung zum Ausdruck gekommene Stifterwille dem nicht entgegensteht, insbesondere keine vorrangigen gewillkürten Durchsetzungsmechanismen bestehen.“

802 S. Teil 2.§ 2.A.II.2.b)bb)(2)(a)(bb).

803 S. dazu die Ausführungen unter Teil 2.§ 2.A.II.2.b)bb)(2)(a)(bb)(α)(ββ).

(b) Bestellung von Vorstandsmitgliedern als Notmaßnahme

Als weiterer gesetzlicher Lösungsansatz zur Überwindung des Durchsetzungsdefizits von Stiftungsansprüchen kommt die Notbestellung von Vorstandsmitgliedern in Betracht, die anstelle des gesetzlichen Vorstands die Ansprüche prozessual geltend machen.

(aa) Bisherige Rechtslage und Rechtslage seit dem 1. Juli 2023

Nach bisher geltender Rechtslage und Terminologie richtete sich eine entsprechende Maßnahme im Stiftungsrecht als Bestellung eines Notvorstands nach §§ 86 Satz 1 a.F., 29 BGB. Hiernach waren die erforderlichen Mitglieder des Vorstands, soweit sie fehlten, in dringenden Fällen für die Zeit bis zur Behebung des Mangels auf Antrag eines Beteiligten von dem zuständigen Amtsgericht zu bestellen.

Durch das „Gesetz zur Vereinheitlichung des Stiftungsrechts und zur Änderung des Infektionsschutzgesetzes"[804] richtet sich die Rechtslage bei Notmaßnahmen seit dem 1. Juli 2023 nach § 84c BGB. Gem. § 84c Abs. 1 Satz 1 BGB hat die nach Landesrecht zuständige Behörde, wenn der Vorstand oder ein anderes Organ der Stiftung seine Aufgaben nicht wahrnehmen kann, weil Mitglieder des Organs fehlen, in dringenden Fällen auf Antrag eines Beteiligten oder von Amts wegen notwendige Maßnahmen zu treffen, um die Handlungsfähigkeit des Organs zu gewährleisten. Änderungen im Vergleich zur Regelung der §§ 86 Satz 1 a.F., 29 BGB ergeben sich insbesondere daraus, dass Notmaßnahmen nicht mehr ausschließlich für den Vorstand, sondern auch für Fakultativorgane der Stiftung möglich sind[805], sowie aus der Verlagerung der Notbestellungskompetenz vom Amtsgericht auf die nach Landesrecht zuständige Behörde, die weiterhin auf Antrag eines Beteiligten und nunmehr auch von Amts wegen zur Notmaßnahme berechtigt sein kann[806].

---

804 Vom 16. Juli 2021 (BGBl. I S. 2947).

805 Eine dahingehende Notwendigkeit kann sich ergeben, wenn in der Satzung Geschäftsführungsmaßnahmen einem anderen Organ, etwa einem erweiterten Vorstand, zugewiesen sind, und für die Geschäftsführung erforderliche Organmitglieder fehlen. In Ermangelung einer dem Stiftungsrecht fremden Mitgliederversammlung, die diese Organmitglieder bestellen könnte, war die bisherige Regelung hinsichtlich der genannten Fälle lückenhaft und damit zu eng, vgl. BT-Drs. 19/28173, 62; zudem *Burgard*, in: Burgard, Stiftungsrecht, § 84c BGB Rn. 18; *Godron/Gollan*, in: Richter, Stiftungsrecht, § 6 Rn. 89.

806 Zwar gab es in zahlreichen Landesstiftungsgesetzen schon Bestimmungen über die ersatzweise Bestellung von erforderlichen, aber fehlenden Mitgliedern des Stiftungsvorstands oder anderer Organe durch die Stiftungsaufsicht (Bsp.: § 4 Abs. 2 StiftG Bln

(bb) Gemeinsame Voraussetzung der Notmaßnahme: Fehlen von Vorstandsmitgliedern

Eine Notbestellung von Vorstandsmitgliedern kam nach §§ 86 Satz 1 a.F., 29 BGB bzw. kommt nach § 84c Abs. 1 Satz 1 BGB nur in Betracht, wenn Mitglieder des Vorstands fehlen. Zwar spricht der Wortlaut des § 84c Abs. 1 Satz 1 BGB nicht mehr ausdrücklich von „erforderlichen" Mitgliedern. Die Notwendigkeit der betreffenden Organmitglieder für eine nach Gesetz oder Satzung ordnungsgemäße Vertretung oder Geschäftsführung in Form wirksamer Beschlussfassung bringt die Norm dadurch zum Ausdruck, dass sie für eine Notmaßnahme verlangt, dass der Vorstand infolge des Fehlens seine Aufgaben nicht wahrnehmen kann. Am Merkmal der Erforderlichkeit hat sich damit auch nach Neuregelung nichts geändert.[807]

---

a.F.; § 14 StiftG Bremen a.F.; ausführliche Darstellung zu diesen und weiteren Regelungen bei *Muscheler*, in: FS Reuter, 225, 235 ff.). Umstritten war aber das Verhältnis der landesrechtlichen Normen zu §§ 86 Satz 1 a.F., 29 BGB. Nach einer Ansicht ging im sachlichen Zuständigkeitsbereich des Amtsgerichts die bundesrechtliche Vorschrift des § 29 BGB aufgrund Art. 31 GG vor, *Hüttemann/Rawert*, in: Staudinger, BGB, § 86 Rn. 12; *Muscheler*, in: FS Reuter, 225, 237; *Segna*, in: BeckOGK-BGB, Stand: 01.04.2024, § 29 Rn. 4; *Weitemeyer*, in: MüKo-BGB, § 86 Rn. 19. Nach abweichender Ansicht (*Andrick/Suerbaum*, Stiftung und Aufsicht, § 7 Rn. 170; *Ebersbach*, Stiftungsrecht, 444; *Neuhoff*, in: Soergel, BGB, § 86 Rn. 3) sollte es landesrechtlich zulässig sein, neben der Zuständigkeit des Amtsgerichts eine Parallelzuständigkeit der Stiftungsaufsichtsbehörde vorzusehen. Um diese Abgrenzungsschwierigkeiten zu vermeiden, werden Zuständigkeit der Aufsichtsbehörden und Voraussetzungen für die Notbestellung von Vorstandsmitgliedern oder Mitgliedern anderer Organe seit dem 1. Juli 2023 in § 84c BGB bundeseinheitlich und abschließend geregelt, BT-Drs. 19/28173, 63; dazu *Andrick*, in: Andrick/Muscheler/Uffmann, Stiftungsrecht, § 84c BGB Rn. 1; *Gollan*, in: Richter, Stiftungsrecht, § 3a Rn. 75 ff., ebenfalls mit Anmerkungen zu den „neuen" Regelungen der Landesstiftungsgesetze, die, etwa in § 4 Abs. 2 StiftG Bln oder § 8 Abs. 3 StiftG NRW, auch nach Inkrafttreten des vereinheitlichten Bundesstiftungszivilrechts den Stiftungsbehörden weiterhin die Möglichkeit für Notmaßnahmen bei fehlenden Organmitgliedern eröffnen; *Mehren*, in: Schauhoff/Kirchhain, Hd-Buch Gemeinnützigkeit, § 3 Rn. 72; *von Thunen/Möller*, ZStV 2024, 83, 83 f.

807 Vgl. BT-Drs. 19/28173, 63 („Fehlen notwendiger Vorstandsmitglieder"). Deshalb muss sowohl nach alter als auch nach neuer Rechtslage eine Notbestellung ausscheiden, wenn etwa den Vorstandsmitgliedern einer Stiftung kraft Satzung eine Einzelvertretungsmacht eingeräumt wurde (zur Zulässigkeit, s. § 84 Abs. 2 Satz 2, Abs. 3 Hs. 1 BGB [§§ 86 Satz 1 a.E. a.F., 26 Abs. 2 Satz 1 BGB]) und wenigstens ein Vorstandsmitglied vorhanden ist. Dazu unter Geltung der §§ 86 Satz 1 a.F., 29 BGB *Muscheler*, in: FS Reuter, 225, 230 f.; *Schöpflin*, in: BeckOK-BGB, § 29 Rn. 3.

Solche nach Gesetz oder Satzung für die Beschlussfähigkeit im Innenverhältnis bzw. Vertretung im Außenverhältnis relevanten Mitglieder des Vorstands fehlen, wenn sie noch nicht oder nicht mehr vorhanden oder aus rechtlichen oder tatsächlichen Gründen an der Organtätigkeit gehindert sind.[808] In Betracht kommen etwa Tod, eintretende Geschäftsunfähigkeit, Abberufung, Amtsniederlegung oder Amtsablauf.[809]

Die vorstehend genannten Konstellationen sind indes dadurch gekennzeichnet, dass sie bereits der Möglichkeit organschaftlicher Aufgabenwahrnehmung durch die Vorstandsmitglieder ermangeln. Diese wäre bei einer bloßen Ablehnung der Durchsetzung von Stiftungsansprüchen aber gegeben.

Fraglich ist daher, ob die Verweigerung einer organschaftlichen Maßnahme überhaupt einen Anwendungsfall des § 84c Abs. 1 Satz 1 BGB (§§ 86 Satz 1 a.F., 29 BGB) darstellt, auf den mit der befristeten Bestellung von Vorstandsmitgliedern zu reagieren ist. Dies ist durch Auslegung der Vorschriften zu ermitteln.

(α) Auslegung

Sprechen § 84c Abs. 1 Satz 1 BGB bzw. §§ 86 Satz 1 a.F., 29 BGB von einem Fehlen der Organmitglieder, scheint vom Wortlaut her nur der Fall erfasst, dass die betreffenden Vorstandsmitglieder gar nicht existieren. „Fehlen" lässt sich in diesem Sinne als Nichtvorhandensein begreifen. Verweigern Vorstandsmitglieder schlicht die Vornahme einer Vertretungsmaßnahme, fehlen sie im Bedeutungssinne nicht.

Diesem Zwischenergebnis der Wortlautauslegung kann entgegengehalten werden, dass, obgleich Vorstandsmitglieder bei einer rechtlichen oder tatsächlichen Hinderung vorhanden sind und damit der Wortbedeutung nach nicht fehlen, in den genannten Fällen trotzdem nach herrschender Auffassung eine Notbestellung

808 *Andrick*, in: Andrick/Muscheler/Uffmann, Stiftungsrecht, § 84c BGB Rn. 7; *Backert*, in: BeckOK-BGB, § 86 Rn. 2; *Burgard*, in: Burgard, Stiftungsrecht, § 84c BGB Rn. 19; *Godron/Gollan*, in: Richter, Stiftungsrecht, § 6 Rn. 89; *Hüttemann/Rawert*, in: Staudinger, BGB, § 86 Rn. 11; *Jakob/Picht*, in: BeckOGK-BGB, Stand: 01.02.2021, § 86 Rn. 85; *Muscheler*, in: FS Reuter, 225, 229 f.; *Stumpf*, in: Stumpf/Suerbaum/Schulte/Pauli, StiftR, B § 86 Rn. 20; *Weitemeyer*, in: MüKo-BGB, § 86 Rn. 18.

809 BGHZ 86, 177, 183 = NJW 1983, 938: Widerruf der Bestellung eines Gesellschafter-Geschäftsführers; BayObLG NJW-RR 1989, 765: Amtsablauf bei Vereinsvorstand; OLG Schleswig FGPrax 2013, 127, 128: Amtsniederlegung bei Vereinsvorstand. S. die Aufzählungen bei *Burgard*, in: Burgard, Stiftungsrecht, § 84c BGB Rn. 19; *Leuschner*, in: MüKo-BGB, § 29 Rn. 8; *Muscheler*, in: FS Reuter, 225, 229 f.; *Schöpflin*, in: BeckOK-BGB, § 29 Rn. 4, für weitere Rechtsprechungsnachweise; *von Thunen/Möller*, ZStV 2024, 83, 89.

in Betracht kommt.[810] Damit besteht Raum für ein weitergehendes Begriffsverständnis eines Fehlens von Vorstandsmitgliedern, das möglicherweise auch die bewusste Nichtvornahme einer Vorstandshandlung umfasst. Die Auslegung des Wortlauts liefert mithin keine eindeutigen Ergebnisse.

Als zweites Kriterium zur Klärung der Auslegungsfrage ist die Systematik heranzuziehen. Rückschlüsse aus der äußeren Systematik des § 84c Abs. 1 Satz 1 BGB bzw. der §§ 86 Satz 1 a.F., 29 BGB lassen sich nicht ziehen. Gegen die Einordnung bloßer Verweigerung als Fehlen von Vorstandsmitgliedern spricht ein Vergleich mit den Landesstiftungsgesetzen. Enthalten Regelungen, wie z.B. § 11 Abs. 3 StiftG BW (StiftG) oder § 9 Satz 1 StiftG NRW, speziell auf diese Konstellation zugeschnittene Befugnisse der Stiftungsbehörden, erscheint es in systematischer Hinsicht widersprüchlich, dass für denselben Anwendungsfall zusätzlich eine bundesgesetzliche Notbestellungskompetenz der zuständigen Stiftungsbehörde bzw. des zuständigen Amtsgerichts bestehen soll. Andererseits normieren viele landesrechtliche Bestimmungen überhaupt keine dahingehenden spezifischen Durchsetzungsbefugnisse der Stiftungsbehörden. Zudem ist für das geltende Stiftungsrecht das nicht immer kohärente Nebeneinander von bundes- und landesrechtlichen Regelungen durchaus charakteristisch. Das zeigt sich auch für den Bereich der Bestellung von Organmitgliedern als Notmaßnahme anhand des unter (aa) dargestellten Regelungsgefüges. Die innere Systematik des Stiftungsrechts liefert für die Auslegungsfrage somit kein zweifelsfreies Ergebnis.

Die im Rahmen der historischen Auslegung vorzunehmende Betrachtung der Entstehungsgeschichte im engeren Sinne hat sowohl die Materialien zu § 29 BGB, auf den in § 86 Satz 1 BGB a.F. verwiesen wurde, als auch diejenigen zur Nachfolgevorschrift des § 84c Abs. 1 Satz 1 BGB zu berücksichtigen.

§ 29 BGB besteht seit dem Inkrafttreten des BGB am 1.1.1900 nahezu wortlautgleich mit der heute geltenden Fassung.[811] Der Entwurf eines Bürgerlichen

---

810 Dazu die Nachweise in Fn. 808. Dass im gleichen Bedeutungszusammenhang der Begriff des Fehlens in § 85 Abs. 1 Satz 1 AktG in einem engeren, die bloße Verhinderung nicht mehr genügen lassenden Verständnis gebraucht wird (*Cahn*, in: KK-AktG, § 85 Rn. 2; *Spindler*, in: MüKo-AktG, § 85 Rn. 5), kann wegen der Relativität der Rechtsbegriffe (dazu *Wank/Maties*, Auslegung von Gesetzen, 47) nur ein eingeschränkter Aussagegehalt entnommen werden.

811 § 29 BGB in der Fassung des „Bürgerlichen Gesetzbuchs" v. 18.8.1896, RGBl. I S. 195: „Soweit die erforderlichen Mitglieder des Vorstandes fehlen, sind sie in dringenden Fällen für die Zeit bis zur Hebung des Mangels auf Antrag eines Betheiligten von dem Amtsgerichte zu bestellen, in dessen Bezirke der Verein seinen Sitz hat."

Gesetzbuchs der Zweiten Kommission[812] enthielt in § 28[813], der den § 44 Abs. 6 Satz 2 des Ersten Entwurfs verallgemeinerte und mit dem Rechtsgedanken des § 50 Abs. 3 des Ersten Entwurfs zusammenführte,[814] die normative Grundlage für die Notbestellung von Vorstandsmitgliedern. Den Ausführungen der Zweiten Kommission kann entnommen werden, dass es sich bei den maßgeblichen Vorschriften des Ersten Entwurfs (§§ 44 Abs. 6 Satz 2, 50 Abs. 3) um Bestimmungen handelt, die darauf abzielen, „Ersatz für den Mangel zu schaffen, welcher bei dem Nichtvorhandensein oder bei der Verhinderung gesetzlicher Vertreter eines Vereins eintrete“[815]. Hinsichtlich der ungerechtfertigten unterschiedlichen Behandlung von Vorstand und Liquidatoren, für die der erste Entwurf eine Notbestellung vorsah, führte die Zweite Kommission aus, dass gerade auch den Mitgliedern einer Körperschaft an einer Notbestellung von Vorstandsmitgliedern im Fall eines verstorbenen oder erkrankten Vorstandsmitglieds gelegen sein kann.[816] Auch wenn die Stiftung nicht körperschaftlich strukturiert ist, können die Erwägungen der Kommission für die Auslegungsfrage dahingehend fruchtbar gemacht werden, dass die Notwendigkeit einer Ersatzbestellung ausdrücklich nur in den Konstellationen angenommen wurde, in denen Organmitglieder nicht vorhanden oder jedenfalls an der Ausübung der Organtätigkeit gehindert waren. Dafür, dass die Kommission als Anwendungsfall ebenso die bloße Verweigerung eines Vorstandsmitglieds im Blick hatte, bieten die Protokolle keinerlei Anhaltspunkt.

Ein anderes Auslegungsergebnis ergibt sich nicht unter Auswertung der Gesetzgebungsmaterialien zur Nachfolgevorschrift der §§ 86 Satz 1 a.F., 29 BGB. Zwar liegt die Notbestellungskompetenz gem. § 84c Abs. 1 Satz 1 BGB nunmehr bei den Stiftungsaufsichtsbehörden. Hinweise auf eine damit verbundene Erweiterung ihres sachlichen Anwendungsbereichs dergestalt, dass der von den Behörden bestellte Vorstand statt des gesetzlichen Vorstands berechtigten Stiftungsansprüchen zur gerichtlichen Durchsetzung verhelfen könnte, finden sich

812 Entwurf eines Bürgerlichen Gesetzbuchs für das Deutsche Reich. Zweite Lesung. Nach den Beschlüssen der Redaktionskommission, I. bis III. Band, 1894.

813 Zunächst in dem Entwurf eines Bürgerlichen Gesetzbuchs in der Fassung der Bundesratsvorlage, später ebenfalls in dem Entwurf eines Bürgerlichen Gesetzbuchs in der Fassung der dem Reichstag gemachten Vorlage, RT-Drs. Nr. 87, 1895/1897, 446, wurde die Paragraphenfolge dahingehend geändert, dass die Norm nunmehr § 26 war, bevor sie im endgültigen Gesetz zu § 29 BGB wurde.

814 Dazu und zur Entstehungsgeschichte der Notbestellungsvorschrift im Allgemeinen ausführlich *Muscheler*, in: FS Reuter, 225, 225 ff.

815 Protokolle, BGB, Band I, 516.

816 Vgl. Protokolle, BGB, Band I, 516 f.

nicht.[817] Die Verschiebung der Zuständigkeit gründet nach den Ausführungen im Gesetzentwurf der Bundesregierung vielmehr auf der größeren Stiftungsnähe, da die Behörden die Stiftungen besser kennen, mithin besser über die zu treffenden Maßnahmen entscheiden oder geeignete Personen zur Bestellung als Notmaßnahme finden können.[818]

Im Ergebnis spricht die historische Auslegung dafür, dass die erforderlichen Mitglieder des Vorstands nicht bereits dann fehlen, wenn sie die Vornahme einer Maßnahme verweigern.

Als letztes Auslegungskriterium ist der Regelungszweck der Vorschriften zu erforschen. Ist die Stiftung als solche im Grundsatz handlungsunfähig und erlangt Handlungsfähigkeit erst durch ihre Organe,[819] kommt dem Vorstand als gesetzlich vorgesehenem Pflichtorgan zur Vertretung der Stiftung besondere Bedeutung zu. Will die Stiftung am Rechtsverkehr teilnehmen, setzt das voraus, dass der Vorstand seine Aufgaben ordnungsgemäß wahrnehmen kann, was beim Fehlen erforderlicher Organmitglieder infrage gestellt ist.[820] Deshalb dient die Notbestellung von Vorstandsmitgliedern der Sicherstellung einer Handlungsfähigkeit der Stiftung.[821]

Deutlich kommt dieser Regelungszweck im weiteren Wortlaut des § 84c Abs. 1 Satz 1 BGB zum Ausdruck, wonach die notwendigen Maßnahmen zu treffen sind, „um die Handlungsfähigkeit des Organs zu gewährleisten". Entsprechen Handlungen ihrer Organe Handlungen der Stiftung selbst, bezweckt die Handlungsfähigkeit des Organs letztlich die Handlungsfähigkeit der juristischen Person.

Demgegenüber liegt die Bestellung neuer Organmitglieder als Notmaßnahme im Falle der die gerichtliche Durchsetzung von Stiftungsansprüchen verwei-

817 Ohnehin erscheint fraglich, inwieweit die Überwindung des beschriebenen Durchsetzungsdefizits gegen einen möglicherweise gemeinsamen entgegenstehenden Willen von Stiftungsvorstand und Stiftungsbehörde (dazu bereits unter Teil 2.§ 2.A.II.2.b) bb)(1)) gelingen kann, wenn der Lösungsansatz ein aktives Tätigwerden der vorher passiven Stiftungsaufsicht voraussetzt; ähnlich *von Thunen/Möller*, ZStV 2024, 83, 88.

818 BT-Drs. 19/28173, 63.

819 So jedenfalls die Organtheorie, s. bereits unter Teil 2.§ 1.A.II.1.a).

820 *Andrick*, in: Andrick/Muscheler/Uffmann, Stiftungsrecht, § 84c BGB Rn. 14; vgl. *Schöpflin*, in: BeckOK-BGB, § 29 Rn. 1; *Segna*, in: BeckOGK-BGB, Stand: 01.04.2024, § 29 Rn. 2.

821 *Andrick*, in: Andrick/Muscheler/Uffmann, Stiftungsrecht, § 84c BGB Rn. 7, 14; vgl. *Schöpflin*, in: BeckOK-BGB, § 29 Rn. 1; *Segna*, in: BeckOGK-BGB, Stand: 01.04.2024, § 29 Rn. 2.

gernden Vorstandsmitglieder außerhalb der ratio der Vorschriften.[822] Dabei geht es nicht um die (Wieder-)Herstellung einer Handlungsfähigkeit der Stiftung, sondern um die Einforderung und Durchsetzung rechtmäßigen Verhaltens der Vorstandsmitglieder, wofür eine entsprechende Bestellung jedoch mangels immanenter Kontrollfunktion kein geeignetes Mittel ist.[823] Vielmehr sind die Stiftungsbehörden in diesen Fällen auf die ihnen nach Landesstiftungsrecht zugewiesenen Befugnisse zur Durchsetzung der Ansprüche der Stiftung verwiesen.[824]

Die Auslegung nach Sinn und Zweck ergibt, dass die Weigerung von Vorstandsmitgliedern, Ansprüche der Stiftung gerichtlich durchzusetzen, kein Fehlen dieser Organmitglieder i.S.d. § 84c Abs. 1 Satz 1 BGB bzw. der §§ 86 Satz 1 a.F., 29 BGB begründet.

(β) Zwischenergebnis

Als Ergebnis der Auslegung lässt sich festhalten, dass die Kriterien des Wortlauts, der Systematik und der Entstehungsgeschichte die Befugnis, zum Schutz der Stiftung einen befristet bestellten Vorstand statt der vorgesehenen, aber untätigen Instanzen mit der Wahrung der Stiftungsinteressen zu betrauen, zwar nicht ausschließen, jedoch auch nicht für diese Möglichkeit streiten. Demgegenüber

---

822 So die h.M. für die Rechtslage unter Geltung der §§ 86 Satz 1 a.F., 29 BGB: *Backert*, in: BeckOK-BGB, § 86 Rn. 2; *Hüttemann/Rawert*, in: Staudinger, BGB, § 86 Rn. 11; *Muscheler*, in: FS Reuter, 225, 230 f.; *Schwintek*, Vorstandskontrolle, 276 f.; *Stumpf*, in: Stumpf/Suerbaum/Schulte/Pauli, StiftR, B § 86 Rn. 21; *Weitemeyer*, in: MüKo-BGB, § 85 Rn. 29, § 86 Rn. 19; vgl. VGH Mannheim NJW 1985, 1573, 1574, bzw. unter Geltung des § 84c BGB: *Andrick*, in: Andrick/Muscheler/Uffmann, Stiftungsrecht, § 84c BGB Rn. 11; *Burgard*, in: Burgard, Stiftungsrecht, § 84c BGB Rn. 19. Etwas anderes kann sich ergeben, wenn infolge der Verweigerung der gebotenen Handlung die Annahme einer (groben) Pflichtverletzung zu bejahen ist, mit der Folge, dass die Voraussetzungen für die Abberufung der betreffenden Vorstandsmitglieder vorliegen. Erfolgt aus Anlass der Verweigerung deren Abberufung, könnte sodann an ein „Fehlen" gedacht werden; dazu *Andrick*, in: Andrick/Muscheler/Uffmann, Stiftungsrecht, § 84c BGB Rn. 11. – Die Frage, ob eine Notbestellung von Vorstandsmitgliedern in Betracht kommt, wenn der Vorstand die Tätigkeit generell und nicht nur im Einzelfall verweigert (dafür KG JW 1937, 1730; *Jakob*, Schutz der Stiftung, 358 ff.; *Jakob/Picht*, in: BeckOGK-BGB, Stand: 01.02.2021, § 86 Rn. 85; a.A. *Muscheler*, in: FS Reuter, 225, 231), stellt sich hier bereits nicht.

823 *Muscheler*, in: FS Reuter, 225, 230 f.; *G. Roth*, in: MHdB GesR VII, § 96 Rn. 33; *Schwintek*, Vorstandskontrolle, 308, wonach auch im Vereinsrecht der Telos des § 29 BGB nicht darauf gerichtet ist, ein Kontrollversagen der Mitglieder zu kompensieren; *Weitemeyer*, in: MüKo-BGB, § 86 Rn. 19; a.A. *von Thunen/Möller*, ZStV 2024, 83, 90.

824 Dazu bereits ausführlich unter Teil 2.§ 2.A.II.2.b)bb)(1).

sprechen die naheliegendere Deutung des Wortlauts und insbesondere der Sinn und Zweck klar gegen diesen gesetzlichen Lösungsansatz.

(cc) Gesamtergebnis

Weder nach früherer noch nach aktueller Rechtslage stellt die Bestellung eines Vorstands als Notmaßnahme ein zulässiges Mittel dar, um der Schutzlosigkeit der Stiftung vor ausbleibender gerichtlicher Geltendmachung pflichtwidrigen Vorstandshandelns abzuhelfen.

(c) Anknüpfung an das Institut der Stiftungsaufsichtsbeschwerde

Diskutiert wird als weiterer gesetzlicher Ansatz zur Abhilfe bei fehlendem Willen des zuständigen Stiftungsorgans und der zuständigen Stiftungsbehörde zur prozessualen Geltendmachung eines pflichtwidrigen Vorstandsverhaltens die Anknüpfung an das Institut der Stiftungsaufsichtsbeschwerde, das sich, in Anlehnung an die Herleitung nach schweizerischer Rechtsauffassung,[825] bereits aus dem geltenden deutschen Stiftungsrecht ergeben soll.[826] Dabei soll es bestimmten Drittpersonen möglich sein, gegen gesetzes- oder satzungswidrige Handlungen oder Unterlassungen der Stiftungsorgane, insbesondere des Vorstands als Geschäftsführungsorgan, dergestalt vorzugehen, dass das Einschreiten der Stiftungsaufsicht mittels Beschwerde verlangt werden kann.[827] Da eine pflichtwidrige Ablehnung dieses Begehrens im schweizerischen Stiftungsrecht einer gerichtlichen Überprüfung zugeführt werden kann, ist die Anwendungsfrage der Grundsätze einer Stiftungsaufsichtsbeschwerde als Anknüpfungspunkt für ein zulässiges und begründetes Klagebegehren daher von Interesse.

Geht es wie hier primär um die Rechtsverfolgung von Pflichtverletzungen des Stiftungsvorstands, sodass sich das (Fehl-)Verhalten der Behörde auf ein Unterlassen bei der Aufsichtstätigkeit beschränkt, kann die Stiftungsaufsichtsbeschwerde nur als Instrument verstanden werden, die Behörde gerichtlich zu verpflichten, geeignete Maßnahmen zum Schutz der Stiftung gegen den Vorstand zu ergreifen. Anders als bei den gewillkürten sowie den sonstigen gesetzlichen Korrekturversuchen eines Defizits bei der gerichtlichen Durchsetzung berechtigter Stiftungsansprüche würde dieses Instrument somit nicht bei der Untätigkeit des eigentlich

---

825 Dazu sogleich.

826 *Jakob/Picht/Kopp*, in: BeckOGK-BGB, Stand: 01.12.2023, § 83 Rn. 64; *Weitemeyer*, in: MüKo-BGB, § 85 Rn. 32.

827 *Baumann Lorant*, SJZ 109 (2013), 517; *Jakob/Picht/Kopp*, in: BeckOGK-BGB, Stand: 01.12.2023, § 83 Rn. 64.

zuständigen Stiftungsorgans ansetzen, sondern bei der trotz organschaftlicher Untätigkeit ein Einschreiten gleichfalls ablehnenden Stiftungsaufsicht.

Ob die Grundsätze einer Stiftungsaufsichtsbeschwerde prozessual fruchtbar gemacht werden können, soll im Folgenden untersucht werden.

(aa) Dogmatische Grundlagen der Stiftungsaufsichtsbeschwerde im schweizerischen Recht

Die Anerkennung einer Stiftungsaufsichtsbeschwerde als Möglichkeit, ein Einschreiten der Stiftungsaufsicht gegen den pflichtwidrig handelnden Vorstand gerichtlich einzufordern, wurde im schweizerischen Bundesrecht bisher aus Art. 84 Abs. 2 ZGB hergeleitet.[828] Gem. Art 84 Abs. 2 ZGB hat die Aufsichtsbehörde dafür zu sorgen, dass das Stiftungsvermögen seinen Zwecken gemäß verwendet wird.

Unterließ die Aufsicht eine Korrektur diesbezüglicher rechts- oder statutenwidriger Handlungen oder Unterlassungen des Stiftungsrats, sollte jeder am Einschreiten der Stiftungsaufsicht Interessierte gestützt auf Art. 84 Abs. 2 ZGB im Wege der Stiftungsaufsichtsbeschwerde die Befugnis haben, ein Tätigwerden der Behörde zu verlangen und nötigenfalls gerichtlich durchzusetzen.[829]

Da es sich bei der Stiftungsaufsichtsbeschwerde um ein Rechtsmittel sui generis handeln soll, das sich aus der Zivilgesetzgebung herleitet, nicht allerdings um eine Popularbeschwerde,[830] ist, insbesondere auch für die Frage der Übertragbarkeit der Grundsätze zur Aufsichtsbeschwerde auf das deutsche Recht,[831] von Relevanz, wie eng oder weit das geltend zu machende Interesse und damit die Beschwerdelegitimation gefasst wird.[832]

---

828 Dazu grundlegend BGE 107 II 385: In dem Streitfall begehrten diverse Privatpersonen und der Schweizerische Schriftstellerverband als Beschwerdeführer ein Einschreiten der Eidgenössischen Stiftungsaufsicht gegen die Carl Seelig-Stiftung wegen der, nach Ansicht der Beschwerdeführer, unsachgemäßen Verwaltung des Stiftungsvermögens durch den Stiftungsrat als der Aufsicht unterstehendes Organ. Nachdem die Eidgenössische Stiftungsaufsicht die Beschwerdelegitimation der Beschwerdeführer verneint hatte, legten diese gegen den Beschwerdeentscheid Beschwerde beim Bundesgericht ein. Vgl. zudem *Jakob*, ZSR 2013 II, 185, 321: Art. 84 Abs. 2 ZGB als „Quellvorschrift" des Rechtsmittels; *ders.*, ZEV 2009, 165, 168; *Jakob/Picht/Kopp*, in: BeckOGK-BGB, Stand: 01.12.2023, § 83 Rn. 65.1.

829 BGE 107 II 385, 388 f., E.3; vgl. *Baumann Lorant*, SJZ 109 (2013), 517, 517 f.; *Jakob*, ZSR 2013 II, 185, 319 f.

830 So ausdrücklich BGE 107 II 385, 391 f., E.4.

831 Dazu unter Teil 2.§ 2.A.II.2.b)bb)(3)(c)(bb).

832 Dies gilt gerade auch für das prozessuale Vorgehen gegen die Stiftungsaufsicht im Zuge der Stiftungsaufsichtsbeschwerde, weil die für die Frage der Beschwerdelegiti-

Aufgrund der Qualifikation der Rechtsnatur einer Stiftungsaufsichtsbeschwerde als Rechtsmittel sui generis wurde bisher eine lediglich sinngemäße Anwendung der Grundsätze des Verwaltungsverfahrensrechts angenommen.[833] Daraus ergab sich hinsichtlich der Annahme einer Beschwerdelegitimation ein heterogenes Voraussetzungsbild in der schweizerischen Rechtsprechung und Literatur.[834] So wurde eine Beschwerdelegitimation zunächst bereits allgemein für jedermann bejaht, der ein Interesse an einer entsprechenden Beschwerde hatte.[835] Auch wenn diesem weitest möglichen Verständnis in den kommenden Jahren insbesondere von Seiten der Rechtsprechung entgegengetreten und die Beschwerdelegitimation restriktiver ausgelegt wurde,[836] blieb der tatbestandliche Anknüpfungspunkt des eigenen Interesses des Beschwerdeführers für eine ausreichende Legitimation dem Grunde nach maßgeblich.

In der eingangs erwähnten Entscheidung zur Carl Seelig-Stiftung urteilte das Bundesgericht, dass jede Person zur Beschwerde legitimiert sein soll, die wirklich einmal in die Lage kommen kann, eine Leistung oder einen anderen Vorteil von der Stiftung zu erlangen.[837] Zwar sollten an das persönliche Interesse keine hohen Anforderungen gestellt werden, ein nicht näher bezeichnetes persönliches Interesse reichte allerdings nicht aus.[838] Als beschwerdelegitimiert in Betracht kamen nach dieser Formel damit nicht nur Destinatäre mit schon bestehendem Leistungsanspruch gegen die Stiftung, sondern auch Potentialdestinatäre[839] mit

---

mation im schweizerischen Recht insoweit maßgebliche Vorschrift des § 48 VwVG nicht nur auf das eigentliche Verwaltungsverfahren, sondern auch auf das Verfahren vor dem Bundesgericht Anwendung findet (arg. e Art. 2 Abs. 4 VwVG).

833 BGE 107 II 385, 391, E.4; *Baumann Lorant*, SJZ 109 (2013), 517, 519; *Jakob*, Jusletter 20. April 2020, 1, 15 f.

834 Dazu auch *Jakob/Picht/Kopp*, in: BeckOGK-BGB, Stand: 01.12.2023, § 83 Rn. 65.2 („Die Beschwerdeberechtigung wurde in der Praxis bisweilen etwas diffus gehandhabt…“).

835 BGE 61 II 289, 294, E.1.

836 Zu dieser Verengung der Antragslegitimation auf ein vorauszusetzendes persönliches Interesse wegen zu erwartender Leistungen bzw. Vorteile der Stiftung kritisch *Jakob*, npoR 2020, 239, 244 f.

837 BGE 107 II, 385, 391, E.4; kritisch dazu *Brückner*, Personenrecht des ZGB, Rn. 1410 Fn. 186, Rn. 1411; zusammenfassend, unter Darstellung weiterer Literaturstimmen zum Leitentscheid des Bundesgerichts, *Baumann Lorant*, SJZ 109 (2013), 517, 520.

838 BGE 107 II 385, 391, E.4.

839 Zu diesem auf *Muscheler* zurückgehenden Begriff (WM 2003, 2213, 2214) und den anderen Kategorien von Stiftungsdestinatären, s. bereits die Ausführungen unter Teil 2. § 2.A.II.2.a).

möglicherweise zukünftig entstehendem Leistungsanspruch gegen die Stiftung jedenfalls dann, wenn sie in der Lage waren konkret darzulegen, dass sie in naher Zukunft tatsächlich einmal mit gewisser Wahrscheinlichkeit in den Genuss von Stiftungsleistungen kommen könnten.[840]

In ähnlicher Weise verlangte das schweizerische Bundesgericht in einer Entscheidung aus dem Jahr 2009 für die Annahme einer Beschwerdelegitimation, dass ein eigenes, im Zeitpunkt der Beschwerde konkret zu bestimmendes Interesse des Beschwerdeführers an der Stiftung bestehen muss, das über eine bloße persönliche geistige Verbundenheit zur Stiftung hinausgeht.[841]

In der Literatur wurde in unterschiedlicher Ausprägung ebenfalls an das tatbestandliche Merkmal des Eigeninteresses des Beschwerdeführers zur Begrenzung der Beschwerdelegitimation angeknüpft. Nach *Brückner* sollte ein Einschreiten der Stiftungsaufsicht gegen rechts- oder statutenwidrige Handlungen bzw. Unterlassungen des Stiftungsrats mittels Beschwerde verlangt werden können, wenn ein persönliches, direktes und aktuelles Interesse an einem solchen Vorgehen besteht.[842] *Liver* sah zur Aufsichtsbeschwerde als legitimiert an, wer der Stiftung besonders nahe steht, sei es, dass er in seiner Betätigung mit ihr ideell verbunden ist, sei es, dass er als potentieller Destinatär mit einer gewissen Wahrscheinlichkeit in die Situation kommt, Stiftungsvorteile zu nutzen.[843] *Jakob* rückte ebenfalls das Anknüpfungsmerkmal des berechtigten Interesses[844] bzw. eines legitimen Kontrollinteresses an der Vereinbarkeit der Verwaltung der Stiftung mit Gesetz und Statuten[845] in den Mittelpunkt des Diskurses um die Beschwerdelegitimation für die Stiftungsaufsichtsbeschwerde. *Baumann Lorant* schließlich knüpfte gleichfalls an ein näheres persönliches und aktuelles Interesse zur Eingrenzung der Beschwerdelegitimation und damit verbundenen Abgrenzung der Stiftungsaufsichtsbeschwerde von einer reinen Popularbeschwerde an.[846]

---

840 Ebenso *Baumann Lorant*, SJZ 109 (2013), 517, 520 f. Zustimmend unter dem Gesichtspunkt der rechtsfortbildenden Übertragung auf das deutsche Recht *Weitemeyer*, in: MüKo-BGB, § 85 Rn. 34.

841 Urteil B-383/2009 vom 29. September 2009, E. 4.2.

842 *Brückner*, Personenrecht des ZGB, Rn. 1410.

843 *Liver*, ZBJV 119 (1983), 57, 63.

844 *Jakob*, Schutz der Stiftung, 500 f.; *ders.*, SJZ 104 (2008), 533, 538; *ders.*, ZEV 2009, 165, 168.

845 *Jakob*, ZSR 2013 II, 185, 321; *ders.*, Jusletter 20. April 2020, 1, 16; *ders.*, npoR 2020, 239, 245.

846 *Baumann Lorant*, SJZ 109 (2013), 517, 523.

Die Zusammenfassung des Meinungsbildes in Rechtsprechung und Literatur zur schweizerischen Stiftungsaufsichtsbeschwerde zur bisherigen Rechtslage bezeugt ein einzelfallbezogenes Verständnis des verwaltungsverfahrensrechtlichen Begriffs der Beschwerdelegitimation im stiftungsspezifischen Kontext.[847] Deutlich wird zwar, dass eine Aufsichtsbeschwerde stets nur ein (kontrollierendes) Vorgehen gegen (vermeintlich) rechtsverletzende Handlungen oder Unterlassungen des Stiftungsrats bezwecken konnte, nicht hingegen die Klärung oder Durchsetzung materiell-rechtlicher (Destinatärs-)Ansprüche, für die die Zivilklage offensteht.[848] Innerhalb dieses sachlichen Anwendungsbereichs wurde dann regelmäßig ein hinreichend konkretes, eigenes persönliches Interesse an der Stiftung als ausreichend angesehen, im Wege der Stiftungsaufsichtsbeschwerde ein Tätigwerden der Aufsicht gegen den pflichtwidrig handelnden Stiftungsrat zu verlangen und nötigenfalls auch gerichtlich durchzusetzen.

Daran anknüpfend wurde ein derartiges Interesse und somit eine Beschwerdelegitimation nicht nur, wie bereits dargestellt, für Destinatäre mit (schon) bestehendem Leistungsanspruch und potentielle Destinatäre mit einer ausreichend sicheren, zukünftigen Genussberechtigung angenommen. Beschwerdelegitimiert sollten ferner insbesondere der lebende Stifter[849] und die Nachkommen des Stifters für den Fall sein, dass sie in einer durch das Verwandtschaftsverhältnis qualifizierten Nähebeziehung zum Stifter standen und kontinuierlich das Leben der Stiftung begleiteten, weil diese dann an der Beachtung des Stifterwillens und damit an einem Vorgehen gegen rechts- und statutenwidrige Handlungen oder Unterlassungen des Stiftungsrats regelmäßig ein hinreichend konkretes, persönliches Interesse haben dürften[850].

Bejaht wurden ebenfalls die Beschwerdelegitimation von Spendern und Zustiftern, wenn die Beiträge in einer mit dem Stiftungszweck nicht zu vereinbarenden

---

847 Vgl. Urt. des Bundesverwaltungsgerichts vom 29.9.2009 – B-383/2009, E. 3.1, wonach an die Beschwerdeberechtigung keine überspannten Anforderungen zu stellen sind; ebenso *Baumann Lorant*, SJZ 109 (2013), 517, 521: „Bei allen Versuchen, eine griffige Formel für die Beschwerdelegitimation zu finden, besteht zunächst Einigkeit darüber, dass die Berechtigung zur Beschwerdeführung *möglichst weit zu fassen* ist."

848 Urt. des Bundesverwaltungsgerichts vom 30.3.2009 – 5A_828/2008, E. 1.4; *Brückner*, Personenrecht des ZGB, Rn. 1401; vgl. *Baumann Lorant*, SJZ 109 (2013), 517, 518 f.

849 *Baumann Lorant*, SJZ 109 (2013), 517, 522; *Jakob*, in: Richter, Stiftungsrecht, § 30 Rn. 111a.

850 Vgl. *Jakob/Picht/Kopp*, in: BeckOGK-BGB, Stand: 01.12.2023, § 83 Rn. 65.2.; *Weitemeyer*, in: MüKo-BGB, § 85 Rn. 34.

Weise verwendet werden,[851] sowie von Organmitgliedern, insbesondere von überstimmten Stiftungsratsmitgliedern, weil diese bereits aufgrund der organschaftlichen Stellung ein persönliches Interesse an der ordnungsgemäßen Vollziehung des Stifterwillens geltend machen können[852].

Seit dem 1. Januar 2024 ist die Stiftungsaufsichtsbeschwerde im schweizerischen Zivilgesetzbuch ausdrücklich geregelt.[853] Nach § 84 Abs. 3 ZGB können Begünstigte oder Gläubiger der Stiftung, der Stifter, Zustifer und ehemalige und aktuelle Stiftungsratsmitglieder, welche ein Interesse daran haben, dass die Verwaltung der Stiftung mit Gesetz und Stiftungsurkunde in Einklang steht, gegen Handlungen und Unterlassungen der Stiftungsorgane Beschwerde bei der Aufsichtsbehörde erheben. Die Neuregelung enthält nunmehr einen abschließend definierten Kreis von Stiftungsbeteiligten, die jeweils ein Interesse an einer ordnungsgemäßen Stiftungsverwaltung für die Bejahung einer Beschwerdeberechtigung geltend machen müssen. Auch nach ausdrücklicher Kodifikation in Art. 84 Abs. 3 ZGB liegen die dogmatischen Wurzeln der Stiftungsaufsichtsbeschwerde wie bisher im Schutzauftrag der Stiftungsaufsichtsbehörden aus Art. 84 Abs. 2 ZGB.[854]

---

851 *Baumann Lorant*, SJZ 109 (2013), 517, 522; *Jakob*, in: Richter, Stiftungsrecht, § 30 Rn. 111a.

852 Urt. des Bundesgerichts vom 25.7.2000 – 5 A.19/2000, E. 1.b; Urt. des Bundesverwaltungsgerichts vom 11.9.2012 – B-3773/2011, E. 1.2; *Baumann Lorant*, SJZ 109 (2013), 517, 521 f.; vgl. zudem unter dem Gesichtspunkt der rechtsfortbildenden Übertragung auf das deutsche Recht *Weitemeyer*, in: MüKo-BGB, § 85 Rn. 34; a.A. Urt. des Bundesgerichts vom 23.3.2012 – 9C_823/2011, E. 2.1 ff.

853 Schweizerisches Zivilgesetzbuch (Stärkung des Schweizer Stiftungsstandorts), Änderung vom 17. Dezember 2021, BBl 2021, 2992. S. für den gesetzgeberischen Prozess *Trajkova*, AJP 2023, 547, 554 f.

854 In diesem Zusammenhang wird von Stimmen in der Literatur die Ausgestaltung der Beschwerdeberechtigung kritisiert. *Jakob*, Stiftungsrechtsreport 2022, 20, 21, konstatiert, dass die willkürliche Eingrenzung des Personenkreises dem Sinn und Zweck der Stiftungsaufsichtsbeschwerde als allgemeines Mittel der internen Governance zum Schutz der Stiftung und zur Kontrolle der Kontrolleure nicht gerecht werde; zu dieser Bedeutung der Aufsichtsbeschwerde bereits *ders.*, npoR 2020, 239, 245. *Trajkova*, AJP 2023, 547, 555 ff., sieht aufgrund des unausgereiften Wortlauts der Vorschrift u.a. die Frage nach der abschließenden Aufzählung der genannten, beschwerdefähigen Personen und nach der Ausgestaltung des geforderten Interesses als unklar an, geht jedoch hinsichtlich ersterem davon aus, dass nur eine weite Auslegung dem unverändert fortbestehenden Zweck der Stiftungsaufsichtsbeschwerde als Instrumentarium zum Schutz der Stiftung entspreche; zu mit dem Wortlaut der neuen Vorschrift verbun-

(bb) Herleitung von Klagerechten Stiftungsinteressierter im Wege der rechtsfortbildenden Anerkennung einer Stiftungsaufsichtsbeschwerde

Um berechtigten Stiftungsansprüchen im Zusammenhang mit einem pflichtwidrigen Vorstandshandeln bei einer gemeinsamen Untätigkeit von zuständigem Stiftungsorgan und Stiftungsaufsicht zum Schutz der Stiftung prozessual zur Durchsetzung zu verhelfen, bejahen Stimmen in der Literatur die rechtsfortbildende Anerkennung des Rechtsinstituts der Stiftungsaufsichtsbeschwerde de lege lata.[855]

In Anknüpfung an das Bestehen eines hinreichend bestimmten, persönlichen Interesses sollen auf diese Weise Klagerechte Legitimierter hergeleitet werden, die es ermöglichen, eine grundsätzlich der Stiftungsaufsicht obliegende Kontrollfunktion wahrzunehmen, indem sie ein Tätigwerden der Aufsicht gegen pflichtwidrige Vorstandsmaßnahmen gerichtlich einfordern können, wenn die satzungs- und gesetzmäßige Kompetenzordnung versagt.[856]

Für die Möglichkeit einer solchen rechtsfortbildenden Anerkennung einer Stiftungsaufsichtsbeschwerde wird in den Fällen einer besonderen Gefährdungslage der Stiftung mit der Rechtsschutzgarantie des Art. 19 Abs. 4 GG argumentiert, die einen effektiven Rechtsschutz von Stiftung und Stifter gebiete.[857] Ferner wird zugunsten einer Rechtsfortbildung de lege lata die Herleitung des Rechtsbehelfs aus dem Auftrag der Aufsichtsbehörden in Art. 84 Abs. 2 ZGB, ordnungsgemäß für den Schutz der Stiftung zu sorgen, geltend gemacht.[858] Da sich aus vielen landesstiftungsrechtlichen Normen ein vergleichbarer Regelungsgehalt ergebe, sei die zur Abwendung von Popularklagen durch § 42 Abs. 2 VwGO geforderte Klagebefugnis[859] von Stiftungsbeteiligten jedenfalls dann zu bejahen, wenn ein

---

denen Unsicherheiten auch *Jakob*, in: Richter, Stiftungsrecht, § 30 Rn. 111b; *Jakob/Picht/Kopp*, in: BeckOGK-BGB, Stand: 01.12.2023, § 83 Rn. 65.1.

855 *Jakob/Picht/Kopp*, in: BeckOGK-BGB, Stand: 01.12.2023, § 83 Rn. 64 ff.; *Weitemeyer*, in: MüKo-BGB, § 85 Rn. 32 ff.

856 *Jakob/Picht/Kopp*, in: BeckOGK-BGB, Stand: 01.12.2023, § 83 Rn. 64, verweisen darauf, dass die dafür zugrundeliegende Stiftungsaufsichtsbeschwerde nicht als fremdes Rechtsinstitut in das deutsche Recht transplantiert werden müsste, sondern es sich bei richtigem Verständnis um eine Zusammenfassung von Phänomenen und Möglichkeiten handelt, die zum Teil bereits im deutschen Recht existieren und nur unter einem neuen Namen gestärkt werden könnten; ähnlich *Weitemeyer*, in: MüKo-BGB, § 85 Rn. 32.

857 *Weitemeyer*, in: MüKo-BGB, § 85 Rn. 32.

858 *Jakob/Picht/Kopp*, in: BeckOGK-BGB, Stand: 01.12.2023, § 83 Rn. 66; *Weitemeyer*, ZGR 2019, 238, 265 f.; *dies.*, in: MüKo-BGB, § 85 Rn. 32.

859 Dazu ausführlich in Teil 2.§ 2.B.II.1.a).

Recht in Form eines konkreten, aktuellen persönlichen Interesses des Klägers gegenüber der Stiftung auf eine ordnungsgemäße, den Vollzug des Stifterwillens sichernde Tätigkeit der Aufsichtsbehörde bestehe, und wenn die Behörde auf die ursprüngliche Beschwerde nicht pflichtgemäß reagiere.[860]

Dieser Begründung zur dogmatischen Herleitung der Stiftungsaufsichtsbeschwerde im deutschen Recht ist im Ergebnis nicht zuzustimmen. Zwar wahrt sie den die Stiftungsautonomie bedingenden Grundsatz der Subsidiarität aufsichtlichen Einschreitens gegenüber der eigenverantwortlichen Klärung von Streitfragen durch die zur Stiftungsverwaltung berufenen Organe.[861] Weil die Stiftungsaufsichtsbeschwerde nämlich ohnehin erst bei einer Untätigkeit der zur Geltendmachung von Pflichtwidrigkeiten des Vorstands berufenen Organmitglieder eingreifen soll, werden insoweit keine materiell-rechtlichen Grundsätze zur Stiftungsaufsicht verletzt. Da ein Tätigwerden der Stiftungsaufsicht gerichtlich eingefordert werden soll und damit wegen einer öffentlich-rechtlichen Streitigkeit nichtverfassungsrechtlicher Art (vgl. § 40 Abs. 1 VwGO) der Verwaltungsrechtsweg zu beschreiten ist,[862] ist die Zulässigkeit einer Stiftungsaufsichtsbeschwerde richtigerweise vor allem an den durch das Verwaltungsprozessrecht gestellten Anforderungen zu messen.

Die Statthaftigkeit eines entsprechenden Klagebegehrens des Stiftungsinteressierten ließe sich in Form der Verpflichtungsklage gem. § 42 Abs. 1 Alt. 2 VwGO für den Fall bejahen, dass ein Eingreifen der Stiftungsaufsicht in Form eines Verwaltungsakts erstrebt wird, dessen Erlass die Behörde abgelehnt oder unterlassen hat.[863]

Entscheidende Hürde für eine auf das Rechtsinstitut der Stiftungsaufsichtsbeschwerde gestützte Klage dürfte die Frage der Rechtsbetroffenheit des Stiftungsinteressierten, mithin nach dessen Klagebefugnis sein.[864] Die Verpflichtungsklage

---

860 *Weitemeyer*, in: MüKo-BGB, 7. Aufl. 2015, § 85 Rn. 24.

861 S. nur *Suerbaum*, in: Andrick/Suerbaum, StiftG NRW, § 6 Rn. 15; *Winkler*, in: Werner/Saenger/Fischer, Die Stiftung, § 27 Rn. 79 ff.; *ders.*, in: Die Stiftung – Jahreshefte zum Stiftungswesen 10 (2016), 79, 109 ff.

862 Zur Abgrenzung der Rechtswegzuständigkeiten bei stiftungsrechtlichen Streitigkeiten, s. bereits die Ausführungen unter Teil 2.§ 1.B.I.

863 Insofern kann zwischen der Verpflichtungsklage in Form der Versagungsgegenklage und in Form der Untätigkeitsklage differenziert werden; dazu unter Teil 2.§ 2.B.I.2. Denkbar wäre auch die Statthaftigkeit einer allgemeinen Leistungsklage, wenn die begehrte Handlung der Stiftungsaufsichtsbehörde ausnahmsweise nicht im Erlass eines Verwaltungsakts besteht.

864 Zur Klagebefugnis im verwaltungsprozessualen Verfahren, s. ausführlich unter Teil 2.§ 2.B.II.1.a).

ist gem. § 42 Abs. 2 VwGO nur zulässig, wenn der Kläger geltend macht, durch die Ablehnung oder Unterlassung des Verwaltungsakts in seinen Rechten verletzt zu sein. Das kommt dann in Betracht, wenn der Kläger möglicherweise einen Anspruch auf den begehrten Verwaltungsakt hat.

Ob sich die Stiftungsaufsichtsbeschwerde konstruktiv zu einer Klagebefugnis verdichten lässt, erscheint fraglich. Die von den Vertretern einer rechtsfortbildenden Anerkennung vorgeschlagene Anknüpfung an ein konkretes, aktuelles persönliches Interesse des stiftungsinteressierten Klägers an einer ordnungsgemäßen Verwaltung der Stiftung durch die Organe stellt, anders als von § 42 Abs. 2 VwGO gefordert, nur auf ein subjektiv-privates Recht gegenüber der Stiftung ab, nicht auf ein subjektiv-öffentliches Recht gegenüber der Aufsichtsbehörde.[865] Die Zulassung einer interessengestützten Klagebefugnis würde zudem de facto die Einführung einer Popularklage legitimieren, weil sie kein wirksam begrenzendes Korrektiv mehr statuiert.

Etwas anderes ergibt sich auch dann nicht, wenn für die Klagebefugnis einer Stiftungsaufsichtsbeschwerde nicht primär auf ein konkretes, aktuelles persönliches Interesse abgestellt wird, sondern die Klagebefugnis wegen eines im Interessenfall bestehenden Rechts auf ein Tätigwerden der Stiftungsaufsicht gegeben sein soll, das sich aus dem gesetzlichen Schutz- und Kontrollauftrag ableitet. Wie bereits ausgeführt, vermitteln die landesstiftungsrechtlichen Bestimmungen Dritten grundsätzlich keine subjektiv-öffentlichen Rechte gegenüber der Aufsichtsbehörde.[866] Das bedeutet, dass der behördlichen Pflicht zur Ausübung der aufsichtlichen Tätigkeit im Umkehrschluss kein Anspruch eines stiftungsinteressierten Dritten oder auch Organmitglieds korrespondieren kann, die Behörde zum Einschreiten gegen pflichtwidriges Vorstandsverhalten zu zwingen.[867] Der Versuch, einem prozessualen Durchsetzungsdefizit zum Schutz der Stiftung im Wege der Zulassung einer Stiftungsaufsichtsbeschwerde abzuhelfen, scheitert insoweit an der fehlenden Rechtsbetroffenheit. Auch die Einführung eines solchen Instituts de lege ferenda ließe sich nicht in Einklang mit dem Regelungsgehalt der Klagebefugnis in § 42 Abs. 2 VwGO bringen; sie ist gleichfalls abzulehnen.

---

865 *G. Roth*, in: MHdB GesR VII, § 96 Rn. 32, der (wohl zutreffend) für die missglückte Anknüpfung eine nicht ausreichende Würdigung des Umstands verantwortlich macht, dass das in der Schweiz zur Eingrenzung der Klagemöglichkeiten herangezogene, verwaltungsverfahrensrechtliche Kriterium der Beschwerdelegitimation im Rahmen der Stiftungsaufsichtsbeschwerde bloß sinngemäße Anwendung findet.

866 Dazu unter Teil 2.§ 2.A.II.3.b)bb)(1).

867 VGH Mannheim BeckRS 2022, 15469 Rn. 74; *G. Roth*, in: MHdB GesR VII, § 96 Rn. 26.

Die vorgebrachten Bedenken betreffen nicht nur das Verständnis einer Stiftungsaufsichtsbeschwerde als neu zu implementierendes oder wenigstens rechtsfortbildend anzuerkennendes eigenes Rechtsinstitut, sondern auch die derselben dogmatischen Herleitung folgende Schaffung (und ggf. Verklammerung) eigenständiger Klagerechte der Stiftungsinteressierten, die im Sinne des effektiven Stiftungsschutzes bei Vorliegen eines legitimen Kontrollinteresses gegeben sein sollen.[868]

Wenngleich der Versuch, eine Kontrolle der Kontrolleure als Bestandteil einer fortschrittlichen Stiftungsrechtsordnung zu etablieren und dafür an die Person des Stiftungsinteressierten anzuknüpfen, nachvollziehbar und begrüßenswert erscheint, stehen der prozessualen Umsetzung nach hier vertretener Ansicht unüberwindbare konstruktive Bedenken entgegen, die auch die angeführten Literaturstimmen mit ihren (zum Teil recht vagen) Ausführungen[869] nicht aufzulösen vermögen.[870]

Der gesetzliche Lösungsansatz, gegen satzungs- oder gesetzwidrige Maßnahmen des Stiftungsvorstands das Einschreiten der Stiftungsbehörde gerichtlich durchsetzen zu können, ist insgesamt abzulehnen.

cc) Gesamtergebnis

Insgesamt bleibt festzuhalten, dass hinsichtlich der auf einem pflichtwidrigen Verhalten des Stiftungsvorstands beruhenden gerichtlichen Auseinandersetzung einem Durchsetzungsdefizit zum Schutz der Stiftung abgeholfen werden kann, eine diesbezügliche Foundation Governance nach hier vertretener Ansicht jedoch nur effektive Wirksamkeit entfalten kann, wenn der Stifter selbst satzungsmäßige Vorkehrungen trifft. Gesetzliche Lösungsansätze de lege lata gehen für den hier untersuchten Streitgegenstand ins Leere, sei es die rechtsfortbildende Anerkennung einer actio pro fundatione, sei es die Heranziehung des Instituts der Stiftungsaufsichtsbeschwerde oder die befristete Bestellung neuer Vorstandsmitglieder als Notmaßnahme.

---

868 Ausführlich dazu *Jakob/Picht/Kopp*, in: BeckOGK-BGB, Stand: 01.12.2023, § 83 Rn. 67.

869 So etwa *Jakob/Picht/Kopp*, in: BeckOGK-BGB, Stand: 01.12.2023, § 83 Rn. 67, zur Bejahung der Klagemöglichkeit im Wege der Beschwerde als Rechtsmittel für Beteiligte, die darauf beruhen soll, dass die Aufsichtsfunktion im Fall eines legitimen Kontrollinteresses „nach innen" gekehrt und auf die Stiftungsbeteiligten übertragen wird.

870 Wie hier ablehnend, jedenfalls de lege lata: *Jakob*, Schutz der Stiftung, 498 ff.; *G. Roth*, in: MHdB GesR VII, § 96 Rn. 32.

Möchte der Stifter der skizzierten Regelungsnotwendigkeit entsprechen, kommt die statutarische Festschreibung von Durchsetzungsrechten für Ansprüche der Stiftung vor allem zugunsten der Mitglieder eines zur Kontrolle und Überwachung eingerichteten Kuratoriums oder der leistungsberechtigten Destinatäre in Betracht. Diese agieren bei der gerichtlichen Durchsetzung wie ausgeführt als organschaftliche Vertreter der Stiftung, womit diese allerdings in dem entsprechenden gerichtlichen Verfahren als Prozesspartei mit dem Kostentragungsrisiko belastet wird.

Möchte der Stifter dennoch den Schutz seiner Stiftung stärken, es aber, wenn möglich, gar nicht erst zu einer gerichtlichen Auseinandersetzung kommen lassen, ist insbesondere für Streitigkeiten um pflichtwidrige Vorstandshandlungen an die stiftungsrechtliche Konfliktlösungsmöglichkeit der schiedsgerichtlichen Streitbeilegung zu denken.[871]

3. *Gerichtliches Verfahren um die Rechtmäßigkeit organschaftlicher Satzungsänderungsbeschlüsse*

Damit die Organe für die grundsätzlich handlungsunfähige Stiftung Entscheidungen treffen und ihre Kompetenzen ausüben können, müssen bei einem mehrgliedrigen Organ zur Willensbildung Beschlüsse gefasst werden.[872] Eine wirksame Beschlussfassung betrifft dabei grundsätzlich nur den stiftungsinternen Bereich, beim Stiftungsvorstand mithin die interne Geschäftsführung, und hat für den Außenbereich keine Bedeutung.[873] Gleichwohl können zur Vollziehung der internen Willensbildung des Vorstands Ausführungsmaßnahmen, u.U. Vertretungsmaßnahmen, gehören,[874] deren mögliche Pflichtwidrigkeit als Gegenstand gerichtlicher Auseinandersetzungen bereits thematisiert wurde.[875]

---

871 Dazu ausführlich unter Teil 3.

872 *Stallmann*, ZEV 2017, 607, 609; *Weitemeyer*, in: MüKo-BGB, § 86 Rn. 23; grundlegend *von Thur*, AT, 232 ff. Besteht das Organ nur aus einer Person (etwa beim Einzelvorstand), finden die Vorschriften zur allgemeinen Rechtsgeschäftslehre Anwendung, *Weitemeyer*, in: MüKo-BGB, § 86 Rn. 23.

873 *Weitemeyer*, in: MüKo-BGB, § 86 Rn. 23. Entsprechend setzt die Wirksamkeit einer Vertretungsregelung keinen wirksamen Vorstandsbeschluss über die Maßnahme voraus, *Weitemeyer*, in: MüKo-BGB, § 86 Rn. 17; vgl. *Schöpflin*, in: BeckOK-BGB, § 28 Rn. 26, für den Vereinsvorstand, der dogmatische Parallelen zum aus dem Vertretungsrecht bekannten Abstraktionsprinzip von wirksamem Handeln im Innen- und wirksamem Handeln im Außenverhältnis zum Schutz des Rechtsverkehrs sieht.

874 *Jakob*, Schutz der Stiftung, 207; *Jakob/Picht*, in: BeckOGK-BGB, Stand: 01.02.2021, § 86 Rn. 26; *Uffmann*, in: Andrick/Muscheler/Uffmann, Stiftungsrecht, § 84b BGB Rn. 6; vgl. *Schöpflin*, in: BeckOK-BGB, § 28 Rn. 6.

875 S. dazu unter Teil 2.§ 2.A.II.2.b).

Doch auch um den stiftungsinternen Beschluss selbst können Rechtsstreitigkeiten entstehen, wenn die formelle oder materielle Fehlerhaftigkeit und daraus resultierende Nichtigkeit des Beschlusses geltend gemacht wird.[876] Die formelle Rechtmäßigkeit des stiftungsrechtlichen Organbeschlusses bemisst sich danach, dass er nach den Umständen seines Zustandekommens mit Gesetz, Satzung

876 Die Rechtswidrigkeit eines organschaftlichen Beschlusses im Stiftungsrecht zieht nach überwiegender Ansicht grds. dessen Nichtigkeit nach sich, BGH NJW 1994, 184, 185; *Burgard*, Gestaltungsfreiheit, 323 f.; *Ebersbach*, Stiftungsrecht, 104 f.; *Hüttemann/Rawert*, in: Staudinger, BGB, § 86 Rn. 62; *Rawert*, in: NPLY 2019, 97, 104; *Stallmann*, Fehlerhafte Beschlüsse, 155; *ders.*, ZEV 2017, 607, 610; *Weitemeyer*, in: MüKo-BGB, § 86 Rn. 27; dazu auch bereits unter Teil 2.§ 2.A.II.2.b)bb)(3)(a)(bb). Diese Beschlussmängelrechtsfolge soll dabei, sofern sie sich nicht aus den allgemeinen Vorschriften der §§ 125, 134, 138 BGB ergibt, aus der Kompetenzstruktur der Stiftung und der Pflichtenbindung der Organmitglieder herrühren, *Hoffmann*, in: FG Kreutz, 29, 36; *G. Roth*, in: MHdB GesR VII, § 99 Rn. 1; *Stallmann*, ZEV 2017, 607, 610; *Uffmann*, in: Andrick/Muscheler/Uffmann, Stiftungsrecht, § 84b BGB Rn. 67; *Weitemeyer*, in: MüKo-BGB, § 86 Rn. 27. Das überzeugt. Die Willensbildung in der mitgliederlosen Stiftung kann aufgrund des Primats des Stifterwillens von vornherein nur darauf beschränkt sein, den zum Ausdruck gekommenen Stifterwillen zu konkretisieren und auftragsgemäß zu erfüllen, *G. Roth*, in: MHdB GesR VII, § 99 Rn. 1. Diese sowie die gesetzlichen Vorgaben begrenzen gleichzeitig die Rechtsmacht der Organmitglieder zur Willensbildung. Da es dementsprechend keine selbständige Erweiterung des Befugnisrahmens durch satzungsdurchbrechende Beschlüsse geben kann (dazu *Muscheler*, in: GS Walz, 451, 462), müssen formell oder materiell fehlerhafte Beschlüsse aufgrund der organschaftlichen Kompetenzüberschreitung grundsätzlich nichtig sein, *Hoffmann*, in: FG Kreutz, 29, 36; *Hüttemann/Rawert*, in: Staudinger, BGB, § 86 Rn. 62. Keine Anwendung auf die Beschlussmängel im Stiftungsrecht im Wege einer Gesamtanalogie finden die aktienrechtlichen Beschlussmängelvorschriften zu Hauptversammlungsbeschlüssen (§§ 241 ff. AktG), BGH NJW 1994, 184, 185; *Ebersbach*, Stiftungsrecht, 104 f.; *Hüttemann/Rawert*, in: Staudinger, BGB, § 86 Rn. 63; *Stallmann*, Fehlerhafte Beschlüsse, 57 ff.; *Uffmann*, in: Andrick/Muscheler/Uffmann, Stiftungsrecht, § 84b BGB Rn. 67; *Weitemeyer*, in: MüKo-BGB, § 86 Rn. 27 ff. Dagegen spricht zum einen, dass bereits die Übertragbarkeit der für die Hauptversammlungsbeschlüsse konzipierten Beschlussmängelfolgen auf die anderen Organe der AG selbst streitig ist, strukturell ein Stiftungsorgan aber eher Vorstand bzw. Aufsichtsrat einer AG als einem Willensbildungsorgan wie der Hauptversammlung entspricht, *Hoffmann*, in: FG Kreutz, 29, 34. Zum anderen besteht keine Vergleichbarkeit der Interessenlage, die es rechtfertigt, im Stiftungsrecht zwischen nichtigen und anfechtbaren Beschlüssen entsprechend §§ 241 ff. AktG zu differenzieren. Es geht nämlich nicht um Individualrechtsschutz von Verbandsmitgliedern, sondern um die Sicherung und Wahrung des Stifterwillens, *Hoffmann*, in: FG Kreutz, 29, 34; *Weitemeyer*, in: MüKo-BGB, § 86 Rn. 27.

oder einer darauf gestützten Geschäftsordnung vereinbar ist.[877] Formell fehlerhaft ist dementsprechend ein Beschluss, der gegen Vorschriften zur Beschlusszuständigkeit, Einberufung und Leitung der Versammlung, Beschlussfähigkeit, Abstimmung und Beschlussfeststellung, gegen Teilnahme-, Mitwirkungs- und Informationsrechte oder gegen Formvorgaben verstößt.[878] Sofern sich bereits nach bisheriger Rechtslage gem. §§ 86 Satz 1 a.F., 28, 32, 34 BGB sowie mangels Erweiterung des Normbestandes (vgl. §§ 84b Satz 1, 32 BGB; § 84b Satz 2 BGB) auch nach aktueller Rechtslage den gesetzlichen Regelungen keine differenzierten formellen Beschlussvorgaben entnehmen lassen, richten sich diese primär nach der Stiftungssatzung bzw. einer darauf gestützten Geschäftsordnung, hilfsweise nach den allgemeinen Beschlussgrundsätzen.[879]

Materiell rechtmäßig ist ein Organbeschluss hingegen, wenn er inhaltlich im Einklang mit dem Gesetz und dem in Stiftungsgeschäft und Stiftungssatzung zum Ausdruck gekommenen Stifterwillen steht.

Aufgrund der Vielzahl der denkbaren Beschlussgegenstände soll die Darstellung der gerichtlichen Auseinandersetzung um die Wirksamkeit von Organbeschlüssen im Folgenden anhand eines (nicht inzident zu überprüfenden) Satzungsänderungsbeschlusses[880] als Streitgegenstand erfolgen.[881] Die Relevanz und das daraus resultierende Konfliktpotential von Satzungs- und insbesondere Zweckänderungen liegen in dem Umstand begründet, dass die Stiftung bei der Zweckverwirklichung einerseits nur dem im Zeitpunkt der Anerkennung perpetuierten historischen Stifterwillen unterworfen ist, andererseits im Laufe ihrer auf kontinuierlichen Fortbestand ausgerichteten Existenz Anpassungen von Zweck- und sonstigen Satzungsbestimmungen notwendig werden können.[882]

---

877 *Hoffmann*, in: FG Kreutz, 29, 31; *G. Roth*, in: MHdB GesR VII, § 99 Rn. 2; *Stallmann*, Fehlerhafte Beschlüsse, 5; *ders.*, ZEV 2017, 607, 609.

878 *Hoffmann*, in: FG Kreutz, 29, 31; *G. Roth*, in: MHdB GesR VII, § 99 Rn. 2; *Stallmann*, Fehlerhafte Beschlüsse, 5; *Uffmann*, in: Andrick/Muscheler/Uffmann, Stiftungsrecht, § 84b BGB Rn. 62 f.

879 *Burgard*, Gestaltungsfreiheit, 294 ff.; *Hoffmann*, in: FG Kreutz, 29, 31; *G. Roth*, in: MHdB GesR VII, § 99 Rn. 2.

880 Eine solche inzidente Prüfung käme etwa im Falle einer Feststellungsklage in Betracht, mit der die auf einer Satzungsänderung fußende wirksame Bestellung zum Vorstandsmitglied festgestellt werden soll (vgl. nur BGH WM 1976, 869).

881 Ausgeklammert bleiben für die Untersuchung somit hoheitliche Zweckänderungen gem. § 85a Abs. 2 BGB (§ 87 Abs. 1 BGB a.F.).

882 Zum Spannungsfeld von Beständigkeit und Flexibilität, s. *G. Roth*, in: MHdB GesR VII, § 101 Rn. 1; *Winkler*, in: Die Stiftung – Jahreshefte zum Stiftungswesen 15/16

Dabei kann es, entsprechend der in Teil 2.§ 1.B.I. vorgenommenen Differenzierung, vor den ordentlichen Gerichten nur um den Rechtsschutz gegen den eigentlichen Satzungsänderungsbeschluss gehen, nicht um ein gerichtliches Vorgehen gegen die notwendige hoheitliche Genehmigung, das dem Verwaltungsrechtsweg zugewiesen ist.

a) Wirksamkeitsvoraussetzungen für Satzungsänderungen

In § 85 BGB finden sich seit dem 1. Juli 2023 die maßgeblichen, bundeseinheitlichen Voraussetzungen, unter denen die Satzung einer Stiftung geändert werden kann.[883] Die Norm unterteilt die Satzungsänderungen nach ihrem Änderungsgegenstand und Eingriff in die Stiftungsverfassung in drei verschiedene Gruppen.[884]

Die höchste Hürde betrifft den Austausch oder die erhebliche, die Identität der Stiftung ändernde Beschränkung des Stiftungszwecks, die gem. § 85 Abs. 1 Satz 1 BGB insbesondere nur erfolgen dürfen, wenn der Stiftungszweck nicht mehr dauernd und nachhaltig erfüllt werden kann (Nr. 1).[885] Dies ist nach Satz 2 vor allem dann der Fall, wenn die Stiftung keine ausreichenden Mittel für die

---

(2021/2022), 71, 73; *ders.*, in: Andrick/Muscheler/Uffmann, Stiftungsrecht, Vor §§ 85 bis 87d BGB Rn. 14 ff.

883 Dazu ausführlich *Burgard*, in: Burgard, Stiftungsrecht, § 85 BGB Rn. 37 ff.; *Hüttemann/Rawert*, Beilage zu ZIP 33/2021, 3, 24 ff.; *Kirchhain*, in: Schauhoff/Mehren, Stiftungsrecht, Kap. 9 Rn. 16 ff.; *K. W. Lange*, in: BeckOGK-BGB, Stand: 01.01.2024, § 85 Rn. 8 ff.; *Lorenz/Mehren*, DStR 2021, 1774, 1777; *Orth*, MDR 2021, 1304, 1306 ff.; *Schiffer/Pruns/Schürmann*, Reform des Stiftungsrechts, § 9 Rn. 2 ff.; *Uhl*, in: Orth/Uhl, Stiftungsrechtsreform, Rn. 550 ff.; *Winkler*, in: Die Stiftung – Jahreshefte zum Stiftungswesen 15/16 (2021/2022), 71, 99 ff.; *ders.*, in: Andrick/Muscheler/Uffmann, Stiftungsrecht, § 85 BGB Rn. 6 ff.

884 BT-Drs. 19/28173, 64; *Burgard*, in: Burgard, Stiftungsrecht, § 85 BGB Rn. 2; *Gollan*, in: Richter, Stiftungsrecht, § 3a Rn. 89; *Kirchhain*, in: Schauhoff/Mehren, Stiftungsrecht, Kap. 9 Rn. 17; *Lorenz/Mehren*, DStR 2021, 1774, 1777; *Uhl*, in: Orth/Uhl, Stiftungsrechtsreform, Rn. 570; *Winkler*, in: Die Stiftung – Jahreshefte zum Stiftungswesen 15/16 (2021/2022), 71, 89 f., der die durch § 85 BGB geregelten Eingriffsermächtigungen zudem als Bestandteil eines übergeordneten Eingriffssystems in die Stiftungsverfassung versteht, in dem neben der Satzungsänderung auch die Zu- bzw. Zusammenlegung (§§ 86 ff. BGB) und die Auflösung bzw. Aufhebung (§§ 87 ff. BGB) weitere „Säulen“ bilden (sog. Fünf-Stufen-System), 97 f.; *ders.*, in: Andrick/Muscheler/Uffmann, Stiftungsrecht, § 85 BGB Rn. 3 (s. zudem zum Fünf-Stufen-System Vor §§ 85 bis 87d BGB Rn. 29 ff.).

885 Dazu *Burgard*, in: Burgard, Stiftungsrecht, § 85 BGB Rn. 44 ff.; *Ellenberger*, in: Grüneberg, BGB, § 85 Rn. 1; *Kirchhain*, in: Schauhoff/Mehren, Stiftungsrecht, Kap. 9 Rn. 27 f.; *Uhl*, in: Orth/Uhl, Stiftungsrechtsreform, Rn. 571 ff.; *Winkler*, in: Die Stiftung –

nachhaltige Erfüllung des Stiftungszwecks hat und solche Mittel in absehbarer Zeit auch nicht erwerben kann. Zusätzlich zu den Voraussetzungen des § 85 Abs. 1 Satz 1 BGB ist eine Satzungsänderung nach Satz 3 nur zulässig, wenn nach der Zweckänderung die dauernde und nachhaltige Erfüllung des neuen oder eingeschränkten Stiftungszwecks gesichert erscheint.

Für die Umgestaltung einer Ewigkeitsstiftung in eine Verbrauchsstiftung ergeben sich die Voraussetzungen aus § 85 Abs. 1 Satz 4 BGB. Diese kommt in Betracht, wenn insbesondere die dauernde und nachhaltige Zweckerfüllung nicht mehr möglich sein sollte (Satz 1 Nr. 1), die Stiftung ihren Zweck als Verbrauchsstiftung aber wieder dauernd und nachhaltig erfüllen kann (Satz 3).

Im Einzelfall kann zu klären sein, ob wirklich eine Änderung des Stiftungszwecks oder eine bloße Erweiterung oder Ergänzung der Modalitäten der Zweckverwirklichung oder der aus dem Gemeinnützigkeitsrecht entlehnten Zweckbezeichnung vorliegt und vom Stifterwillen gedeckt ist.

Auf der zweiten Stufe geht es in § 85 Abs. 2 BGB um Satzungsänderungen, durch die der Stiftungszweck in anderer Weise als nach Abs. 1 Satz 1 geändert wird, sowie um Änderungen anderer prägender Bestimmungen der Stiftungsverfassung. Diese kommen in Betracht, wenn sich die Verhältnisse nach Errichtung der Stiftung wesentlich verändert haben und eine solche Änderung erforderlich ist, um die Stiftung an die veränderten Verhältnisse anzupassen. Bezüglich der Frage, wann eine Bestimmung als prägend für die Stiftung anzusehen ist, ist erneut vor allem auf den individuellen Stifterwillen abzustellen.[886] Die prägende Eigenschaft kann sich entweder ausdrücklich im Zusammenhang mit einer Änderungsermächtigung nach § 85 Abs. 4 BGB oder daraus ergeben, dass Bestimmungen der Stiftungsverfassung nach dem wirklichen oder mutmaßlichen Stifterwillen die Stiftung kennzeichnen und ihr ihre charakteristische Eigenart verleihen sollen oder sonst für den Stifter von erkennbar wesentlicher Bedeutung sind.[887] Regelmäßig sind die Bestimmungen über den Namen der Stiftung, den Sitz, die Art und Weise der Zweckerfüllung und über die Verwaltung des Grundstockvermögens im Sinne eines gesetzlichen Leitbilds als prägend anzusehen. Die Regeln über die Zusammensetzung der Organe sollen hingegen nicht

---

Jahreshefte zum Stiftungswesen 15/16 (2021/2022), 71, 121 ff.; *ders.*, in: Andrick/Muscheler/Uffmann, Stiftungsrecht, § 85 BGB Rn. 15 ff.

886 *Burgard*, in: Burgard, Stiftungsrecht, § 85 BGB Rn. 72; *ders.*, ZStV 2024, 39; *Ellenberger*, in: Grüneberg, BGB, § 85 Rn. 2; *Kirchhain*, in: Schauhoff/Mehren, Stiftungsrecht, Kap. 9 Rn. 36; *K. W. Lange*, in: BeckOGK-BGB, Stand: 01.01.2024, § 85 Rn. 43; *Markworth*, NZG 2021, 100, 106.

887 *Burgard*, in: Burgard, Stiftungsrecht, § 85 BGB Rn. 72; *ders.*, ZStV 2024, 39.

dazugehören,[888] beurteilen sich jedoch richtigerweise einzelfallabhängig nach dem individuellen Stifterwillen.[889]

Auf der dritten Stufe regelt § 85 Abs. 3 BGB schließlich die Änderungsmöglichkeiten derjenigen Satzungsbestimmungen, die für eine Stiftung nicht prägend sind und daher nicht unter § 85 Abs. 1 und 2 BGB fallen. Diese können geändert werden, wenn dies der Erfüllung des Stiftungszwecks dient. Hinsichtlich des Bedeutungsgehalts dieser Voraussetzung dürfte es regelmäßig so sein, dass die Stifter für diese Kategorie von Satzungsbestimmungen ihren Organen, die die Satzungsänderungen beschließen dürfen oder sollen, das Entscheidungsermessen dazu eingeräumt haben darzulegen, warum eine Änderung der Erfüllung dienen kann.

Hinsichtlich des Verfahrens für Satzungsänderungen sieht § 85a Abs. 1 BGB vor, dass jede Entscheidung über eine Satzungsänderung durch das zuständige Stiftungsorgan der Genehmigung der nach Landesrecht zuständigen Behörde bedarf. Zuständiges Stiftungsorgan ist, soweit nicht die Satzung etwas anders bestimmt, der Vorstand, § 85a Abs. 1 Satz 1 BGB. Satzungsänderungen durch die Stiftungsbehörden kommen nur nach Maßgabe des § 85a Abs. 2 BGB in Betracht.

Da § 85 Abs. 1–3 BGB für den Stifter dispositiv ist, kann der Stifter von den dort genannten Voraussetzungen abweichen, nicht hingegen die Organe etwa durch spätere Satzungsänderungen, § 85 Abs. 4 BGB.[890] In Betracht kommen sowohl der Ausschluss oder die Beschränkung von Satzungsänderungen (Satz 1) als auch deren Erleichterung für die Organe der Stiftung (Satz 2). Als Beispiele für Beschränkungen und Erschwerungen sind etwa ein Erfordernis der Zustimmung des Stifters als Organ oder eines weiteren Organs oder gesteigerte, also qualifizierte bzw. differenzierte Mehrheitserfordernisse denkbar.[891] Für Erleichterungen von den gesetzlichen Voraussetzungen gem. § 85 Abs. 4 Satz 2 BGB und damit die Wirksamkeit einer solchen Satzungsbestimmung ist von zentraler Bedeu-

888 Unklar BT-Drs. 19/28173, 67, der Bestimmungen über die Zusammensetzung und Aufgabenverteilung zwischen den Organen entgegen dem Gesetzeswortlaut als prägend einstuft.

889 Hierzu eingehend *Burgard*, in: Burgard, Stiftungsrecht, § 85 BGB Rn. 91 f.; *ders.*, ZStV 2024, 39, 43 f.

890 BT-Drs. 19/28173, 67; *Burgard*, in: Burgard, Stiftungsrecht, § 85 BGB Rn. 107; *Kirchhain*, in: Schauhoff/Mehren, Stiftungsrecht, Kap. 9 Rn. 40; *K. W. Lange*, in: BeckOGK-BGB, Stand: 01.01.2024, § 85 Rn. 54; *Winkler*, in: Die Stiftung – Jahreshefte zum Stiftungswesen 15/16 (2021/2022), 71, 91; *ders.*, in: Andrick/Muscheler/Uffmann, Stiftungsrecht, § 85 BGB Rn. 77.

891 Vgl. *Burgard*, in: Burgard, Stiftungsrecht, § 85 BGB Rn. 110 ff.; *Kirchhain*, in: Schauhoff/Mehren, Stiftungsrecht, Kap. 9 Rn. 41; *K. W. Lange*, in: BeckOGK-BGB, Stand: 01.01.2024, § 85 Rn. 58.

tung, dass der Stifter selbst Inhalt und Ausmaß der Änderungsermächtigung hinreichend bestimmt festlegt, Satz 3. Der Stifter kann den zuständigen Stiftungsorganen keine Blanko- oder Pauschalermächtigung zur Änderung der Satzung erteilen.[892] Er muss die Änderungen, die auf der Grundlage der Satzung möglich sein sollen, in der Satzungsbestimmung, die zu den Änderungen ermächtigt, inhaltlich vorbestimmen, indem er darin Leitlinien und Orientierungspunkte für die Satzungsänderungen vorgibt.[893] An die Bestimmtheit der Ermächtigung in der Satzung sind umso höhere Anforderungen zu stellen, je bedeutsamer die Änderungen sind, zu denen ermächtigt werden soll.[894]

b) Prozessführungsfragen

aa) Grundsätzliche Überlegungen

Soll ein organschaftlicher Satzungsänderungsbeschluss aufgrund formeller oder materieller Beschlussmängel einer gerichtlichen Überprüfung zugeführt werden, sind zunächst Überlegungen zum bestimmt zu fassenden Klageantrag des Klägers (vgl. § 253 Abs. 2 Nr. 2 ZPO) anzustellen. Entsprechend dem primären Rechtsschutzbegehren, den fehlerhaften Beschluss für nichtig erklären zu lassen,[895] kommt die gerichtliche Geltendmachung seines Nichtbestehens aufgrund einer Beschlussnichtigkeit im Wege der allgemeinen Feststellungsklage gem. § 256 Abs. 1 ZPO als statthafter Klageart in Betracht.[896] Dem steht nicht

---

892 BT-Drs. 19/28173, 68; *Kirchhain*, in: Schauhoff/Mehren, Stiftungsrecht, Kap. 9 Rn. 42; *K. W. Lange*, in: BeckOGK-BGB, Stand: 01.01.2024, § 85 Rn. 61; *Lorenz/Mehren*, DStR 2021, 1774, 1777; *Uhl*, in: Orth/Uhl, Stiftungsrechtsreform, Rn. 564; *Winkler*, in: Andrick/Muscheler/Uffmann, Stiftungsrecht, § 85 BGB Rn. 79; vgl. *Gollan*, in: Richter, Stiftungsrecht, § 3a Rn. 93.

893 BT-Drs. 19/28173, 68; *Kirchhain*, in: Schauhoff/Mehren, Stiftungsrecht, Kap. 9 Rn. 42; vgl. *Gollan*, in: Richter, Stiftungsrecht, § 3a Rn. 93.

894 BT-Drs. 19/28173, 68.

895 Ebenfalls denkbar, hier allerdings ausgeklammert, ist das Begehren, im Sinne einer Beschlussfeststellungsklage gerichtlich das tatsächliche Ergebnis bzw. den Inhalt eines gefassten Beschlusses feststellen zu lassen, *Sandhaus*, Rechtsschutz, 77 ff.

896 H.M.: BGH NJW 1994, 184, 184 f.; *Burgard*, Gestaltungsfreiheit, 301; *ders.*, in: Burgard, Stiftungsrecht, § 84b BGB Rn. 98; *Hoffmann*, in: FG Kreutz, 29, 40; *Hüttemann/Rawert*, in: Staudinger, BGB, § 86 Rn. 65; *Jakob/Picht/Kopp*, in: BeckOGK-BGB, Stand: 01.12.2023, § 83 Rn. 52; *Kraus*, npoR 2024, 63, 65; *Rawert*, in: NPLY 2019, 97, 107; *G. Roth*, in: MHdB GesR VII, § 99 Rn. 12; *Stallmann*, Fehlerhafte Beschlüsse, 179; *ders.*, ZEV 2017, 607, 611; *Uffmann*, in: Andrick/Muscheler/Uffmann, Stiftungsrecht, § 84b BGB Rn. 76; *Weitemeyer*, in: MüKo-BGB, § 86 Rn. 29; vgl. zudem *Sandhaus*,

entgegen, dass die Statthaftigkeit einer allgemeinen Feststellungsklage gem. § 256 Abs. 1 ZPO das Nichtbestehen eines Rechtsverhältnisses, mithin einer rechtlich geregelten Beziehung von Personen untereinander oder zu einer Sache,[897] als Gegenstand voraussetzt. Ein organschaftlicher Satzungsänderungsbeschluss als mehrseitiges Rechtsgeschäft sui generis[898] berührt und ggf. verändert regelmäßig die statutarisch geschaffenen, innerorganisatorischen Rechtsbeziehungen, sodass der Beschluss selbst damit ein feststellungsfähiges Rechtsverhältnis konstituiert.[899]

Insoweit handelt es sich auch nicht um die isolierte Frage der Beschlussrechtmäßigkeit als grundsätzlich nicht feststellungsfähiges Element bzw. nicht feststellungsfähige Vorfrage eines Rechtsverhältnisses, weshalb der stiftungsrechtliche Organbeschluss Gegenstand einer Feststellungsklage sein kann. Dafür spricht zudem die bereits dargestellte Tendenz,[900] zugunsten eines lückenlosen gerichtlichen Rechtsschutzes ein weites Verständnis des Begriffs des Rechtsverhältnisses i.S.d. § 256 Abs. 1 ZPO anzulegen und die Statthaftigkeit der Feststellungsklage im Zweifel zu bejahen.[901]

Für die Klagemöglichkeiten der Stiftungsbeteiligten in gerichtlichen Verfahren um die Rechtmäßigkeit organschaftlicher Satzungsänderungsbeschlüsse ist deshalb als Korrektiv zur Betonung der individuellen Betroffenheit der Rechtsschutzsuchenden zu fordern, dass diese ein rechtlich relevantes Feststellungsinteresse geltend machen können.[902] Das Feststellungsinteresse ist unter Heranziehung der allgemeinen Rechtsschutzgrundsätze dann zu bejahen, wenn

---

Rechtsschutz, 65. Lehnt man die Anwendung des detaillierten Rechtsfolgensystems des aktienrechtlichen Beschlussmängelrechts der §§ 241 ff. AktG auf das Stiftungsrecht ab, ist es konsequent, die Besonderheiten der Nichtigkeitsklage gem. § 249 AktG, dessen Verfahren und Urteilswirkungen den Regeln des Anfechtungsprozesses gem. §§ 246–248 AktG unterworfen werden, ebenfalls keine Anwendung finden zu lassen. – Zudem kommt ein Vorgehen im Wege des einstweiligen Rechtsschutzes (§§ 935, 940 ZPO) in Betracht, wenn der Eintritt von Rechtswirkungen des organschaftlichen Beschlusses bis zu dessen Zulässigkeitsklärung im Hauptsacheverfahren nur dadurch verhindert werden kann, dass die Einreichung bzw. Aufrechterhaltung des Antrags auf aufsichtsbehördliche Genehmigung des Satzungsänderungsbeschlusses untersagt wird, vgl. OLG Koblenz NZG 2002, 135, 136; *G. Roth*, in: MHdB GesR VII, § 102 Rn. 20.

897 Zu den Voraussetzungen einer Feststellungsklage, s. bereits Teil 2.§ 2.A.I.2.

898 *Hoffmann*, in: FG Kreutz, 29, 35.

899 Vgl. *Sandhaus*, Rechtsschutz, 74.

900 S. unter Teil 2.§ 2.A.I.2.

901 Vgl. *Becker-Eberhard*, in: MüKo-ZPO, § 256 Rn. 25.

902 Dazu unter aa)-dd). Zu den Argumentationslinien, s. bereits unter Teil 2.§ 1.C.II.1.a).

der Kläger durch die angegriffene Beschlussfassung in eigenen subjektiv-privaten Rechten betroffen ist.[903]

Neben dem Feststellungsbegehren des Klägers könnte ein Klageantrag in Bezug auf die Fehlerhaftigkeit eines stiftungsrechtlichen Beschlusses auch unmittelbar auf die Vor- oder Rücknahme eines Organbeschlusses gerichtet sein.[904] Ob eine diesbezügliche Leistungsklage zulässig und begründet sein kann, ist deshalb ebenfalls an geeigneter Stelle zu erörtern.

Fraglich ist zudem, gegen welchen Klagegegner eine auf Feststellung der Beschlussnichtigkeit infolge formeller oder materieller Fehlerhaftigkeit eines Satzungsänderungsbeschlusses, ggf. eine auf Vor- bzw. Rücknahme dieses Organbeschlusses gerichtete Klage zu erheben ist.

Nach teilweise vertretener Ansicht ist in Beschlussstreitigkeiten generell das beschlussfassende Organ selbst richtiger Klagegegner.[905] Einschränkend wird das in den Konstellationen bejaht, in denen die Nichtigkeit von einem anderem als dem beschlussfassenden Stiftungsorgan geltend gemacht wird.[906]

Im Ergebnis überzeugt weder die generalisierende noch die einschränkende Ansicht zur Klagegegnereigenschaft des Stiftungsorgans. Wie bereits im Zusammenhang mit der gerichtlichen Auseinandersetzung um pflichtwidrige Vorstandsmaßnahmen ausgeführt,[907] sind die innerorganisatorischen Positionen den Organen nicht zu eigenem Recht oder eigener Pflicht zugewiesen, sondern stellen sich für diese lediglich als unselbständige Funktionskompetenzen bzw. Funktionsverantwortungen dar. War deshalb dort eine Rechts- und damit (vgl. § 50 ZPO) Parteifähigkeit zu verneinen, kann zur Abbildung eines kohärenten gerichtlichen Rechtsschutzsystems für den Beschlussmängelprozess nicht anderes gelten. Dass in Beschlussstreitigkeiten materiell-rechtlich das Organ nicht der

---

903 *G. Roth*, in: MHdB GesR VII, § 99 Rn. 13.

904 Diese Möglichkeit ebenfalls in Betracht ziehend *Jakob*, Schutz der Stiftung, 187 ff.; *Jakob/Picht/Kopp*, in: BeckOGK-BGB, Stand: 01.12.2023, § 83 Rn. 50, 53. Zwar ließe sich argumentieren, dass es der Rückgängigmachung eines fehlerhaften Organbeschlusses nicht bedarf, wenn sich aus der Fehlerhaftigkeit ohnehin die Nichtigkeit des Beschlusses ergibt, vgl. VG Schleswig npoR 2021, 198, 200 Rn. 17. Etwas anderes kommt dann in Betracht, wenn infolge der Beschlussfassung bereits Rechtswirkungen eingetreten sind, die die Fassung eines auf Rücknahme gerichteten Beschlusses erforderlich machen.

905 Vgl. für die AG *Bork*, ZGR 1989, 1, 36 f.

906 OLG Frankfurt a.M. npoR 2019, 72, 74 Rn. 45; *G. Roth*, in: MHdB GesR VII, § 99 Rn. 12; ähnlich *Burgard*, in: Burgard, Stiftungsrecht, § 84b BGB Rn. 104; *Rawert*, in: NPLY 2019, 97, 108 f.; *Weitemeyer*, in: MüKo-BGB, § 86 Rn. 30.

907 Teil 2.§ 2.A.II.2.b).

richtige Passivlegitimierte ist, zeigt sich zusätzlich daran, dass nicht das Organ, sondern die Stiftung als juristische Person durch die Organbeschlüsse und deren Folgen berechtigt und verpflichtet wird, weil ihr das Organhandeln zur Überwindung der eigenen Handlungsunfähigkeit insoweit zugerechnet wird.[908] Deshalb ist eine Beschlussmängelklage stets gegen die Stiftung als Klagegegnerin zu richten.[909]

Liegt die Satzungsänderungskompetenz beim Vorstand und steht als Streitgegenstand mithin ein Änderungsbeschluss des Vorstands in Rede, wird die Stiftung in Anwendung des Rechtsgedankens des § 181 BGB im Prozess durch das Bestellungsorgan, hilfsweise durch einen gem. § 84c Abs. 1 BGB (§§ 86 Satz 1 a.F., 29 BGB) als Notmaßnahme zu bestellenden Vorstand vertreten.[910] Bei einer anderweitigen Satzungsänderungszuständigkeit bleibt es nach allgemeinen Grundsätzen bei der gerichtlichen Vertretungsmacht des Vorstands.

bb) Satzungsmäßige Klagemöglichkeiten

Klärungsbedürftig ist in gerichtlichen Verfahren um die Rechtmäßigkeit organschaftlicher Satzungsänderungsbeschlüsse mithin vor allem die bereits aufgeworfene Frage nach dem Feststellungsinteresse der gegen Beschlussmängel im Wege der Feststellungsklage Rechtsschutz ersuchenden Stiftungsbeteiligten. Zu erörtern ist ebenfalls, ob ggf. ein Vorgehen im Wege der Leistungsklage in Betracht kommt, weil ein Klagerecht auf Vornahme oder Rückgängigmachung eines Satzungsänderungsbeschlusses besteht. Schließlich ist jeweils darzulegen, inwieweit der Stifter satzungsmäßig auf die prozessuale Geltendmachung von Beschlussfehlern Einfluss nehmen kann.[911]

---

908 *Jakob/Picht/Kopp*, in: BeckOGK-BGB, Stand: 01.12.2023, § 83 Rn. 50; *Stallmann*, Fehlerhafte Beschlüsse, 185.

909 Ebenso BGHZ 99, 344 = NJW 1987, 2364; *Godron/Gollan*, in: Richter, Stiftungsrecht, § 6 Rn. 53; *Hüttemann/Rawert*, in: Staudinger, BGB, § 86 Rn. 65; *Jakob/Picht/Kopp*, in: BeckOGK-BGB, Stand: 01.12.2023, § 83 Rn. 50; *Stallmann*, Fehlerhafte Beschlüsse, 185; *ders.*, ZEV 2017, 607, 612; einschränkend nur für die Klage eines Organmitglieds auf Feststellung der Beschlussnichtigkeit *G. Roth*, in: MHdB GesR VII, § 99 Rn. 21.

910 *Uffmann*, in: Andrick/Muscheler/Uffmann, Stiftungsrecht, § 84b BGB Rn. 79; *Weitemeyer*, in: MüKo-BGB, § 86 Rn. 29; a.A. *Burgard*, in: Burgard, Stiftungsrecht, § 84b BGB Rn. 104.

911 Weite und unbeschränkte Gestaltungsmöglichkeiten des Stifters in der Satzung annehmend *Burgard*, Gestaltungsfreiheit, 291, wonach nicht nur klarstellende Regelungen zulässig seien, sondern ebenso die Begründung, Erweiterung, Beschränkung oder der Ausschluss einer gerichtlichen Feststellung der Beschlussnichtigkeit geregelt werden könne; *Frese*, EWiR 2019, 39, 40; *Hoffmann*, in: FG Kreutz, 29, 44; *Stallmann*, Fehlerhafte Beschlüsse, 191.

(1) Gerichtliches Vorgehen der Stiftung

Zunächst in Betracht zu ziehen ist die gerichtliche Feststellung der Nichtigkeit des Satzungsänderungsbeschlusses durch die Stiftung selbst. Diese wird als Rechtsträgerin zuvorderst in eigenen Rechten verletzt, soweit die Satzungsänderung dem Inhalt nach den durch die Anerkennung manifestierten Rechtsbestand angreift oder verkürzt.[912] Wird ein Feststellungsinteresse deshalb zwar regelmäßig zu bejahen sein, ergeben sich Bedenken hinsichtlich der Wahrung des zivilprozessualen Zweiparteienprinzips, wonach Kläger und Beklagter grundsätzlich nicht personenidentisch sein dürfen.[913]

Da nach hier vertretener Ansicht im stiftungsrechtlichen Beschlussmängelprozess allein die Stiftung als richtiger Klagegegner in Betracht kommt, stünde diese sowohl auf Kläger- als auch auf Beklagtenseite, sodass für eine diesbezügliche Feststellungsklage ein unzulässiger Insichprozess vorliegen würde.[914]

Etwas anderes ergibt sich nicht unter Heranziehung des im Rahmen der Unterlassung pflichtwidriger Geschäftsführungsmaßnahmen dargestellten allgemeinen Verhaltenskontrollrechts. Dass die sachliche Reichweite dieses Rechts nicht auch die Durchsetzung rechtmäßigen Vorstandsverhaltens im Wege der Feststellungsklage für den rein stiftungsinternen Vorgang der Beschlussfassung umfasst, zeigt sich daran, dass ein personales Substrat der einzelnen Vorstandsmitglieder als Anknüpfungspunkt für ihre Klagegegnereigenschaft hinter der gesamtorganschaftlich konzipierten Willensbildung durch Beschlussfassung zurücktritt. Im Ergebnis kann somit nur eine etwaige Ausführungshandlung erfolgreich angegriffen werden, die Möglichkeit eines gerichtlichen Vorgehens der Stiftung aufgrund von Beschlussmängeln gegen die Beschlussfassung selbst ist hingegen zu verneinen.[915]

---

912 Vgl. *Burgard*, in: Burgard, Stiftungsrecht, § 84b BGB Rn. 98; *G. Roth*, in: MHdB GesR VII, § 101 Rn. 11.

913 Dazu bereits unter Teil 2.§ 2.a.II.2.b)bb)(2)(a)(aa)(γ)(ββ).

914 Ebenso *G. Roth*, in: MHdB GesR VII, § 101 Rn. 11, der als Befürworter eines stiftungsrechtlichen Interorganstreits eigentlich die Klagegegnereigenschaft des beschlussfassenden Organs bejahen könnte und müsste (s. nur unter § 99 Rn. 17 im selben Kontext). Dass dies nicht geschieht, erscheint angesichts der vertretenen, wenigstens partiellen Rechtsfähigkeit der Organe inkonsequent. S. auch unter Teil 2.§ 2.A.II.2.b)bb)(2)(a)(aa)(β).

915 A.A. die wohl h.M.: OLG Frankfurt a.M. npoR 2019, 72, 73 f. Rn. 39 ff., das im zivilgerichtlichen Beschlussmängelprozess die Möglichkeit einer Klage der Stiftung, vertreten durch den Vorstand (bei einem fehlerhaften Vorstandsbeschluss als Streitgegenstand hilfsweise vertreten durch ein Kontrollorgan, andernfalls durch einen als Notmaßnahme bestellten Vorstand gem. § 84c Abs. 1 BGB [§§ 86 Satz 1 a.F., 29 BGB]), gegen das beschlussfassende Organ annimmt; dem folgend *Burgard*, in: Burgard,

(2) Gerichtliches Vorgehen des Stifters

Des Weiteren könnte der Stifter selbst daran interessiert sein, gegen formell oder materiell rechtwidrige Satzungsänderungsbeschlüsse im Wege der Feststellung ihrer Nichtigkeit gerichtlich vorzugehen. Als Initiator der Stiftungserrichtung dürfte bei ihm regelmäßig ein besonderes Interesse daran bestehen, dass sich die Willensbildung zwecks Verwaltung der Stiftung im Einklang mit den gesetzlichen Vorgaben sowie dem in Stiftungsgeschäft und in der Stiftungssatzung zum Ausdruck gekommenen Stifterwillen vollzieht. Fraglich ist, ob es sich bei einem derartigen Interesse um ein Feststellungsinteresse i.S.d. § 256 Abs. 1 ZPO handelt. Dafür ist im Geltungsbereich von Beschlussmängelstreitigkeiten auch in der Person des Stifters zu fordern, dass dieser durch den angegriffenen Beschluss in eigenen subjektiv-privaten Rechten verletzt wird.[916]

Gegen die Möglichkeit einer derartigen Rechtsbetroffenheit sprechen allerdings die Emanzipation und rechtliche Unabhängigkeit der Stiftung von der Person des Stifters im Zeitpunkt ihrer Anerkennung. Gehört die Stiftung mit Erlangung ihrer Rechtsfähigkeit nur noch sich selbst, steht der Stifter ab diesem Zeitpunkt der Stiftung wie ein Dritter gegenüber, sodass es bereits an einem Rechtverhältnis fehlt, an das für eine Betroffenheit in eigenen Rechten angeknüpft werden könnte.[917]

Nach teilweise vertretener Ansicht soll ein Feststellungsinteresse des Stifters für Klagen gegen materiell rechtwidrige, grundlagenändernde Organbeschlüsse aufgrund einer Verletzung des die Anerkennung überdauernden Rechts des Stifters auf Stiftungsbestand bestehen.[918] Dabei handele es sich um ein aus dem Grundrecht des Stifters auf Stiftungserrichtung während der Operationsphase der Stiftung fortwirkendes Grundrecht, das ein Einschreiten gegen eine materiell rechtswidrige, weil den objektiven Stifterwillen missachtende Bestandsverände-

Stiftungsrecht, § 84b BGB Rn. 98, 104; *Godron/Gollan*, in: Richter, Stiftungsrecht, § 6 Rn. 319; *Kraus*, npoR 2024, 63, 65; *Uffmann*, in: Andrick/Muscheler/Uffmann, Stiftungsrecht, § 84b BGB Rn. 77; *Weitemeyer*, in: MüKo-BGB, § 86 Rn. 30.

916 Dazu bereits unter Teil 2.§ 2.A.II.3.b)aa). Ebenso *Hoffmann*, in: FG Kreutz, 29, 42; *G. Roth*, in: MHdB GesR VII, § 101 Rn. 12; *Stallmann*, Fehlerhafte Beschlüsse, 183.

917 *Aigner*, Schutz der Stiftung, 30 f.; *Hüttemann/Rawert*, in: Staudinger, BGB, § 85 Rn. 31; *G. Roth*, in: MHdB GesR VII, § 101 Rn. 12; *Schlüter/Stolte*, Stiftungsrecht, Kap. 1 Rn. 40; *Stallmann*, Fehlerhafte Beschlüsse, 183; *Uffmann*, in: Andrick/Muscheler/Uffmann, Stiftungsrecht, § 84b BGB Rn. 78; *Weitemeyer*, in: MüKo-BGB, § 85 Rn. 27; *O. Werner*, in: Werner/Saenger/Fischer, Die Stiftung, § 11 Rn. 145.

918 Dafür *Hoffmann*, in: FG Kreutz, 29, 42.

rung der Stiftung durch einen Eingriff der Stiftungsaufsicht ermöglicht.[919] Zwar sei es richtig, dass mit Anerkennung die rechtliche Verbindung zwischen Stifter und dem Rechtssubjekt Stiftung gekappt wird, sodass die Stiftung ab diesem Zeitpunkt nur noch dem historischen Stifterwillen unterworfen ist. Dafür, dass sich der Grundrechtsschutz des Stifters auch zu Lebzeiten der Stiftung verwirklicht, obwohl der Stifter die Stiftung nach der Errichtung aus der Hand gegeben hat, spreche das Argument der Grundrechtseffektivität.[920] Ein Recht auf Stiftungserrichtung entfalte nur dann effektive Wirksamkeit, wenn dem Stifter Möglichkeiten zur Verfügung gestellt würden, dieses Recht auch in der Zukunft zu erhalten, da es andernfalls im Zeitpunkt der Stiftungserrichtung praktisch wertlos würde.[921] Als Konsequenz aus der fortwirkenden Grundrechtsausübung des Stifters in Gestalt der Stiftung müsse deshalb das Recht folgen, in Notfällen für den Bestand der Stiftung eintreten zu können, worunter Konstellationen zu fassen seien, in denen eine Vernichtung oder Veränderung der wesentlichen Identitätsbestimmungen der Stiftung drohe, die dem historischen Stifterwillen widerspreche.[922] Dem entspreche die Anerkennung eines Grundrechts des Stifters auf Stiftungsbestand, dessen dargestellte Begrenzung zur Wahrung des stiftungsrechtlichen Trennungsprinzips von Stifter und Stiftung gleichzeitig den maximal denkbaren, sachlichen Anwendungsbereich der gerichtlichen Klagemöglichkeiten für den Stifter statuiere.[923]

Diese Argumentationslinien zur Herleitung eines Feststellungsinteresses, die offenbar von dem Bestreben geprägt sind, dem Stifter unbedingt eine Eingriffsmöglichkeit gegen Grundlagenänderungen verschaffen zu wollen, überzeugen im Ergebnis nicht.

Gegen die Anerkennung eines Grundrechts des Stifters auf Stiftungsbestand spricht bereits, dass die dargestellte Ansicht nicht plausibel zu erklären vermag, warum die Entkoppelung des Stifters von der ab dem Zeitpunkt der Anerkennung rechtlich selbständigen Stiftung grundrechtlich nicht durchschlagen soll.[924] Ist die Stiftung ab diesem Zeitpunkt selbst Trägerin von Grundrechten[925] und wird

---

919 *Jakob*, Schutz der Stiftung, 114.

920 *Jakob*, Schutz der Stiftung, 112.

921 *Jakob*, Schutz der Stiftung, 112.

922 *Jakob*, Schutz der Stiftung, 113.

923 *Jakob*, Schutz der Stiftung, 114.

924 *Jakob*, Schutz der Stiftung, 113, bringt dies deutlich zum Ausdruck, wenn er davon spricht, dass eine gegen den objektiven Stifterwillen vorgenommene Bestandsveränderung der Stiftung den Stifter in seinem Stiftergrundrecht verletzen kann.

925 Die Eigenschaft von Stiftungen, Trägerin von Grundrechten zu sein, ergibt sich aus Art. 19 Abs. 3 GG, wonach die Grundrechte auch für inländische juristische Personen

in ihrem Bestand verletzt, kann also allenfalls das Recht der Stiftung auf Bestand betroffen sein, nicht hingegen ein solches des Stifters. Alles andere liefe auf eine Vermischung der verschiedenen Grundrechtspositionen hinaus.[926]

Weiteren Bedenken begegnet die Heranziehung eines grundsätzlich im Über-/Unterordnungsverhältnis zwischen Privatpersonen und staatlichen Institutionen wirkenden Grundrechts zur Begründung eines Feststellungsinteresses für ein Verfahren um die Rechtmäßigkeit einer organschaftlichen und nicht einer hoheitlichen Satzungsänderung. Zwar ist zuzugeben, dass Satzungsänderungen Grundlagenänderungen sein können, insbesondere wenn es um Zweckänderungen oder Änderungen anderer wesentlicher Bestimmungen der Stiftungssatzung geht. Der Rechtsschutz bezieht sich allerdings nicht auf das Verhältnis zur Stiftungsaufsicht, sondern zur Stiftung selbst, die nach hier vertretener Ansicht in Beschlussmängelstreitigkeiten richtiger Klagegegner ist. Einen Wirkungsgehalt entfaltet ein wie auch immer geartetes Grundrecht des Stifters auf Stiftungsbestand im Verhältnis zur Stiftung daher grundsätzlich nicht.[927] Wird die Annahme eines solchen Rechts wie hier an sich in Zweifel gezogen, scheidet auch eine Drittwirkung des Stiftergrundrechts als rechtlicher Anknüpfungspunkt zur Begründung des Feststellungsinteresses aus.[928]

Schließlich überzeugt es nicht, statt eines Grundrechts an einen unterverfassungsrechtlichen Anspruch auf Stiftungsbestand zur Herleitung eines Rechtsverhältnisses zwischen Stifter und Stiftung anzuknüpfen.[929] Dagegen spricht, dass der Stifter über eine nicht satzungsmäßig abgesicherte Eingriffsmöglichkeit die Geltung des historischen Stifterwillens unterwandern könnte, indem er auf-

---

gelten, soweit sie ihrem Wesen nach auf diese anwendbar sind. Dazu grundlegend BVerfGE 46, 73, 83 = DB 1977, 2379; ferner *Hof*, in: Stiftungsrecht in Europa, 330; *Stumpf*, in: Richter, Stiftungsrecht, § 2 Rn. 58; *ders.*, in: Stumpf/Suerbaum/Schulte/Pauli, StiftR, A Rn. 44.

926 Ähnlich *Andrick/Suerbaum*, Stiftung und Aufsicht, § 9 Rn. 48, wonach die Reichweite der Grundrechte des Stifters nicht in die unabhängige Rechtspersönlichkeit der Stiftung hineinragt, sondern mit deren Entstehung endet.

927 Vgl. *Stallmann*, Fehlerhafte Beschlüsse, 185.

928 A.A. *Jakob*, Schutz der Stiftung, 141 Fn. 213, wonach das Stiftergrundrecht über die zivilprozessuale Vorschrift des § 256 ZPO als „Drittwirkung" in die privatrechtliche Beziehung von Stifter und Stiftung einzuwirken vermag.

929 So allerdings *Jakob*, Schutz der Stiftung, 114 Fn. 57, wonach im Falle der Ablehnung eines Grundrechts auf Stiftungserrichtung sich ein unterverfassungsrechtlicher Anspruch auf Stiftungsbestand in jedem Fall aus dem wegen § 82 Satz 1 BGB (§ 80 Abs. 2 Satz 1 BGB a.F.) bestehenden, einfachgesetzlichen Anspruch auf Stiftung ableiten ließe; zustimmend *Hoffmann*, in: FG Kreutz, 29, 42.

grund eines gewandelten Meinungsbildes gegen Änderungsbeschlüsse des dazu berufenen Organs vorgeht. Eine derartige Einwirkungsmöglichkeit widerspricht fundamental der stiftungsrechtlichen Konzeption.[930] Grundsätzlich ist es nämlich Aufgabe der satzungsmäßig vorgesehenen Kontrollinstitute und der Stiftungsaufsicht, für die Rechtmäßigkeit des organschaftlichen Handelns zu sorgen.

Das schließt ein Vorgehen des Stifters gegen solche Satzungsänderungsbeschlüsse nicht aus, die ihn in satzungsmäßig eingeräumten Mitwirkungsrechten verletzen.[931] Dass dies ein rechtlich relevantes Feststellungsinteresse zu begründen vermag, ist insoweit kein Widerspruch, da der Stifter durch die Einräumung dieser Rechte eine organschaftliche Stellung erwirbt[932] und deshalb dem historischen Stifterwillen und dem Geltungsbereich der Stiftungsaufsicht unterworfen wird.[933] Er ist entsprechend in seiner Stellung als Organmitglied,[934] hingegen nicht in seiner Rolle als Stifter betroffen.

Dessen Vorgehen gegen nichtige Satzungsänderungsbeschlüsse im Wege der Beschlussmängelklage ist nach dem vorstehend Gesagten insgesamt abzulehnen.

(3) Gerichtliches Vorgehen der Organmitglieder

Es bleibt zu untersuchen, inwieweit die Organmitglieder selbst gegen einen Satzungsänderungsbeschluss auf dem Klageweg vorgehen können.[935] Unabhängig davon, ob der Klageantrag auf die Feststellung von dessen Nichtigkeit gerichtet ist oder auf die Rücknahme eines bereits gefassten Beschlusses zielt, setzt die Inanspruchnahme von Rechtsschutz aus eigenem Recht nach allgemeinen Grundsätzen die Rechtsbetroffenheit voraus.[936]

Diese ist in Verfahren um die Wirksamkeit organschaftlicher Satzungsänderungsbeschlüsse jedenfalls gegeben, wenn satzungsmäßige Mitwirkungsrechte

---

930 *Stallmann*, Fehlerhafte Beschlüsse, 185; vgl. *G. Roth*, in: MHdB GesR VII, § 101 Rn. 12.

931 *G. Roth*, in: MHdB GesR VII, § 101 Rn. 12; *Stallmann*, Fehlerhafte Beschlüsse, 184.

932 *Aigner*, Schutz der Stiftung, 34; *Schienke-Ohletz*, in: Schauhoff/Mehren, Stiftungsrecht, Kap. 3 Rn. 23; *Schwintek*, Vorstandskontrolle, 321.

933 *Stallmann*, Fehlerhafte Beschlüsse, 184.

934 Dazu sogleich unter (3).

935 Dass bei einer Feststellungsklage etwa eines Vorstandsmitglieds gegen die Stiftung die letztere nicht durch den Vorstand, sondern durch ein anderes Organ, hilfsweise durch einen als Notmaßnahme befristet bestellten Vorstand (§ 84c Abs. 1 BGB [§§ 86 Satz 1 a.F., 29 BGB]) vertreten wird, ergibt sich auch im Falle einer satzungsmäßig angeordneten Gesamtvertretung aller Vorstandsmitglieder bereits aus dem (hier unterstellten) streitgegenständlichen Änderungsbeschluss des Vorstands.

936 Dazu bereits unter Teil 2.§ 2.A.II.3.b)aa).

in Form von Mitbestimmungs-, Wahl- oder auch Informationsrechten bei der Beschlussfassung verletzt wurden oder die Satzungsänderung dem Inhalt nach rechtswidrig in die Position des Organmitglieds eingreift.[937]

Dieser Differenzierung folgend soll hinsichtlich der weiteren Ausführungen zwischen einem formal-mitwirkungsrechtlich begründeten Vorgehen und einem änderungsinhaltlich begründeten Vorgehen unterschieden werden. Ebenfalls in Betracht zu ziehen ist die Möglichkeit eines gerichtlichen Vorgehens allein aufgrund der organmitgliedschaftlichen Stellung.

(a) Formal-mitwirkungsrechtliche Begründung

Ein formal-mitwirkungsrechtlich begründetes Vorgehen des einzelnen Organmitglieds gegen einen Satzungsänderungsbeschluss knüpft an die Nichteinhaltung der formellen Beschlussvorschriften an. Soweit es um formelle Beschlussvorgaben geht, die dem Organmitglied eine subjektiv-private Rechtsposition verschaffen, kommt im Fall ihrer Betroffenheit aufgrund eines dann bestehenden Feststellungsinteresses die Feststellung der Nichtigkeit des Organbeschlusses gem. § 256 Abs. 1 ZPO in Betracht.

Individuelle Rechtspositionen vermittelnde Beschlussvorgaben sind insbesondere in Form von satzungsmäßig vorgesehenen Teilnahme-, Anhörungs-, Frage-, Informations- oder Stimm- bzw. Beschlussrechten zur Mitwirkung an den Organaufgaben denkbar. Ein Feststellungsinteresse kann dementsprechend etwa deshalb bestehen, weil einem Organmitglied die Teilnahme an der Beschlussfassung über eine Satzungsänderung versagt wurde, weil es entweder überhaupt nicht oder hinsichtlich des Orts, der Zeit bzw. den Modalitäten der Sitzung nicht ordnungsgemäß oder nicht fristgerecht geladen wurde, oder weil seine Auskunfts- oder Fragerechte während des organschaftlichen Willensbildungsprozesses beschnitten wurden. Ein gerichtliches Vorgehen aufgrund einer mitwirkungsrechtlichen Verletzung von Befugnissen für den hier zu untersuchenden Streitgegenstand setzt also voraus, dass der klagende Organwalter Mitglied desjenigen Organs ist, dem die Satzungsänderungskompetenz zugewiesen ist. Nur dann kommt ein Vorgehen gegen formelle Mängel des Beschlusses aufgrund eigener Rechtsbetroffenheit in Betracht.

Fraglich ist, ob ein Feststellungsinteresse auch dann besteht, wenn das Nichtigkeitspostulat formell rechtwidriger Satzungsänderungsbeschlüsse auf der Rechtsfolgenseite eingeschränkt wird.

---

937 VGH Mannheim BeckRS 2006, 23996 Rn. 36; *G. Roth*, in: MHdB GesR VII, § 101 Rn. 14; allgemeiner *Burgard*, in: Burgard, Stiftungsrecht, § 84b BGB Rn. 99.

Diese Einschränkung wird für stiftungsrechtliche Organbeschlüsse in zweierlei Hinsicht vertreten. Zum einen soll die Nichtigkeitsfolge nicht ohne Weiteres bei der Verletzung solcher Verfahrensregeln greifen, die zur Disposition der Organmitglieder stehen.[938] Derartige bloß vernichtbare Beschlüsse sollen nach einer Ansicht erst dann letztgültig unwirksam werden, wenn der formelle Beschlussmangel innerhalb einer angemessenen Zeitspanne und damit rechtzeitig gerügt wird, weil andernfalls im Sinne einer Verwirkung des Rechts auf Geltendmachung der Nichtigkeit der Beschlussmangel als geheilt gilt; nach anderer Ansicht sind vernichtbare Beschlüsse hingegen wirksam, sofern deren formelle Fehlerhaftigkeit nicht rechtzeitig durch formlosen Widerspruch beanstandet wird.[939] Stünden nämlich Vorschriften zur Disposition der Organmitglieder, seien diese nicht primär dem Schutz der Stiftung und des Stifterwillens zu dienen bestimmt, sodass deren Nichtbeachtung keine Überschreitung des organkompetenziellen Befugnisrahmens in Form einer Satzungsdurchbrechung darstelle.[940]

Auch wenn für die Möglichkeiten und Grenzen einer Abweichung zur Nichtigkeitsfolge greifbare Kriterien geboten werden, ist der Ansicht zur Vernichtbarkeit von Organbeschlüssen im Ergebnis nur dann zu folgen, wenn die Satzung Anhaltspunkte für den Willen des Stifters bietet, dass gewisse formelle Beschlussmängel keine Nichtigkeit des betreffenden Beschlusses nach sich ziehen sollen.[941] Das erscheint sachgerecht, weil die formellen Beschlussvorgaben selbst ebenfalls nur dann nicht den allgemeinen Beschlussgrundsätzen folgen, wenn sie vom Stifter satzungsmäßig abweichend geregelt werden. So ist etwa ein Stiftungsorgan wie der Vorstand beschlussfähig, auch wenn nur ein Vorstandsmitglied zur Vorstandssitzung erschienen ist, sofern nicht durch die Satzung oder eine eventuelle

938 Dafür *Hoffmann*, in: FG Kreutz, 29, 36 f.; *Stallmann*, Fehlerhafte Beschlüsse, 157 ff.

939 Zu den (sich lediglich in der dogmatischen Konstruktion unterscheidenden) verschiedenen Ansichten, s. *Hoffmann*, in: FG Kreutz, 29, 37; *Stallmann*, Fehlerhafte Beschlüsse, 157 ff., jeweils mit weiteren Nachweisen.

940 *Hoffmann*, in: FG Kreutz, 29, 36, mit Verweis auf die grundlegend andere Situation im Vereinsrecht, weil dort die Verbandsmitglieder die Verbindlichkeit ihrer Binnenordnung bei allgemeinem Konsens grundsätzlich aufheben können; vgl. *G. Roth*, in: MHdB GesR VII, § 99 Rn. 1. – Dabei kann es grundsätzlich nur um formelle, nicht hingegen um materielle Beschlussvorgaben gehen, da die letzteren aufgrund der Geltung des Primats des Stifterwillens nicht disponibel sind.

941 Vgl. zur diesbezüglichen Regelungsmöglichkeit des Stifters *Hoffmann*, in: FG Kreutz, 29, 44; *Stallmann*, Fehlerhafte Beschlüsse, 167 f. Derartige Anhaltspunkte liefern etwa die Vernichtbarkeit konkretisierende (und in diesem Zusammenhang sinnvolle) Vorgaben zu einer Widerspruchsberechtigung bestimmter Stiftungsakteure oder einer Frist zur Geltendmachung eines formellen Beschlussmangels.

Geschäftsordnung eine erforderliche Anzahl von Vorstandsmitgliedern für die Beschlussfähigkeit vorgeschrieben wird. Es ist nicht ersichtlich, warum für die Rechtsfolgenseite etwas anderes gelten sollte.

Zum anderen soll in Anlehnung an die im Gesellschaftsrecht geltende Relevanzlehre[942] die Nichtigkeitsfolge nicht bei solchen formellen Beschlussmängeln eintreten, die auf das Abstimmungsergebnis deshalb ohne Auswirkungen geblieben sind, weil keine anerkennenswerten Mitwirkungsinteressen der Teilnahme- und Abstimmungsberechtigten tangiert worden sind.[943]

Richtigerweise vermag keine der vorstehend skizzierten möglichen Einschränkungen der Nichtigkeitsfolge ein bejahtes Feststellungsinteresse aufgrund eigener Rechtsbetroffenheit in Abrede zu stellen. Das entspricht der Aufsplittung von Sachentscheidungs- und Begründetheitsvoraussetzungen einer Klage, die aufgrund der einhergehenden rechtlichen Konsequenzen im Falle ihres Nichtvorliegens klar zu trennen sind. Ist das Bestehen eines Feststellungsinteresses eine Frage der Zulässigkeit,[944] betrifft die gerichtliche Klärung der Nichtigkeit als Rechtsfolge eines formell fehlerhaften organschaftlichen Beschlusses hingegen die Begründetheit der Klage. Die Rechtsfragen rund um die Wirksamkeit vernichtbarer Satzungsänderungsbeschlüsse oder die Relevanz formeller Beschlussmängel bleiben daher grundsätzlich auf diese Ebene beschränkt und zeitigen keine Auswirkungen auf die Zulässigkeit einer entsprechenden Feststellungsklage.

Zulässigkeitsrelevant kann im Zuge der gerichtlichen Bestandsklärung eines vernichtbaren Beschlusses, dessen Anerkennung nach hier vertretener Ansicht notwendigerweise vom Stifterwillen gedeckt sein muss, allein die Frage sein, ob das Organmitglied unmittelbar eine Feststellungsklage gem. § 256 Abs. 1 ZPO erheben durfte. Ist nämlich im Streit um die Beschlusswirksamkeit vernichtbarer Organbeschlüsse satzungsgemäß zunächst Widerspruch gegen den entsprechenden Beschluss einzulegen, fehlt für eine unmittelbare gerichtliche Inanspruchnahme ein schutzwürdiges Interesse und damit das allgemeine Rechtsschutzbedürfnis.[945]

---

942 Dazu BGHZ 149, 158, 163 ff. = NJW 2002, 1128; BGHZ 160, 385, 391 f. = NJW 2005, 828; *Koch*, AktG, § 243 Rn. 13; *Noack/Zetzsche*, in: KK-AktG, § 243 Rn. 64 ff.; *Schäfer*, in: MüKo-AktG, § 243 Rn. 30 ff.

943 *Burgard*, Gestaltungsfreiheit, 320; *Hoffmann*, in: FG Kreutz, 29, 38; *G. Roth*, in: MHdB GesR VII, § 99 Rn. 6; *Stallmann*, Fehlerhafte Beschlüsse, 170; *Weitemeyer*, in: MüKo-BGB, § 86 Rn. 28.

944 Dazu bereits unter Teil 2.§ 2.A.II.1.a).

945 Vgl. *Burgard*, Gestaltungsfreiheit, 290 f.; *Hoffmann*, in: FG Kreutz, 29, 41; *G. Roth*, in: MHdB GesR VII, § 99 Rn. 18; *Stallmann*, Fehlerhafte Beschlüsse, 182.

Ist demnach in den vorstehend genannten Grenzen ein gerichtliches Vorgehen gegen formell rechtswidrige Satzungsänderungsbeschlüsse im Wege der allgemeinen Feststellungsklage gem. § 256 Abs. 1 ZPO möglich, ist weitergehend zu prüfen, ob ein Klageantrag hinsichtlich dieses Streitgegenstands unmittelbar auf Rücknahme des entsprechenden organschaftlichen Beschlusses gerichtet sein kann. Eine erfolgversprechende gerichtliche Intervention durch das Organmitglied im Wege der Leistungsklage als statthafter Klageart setzt allerdings das Vorliegen eines entsprechenden Klagerechts voraus. Dafür müsste sich im Rahmen eines mitwirkungsrechtlich begründeten Vorgehens die betroffene formelle Beschlussvorgabe zu einem Recht auf Tun verdichten lassen.[946]

Maßgeblich dafür kann erneut nur der in Stiftungsgeschäft und Stiftungssatzung zum Ausdruck gekommene Stifterwille sein. Erschöpfen sich die satzungsmäßigen Regelungen in der Zuweisung von Verfahrensrechten bei der Beschlussfassung als solcher, etwa in Form von Beschlussrechten, wird man ein Recht auf Rücknahme für die Organmitglieder zu verneinen haben. Kann nämlich dem Rechtsschutzziel des Organmitglieds bereits dadurch Genüge getan werden, dass der Verstoß gegen eine formelle Beschlussvorschrift durch die Feststellung der Nichtigkeit des betreffenden Satzungsänderungsbeschlusses im Rahmen einer Feststellungsklage sanktioniert wird, besteht für eine darüber hinausgehende Leistungsklage weder Anlass noch Vorrang. Insofern bleibt der Rechtsschutz des Organmitglieds sachgerecht auf das beschränkt, was es nach dem Stifterwillen zu beanspruchen hat, nämlich die Einhaltung der formellen Beschlussvorschriften. Mangels Klagerechts ist im Rahmen eines formal-mitwirkungsrechtlich gestützten gerichtlichen Vorgehens des Organmitglieds gegen formell rechtswidrige Satzungsänderungsbeschlüsse eine Leistungsklage auf Rücknahme als unbegründet abzulehnen.[947]

(b) Änderungsinhaltliche Begründung

Anders als ein formal-mitwirkungsrechtlich begründetes Vorgehen knüpft ein hier so bezeichnetes, änderungsinhaltlich begründetes Vorgehen des Organmitglieds gegen einen Satzungsänderungsbeschluss nicht an eine formale, sondern an eine inhaltliche Betroffenheit an.

946 Vgl. *Jakob/Picht/Kopp*, in: BeckOGK-BGB, Stand: 01.12.2023, § 83 Rn. 53.

947 Vgl. *Jakob/Picht/Kopp*, in: BeckOGK-BGB, Stand: 01.12.2023, § 83 Rn. 54, die allerdings in der vorstehend geschilderten Konstellation die Begründetheit einer Leistungsklage annehmen, wenn ein Mitwirkungsrecht in der Satzung enthalten und dieses verletzt worden ist, Rn. 53.

Eine Klagemöglichkeit im Wege der Feststellungsklage auf Feststellung der Nichtigkeit wegen eines bestehenden Feststellungsinteresses kommt in Betracht, wenn die Satzungsänderungsentscheidung selbst das Organmitglied in einer gesetzlich oder in erster Linie satzungsmäßig verschafften subjektiv-privaten Rechtsposition berührt. Dazu können etwa Satzungsänderungsbeschlüsse gehören, welche einem satzungsmäßig vorgesehenen Kuratorium die vom Stifter eingeräumten organisationsrechtlichen Befugnisse beschneiden, aufheben oder anderweitig inhaltlich verändern oder wenn sie die personale Zusammensetzung des Organs beeinflussen. So wurde im Rahmen der gerichtlichen Auseinandersetzung um die Nichtigkeit eines Organbestellungsbeschlusses, mit dem zu den bestehenden neun Kuratoriumsmitgliedern zusätzlich vier weitere bestellt wurden, ein Feststellungsinteresse des klagenden Kuratoriumsmitglieds deshalb bejaht, weil im Falle der Wirksamkeit des Beschlusses sich die Zahl der stimmberechtigten Kuratoriumsmitglieder auf 13 erhöhte mit der Konsequenz, dass sich bei Anwesenheit aller Kuratoriumsmitglieder das Stimmgewicht des klagenden Organwalters entsprechend von 1/9 auf 1/13 verringerte.[948] Ebenso wurde einer Klage gegen eine Satzungsänderung bei einer rechtsfähigen Stiftung des bürgerlichen Rechts stattgegeben, weil durch die Änderung in die den Destinatären hinsichtlich der Stiftungsverwaltung eingeräumten Mitwirkungsrechte eingegriffen wurde.[949]

Von der Prüfung eines etwaigen Feststellungsinteresses bleibt auch bei der gerichtlichen Auseinandersetzung um die materielle Rechtmäßigkeit eines Änderungsbeschlusses die Prüfung der Begründetheit einer entsprechenden Feststellungsklage zu unterscheiden. Da die Organmitglieder über die Nichtigkeitsfolge materiell fehlerhafter Organbeschlüsse aufgrund ihrer Bindung an den Stifterwillen nicht disponieren können, steht primär die Einhaltung der tatbestandlichen Änderungsvoraussetzungen im Fokus, insbesondere muss die Satzungsänderung sowohl nach früherer wie auch nach aktueller Rechtslage dem (ggf. durch Auslegung zu ermittelnden) tatsächlichen oder mutmaßlichen Stifterwillen entsprechen.[950] Dabei darf man sich im Rahmen der Begründetheitsprüfung für die Bejahung materieller Fehlerhaftigkeit nicht mit der Feststellung begnügen, der Änderungsbeschluss greife inhaltlich in die Rechtsstellung des Organmitglieds ein und widerspreche deshalb dem Stifterwillen. Ob ein in der konkreten Regelung einer Rechtsposition des Organmitglieds zum Ausdruck gekommener Stifterteilwille geschützt ist, kann nur bei wertender Betrachtung des Stiftergesamtwillens

---

948 BGH NJW 1994, 184, 185.

949 OLG Hamburg ZIP 1994, 1950.

950 S. zur Beachtlichkeit des Stifterwillens bei Satzungsänderungen nur BGH WM 1976, 869, 872.

in der Ausprägung des Stiftungszwecks ermittelt werden.[951] Entspricht die Satzungsänderung dem tatsächlichen oder mutmaßlichen Stifterwillen, ist die gegen einen Satzungsänderungsbeschluss erhobene Feststellungsklage zwar (bezogen auf das Vorliegen eines Feststellungsinteresses) zulässig, aber unbegründet. Entspricht sie dem nicht, müsste es im Zuge eines änderungsinhaltlichen Vorgehens gegen einen Satzungsänderungsbeschluss möglich sein, unmittelbar auf dessen Rücknahme im Wege der Leistungsklage zu klagen. Anders als für formell rechtswidrige Organbeschlüsse, bei denen das mangels Bestehens eines Klagerechts abgelehnt wurde,[952] kommt die Anerkennung eines entsprechenden Anspruchs auf Einhaltung im Falle inhaltlicher Betroffenheit der satzungsmäßig verschafften Rechtspositionen in Betracht. Dessen Etablierung gebietet die Stärkung des individuellen Stifterwillens durch die Möglichkeit eines gerichtlichen Vorgehens im Wege der Leistungsklage.

Werden demnach eingeräumte Rechte durch eine Satzungsänderung in einer mit dem Stifterwillen nicht zu vereinbarenden Weise inhaltlich verändert und dadurch verletzt, ist nach hier vertretener Ansicht eine Klage des betroffenen Organmitglieds auf Rücknahme des entsprechenden Beschlusses wegen eines bestehenden Klagerechts begründet.[953]

(c) Begründung aufgrund rein organmitgliedschaftlicher Stellung

Klärungsbedürftig bleibt, ob das Organmitglied gegen einen formell oder materiell fehlerhaften Satzungsänderungsbeschluss im Wege der Feststellungsklage vorgehen kann, wenn es nicht in eigenen subjektiv-privaten Rechten berührt ist. Dazu kann etwa die Einhaltung formeller Beschlussvorgaben gehören, wie die Beschlussfähigkeit, die Beschlussfeststellung oder etwaige Formvorschriften, die nicht mit einer individuellen organschaftlichen Rechtsposition des Organmitglieds korrelieren und damit unter diesem Gesichtspunkt kein Feststellungsinteresse begründen.

Die Anknüpfung an die individuelle Rechtsbetroffenheit zur Anerkennung eines Feststellungsinteresses wird in der aktienrechtlichen Literatur und Rechtsprechung für Organmitglieder (und Aktionäre) ausgesetzt. Ein rechtlich relevantes

951 Darauf weist *G. Roth*, in: MHdB GesR VII, § 101 Rn. 14, berechtigterweise hin.

952 S. unter Teil 2.§ 2.A.II.3.b)bb)(3)(a).

953 Vgl. OLG Hamburg ZIP 1994, 1950; *Jakob/Picht/Kopp*, in: BeckOGK-BGB, Stand: 01.12.2023, § 83 Rn. 54. Passivlegitimiert und damit richtiger Klagegegner ist in einem solchen Fall allerdings nicht die Stiftung, sondern zu verklagen sind die Mitglieder des Satzungsänderungsorgans auf Rückgängigmachung der angegriffenen Satzungsänderung durch Abgabe diesbezüglicher Willenserklärungen.

Interesse i.S.d. § 256 Abs. 1 ZPO zur Feststellung der Nichtigkeit organschaftlicher Beschlüsse ergibt sich dort bereits aus der Organstellung des klagenden Organmitglieds.[954] Begründet wird das mit der aus der organschaftlichen Stellung abgeleiteten gemeinsamen Verantwortung für die Rechtmäßigkeit der von den Organmitgliedern gefassten Beschlüsse.[955] Demnach hat das Organmitglied nicht nur das Recht und die Pflicht, die im Rahmen der Organtätigkeit zugewiesenen Aufgaben in Übereinstimmung mit Gesetz und Satzung wahrzunehmen, sondern sei aufgrund der organmitgliedschaftlichen Stellung ebenso berechtigt darauf hinzuwirken, dass das Organ, dem es angehöre, seine Entscheidungen nicht im Widerspruch zu Gesetzes- oder Satzungsrecht treffe.[956] Kann dieses Ziel im Rahmen der Diskussion und Entscheidungsfindung nicht erreicht werden, weil etwa der Aufsichtsrat mit Mehrheitsbeschluss ein Einschreiten gegen den Vorstand ablehnt, sei es berechtigt, eine Klärung auf dem Klageweg anzustreben, wobei ein rechtliches Interesse an der Feststellung der Nichtigkeit des Aufsichtsratsbeschlusses auch und gerade dann bestehe, wenn keine organschaftlichen Mitwirkungsrechte verkürzt oder verletzt würden.[957]

Diese herabgesetzten Anforderungen an die Bejahung eines Feststellungsinteresses i.S.d. § 256 Abs. 1 ZPO sollen auf das Stiftungsrecht nicht übertragbar sein. Die Unwirksamkeit organschaftlicher Beschlüsse könne durch ein Organmitglied nicht schon aufgrund einer durch die Organstellung begründeten Zugehörigkeit zur Stiftung, sondern nach allgemeinen Grundsätzen nur dann gerichtlich festgestellt werden, wenn das betreffende Organmitglied durch den Beschluss in eigenen organschaftlichen Rechten betroffen sei.[958] Eine allgemeine Befugnis der Organmitglieder, Beschlüsse des Organs im eigenen Namen einer gerichtlichen Kontrolle zuzuführen, sei dem Stiftungsrecht hingegen fremd.[959]

Ebenso wenig wie im Rahmen der Rechtsschutzmöglichkeiten einzelner Kuratoriumsmitglieder gegen einen die Missbilligung von Vorstandsmaßnahmen

---

954 BGHZ 135, 244, 248 = NJW 1997, 1926; *Schäfer*, in: MüKo-AktG, § 249 Rn. 4a.

955 So für die Mitglieder eines aktienrechtlichen Aufsichtsrats BGHZ 83, 144, 146 = NJW 1982, 1528; BGHZ 122, 342, 350 = NJW 1993, 2307; BGHZ 135, 244, 248 = NJW 1997, 1926.

956 BGHZ 135, 244, 248 = NJW 1997, 1926.

957 BGHZ 83, 144, 146 = NJW 1982, 1528; BGHZ 135, 244, 247 ff. = NJW 1997, 1926; vgl. *Raiser*, ZGR 1989, 44, 68.

958 BGH NJW 1994, 184, 185; *Ebersbach*, Stiftungsrecht, 105; *Hof*, in: von Campenhausen/Richter, Stiftungsrechts-Handbuch, § 8 Rn. 203.

959 BGH NJW 1994, 184, 185; VGH Mannheim BeckRS 2006, 23996 Rn. 36.

ablehnenden Beschluss des Kuratoriums[960] überzeugt diese Ansicht zur Begründung einer fehlenden gerichtlichen Klagemöglichkeit gegen formell oder materiell rechtswidrige Satzungsänderungsbeschlüsse. In gleicher Weise wie für sonstige Organbeschlüsse gilt für Satzungsänderungsentscheidungen, dass sich ein Feststellungsinteresse bereits aus der in der Organmitgliedschaft wurzelnden Verantwortung für die Rechtmäßigkeit derartiger Beschlüsse ergibt.[961] Diese Argumentation überzeugt gerade im Stiftungsrecht angesichts der strukturellen Abstinenz von natürlichen Trägern eines Eigeninteresses, die auf die Einhaltung der gesetz- und satzungsmäßigen Vorgaben hinwirken könnten.[962]

Insofern wird eine Beschlussmängelklage der Organmitglieder auch nicht wegen einer vermeintlich vorrangigen Beschlusskontrolle durch die Stiftungsbehörden ausgeschlossen, da ein solches Verständnis der Stiftungsaufsicht bereits dem aus dem Verhältnismäßigkeitsprinzip folgenden Grundsatz der Subsidiarität jeden aufsichtlichen Einschreitens widerspricht.[963] Ist aber eine Kontrolle von satzungsändernden Beschlüssen durch die Mitglieder des beschlussfassenden Organs, wie hier vertreten, möglich, verbleibt für die Annahme eines primären oder gar ausschließlichen hoheitlichen Vorgehens durch die Stiftungsaufsicht kein Raum.[964] Mithin ist richtigerweise für die Einhaltung der Rechtmäßigkeit von stiftungsrechtlichen Beschlüssen auf die Organmitglieder abzustellen, die den in Stiftungsgeschäft und Stiftungssatzung zum Ausdruck kommenden Stifterwillen durch Willensbildung konkretisieren und somit für dessen gesetzes- und satzungsadäquaten Vollzug in der Stiftungstätigkeit sorgen.[965]

Zwar ließe sich argumentieren, dass die Konzeption mehrgliedriger Organe als Kollegialorgane, welche die ihnen übertragenen Kompetenzen gesamtorgan-

960 S. dazu bereits unter Teil 2.§ 2.A.II.2.b)bb)(3)(a)(bb).

961 *Burgard*, in: Burgard, Stiftungsrecht, § 84b BGB Rn. 99; *Frese*, EWiR 2019, 39, 40; *Hoffmann*, in: FG Kreutz, 29, 40 f.; *Hüttemann/Rawert*, in: Staudinger, BGB, § 86 Rn. 65; *Kraus*, npoR 2024, 63, 65; *Rawert*, in: NPLY 2019, 97, 107; *Stallmann*, ZEV 2017, 607, 611 f.; *Uffmann*, in: Andrick/Muscheler/Uffmann, Stiftungsrecht, § 84b BGB Rn. 78.

962 Ebenso *Burgard*, Gestaltungsfreiheit, 289; *ders.*, in: Burgard, Stiftungsrecht, § 84b BGB Rn. 99; *Hoffmann*, in: FG Kreutz, 29, 41; *Stallmann*, Fehlerhafte Beschlüsse, 180 ff.; *ders.*, ZEV 2017, 607, 611 f.

963 *Burgard*, in: Burgard, Stiftungsrecht, § 84b BGB Rn. 100; *Stallmann*, Fehlerhafte Beschlüsse, 180.

964 *Stallmann*, Fehlerhafte Beschlüsse, 180 f., sieht ebenfalls eine Beschränkung der grundrechtlich geschützten Stiftungsautonomie über Gebühr, wenn der Aufsichtsbehörde ausschließliche Kontrollbefugnisse zugewiesen würden.

965 *Stallmann*, Fehlerhafte Beschlüsse, 181; vgl. *G. Roth*, in: MHdB GesR VII, § 99 Rn. 1.

schaftlich wahrnehmen und ihren Willen durch Mehrheitsbeschlüsse bilden, einer Anknüpfung an die individuelle Organmitgliedschaft zur Begründung eines Feststellungsinteresses entgegensteht. Dagegen spricht allerdings die in einer möglichen Schadensersatzpflicht zum Ausdruck kommende persönliche Verantwortlichkeit der Organmitglieder für die Erfüllung der übertragenen organschaftlichen Aufgaben, die der Pflichtenbindung eine individuelle Komponente zuweist.[966]

Ist der richtige Anknüpfungspunkt für das Vorliegen eines Feststellungsinteresses bei der Klage auf Feststellung der Nichtigkeit von Satzungsänderungsbeschlüssen somit die organschaftliche Stellung innerhalb des beschlussfassenden Organs, ist der zugrundeliegende Begründungsansatz dahingehend verallgemeinerungsfähig, dass *jedes* Organmitglied Beschlüsse seines Organs bereits aufgrund der organschaftlichen Zugehörigkeit umfassend auf ihre formelle und materielle Rechtmäßigkeit[967] gerichtlich überprüfen lassen kann. Dem weiten Verständnis des rechtlichen Interesses i.S.d. § 256 Abs. 1 ZPO zum Schutz der Stiftung entspricht, dass weder der Frage nach der Organfunktion (weil nicht etwa nur Mitglieder eines zu Kontrollzwecken eingesetzten Organs klagen dürfen) noch der Frage nach einer Verletzung in eigenen organschaftlichen Rechten zur Bejahung dieses Zulässigkeitserfordernisses Relevanz zukommt.[968]

Dieses Ergebnis zu den Klagemöglichkeiten gegen organschaftliche Satzungsänderungsbeschlüsse entspricht den im Rahmen des Streitgegenstands in Teil 2.§ 2.A.II.2.b) gemachten Befunden; es lässt sich auf alle stiftungsrechtlichen Beschlussmängelklagen übertragen, in denen ein Organmitglied die Feststellung der Nichtigkeit von Beschlüssen des eigenen Organs begehrt.

Der Anerkennung eines umfassenden Feststellungsinteresses in Bezug auf Beschlüsse des eigenen Organs steht dessen notwendigerweise restriktive Hand-

966 Vgl. *Hüttemann/Rawert*, in: Staudinger, BGB, § 86 Rn. 65. S. zudem die bereits unter Teil 2.§ 2.A.II.2.b)bb)(3)(a)(bb) getroffene Überlegung, wonach es angesichts einer möglichen Haftung des einzelnen Organmitglieds nicht gerechtfertigt sein kann, wenn diesem die Möglichkeit genommen würde, sich von einem unter seiner Mitwirkung zustande gekommenen rechtswidrigen Beschluss zu distanzieren; vgl. im Recht der AG *Raiser*, ZGR 1989, 44, 68.

967 Zögernd *Hoffmann*, in: FG Kreutz, 29, 41, der eine gerichtliche Prüfung von Beschlüssen zumindest auf ihre Vereinbarkeit mit dem Stifterwillen ermöglichen will.

968 Ebenso *Hoffmann*, in: FG Kreutz, 29, 40; *Stallmann*, Fehlerhafte Beschlüsse, 181, die auf die Möglichkeit einer andernfalls bestehenden zivilgerichtlichen Rechtsschutzlücke aufmerksam machen; ferner *Hüttemann/Rawert*, in: Staudinger, BGB, § 86 Rn. 65; *G. Roth*, in: MHdB GesR VII, § 99 Rn. 18; *Weitemeyer*, in: MüKo-BGB, § 86 Rn. 30.

habung gegenüber, wenn das Organmitglied die Nichtigkeit von Beschlüssen eines anderen Organs gerichtlich feststellen lassen möchte. Die diesbezüglichen Erwägungen, die im Rahmen der Untersuchung eines Vorgehens gegen den ein vorstandsbezogenes Einschreiten ablehnenden Kuratoriumsbeschluss angestellt wurden,[969] müssen aus Kohärenzgründen ebenso für Satzungsänderungsbeschlüsse gelten. Hier wie dort spricht für eine Verneinung des Feststellungsinteresses, dass der Anknüpfungspunkt einer Verantwortlichkeit für die Rechtmäßigkeit des Organhandelns außerhalb des eigenen organmitgliedschaftlichen Bereichs für das Organmitglied nicht bestehen kann. Der immer wieder vorgebrachte Hinweis, ein Feststellungsinteresse sei jedenfalls dann zu bejahen, wenn der Klagewillige Mitglied eines Kontrollorgans sei, zu dessen Pflichtenkreis gerade die Rechtmäßigkeitskontrolle des Handelns eines anderen Organs gehöre,[970] geht fehl, weil die Überwachungs- und Kontrollfunktion als solche gesamtorganschaftlich konzipiert ist, und damit im Zusammenhang stehende Rechte und Pflichten nicht dem einzelnen Organmitglied obliegen.[971]

Sind Organmitgliedschaft und Organkompetenz mithin nicht gleichzusetzen, bleibt zu konstatieren, dass sich für Organmitglieder[972] ein Kontrollrecht niemals zu einem eigenen Klagerecht bzw. zu einem Feststellungsinteresse aufgrund organmitgliedschaftlicher Stellung verdichten lässt.[973] Damit kann ein nicht am Satzungsänderungsbeschluss beteiligtes Organmitglied nach allgemeinen Grundsätzen nur dann erfolgreich im Wege der Feststellungsklage die Nichtigkeit dieses Beschlusses feststellen lassen, wenn aufgrund seines Inhalts[974] das Organmitglied

---

969 S. dazu unter Teil 2.§ 2.A.II.2.b)bb)(3)(a)(bb).

970 *Hoffmann*, in: FG Kreutz, 29, 41; *Rawert*, in: NPLY 2019, 97, 107 f.; *G. Roth*, in: MHdB GesR VII, § 99 Rn. 19; *Stallmann*, Fehlerhafte Beschlüsse, 182; *Uffmann*, in: Andrick/Muscheler/Uffmann, Stiftungsrecht, § 84b BGB Rn. 78; *Weitemeyer*, in: MüKo-BGB, § 86 Rn. 30.

971 Dazu bereits unter Teil 2.§ 2.A.II.2.b)bb)(3)(a)(bb).

972 Erst recht nicht in Betracht kommt auch bei diesem Streitgegenstand ein gerichtliches Vorgehen des Organs selbst aufgrund der hier vertretenen Unzulässigkeit rechtsfähiger Organe.

973 An diese prozessuale Konsequenz bleibt auch der Stifter gebunden. Eine für die Geltendmachung von Beschlussfehlern mögliche, satzungsmäßige Regelung des zur Klageerhebung berechtigten Personenkreises (dafür *Burgard*, in: Burgard, Stiftungsrecht, § 84b BGB Rn. 103; *Rawert*, in: NPLY 2019, 97, 113; *Stallmann*, Fehlerhafte Beschlüsse, 191) muss sich daher in den Grenzen des prozessual Zulässigen bewegen.

974 Eine nur formelle Rechtwidrigkeit des Satzungsänderungsbeschlusses dürfte hingegen nicht genügen, weil die Verletzung verfahrensrechtlicher Vorgaben zur Beschluss-

in eigenen subjektiv-privaten Rechten betroffen ist.[975] Angesprochen ist damit letztlich ein Feststellungsinteresse aufgrund änderungsinhaltlicher Begründung.

(4) Gerichtliches Vorgehen der Destinatäre

Partizipieren die Destinatäre als Nutznießer von Stiftungsleistungen an der Stiftungstätigkeit, ist zu untersuchen, inwieweit die Stiftungsbegünstigten selbst in die gerichtliche Kontrolle organschaftlicher Satzungsänderungsbeschlüsse zum Schutz des Stifterwillens eingebunden werden können. Maßgeblich für die Beantwortung dieser Frage ist erneut, ob den Destinatären für eine Klage auf Feststellung der Nichtigkeit des entsprechenden Beschlusses ein Feststellungsinteresse i.S.d. § 256 Abs. 1 ZPO zukommt. Die Notwendigkeit eines rechtlichen gegenüber einem bloß wirtschaftlichen oder ideellen Interesse[976] erhellt, dass man sich nicht mit dem Verweis auf den Charakter eines Beschlusses, etwa bei einer Mittelverwendungsentscheidung, begnügen kann.[977] Erforderlich für die Annahme eines rechtlichen Interesses ist auch bei einem gerichtlichen Vorgehen der Destinatäre vielmehr, dass eingeräumte Rechtspositionen durch den Satzungsänderungsbeschluss beeinträchtigt werden. Je nach Art des Rechts kommt zum einen ein Feststellungsinteresse aufgrund der Berührung in einem satzungsmäßig verschafften Leistungsanspruch in Betracht, zum anderen aufgrund der Beeinträchtigung in einer kontroll- oder mitwirkungsrechtlichen Position.[978] Die folgenden Ausführungen differenzieren daher zwischen einem leistungsrechtlich und einem organmitgliedschaftlich begründeten, gerichtlichen Vorgehen.

(a) Leistungsrechtliche Begründung

Zu denken ist zunächst an ein rechtliches Interesse an der Nichtigkeitsfeststellung eines organschaftlichen Satzungsänderungsbeschlusses aufgrund einer Beeinträchtigung in einem satzungsmäßig verschafften Anspruch auf Stiftungsleistung.[979] Eine Betroffenheit in einem Leistungsrecht ist für die Destinatäre etwa

---

fassung regelmäßig nicht über den eigenen organschaftlichen Wirkungskreis des beschlussfassenden Organs hinausragt.

975 Ebenso im Recht der AG eine Klage nur bei eigener Betroffenheit des Organmitglieds annehmend, vgl. *Koch*, AktG, § 108 Rn. 30.

976 Dazu bereits unter Teil 2.§ 2.A.I.2.

977 *Hoffmann*, in: FG Kreutz, 29, 42; *Stallmann*, Fehlerhafte Beschlüsse, 183

978 *Hoffmann*, in: FG Kreutz, 29, 42; *G. Roth*, in: MHdB GesR VII, § 101 Rn. 16; *Stallmann*, Fehlerhafte Beschlüsse, 183.

979 Zur rechtlichen Zulässigkeit der Verschaffung von Rechtsansprüchen auf die Leistungen der Stiftung, s. bereits die Ausführungen unter Teil 2.§ 2.A.II.2.a).

dadurch denkbar, dass satzungsmäßige Regelungen zur Verwaltung des Stiftungsvermögens geändert werden, wodurch sich entweder die festgelegte Höhe des Leistungsanspruchs oder zumindest die Höhe der verteilungsfähigen Erträge zulasten der Destinatäre verschiebt.[980] Ein Feststellungsinteresse wird man auch dann zu bejahen haben, wenn sich infolge eines Austauschs, einer Beschränkung oder einer sonstigen Änderung des Stiftungszwecks der Kreis der Stiftungsbegünstigten wandelt.[981]

Die vorstehenden Ausführungen gelten richtigerweise sowohl für unmittelbar satzungsmäßige als auch für organschaftlich begründete Destinatärsansprüche. Bei letzteren besteht kraft Satzung zwar kein unmittelbarer Leistungsanspruch, weil der Anspruch erst infolge einseitiger Zuerkennung durch das zuständige Stiftungsorgan anhand von satzungsmäßig festgelegten Kriterien mittels freien Auswahlermessens entsteht.[982] In den Fällen eines hinreichend konkret beschriebenen Destinatärskreises kann allerdings von einem mittelbar satzungsmäßig begründeten Destinatärsanspruch gesprochen werden, weil die organschaftliche Auswahlentscheidung als eine Entscheidung des Stifters erscheint.[983] In beiden Konstellationen besteht somit im Ergebnis ein durch die Satzung verschafftes Leistungsrecht, bei dessen Betroffenheit die von § 256 Abs. 1 ZPO gestellten Anforderungen an ein rechtliches Interesse als erfüllt anzusehen sind.[984]

---

980 *G. Roth*, in: MHdB GesR VII, § 101 Rn. 20.

981 *G. Roth*, in: MHdB GesR VII, § 101 Rn. 21. In einem vom BGH im Jahr 1987 entschiedenen Fall (BGHZ 99, 344 = NJW 1987, 2364) begehrten die Destinatäre einer rechtsfähigen Stiftung des Privatrechts Rechtsschutz gegen eine Änderung des Stiftungszwecks in Form der Umwandlung einer Familien- in eine gemeinnützige Stiftung, weil sie sich durch die Ausweitung des Kreises der Begünstigten in ihrem Recht auf Leistungen der Stiftung beeinträchtigt sahen. Ebenso denkbar ist eine Beeinträchtigung aufgrund der Umwandlung einer Ewigkeits- in eine Verbrauchsstiftung.

982 Dazu bereits ausführlich unter Teil 2.§ 2.A.II.2.a)aa) mit weiteren Nachweisen.

983 Vgl. *Muscheler*, NJW 2010, 341, 342.

984 In dieselbe Richtung *Mankowski*, FamRZ 1995, 851, 852, wonach der Vorstand grundsätzlich Bezugsrechte auch durch Satzungsänderung nicht beseitigen oder wesentlich beeinträchtigen kann, da eine entsprechende Satzungsänderung auf die einseitige Befreiung des Schuldners von einer Verbindlichkeit hinausliefe. – Etwas anderes gilt bei organschaftlich begründeten Destinatärsansprüchen vor der Auswahl der Begünstigten, die in den Genuss der Stiftungsleistungen kommen sollen. Da die potentiellen Destinatäre zu diesem Zeitpunkt lediglich eine rechtlich nicht gesicherte Chance auf den Erhalt der Stiftungsleistungen haben (s. nur BGHZ 213, 179, 188 Rn. 28 = NZG

Von der Frage des Bestehens eines Feststellungsinteresses klar zu unterscheiden ist, ob die Betroffenheit des Destinatärs in seinem subjektiv-privaten Leistungsrecht den im Wege der Feststellungsklage angegriffenen Satzungsänderungsbeschluss tatsächlich formell oder materiell rechtswidrig macht. Letzteres ist in prozessualer Hinsicht keine Frage der Zulässigkeit, sondern eine Frage der Begründetheit der Feststellungsklage.[985]

Die Erfolgsaussichten eines gerichtlichen Vorgehens der leistungsberechtigten Destinatäre gegen einen ihre Rechtspositionen beeinträchtigenden Satzungsänderungsbeschluss werden maßgeblich von dem Umstand determiniert, ob die Änderung aus stiftungsverfassungsrechtlichen Gründen gerechtfertigt ist, insbesondere, ob sie dem in Stiftungsgeschäft und Stiftungssatzung zum Ausdruck gekommenen und hilfsweise durch Auslegung zu ermittelnden Willen des Stifters entspricht. Trotz eigener Rechtsbetroffenheit wird man etwa die Rechtswidrigkeit einer den Umfang von Leistungsansprüchen oder die Ausschüttung von Erträgen kurzfristig mindernden Änderung satzungsmäßiger Vermögensverwaltungsbestimmungen zu verneinen haben, mit der die Grundlage für eine ertragreichere Vermögensanlage und damit die langfristige Erhaltung der Leistungsansprüche gelegt werden soll.[986] Dass dies regelmäßig dem Stifterwillen entsprechen dürfte, ergibt sich bereits aus dem Umstand, dass die Stiftungszweckerfüllung (mit den Leistungsrechten als besonderer satzungsmäßiger Ausprägung) in ein Konglomerat weiterer zu berücksichtigender Stiftungsinteressen eingebettet ist.[987] Ist also die volle Ausschüttung verteilungsfähiger Erträge für die kurzfristige Zukunft gewährleistet, aber droht langfristig ohne Restrukturierungsmaßnahmen der Verlust der Stiftungssubstanz für die dauernde und nachhaltige Erfüllung

---

2017, 268), können sie durch Satzungsänderungsbeschlüsse nicht in subjektiv-privaten Rechten betroffen sein. Die Möglichkeit eines gerichtlichen Vorgehens im Wege der Feststellungsklage wird man mangels Feststellungsinteresses daher zu verneinen haben.

985 S. dazu bereits die Erwägungen unter Teil 2.§ 2.A.II.3.b)bb)(3)(b).

986 *Mankowski*, FamRZ 1995, 851, 852; *G. Roth*, in: MHdB GesR VII, § 101 Rn. 20 ff. – Vgl. insofern auch die tatbestandlichen Voraussetzungen der seit 1. Juli 2023 geltenden Regelung des § 85 Abs. 2 Satz 1 BGB, wonach prägende Bestimmungen der Stiftungsverfassung, zu denen regelmäßig auch Bestimmungen über die Verwaltung des Grundstockvermögens gehören (§ 85 Abs. 2 Satz 2 BGB), geändert werden können, wenn sich die Verhältnisse nach Errichtung der Stiftung wesentlich verändert haben und eine solche Änderung erforderlich ist, um die Stiftung an die veränderten Verhältnisse anzupassen.

987 In dieselbe Richtung *G. Roth*, in: MHdB GesR VII, § 101 Rn. 22, der die Leistungsansprüche der Destinatäre unter den Vorbehalt der Bedürfnisse der Stiftung stellt.

des Stiftungszwecks, wäre dem durch eine (dann auch im Destinatärsinteresse liegende) Anpassung der Vermögensanlagevorgaben Rechnung zu tragen.[988] Dass die Feststellungsklage von leistungsberechtigten Destinatären gegen einen solchen Satzungsänderungsbeschluss trotz Rechtsbetroffenheit im Ergebnis nicht zum Erfolg führen wird, erscheint aufgrund der durch die Vereinbarkeit mit dem Stifterwillen vorgezeichneten materiellen Rechtmäßigkeit des Beschlusses sachgerecht und bedarf keiner Korrektur.

Als materiell rechtswidrig wird man hingegen einen Änderungsbeschluss über die Verwaltung des Stiftungsvermögens einzuordnen haben, der für die künftige Ertragserwirtschaftung eine Anlageklasse vorsieht, die vom Stifter in der Satzung ausgeschlossen wurde, ebenso wie den Beschluss über eine Änderung der Berechnungsparameter, die nicht in der langfristigen Erhaltung des Stiftungsvermögens begründet liegt.[989] Selbiges gilt für eine Zweckänderung etwa in Form eines Zweckaustauschs, dessen damit einhergehende Veränderung des Begünstigtenkreises nicht mit dem (tatsächlichen oder mutmaßlichen) Stifterwillen zu vereinbaren ist.[990] In den Fällen einer mit der Rechtswidrigkeit einhergehenden, subjektiv-privaten Rechtsbetroffenheit ist die von den leistungsberechtigten Destinatären erhobene Klage auf Feststellung der Nichtigkeit des Satzungsänderungsbeschlusses nicht nur zulässig, sondern auch begründet.

---

988 *Mankowski*, FamRZ 1995, 851, 852; vgl. *Hörmann*, in: Werner/Saenger/Fischer, Die Stiftung, § 21 Rn. 82, 88, der die Gestaltungsgrenze satzungsmäßig gewährter Destinatärsansprüche ebenfalls erreicht sieht, wenn die „Lebensfähigkeit" der Stiftung bedroht ist; zustimmend *Hüttemann/Rawert*, in: Staudinger, BGB, § 85 Rn. 39.

989 Gleichfalls für materielle Rechtswidrigkeit *Jakob*, Schutz der Stiftung, 190 (evozierte Beeinträchtigung des Anspruchs nicht nur der Höhe, sondern auch dem Grunde nach); *Mankowski*, FamRZ 1995, 851, 852 (willkürliches Handeln der Stiftungsorgane); *G. Roth*, in: MHdB GesR VII, § 101 Rn. 20 (gezielter Eingriff in den Leistungsanspruch der Destinatäre).

990 Kann bspw. der vom Stifter in der Satzung festgelegte Zweck, etwa die Förderung medizinischer Versorgung in Krankenhäusern eines bestimmten räumlichen Gebiets, nicht mehr dauernd und nachhaltig erfüllt werden, so ist ein auf Zweckaustausch gerichteter Satzungsänderungsbeschluss (z.B. mit dem Ersatzzweck der Förderung sonstiger medizinischer Institutionen eines anderen Gebiets) unzulässig, wenn es dem Stifter nach dem (hilfsweise durch Auslegung zu ermittelnden) Stifterwillen gerade darauf ankam, aufgrund eines persönlichen oder regionalen Bezugs nur die Krankenhäuser i.S.d. ursprünglichen Stiftungszweckfestsetzung zu führen (Beispielsfall nach *Winkler*, in: Die Stiftung – Jahreshefte zum Stiftungswesen 15/16 (2021/2022), 71, 135 ff.).

(b) Organmitgliedschaftliche Begründung

Ein rechtliches Interesse i.S.d. § 256 Abs. 1 ZPO zur gerichtlichen Feststellung der Nichtigkeit von Satzungsänderungsbeschlüssen kommt für Destinatäre darüber hinaus in Betracht, wenn sie durch den angegriffenen Beschluss zwar nicht in Leistungsrechten, aber in satzungsmäßig verschafften Verwaltungsrechten betroffen sind.[991] Dazu können etwa Beschlussrechte über Satzungsänderungen oder die Verwendung von Stiftungsmitteln ebenso gehören wie Organbestellungs- oder Organberufungsrechte.[992] Richtigerweise sind in einem solchen Fall die Destinatäre allerdings nicht mehr in ihrer Eigenschaft als Nutznießer des Stiftungsvermögens, sondern in ihren organmitgliedschaftlichen Rechten betroffen, und deshalb nur in der Eigenschaft als Organmitglied zur Inanspruchnahme gerichtlichen Rechtsschutzes gegen einen Satzungsänderungsbeschluss berechtigt. Dass den Destinatären bei der satzungsmäßigen Verschaffung von Mitwirkungsrechten Organfunktion zugewiesen werden muss, ergibt sich aus stiftungsstrukturellen Erwägungen. Zum einen könnte andernfalls eine von der Geltung des historischen Stifterwillens entkoppelte Stiftungsverwaltung etabliert werden. Entscheidungen der Stiftungsleitung sind jedoch einzig an dem in Stiftungsgeschäft und -satzung zum Ausdruck gekommenen Stifterwillen auszurichten. Erkennt man die Möglichkeit der Bildung eines freien, autonomen Willens eines stiftungsexternen Dritten an, bestünde deshalb die Gefahr einer Unterminierung der Stiftungsautonomie durch die Etablierung dem Stiftungsrecht fremder korporativer Elemente. Zum anderen bestehen Bedenken aus stiftungsaufsichtlichen Erwägungen. Aus der Ausgestaltung der Stiftungsaufsicht als reine Rechtsaufsicht über die Stiftungstätigkeit folgt, dass diese zwar die satzungsmäßige Einräumung eines Verwaltungsrechts an einen außerhalb der Stiftungsorganisation stehenden Dritten prüfen könnte, dessen Ausübung allerdings ihrem Prüfungsmaßstab entzogen wäre. Ohne organschaftliche Stellung ist der Stiftungsexterne nicht zur Wahrung des Stiftungsinteresses verpflichtet, sodass ein aufsichtsloses Tätigkeitsfeld droht.[993] Dem Schutz der Stiftung liefe das zuwider.

---

991 OLG Hamburg ZIP 1994, 1950; *Hoffmann*, in: FG Kreutz, 29, 42; *G. Roth*, in: MHdB GesR VII, § 101 Rn. 17; *Stallmann*, Fehlerhafte Beschlüsse, 183.

992 Aufzählung denkbarer Mitverwaltungsrechte bei *Jakob/Picht/Kopp*, in: BeckOGK-BGB, Stand: 01.12.2023, § 83 Rn. 33; *Schwintek*, Vorstandskontrolle, 320. In einem Rechtsstreit vor dem OLG Hamburg (ZIP 1994, 1950) klagten die Destinatäre einer rechtsfähigen Stiftung des Privatrechts gegen eine vom Vorstand beschlossene Satzungsänderung, mit der die Destinatäre u.a. von der Mitwirkung bei der Berufung der Vorstandsmitglieder ausgeschlossen werden sollten.

993 *Huh*, Verfassung und Binnenhaftung, 269 f., zu vergleichbaren Erwägungen im Zusammenhang mit der Zuweisung eines Vorstandsbestellungsrechts an einen stiftungs-

Den vorstehend aufgeführten Bedenken ist dadurch Rechnung zu tragen, dass die Wahrnehmung von Mitwirkungs- und Verwaltungsrechten in der Stiftung nur aufgrund einer organschaftlichen Rechtsposition möglich ist, sei es in Form eines mit Destinatären besetzten Vorstands, sei es in Form eines mit partiellen Geschäftsführungsaufgaben ausgestatteten eigenen Destinatärsorgans, etwa eines erweiterten Vorstands.[994] Die Zulässigkeit eines organmitgliedschaftlichen gerichtlichen Vorgehens der Destinatäre gegen einen Satzungsänderungsbeschluss richtet sich somit konsequenterweise nach denselben Voraussetzungen wie in den unter (3) herausgearbeiteten Kategorien, sodass ein Feststellungsinteresse in Form eines rechtlichen Interesses zu bejahen ist, wenn entweder eine formalmitwirkungsrechtliche, eine änderungsinhaltliche oder eine rein organmitgliedschaftliche Betroffenheit gegeben ist.

(5) Gerichtliches Vorgehen der Anfallberechtigten

Zu überprüfen ist schließlich, ob in gewissen Konstellationen ein gerichtliches Vorgehen der Anfallberechtigten gegen formell und/oder materiell fehlerhafte Satzungsänderungsbeschlüsse in Betracht kommt. Immerhin sind diese sowohl nach aktueller (§ 87c Abs. 1 Satz 1 BGB) wie auch nach bisheriger Rechtslage (§ 88 Satz 1 BGB a.F.) grundsätzlich vom Stifter satzungsmäßig festzulegen, was eine Betroffenheit in eigenen subjektiv-privaten Rechten möglich erscheinen lässt. Auf diese Weise könnten die Anfallberechtigten als weitere Stiftungsbeteiligte für ein gerichtliches Vorgehen im Wege der Beschlussmängelklage zum Schutz der Stiftung herangezogen werden.

Problematisch erscheint, dass die Anfallberechtigung als Anknüpfungspunkt einer subjektiv-privaten Rechtsverletzung überhaupt erst in der Beendigungsphase während der Liquidation der Stiftung zur Entstehung gelangt (vgl. §§ 87c Abs. 2 Satz 2, 49 Abs. 1 Satz 1 BGB [§§ 88 Satz 2 a.F., 49 Abs. 1 Satz 1 BGB]), der Satzungsänderungsbeschluss allerdings schon während der Tätigkeitsphase der Stiftung einer gerichtlichen Überprüfung zugeführt werden soll.[995] Andererseits ist die Position des Anfallberechtigten bereits vor Auflösung oder Aufhebung der Stiftung insoweit konturiert, dass er im Fall seiner satzungsmäßigen Bezeichnung aufgrund des Primats des Stifterwillens mit gewisser Sicherheit künftig Inha-

externen Dritten; ähnlich *Uffmann*, in: Andrick/Muscheler/Uffmann, Stiftungsrecht, § 84 BGB Rn. 26; *Weitemeyer*, in: MüKo-BGB, § 81 Rn. 47.

994 Ebenso *Hüttemann/Rawert*, in: Staudinger, BGB, § 81 Rn. 63, anhand von Bestellungsrechten des Vorstands; *Schwintek*, Vorstandskontrolle, 321.

995 Vgl. *G. Roth*, in: MHdB GesR VII, § 96 Rn. 25.

ber eines Anspruchs auf Erhalt des Liquidationsüberschusses sein wird. Deshalb erscheint es sachgerecht, in Anlehnung an das „wesensgleiche Minus" des Anwartschaftsrechts beim Eigentumserwerb[996] dem Anfallberechtigten während der Tätigkeitsphase der Stiftung eine Forderungsanwartschaft als geschütztes subjektiv-privates Recht zuzusprechen, bei dessen Betroffenheit deshalb die Erhebung einer Klage auf Feststellung der Beschlussnichtigkeit in Betracht kommt.[997]

Selbst wenn die Möglichkeit eines gerichtlichen Vorgehens der Anfallberechtigten gegen einen Satzungsänderungsbeschluss infrage kommt, verbleibt für eine tatsächlich erfolgversprechende Feststellungsklage trotzdem nur ein schmaler Anwendungsbereich. Ein rechtlich relevantes Feststellungsinteresse der Anfallberechtigten wird man nämlich allenfalls bejahen können, wenn die Forderungsanwartschaft als solche durch die Satzungsänderung ausgehöhlt wird.[998] Das kommt schon aufgrund der Eingriffsintensität nur bei Zweckänderungen in Betracht,[999] keinesfalls bereits bei (allenfalls den Umfang von künftigen Auskehrungsansprüchen betreffenden) Änderungen sonstiger Satzungsregelungen, etwa Vermögensanlagebestimmungen.

Insgesamt ist der Person des Anfallberechtigten als Beschützer der Stiftung vor rechtswidrigen Satzungsänderungsbeschlüssen und prozessualer Durchsetzer des Stifterwillens nur eine untergeordnete Bedeutung beizumessen.

c) Gesamtergebnis

Festzuhalten bleibt, dass die Möglichkeiten der gerichtlichen Beschlusskontrolle von Satzungsänderungsbeschlüssen, wie auch von sonstigen Organbeschlüssen von den satzungsmäßigen Rechtszuweisungen des Stifters determiniert werden.

---

996 Statt aller BGHZ 28, 16, 21 = MDR 1958, 683.

997 *G. Roth*, in: MHdB GesR VII, § 96 Rn. 25. Zur Bejahung einer satzungsmäßigen „Anwartschaft" (sic) auf das Vorstandsamt, s. BGH WM 1976, 869, 871. Eine Anwartschaft kommt hingegen nicht in Betracht, wenn ein satzungsmäßiger Anknüpfungspunkt für eine gesicherte Rechtsposition deshalb fehlt, weil die Anfallberechtigten durch ein Stiftungsorgan bestellt werden (so ausdrücklich gem. § 87c Abs. 1 Satz 2 BGB), oder wenn die Satzung einem Stiftungsorgan das Recht zu einer freien Änderung der Anfallberechtigung einräumt, *G. Roth*, in: MHdB GesR VII, § 96 Rn. 25.

998 Ähnlich *G. Roth*, in: MHdB GesR VII, § 96 Rn. 25 (Notwendigkeit einer Beeinträchtigung dem Grunde, nicht nur der Höhe nach).

999 Zu einer vergleichbaren Konstellation im Anerkennungsverfahren VG Gelsenkirchen BeckRS 2018, 16638 Rn. 24, wonach bei einem (vom Stifterwillen nicht gedeckten) Wechsel einer Ewigkeits- in eine Verbrauchsstiftung die Stellung des Anfallberechtigten ausgehöhlt wird; vgl. *Winkler*, in: Die Stiftung – Jahreshefte zum Stiftungswesen 15/16 (2021/2022), 71, 136.

So kommt die Bejahung des für eine Klage auf Feststellung der Beschlussnichtigkeit notwendigen Feststellungsinteresses grundsätzlich nur in Betracht, wenn der Kläger durch den Änderungsbeschluss in eigenen subjektiv-privaten Rechten betroffen ist. Ausnahmen sind nur für Organmitglieder anzuerkennen, die aus Gründen des Stiftungsschutzes bereits aufgrund ihrer funktionalen Verantwortung im Wege der Feststellungsklage gegen einen Satzungsänderungsbeschluss vorzugehen berechtigt sind, und zwar auch dann, wenn sie durch die Beschlussfassung selbst nicht in eigenen Rechten verletzt werden.

Denkbar ist zudem die Regelung eines Zeitraums, innerhalb dessen etwaige formelle oder materielle Beschlussmängel gerichtlich geltend gemacht werden müssen.[1000]

Weitere Einflussmöglichkeiten des Stifters auf ein konsequentes prozessuales Vorgehen gegen formell oder materiell fehlerhafte Satzungsänderungsbeschlüsse zur Durchsetzung des Stifterwillens bestehen nicht. Zu erörtern bleibt, inwiefern die satzungsmäßige Einsetzung eines Schiedsgerichts hinsichtlich dieses Streitgegenstands Abhilfe schaffen kann.[1001]

Ist die Klage auf Feststellung der Nichtigkeit des Satzungsänderungsbeschlusses zulässig und begründet, wirkt das ergehende Feststellungsurteil in Abweichung zu § 325 Abs. 1 ZPO nicht nur inter partes, sondern erwächst für die Stiftung und alle an der Stiftungsorganisation beteiligten Akteure in Rechtskraft.[1002] Dies ergibt sich aus der analogen Anwendung des § 248 Abs. 1 Satz 1 AktG, weil sich der zugrundeliegende Rechtsgedanke, durch gerichtliche Überprüfung der Beschlusswirksamkeit endgültig und abschließend Klarheit über die Beschlusslage zu schaffen, auf den stiftungsrechtlichen Beschlussmängelstreit übertragen lässt.[1003] Dem Zweck, die Organisationsordnung einer künstlichen Rechtsperson zu sichern, liefe es zuwider, wenn die Wirksamkeit eines Beschlusses in verschiedenen Feststellungsverfahren zwischen jeweils anderen Verfahrensbeteiligten unterschiedlich beurteilt werden könnte.[1004]

1000 Ebenso *Burgard*, in: Burgard, Stiftungsrecht, § 84b BGB Rn. 105; *Rawert*, in: NPLY 2019, 97, 117, mit einem Gestaltungsvorschlag („innerhalb eines Monats nach Beschlussfassung“).

1001 Dazu unter Teil 3.§ 1.

1002 *Hoffmann*, in: FG Kreutz, 29, 43; *Jakob*, Schutz der Stiftung, 432; *Rawert*, in; NPLY 2019, 97, 109; *G. Roth*, in: MHdB GesR VII, § 99 Rn. 28; *Stallmann*, Fehlerhafte Beschlüsse, 122 ff. Dass bei einem solchen weiten Verständnis der Rechtskrafterstreckung auch die Stiftungsbehörden einbezogen werden, erscheint angesichts der unter Teil 2.§ 2.A.I.1. gemachten Ausführungen stimmig.

1003 *Hoffmann*, in: FG Kreutz, 29, 43; *G. Roth*, in: MHdB GesR VII, § 99 Rn. 28.

1004 *G. Roth*, in: MHdB GesR VII, § 99 Rn. 28.

B. Rechtswegzuständigkeit: Verwaltungsgerichtsbarkeit

I. Verwaltungsprozessuale Klagearten und einstweiliger Rechtsschutz

Sind die Verwaltungsgerichte zur Entscheidung einer stiftungsrechtlichen Streitigkeit berufen, kann sich die Frage nach der im konkreten Fall statthaften Klageart stellen. Ebenso wie im Rahmen der ordentlichen Gerichtsbarkeit bemisst sich die Statthaftigkeit nach dem mit dem Klageantrag verfolgten Klagebegehren (vgl. § 88 VwGO). Insoweit sind Anfechtungsklagen, Verpflichtungsklagen, allgemeine Leistungsklagen, Feststellungsklagen und Fortsetzungsfeststellungsklagen zu unterscheiden. Auch im Verwaltungsprozessrecht ist an die Möglichkeit eines Vorgehens im Wege des einstweiligen Rechtsschutzes zu denken.

1. Anfechtungsklagen

Die in § 42 Abs. 1 Alt. 1 VwGO als Gestaltungsklage vorgesehene Anfechtungsklage ist statthaft, wenn vom Kläger die gerichtliche Aufhebung eines Verwaltungsakts i.S.d. verwaltungsverfahrensrechtlichen Bestimmungen begehrt wird.[1005] Nach der Legaldefinition des § 35 Satz 1 VwVfG ist ein Verwaltungsakt jede Verfügung, Entscheidung oder andere hoheitliche Maßnahme, die eine Behörde zur Regelung eines Einzelfalls auf dem Gebiet des öffentlichen Rechts trifft und die auf unmittelbare Rechtswirkung nach außen gerichtet ist. Insbesondere haben stiftungsbehördliche (und andere hoheitliche) Maßnahmen Regelungscharakter, wenn die Maßnahme der Behörde darauf gerichtet ist, eine verbindliche Rechtsfolge zu setzen, wenn also Rechte des Betroffenen unmittelbar begründet, geändert, aufgehoben, mit bindender Wirkung festgestellt oder verneint werden.[1006]

1005 S. nur *Happ*, in: Eyermann, VwGO, § 42 Rn. 2; *von Nicolai*, in: Redeker/von Oertzen, VwGO, § 42 Rn. 2 f.; *R. P. Schenke*, in: Kopp/Schenke, VwGO, § 42 Rn. 2; *Schmidt-Kötters*, in: BeckOK-VwGO, § 42 Rn. 2, 10; *Sodan*, in: Sodan/Ziekow, VwGO, § 42 Rn. 15 f. Maßgeblich für die Statthaftigkeit der Anfechtungsklage (und auch der Verpflichtungsklage) ist dabei, ob es sich bei der angegriffenen Maßnahme objektiv um einen Verwaltungsakt handelt, nicht, ob der Kläger die Maßnahme subjektiv für einen Verwaltungsakt hält, BVerwGE 30, 287 = DVBl. 1969, 547; *Schmidt-Kötters*, in: BeckOK-VwGO, § 42 Rn. 12.

1006 S. nur BVerwGE 55, 280, 285 = BeckRS 1978, 106335. Entsprechend wird man den Regelungscharakter und damit die Verwaltungsaktqualität etwa eines Auskunftsverlangens zu verneinen haben, wenn die Stiftungsbehörde die Stiftung nicht zur Erteilung der begehrten Auskunft verpflichten, sondern diese lediglich um eine Auskunft bitten will, *Andrick*, in: Stiftungen in Deutschland und Europa, 281, 286; *Andrick/Suerbaum*, Stiftung und Aufsicht, § 9 Rn. 13; *Mecking*, in: MHdB GesR V,

Unter den Begriff des Verwaltungsakts i.S.d. § 35 Satz 1 VwVfG lassen sich mit den (stiftungsrechtlich bedeutsamen) privatrechtsgestaltenden Verwaltungsakten ebenso hoheitliche Maßnahmen subsumieren, die gleichzeitig unmittelbar privatrechtliche Beziehungen begründen oder gestalten.[1007]

2. *Verpflichtungs- und allgemeine Leistungsklagen*

Die Verpflichtungsklage gem. § 42 Abs. 1 Alt. 2 VwGO als Form der Leistungsklage[1008] ist statthaft, wenn der Kläger den Erlass eines begünstigenden Verwaltungsakts i.S.d. § 35 Satz 1 VwVfG begehrt.[1009] Wurde der begehrte Verwaltungsakt ausdrücklich abgelehnt, ist die Verpflichtungsklage in Form der Versagungsge-

---

§ 103 Rn. 60; *Schulte*, in: Hüttemann/Richter/Weitemeyer, Landesstiftungsrecht, Rn. 29.48. Etwas anderes wird man nach überzeugender Ansicht unter Einbeziehung des Empfängerhorizonts dann anzunehmen haben, wenn die Stiftungsaufsicht gegenüber der Stiftung und ihren Organen eine klare Erwartungshaltung in Bezug auf ein bestimmtes Verhalten formuliert, weil darin aus Adressatensicht nicht nur eine bloß unverbindliche Handlungsempfehlung zu sehen sein dürfte, sodass der Regelungscharakter einer entsprechenden aufsichtlichen Handlung zu bejahen ist; ähnlich OVG Lüneburg BeckRS 2016, 46499; *Feick/Fischer*, ZStV 2017, 27, 28.

1007 *von Alemann/Scheffczyk*, in: BeckOK-VwVfG, § 35 Rn. 207; *U. Stelkens*, in: Stelkens/Bonk/Sachs, VwVfG, § 35 Rn. 217 ff. S. zur Qualifikation stiftungsbehördlicher Maßnahmen als privatrechtsgestaltende Verwaltungsakte die Ausführungen im Rahmen der nachfolgend dargestellten Streitgegenstände.

1008 Die Einordnung als Leistungsklage bedeutet, dass das Gericht die zuständige Behörde zwar zum Erlass des begehrten Verwaltungsakts verurteilt, anders als bei der als Gestaltungsklage qualifizierten Anfechtungsklage die Rechtsänderung aber erst durch Umsetzung der richterlichen Entscheidung eintritt, weil das Gericht den Verwaltungsakt nicht selbst erlässt, *Schmidt-Kötters*, in: BeckOK-VwGO, § 42 Rn. 2.

1009 *Happ*, in: Eyermann, VwGO, § 42 Rn. 25; *von Nicolai*, in: Redeker/von Oertzen, VwGO, § 42 Rn. 23 f.; *R. P. Schenke*, in: Kopp/Schenke, VwGO, § 42 Rn. 6; *Schmidt-Kötters*, in: BeckOK-VwGO, § 42 Rn. 54; *Sodan*, in: Sodan/Ziekow, VwGO, § 42 Rn. 29. Es lässt sich weiter differenzieren zwischen der Vornahmeklage, bei der der Kläger einen Anspruch auf Erlass eines Verwaltungsakts mit einem ganz bestimmten Inhalt geltend macht, und der Bescheidungsklage (s. § 113 Abs. 5 Satz 2 VwGO), die bei fehlender Spruchreife auf die erst- oder nochmalige ermessensfehlerfreie Bescheidung durch die Behörde unter Beachtung der Rechtsauffassung des Gerichts gerichtet ist, *Andrick/Suerbaum*, Stiftung und Aufsicht, § 9 Rn. 19 ff., mit Formulierungsvorschlägen für Vornahme- und Bescheidungsanträge im stiftungsrechtlichen Kontext. In dem Begehren auf Verpflichtung zum Erlass eines Verwaltungsakts ist das Begehren enthalten, die ablehnenden Bescheide aufzuheben, *Andrick/Suerbaum*, Stiftung und Aufsicht, § 9 Rn. 19.

genklage statthaft (§ 42 Abs. 1 Alt. 2 Hs. 1 VwGO).[1010] Hat die Behörde hingegen auf den Antrag zum Erlass des Verwaltungsakts nicht reagiert, kann die Verpflichtungsklage in Form der Untätigkeitsklage ohne die Durchführung eines für die Verpflichtungsklage gem. § 68 Abs. 2 VwGO grundsätzlich vorgeschriebenen Widerspruchsverfahrens erhoben werden, § 42 Abs. 1 Alt. 2 Hs. 2 VwGO i.V.m. § 75 Satz 1 VwGO. Die Statthaftigkeit der Untätigkeitsklage ist ebenfalls zu bejahen, wenn die Behörde zwar auf den Antrag, im Rahmen des Widerspruchsverfahrens aber nicht auf den eingelegten Widerspruch reagiert.[1011] Da es sich um Verwaltungsakte i.S.d. § 35 Satz 1 VwVfG handelt,[1012] kommt die Verpflichtungsklage ebenso für die Verurteilung der Stiftungsbehörde zum Erlass eines privatrechtsgestaltenden Verwaltungsakts in Betracht.

Im Gegensatz zur Verpflichtungsklage ist die in der VwGO nicht ausdrücklich geregelte allgemeine Leistungsklage statthaft, wenn der Kläger ein Tun begehrt, das nicht im Erlass eines Verwaltungsakts besteht, oder wenn die Unterlassung einer Handlung begehrt wird.[1013]

3. *Feststellungsklagen*

Die Feststellungsklage ist gem. § 43 VwGO statthaft, wenn der Kläger die Feststellung des Bestehens oder Nichtbestehens eines Rechtsverhältnisses (Abs. 1 Var. 1, 2) oder, in Form der Nichtigkeitsfeststellungsklage, die Feststellung der Nichtigkeit eines Verwaltungsakts (Abs. 1 Var. 3, Abs. 2 Satz 2) begehrt.[1014] Gem.

1010 Die gegen die antragsablehnende Behördenentscheidung gerichtete (isolierte) Anfechtungsklage ist wegen des fehlenden Rechtsschutzbedürfnisses regelmäßig unzulässig (BVerwG NVwZ 1988, 61, 61 f.), weil der Kläger anschließend auf Erlass des begehrten Verwaltungsakts klagen müsste.

1011 In den beiden genannten Konstellationen der behördlichen Untätigkeit kann die Verpflichtungsklage auf Erlass des begünstigenden Verwaltungsakts erhoben werden, wenn über die Vornahme des Verwaltungsakts ohne zureichenden Grund in angemessener Frist sachlich nicht entschieden worden ist (§ 75 Satz 1 VwGO), aber frühestens drei Monate nach Antragstellung bzw. Einlegung des Widerspruchs, § 75 Satz 2 VwGO.

1012 Dazu bereits unter Teil 2. § 2.B.I.1.

1013 *Happ*, in: Eyermann, VwGO, § 42 Rn. 62; *von Nicolai*, in: Redeker/von Oertzen, VwGO, § 42 Rn. 33; *Sodan*, in: Sodan/Ziekow, VwGO, § 42 Rn. 39.

1014 Im stiftungsrechtlichen Kontext kommt die Erhebung einer Klage auf Feststellung des Nichtbestehens eines Rechtsverhältnisses zur Erlangung effektiven Rechtsschutzes etwa in den Konstellationen in Betracht, in denen die Stiftung gegenüber der Stiftungsbehörde die Feststellung begehrt, dass zwischen ihnen kein Rechtsverhältnis besteht, aufgrund dessen eine Genehmigung für ein bestimmtes Handeln der Stif-

§ 43 Abs. 2 Satz 1 VwGO kann die Feststellung nicht begehrt werden, soweit der Kläger seine Rechte durch Gestaltungs- oder Leistungsklage verfolgen kann oder hätte verfolgen können.

In definitorischer Nähe zum Begriff des Rechtsverhältnisses in § 256 Abs. 1 ZPO bezeichnet ein feststellungsfähiges Rechtsverhältnis i.S.d. § 43 Abs. 1 VwGO sich aus einem konkreten Sachverhalt aufgrund einer öffentlich-rechtlichen Norm für das Verhältnis von natürlichen oder juristischen Personen untereinander oder einer Person zu einer Sache ergebende rechtliche Beziehungen, kraft derer eine der beteiligten Personen etwas Bestimmtes tun muss, kann oder darf oder nicht zu tun braucht.[1015] Dabei kann sich das Rechtsverhältnis in einem einzigen subjektiven Recht bzw. einer einzigen subjektiven Pflicht erschöpfen, feststellungsfähig sind aber auch Bündel solcher Rechte und Pflichten.[1016] Ebenso wie im Kontext des § 256 ZPO gilt auch für die Statthaftigkeit der verwaltungsprozessualen Feststellungsklage i.S.d. § 43 VwGO, dass im Grundsatz unselbständige Teile, Elemente oder Vorfragen eines Rechtsverhältnisses ebenso wie etwa die Rechtswidrigkeit oder Nichtigkeit einer bestimmten Verwaltungsmaßnahme für sich genommen keine Feststellungsfähigkeit besitzen.[1017]

Ebenfalls Sachentscheidungsvoraussetzung[1018] und damit für die Zulässigkeit einer Feststellungsklage gem. § 43 Abs. 1 VwGO von Relevanz ist die Frage nach dem Bestehen eines Feststellungsinteresses. Ein berechtigtes Interesse des Klägers an der baldigen Feststellung des Bestehens oder Nichtbestehens eines Rechtsverhältnisses existiert bei jedem nach Lage der Dinge beachtlichen schutzwürdigen

tung eingeholt werden müsste; Beispiel nach *Andrick*, in: Stiftungen in Deutschland und Europa, 281, 290; *Andrick/Suerbaum*, Stiftung und Aufsicht, § 9 Rn. 41.

1015 BVerwGE 100, 262, 264 f. = NJW 1996, 2046; BVerwG NVwZ-RR 2004, 253, 254; *Happ*, in: Eyermann, VwGO, § 43 Rn. 12; *von Nicolai*, in: Redeker/von Oertzen, VwGO, § 43 Rn. 3; *W.-R. Schenke*, in: Kopp/Schenke, VwGO, § 43 Rn. 11; *Sodan*, in: Sodan/Ziekow, VwGO, § 43 Rn. 7 ff.

1016 *Happ*, in: Eyermann, VwGO, § 43 Rn. 13; *Möstl*, in: BeckOK-VwGO, § 43 Rn. 2; *Sodan*, in: Sodan/Ziekow, VwGO, § 43 Rn. 11.

1017 *Happ*, in: Eyermann, VwGO, § 43 Rn. 15 ff.; *Möstl*, in: BeckOK-VwGO, § 43 Rn. 3 f.; *W.-R. Schenke*, in: Kopp/Schenke, VwGO, § 43 Rn. 13; *Sodan*, in: Sodan/Ziekow, VwGO, § 43 Rn. 28 ff. Eine andere Frage ist, ob ein Klagebegehren, das sich z.B. auf die Feststellung einer nichtfeststellungsfähigen Eigenschaft stützt, nach § 88 VwGO so ausgelegt werden kann, dass stattdessen auf das in Bezug genommene Rechtsverhältnis, das einer Feststellungsfähigkeit unterliegt, abgestellt wird; dafür *Möstl*, in: BeckOK-VwGO, § 43 Rn. 3; *Sodan*, in: NK-VwGO, § 43 Rn. 36.

1018 *Happ*, in: Eyermann, VwGO, § 43 Rn. 29; *Möstl*, in: BeckOK-VwGO, § 43 Rn. 16; *Sodan*, in: Sodan/Ziekow, VwGO, § 43 Rn. 73.

Interesse rechtlicher, wirtschaftlicher oder ideeller Art, wenn es hinreichend gewichtig ist, um die Position des Betroffenen zu verbessern.[1019]

4. *Fortsetzungsfeststellungsklagen*

Die Erhebung einer Fortsetzungsfeststellungsklage ist statthaft, wenn die Feststellung begehrt wird, dass ein angefochtener Verwaltungsakt, der sich vor der gerichtlichen Entscheidung aus rechtlichen oder tatsächlichen Gründen erledigt hat, rechtswidrig gewesen ist (§ 113 Abs. 1 Satz 4 VwGO).[1020] Zulässig ist eine Fortsetzungsfeststellungsklage gem. § 113 Abs. 1 Satz 4 Hs. 2 VwGO insbesondere nur, wenn der Kläger trotz erledigter Beschwer des Verwaltungsakts ein berechtigtes Interesse an der Feststellung seiner Rechtswidrigkeit hat. Ein Fortsetzungsfeststellungsinteresse wird jedenfalls bei einer bestehenden Wiederholungsgefahr, bei einem Rehabilitationsinteresse, bei der Vorbereitung einer Schadensersatz- oder Entschädigungsklage oder bei tiefgreifenden Grundrechtseingriffen angenommen.[1021] Ein für die Annahme eines entsprechenden Interesses relevante Wiederholungsgefahr ist gegeben, wenn die Möglichkeit besteht, dass die Behörde bei im Wesentlichen unveränderten tatsächlichen und rechtlichen Verhältnissen einen vergleichbaren Verwaltungsakt erneut erlassen wird.[1022] Ein Rehabilitationsinter-

---

1019 BVerwGE 53, 134, 137 = BeckRS 2014, 57330; BVerwGE 74, 1, 4 = BeckRS 1986, 30431498; *W.-R. Schenke*, in: Kopp/Schenke, VwGO, § 43 Rn. 23; *Möstl*, in: BeckOK-VwGO, § 43 Rn. 17; vgl. *Andrick*, in: Stiftungen in Deutschland und Europa, 281, 290.

1020 *Schübel-Pfister*, in: Eyermann, VwGO, § 113 Rn. 86 f.; *Wolff*, in: Sodan/Ziekow, VwGO, § 113 Rn. 244. § 113 Abs. 1 Satz 4 VwGO soll nach gängiger Ansicht analog auf die Erledigung eines Verpflichtungsbegehrens (BVerwG NJW 1963, 553, 553 f.; BVerwGE 51, 264, 265 = DÖV 1977, 138; BVerwG NVwZ-RR 1994, 234; *Schübel-Pfister*, in: Eyermann, VwGO, § 113 Rn. 127), nach teilweiser vertretener Ansicht zudem analog auf die Erledigung eines allgemeinen Leistungs- oder Unterlassungsbegehrens (dafür BayVGH NVwZ-RR 1991, 519; a.A. VGH Kassel NVwZ-RR 1993, 277, 278; OVG NRW NJW 1994, 1673; *Riese*, in: Schoch/Schneider, VwGO, § 113 Rn. 102; *W.-R. Schenke/R. P. Schenke*, in: Kopp/Schenke, VwGO, § 113 Rn. 116; *Schübel-Pfister*, in: Eyermann, VwGO, § 113 Rn. 137; *Wolff*, in: Sodan/Ziekow, VwGO, § 113 Rn. 316) angewendet werden können.

1021 S. die Aufzählungen bei *Detterbeck*, Allgemeines Verwaltungsrecht, Rn. 1426 f.; *Redeker*, in: Redeker/von Oertzen, VwGO, § 113 Rn. 45 ff.; *W.-R. Schenke/R. P. Schenke*, in: Kopp/Schenke, VwGO, § 113 Rn. 136 ff.; *Schübel-Pfister*, in: Eyermann, VwGO, § 113 Rn. 111 ff.; *Wolff*, in: Sodan/Ziekow, VwGO, § 113 Rn. 269 ff.

1022 BVerwG NVwZ 2000, 63, 64; OVG NRW NJW 2007, 3798, 3799; *Redeker*, in: Redeker/von Oertzen, VwGO, § 113 Rn. 47; *W.-R. Schenke/R. P. Schenke*, in: Kopp/

esse liegt vor, wenn der Fortsetzungsfeststellungsklage eine Genugtuungsfunktion zukommen soll, weil der erledigte Verwaltungsakt diskriminierende Wirkung hat und diese Nachwirkungen nur durch eine gerichtliche Feststellung seiner Rechtswidrigkeit kompensiert werden können.[1023] Ein Fortsetzungsfeststellungsinteresse wegen der Vorbereitung einer Schadensersatz- oder Entschädigungsklage besteht nicht, wenn der zivilrechtliche Ersatzanspruch offensichtlich aussichtslos ist, weil ohne eine ins Einzelne gehenden Prüfung erkennbar ist, dass der behauptete Ersatzanspruch unter keinem rechtlichen Gesichtspunkt bestehen kann.[1024] Für ein grundrechtsgestütztes Fortsetzungsfeststellungsinteresse genügt nicht bereits die Möglichkeit einer Grundrechtsverletzung – etwa bei einem belastenden Verwaltungsakt aufgrund einer Verletzung des Art. 2 Abs. 1 GG –, sondern es muss sich um einen schwerwiegenden Grundrechtseingriff handeln, gegen den ausreichender Rechtsschutz vor Erledigung nicht möglich war.[1025]

5. *Vorläufiger Rechtsschutz*

Ebenso wie für Rechtsstreitigkeiten vor den ordentlichen Gerichten kommt in stiftungsrechtlichen Auseinandersetzungen um verwaltungsprozessuale Streit-

---

Schenke, VwGO, § 113 Rn. 141; *Schübel-Pfister*, in: Eyermann, VwGO, § 113 Rn. 112; *Wolff*, in: Sodan/Ziekow, VwGO, § 113 Rn. 271.

1023 BVerwG NVwZ-RR 2011, 279, 280 f. Rn. 27; OVG NRW NJW 2007, 3798, 3799; *Redeker*, in: Redeker/von Oertzen, VwGO, § 113 Rn. 48; *W.-R. Schenke/R. P. Schenke*, in: Kopp/Schenke, VwGO, § 113 Rn. 142; *Schübel-Pfister*, in: Eyermann, VwGO, § 113 Rn. 119; *Wolff*, in: Sodan/Ziekow, VwGO, § 113 Rn. 273. – Im stiftungsrechtlichen Kontext ist die Annahme eines Rehabilitationsinteresses denkbar, wenn im Zuge einer stiftungsbehördlichen Suspendierung oder Abberufung eines Vorstandsmitglieds der Stiftung der Vorwurf einer groben Pflichtverletzung erhoben wurde; Beispiel nach *Andrick*, in: Stiftungen in Deutschland und Europa, 281, 289, unter Berufung auf OVG NRW NVwZ-RR 1995, 628, 629, in dessen konkretem Fall das Gericht die Annahme eines Rehabilitationsinteresses infolge der Untersagung einer Wahrnehmung der Geschäfte für ein Kuratoriumsmitglied nach wertender Einzelfallbetrachtung (unter Einbeziehung der Sachbezogenheit der Beanstandung) verneint hat.

1024 BVerwG NVwZ 1992, 1092; BVerwG NVwZ 2011, 618, 622; HessVGH NVwZ 2012, 1350, 1351.

1025 *W.-R. Schenke/R. P. Schenke*, in: Kopp/Schenke, VwGO, § 113 Rn. 146. – In Bezug auf den unter Fn. 1023 aufgeführten Sachverhalt ließe sich ein Fortsetzungsfeststellungsinteresse wohl zusätzlich auf die Kategorie des schwerwiegenden Grundrechtseingriffs stützen, weil die Suspendierung oder Abberufung aufgrund der besonderen Schwere der erhobenen Vorwürfe mit einer Verletzung des allgemeinen Persönlichkeitsrechts aus Art. 2 Abs. 1 GG i.V.m. Art 1 Abs. 1 GG für das ehemalige Vorstandsmitglied einhergeht.

gegenstände die Inanspruchnahme vorläufigen Rechtsschutzes in Betracht. Dazu zählt zunächst die gem. § 80 Abs. 1 Satz 1 VwGO für Widerspruch und Anfechtungsklage gesetzlich angeordnete aufschiebende Wirkung, die dafür sorgt, dass ein von einer Behörde erlassener, nicht bestandskräftiger und nicht erledigter Verwaltungsakt zunächst nicht befolgt zu werden braucht und entsprechend von der Behörde nicht zwangsweise durchgesetzt werden darf.

Entfalten Widerspruch und Anfechtungsklage hingegen keine aufschiebende Wirkung, weil die sofortige Vollziehbarkeit gesetzlich angeordnet (§ 80 Abs. 2 Satz 1 Nr. 1–3 VwGO),[1026] oder weil die sofortige Vollziehung des Verwaltungsakts behördlich angeordnet ist (§ 80 Abs. 2 Satz 1 Nr. 4 VwGO), kommt ein gerichtliches Vorgehen auf Anordnung oder Wiederherstellung der aufschiebenden Wirkung gem. § 80 Abs. 5 Satz 1 VwGO in Betracht.[1027] Die Statthaftigkeit eines solchen Antrags ist zu bejahen, wenn der Antragsteller sich gegen den Vollzug eines belastenden Verwaltungsakts wehrt, in der Hauptsache mithin die Anfechtungsklage statthaft ist.[1028]

Wendet sich der Antragsteller hingegen nicht gegen einen Verwaltungsakt und dessen Vollzug, richtet sich die Gewährung vorläufigen Rechtsschutzes auf Erlass einer einstweiligen Anordnung gem. § 123 Abs. 1 VwGO, deren Statthaftigkeit dann zu bejahen ist, wenn es nicht um die sofortige Vollziehung eines belastenden Verwaltungsakts geht, in der Hauptsache also kein Anfechtungsbegehren besteht (vgl. § 123 Abs. 5 VwGO).[1029] Bezüglich der Art der einstweiligen Anordnung

---

1026 Der Suspensiveffekt wird im Stiftungsrecht nicht spezialgesetzlich beseitigt, *Suerbaum*, in: Stumpf/Suerbaum/Schulte/Pauli, StiftR, C Rn. 370.

1027 Ein Antrag auf Wiederherstellung der aufschiebenden Wirkung gem. § 80 Abs. 5 Satz 1 Hs. 2 VwGO kommt im stiftungsrechtlichen Kontext etwa in Betracht, wenn die Stiftungsbehörde ein Vorstandsmitglied einstweilen von der Wahrnehmung seiner Aufgaben suspendiert und diesen belastenden Verwaltungsakt mit der Anordnung der sofortigen Vollziehbarkeit versieht; Beispiel nach *Andrick*, in: Stiftungen in Deutschland und Europa, 281, 291, unter Berufung auf OVG NRW NVwZ-RR 1995, 628. Ein gerichtliches Vorgehen im Wege des § 80 Abs. 5 Satz 1 Hs. 2 VwGO kommt ebenso bei sonstigen, die organmitgliedschaftliche Stellung betreffenden stiftungsbehördlichen Maßnahmen durch solche Verwaltungsakte in Betracht, deren sofortige Vollziehbarkeit behördlich angeordnet wurde.

1028 *Detterbeck*, Allgemeines Verwaltungsrecht, Rn. 1497; *Hoppe*, in: Eyermann, VwGO, § 80 Rn. 67; *Puttler*, in: Sodan/Ziekow, VwGO, § 80 Rn. 19; *W.-R. Schenke*, in: Kopp/Schenke, VwGO, § 80 Rn. 120.

1029 *Happ*, in: Eyermann, VwGO, § 123 Rn. 8 f.; *Puttler*, in: Sodan/Ziekow, VwGO, § 123 Rn. 28; *Redeker*, in: Redeker/von Oertzen, VwGO, § 123 Rn. 3; *W.-R. Schenke*, in: Kopp/Schenke, VwGO, § 123 Rn. 4.

differenziert § 123 Abs. 1 VwGO hinsichtlich des glaubhaft zu machenden Anordnungsanspruchs und des Anordnungsgrunds zwischen der Sicherungsanordnung (Satz 1) und der Regelungsanordnung (Satz 2). Eine Sicherungsanordnung kommt in Betracht, wenn es dem Antragsteller um die Sicherung eines von ihm behaupteten bestehenden Rechts gegenüber einer drohenden tatsächlichen oder rechtlichen Veränderung des bestehenden Zustands geht, wodurch die Verwirklichung des Rechts vereitelt oder wesentlich erschwert werden könnte.[1030] Begehrt der Antragsteller hingegen eine Erweiterung seines Rechtskreises, ist die einstweilige Anordnung in Form der Regelungsanordnung einschlägig.[1031] Ein Anordnungsgrund besteht bei der Regelungsanordnung, wenn die vorläufige Regelung zur Abwendung wesentlicher Nachteile oder aus anderen Gründen nötig erscheint (Satz 2).

II. Einzelne Rechtsschutzbegehren

1. Verwaltungsprozessuale Inanspruchnahme von Rechtsschutz

Ebenso wie für die Inanspruchnahme von Rechtsschutz vor den ordentlichen Gerichten begründet die verfassungsrechtlich verankerte Rechtsschutzgarantie des Art. 19 Abs. 4 GG für ein verwaltungsprozessuales Vorgehen aus eigenem Recht die Notwendigkeit der Betroffenheit in einer subjektiv-öffentlichen Rechtsposition, um die Erhebung atypischer Popularklagen zu vermeiden.[1032] Dem dient das Erfordernis der als besondere Sachentscheidungsvoraussetzung bereits auf Ebene der Zulässigkeit relevanten[1033] Klagebefugnis. Zur Darstellung des stiftungsrechtlichen Rechtsschutzsystems vor den Verwaltungsgerichten und Eruierung etwaiger

---

1030 *Happ*, in: Eyermann, VwGO, § 123 Rn. 21; *Puttler*, in: Sodan/Ziekow, VwGO, § 123 Rn. 42.

1031 *Happ*, in: Eyermann, VwGO, § 123 Rn. 23; *Puttler*, in: Sodan/Ziekow, VwGO, § 123 Rn. 42.

1032 BVerwGE 17, 87, 91 = JR 1964, 311; BVerwGE 36, 192, 199 = DÖV 1971, 559; BVerwG NJW 2004, 698, 699; *Happ*, in: Eyermann, VwGO, § 42 Rn. 71; *von Nicolai*, in: Redeker/von Oertzen, VwGO, § 42 Rn. 44; *R. P. Schenke*, in: Kopp/Schenke, VwGO, § 42 Rn. 59; *Sodan*, in: Sodan/Ziekow, VwGO, § 42 Rn. 365; *Suerbaum*, in: Stumpf/Suerbaum/Schulte/Pauli, StiftR, C Rn. 361.

1033 *von Nicolai*, in: Redeker/von Oertzen, VwGO, § 42 Rn. 45; *R. P. Schenke*, in: Kopp/Schenke, VwGO, § 42 Rn. 59; *Sodan*, in: Sodan/Ziekow, VwGO, § 42 Rn. 367. Insofern unterscheidet sich die Ausgestaltung der subjektiven Rechtsbetroffenheit bzw. Rechtsverletzung von derjenigen in Verfahren der ordentlichen Gerichtsbarkeit, bei dem es mit dem geltend zu machenden Klagerecht in Form der Sachlegitimation

Lücken soll daher nachfolgend untersucht werden, inwieweit die Stiftungsbeteiligten in Bezug auf bestimmte verwaltungsprozessuale Streitgegenstände klagebefugt sein können. Abzugrenzen ist die Klagebefugnis außerdem zur (aktiven und passiven) Prozessführungsbefugnis sowie zur Aktivlegitimation. Zudem soll der Frage nachgegangen werden, gegen wen sich in stiftungsrechtlichen Verwaltungsprozessen ein Rechtsschutzbegehren zu richten hat.

a) Bestehen einer Klagebefugnis

Die für das Bestehen der Klagebefugnis relevante Vorschrift findet sich in § 42 Abs. 2 VwGO. Hiernach ist eine Anfechtungs- oder Verpflichtungsklage[1034] nur zulässig, wenn der Kläger geltend macht, durch den Verwaltungsakt oder seine Ablehnung oder Unterlassung in seinen Rechten verletzt zu sein. Bei der Rechtsposition muss es sich richtigerweise um ein subjektiv-öffentliches Recht handeln, das sich aus einer dem öffentlichen Recht zuzuordnenden Rechtsposition ergibt, sodass die Geltendmachung einer Verletzung privatrechtlicher Rechtspositionen zur Bejahung der Klagebefugnis nicht genügen kann.[1035] Ob eine Rechtsnorm für das klägerische Begehren ein subjektiv-öffentliches Recht statuiert, bemisst sich danach, ob die Norm nach dem Willen des Gesetzgebers nicht nur den Interessen der Allgemeinheit, sondern zumindest auch den Individualinteressen des Klägers zu dienen bestimmt ist.[1036]

Für den Umfang der Geltendmachung einer Rechtsverletzung ist entscheidend, dass eine Verletzung von Rechten des Klägers durch den angefochtenen Verwaltungsakt oder seine Ablehnung oder Unterlassung aus rechtlichen oder tatsächlichen Gründen möglich ist.[1037] Die Klagebefugnis ist zu verneinen, wenn

---

um eine Voraussetzung der Begründetheit der Klage ging (dazu bereits unter Teil 2.§ 2.A.II.1.a)).

1034 Nach überwiegender Ansicht ist die Regelung auf die übrigen verwaltungsprozessualen Klagen sowie die Verfahren des vorläufigen Rechtsschutzes analog anwendbar, *Happ*, in: Eyermann, VwGO, § 42 Rn. 80; *Sodan*, in: Sodan/Ziekow, VwGO, § 42 Rn. 370 ff., mit Ausnahme der analogen Anwendung von § 42 Abs. 2 VwGO auf die Feststellungsklage.

1035 *R. P. Schenke*, in: Kopp/Schenke, VwGO, § 42 Rn. 81; *Schmidt-Kötters*, in: BeckOK-VwGO, § 42 Rn. 144; *Wahl/Schütz*, in: Schoch/Schneider, VwGO, § 42 Abs. 2 Rn. 43.

1036 Zu dieser Schutznormtheorie, s. *Happ*, in: Eyermann, VwGO, § 42 Rn. 89 f.; *von Nicolai*, in: Redeker/von Oertzen, VwGO, § 42 Rn. 52; *Sodan*, in: Sodan/Ziekow, VwGO, § 42 Rn. 386 ff. Vergleichbar stellt *Schmidt-Kötters*, in: BeckOK-VwGO, § 42 Rn. 175, darauf ab, ob es um die Verletzung solcher Rechte geht, die auch dem Schutz Dritter in der Situation des Klägers zu dienen bestimmt sind.

1037 Zu dieser Möglichkeitstheorie, s. BVerwGE 60, 154, 157 ff. = NJW 1980, 2764; *Happ*, in: Eyermann, VwGO, § 42 Rn. 111; *von Nicolai*, in: Redeker/von Oertzen, VwGO,

nach dem Vorbingen des Klägers offensichtlich und eindeutig nach keiner Betrachtungsweise die behaupteten Rechte bestehen oder dem Kläger als subjektive Rechte zustehen können.[1038]

Damit ist die Klagebefugnis für eine Anfechtungsklage bereits zu bejahen, wenn der Kläger Adressat eines ihn belastenden Verwaltungsakts ist, weil er dann zumindest in dem durch die allgemeine Handlungsfreiheit aus Art. 2 Abs. 1 GG vermittelten umfassenden Schutz der eigenen Freiheitssphäre betroffen ist.[1039] Klagebefugnis für eine Verpflichtungsklage soll vorliegen, wenn es nach dem Vortrag des Klägers möglich erscheint, dass er durch die Ablehnung oder Unterlassung des begehrten Verwaltungsakts in eigenen, subjektiv-öffentlichen Rechten verletzt ist.[1040] Diese Formel ist dahingehend zu präzisieren, dass es für die Klagebefugnis im Zuge eines Verpflichtungsbegehrens vielmehr darauf ankommen muss, ob der Kläger möglicherweise einen Anspruch auf Erlass des beantragten Verwaltungsakts hat, weil für den Erfolg einer Verpflichtungsklage ebenfalls nicht nur die Rechtswidrigkeit der antragsablehnenden Behördenentscheidung und darauf fußende Verletzung des Klägers in seinen Rechten maßgebend ist.[1041] Die Klagebefugnis i.S.d. § 42 Abs. 2 VwGO ist somit zu bejahen, wenn eine Anspruchsgrundlage in Form eines subjektiv-öffentlichen Rechts mit individualschützendem Charakter besteht.

Von der Klagebefugnis zu unterscheiden ist das Bestehen der Prozessführungsbefugnis. Ebenso wie im Zivilprozess ist die als Sachentscheidungs-

---

§ 42 Rn. 48; *R. P. Schenke*, in: Kopp/Schenke, VwGO, § 42 Rn. 66; *Schmidt-Kötters*, in: BeckOK-VwGO, § 42 Rn. 175; *Sodan*, in: Sodan/Ziekow, VwGO, § 42 Rn. 379 ff. Ob die behauptete Verletzung eigener Rechte tatsächlich vorliegt (s. § 113 Abs. 1 Satz 1 VwGO), bleibt als Frage der Aktivlegitimation hingegen der Begründetheitsprüfung vorbehalten, *Schmidt-Kötters*, in: BeckOK-VwGO, § 42 Rn. 116; *Wahl/Schütz*, in: Schoch/Schneider, VwGO, § 42 Abs. 2 Rn. 19; vgl. *Andrick*, in: Stiftungen in Deutschland und Europa, 281, 292.

1038 BVerwG NVwZ 2004, 1229, 1230; *R. P. Schenke*, in: Kopp/Schenke, VwGO, § 42 Rn. 65; *Schmidt-Kötters*, in: BeckOK-VwGO, § 42 Rn. 175.

1039 Zur Adressatentheorie, s. nur BVerwG NVwZ 1993, 884, 885; *Happ*, in: Eyermann, VwGO, § 42 Rn. 91; *R. P. Schenke*, in: Kopp/Schenke, VwGO, § 42 Rn. 69; *Schmidt-Kötters*, in: BeckOK-VwGO, § 42 Rn. 173; *Sodan*, in: Sodan/Ziekow, VwGO, § 42 Rn. 383.

1040 BVerwGE 98, 118, 120 = NVwZ 1995, 200.

1041 *Detterbeck*, Allgemeines Verwaltungsrecht, Rn. 1382; *Schmidt/Kötters*, in: BeckOK-VwGO, § 42 Rn. 177; *Wahl/Schütz*, in: Schoch/Schneider, VwGO, § 42 Abs. 2 Rn. 71, die für die Klagebefugnis ebenfalls auf die Norm abstellen wollen, auf die sich der geltend gemachte Anspruch stützt.

voraussetzung ausgestaltete Prozessführungsbefugnis das Recht, über das durch Klage geltend gemachte Recht im eigenen Namen als Kläger (aktive Prozessführungsbefugnis) oder als Beklagter (passive Prozessführungsbefugnis) einen Prozess führen zu dürfen.[1042] Soll kein eigenes, subjektiv-öffentliches Recht verwaltungsprozessual durchgesetzt werden,[1043] sondern über ein fremdes Recht im eigenen Namen ein Rechtsstreit geführt werden, ist dies zur Vermeidung von Popularklagen wie in Verfahren der ordentlichen Gerichtsbarkeit nur möglich, wenn die Voraussetzungen einer gesetzlichen Prozessstandschaft zu bejahen sind.[1044]

b) Beklagter stiftungsrechtlicher Verwaltungsprozesse

In stiftungsrechtlichen Streitigkeiten vor den Verwaltungsgerichten kann sich zudem die Frage nach dem richtigen Beklagten stellen, wenn, wie in den hier zu diskutierenden Streitgegenständen,[1045] Maßnahmen der Stiftungsaufsichtsbehörden gerichtlich angegriffen werden sollen. Entscheidend ist dabei, wer materiellrechtlich etwa zum Erlass oder zur Aufhebung eines Verwaltungsakts verpflichtet, mithin passivlegitimiert ist.[1046] Dies richtet sich nach § 78 Abs. 1 Nr. 1 VwGO,[1047]

1042 *Czybulka-Siegel*, in: Sodan/Ziekow, VwGO, § 62 Rn. 9 f.; *Happ*, in: Eyermann, VwGO, § 42 Rn. 82; *Redeker*, in: Redeker/von Oertzen, VwGO, § 63 Rn. 7; *R. P. Schenke*, in: Kopp/Schenke, VwGO, § 42 Rn. 60; *Schmidt-Kötters*, in: BeckOK-VwGO, § 42 Rn. 114. Obgleich in der VwGO nicht ausdrücklich geregelt, wird die (aktive) Prozessführungsbefugnis ebenso wie die Voraussetzung der Klagebefugnis normativ an die von § 42 Abs. 2 VwGO statuierte Forderung nach einem eigenen Recht des Klägers angeknüpft, s. etwa *Schmidt-Kötters*, in: BeckOK-VwGO, § 42 Rn. 114. Da beiden als gemeinsamer Zweck die Verhinderung verwaltungsatypischer Popularklagen zugrunde liegt, erscheint das sachgerecht.

1043 In diesen Konstellationen ist eine Prozessführungsbefugnis bereits deshalb zu bejahen, weil man hinsichtlich der Geltendmachung eigener Rechte stets prozessführungsbefugt ist; dazu bereits unter Teil 2.§ 2.A.II.1.b).

1044 Ein gerichtliches Vorgehen im Wege der gewillkürten Prozessstandschaft kommt im Verwaltungsprozess hingegen grds. nicht in Betracht, BVerwG NVwZ-RR 1996, 537; *Happ*, in: Eyermann, VwGO, § 42 Rn. 82; *Redeker*, in: Redeker/von Oertzen, VwGO, § 63 Rn. 7a; *R. P. Schenke*, in: Kopp/Schenke, VwGO, § 42 Rn. 60; *Schmidt-Kötters*, in: BeckOK-VwGO, § 42 Rn. 114; *Wahl/Schütz*, in: Schoch/Schneider, VwGO, § 42 Abs. 2 Rn. 37.

1045 S. die nachfolgenden Ausführungen.

1046 Vgl. *Detterbeck*, Allgemeines Verwaltungsrecht, Rn. 1334.

1047 BVerwGE 45, 29, 43 f. = NJW 1974, 1578; BVerwG NVwZ-RR 1990, 44; BVerwG NVwZ 1999, 296; VGH Mannheim NVwZ-RR 2018, 358, 359 Rn. 19; *Brenner*, in: Sodan/Ziekow, VwGO, § 78 Rn. 3; *Happ*, in: Eyermann, VwGO, § 78 Rn. 1; *Kintz*,

sodass richtiger Beklagter in verwaltungsprozessualen Auseinandersetzungen grundsätzlich das Land als Rechtsträger der Stiftungsaufsichtsbehörde ist, die den angefochtenen Verwaltungsakt erlassen oder den begehrten Verwaltungsakt abgelehnt bzw. unterlassen hat.[1048] Etwas anderes gilt nur in den Konstellationen des § 78 Abs. 1 Nr. 2 VwGO. Auch wenn es bei dem Grundsatz bleibt, dass stets der Rechtsträger der handelnden Behörde passivlegitimiert, also Verpflichteter des materiell-rechtlichen Anspruchs ist, wird der Prozess in den landesrechtlich vorgesehenen Fällen auf Beklagtenseite von der als gesetzliche Prozessstandschafterin für die Rechte des Rechtsträgers passiv prozessführungsbefugten Behörde geführt.[1049]

2. Gerichtliche Verfahren um die staatliche Anerkennung der Stiftung bürgerlichen Rechts

Streitigkeiten in der Errichtungsphase einer Stiftung können nicht nur das Stiftungsgeschäft als organisationsrechtliche Grundlage der Stiftungserrichtung betreffen, sondern auch im Zusammenhang mit dem zweiten für die Gründung der Stiftung konstitutiven Teilakt entstehen, nämlich der Anerkennung der Stiftung als rechtsfähig. Gerichtliche Klagebegehren hinsichtlich dieser Anerkennung durch die zuständige Stiftungsbehörde sind dabei vor allem in zweierlei Richtung denkbar:

---

in: BeckOK-VwGO, § 78 Rn. 2; *Meissner/Schenk*, in: Schoch/Schneider, VwGO, § 78 Rn. 15. Die a.A. (VGH Kassel NVwZ-RR 2005, 519, 520; *Kothe*, in: Redeker/von Oertzen, VwGO, § 78 Rn. 1; *W.-R. Schenke*, in: Kopp/Schenke, VwGO, § 78 Rn. 1) stuft § 78 Abs. 1 Nr. 1 VwGO hingegen als Regelung der passiven Prozessführungsbefugnis ein. Die praktischen Konsequenzen dürften angesichts der regelmäßig bestehenden Einheit von Passivlegitimation und passiver Prozessführungsbefugnis sehr gering ausfallen (ebenso *Kintz*, in: BeckOK-VwGO, § 78 Rn. 3).

1048 *Andrick/Suerbaum*, Stiftung und Aufsicht, § 9 Rn. 67; *Jakob*, Schutz der Stiftung, 253; *Muscheler*, in: Andrick/Muscheler/Uffmann, Stiftungsrecht, § 80 BGB Rn. 118; unklar *Schwarz van Berk/Fischer*, in: MHdB GesR V, § 101 Rn. 19, 30: Rechtsstreitigkeiten um die staatliche Anerkennung sowie um hoheitliche Maßnahmen im Rahmen der laufenden Stiftungsaufsicht sollen gegen die zuständige Stiftungsbehörde als Beklagte zu führen sein.

1049 *Happ*, in: Eyermann, VwGO, § 78 Rn. 2. Diesbezügliche landesrechtliche Regelungen finden sich in § 8 Abs. 2 BbgVwGG, § 14 Abs. 2 AGGerStrG M-V, § 79 Abs. 2 NJG, § 19 Abs. 2 SaarlAGVwGO, § 8 Satz 2 AGVwGO LSA und § 69 Abs. 2 LJG SH. Die notwendige Beteiligtenfähigkeit der passiv prozessführungsbefugten beklagten Behörde ergibt sich dabei aus § 61 Nr. 3 VwGO i.V.m. der entsprechenden, landesgesetzlichen Bestimmung (§ 8 Abs. 1 BbgVwGG, § 14 Abs. 1 AGGerStrG M-V, § 79 Abs. 1 NJG, § 19 Abs. 1 SaarlAGVwGO, § 8 Satz 1 AGVwGO LSA, § 69 Abs. 1 LJG SH).

Wird die Stiftung durch die Anerkennung mit eigener Rechtspersönlichkeit ausgestattet,[1050] kann Streitgegenstand zum einen der materiell-rechtliche Anspruch auf den Erlass der begehrten Anerkennung sein, wenn die Stiftungsbehörde trotz Antrags untätig bleibt oder diese sogar versagt.[1051] Nach § 82 Satz 1 BGB ist die Stiftung anzuerkennen, wenn das Stiftungsgeschäft den Anforderungen des § 81 Abs. 1 bis 3 BGB genügt und die dauernde und nachhaltige Erfüllung des Stiftungszwecks gesichert erscheint, es sei denn, die Stiftung würde das Gemeinwohl gefährden. Zum anderen ist denkbar, dass die Anerkennung zwar erteilt wurde, gegen diese aber nunmehr von dritter Seite gerichtlich vorgegangen werden soll, weil sich jemand aufgrund der behaupteten Rechtswidrigkeit der Anerkennung durch die Stiftungsgründung in seinen Rechten beeinträchtigt glaubt.[1052]

Im Mittelpunkt der folgenden Ausführungen sollen sowohl die Frage nach der statthaften Klageart als auch nach in Betracht kommenden Klagebefugnissen der Stiftungsbeteiligten hinsichtlich der behördlichen Anerkennungsentscheidung stehen.

a) Statthafte Klageart

Die statthafte Klageart in gerichtlichen Auseinandersetzungen um die Anerkennungsentscheidung bemisst sich, allgemeinen Grundsätzen entsprechend, nach der Rechtsqualität der behördlichen Maßnahme.

1050 S. nur *G. Roth*, in: MHdB GesR VII, § 97 Rn. 22.

1051 *G. Roth*, in: MHdB GesR VII, § 97 Rn. 22 ff.; *Schwarz van Berk/Fischer*, in: MHdB GesR V, § 101 Rn. 18.

1052 Zwar heilt die Anerkennungsentscheidung ein nichtiges Stiftungsgeschäft nicht (dazu bereits unter Teil 2.§ 1.B.I.), sodass die Unwirksamkeit des Stiftungsgeschäfts tatbestandlich im Zuge eines verwaltungsgerichtlichen Vorgehens gegen eine positive Anerkennungsentscheidung der Behörde inzident durch das Gericht zu würdigen sein kann. Aufgrund des Nebeneinanders von ordentlichem und verwaltungsgerichtlichem Rechtsschutz hinsichtlich der stiftungsrechtlichen Errichtungsvoraussetzungen (dazu ausführlich unter Teil 2.§ 1.B.I.) verbleibt es jedoch dabei, dass aus der Unwirksamkeit des Stiftungsgeschäfts folgende Klagerechte (unabhängig von dem Bestehen einer verwaltungsprozessualen Klagebefugnis) ausschließlich vor den ordentlichen Gerichten geltend zu machen sind, und nur gegen die Anerkennungsentscheidung auf dem Verwaltungsrechtsweg Rechtsschutz begehrt werden kann. – Zu einer vergleichbaren Konstellation, bei der aufgrund einer umweltrechtlichen Popularklagevorschrift die Anerkennung der Stiftung Klima- und Umweltschutz MV durch Dritte angefochten werden sollte, s. OVG M-V, Beschl. v. 24.5.2022, 1 M 513/21 OVG (n.v.); dazu auch *Andrick*, in: Andrick/Muscheler/Uffmann, Stiftungsrecht, § 82 BGB Rn. 54 ff.

Wird die Anerkennung der Stiftung von der Behörde ausdrücklich abgelehnt, handelt es sich bei diesem Ablehnungsbescheid zwar um einen belastenden Verwaltungsakt, gegen den die Erhebung der Anfechtungsklage gem. § 42 Abs. 1 Alt. 1 VwGO grundsätzlich statthaft ist. Zielt das Klagebegehren allerdings auf den Erlass eines Verwaltungsakts und nicht nur auf die Aufhebung der ablehnenden Behördenentscheidung ab, wird man bei einer solchen Anfechtungsklage das Rechtsschutzbedürfnis zu verneinen haben.[1053] Da es sich bei der begehrten Erteilung der Anerkennung um einen privatrechtsgestaltenden Verwaltungsakt handelt,[1054] ist in den Fällen einer ausdrücklichen behördlichen Ablehnung die Erhebung einer Verpflichtungsklage in Form der Versagungsgegenklage (§ 42 Abs. 1 Alt. 2 Hs. 1 VwGO), in den Fällen einer behördlichen Untätigkeit die Erhebung einer Verpflichtungsklage in Form der Untätigkeitsklage (§ 42 Abs. 1 Alt. 2 Hs. 2 VwGO i.V.m. § 75 Satz 1 VwGO) statthaft.[1055] Für die Statthaftigkeit der Verpflichtungsklage müsste es sich bei der Anerkennung allerdings auch um einen begünstigenden (privatrechtsgestaltenden) Verwaltungsakt handeln. Bei einem gerichtlichen Vorgehen des Stifters bzw. seiner Erben könnte die Qualifikation einer Begünstigung deshalb problematisch sein, weil die Anerkennung einer Stiftung als rechtsfähig für den Stifter bzw. seine Erben insbesondere die Verpflichtung zur Übertragung der

1053 *Muscheler*, in: Andrick/Muscheler/Uffmann, Stiftungsrecht, § 80 BGB Rn. 115; *Schwarz van Berk/Fischer*, in: MHdB GesR V, § 101 Rn. 23. Vgl. zudem die Ausführungen unter Teil 2.§ 2.B.I.2.

1054 H.M.: BVerwGE 29, 314, 316 = NJW 1969, 339; BVerwG NVwZ-RR 2021, 607, 609 Rn. 26; VG München BeckRS 2024, 3870 Rn. 19; *Andrick*, in: Andrick/Muscheler/Uffmann, Stiftungsrecht, § 82 BGB Rn. 8; *Backert*, in: BeckOK-BGB, § 80 Rn. 45; *Mehrbrey/Gräler*, in: Mehrbrey, Hd-Buch Ges. Streitigkeiten, § 82 Rn. 9; *Meyn*, in: Meyn/Richter/Koss/Gollan, Die Stiftung, Rn. 191; *G. Roth*, in: MHdB GesR VII, § 97 Rn. 22; *Schwarz van Berk/Fischer*, in: MHdB GesR V, § 102 Rn. 15.

1055 *Jakob*, Schutz der Stiftung, 297; *Meyn*, in. Meyn/Richter/Koss/Gollan, Die Stiftung, Rn. 191; *Muscheler*, in: Andrick/Muscheler/Uffmann, Stiftungsrecht, § 80 BGB Rn. 115 f.; *G. Roth*, in: MHdB GesR VII, § 97 Rn. 23; *ders.*, in: BeckOGK-BGB, Stand: 01.07.2022, § 80 Rn. 253; *Schwarz van Berk/Fischer*, in: MHdB GesR V, §§ 101 Rn. 23, 102 Rn. 15; *Udwari*, in: Udwari/Hertel/Heinrich, Stiftungspraxis, 262 f.; *Weitemeyer*, in: MüKo-BGB, § 80 Rn. 115. Es kann sich allerdings anbieten, im Falle eines erfolglos durchgeführten Widerspruchsverfahrens, in dem die Anerkennung verweigert wurde, zusätzlich zur Verpflichtungsklage eine Anfechtungsklage gegen die Verweigerung der Anerkennung in Form des ablehnenden Widerspruchsbescheids zu erheben, damit die Verweigerung nicht in Rechtskraft erstarkt, *Schlüter/Stolte*, Stiftungsrecht, Kap. 2 Rn. 120.

im Stiftungsgeschäft zugesicherten Vermögenswerte auf die Stiftung auslöst.[1056] Diese Argumentation überzeugt nicht. Dass entsprechende Verpflichtungen durch die Anerkennungsentscheidung begründet werden, ist zwar nicht zu leugnen. Sie sind allerdings lediglich mittelbare Konsequenz der vom Stifter mit seinem Antrag intendierten behördlichen Anerkennungserteilung. Im Zuge einer objektiven Gesamtbetrachtung der mit der Entscheidung begründeten Rechtsfolgen wird der behördlichen Anerkennung durch eine etwaige subjektiv-reflexhafte Belastung nicht ihr begünstigender Charakter genommen.[1057] Dem kann nicht entgegengehalten werden, dass sich die Qualifikation eines Verwaltungsakts als begünstigend oder belastend perspektivbezogen verändern kann. Damit ist nämlich lediglich die mögliche Doppelwirkung von Verwaltungsakten angesprochen, die den Adressaten begünstigen und einen anderen belasten, sodass für die Frage des statthaften Rechtsschutzes auf den konkreten Streitgegenstand und das damit verbundene Klagebegehren abzustellen ist. Die vorstehend genannte Konstellation einer dieselbe Person begünstigenden und reflexhaft belastenden Anerkennungsentscheidung ist davon jedoch gerade nicht erfasst.[1058]

Gegen eine ablehnende oder unterlassene Anerkennungsentscheidung ist deshalb die Verpflichtungsklage statthafte Klageart. Geht es hingegen darum, dass ein Dritter gegen eine positive Anerkennungsentscheidung Rechtsschutz ersucht, weil diese rechtswidrig sei und den Dritten insoweit in seinen subjektiv-öffentlichen Rechten verletze, steht ein den Dritten belastender Verwaltungsakt mit Doppelwirkung in Rede, gegen den mit einer Drittanfechtungsklage gerichtlich vorzugehen ist, bei seiner sofortigen Vollziehbarkeit im Wege des einstweiligen Rechtsschutzes mit einem Antrag nach § 80a VwGO.[1059]

1056 Die Anerkennung deshalb als belastenden Verwaltungsakt qualifizierend BVerwGE 29, 314, 317 = NJW 1969, 339. Differenzierter die Anerkennung als janusköpfigen Verwaltungsakt qualifizierend *G. Roth*, in: BeckOGK-BGB, Stand: 01.07.2022, § 80 Rn. 247.

1057 *Hüttemann/Rawert*, in: Staudinger, BGB, § 80 Rn. 5, sehen in der „Belastung" überzeugend die in Kauf genommene Nebenfolge einer vom Staat begehrten Begünstigung; *Muscheler*, in: Andrick/Muscheler/Uffmann, Stiftungsrecht, § 80 BGB Rn. 83; *Schwarz van Berk/Fischer*, in: MHdB GesR V, § 101 Rn. 23; *Weitemeyer*, in: MüKo-BGB, § 80 Rn. 115.

1058 Diesen Umstand verkennt *G. Roth*, in: BeckOGK-BGB, Stand: 01.07.2022, § 80 Rn. 247.

1059 Zu einer solchen Drittanfechtungskonstellation VG München BeckRS 2024, 3870.

b) Klagebefugnisse

Für die Abbildung der Rechtsschutzmöglichkeiten im Rahmen des Anerkennungsverfahrens ist insbesondere nach den Klagebefugnissen der einzelnen Stiftungsbeteiligten zu fragen.

Klagebefugt i.S.d. § 42 Abs. 2 VwGO könnte für die gegen eine ablehnende oder unterlassene Behördenentscheidung gerichtete Verpflichtungsklage zunächst die Stiftung selbst als Adressatin der Anerkennungsentscheidung sein. Dagegen spricht allerdings die damit einhergehende Einebnung der divergenten Rechtssubjektivität der Stiftung in den einzelnen Phasen ihrer Errichtung. Ist Streitgegenstand nämlich die Versagung oder Unterlassung der staatlichen Anerkennung, geht es um den Teilakt, der für ihre Errichtung konstitutiv ist und das Rechtssubjekt Stiftung überhaupt erst zur Entstehung gelangen lässt. Besteht vor der Anerkennung jedoch kein rechtsfähiges Subjekt, ist in verwaltungsprozessualer Hinsicht bereits die Möglichkeit einer Betroffenheit in eigenen subjektiv-öffentlichen Rechtspositionen zu verneinen, sodass es an der gem. § 42 Abs. 2 VwGO erforderlichen Klagebefugnis mangelt.[1060] Dies erscheint auch vor dem Hintergrund stimmig, dass die Möglichkeit einer Beteiligtenfähigkeit der werdenden Stiftung nach hier vertretener Ansicht gleichfalls abzulehnen ist,[1061] sodass in Bezug auf den verwaltungsgerichtlichen Rechtsschutz hinsichtlich ihrer Rechtsfähigkeit in diesem Stadium ein Gleichlauf besteht.

Ist die Stiftung vor ihrer Anerkennung nicht existent, lassen sich die vorstehend aufgeführten Begründungsansätze zur fehlenden Klagebefugnis auf die Mitglieder von Stiftungsorganen übertragen: Werden die Stiftung und die durch Stiftungsgeschäft und Stiftungssatzung vorgegebenen inneren und äußeren Organisationsstrukturen durch die Anerkennung erst geschaffen, kann eine Inhaberschaft an diesen Rechtspositionen vor Anerkennung gerade nicht bestehen.[1062] Mit derselben Begründung ist schließlich zukünftigen (Potential-)Destinatären die Klagebefugnis für die Erhebung einer Verpflichtungsklage in Bezug auf die staatliche Anerkennungsentscheidung zu versagen, da eine unmittelbar oder mittelbar satzungsmäßige

---

1060 *Jakob*, Schutz der Stiftung, 423; *G. Roth*, in: MHdB GesR VII, § 97 Rn. 26; *Schwarz van Berk/Fischer*, in: MHdB GesR V, § 101 Rn. 24; *Udwari*, in: Udwari/Hertel/Heinrich, Stiftungspraxis, 263; unklar *Stumpf*, in: Richter, Stiftungsrecht, § 4 Rn. 143 („möglicherweise auch die Stiftung").

1061 Dazu bereits unter Teil 2.§ 1.A.I.2.

1062 *Jakob*, Schutz der Stiftung, 422, der zudem darauf hinweist, dass aus der Heranziehung des Art. 14 Abs. 1 GG kein anderes Ergebnis folgt, da die grundgesetzliche Eigentumsgarantie nur bestehende, keine zu schaffenden Rechtspositionen schützt; *G. Roth*, in: MHdB GesR VII, § 97 Rn. 26.

Destinatärsstellung, die eine Rechtsbetroffenheit vermitteln könnte, gleichfalls erst durch Anerkennung geschaffen wird.[1063] Vor einer Anerkennungsentscheidung rechtlich existent sind zwar sonstige, außenstehende Dritte. Auch diesen wird man die Möglichkeit eines gerichtlichen Vorgehens gegen eine ihnen missfallende negative Anerkennungsentscheidung versagen müssen, da der behördlichen Entscheidung keine drittschützende Wirkung zukommt, aus der eine mögliche Verletzung eigener subjektiv-öffentlicher Rechte wegen eines bestehenden Anspruchs auf Erlass der Anerkennung und damit eine Klagebefugnis i.S.d. § 42 Abs. 2 VwGO hergeleitet werden könnte.[1064] Privatautonome Instrumentarien des Stifters, etwa durch satzungsmäßige Regelungen Klagebefugnisse einzelner Stiftungsbeteiligter zu schaffen und damit die Möglichkeiten einer Inanspruchnahme verwaltungsgerichtlichen Rechtsschutzes in Bezug auf eine ablehnende oder unterlassene Anerkennungsentscheidung zu stärken, bestehen insoweit nicht.[1065]

Klagebefugt für die gegen eine negative Anerkennungsentscheidung gerichtete Verpflichtungsklage ist in erster Linie der antragstellende Stifter selbst.[1066] Die Möglichkeit einer subjektiv-öffentlichen Rechtsbetroffenheit ergibt sich bereits aus dem Umstand, dass dem Stifter bei Erfüllung der gesetzlichen Voraussetzungen des § 80 Abs. 2 Satz 1 BGB ein gebundener Anspruch auf Aner-

---

1063 *Blydt-Hansen*, Rechtsstellung der Destinatäre, 63 ff.; *Jakob*, Schutz der Stiftung, 422; *G. Roth*, in: BeckOGK-BGB, Stand: 01.07.2022, § 80 Rn. 253; *ders.*, in: MHdB GesR VII, § 97 Rn. 26. Demgegenüber stellt *Schwarz van Berk/Fischer*, in: MHdB GesR V, § 101 Rn. 24, für das Fehlen einer Klagebefugnis der Destinatäre darauf ab, dass die Anerkennungsentscheidung auch bei einer eventuellen wirtschaftlichen Vorteilhaftigkeit keine drittschützende Wirkung zugunsten der Destinatäre entfaltet. Der Hinweis auf den fehlenden Drittschutz ist zwar richtig, verfängt in dieser Konstellation allerdings nicht, da es bereits an der für eine subjektive Rechtsbetroffenheit erforderlichen Rechtsfähigkeit mangelt. Dogmatisch erscheint es daher stimmiger, für die fehlende Klagebefugnis der Destinatäre auf deren rechtliche Nicht-Existenz im Vorfeld einer positiven Anerkennungsentscheidung der Stiftungsbehörde abzustellen.

1064 *Jakob*, Schutz der Stiftung, 422.

1065 Vgl. *Jakob*, Schutz der Stiftung, 299, 423.

1066 *Andrick*, in: Stiftungen in Deutschland und Europa, 281, 292 f.; *Jakob*, Schutz der Stiftung, 422; *Muscheler*, in: Andrick/Muscheler/Uffmann, Stiftungsrecht, § 80 BGB Rn. 117; *G. Roth*, in: MHdB GesR VII, § 97 Rn. 23; *Stumpf*, in: Richter, Stiftungsrecht, § 4 Rn. 143; *Udwari*, in: Udwari/Hertel/Heinrich, Stiftungspraxis, 263. Daran ändert nichts, wenn der Antrag von einem Vertreter des Stifters gestellt wurde, da die Rechtswirkungen der Anerkennungsentscheidung für und gegen den Stifter eintreten (vgl. § 164 Abs. 1 BGB). Zur Beantragung der stiftungsrechtlichen Anerkennung durch Erben des Stifters, s. sogleich.

kennung der Stiftung als rechtsfähig zukommt.[1067] Weiterhin klagebefugt gegen die Ablehnung oder Unterlassung der Anerkennung können der oder die Erben als Gesamtrechtsnachfolger des Stifters sein. Richtigerweise ist für die Annahme einer solchen Klagebefugnis zwischen dem Zeitpunkt vor dem Tod des Stifters und nach dem Tod des Stifters zu differenzieren:[1068] Zu Lebzeiten des Erblassers wird man eine Klagebefugnis i.S.d. § 42 Abs. 2 VwGO schon deshalb verneinen müssen, weil die Erbeinsetzung vor dem Tod des Erblassers keine rechtlichen Wirkungen zeitigt, die dem (künftigen) Erben in Bezug auf die staatliche Anerkennungsentscheidung eine subjektiv-öffentliche Rechtsbetroffenheit vermitteln könnten.[1069] Da er zu Lebzeiten des Erblassers lediglich eine tatsächliche Aussicht erwirbt,[1070] ist der Erbe von der Anerkennungsentscheidung rechtlich in gleicher Weise betroffen wie jeder andere außenstehende Dritte. Klagebefugt wird der Erbe sowohl bei einer Stiftungserrichtung unter Lebenden als auch bei einer Stiftungserrichtung von Todes wegen allerdings aufgrund der mit dem Erbfall eintretenden Rechtswirkungen (vgl. § 1922 Abs. 1 BGB) nach dem Tod des Stifters. Als Gesamtrechtsnachfolger auch in die Stifterrechte ist der Erbe jedenfalls dann klagebefugt, wenn der Stifter alle Voraussetzungen für die Stiftungserrichtung erfüllt und damit einen Anspruch auf Anerkennung erworben hat, sodass bereits aufgrund dieses Umstands die Vermittlung eines subjektiv-öffentlichen Rechts für den Erben und dessen mögliche Verletzung durch die negative Anerkennungsentscheidung begründet ist.[1071] Das Bestehen einer Klagebefugnis gilt deshalb nicht nur für den Fall, dass der Erbe den Antrag auf Anerkennung der Stiftung selbst gestellt hat,[1072] weil der Stifter (bei einer

---

1067 *Andrick*, in: Stiftungen in Deutschland und Europa, 281, 293; *Backert*, in: BeckOK-BGB, § 80 Rn. 46; *Muscheler*, in: Andrick/Muscheler/Uffmann, Stiftungsrecht, § 80 BGB Rn. 117; *Neuhoff*, in: Soergel, BGB, § 80 Rn. 17; *Schwarz van Berk/Fischer*, in: MHdB GesR V, § 101 Rn. 24. Für die Heranziehung eines möglicherweise bestehenden „Grundrechts auf Stiftung“ (dazu unter Teil 2.§ 2.B.II.3.) zur Begründung der verwaltungsgerichtlichen Klagebefugnis in Bezug auf Streitigkeiten um die Anerkennung der Stiftung besteht indes keine Notwendigkeit, *Backert*, in: BeckOK-BGB, § 80 Rn. 46.

1068 Ebenso *G. Roth*, in: MHdB GesR VII, § 97 Rn. 24.

1069 *G. Roth*, in: MHdB GesR VII, § 97 Rn. 24.

1070 S. nur BGHZ 12, 115, 118 = NJW 1954, 633.

1071 *Blydt-Hansen*, Rechtsstellung der Destinatäre, 62, für den Fall, dass der klagende Destinatär gleichzeitig Erbe des Stifters ist; *Jakob*, Schutz der Stiftung, 297; *G. Roth*, in: MHdB GesR VII, § 97 Rn. 24.

1072 *Jakob*, Schutz der Stiftung, 297; *G. Roth*, in: MHdB GesR VII, § 97 Rn. 24. Bei der Stiftungserrichtung von Todes wegen wird diese Befugnis der Erben zur Antragstellung durch § 356 Abs. 3 FamFG (§ 83 Satz 1 BGB a.F.) vermittelt.

Stiftungserrichtung von Todes wegen notwendigerweise) bereits vor Antragstellung verstorben ist, sondern auch, wenn der Stifter zwischen Antragstellung und Anerkennungsentscheidung der Stiftungsbehörde verstirbt.[1073] In beiden Konstellationen ist der gesetzliche oder gewillkürte Erbe für eine auf Erteilung der Anerkennung gerichtete Verpflichtungsklage klagebefugt i.S.d. § 42 Abs. 2 VwGO.

Von dem vorstehend geschilderten gerichtlichen Rechtsschutzgesuch gegen eine ablehnende oder unterlassene Anerkennungsentscheidung abzugrenzen ist das Klagebegehren auf Aufhebung einer positiven Anerkennungsentscheidung der Stiftungsbehörde, weil die Verletzung eigener subjektiv-öffentlicher Rechte geltend gemacht wird.

Entsteht eine Stiftung auch im Falle einer mangelhaften organisationsrechtlichen Grundlage durch die staatliche Anerkennung als Rechtsperson, könnte zuvorderst an eine Klagebefugnis der Stiftung bzw. des Stifters selbst für eine Klage gegen die insoweit rechtswidrige Anerkennung gedacht werden. Wegen der vorstehend dargestellten Rechtswirkungen ändert sich jedoch trotz der zivilrechtlichen Fehlerhaftigkeit des Grundgeschäfts nichts am Rechtscharakter der Anerkennung als begünstigender Verwaltungsakt, sodass zwar die Statthaftigkeit einer gegen die Anerkennung gerichteten Anfechtungsklage zu bejahen ist,[1074] nicht aber die Klagebefugnis, weil die Möglichkeit einer Verletzung in subjektiv-öffentlichen Rechten des Stifters bzw. der Stiftung von vornherein ausgeschlossen ist.[1075]

Fraglich ist, inwieweit verwaltungsgerichtlicher Rechtsschutz gegen eine positive Anerkennungsentscheidung von dritter Seite in Anspruch genommen werden kann. Zu denken ist hier insbesondere an Erben oder Pflichtteilsberechtigte bzw. Pflichtteilsausgleichsberechtigte, die sich gegen die aus ihrer Sicht vermögensrechtlich nachteilige Schaffung der Rechtsperson Stiftung zur Wehr setzen möchten. Da Streitgegenstand insoweit ein den Adressaten begünstigender, aber den Dritten belastender Verwaltungsakt, somit eine Drittanfechtungsklage statthaft ist, bleibt klärungsbedürftig, ob die Drittseite hinsichtlich einer solchen Klage die Verletzung eigener subjektiv-öffentlicher Rechte, die zumindest auch dem Schutz der Interessen von Dritten in der Situation des

---

1073 Vgl. *G. Roth*, in: MHdB GesR VII, § 97 Rn. 24.

1074 Die Frage einer Belastung oder Begünstigung spielt für die Statthaftigkeit der Anfechtungsklage jedenfalls keine Rolle, s. nur *Schmidt-Kötters*, in: BeckOK-VwGO, § 42 Rn. 17.

1075 Ebenso *Schwarz van Berk/Fischer*, in: MHdB GesR V, § 101 Rn. 28, der allerdings auf das fehlende allgemeine Rechtsschutzinteresse für eine Anfechtungsklage abstellt.

Klägers zu dienen bestimmt sind, durch die Anerkennungsentscheidung geltend machen kann, ob also die erforderliche Klagebefugnis i.S.d. § 42 Abs. 2 VwGO besteht.[1076]

Das soll für die Erben wegen einer möglichen Verletzung ihrer in Art. 14 Abs. 1 GG zur subjektiv-öffentlichen Rechtsposition erhobenen erbrechtlichen Stellung möglich sein, wenn der anerkannten Stiftung ein materiell unwirksames Stiftungsgeschäft, etwa eine unwirksame letztwillige Verfügung, zugrunde liegt.[1077] Argumentiert wird, dass die Erben durch die Erschaffung der Stiftung deshalb in einer eigenen Rechtsposition betroffen seien, weil deren Anerkennung als rechtsfähig geeignet sei, die Erbenstellung dem Grunde nach zu verändern und ihr eine neue Qualität zu geben.[1078] Dass die aus vermögensrechtlicher Sicht konkurrierende Rechtsperson Stiftung durch die positive Anerkennungsentscheidung materiell ins Leben gerufen werde, reiche deshalb zur Bejahung einer Klagebefugnis aus, auch wenn deren Erfüllungsanspruch zivilrechtlich (möglicherweise) nicht bestehe.[1079]

Eine derart begründete Klagebefugnis überzeugt aus zweierlei Gründen nicht: Zum einen verkennt sie das Nebeneinander von ordentlichem und verwaltungsgerichtlichem Rechtsschutz. Zwar ist eine Anerkennungsentscheidung auf dem Verwaltungsrechtsweg anzugreifen, allerdings nicht, wenn sich das Klagebegehren gegen die Erfüllung des vermögensrechtlichen Teils des Stiftungsgeschäfts in Form des zugrundeliegenden, möglicherweise unwirksamen Ausstattungsversprechens richtet. Da der daraus resultierende Streitgegenstand zivil- bzw. erbrechtlich geprägt und eine etwaige Beeinträchtigung der Position der Erben durch das Ausstattungsversprechen von vornherein nicht vom Prüfungsumfang der Stiftungsbehörde im Anerkennungsverfahren umfasst ist, kann sich eine diesbezügliche Rechtsbetroffenheit nicht zu einer verwaltungsprozessualen Kla-

---

1076 VG München BeckRS 2024, 3870 Rn. 37; *Andrick*, in: Andrick/Muscheler/Uffmann, Stiftungsrecht, § 82 BGB Rn. 48 ff.; vgl. *Jakob*, Schutz der Stiftung, 296.

1077 *Andrick/Suerbaum*, Stiftung und Aufsicht, § 9 Rn. 49; *Jakob*, Schutz der Stiftung, 296.

1078 *Jakob*, Schutz der Stiftung, 296 f.

1079 *Jakob*, Schutz der Stiftung, 297, stützt diese Überlegung zudem auf die für die Erben positiven Rechtswirkungen einer Aufhebung der Anerkennungsentscheidung, weil dies bei einer Stiftungserrichtung unter Lebenden mit einer Erhöhung der zu berücksichtigenden Vermögensaktiva, bei einer Stiftungserrichtung von Todes wegen im Fall einer angeordneten Miterbenstellung der Stiftung mit einer Erhöhung der Erbquote bzw. im Fall einer angeordneten Alleinerbenstellung der Stiftung sogar mit der Erlangung der Erbenstellung einherginge.

gebefugnis i.S.d. § 42 Abs. 2 VwGO verdichten.[1080] Die Erschaffung einer neuen Rechtsperson selbst vermag an dieser Bewertung der Betroffenheit der Erben in subjektiv-öffentlichen Rechten nichts zu ändern.[1081] Zwar ist die Entstehung der die Erben belastenden Ansprüche Folge der Entscheidung über die Anerkennung der Stiftung. Dabei ist jedoch erneut zu berücksichtigen, dass der Rechtsgrund des Anspruchs in der Vermögenswidmung seitens des Stifters und nicht in der Schaffung der Rechtspersönlichkeit durch die Anerkennung begründet liegt, weil sich deren Wirkung darin erschöpft, die Stiftung mit eigener Rechtspersönlichkeit auszustatten.[1082] Rechtsschutz kann von den Erben damit nur vor den ordentlichen Gerichten ersucht werden.

Zum anderen spricht gegen die Möglichkeit einer Rechtsverletzung durch eine positive Anerkennungsentscheidung, dass die Anerkennung ein mangelhaftes Zuwendungsversprechen nicht zu heilen vermag, sodass eine wie auch

---

1080 So überzeugend *G. Roth*, in: MHdB GesR VII, § 97 Rn. 24, wonach sich an diesem Ergebnis auch nichts durch den Umstand ändere, dass die Anerkennungsentscheidung und das Zuwendungsversprechen wegen § 80 Abs. 2 Satz 1 BGB in einem gegenseitigen Abhängigkeitsverhältnis stünden; ebenso VG München BeckRS 2024, 3870 Rn. 43, 64; *Mehrbrey/Gräler*, in: Mehrbrey, Hd-Buch Ges. Streitigkeiten, § 82 Rn. 11; *Muscheler*, in: Andrick/Muscheler/Uffmann, Stiftungsrecht, § 80 BGB Rn. 119 f.; *Schwarz van Berk/Fischer*, in: MHdB GesR V, § 101 Rn. 28 (jedenfalls wegen Fehlens eines entsprechenden Rechtsschutzinteresses der Erben); *Weitemeyer*, in: MüKo-BGB, § 80 Rn. 115; a.A. *Andrick/Suerbaum*, Stiftung und Aufsicht, § 9 Rn. 49; *Jakob*, Schutz der Stiftung, 296 f. – Etwas anderes ist nur in den Fällen denkbar, in denen die Betroffenheit in einer erbrechtlichen Rechtsposition über die Unwirksamkeit des Ausstattungsversprechens hinaus ausnahmsweise subjektiv-öffentliche Auswirkungen zeitigt. Angenommen wurde dies in einem Fall des VGH Baden-Württemberg (StiftRspr. III, 13, 15), bei der im Rahmen einer Stiftungserrichtung von Todes wegen die (verwaltungsgerichtliche) Klagebefugnis zweier gesetzlicher Erben deshalb bejaht wurde, weil im Falle der Unwirksamkeit des Stiftungsgeschäfts eine Auslegung des Testaments in Betracht kam, die eine Erbeinsetzung mit der Auflage (§ 1940 BGB) zur Bildung einer Stiftung zum Inhalt gehabt hätte. Das Recht zur Vollziehung der Auflage (§ 2194 BGB) konnte durch die nachlassgerichtliche Stiftungserrichtung möglicherweise verletzt sein; dazu ebenfalls *Andrick/Suerbaum*, Stiftung und Aufsicht, § 9 Rn. 49.

1081 *G. Roth*, in: MHdB GesR VII, § 97 Rn. 24.

1082 VG München BeckRS 2024, 3870 Rn. 46, das zurecht darauf hinweist, dass bei der im konkreten Fall gegebenen Vermächtnisstiftung die Verpflichtung der Erben zur Leistung lediglich Rechtsreflex der Anerkennung ist, weil die Erben als Gesamtrechtsnachfolger auch dann zur Leistung verpflichtet wären, wenn der Anspruchsberechtigte keine Stiftung ist.

immer geartete Rechtsbetroffenheit der Erben bereits deshalb ausscheidet, weil die Stiftung trotz erfolgter Anerkennung der Stiftungsbehörde von ihnen nicht die Aufbringung der im (nichtigen) Stiftungsgeschäft zugesicherten Vermögenswerte verlangen bzw. bereits geleistetes Vermögen nach § 812 Abs. 1 Satz 1 Alt. 1 BGB herauszugeben hat, sodass die Stiftung wegen des Fehlens der für die Zweckverwirklichung notwendigen Vermögensausstattung gem. § 87a BGB (§ 87 Abs. 1 BGB a.F.) aufzuheben ist.[1083]

Im Ergebnis ist eine Klagebefugnis der Erben sowie der Pflichtteils- und Pflichtteilsausgleichsberechtigten, auf die sich die vorstehend genannten Erwägungen übertragen lassen,[1084] für ein verwaltungsgerichtliches Vorgehen gegen eine positive Anerkennungsentscheidung zu verneinen.

3. *Gerichtliche Verfahren um aufsichtliche Maßnahmen in der laufenden Stiftungstätigkeit*

Die Inanspruchnahme verwaltungsgerichtlichen Rechtsschutzes kann nicht nur die Anerkennung der Stiftung als rechtsfähig betreffen. Insbesondere um stiftungsaufsichtliche Maßnahmen während der laufenden Geschäftstätigkeit der Stiftung können sich gerichtliche Auseinandersetzungen entwickeln. Das liegt primär in der Funktion der Stiftungsaufsicht als Rechtsaufsicht begründet, mittels präventiver und repressiver Maßnahmen[1085] dafür zu sorgen, dass die Stiftung im Einklang mit dem in Stiftungsgeschäft und Stiftungssatzung niedergelegten Stifterwillen sowie den gesetzlichen Vorgaben verwaltet wird. In Bezug auf die damit verbundenen Eingriffe in die Stiftungsautonomie kann sich die Frage stellen, wer gegen bestimmte behördliche Aufsichtsmaßnahmen gerichtlich vorzugehen berechtigt ist und inwieweit der verwaltungsprozessuale Rechtsschutz einer privatautonomen Ausgestaltung durch den Stifter zum Schutz der Stiftung zugänglich ist.[1086]

1083 Diesen Umstand erkennt auch *Jakob*, Schutz der Stiftung, 296, an. S. zudem *Schwarz van Berk/Fischer*, in: MHdB GesR V, § 101 Rn. 28; *Weitemeyer*, in: MüKo-BGB, § 80 Rn. 115.

1084 *G. Roth*, in: MHdB GesR VII, § 97 Rn. 24.

1085 Zu dieser Dichotomie aufsichtsrechtlicher Instrumentarien, s. nur die Ausführungen bei *Andrick/Suerbaum*, Stiftung und Aufsicht, § 7 Rn. 1; *Fischer*, in: Richter, Stiftungsrecht, § 8 Rn. 60; *Schlüter/Stolte*, Stiftungsrecht, Kap. 3 Rn. 10 ff.; *Winkler*, in: Werner/Saenger/Fischer, Die Stiftung, § 27 Rn. 103 ff.

1086 Anknüpfend an vergleichbare Überlegungen hinsichtlich bestimmter Streitgegenstände der ordentlichen Gerichtsbarkeit (dazu insbesondere unter Teil 2.§ 2.A.II.2.b)), sind diesbezüglich insbesondere die Möglichkeiten einer Erweiterung der notwendi-

Der Rechtsschutz gegen stiftungsbehördliches Handeln soll im Folgenden sowohl für ein gerichtliches Vorgehen gegen eine präventive Aufsichtsmaßnahme (Genehmigung einer Satzungsänderung) als auch für den Rechtsstreit um eine repressive Aufsichtsmaßnahme (behördliche Aufhebung der Stiftung) beleuchtet werden.

a) Streitgegenstand: Genehmigung von Satzungsänderungs-, insbesondere von Zweckänderungsbeschlüssen

Das Instrument des Genehmigungsvorbehalts dient im Rahmen der behördlichen Aufsichtsmittel dem Zweck, die den Stiftungsbehörden obliegende Obhut über die Stiftungen dadurch zu verwirklichen, dass riskante und potentiell mit Gesetz oder der Satzung nicht zu vereinbarende organschaftliche Maßnahmen präventiv verhindert werden.[1087] Eingeschränkt unterliegen einem Genehmigungsvorbehalt bzw. einer Anzeigepflicht mit Genehmigungsfiktion qua landesstiftungsgesetzlicher Anordnung[1088] solche Rechtsgeschäfte, die mit einer Belastung oder Beeinträchtigung der Stiftung, insbesondere der Stiftungszweckverwirklichung, einhergehen können, etwa die Aufnahme von Darlehen oder Krediten, oder die von besonderer Tragweite für den Bestand des Stiftungsvermögens sind.[1089]

Genehmigungserfordernisse bestehen darüber hinaus grundsätzlich für bestimmte organschaftliche Beschlussgegenstände, insbesondere für Satzungsänderungs- und Auflösungsbeschlüsse der Stiftung (s. § 85a Abs. 1 Satz 2 BGB bzw. § 87 Abs. 3 BGB). Die Darstellung diesbezüglicher Rechtsschutzfragen soll sich im Folgenden auf die behördliche Genehmigung von Satzungsänderungsbeschlüssen beschränken, wobei es in Anerkennung der in Teil 2.§ 1.B.I. getroffenen

---

gen Klagebefugnisse zu erörtern, falls die gesetzlich dafür vorgesehenen Stiftungsbeteiligten ein gerichtliches Vorgehen zum Nachteil der Stiftung unterlassen.

1087 VGH Mannheim NJW 1985, 1573, 1574; *Burgard*, in: Burgard, Stiftungsrecht, § 87 BGB Rn. 36; *Fischer*, in: Richter, Stiftungsrecht, § 8 Rn. 92 f.; *Schlüter/Stolte*, Stiftungsrecht, Kap. 3 Rn. 14.

1088 § 13 Abs. 1 StiftG BW (StiftG); Art. 18 BayStG, für Stiftungen des öffentlichen Rechts; § 6 Abs. 1, 2 SHStiftG (StiftG). S. dazu die Übersicht bei *Fischer*, in: Richter, Stiftungsrecht, § 8 Rn. 92. Kritisch zur Gesetzgebungskompetenz der Länder für eine De-facto-Genehmigungspflicht organschaftlicher Maßnahmen von Stiftungen bürgerlichen Rechts durch die Stiftungsaufsicht *Orth*, ZStV 2024, 3, 21.

1089 *Godron*, in: Richter, Stiftungsrecht, § 7 Rn. 23; *Schlüter/Stolte*, Stiftungsrecht, Kap. 3 Rn. 15. Ein ohne die erforderliche Genehmigung abgeschlossenes Verpflichtungs- oder Verfügungsgeschäft ist zunächst schwebend unwirksam und wird erst mit Erteilung der Genehmigung ex tunc wirksam, *Schlüter/Stolte*, Stiftungsrecht, Kap. 3 Rn. 13.

Rechtswegdifferenzierung vor den Verwaltungsgerichten nicht um die Verletzung solcher Rechte gehen kann, die auf einer formellen oder materiellen Fehlerhaftigkeit des organschaftlichen Beschlusses selbst gründen.[1090] In Bezug auf die verwaltungsgerichtliche Kontrolle der aufsichtsbehördlichen Genehmigung zu untersuchen sind sowohl die Frage nach der statthaften Klageart als auch nach in Betracht kommenden Klagebefugnissen der Stiftungsbeteiligten.

aa) Grundlagen und statthafte Klageart

Mit der Genehmigungsbedürftigkeit von Satzungsänderungsbeschlüssen wird zum einen der Schutzauftrag der Stiftungsbehörden verwirklicht, indem sie die Aufnahme solcher Satzungsregelungen verhindert, die dem im Zeitpunkt der Anerkennung perpetuierten historischen Stifterwillen zuwiderlaufen.[1091] Zum anderen dient die Genehmigung dem Schutz der Umgehung des Anerkennungsverfahrens, sodass nachträglich keine Bestimmungen in die Satzung eingefügt werden können, die einer Anerkennung der Stiftung entgegengestanden hätten.[1092] Die behördliche Genehmigung von organschaftlichen Satzungsänderungsbeschlüssen ist nur dann rechtmäßig, wenn in formeller Hinsicht insbesondere etwaige Anhörungspflichten beachtet wurden und in materieller Hinsicht der Beschluss genehmigungsfähig ist, weil er den (satzungsmäßigen bzw. gesetzlichen) formellen und materiellen Beschlussvorgaben entspricht, insbesondere dem (hilfsweise durch Auslegung zu ermittelnden) tatsächlichen oder mutmaßlichen Stifterwillen.[1093]

Da ein Änderungsbeschluss nur durch die aufsichtsbehördliche Genehmigung zivilrechtlich wirksam wird, die gleichzeitig alle Begriffsmerkmale des § 35 Satz 1 VwVfG erfüllt, ist diese Genehmigung hinsichtlich ihrer Rechtsqualität richtigerweise als privatrechtsgestaltender Verwaltungsakt zu qualifizieren.[1094] Ist Streitgegenstand die behördlich bereits erteilte Genehmigung eines Satzungsänderungsbeschlusses, deren Aufhebung verwaltungsprozessual begehrt wird, ist

1090 Zu diesem, den ordentlichen Gerichten zugewiesenen Streitgegenstand, s. bereits ausführlich unter Teil 2.§ 2.A.II.3.

1091 *G. Roth*, in: MHdB GesR VII, § 101 Rn. 8.

1092 *G. Roth*, in: MHdB GesR VII, § 101 Rn. 8.

1093 Zu diesen Wirksamkeitsvoraussetzungen, s. bereits die Ausführungen unter Teil 2.§ 2.A.II.3.a).

1094 VGH Mannheim NJW 1985, 1573, 1574; OVG Berlin NVwZ-RR 2003, 323, 324; *G. Roth*, in: MHdB GesR VII, § 101 Rn. 8; *Schwintek*, Vorstandskontrolle, 324; *Suerbaum*, NVwZ 2005, 160, 161; *ders.*, in: Stumpf/Suerbaum/Schulte/Pauli, StiftR, C Rn. 371.

somit die Anfechtungsklage (§ 42 Abs. 1 Alt. 1 VwGO) die statthafte Klageart.[1095] Erteilt die Stiftungsbehörde die erforderliche Genehmigung nicht, obwohl alle Voraussetzungen erfüllt sind, ist in den Fällen einer ausdrücklichen behördlichen Ablehnung die Erhebung einer Verpflichtungsklage in Form der Versagungsgegenklage (§ 42 Abs. 1 Alt. 2 Hs. 1 VwGO), in den Fällen einer behördlichen Untätigkeit die Erhebung einer Verpflichtungsklage in Form der Untätigkeitsklage (§ 42 Abs. 1 Alt. 2 Hs. 2 VwGO i.V.m. § 75 Satz 1 VwGO) statthaft.[1096]

bb) Klagebefugnisse

(1) Stiftung

Für ein gerichtliches Vorgehen in Bezug auf die Genehmigung einer Satzungsänderung ist primär die Stiftung selbst, vertreten durch ihren Vorstand (§ 62 Abs. 3 VwGO i.V.m. § 84 Abs. 2 Satz 1 Hs. 1 BGB [§§ 86 Satz 1 a.F., 26 Abs. 1 Satz 2 Hs. 1 BGB]), klagebefugt i.S.d. § 42 Abs. 2 VwGO.[1097] Die notwendige Betroffenheit in eigenen subjektiv-öffentlichen Rechten ergibt sich im Fall einer Anfechtungssituation bereits aus dem Umstand, dass die Genehmigung, ebenso wie sonstige Maßnahmen der laufenden Stiftungsaufsicht, gegenüber der Stiftung ergeht und sich unmittelbar an diese richtet, sodass sie als Adressatin einer möglicherweise rechtswidrigen Genehmigung geltend machen kann, in eigenen Rechten verletzt zu sein.[1098] Relevanz kann einem solchen Klagebegehren insbesondere deshalb zukommen, weil nach hier vertretener Ansicht die Möglichkeit eines zivilgerichtlichen Vorgehens der Stiftung gegen die zugrundeliegende

---

1095 *Schwintek*, Vorstandskontrolle, 324. Dem Schutz der Stiftung kann ein gerichtliches Vorgehen gegen eine rechtswidrige Genehmigung deshalb entsprechen, weil im Falle einer zulässigen und begründeten Anfechtungsklage die behördliche Genehmigung aufgehoben wird, sodass zwar unter Umständen weitergehender Rechtsschutz gegen den zugrundeliegenden Organbeschluss vor den ordentlichen Gerichten gesucht werden muss, die Organbeschlüsse allerdings zunächst ohne rechtliche Wirkung bleiben, *Rawert*, ZIP 1994, 1952, 1953.

1096 VG Schleswig BeckRS 2016, 114825 Rn. 73; *Mecking*, in: MHdB GesR V, § 103 Rn. 67; *Mehren*, in: Schauhoff/Kirchhain, Hd-Buch Gemeinnützigkeit, § 3 Rn. 171; *G. Roth*, in: MHdB GesR VII, § 101 Rn. 10; *Schwarz van Berk/Fischer*, in: MHdB GesR V, § 101 Rn. 32; *Suerbaum*, in: Stumpf/Suerbaum/Schulte/Pauli, StiftR, C Rn. 371.

1097 *Schwarz van Berk/Fischer*, in: MHdB GesR V, § 101 Rn. 31; *Schwintek*, in: Werner/Saenger/Fischer, Die Stiftung, § 24 Rn. 22; vgl. *Schlüter/Stolte*, Stiftungsrecht, Kap. 3 Rn. 44; *Suerbaum*, in: Stumpf/Suerbaum/Schulte/Pauli, StiftR, C Rn. 361.

1098 VGH Mannheim NJW 1985, 1573, 1574; OVG Berlin NVwZ-RR 2003, 323, 324; *Schwarz van Berk/Fischer*, in: MHdB GesR V, § 101 Rn. 31.

fehlerhafte Beschlussfassung aus prozessualen Gründen zu verneinen ist.[1099] In gleicher Weise klagebefugt ist die Stiftung für eine auf Erteilung der Satzungsänderungsgenehmigung gerichtete Verpflichtungsklage, da sich die Möglichkeit einer subjektiv-öffentlichen Rechtsbetroffenheit bereits aus dem Umstand ergibt, dass der Stiftung bei formeller und materieller Rechtmäßigkeit des Satzungsänderungsbeschlusses ein gebundener Anspruch auf Erteilung der behördlichen Genehmigung zukommt.[1100]

In Bezug auf die Darstellung der Rechtsschutzmöglichkeiten hinsichtlich dieser behördlichen Maßnahme ist klärungsbedürftig, ob andere Stiftungsbeteiligte zum Schutz der Stiftung und Wahrung des Stifterwillens gegen eine erteilte Genehmigung aus eigenem oder fremdem Recht vorzugehen berechtigt sind, falls es Zweifel an deren rechtlicher Unbedenklichkeit gibt, der Stiftungsvorstand die Inanspruchnahme verwaltungsgerichtlichen Rechtsschutzes aber gleichwohl unterlässt. Dieser Frage soll im Folgenden nachgegangen werden.

(2) Stifter und Erben

Einer Klagebefugnis des Stifters gem. § 42 Abs. 2 VwGO für ein gerichtliches Vorgehen gegen die hoheitliche Genehmigung eines organschaftlichen Satzungsänderungsbeschlusses steht bereits die fehlende Möglichkeit subjektiv-öffentlicher Rechtsbetroffenheit des Stifters entgegen.[1101] Die Emanzipation der Stiftung gegenüber dem Stifter im Zeitpunkt ihrer Anerkennung führt dazu, dass ab diesem Moment mit dem Stifter und der Stiftung im rechtlichen Sinne voneinander unabhängige, selbständige Personen mit jeweils eigenen Rechtsbeständen bestehen. Der mit der Entstehung der Stiftung verbundene Verlust von Einflussmöglichkeiten des Stifters auf die juristische Person schlägt richtigerweise nicht nur zivilrechtlich,[1102] sondern auch öffentlich-rechtlich durch, sodass der Stifter in Bezug auf an die Stiftung gerichteter, behördlicher Maßnahmen grundsätzlich nicht in eigenen Rechten betroffen sein kann.[1103] Die gegenteilige Ansicht begründet die

---

1099 S. dazu bereits unter Teil 2.§ 2.A.II.3.b)bb)(1).

1100 Vgl. VG Schleswig BeckRS 2016, 114825 Rn. 72; *Andrick/Suerbaum*, Stiftung und Aufsicht, § 7 Rn. 26; *Suerbaum*, NVwZ 2005, 160, 161; *Weitemeyer*, in: MüKo-BGB, § 87 Rn. 19.

1101 Vgl. *G. Roth*, in: MHdB GesR VII, § 102 Rn. 13; *Schwarz van Berk/Fischer*, in: MHdB GesR V, § 101 Rn. 34.

1102 Dazu bereits ausführlich unter Teil 2.§ 2.A.II.2.b)bb)(2)(a)(cc) und 3.b)bb)(2).

1103 *Andrick*, in: Stiftungen in Deutschland und Europa, 281, 294; *Andrick/Suerbaum*, Stiftung und Aufsicht, § 9 Rn. 47; *Schwarz van Berk/Fischer*, in: MHdB GesR V, § 101 Rn. 34.

Gefahr einer Aushebelung des Primats des historischen Stifterwillens, weil über eine Selbstbetroffenheit des Stifters unzulässigerweise Elemente eines gewandelten Stifterwillens in die Stiftungsverwaltung und Stiftungszweckverwirklichung einfließen könnten.[1104]

Zu keiner anderen rechtlichen Einschätzung führt der Hinweis auf eine rechtliche Betroffenheit des Stifters in einem Grundrecht auf Bestand der Stiftung. Zwar liegt die Heranziehung eines solchen, aus dem Grundrecht auf Stiftungserrichtung während der Operationsphase der Stiftung möglicherweise fortwirkenden Grundrechtsschutzes näher als im Rahmen der Untersuchung von Rechtsschutzmöglichkeiten des Stifters gegen einen organschaftlichen Satzungsänderungsbeschluss. In diesem Fall entfaltet sich der Rechtsschutz dem originären Wirkungsverhältnis der Grundrechte entsprechend als Abwehrrecht gegenüber einer hoheitlichen Maßnahme und somit im Über-/ Unterordnungsverhältnis zwischen dem Stifter und der staatlichen Aufsicht. Unabhängig von den dargestellten Bedenken zur Anerkennung eines Grundrechts des Stifters auf Stiftungsbestand wäre dessen sachlicher Anwendungsbereich für den hier zu untersuchenden Streitgegenstand einer behördlichen Genehmigung aber ohnehin nicht eröffnet, weil die Bestandsveränderung materiell-rechtlich bereits im organschaftlichen Satzungsänderungsbeschluss angelegt ist, der durch die Genehmigung als präventive Aufsichtsmaßnahme nur wirksam wird. Die behördliche Genehmigung bleibt in ihrer Eingriffsintensität in die organisationsrechtliche Struktur der Stiftung somit hinter originär bestandsverändernden, hoheitlichen Maßnahmen zurück und kann bereits aus diesem Grund keine Betroffenheit des Stifters in einem etwaigen grundrechtlich verankerten Anspruch auf Bestand der Stiftung begründen.[1105]

Im Ergebnis ist es dem Stifter nicht möglich, zum Wohle der Stiftung gegen eine behördliche Genehmigung auf dem Verwaltungsrechtsweg Rechtsschutz zu suchen. Nichts anderes gilt für die Erben als Gesamtrechtsnachfolger des Stifters (§ 1922 Abs. 1 BGB). Zwar ist vorstellbar, dass die Nachkommen aus abgeleitetem Recht klagebefugt sind, weil sie in ihrer Eigenschaft als Erben in Rechten berührt

---

1104 Vgl. *G. Roth*, in: MHdB GesR VII, § 102 Rn. 13.

1105 Ob eine grundrechtlich verbürgte Rechtsposition dem Stifter bei materiell rechtwidrigen, den objektiven Stifterwillen missachtenden, bestandsverändernden hoheitlichen Maßnahmen, zu denen die Aufhebung, Zweckänderung oder die Zu- oder Zusammenlegung von Stiftungen gehören, eine Klagebefugnis i.S.d. § 42 Abs. 2 VwGO vermittelt, soll für ein gerichtliches Vorgehen gegen die Aufhebung der Stiftung als ultima ratio der aufsichtsrechtlichen Maßnahmen unter Teil 2.§ 2.B.II.3.b) gesondert untersucht werden.

werden, die dem Stifter zustanden.[1106] Ihre Rechtspositionen können aber nicht umfangreicher als die des Stifters sein, von dem die Erben sie ableiten.[1107] Damit kann ein verwaltungsgerichtliches Vorgehen unabhängig von einer etwaigen Höchstpersönlichkeit schon deshalb nicht auf ein Recht auf Stiftungsbestand gestützt werden, weil dieses nach hier vertretener Ansicht bereits dem Stifter kein eine Klagebefugnis begründendes, subjektiv-öffentliches Recht gegenüber einer hoheitlichen Genehmigung vermittelt. Nichts anderes gilt im Fall einer Stiftungserrichtung von Todes wegen aufgrund der Regelung des § 356 Abs. 3 FamFG (§ 83 Satz 1 BGB a.F.). Zwar wurde in einem Urteil aus dem Jahr 1978 vom KG die Befugnis von Erben und Nacherben bejaht, die behördliche Genehmigung einer Satzungsänderung zivilgerichtlich[1108] überprüfen zu lassen, weil die Erben bzw. Nacherben als Rechtsnachfolger dazu berufen seien, auf die Beachtung des Willens des Erblassers hinzuwirken, wozu auch das satzungsmäßige Funktionieren einer vom Erblasser angeordneten Stiftung gehört.[1109] Eine solche Rechtsstellung, an die für ein gerichtliches Vorgehen zum Schutz der Stiftung angeknüpft werden könnte, lässt sich jedoch schwerlich mit der Vorschrift des § 356 Abs. 3 FamFG (§ 83 Satz 1 BGB a.F.) begründen, die es dem Erben zwar ermöglicht, für den Stifter die Anerkennung der Stiftung zu beantragen, die aber nicht im Sinne einer umfassenden Berechtigung verstanden werden kann, auf Dauer die Einhaltung des Stifterwillens kontrollieren zu können.[1110] Der diesbezügliche Hinweis, dass es den Stifterwillen sprengen und die formale Bedeutung des § 356 Abs. 3 FamFG (§ 83 Satz 1 BGB a.F.) überstrapazieren würde, den Erben Kontrollrechte zu geben, über die der Stifter nicht verfügt hat,[1111] bringt die Regelungsnotwendigkeit

---

1106 *Jakob/Picht/Kopp*, in: BeckOGK-BGB, Stand: 01.12.2023, § 83 Rn. 64.6.

1107 *Andrick*, in: Stiftungen in Deutschland und Europa, 281, 295; *Andrick/Suerbaum*, Stiftung und Aufsicht, § 9 Rn. 50; *Jakob*, Schutz der Stiftung, 295; *Schwarz van Berk/Fischer*, in: MHdB GesR V, § 101 Rn. 34.

1108 Zu dieser Rechtsschutzzuweisung vor die ordentlichen Gerichte statt vor die Verwaltungsgerichte, die aus der Qualifikation der behördlichen Genehmigung als Justizverwaltungsakt i.S.d. § 23 EGGVG durch das KG herrührt, zu Recht kritisch *Jakob*, Schutz der Stiftung, 294 Fn. 1227; *Jakob/Picht/Kopp*, in: BeckOGK-BGB, Stand: 01.12.2023, § 83 Rn. 64.8.

1109 KG StiftRspr. III, 85, 87.

1110 Ähnlich *Jakob*, Schutz der Stiftung, 294 f., der die Einholung der Anerkennung lediglich als Formalität der Nachlassabwicklung einordnet.

1111 *Jakob*, Schutz der Stiftung, 295; die damalige Einschätzung allerdings relativierend bei *Jakob/Picht/Kopp*, in: BeckOGK-BGB, Stand: 01.12.2023, § 83 Rn. 64.8, wonach es im Zuge der Abwehr eines (im vorliegenden Fall nicht bestehenden) existenzvernichtenden Eingriffs durch die Stiftungsbehörde zum Schutz des Stifterwillens bei

des Stifters zwar angemessen zum Ausdruck. Die Verankerung satzungsmäßiger Kontrollrechte vermag die Problematik einer fehlenden subjektiv-öffentlichen Rechtsbetroffenheit des Erben für die Anfechtung einer behördlichen Genehmigung gleichfalls nicht aufzulösen, sodass eine Verletzung von Kontroll- oder Verwaltungsrechten zwar ein zivilprozessuales Vorgehen gegen den Satzungsänderungsbeschluss stützt, verwaltungsprozessual allerdings (ebenso wie beim Stifter) allenfalls eine mittelbar-reflexhafte Betroffenheit angenommen werden kann, die den Erben keine Klagebefugnis i.S.d. § 42 Abs. 2 VwGO verschafft.[1112]

(3) Organmitglieder

Fraglich ist, ob auch einzelne Organmitglieder, etwa Vorstandsmitglieder oder Mitglieder eines mit Kontrollfunktion ausgestatteten Kuratoriums, für eine Anfechtungsklage gegen die rechtwidrige Genehmigung einer Satzungsänderung klagebefugt i.S.d. § 42 Abs. 2 VwGO sein können. Eine solche Klagebefugnis kommt nach den allgemeinen Grundsätzen in Betracht, wenn eine konkrete hoheitliche Maßnahme auf die Rechtsstellung des Organmitglieds zielt.[1113] Ist das Organmitglied Adressat eines belastenden Verwaltungsakts, kann es bereits aufgrund dieses Umstands die Verletzung subjektiv-öffentlicher Rechte geltend machen.[1114]

---

satzungsmäßig eingeräumter Kontrollfunktion der Erben gerechtfertigt erscheinen soll, eine ähnliche, auf die Begründungsansätze des KG gestützte Entscheidung zu treffen.

1112 Dazu sogleich unter (3).

1113 OVG Lüneburg BeckRS 2016, 46499; *Andrick*, in: Stiftungen in Deutschland und Europa, 281, 296, nach dem die Klagebefugnis jedenfalls dann zu bejahen ist, wenn es um die Ausübung der den einzelnen Organmitgliedern zustehenden Teilnahme- und Mitwirkungsrechte geht; ähnlich *Feick/Fischer*, ZStV 2017, 27, 29, im Falle des Durchgreifens einer behördlichen Maßnahme auf die Ebene der Stiftungsorgane infolge des dann ausnahmsweise organbezogenen Handelns der Stiftungsaufsicht; *Jakob*, Schutz der Stiftung, 377.

1114 VG Sigmaringen npoR 2021, 208, 212 Rn. 104; VG München BeckRS 2024, 3870 Rn. 43; *Feick/Fischer*, ZStV 2017, 27, 29; *Fischer*, in: Richter, Stiftungsrecht, § 8 Rn. 161; *Jakob*, Schutz der Stiftung, 376 f.; *Mehren*, in: Schauhoff/Kirchhain, Hd-Buch Gemeinnützigkeit, § 3 Rn. 172; *Suerbaum*, in: Stumpf/Suerbaum/Schulte/Pauli, StiftR, C Rn. 361; *Theuffel-Werhahn*, ZStV 2024, 148, 149; *Weitemeyer*, in: MüKo-BGB, § 80 Rn. 82. Als hoheitliche Maßnahmen, die auf die Wahrnehmung der Organtätigkeit abzielen, kommen etwa die Suspendierung bzw. Abberufung eines Organmitglieds oder die Bestellung eines Sachwalters in Betracht. Des Weiteren ist dies bei einer aufsichtlichen Anordnung zum Verhalten eines einzelnen

Problematisch erscheint, dass sich die verwaltungsgerichtlich angegriffene Genehmigung eines Satzungsänderungsbeschlusses gerade nicht an die Organmitglieder, sondern vielmehr an die Stiftung selbst richtet.[1115] Zwar lässt sich die Klagebefugnis in Drittbeteiligungsfällen bejahen, wenn die Verletzung von Normen geltend gemacht wird, die gerade auch dem Schutz Dritter in der Situation des Klägers zu dienen bestimmt sind. Das Abstellen auf eine solche drittschützende Wirkung scheidet jedoch bereits deshalb aus, weil es sich bei der Genehmigung eines Satzungsänderungsbeschlusses gerade nicht um einen Verwaltungsakt mit Doppelwirkung handelt, durch den die Stiftung begünstigt und ein Dritter, etwa ein Organmitglied, in eigenen subjektiv-öffentlichen Rechten belastet wird.[1116] Die Genehmigung ist kein zumindest auch im Interesse der Organmitglieder aufgestelltes Erfordernis, sondern dient der Wahrung des öffentlichen Interesses und stellt insoweit lediglich fest, dass die materiellen Voraussetzungen der Satzungsänderung vorliegen und der entsprechende organschaftliche Beschluss mit dem Stifterwillen im Einklang steht.[1117] Ergeht die aufsichtsbehördliche Genehmigung somit unbeschadet der Rechte des Organmitglieds, kann sie auch dessen Rechtsstellung nicht berühren.[1118] Zu keiner anderen rechtlichen Bewertung führt, wenn eine hoheitliche Maßnahme für die Rechtsstellung des Organmitglieds mittelbare Konsequenzen zeitigt. Dabei handelt es sich nur um eine reflexhafte Betrof-

---

Organmitglieds bei der Wahrnehmung seiner Organstellung anzunehmen, weil diese Maßnahme der Stiftungsaufsicht über das Rechtsverhältnis zwischen Aufsicht und Stiftung hinausgeht und das Organmitglied direkt und nicht bloß reflexhaft in seiner Rechtsstellung berührt, OVG Lüneburg BeckRS 2016, 46499; *Feick/Fischer*, ZStV 2017, 27, 29. In den vorgenannten Fällen ist nicht nur das Organmitglied selbst klagebefugt i.S.d. § 42 Abs. 2 VwGO, sondern auch die Stiftung kann geltend machen, in subjektiv-öffentlichen Rechten betroffen zu sein, weil die Rechtswirkungen derartiger stiftungsaufsichtlicher Maßnahmen die Organisationsautonomie der Stiftung betreffen und somit in ihren Rechtskreis eingreifen, *Andrick*, in: Stiftungen in Deutschland und Europa, 281, 295 f.; *Jakob*, Schutz der Stiftung, 254; *Schwarz van Berk/Fischer*, in: MHdB GesR V, § 101 Rn. 40.

1115 S. nur VGH Mannheim NJW 1985, 1573, 1574; VGH Mannheim BeckRS 2006, 23996, für die Genehmigung eines organschaftlichen Auflösungsbeschlusses.

1116 VGH Mannheim NJW 1985, 1573, 1574; OVG Berlin NVwZ-RR 2003, 323, 324; *Blydt-Hansen*, Rechtsstellung der Destinatäre, 137.

1117 Vgl. *G. Roth*, in: MHdB GesR VII, § 102 Rn. 12; *Schwintek*, Vorstandskontrolle, 326; *ders.*, in: Werner/Saenger/Fischer, Die Stiftung, § 24 Rn. 21.

1118 VGH Mannheim NJW 1985, 1573, 1574; *G. Roth*, in: MHdB GesR VII, § 101 Rn. 8.

fenheit, die den Anforderungen der Klagebefugnis i.S.d. § 42 Abs. 2 VwGO nicht genügt.[1119]

Ist das Organmitglied somit für eine gegen die behördliche Genehmigung des Satzungsänderungsbeschlusses gerichtete Anfechtungsklage nicht klagebefugt, bleibt zu klären, ob ein gerichtliches Vorgehen stattdessen auf einen Anspruch auf Unterlassen der hoheitlichen Maßnahme im Falle noch nicht erteilter Genehmigung bzw. auf aufsichtliches Einschreiten in Form einer aufsichtsbehördlichen Satzungsänderung[1120] gestützt werden kann, um den Eintritt von Rechtswirkungen der Satzungsänderungsbeschlüsse zum Schutz der Stiftung zu verhindern. Die für ein solches allgemeines Leistungs- bzw. Verpflichtungsbegehren notwendige subjektive Rechtsbetroffenheit aufgrund der rechtlichen Regelungen der Genehmigungsvorbehalte bzw. der landesstiftungsgesetzlichen Bestimmungen über die Stiftungsaufsicht wird man hingegen gleichfalls zu verneinen haben. Dass diese Normen kein subjektiv-öffentliches Recht auf Tätigwerden oder Unterlassen durch die Stiftungsaufsicht vermitteln können, ergibt sich bereits aus dem Umstand, dass die Regelungen nur den Interessen der Allgemeinheit am Funktionserhalt der Rechtsfigur Stiftung und der Stiftung selbst, nicht aber den Individualinteressen einzelner Stiftungsbeteiligter zu dienen bestimmt sind.[1121] Begründet liegt das in

---

1119 OVG Berlin NVwZ-RR 2003, 323, 324; *Andrick*, in: Stiftungen in Deutschland und Europa, 281, 298; *Kraus*, npoR 2024, 63, 64 f.; *Suerbaum*, ZSt 2004, 34, 37; *ders.*, NVwZ 2005, 160, 161; vgl. VGH Mannheim NJW 1985, 1573, 1574; OVG NRW BeckRS 1995, 20835, für die lediglich mittelbar-reflexhafte Betroffenheit eines Vorstandsmitglieds durch die Aufhebungsentscheidung einer Stiftung; VGH Mannheim BeckRS 2006, 23996, zur bloß mittelbar-reflexhaften Betroffenheit eines Vorstandsmitglieds durch die Genehmigung einer organschaftlichen Auflösungsentscheidung; dazu auch unter Teil 2.§ 2.B.II.3.b)bb).

1120 Zu einem solchen Klagebegehren, vgl. BGHZ 99, 344 = NJW 1987, 2364; BVerwG NJW 1985, 2964; OVG Lüneburg NJW 1985, 1572.

1121 H.M.: BVerwG NJW 1985, 2964; OVG Berlin StiftRspr. III, 152, 153 f.; OVG Lüneburg NJW 1985, 1572; VGH Mannheim NJW 1985, 1573, 1574; OVG Berlin NVwZ-RR 2003, 323, 324; VGH Mannheim BeckRS 2006, 23996 Rn. 33; OVG Sachsen npoR 2014, 326; VGH Mannheim BeckRS 2022, 15469 Rn. 73; VG Sigmaringen npoR 2021, 208, 211 Rn. 97; VG München BeckRS 2024, 3870 Rn. 43; *Andrick*, in: Stiftungen in Deutschland und Europa, 281, 296 f.; *Backert*, in: BeckOK-BGB, § 85 Rn. 6; *Blydt-Hansen*, Rechtsstellung der Destinatäre, 145 ff.; *Hüttemann/Rawert*, in: Staudinger, BGB, § 85 Rn. 48; *Kraus*, npoR 2024, 63, 64 f.; *Muscheler*, WM 2003, 2213, 2218; *Rawert*, ZIP 1994, 1952, 1953; *Schwintek*, Vorstandskontrolle, 325; *Suerbaum*, ZSt 2004, 34, 36 f.; *ders.*, NVwZ 2005, 160, 161; *ders.*, in: Stumpf/Suerbaum/Schulte/Pauli, StiftR, C Rn. 183 ff.; *Theuffel-Werhahn*, ZStV 2024, 148, 149 f.; *Werner*, NZG 2022, 1479, 1481.

der Funktion der Stiftungsaufsicht sicherzustellen, dass die Stiftung von den Organen im Einklang mit Gesetz sowie dem sich aus den Anordnungen in Stiftungsgeschäft und Stiftungssatzung ergebenden Stifterwillen verwaltet wird, um auf diese Weise die rechtsformtypische Abstinenz kontrollierender und regulierender korporationsrechtlicher Strukturen für die Verwirklichung des Stifterwillens zu kompensieren.[1122] Dieser den aufsichtlichen Bestimmungen zugrundeliegende Obhutsgedanke lässt sich nicht auf die Interessen anderer Stiftungsbeteiligter übertragen, sodass diese Regelungen ihnen keine subjektiv-öffentlichen Rechte vermitteln, aufgrund derer Organmitgliedern für ein Unterlassen oder Tätigwerden der Stiftungsaufsicht in Bezug auf die Genehmigung einer Satzungsänderung eine Klagebefugnis i.S.d. § 42 Abs. 2 VwGO zukommen könnte. Zu keiner anderen Bewertung führt der Umstand, dass sich für Organmitglieder etwa durch ein Einschreiten oder Unterlassen der Stiftungsaufsicht ihre Interessenlage tatsächlich verbessert. Damit ist erneut eine mittelbar-reflexhafte Betroffenheit angesprochen, die für eine Verpflichtungs- bzw. allgemeine Leistungsklage gleichfalls keine Klagebefugnis zu begründen vermag.[1123]

Im Ergebnis können Organmitglieder die behördliche Genehmigung einer Satzungsänderung mangels subjektiv-öffentlicher Rechtsbetroffenheit verwaltungsprozessual unmittelbar oder mittelbar aus eigenem Recht nicht angreifen.[1124] Insbesondere besteht für den Stifter keine Möglichkeit, den diesbezüglichen Rechtsschutz durch eine satzungsmäßige Rechtsverschaffung auszugestalten und zu verstärken. Eine Rechtsbetroffenheit kann mithin nur dazu führen, dass das Organmitglied für ein Vorgehen gegen das Genehmigungsobjekt, nämlich den fehlerhaften Satzungsänderungsbeschluss selbst, vor den ordentlichen Gerichten aktivlegitimiert ist.[1125] Dass die Inanspruchnahme zivilprozessualen Rechtsschut-

1122 OVG Berlin StiftRspr. III, 152, 153; OVG Lüneburg NJW 1985, 1572; OVG Berlin NVwZ-RR 2003, 323, 324; VGH Mannheim BeckRS 2022, 15469 Rn. 73; VG Sigmaringen npoR 2021, 208, 211 Rn. 97; VG München BeckRS 2024, 3870 Rn. 43; *Andrick*, in: Stiftungen in Deutschland und Europa, 281, 297; *Suerbaum*, in: Stumpf/Suerbaum/Schulte/Pauli, StiftR, C Rn. 183.

1123 Vgl. VGH Mannheim NJW 1985, 1573, 1574; OVG Lüneburg NJW 1985, 1572.

1124 Eine Klagebefugnis i.S.d. § 42 Abs. 2 VwGO ergibt sich insbesondere nicht aufgrund einer (unter Teil 2.§ 2.A.II.2.b)bb)(3)(c) bereits abgelehnten) Stiftungsaufsichtsbeschwerde, da, unabhängig von einer etwaigen Anerkennung, bereits deren sachlicher Anwendungsbereich nicht eröffnet sein kann, wenn ein Tun der Behörde angegriffen werden soll; a.A. *Weitemeyer*, in: MüKo-BGB, § 85 Rn. 33.

1125 VGH Mannheim NJW 1985, 1573, 1574, das in der Versagung verwaltungsgerichtlichen Rechtsschutzes gegen eine angefochtene Genehmigung deshalb keine Beeinträchtigung des Anspruchs auf wirkungsvollen Rechtsschutz sieht, weil das

zes gegen diesbezügliche Beschlüsse durch die Genehmigung der Behörde nicht verschlossen wird, liegt in dem Umstand begründet, dass rechtswidrige Beschlüsse der Stiftungsorgane durch Akte der Stiftungsaufsicht nicht geheilt werden.[1126]

Zu untersuchen bleibt, ob für Organmitglieder die Möglichkeit besteht, zum Schutz der Stiftung gerichtlich gegen eine dem Stifterwillen widersprechende Genehmigung einer Satzungsänderung zwar nicht aus eigenem Recht vorzugehen, aber aus fremdem Recht, nämlich dem Recht der Stiftung. Derartige Überlegungen finden sich in einer Entscheidung des OVG Berlin aus dem Jahr 2002, bei der das Gericht in einem Verfahren des einstweiligen Rechtsschutzes über ein Notvertretungsrecht für das Überwachungsorgan einer Stiftung zu entscheiden hatte.[1127]

In dem zugrundeliegenden Verfahren ging es um die Vollziehungsfähigkeit einer stiftungsaufsichtlichen Genehmigung für die Neufassung einer Stiftungssatzung, die der zuständige Vorstand beschlossen hatte. Die Änderungen betrafen u.a. die organschaftliche Struktur der Stiftung und die Kompetenzen der Organe. Dabei sollte durch die Neufassung anstelle des bisherigen Aufsichtsorgans ein Fachbeirat installiert und als weiteres Organ ein sogenannter Familienrat eingefügt werden. Nachdem die stiftungsaufsichtliche Genehmigung erteilt worden war, beantragten die Antragsteller, namentlich die Stiftung, vertreten durch das Aufsichtsorgan, und das Aufsichtsorgan selbst, mit ihren einstweiligen Rechtsschutzanträgen, die aufschiebende Wirkung der erhobenen Anfechtungsklage gegen die aufsichtliche Genehmigung festzustellen. Obwohl eine Klage des Aufsichtsorgans selbst aufgrund fehlender Zulässigkeit keine aufschiebende Wirkung auslöste, weil die Möglichkeit einer Verletzung in eigenen subjektiv-öffentlichen Rechten durch die angegriffene Genehmigung und damit die erforderliche Klage- bzw. Antragsbefugnis i.S.d. § 42 Abs. 2 VwGO (analog) nicht gegeben sein konnte, gewährte das Gericht einen einstweiligen Rechtsschutz analog §§ 80

Organmitglied die Wirksamkeit eines Satzungsänderungsbeschlusses (nach hier vertretener Ansicht bereits aufgrund der organmitgliedschaftlichen Stellung als solcher) vor den ordentlichen Gerichten überprüfen lassen kann; OVG Berlin NVwZ-RR 2003, 323, 324; VGH Mannheim BeckRS 2006, 23996 Rn. 35, das insbesondere die Möglichkeit eines Wahlrechts zwischen der Geltendmachung verletzter Mitwirkungsrechte vor den ordentlichen Gerichten und der Inanspruchnahme von verwaltungsprozessualem Rechtsschutz gegenüber der Stiftungsaufsicht verneint; *Rawert*, ZIP 1994, 1952, 1953; *Schwintek*, in: Werner/Saenger/Fischer, Die Stiftung, § 24 Rn. 22; *Suerbaum*, ZSt 2004, 34, 38; *ders.*, NVwZ 2005, 160, 163. Zu diesbezüglichen Klagemöglichkeiten, s. ausführlich unter Teil 2.§ 2.A.II.3.b)bb).

1126 S. dazu bereits die Nachweise in Fn. 137.

1127 OVG Berlin NVwZ-RR 2003, 323.

Abs. 5, 80a VwGO für den Feststellungsantrag der vom Aufsichtsorgan vertretenen Stiftung, weil die entsprechende Anfechtungsklage nicht offensichtlich unzulässig war und deshalb aufschiebende Wirkung hatte. Es begründete dies mit der nicht offensichtlich ausgeschlossenen Befugnis des Aufsichtsorgans, die Stiftung im Anfechtungsverfahren einer aufsichtlichen Satzungsgenehmigung wirksam vertreten zu können.[1128] Unabhängig von der Frage, ob sich eine solche Prozessführungsbefugnis bereits aufgrund der satzungsmäßigen Regelungen zu dem mit Kontrollfunktion ausgestatteten Aufsichtsorgan durch Auslegung entnehmen lässt, soll sie bereits deshalb bestehen, weil dem Aufsichtsorgan aus übergeordneten, dem Recht der staatlichen Stiftungsaufsicht immanenten Gründen und im Interesse einer effektiven Rechtsschutzgewährung i.S.d. Art. 19 Abs. 4 GG eine Prozessführungsbefugnis zuzuerkennen sei.[1129] Diesbezüglich knüpft das Gericht an die Möglichkeit eines Versagens der stiftungsrechtlichen Kontrollmechanismen zur Wahrung des Stifterwillens für den Fall an, dass zwischen dem vertretungsberechtigten Vorstand und der Stiftungsaufsicht Konsens hinsichtlich der Rechtmäßigkeit einer bestimmten Maßnahme besteht, obwohl von dritter Seite Zweifel geäußert werden.[1130] In der Konstellation fehlender anderweitiger organschaftlicher Vertretungsberechtigung könne einem solchen potentiellen Rechtsschutzdefizit nur dadurch vorgebeugt werden, dass ein anderes (Kontroll-) Organ die Stiftungsaufsicht zur Wahrnehmung ihrer Aufgaben veranlasst und dies notfalls gerichtlich durchsetzt.[1131]

Die Entscheidung kann im Ergebnis nicht überzeugen. Zuzustimmen ist den Ausführungen des Gerichts insoweit, als eine Klage- bzw. Antragsbefugnis des Aufsichtsorgans i.S.d. § 42 Abs. 2 VwGO (analog) bezüglich an die Stiftung gerichteter hoheitlicher Maßnahmen mangels eigener subjektiv-öffentlicher Rechtsbetroffenheit nicht in Betracht kommt. Dieser Umstand fußt, worauf das Gericht zu Recht hinweist, auf dem fehlenden Individualrechtsschutz der landesstiftungsgesetzlichen Regelungen,[1132] lässt sich nach hier vertretener Ansicht aber bereits mit der fehlenden Rechtsfähigkeit des Aufsichtsorgans begründen: Ebenso wie dessen Rechtsträgerschaft von subjektiv-privaten Rechten für Verfahren vor den ordentlichen Gerichten zu verneinen ist,[1133] ist den Organen der Stiftung die Rechtssubjektivität in Bezug auf subjektiv-öffentliche Rechte abzusprechen,

1128 OVG Berlin NVwZ-RR 2003, 323, 325.
1129 OVG Berlin NVwZ-RR 2003, 323, 325.
1130 OVG Berlin NVwZ-RR 2003, 323, 325.
1131 OVG Berlin NVwZ-RR 2003, 323, 325.
1132 OVG Berlin NVwZ-RR 2003, 323, 324.
1133 Dazu ausführlich unter Teil 2.§ 2.A.II.2.b)bb)(2)(a)(aa)(γ).

sodass eine diesbezügliche Rechtsbetroffenheit von vornherein ausscheidet.[1134] Zuzustimmen ist den gerichtlichen Ausführungen ferner hinsichtlich der Bejahung einer Klagebefugnis der Stiftung selbst, weil diese geltend machen kann, als Adressatin der Genehmigung einer möglicherweise nicht mit dem Stifterwillen zu vereinbarenden Satzungsänderung in subjektiv-öffentlichen Rechten verletzt zu sein.[1135] Bedenken begegnet hingegen die gerichtliche Herleitung einer ersatzweisen Vertretungsmacht des Kontrollorgans für ein gerichtliches Vorgehen gegen die behördliche Genehmigung, falls der Vorstand von einer verwaltungsprozessualen Inanspruchnahme von Rechtsschutz absieht. Das beginnt bereits mit der begrifflichen Qualifikation dieses Kunstgriffs durch das Gericht: So wird mehrfach erwähnt, es bestehe für die erhobene Klage eine „Prozessführungsbefugnis des Aufsichtsorgans",[1136] andererseits soll das Aufsichtsorgan an Stelle des gesetzlich vorgesehenen Vorstands tätig werden. Da dieser die Rechte der Stiftung im fremden Namen, also als Vertreter der Stiftung und gerade nicht als Prozessführungsbefugter im eigenen Namen durchsetzt, kommt, wenn überhaupt, nur ein Tätigwerden des Kontrollorgans in den Grenzen der dem Vorstand eingeräumten Rechtsmacht, das heißt als Vertreter der Stiftung in Betracht.[1137] Zudem bestehen Bedenken in inhaltlicher Hinsicht. Unabhängig von der konkreten satzungsmäßigen Ausgestaltung der Rechtsstellung des Kontrollorgans soll sich seine Vertretungsmacht für die Vertretung der Stiftung im Prozess gegen eine erteilte Satzungsänderungsgenehmigung bereits aus übergeordneten, dem Recht der staatlichen Stiftungsaufsicht immanenten Gründen und im Interesse der effektiven Rechtsschutzgewährung i.S.d Art. 19 Abs. 4 GG ergeben.[1138] Diese Anknüpfung zur Kompensation eines kumulativen Versagens der satzungsmäßigen bzw. gesetzlichen Kontrollmechanismen geht fehl, weil eine Rechtsschutzlücke nicht bereits angenommen werden kann, wenn der Vorstand gegenüber einer

---

1134 Dem kann jedenfalls nicht unter Verweis auf die Anerkennung eines öffentlich-rechtlichen Organstreits widersprochen werden, da die innerorganisatorischen Rechtsverhältnisse der Stiftung, anders als das pluralistische Staatswesen, von der Einheit der juristischen Person geprägt sind; vgl. *Mertens*, ZHR 154 (1990), 24, 24 f. für den Organstreit in der AG: „Die Idee, die Kapitalgesellschaft dem Organstreit zu öffnen (…) wird demnach durch die Entwicklung und Funktion des öffentlichrechtlichen Organstreits gewiß nicht nahegelegt."

1135 OVG Berlin NVwZ-RR 2003, 323, 325.

1136 OVG Berlin NVwZ-RR 2003, 323, 325 f.

1137 Ebenfalls irritiert über die Verwendung des Begriffs der Prozessführungsbefugnis zeigt sich *Suerbaum*, ZSt 2004, 34, 39; *ders.*, NVwZ 2005, 160, 162.

1138 So ausdrücklich OVG Berlin NVwZ-RR 2003, 323, 325.

behördlichen Maßnahme von einer Vertretung der Stiftung absieht. Zwar ist die Anknüpfung an Art. 19 Abs. 4 GG nicht schon unzulässig, weil das Eingreifen der Vorschrift das Bestehen subjektiver Rechte voraussetzt, da, anders als *Suerbaum* meint,[1139] dabei nicht primär auf das Überwachungsorgan, sondern auf die bereits bejahten subjektiv-öffentlichen Rechte der Stiftung abzustellen ist. Hinderlich ist vielmehr, dass effektiver Rechtsschutz bei einem Nichttätigwerden des Vorstands über eine Inanspruchnahme der ordentlichen Gerichte gesucht werden kann, sodass der Hinweis zu Art. 19 Abs. 4 GG für sich genommen nicht die Erweiterung der Vertretungsbefugnisse der Stiftung rechtfertigt.[1140] Daran ändert nichts, wenn sich aus der satzungsmäßigen Einsetzung eines Organs zu Kontrollzwecken und der konkreten Ausgestaltung der eingeräumten Kompetenzen durch Auslegung die Befugnis entnehmen ließe, im Falle einer als schädigend erachteten Maßnahme die Stiftung in einem gerichtlichen Verfahren gegen eine erteilte aufsichtliche Genehmigung eines Satzungsänderungsbeschlusses zu vertreten.[1141]

Fraglich ist aber, inwiefern der verwaltungsprozessuale Rechtsschutz gegenüber hoheitlichen Maßnahmen überhaupt einer satzungsmäßigen Ausgestaltung zugänglich ist. Zwar könnte man argumentieren, dass es in der Konstellation eines gerichtlichen Vorgehens der Stiftung selbst nicht um eine Erweiterung der (für die Stiftung unstreitigen) öffentlich-rechtlichen Klagebefugnis auf sonstige Stiftungsbeteiligte geht, sondern nur um eine Verlagerung der Vertretungsberechtigung vom gesetzlich vorgesehenen auf ein anderes satzungsmäßiges Organ. Gleichwohl ist diese vom OVG Berlin zum Schutz der Stiftung geschaffene Konstruktion eines öffentlich-rechtlichen Notvertretungsrechts abzulehnen. Dieses liefe auf die Statuierung einer verwaltungsprozessualen Klagemöglichkeit durch die Hintertür hinaus, weil der Stifter auf die Inanspruchnahme von Rechtsschutz gegenüber behördlichen Maßnahmen Einfluss nehmen könnte, obwohl eine Ausgestaltung der gerichtlichen Klagemöglichkeiten nach den vorstehenden Aus-

1139 *Suerbaum*, ZSt 2004, 34, 39; *ders.*, NVwZ 2005, 160, 162.

1140 Ähnlich *Suerbaum*, NVwZ 2005, 160, 162.

1141 Die Möglichkeit einer satzungsmäßigen Herleitung der Vertretungsmacht des Kontrollorgans etwa aufgrund einer umfassenden Kontrollzuständigkeit wird in der bereits mehrfach erwähnten Entscheidung des OVG Berlin zwar angesprochen, für den konkreten Fall jedoch nicht weiter thematisiert (vgl. OVG Berlin NVwZ-RR 2003, 323, 325: „Diese Frage bedarf hier jedoch keiner abschließenden Klärung.“); dazu kritisch *Suerbaum*, ZSt 2004, 34, 39, der eine vom Stifterwillen gedeckte zusätzliche interne Kontrolle des Vorstands etwa dann annimmt, wenn der Stifter für Satzungsänderungen einen Zustimmungsvorbehalt des Überwachungsorgans in der Satzung formuliert.

führungen nur für den Rechtsschutz vor den ordentlichen Gerichten in Betracht kommen kann.[1142] Die Ansicht des OVG Berlin würde somit zu einer Vermengung der ordentlichen und verwaltungsgerichtlichen Rechtsschutzmöglichkeiten führen, weil die Klärung von Streitfragen hinsichtlich des Satzungsänderungsbeschlusses und eventuell betroffener subjektiv-privater Rechte systemwidrig vor den Verwaltungsgerichten ausgetragen werden könnte.[1143] Die Annahme eines Notvertretungsrechts des Kontrollorgans für die gerichtliche Anfechtung einer behördlichen Satzungsänderungsgenehmigung ist daher abzulehnen.

(4) Destinatäre, Anfallberechtigte und außenstehende Dritte

Gleichfalls nicht klagebefugt i.S.d. § 42 Abs. 2 VwGO für eine gerichtliche Anfechtung der behördlichen Genehmigung eines Satzungsänderungsbeschlusses sind die Destinatäre als Nutznießer der Stiftungserträge. Durch eine solche hoheitliche Maßnahme können sie niemals in eigenen subjektiv-öffentlichen Rechten, sondern allenfalls reflexhaft etwa in ihrem satzungsmäßig verschafften Anspruch auf Stiftungsleistungen betroffen sein. Ebenfalls nicht in Betracht kommt eine Betroffenheit in Art. 14 Abs. 1 GG, auch wenn man die satzungsmäßigen Ansprüche auf Stiftungsleistungen aufgrund ihrer Qualifikation als vermögenswerte privatrechtliche Forderungsrechte vom Schutzbereich der Eigentumsgarantie erfasst anzusehen hat.[1144] Richtigerweise fehlt es an einem unmittelbaren Eingriff in die Rechte der Destinatäre durch die aufsichtsbehördliche Maßnahme, weil die Beeinträchtigung der grundrechtlich geschützten Rechtsposition durch den organschaftlichen Beschluss erfolgt, nicht durch die Genehmigung der Stiftungsbehörde.[1145]

1142 *Jakob*, Schutz der Stiftung, 380.

1143 Ebenso *Jakob*, Schutz der Stiftung, 380, wonach Mitwirkungsrechte eines Zweitorgans auf dem Zivilrechtsweg bleiben müssen, wo sie genuin angesiedelt sind; *Suerbaum*, ZSt 2004, 34, 39; *ders.*, NVwZ 2005, 160, 162.

1144 *Blydt-Hansen*, Rechtsstellung der Destinatäre, 153; *Ellenberger*, in: Grüneberg, BGB, § 83 Rn. 4; *Hof*, in: von Campenhausen/Richter, Stiftungsrechts-Handbuch, § 7 Rn. 177; *Mankowski*, FamRZ 1995, 851, 852; *Schwintek*, Vorstandskontrolle, 327; vgl. RGZ 121, 166, 168, zum Schutz der Rechte der Stiftungsanwärter durch Art. 153 Abs. 2 WRV als unmittelbare Vorgängervorschrift des Art. 14 GG.

1145 *Backert*, in: BeckOK-BGB, § 85 Rn. 6; *Blydt-Hansen*, Rechtsstellung der Destinatäre, 138 f., 154; *Hüttemann/Rawert*, in: Staudinger, BGB, § 85 Rn. 49; *Neuhoff*, in: Soergel, BGB, § 85 Rn. 21; *G. Roth*, in: MHdB GesR VII, § 102 Rn. 19; *Schwintek*, Vorstandskontrolle, 327 f.; vgl. *Muscheler*, WM 2003, 2213, 2218; a.A. für die Eingriffsqualität in (allerdings nicht näher bezeichneten) Einzelfällen *Hof*, in: von Campenhausen/Richter, Stiftungsrechts-Handbuch, § 7 Rn. 186.

Die für das Nichtbestehen einer verwaltungsgerichtlichen Rechtsschutzmöglichkeit von Organmitgliedern in Form eines Anspruchs auf Unterlassen oder Einschreiten der Stiftungsaufsicht angestellte Erwägung, dass sich mangels individualschützender, aufsichtlicher Bestimmungen für ein solches Begehren keine Klagebefugnis herleiten lässt, ist auf die (leistungsberechtigten) Destinatäre zu übertragen.[1146] Insbesondere vermögen etwaige positive Rechtswirkungen der Inanspruchnahme von Rechtsschutz gegenüber der behördlichen Genehmigung eines Satzungsänderungsbeschlusses für Destinatäre[1147] aufgrund erneut bloß mittelbar-reflexhafter Betroffenheit keine Klagebefugnis i.S.d. § 42 Abs. 2 VwGO zu begründen.[1148] Sie sind für die Geltendmachung einer Verletzung ihrer Leistungsrechte, die mithin nur aufgrund eines nichtigen Satzungsänderungsbeschlusses in Betracht kommt, wie die Mitglieder von Stiftungsorganen hinsichtlich der Verletzung satzungsmäßiger Mitwirkungsrechte auf den ordentlichen Rechtsweg zu verweisen.[1149] Die vorgenannten Überlegungen gelten in gleicher Weise für die Anfallberechtigten der Stiftung.

1146 BVerwG NJW 1985, 2964; OVG Lüneburg NJW 1985, 1572; *Andrick*, in: Stiftungen in Deutschland und Europa, 281, 299; *Burgard*, Gestaltungsfreiheit, 205; *Godron/Gollan*, in: Richter, Stiftungsrecht, § 6 Rn. 356; *Rawert*, ZIP 1994, 1952, 1953; *Schwarz van Berk/Fischer*, in: MHdB GesR V, § 101 Rn. 56; *Suerbaum*, in: Stumpf/Suerbaum/Schulte/Pauli, StiftR, C Rn. 361.

1147 In Betracht kommt dies z.B. bei einer Klage von Stiftungsdestinatären auf aufsichtsbehördliche Änderung der Satzung, wenn bei einem Einschreiten der Stiftungsaufsicht die vor der Satzungsänderung bestehende, umfangreichere Genussberechtigung wiederhergestellt wird (zu einem solchen Fall, bei dem die Destinatäre einer Familienstiftung gegen deren Umwandlung in eine gemeinnützige Stiftung gerichtlich vorgingen, BVerwG NJW 1985, 2964; OVG Lüneburg NJW 1985, 1572).

1148 OVG Lüneburg NJW 1985, 1572, 1573; *Schwintek*, Vorstandskontrolle, 325.

1149 BVerwG NJW 1985, 2964, wonach dieser Schutz auch dann ausreichend ist, wenn und soweit solche Ansprüche der Eigentumsgarantie des Art. 14 GG unterfallen; *Blydt-Hansen*, Rechtsstellung der Destinatäre, 139 f.; *Hüttemann/Rawert*, in: Staudinger, BGB, § 85 Rn. 49; *Muscheler*, WM 2003, 2213, 2218; *Rawert*, ZIP 1994, 1952, 1953; *Schwarz van Berk/Fischer*, in: MHdB GesR V, § 101 Rn. 37, die allerdings für eine behördlich genehmigte Zweckänderung den Destinatären mit der unzutreffenden Begründung eine Klagebefugnis für ein verwaltungsgerichtliches Vorgehen einräumen wollen (Rn. 38), dass andernfalls die Zweckänderung mit der Genehmigung wirksam würde, ohne dass zivilprozessuale Rechtsschutzmöglichkeiten der Destinatäre bestünden; *Suerbaum*, NVwZ 2005, 160, 162; *Weitemeyer*, in: MüKo-BGB, § 85 Rn. 48; vgl. *G. Roth*, in: MHdB GesR VII, § 102 Rn. 20. Selbiges gilt für die mögliche Verletzung von satzungsmäßig verschafften Mitverwaltungsrechten, wobei den Destinatären nach hier vertretener Ansicht durch eine derartige Einräumung

Eine Klagebefugnis kann schließlich erst recht nicht in Betracht kommen, wenn außerhalb der Stiftungsorganisation stehende Dritte auf dem Verwaltungsrechtsweg Rechtsschutz gegen die Erteilung einer Satzungsänderungsgenehmigung suchen möchten. Auch wenn ihre Heranziehung zur Stärkung der Stiftungsautonomie bezüglich dem Stifterwillen widersprechender Maßnahmen des Stiftungsvorstands, die von der Stiftungsaufsicht gebilligt werden, opportun sein mag, ist die Möglichkeit eines gerichtlichen Vorgehens außenstehender Dritter gegen die Stiftungsaufsicht de lege lata zu verneinen. Dritte können mangels verteidigenswerter Rechtspositionen in Bezug auf die Stiftung weder eine subjektive Rechtsbetroffenheit geltend machen noch einen Anspruch auf Tätigwerden oder Unterlassen der Stiftungsaufsicht haben, weil die landesstiftungsgesetzlichen Vorschriften ihren Interessen ebenfalls nicht zu dienen bestimmt sind.[1150]

cc) Gesamtergebnis

Festzuhalten bleibt, dass die behördliche Genehmigung eines organschaftlichen Satzungsänderungsbeschlusses verwaltungsgerichtlich nur von der Stiftung angegriffen werden kann. Anderen Stiftungsbeteiligten, die die aufsichtliche Entscheidung aufgrund einer möglichen Unvereinbarkeit mit dem Stifterwillen einer prozessualen Überprüfung zuführen möchten, ist ein gerichtliches Vorgehen weder aus eigenem Recht mangels subjektiv-öffentlicher Rechtsbetroffenheit noch aus fremdem Recht im fremden Namen, mithin als Vertreter der Stiftung möglich. Vom Stifter zu seinen Gunsten oder zugunsten anderer Stiftungsbeteiligter satzungsmäßig geschaffene Rechtpositionen kontrollierender oder mitwirkungsrechtlicher Art können ausschließlich durch die zu genehmigende Satzungsänderung berührt sein und damit die Rechtsschutzmöglichkeiten gegenüber einer satzungsinadäquaten Stiftungstätigkeit vor den ordentlichen Gerichten verbessern, nicht hingegen die Klagebefugnis für eine Inanspruchnahme verwaltungsgerichtlichen Rechtsschutzes ausgestalten. Dabei lassen sich die vorstehend aufgestellten Grundsätze zur fehlenden Klagebefugnis von Stiftungsbeteiligten für die Anfechtung der behördlichen Genehmigung dahingehend verallgemeinern, dass sämtliche (präventive und repressive) Maßnahmen der Stiftungsbehörden, die sich im Rahmen ihrer Aufsichtstätigkeit gegen die

---

Organfunktion zugewiesen wird, sodass die prozessuale Durchsetzung den unter (3) dargestellten Grundsätzen folgt, weil die Destinatäre als Organmitglieder und nicht (mehr) in ihrer Eigenschaft als Stiftungsbegünstigte betroffen sind.

1150 *Andrick*, in: Stiftungen in Deutschland und Europa, 281, 299 f.; *ders.*, in: Andrick/Muscheler/Uffmann, Stiftungsrecht, § 82 BGB Rn. 52; *Suerbaum*, in: Stumpf/Suerbaum/Schulte/Pauli, StiftR, C Rn. 185.

Stiftung richten, seien es Beanstandungen, Anordnungen oder Ersatzvornahmen, stets nur von dieser, hingegen nicht von Organmitgliedern, Destinatären oder außenstehenden Dritten angegriffen werden können.[1151] Selbiges gilt für die subjektiv-öffentliche Rechtsbetroffenheit hinsichtlich eines Anspruchs auf Tätigwerden oder Unterlassen der Stiftungsaufsicht zugunsten der Destinatäre, Organmitglieder oder des Stifters selbst. Dass die der Stiftungsaufsicht zugrundeliegenden landesstiftungsrechtlichen Regelungen nur der Allgemeinheit und der Stiftung selbst dienen und keinen individualschützenden Charakter haben, ist ein den verwaltungsgerichtlichen Rechtsschutz im Stiftungsrecht prägender Grundsatz, der die Annahme einer diesbezüglichen Klagebefugnis zum Schutz der Stiftung generell ausschließt.

b) Streitgegenstand: Aufhebung der Stiftung

Fraglich ist, ob sich für die Inanspruchnahme verwaltungsgerichtlichen Rechtsschutzes gegenüber Handlungen der Stiftungsaufsicht Besonderheiten ergeben, wenn der Fortbestand der Stiftung durch die streitgegenständliche hoheitliche Maßnahme bedroht wird. Diesem thematischen Komplex wird vor allem in Bezug auf den Schutz und die Umsetzung des historischen Stifterwillens bei gerichtlichen Verfahren um Stiftungsrestitutionen bzw. die Sicherung des Fortbestands der jeweiligen Stiftungen Bedeutung beigemessen.

Historisch betrachtet wurde insbesondere in der Zeit des Nationalsozialismus durch zahlreiche beschränkende und konfiskatorische Einzelmaßnahmen in das Stiftungswesen allgemein und unliebsame Stiftungen im Speziellen eingegriffen, nicht zuletzt durch die Auflösung der letzteren.[1152] In der DDR lief der Bestand von Stiftungen als bürgerliche Rechtsinstitute und deren Wirken der sozialistischen Ideologie und Gesellschaftsordnung des strikt zentralistisch ausgerichteten Staates zuwider, sodass viele Stiftungen enteignet oder zu „Volksstiftungen“ zusammengelegt wurden.[1153] Vor diesem geschichtlichen Hintergrund dient die Ermittlung der auf die Restitution oder den organisatorischen Fortbestand gerichteten gerichtlichen Klagemöglichkeiten von Stiftungsbeteiligten oder sonstigen

1151 Ob diese Grundsätze auch bei für die Stiftung existenziellen Maßnahmen der Stiftungsbehörde Anwendung finden, soll im Folgenden unter b) für die behördliche Aufhebung einer Stiftung gesondert untersucht werden.

1152 Wissenschaftliche Dienste des Deutschen Bundestages, Informationen zur Enteignung und Restitution von Stiftungen, 3.

1153 Wissenschaftliche Dienste des Deutschen Bundestages, Informationen zur Enteignung und Restitution von Stiftungen, 5.

Personen mit einem berechtigten Interesse vor allem einer Stärkung des Selbstbehauptungsrechts der betroffenen Stiftungen gegenüber dem Staat.[1154]

Exemplarisch hierfür steht das 2022 vom VGH Mannheim entschiedene Berufungsverfahren[1155] um die Restitution der Zeppelin-Stiftung, die von den Klägern, dem Urenkel von Ferdinand Graf von Zeppelin und seinem zweitältesten Sohn, neben der hilfsweisen Liquidation der Stiftung begehrt wurde. Dem Rechtsstreit zugrunde lag die von Ferdinand Graf von Zeppelin 1909 gegründete Zeppelin-Stiftung bürgerlichen Rechts, die als Stiftungszweck u.a. Bestrebungen zur Förderung der Luftschifffahrt sowie der Verwertung für die Wissenschaft verfolgte.[1156] Organe der Stiftung waren Vorstand und Aufsichtsrat (§§ 5, 9 Satzung), für die Beendigung normierte § 15 der Satzung, dass die Stiftung aufgelöst werden kann, wenn die Verfolgung des Stiftungszwecks aus irgendeinem Grund unmöglich wird.[1157] Im Zuge des Verbots sowohl der angewandten naturwissenschaftlichen Forschung auf dem Gebiet der angewandten Aerodynamik, Bauplanung für Luftfahrt und Antriebsmaschinen von Luftfahrzeugen als auch der Herstellung, Beförderung und Lagerung von Luftfahrzeugen durch Kontrollratsgesetze von 1946 erließ das Direktorium des Staatssekretariats für das französisch besetzte Gebiet Württembergs und Hohenzollerns eine Rechtsanordnung über die Aufhebung der Zeppelin-Stiftung gem. § 87 Abs. 1 BGB wegen der Unmöglichkeit der Stiftungszweckerfüllung.[1158] Das Vermögen wurde entsprechend satzungsmäßiger Anordnung von der Stadt Friedrichshafen übernommen, die es seitdem als unselbständige, mildtätige und gemeinnützige Stiftung verwaltet.[1159] Nachdem die Kläger im Jahr 2015 bei der zuständigen Stiftungsaufsichtsbehörde, dem Regierungspräsidium Tübingen, u.a. beantragten, die Zeppelin-Stiftung in das Stiftungsverzeichnis aufzunehmen, das Regierungspräsidium die gestellten Anträge mit Bescheid vom 20.12.2016 allerdings ablehnte, erhoben die Kläger am

---

1154 Änderungsantrag BÜNDNIS 90/DIE GRÜNEN, Protokoll-Nr. 19/150, 104.

1155 VGH Mannheim BeckRS 2022, 15469; vorgehend VG Sigmaringen npoR 2021, 208. Die nachfolgende Darstellung des Rechtsstreits beschränkt sich auf die für die Untersuchung relevanten Sachverhaltsumstände. – Ausführlich zum Rechtsstreit und den historischen Hintergründen *Kämmerer/Weitemeyer*, in: FS K. Schmidt, 601, 601 ff.

1156 VGH Mannheim BeckRS 2022, 15469 Rn. 2 f.

1157 VGH Mannheim BeckRS 2022, 15469 Rn. 3, 6.

1158 VGH Mannheim BeckRS 2022, 15469 Rn. 7 f. Zu den damit verbundenen materiell-rechtlichen Fragen einer Rechtswidrigkeit der Aufhebungsverfügung aufgrund möglicher und milderer Stiftungszweckbeschränkung ausführlich *Weitemeyer*, npoR 2021, 219, 221.

1159 Vgl. *Werner*, NZG 2022, 1479.

20.01.2017 Klage vor dem VG Sigmaringen.[1160] Nach Abweisung der nach Auffassung des Gerichts unzulässigen Klagen aufgrund des Fehlens der erforderlichen Klage- und Prozessführungsbefugnis[1161] legten die Kläger am 22.6.2020 Berufung gegen das Urteil des VG Sigmaringen ein, die wegen der grundsätzlichen Bedeutung der Frage zugelassen wurde, ob das geltende Stiftungsrecht (Not-) Klagerechte außerhalb des Aufsichtsverhältnisses stehender Dritter kenne.[1162] Insbesondere beantragten die Kläger im Berufungsverfahren mittels kombinierter Anfechtungs- und Feststellungsklage, unter Aufhebung der stiftungsbehördlichen Entscheidung vom 20.12.2016 festzustellen, dass die 1909 als rechtsfähig genehmigte Zeppelin-Stiftung der Rechtsaufsicht durch den beklagten Rechtsträger des Regierungspräsidiums Tübingen unterliegt.[1163] Die eingelegte Berufung begründeten die Kläger im Wesentlichen mit den nachfolgenden Erwägungen:[1164] Zum einen könnten sie eine Verletzung eigener Rechte als geborene Mitglieder des Aufsichtsrats der Zeppelin-Stiftung geltend machen, da die Beendigung der rechtlichen Existenz der Stiftung ihre Stellung als Mitglieder eines Stiftungsorgans nicht nur punktuell und reflexartig, sondern dauerhaft vernichte. Zum anderen sollen Personen mit berechtigtem Interesse, zu denen jedenfalls die Nachkommen des Stifters und (potentielle) Mitglieder des Aufsichtsrats gehörten, berechtigt sein, gegen die rechtswidrige Aufhebung einer Stiftung gerichtlich vorzugehen. Bei dieser Klagemöglichkeit handele es sich um eine Form der gesetzlichen Prozessstandschaft, die in Anlehnung an die actio pro socio auf der Grundlage der landesstiftungsgesetzlichen Aufsichtskodifikation im Wege einer vorliegend eröffneten richterlichen Rechtsfortbildung zu entwickeln sei.

Die rechtliche Zulässigkeit einer verwaltungsprozessualen Stärkung des Stiftungsschutzes durch ein solches gerichtliches Vorgehen soll im Folgenden anhand einer Klage gegen die behördliche Aufhebung einer Stiftung untersucht werden.

aa) Voraussetzungen für die behördliche Aufhebung einer Stiftung und statthafte Klageart

Neben einem auf Beendigung der Stiftung gerichteten Auflösungsbeschluss des zuständigen Stiftungsorgans (§ 87 BGB) kommt subsidiär die Aufhebung der Stiftung durch Verwaltungsakt der zuständigen Stiftungsaufsichtsbehörde gem.

1160 VGH Mannheim BeckRS 2022, 15469 Rn. 12 ff.
1161 VGH Mannheim BeckRS 2022, 15469 Rn. 19 ff.
1162 VG Sigmaringen npoR 2021, 208, 219 Rn. 167.
1163 VGH Mannheim BeckRS 2022, 15469 Rn. 27.
1164 VGH Mannheim BeckRS 2022, 15469 Rn. 22 ff.

§ 87a BGB in Betracht, die ebenso wie die Stiftungsauflösung seit dem 1. Juli 2023 bundeseinheitlich und abschließend im BGB geregelt ist.[1165] Gem. § 87a Abs. 1 BGB soll die entsprechende Behörde eine Stiftung aufheben, wenn die Voraussetzungen des § 87 Abs. 1 Satz 1 BGB vorliegen und ein Tätigwerden der Behörde erforderlich ist, weil das zuständige Stiftungsorgan über die Auflösung nicht rechtzeitig entscheidet. Die Voraussetzungen des § 87 Abs. 1 Satz 1 BGB liegen vor, wenn die Stiftung ihren Zweck endgültig nicht mehr dauernd und nachhaltig erfüllen kann, weil sich die im Rahmen der Anerkennung gem. § 82 Satz 1 BGB angestellte Lebensfähigkeitsprognose der Stiftung als unzutreffend erwiesen hat.[1166] Dabei ist u.a. zu berücksichtigen, ob die Leistungsunfähigkeit bloß vorübergehender Natur ist oder ob z.B. in absehbarer Zeit weitere Stiftungsmittel zu erwarten sind, durch die die Leistungsfähigkeit der Stiftung wiederhergestellt wird.[1167] Insbesondere ist zu fragen, ob die Leistungsfähigkeit durch eine Satzungsänderung gem. § 85 Abs. 1 Satz 1 BGB wiederhergestellt werden kann, weil diese als milderes Mittel der Aufhebung grundsätzlich vorzuziehen ist.[1168] Etwas anderes

---

1165 *Hüttemann/Rawert*, Beilage zu ZIP 33/2021, 3, 32; *Kirchhain*, in: Schauhoff/Mehren, Stiftungsrecht, Kap. 9 Rn. 71; *Lorenz/Mehren*, DStR 2021, 1774, 1778; *Orth*, MDR 2021, 1304, 1310; *Richter*, in: Richter, Stiftungsrecht, § 9 Rn. 2. Zur unter Geltung des § 87 BGB a.F. bestehenden Streitfrage, ob es sich dabei um eine abschließende bundesrechtliche Regelung handelt, die nicht nur abweichende landesstiftungsgesetzliche Aufhebungs- und Zweckänderungsregelungen für die Stiftungsbehörden, sondern auch landesrechtliche Ermächtigungen zu entsprechenden, freien organschaftlichen Beschlüssen ausschließt, s. nur *Backert*, in: BeckOK-BGB, § 87 Rn. 2; *Gantenbrink*, Hoheitliche Beendigung, 279 ff.; *Happ*, Stifterwille, 136 ff.; *Hüttemann/Rawert*, in: Staudinger, BGB, § 87 Rn. 4; *Jeß*, Verhältnis des lebenden Stifters, 94 ff.; *Muscheler*, ZSt 2004, 3, 7; *Weitemeyer*, in: MüKo-BGB, § 87 Rn. 5 ff.; für landesgesetzliche Ermächtigungsnormen zu autonomen organschaftlichen Aufhebungsbeschlüssen einschränkend nicht auf eine fehlende Gesetzgebungskompetenz, sondern auf deren Unvereinbarkeit mit dem Primat des Stifterwillens abstellend, soweit nicht als Vollzug des ursprünglichen Stifterwillens zulässig *Hüttemann/Rawert*, in: Staudinger, BGB, § 87 Rn. 4; *Weitemeyer*, in: MüKo-BGB, § 87 Rn. 5.

1166 BT-Drs. 19/28173, 77; *Gantenbrink*, in: Andrick/Muscheler/Uffmann, Stiftungsrecht, § 87 BGB Rn. 5; *Hüttemann/Rawert*, Beilage zu ZIP 33/2021, 3, 33; *Kirchhain*, in: Schauhoff/Mehren, Stiftungsrecht, Kap. 9 Rn. 75; *Richter*, in: Richter, Stiftungsrecht, § 9 Rn. 22; kritisch *Muscheler*, JZ 2024, 322, 325 f.

1167 *Burgard*, in: Burgard, Stiftungsrecht, § 87 BGB Rn. 23.

1168 In diese Richtung der Wortlaut des § 87a BGB, der mit den Begriffen „soll" und dem durch Verweis auf § 87 Abs. 1 Satz 1 BGB in Bezug genommenen „endgültig" die Alternativlosigkeit der Aufhebung als ultima ratio auf Tatbestands- bzw. Rechtsfolgenseite festschreibt; ähnlich *Burgard*, in: Burgard, Stiftungsrecht, § 87a BGB Rn. 17;

kann sich jedoch ergeben, wenn der (hilfsweise durch Auslegung zu ermittelnde) tatsächliche oder mutmaßliche Stifterwille (s. § 83 Abs. 2 BGB) etwa einer solchen erheblichen Beschränkung oder Umwandlung des Zwecks entgegensteht, weil nur eine Aufhebung der Stiftung dem Stifterwillen entspricht.[1169]

Für eine rechtmäßige behördliche Aufhebung der Stiftung i.S.d. § 87a Abs. 1 BGB hinzukommen muss, dass das zuständige Stiftungsorgan über die Auflösung nicht rechtzeitig entscheidet. Es besteht ein Vorrang der organschaftlichen Auflösung gegenüber der behördlichen Aufhebung der Stiftung, womit dem aus dem Verhältnismäßigkeitsprinzip abgeleiteten Grundsatz der Subsidiarität aufsichtlichen Handelns entsprochen wird.[1170]

Als weitere zwingende Aufhebungsgründe kommen schließlich gem. § 87a Abs. 2 BGB die Aufhebung einer Verbrauchsstiftung nach Ablauf der festgelegten Zeit (Nr. 1), die Aufhebung wegen Gemeinwohlgefährdung (Nr. 2) sowie die Aufhebung wegen Verlegung des Verwaltungssitzes ins Ausland (Nr. 3) in Betracht.[1171]

Vor den Verwaltungsgerichten kann eine die vorgenannten rechtlichen Voraussetzungen vermeintlich nicht erfüllende behördliche Aufhebungsverfügung als Verwaltungsakt i.S.d. § 35 Satz 1 VwVfG mittels Anfechtungsklage gem. § 42 Abs. 1

Kirchhain, in: Schauhoff/Mehren, Stiftungsrecht, Kap. 9 Rn. 76; *Orth*, MDR 2021, 1304, 1310; *Richter*, in: Richter, Stiftungsrecht, § 9 Rn. 22; kritisch zur gesetzlichen Festschreibung der Subsidiarität der Aufhebung gegenüber der Satzungsänderung, vgl. *Gantenbrink*, in: Andrick/Muscheler/Uffmann, Stiftungsrecht, § 87 BGB Rn. 15 f.

1169 *Gantenbrink*, in: Andrick/Muscheler/Uffmann, Stiftungsrecht, § 87a BGB Rn. 10 ff.; *Muscheler*, JZ 2024, 322, 325; *G. Roth*, in: MHdB GesR VII, § 102 Rn. 1, nach dem sich auch in dieser „Lebensphase" das Existenzrecht der Stiftung ausschließlich vom Stifterwillen ableitet; ferner *Burgard*, in: Burgard, Stiftungsrecht, § 87 BGB Rn. 26, wonach der Stifterwille keineswegs immer auf einen Erhalt der Stiftung „um jeden Preis" gerichtet sein müsse, insbesondere, wenn sich der Stifter ersichtlich Gedanken über die Anfallberechtigung gemacht habe.

1170 *Burgard*, in: Burgard, Stiftungsrecht, § 87a BGB Rn. 2; *Kirchhain*, in: Schauhoff/Mehren, Stiftungsrecht, Kap. 9 Rn. 80; *Orth*, in: Orth/Uhl, Stiftungsrechtsreform, Rn. 782; *Richter*, in: Richter, Stiftungsrecht, § 9 Rn. 34; zum Subsidiaritätsprinzip im Recht der Stiftungsaufsicht allgemein, s. nur *Winkler*, in: Werner/Saenger/Fischer, Die Stiftung, § 27 Rn. 79 ff.

1171 Zu den weiteren behördlichen Aufhebungsgründen *Burgard*, in: Burgard, Stiftungsrecht, § 87a BGB Rn. 18 ff.; *Gantenbrink*, in: Andrick/Muscheler/Uffmann, Stiftungsrecht, § 87a BGB Rn. 13 ff.; *Hüttemann/Rawert*, Beilage zu ZIP 33/2021, 3, 33 f.; *Kirchhain*, in: Schauhoff/Mehren, Stiftungsrecht, Kap. 9 Rn. 82; *Muscheler*, JZ 2024, 322, 328 ff.; *Orth*, MDR 2021, 1304, 1310.

Alt. 1 VwGO angegriffen werden.[1172] Da (ein ggf. einzulegender) Widerspruch und die Anfechtungsklage gem. § 80 Abs. 1 Satz 1 VwGO grundsätzlich aufschiebende Wirkung haben,[1173] bleibt die Stiftung bis zur rechtkräftigen Entscheidung über die Aufhebungsmaßnahme uneingeschränkt rechtsfähig.[1174] Ist ausnahmsweise die sofortige Vollziehbarkeit der Aufhebungsverfügung gem. § 80 Abs. 2 Satz 1 Nr. 4 VwGO behördlich angeordnet,[1175] kommt zudem ein Vorgehen im Wege des einstweiligen Rechtsschutzes gem. § 80 Abs. 5 Satz 1 Hs. 2 VwGO in Betracht.

bb) Konsequenzen für die Klagebefugnis bei existenzvernichtenden Maßnahmen der Stiftungsaufsicht

Stimmen in der Literatur möchten die gerichtlichen Rechtsschutzmöglichkeiten bei repressiven stiftungsbehördlichen Maßnahmen in Form von existenzverändernden oder gar existenzvernichtenden Eingriffen in die Stiftungsautonomie vornehmlich über eine Erweiterung der unter a) dargestellten Klagebefugnisse der Stiftungsbeteiligten stärken. Im Fall einer streitgegenständlichen unrechtmäßigen

---

1172 OVG NRW NVwZ-RR 1996, 426; *Backert*, in: BeckOK-BGB, § 87 Rn. 4; *Gantenbrink*, in: Werner/Saenger/Fischer, Die Stiftung, § 23 Rn. 42; *Jakob/Picht/Kopp*, in: BeckOGK-BGB, Stand: 01.12.2023, § 83 Rn. 64.1; *Hüttemann/Rawert*, in: Staudinger, BGB, § 87 Rn. 23; *Mecking*, in: MHdB GesR V, § 103 Rn. 64; *Mehrbrey/Gräler*, in: Mehrbrey, Hd-Buch Ges. Streitigkeiten, § 87 Rn. 10; *Muscheler*, JZ 2024, 322, 331; *Richter*, in: Richter, Stiftungsrecht, § 9 Rn. 43; *Suerbaum*, in: Stumpf/Suerbaum/Schulte/Pauli, StiftR, B § 87 Rn. 24; *Weitemeyer*, in: MüKo-BGB, § 87 Rn. 19; *Wiese*, in: Erman, BGB, § 87a Rn. 3. Denkbar bleibt, im Falle der geltend gemachten Nichtigkeit einer behördlichen Maßnahme diese statt mit einer Anfechtungsklage (deren Zulässigkeit sich arg. e § 43 Abs. 2 Satz 2 VwGO ergibt; ebenso *Happ*, in: Eyermann, VwGO, § 42 Rn. 15; *R. P. Schenke*, in: Kopp/Schenke, VwGO, § 42 Rn. 3) mit einer Nichtigkeitsfeststellungsklage gem. § 43 Abs. 1 Alt. 2 VwGO gerichtlich anzugreifen, da die Klage auf Feststellung der Nichtigkeit gem. 43 Abs. 2 Satz 2 VwGO gegenüber einer Anfechtungsklage nicht subsidiär i.S.d. § 43 Abs. 2 Satz 1 VwGO ist, *Möstl*, in: BeckOK-VwGO, § 43 Rn. 35; vgl. zudem VGH Mannheim BeckRS 2006, 23996.

1173 OLG Hamm NJW-RR 1995, 120, 121; *Backert*, in: BeckOK-BGB, § 87 Rn. 4; *Gantenbrink*, in: Werner/Saenger/Fischer, Die Stiftung, § 23 Rn. 42; *Hüttemann/Rawert*, in: Staudinger, BGB, § 87 Rn. 23; *Richter*, in: Richter, Stiftungsrecht, § 9 Rn. 43; *G. Roth*, in: MHdB GesR VII, § 102 Rn. 7; *Schwarz van Berk/Fischer*, in: MHdB GesR V, § 101 Rn. 7; *Suerbaum*, in: Stumpf/Suerbaum/Schulte/Pauli, StiftR, B § 87 Rn. 24; *Weitemeyer*, in: MüKo-BGB, § 87 Rn. 19; *Wiese*, in: Erman, BGB, § 87a Rn. 3.

1174 *Jakob/Picht/Kopp*, in: BeckOGK-BGB, Stand: 01.12.2023, § 83 Rn. 64.1; *Mecking*, in: MHdB GesR V, § 103 Rn. 66. S. zusätzlich die weiteren Nachweise in Fn. 88.

1175 Nach *G. Roth*, in: MHdB GesR VII, § 102 Rn. 7, kommt dies nur in ganz besonderen Konstellationen einer Gemeinwohlgefährdung in Betracht.

Aufhebungsverfügung der Stiftungsbehörde ist zwar primär die gem. § 62 Abs. 3 VwGO durch den Vorstand (§ 84 Abs. 2 Satz 1 Hs. 1 BGB [§§ 86 Satz 1 a.F., 26 Abs. 1 Satz 2 Hs. 1 BGB]) vertretene Stiftung selbst klagebefugt i.S.d. § 42 Abs. 2 VwGO.[1176] Sieht der Vorstand allerdings trotz möglicher rechtlicher Bedenklichkeit der stiftungsbehördlichen Aufhebungsentscheidung von deren gerichtlicher Kontrolle ab, soll die gerichtliche Rechtsverfolgung in Anerkennung der bereits thematisierten Möglichkeit rechtsformbedingter Durchsetzungsschwächen der Interessen der Stiftung[1177] zu ihrem Schutz durch weitere, insoweit klagebefugte Stiftungsbeteiligte betrieben werden können.

Eine Klagebefugnis wird zunächst dem Stifter selbst zugebilligt.[1178] Zwar gelte der Grundsatz, dass dem Stifter in Bezug auf die einmal anerkannte Stiftung keine eigenen subjektiv-öffentlichen Rechte mehr zustehen können. Eine Rechtsbetroffenheit in Streitigkeiten um die Aufhebung der Stiftung lasse sich aber damit begründen, dass die Aufhebung wie eine Rücknahme des an den Stifter gerichteten begünstigenden Verwaltungsakts der Anerkennung wirke.[1179] In dem Kontext verweisen Literaturstimmen auf die rechtliche Betroffenheit des Stifters in seinem (vermeintlichen) Grundrecht auf Bestand der Stiftung.[1180] Dieser aus dem Grundrecht auf Stiftungserrichtung während der Operationsphase der Stiftung fortwirkende Grundrechtsschutz des Stifters solle aus Gründen der Grundrechtseffektivität bei den objektiven Stifterwillen missachtenden Bestandsveränderungen der Stiftung durch Maßnahmen der Stiftungsaufsicht ein Einschreiten des Stifters ermöglichen. Damit das anerkannte Recht auf Stiftungserrichtung nicht im Zeitpunkt der Stiftungsentstehung wertlos werde, sondern auch während der Tätigkeitsphase der Stiftung erhalten werden könne, müsse es dem Stifter möglich

1176 Zu der Klagebefugnis der Stiftung OVG Münster BeckRS 1995, 20835; *Blydt-Hansen*, Rechtsstellung der Destinatäre, 144; *Gantenbrink*, in: Werner/Saenger/Fischer, Die Stiftung, § 23 Rn. 43; *Jakob*, Schutz der Stiftung, 253 f.; *Jakob/Picht/Kopp*, in: BeckOGK-BGB, Stand: 01.12.2023, § 83 Rn. 64.2; *Richter*, in: Richter, Stiftungsrecht, § 9 Rn. 43; *Suerbaum*, in: Stumpf/Suerbaum/Schulte/Pauli, StiftR, B § 87 BGB Rn. 25; *Uhl*, EWiR 2020, 683, 684; *Weitemeyer*, in: MüKo-BGB, § 87 Rn. 19; *Werner*, NZG 2022, 1479, 1481.

1177 S. dazu die Ausführungen unter Teil 1.§ 1.

1178 *Mehren*, in: Schauhoff/Kirchhain, Hd-Buch Gemeinnützigkeit, § 3 Rn. 172, sofern der Stifter durch die Aufhebung im Einzelfall in (nicht näher bezeichneten) eigenen Rechten betroffen sein sollte; *Schwarz van Berk/Fischer*, in: MHdB GesR V, § 101 Rn. 35; *Udwari*, in: Udwari/Hertel/Heinrich, Stiftungspraxis, 263.

1179 *Schwarz van Berk/Fischer*, in: MHdB GesR V, § 101 Rn. 35.

1180 Dafür *Jakob*, Schutz der Stiftung, 110 ff. S. zudem die Ausführungen in Teil 2.§ 2.A.II.3.b)bb)(2).

sein, sich jedenfalls gegen existenzverändernde bzw. existenzvernichtende staatliche Eingriffe in die Stiftungsorganisation, etwa eine behördliche Aufhebungsverfügung, zu wehren.[1181] Insofern solle aus der Freiheit, eine Stiftung zu errichten, eine fortwirkende verfahrensrechtliche Beteiligtenstellung des Stifters folgen, weil die Stiftung über ihre Anerkennung hinaus ein „Medium zur Grundrechtsausübung" des Stifters bleibe.[1182] Darüber hinaus solle sich eine Klagebefugnis i.S.d. § 42 Abs. 2 VwGO für den lebenden Stifter aus dem (nach der Bundesvereinheitlichung des Stiftungszivilrechts konsequenterweise bundesgesetzlichen) Anhörungsrecht des § 28 Abs. 1 VwVfG ergeben.[1183] Weil er durch Anordnungen, die die Existenz der Stiftung beträfen, in seinen Rechten berührt werde, handele es sich bei dem Anhörungserfordernis für den lebenden Stifter um ein subjektiv-öffentliches Verfahrensrecht, bei dessen Nichtbeachtung er hinsichtlich der Anfechtung der entsprechenden behördlichen Maßnahme klagebefugt sei.[1184]

Anders als bei sonstigen hoheitlichen Entscheidungen wird für die Erben des Stifters in der Konstellation einer behördlichen Aufhebungsverfügung ebenfalls eine Klagebefugnis angenommen, wobei sich die dafür notwendige subjektiv-öffentliche Rechtsbetroffenheit in zweifacher Weise verwirklichen soll.[1185] Zum einen soll eine aus der Stellung als Gesamtrechtsnachfolger des Stifters (s. § 1922 BGB) resultierende Betroffenheit in dem vom Stifter abgeleiteten Recht auf Stiftungsbestand möglich sein.[1186] Im Gegensatz zu klassischen Persönlichkeitsrechten hänge dieses Recht nicht an der Person „Stifter", sondern an der von ihm geschaffenen Person „Stiftung", weil es, anders als das Recht des Stifters auf Stiftungserrichtung, nicht zum Schutz des Stifters, sondern zum Schutz der Stiftung existiere.[1187] Das Schutzbedürfnis gerade in Bezug auf existenzvernichtende Ein-

---

1181 *Jakob*, Schutz der Stiftung, 112.

1182 *Jakob*, Schutz der Stiftung, 128 f.; ähnlich *Weitemeyer*, in: MüKo-BGB, § 87 Rn. 28.

1183 Vgl. *Hof*, in: von Campenhausen/Richter, Stiftungsrechts-Handbuch, § 10 Rn. 372; *Hüttemann/Rawert*, in: Staudinger, BGB, § 87 Rn. 22; ähnlich *Andrick*, in: Die Stiftung – Jahreshefte zum Stiftungswesen 9 (2015), 85, 107 f. Die in den bisherigen Landesstiftungsgesetzen vorgesehenen Anhörungsrechte des lebenden Stifters vor behördlichen Aufhebungsentscheidungen (s. nur § 9 Abs. 2 StiftG Bremen a.F. oder § 10 Abs. 2 i.V.m. § 9 Abs. 2 Satz 1 SächsStiftG a.F.) sind nach Inkrafttreten des bundesvereinheitlichten Stiftungszivilrechts mangels Regelungskompetenz ersatzlos entfallen, vgl. *Burgard*, in: Burgard, Stiftungsrecht, § 85a BGB Rn. 34.

1184 Vgl. *Hüttemann/Rawert*, in: Staudinger, BGB, § 87 Rn. 22.

1185 Dazu *Jakob/Picht/Kopp*, in: BeckOGK-BGB, Stand: 01.12.2023, § 83 Rn. 64.6 ff.; vgl. *Blydt-Hansen*, Rechtsstellung der Destinatäre, 144.

1186 *Jakob/Picht/Kopp*, in: BeckOGK-BGB, Stand: 01.12.2023, § 83 Rn. 64.7.

1187 *Jakob/Picht/Kopp*, in: BeckOGK-BGB, Stand: 01.12.2023, § 83 Rn. 64.7.

griffe der Stiftungsbehörde lebe unstreitig auch nach dem Tod des Stifters fort, sodass eine Betroffenheit immer dann zu bejahen sein solle, wenn eine existierende Stiftung rechtswidrig aufgehoben und einem behördlichen Missbrauch deshalb nicht entgegengetreten werden könne, weil der Stifter selbst vorverstorben sei und die handlungsfähigen Organe an einer Rechtsverfolgung kein Interesse hätten.[1188] Dem Erben aufgrund eines abgeleiteten Rechts auf Stiftungsbestand eine Klagebefugnis zuzuerkennen und damit für die Stiftungsinteressen eintreten zu können, ergebe sich letztlich aus dem Gebot effektiven Rechtsschutzes i.S.d. Art. 19 Abs. 4 GG.[1189] Ferner komme für die Erben des Stifters eine Klagebefugnis wegen der Betroffenheit in einer ihnen originär zustehenden subjektiv-öffentlichen Rechtsposition in Betracht.[1190] Zwar habe eine solche Klagebefugnis im Urteil des KG vom 31.1.1978[1191] nicht angenommen werden dürfen, weil es dort nur um die Verletzung von Rechten in Bezug auf Angelegenheiten des operativen Stiftungsgeschehens gegangen sei.[1192] Die gerichtlichen Aussagen zur Herleitung eines Notklagerechts zwecks Beachtung des Stifterwillens sollten jedoch fruchtbar gemacht werden können, wenn es nicht um Maßnahmen des täglichen Stiftungslebens, sondern um die Abwehr existenzvernichtender Eingriffe der Stiftungsbehörde, somit um den ultimativen Schutz des Stifterwillens gehe und sich dem Stifterwillen entnehmen lasse, dass die handelnden Stiftungsinteressierten für einen Schutz der Stiftung sorgen sollten.[1193]

Des Weiteren solle den Organmitgliedern bei existenzvernichtenden Eingriffen der Stiftungsbehörde eine Klagebefugnis wegen der Verletzung eigener

1188 *Jakob/Picht/Kopp*, in: BeckOGK-BGB, Stand: 01.12.2023, § 83 Rn. 64.7, zieht Parallelen zur Durchsetzungsmöglichkeit des gegenüber der Stiftungsbehörde bestehenden Anspruchs auf Anerkennung durch die Erben des Stifters, wenn vom (vor der Anerkennung verstorbenen) Stifter selbst alle Voraussetzungen der Anerkennung erbracht wurden, dieser allerdings gegen eine rechtswidrig verweigerte Anerkennung gerichtlich nicht mehr vorgehen kann, und sieht eine wertungsmäßige Vergleichbarkeit.

1189 *Jakob/Picht/Kopp*, in: BeckOGK-BGB, Stand: 01.12.2023, § 83 Rn. 64.7.

1190 *Jakob/Picht/Kopp*, in: BeckOGK-BGB, Stand: 01.12.2023, § 83 Rn. 64.8.

1191 Zu diesem Urteil bereits unter Teil 2.§ 2.B.II.3.a)bb)(2).

1192 *Jakob/Picht/Kopp*, in: BeckOGK-BGB, Stand: 01.12.2023, § 83 Rn. 64.8. Eine Betroffenheit in einer abgeleiteten Rechtsposition muss ebenfalls ausscheiden, wenn es solches Recht schon dem Stifter nicht zustand und damit erst recht nicht den Erben zukommen kann, *Andrick*, in: Stiftungen in Deutschland und Europa, 281, 295; *Jakob/Picht/Kopp*, in: BeckOGK-BGB, Stand: 01.12.2023, § 83 Rn. 64.8; dazu ebenfalls bereits unter Teil 2.§ 2.B.II.3.a)bb)(2).

1193 *Jakob/Picht/Kopp*, in: BeckOGK-BGB, Stand: 01.12.2023, § 83 Rn. 64.8.

subjektiv-öffentlicher Rechte zukommen.[1194] Anders als bei reinem Aufsichtshandeln gegenüber der Stiftung, das in Bezug auf die organschaftlichen Rechte eine allenfalls reflexhafte Wirkung entfalten könne, gehe es bei den vorstehend bezeichneten Maßnahmen, insbesondere bei einer Aufhebungsverfügung, um die eigentliche Existenz und den Status des Organs und damit auch um die Beendigung der Rechtsstellung als Organmitglieder.[1195] Weil ein derartiger Eingriff von den Rechtswirkungen für die Organmitglieder mit den direkt an sie adressierten Maßnahmen der Stiftungsbehörde zu vergleichen sei,[1196] rechtfertige dies die Anerkennung einer eigenen Klagebefugnis nach § 42 Abs. 2 VwGO für ein gerichtliches Vorgehen im Wege der Anfechtungsklage.[1197]

Eine Erweiterung der Rechtsschutzmöglichkeiten wird in Bezug auf eine unrechtmäßige behördliche Aufhebungsentscheidung zudem für die Destinatäre der Stiftung vertreten, wenn hierdurch ihre Ansprüche auf Erhalt der Stiftungsleistungen beeinträchtigt würden.[1198] Der Zuerkennung einer Klagebefugnis sei für diesen Ausnahmefall deshalb zuzustimmen, weil anders ein wirksamer Rechtsschutz der Destinatäre hinsichtlich ihrer vermögenswerten Leistungsansprüche, die dem Schutzbereich des Art. 14 Abs. 1 GG unterfallen und in die durch die Aufhebungsverfügung eingegriffen werde, nicht gewährleistet werden könne.[1199] Anders als bei der Genehmigung eines organschaftlichen Satzungsänderungs- oder Auflösungsbeschlusses greife die Stiftungsaufsicht in der Konstellation einer behördlich veranlassten Aufhebung nämlich unmittelbar aufgrund ihrer hoheitlichen Kompetenzen in die Rechtsstellung der Destinatäre ein.[1200] Insoweit stelle die auf einen vollständigen Entzug der vermögenswerten Rechtsposition

---

1194 *Jakob/Picht/Kopp*, in: BeckOGK-BGB, Stand: 01.12.2023, § 83 Rn. 64.5.

1195 Vgl. *Jakob/Picht/Kopp*, in: BeckOGK-BGB, Stand: 01.12.2023, § 83 Rn. 64.5.

1196 Zu entsprechenden Beispielen, s. Fn. 1114.

1197 *Jakob/Picht/Kopp*, in: BeckOGK-BGB, Stand: 01.12.2023, § 83 Rn. 64.5.

1198 So ausdrücklich *Blydt-Hansen*, Rechtsstellung der Destinatäre, 153 f.; *Gantenbrink*, in: Werner/Saenger/Fischer, Die Stiftung, § 23 Rn. 47; *Schwarz van Berk/Fischer*, in: MHdB GesR V, § 101 Rn. 38; *Udwari*, in: Udwari/Hertel/Heinrich, Stiftungspraxis, 263; *Weitemeyer*, in: MüKo-BGB, § 85 Rn. 49; vgl. OLG Koblenz NZG 2002, 135, 136, für die Möglichkeit eines zivilgerichtlichen Vorgehens von Destinatären einer Familienstiftung gegen einen Auflösungsbeschluss trotz vom Stifter nicht eindeutig vorgesehener Leistungsberechtigung; dazu kritisch *Muscheler*, JR 2003, 23.

1199 *Blydt-Hansen*, Rechtsstellung der Destinatäre, 153 f., wonach der durch die Aufhebung der Stiftung bedingte Verlust der Destinatärsstellung den weitestgehenden Eingriff darstellt; *Gantenbrink*, in: Werner/Saenger/Fischer, Die Stiftung, § 23 Rn. 47; *Schwarz van Berk/Fischer*, in: MHdB GesR V, § 101 Rn. 38.

1200 *Blydt-Hansen*, Rechtsstellung der Destinatäre, 154.

gerichtete behördliche Aufhebungsverfügung eine unzulässige Enteignung i.S.d. Art. 14 Abs. 3 GG dar.[1201]

Die Klagebefugnis bezüglich eines gerichtlichen Vorgehens gegen eine hoheitliche Stiftungsaufhebung ist jedoch nach überzeugender Ansicht für die Person des Anfallberechtigten abzulehnen.[1202] Eine mögliche Betroffenheit des Anfallberechtigten ist von vornherein nur in dem durch Art. 14 GG geschützten Anwartschaftsrecht auf die Auskehrung des Liquidationsüberschusses denkbar, wenn die Stiftung trotz des Vorliegens der gesetzlichen Voraussetzungen des § 87a BGB nicht aufgehoben wird.[1203] Ein subjektiv-öffentliches Recht des Anfallberechtigten kann damit zwar auf die Erteilung einer verweigerten oder unterlassenen Aufhebungsverfügung durch die Stiftungsbehörde gerichtet sein, aber keine Klagebefugnis für die Anfechtung einer tatsächlich erteilten Verfügung begründen.

cc) Stellungnahme

Allen Versuchen, den verwaltungsgerichtlichen Rechtsschutz gegenüber einer unrechtmäßigen behördlichen Aufhebungsverfügung für die Stiftung über eine Ausweitung der Klagebefugnisse einzelner Stiftungsbeteiligter zu stärken, ist insgesamt entgegenzutreten. Im Einzelnen:

Konsens besteht zunächst über die Klagebefugnis der Stiftung selbst.[1204] Diese ist als Adressatin der Aufhebungsentscheidung in ihrem Bestandsrecht und somit

---

1201 RGZ 121, 166, 168; *Blydt-Hansen*, Rechtsstellung der Destinatäre, 154.

1202 Vgl. *G. Roth*, in: MHdB GesR VII, § 102 Rn. 23 ff.

1203 Noch unter Geltung der bisherigen Rechtslage für das Bestehen der Klagebefugnis differenzierend zwischen der Stiftungsaufhebung aufgrund einer Unmöglichkeit der Zweckerfüllung (§ 87 Abs. 1 Alt. 1 BGB a.F.) und der Aufhebung aufgrund einer Gemeinwohlgefährdung durch die Stiftung (§ 87 Abs. 1 Alt. 2 BGB a.F.), *G. Roth*, in: MHdB GesR VII, § 102 Rn. 23 f.

1204 Dies gilt jedenfalls, wenn Rechtsschutz gegenüber einer behördlichen Aufhebungsentscheidung in Anspruch genommen werden soll. Fraglich ist hingegen, ob die Stiftung auch für den Fall klagebefugt sein kann, dass die Stiftungsbehörde eine gewünschte Aufhebung abgelehnt hat, mit anderen Worten, ob es ein subjektiv-öffentliches Recht auf Aufhebung gibt. Nach teilweise vertretener Ansicht soll die Klagebefugnis der Stiftung deshalb zu verneinen sein, weil die Stiftung durch die Erhaltung ihrer Existenz nicht in ihren Rechten verletzt sein kann, *Weitemeyer*, in: MüKo-BGB, § 87 Rn. 19. Richtig dürfte eine differenzierende Betrachtungsweise sein. Zwar dient die Aufhebungsbefugnis des § 87a BGB dem öffentlichen Interesse, sodass eine darauf gestützte subjektiv-öffentliche Rechtsbetroffenheit der Stiftung grundsätzlich nicht bejaht werden kann. Etwas anderes ist jedoch unter Berücksichtigung des für das Handeln der Stiftungsbehörden relevanten Primats des Stifterwil-

in einem eigenen subjektiv-öffentlichen Recht berührt.[1205] Denkbar wäre, eine Rechtsbetroffenheit zudem aus einer möglichen Verletzung des verwaltungsverfahrensrechtlichen Anhörungserfordernisses aus § 28 Abs. 1 VwVfG herzuleiten.[1206] Weil durch die Aufhebungsentscheidung in ihre Rechte eingegriffen wird, ist der durch den Vorstand vertretenen Stiftung Gelegenheit zu geben, sich zu den für die Entscheidung erheblichen Tatsachen zu äußern. Unterbleibt dies und wird der Mangel auch nicht gem. § 45 Abs. 1 Nr. 3, Abs. 2 VwVfG bis zum Abschluss der letzten Tatsacheninstanz des verwaltungsgerichtlichen Verfahrens geheilt, könnte diese Betroffenheit in einem Verfahrensrecht zusätzlich zu der materiell-rechtlichen Betroffenheit die gem. § 42 Abs. 2 VwGO notwendige Klagebefugnis zur Anfechtung der Aufhebungsverfügung begründen. Dafür müsste sich das Anhörungserfordernis jedoch als subjektiv-öffentliches Recht für den Kläger begreifen lassen. Da § 42 Abs. 2 VwGO grundsätzlich die Geltendmachung einer Verletzung materiell-rechtlicher Rechtspositionen vorsieht, soll eine Klagebefugnis aufgrund der Betroffenheit in einer verfahrensrechtlichen Rechtsposition nur in begründeten Ausnahmefällen in Betracht kommen.[1207] Solchen materiell-rechtlich unabhängigen und selbständig durchsetzbaren verfahrensrechtlichen

lens anzunehmen. Kann dem Stifterwillen bei einer endgültigen Unmöglichkeit der dauernden und nachhaltigen Zweckerfüllung einzig dadurch entsprochen werden, dass die Stiftungsbehörde die betreffende Stiftung aufhebt (vgl. Normtext des § 87a Abs. 1 BGB), wird die Stiftung in einem subjektiv-öffentlichen Recht i.S.d. § 42 Abs. 2 VwGO betroffen, wenn die Stiftungsbehörde die Aufhebung verweigert; ähnlich *G. Roth*, in: MHdB GesR VII, § 102 Rn. 8, 10, wonach die Stiftung auch in der Beendigungsphase Ausfluss der Handlungsfreiheit des Stifters ist, sodass sich die Existenzberechtigung der Stiftung weiterhin allein vom Stifterwillen ableite.

1205 OVG Münster BeckRS 1995, 20835; *Jakob*, Schutz der Stiftung, 253 f.; *Jakob/Picht/Kopp*, in: BeckOGK-BGB, Stand: 01.12.2023, § 83 Rn. 64.2; *Muscheler*, JZ 2024, 322, 331; *G. Roth*, in: MHdB GesR VII, § 102 Rn. 7.

1206 Die unter Geltung der bisherigen Rechtslage streitige Frage, ob ein solches Anhörungsrecht der Stiftung aus landesgesetzlichen Vorgaben, aus einer analogen Anwendung des § 87 Abs. 3 BGB a.F. oder direkt aus § 28 Abs. 1 VwVfG herzuleiten ist, ist mit Inkrafttreten des bundesvereinheitlichten Stiftungszivilrechts zugunsten der letztgenannten normativen Anknüpfung entschieden. Dafür sprach bereits nach früherer Rechtslage vor allem der weite, nicht nach einzelnen stiftungsbehördlichen Maßnahmen differenzierende Anwendungsbereich des § 28 Abs. 1 VwVfG, *G. Roth*, in: MHdB GesR VII, § 102 Rn. 5.

1207 *Happ*, in: Eyermann, VwGO, § 42 Rn. 95 f.; *Schmidt-Kötters*, in: BeckOK-VwGO, § 42 Rn. 195; *Wahl/Schütz*, in: Schoch/Schneider, VwGO, § 42 Abs. 2 Rn. 72; zu der grundsätzlichen Notwendigkeit der möglichen Verletzung eines materiell-subjektiven Rechts aufgrund des Verfahrensfehlers zudem BVerwG NVwZ 2014, 367, 368

Rechtpositionen unterfallen allerdings nur die absoluten Verfahrensrechte.[1208] Andernfalls hat eine Verfahrensvorschrift nur eine dem materiellen Recht dienende Funktion[1209] und ist nicht subjektiv-rechtlich erheblich, sodass der einzelne Betroffene die Einhaltung solcher Verfahrensvorschriften nicht um ihrer selbst willen ohne Rücksicht darauf erzwingen kann, ob er in einem materiellen Recht verletzt ist.[1210] Das gilt somit auch für § 28 Abs. 1 VwVfG; eine Verletzung eigener Rechte i.S.d. § 42 Abs. 2 VwGO kann aus einer Verletzung der Anhörungspflicht nicht hergeleitet werden.[1211] An einer materiell-rechtlichen Rechtsbetroffenheit, die der Stiftung für ein Vorgehen gegen eine Aufhebungsverfügung eine Klagebefugnis verschafft, vermag dies gleichwohl, wie bereits festgestellt, nichts zu ändern.

Abseits dieser Klagebefugnis der Stiftung kommt im Zusammenhang mit existenzverändernden oder existenzvernichtenden Eingriffen der Stiftungsbehörde die rechtskonstruktive Begründung weiterer Klagebefugnisse von Stiftungsbeteiligten nicht in Betracht.

Für den Stifter ergibt sich eine subjektiv-öffentliche Betroffenheit entgegen teilweise vertretener Ansicht nicht aufgrund einer Verletzung seines Grundrechts auf Stiftungsbestand. Zwar ist zuzugestehen, dass ein auf Rechtsbestand gerichteter grundrechtlicher Schutz insbesondere dann tangiert ist, wenn eine Rechtsverkürzung von staatlicher Seite abgewehrt werden soll. Anders als bei vorherigen Streitgegenständen ist dies im Fall einer behördlichen Aufhebungsentscheidung zwar dem Grunde nach erfüllt. Nicht zu entkräften ist jedoch die mit der Anerkennung eines Grundrechts auf Stiftungsbestand verbundene Vermengung der (grundrechtlichen)

Rn. 16; BVerwG NVwZ 2012, 573, 574 f. Rn. 19; großzügiger *Held*, NVwZ 2012, 461, 463 f.

1208 Dazu BVerwG BeckRS 1980, 3457 Rn. 26; *Happ*, in: Eyermann, VwGO, § 42 Rn. 98 f.; *Held*, NVwZ 2012, 461, 464; *R. P. Schenke*, in: Kopp/Schenke, VwGO, § 42 Rn. 95; *Schmidt-Kötters*, in: BeckOK-VwGO, § 42 Rn. 196; *Wahl/Schütz*, in: Schoch/Schneider, VwGO, § 42 Abs. 2 Rn. 73, jeweils mit den entsprechenden Fallgruppen, für die das BVerwG das Bestehen solcher absoluten Verfahrensrechte bejaht hat. Dafür, dass in den meisten Fällen ein direkter Rechtsschutz im Zusammenhang mit Verfahrensfehlern nicht besteht und die Kategorie absoluter Verfahrensrechte restriktiv zu handhaben ist, spricht zudem die Vorschrift des § 44a VwGO, wonach Rechtsbehelfe gegen behördliche Verfahrenshandlungen nur gleichzeitig mit den gegen die Sachentscheidung zulässigen Rechtsbehelfen geltend gemacht werden können.

1209 Vgl. BVerwG NVwZ 1999, 876, 877, wonach das Verwaltungsverfahren insofern dem Rechtsschutz dient, als es gewährleisten soll, dass die materiell-rechtlichen Vorschriften beachtet werden; *Happ*, in: Eyermann, VwGO, § 42 Rn. 96.

1210 BVerwG NVwZ 1999, 876, 877; *Herrmann*, in: BeckOK-VwVfG, § 28 Rn. 45a.

1211 *Herrmann*, in: BeckOK-VwVfG, § 28 Rn. 45a.

Rechtssphären von Stiftung und Stifter. Der Ansicht, dass aus der Freiheit, eine Stiftung zu errichten, eine fortwirkende verfahrensrechtliche Beteiligtenstellung des Stifters folge, weil die Stiftung über ihre Anerkennung hinaus ein „Medium zur Grundrechtsausübung" des Stifters sei, kann bereits deshalb nicht gefolgt werden, weil sie außer Acht lässt, dass die Stiftung mit Anerkennung rechtlich vom Stifter entkoppelt ist und diese Entkoppelung auch grundrechtlich zu gelten hat. Deshalb ist ein Grundrecht auf Stiftungsbestand zwar anzuerkennen, aber nicht für den Stifter, sondern konsequenterweise nur für die Stiftung, die als Grundrechtsträgerin gegen darauf bezogene Angriffe selbst Rechtsschutz in Anspruch nehmen kann und muss. Die mögliche grundrechtliche Eigenbetroffenheit des Stifters in seinem Grundrecht auf Stiftungserrichtung endet mit der Anerkennungsentscheidung der Stiftungsbehörde, wodurch das damit begründete Existenzrecht vom Stifter auf die Stiftung übergeht.[1212] Alles andere liefe im Ergebnis auf die Möglichkeit einer Unterwanderung des historischen Stifterwillens hinaus, wenn man dem Stifter über eine subjektiv-öffentliche Rechtsbetroffenheit Eingriffsmöglichkeiten in die von ihm emanzipierte Stiftung ermöglichte, der er ab Erlangung ihrer Rechtsfähigkeit wie ein Dritter gegenübersteht. Über die Einräumung einer Klagebefugnis des Stifters von diesen Rechtsgrundsätzen abzuweichen, wenn die Stiftung durch hoheitliche Verfügung aufgehoben werden soll, lässt sich dogmatisch nicht begründen.

Nichts anderes gilt für den Versuch, die Klagebefugnis gem. § 42 Abs. 2 VwGO für den Stifter aus einer Betroffenheit in einem Recht auf Anhörung aus § 28 Abs. 1 VwVfG herzuleiten. Dagegen spricht bereits, dass die Vorschrift tatbestandlich die Möglichkeit eines Eingriffs in subjektiv-öffentliche Rechte des Beteiligten i.S.d. § 13 VwVfG voraussetzt. Der Stifter hat nach Anerkennung der Stiftung, wie bereits gezeigt, aber gerade keine eigenen grundrechtlichen oder unterverfassungsrechtlichen materiellen Rechtspositionen inne, in die durch die hoheitliche Maßnahme eingegriffen werden könnte, sodass er schon kein Beteiligter im Sinne der genannten Vorschrift und somit nicht in einem durch § 28 Abs. 1 VwVfG vermittelten Anhörungsrecht betroffen sein kann.[1213] Zusätzlich verkennt die Ansicht den bereits dargestellten fehlenden subjektiv-öffentlichen Charakter dieses Anhörungserfordernisses.

1212 VG Sigmaringen npoR 2021, 208, 215 Rn. 122; *G. Roth*, in: MHdB GesR VII, § 102 Rn. 13.

1213 *Burgard*, Gestaltungsfreiheit, 451; *ders.*, in: Burgard, Stiftungsrecht, § 85a BGB Rn. 34; *Gantenbrink*, in: Werner/Saenger/Fischer, Die Stiftung, § 23 Rn. 41; *K. W. Lange*, in: BeckOGK-BGB, Stand: 15.06.2023, § 87 Rn. 49; *G. Roth*, in: MHdB GesR VII, § 102 Rn. 14. Die Annahme einer Beteiligtenstellung des Stifters im Rahmen eines behördlichen Aufhebungsverfahrens nach § 87a BGB (§ 87 Abs. 1 BGB a.F.) über eine Hinzuzie-

Die Argumentation, eine Klagebefugnis der Erben für die Anfechtung einer behördlichen Aufhebungsentscheidung könne deshalb auf das Recht des Stifters auf Stiftungsbestand gestützt werden, weil es dabei nicht um die Geltendmachung eines höchstpersönlichen Stifterrechts gehe, sondern um die Betroffenheit in einem dem Schutz der Stiftung bei existenzgefährdenden Notlagen dienenden Rechts über den Tod des Stifters hinaus, überzeugt aus mehreren Gründen nicht. Zunächst geht die Ansicht von der unzutreffenden Prämisse aus, die Frage nach dem Bestehen oder Nichtbestehen einer Klagebefugnis hänge von der Eingriffsintensität der anzugreifenden behördlichen Maßnahme ab. Relevant ist aber einzig und allein die Betroffenheit in einem subjektiv-öffentlichen Recht. Besteht kein solches Recht, kann auch bei einer die Existenz der Stiftung gefährdenden Verfügung der Stiftungsbehörde ein gerichtliches Vorgehen durch die Nachkommen des Stifters nicht begründet werden. Die Heranziehung des Rechts auf Stiftungsbestand erscheint zudem problematisch, weil bereits die Frage nach dessen Trägerschaft nicht widerspruchsfrei aufgelöst zu werden vermag: Einerseits soll es zum Schutz der Stiftung, nicht zum Schutz des Stifters existieren, andererseits ein Medium zur (Grund-)Rechtsausübung des Stifters darstellen und deshalb an dessen Person anknüpfen, ohne dass eine dahingehende Höchstpersönlichkeit zu bejahen ist. Dass das in Rede stehende (Grund-)Recht auf Stiftungsbestand als Annex zum (Grund-)Recht auf Stiftungserrichtung, das dem Stifter unstreitig in Person zusteht,[1214] während der Operationsphase der Stiftung fortwirken soll, spricht aber gerade für dessen Höchstpersönlichkeit. Unabhängig von einer etwaigen Höchstpersönlichkeit muss das von dieser Ansicht herangezogene Recht auf Stiftungsbestand zu irgendeinem Zeitpunkt vor dem Tod des Stifters entstanden sein, um für die Stiftererben als Gesamtrechtsnachfolger aus abgeleitetem Recht eine subjektiv-öffentliche Rechtsbetroffenheit durch die behördliche Aufhebungsentscheidung begründen zu können. Das ist nach hier vertretener Ansicht allerdings zu verneinen. Schließlich besteht auch keine wertungsmäßige Vergleichbarkeit des Einschreitens für den Stiftungsfortbestand mit der Konstellation der Anerkennung einer Stiftung, bei der die Erben den Anspruch des (zwischenzeitlich verstorbenen) Stifters auf Anerkennung gegenüber der Stiftungsbehörde durchsetzen können, da dieser Anspruch, anders als das Recht auf Stiftungsbestand, gem. §§ 82 Satz 1, 1922 Abs. 1 BGB (§§ 80 Abs. 2 Satz 1 BGB a.F., 1922 Abs. 1 BGB) normativ abgesichert ist und damit tatsächlich eine Klagebefugnis i.S.d. § 42

---

hung gem. § 13 Abs. 1 Nr. 4, Abs. 2 Satz 1 VwVfG führt aus den vorstehend genannten Gründen gleichfalls nicht zu einer Rechtsbetroffenheit des Stifters.

1214 S. nur *Jakob*, Schutz der Stiftung, 297.

Abs. 2 VwGO begründet. Der Versuch, dies für die Stiftererben über die Betroffenheit in einem Recht auf Stiftungsbestand zu konstruieren, ist insgesamt abzulehnen.

Dasselbe gilt für die Betroffenheit in einer den Erben des Stifters originär zustehenden subjektiv-öffentlichen Rechtsposition. Den Nachkommen zu erlauben, dass sie im Falle der Abwehr von existenzvernichtenden Eingriffen der Stiftungsbehörde aus eigenem Recht für einen Schutz der Stiftung sorgen dürfen, wenn sich dem Stifterwillen diesbezügliche Anhaltspunkte entnehmen lassen, impliziert die Möglichkeit einer privatautonomen Ausgestaltung der Inanspruchnahme verwaltungsgerichtlichen Rechtsschutzes durch die Schaffung subjektiv-öffentlicher Klagebefugnisse. Deren Unzulässigkeit wurde bereits bei der Untersuchung der Klagemöglichkeiten gegen die behördliche Genehmigung eines Satzungsänderungsbeschlusses festgestellt; für ein gerichtliches Vorgehen gegen die hoheitliche Aufhebung der Stiftung kann insoweit nichts anderes gelten. Die Schaffung einer Kontrollstellung der Stiftererben kann hier wie dort nur den zivilprozessualen Rechtsschutz, nicht hingegen den verwaltungsprozessualen Rechtsschutz zugunsten der Stiftung stärken.

Auch Organmitgliedern kommt bei existenzvernichtenden Eingriffen der Stiftungsbehörde keine Klagebefugnis i.S.d. § 42 Abs. 2 VwGO wegen der Verletzung eigener subjektiv-öffentlicher Rechte zu. Zwar ist zuzugeben, dass die Aufhebung einer Stiftung Auswirkungen auf ihre Rechtstellung zeitigt, unabhängig von der Frage, ob es sich um Mitglieder des gesetzlich vorgeschriebenen Vorstands oder um Mitglieder eines etwa zu Beratungszwecken satzungsmäßig vorgesehenen Fakultativorgans handelt. Die Stellung als Organmitglied besteht jedoch nicht um ihrer selbst willen, sondern um die Handlungsfähigkeit der Stiftung herzustellen, hat also im Wesentlichen eine dienende Funktion und verdichtet sich nicht zu einer rechtlich geschützten eigenen subjektiv-öffentlichen Position des Organmitglieds.[1215] Von diesen Grundsätzen abzuweichen, wenn es sich bei der hoheitlichen Maßnahme um eine rechtswidrige Aufhebungsverfügung der Stiftungsbehörde handelt, lässt sich nicht begründen. Auch dann trifft die aufsichtliche Entscheidung ausschließlich die Stiftung selbst, sodass der Status als Stiftungsorganmitglied nicht gezielt und als solcher beendet wird, sondern

1215 VGH Mannheim BeckRS 2022, 15469 Rn. 79; *G. Roth*, in: MHdB GesR VII, § 102 Rn. 11. Deshalb verfängt auch der Hinweis nicht, die Organmitglieder würden im Fall einer Aufhebungsentscheidung der Behörde dauerhaft an der Wahrnehmung ihrer genuinen Organaufgaben gehindert (so aber *Jakob/Picht/Kopp*, in: BeckOGK-BGB, Stand: 01.12.2023, § 83 Rn. 64.5), da damit nur der von der rechtlich betroffenen Stiftung abgeleitete Organstatus adressiert wird, auf den eine eigenständige Klagebefugnis gerade nicht gestützt werden kann.

lediglich Konsequenz einer Aufhebung der Stiftung als Rechtsträgerin ist.[1216] In Bezug auf die Klagemöglichkeiten der Organmitglieder muss es bei dem Befund bleiben, dass sie durch die Aufhebung der Stiftung nur mittelbar-reflexhaft in eigenen Rechten betroffen sind und ihnen für ein gerichtliches Vorgehen keine Klagebefugnis zukommen kann.[1217]

Entgegenzutreten ist schließlich einer Ausweitung der verwaltungsgerichtlichen Rechtsschutzmöglichkeiten leistungsberechtigter Destinatäre in Bezug auf eine rechtswidrige behördliche Aufhebungsentscheidung. Zwar ließe sich argumentieren, dass eine rechtswidrige, weil die gesetzlichen Aufhebungsvoraussetzungen (§ 87a BGB) nicht erfüllende Beendigungsmaßnahme nicht dem (hilfsweise durch Auslegung zu ermittelnden) tatsächlichen oder mutmaßlichen Stifterwillen entsprechen wird;[1218] eine Betroffenheit der Destinatäre in ihrem satzungsmäßigen Leistungsrecht, das bei weiterhin bestehender Möglichkeit dauernder und nachhaltiger Stiftungszweckerfüllung (vgl. § 87 Abs. 1 BGB) nicht im Widerspruch zu den Bedürfnissen und Interessen der Stiftung steht,[1219] käme dann grundsätzlich in Betracht. Der Heranziehung eines Anspruchs auf den Erhalt von Stiftungsleistungen zur Begründung einer Klagebefugnis gem. § 42 Abs. 2 VwGO muss jedoch unter Hinweis auf die fehlende Möglichkeit subjektiv-öffentlicher Rechtsbetroffenheit durch die Aufhebungsverfügung widersprochen

1216 VGH Mannheim BeckRS 2022, 15469 Rn. 79; VG Sigmaringen npoR 2021, 208, 212 Rn. 103.

1217 OVG Münster BeckRS 1995, 20835; VGH Mannheim BeckRS 2022, 15469 Rn. 75; VG Sigmaringen npoR 2021, 208, 212 Rn. 103; *Andrick*, in: Stiftungen in Deutschland und Europa, 281, 297 f.; *Andrick/Suerbaum*, Stiftung und Aufsicht, § 9 Rn. 54; *Gantenbrink*, in: Werner/Saenger/Fischer, Die Stiftung, § 23 Rn. 45; *ders.*, in: Andrick/Muscheler/Uffmann, Stiftungsrecht, § 87a BGB Rn. 36; *K. W. Lange*, in: BeckOGK-BGB, Stand: 15.06.2023, § 87 Rn. 52; *Muscheler*, JZ 2024, 322, 331; *G. Roth*, in: MHdB GesR VII, §§ 96 Rn. 23, 102 Rn. 11; *Suerbaum*, in: Stumpf/Suerbaum/Schulte/Pauli, StiftR, B § 87 Rn. 25; *Werner*, NZG 2022, 1479, 1481.

1218 *Burgard*, in: Burgard, Stiftungsrecht, § 87 BGB Rn. 26, weist darauf hin, dass es trotz der Möglichkeit, durch eine Satzungsänderung gem. § 85 Abs. 1 Satz 1 BGB die Leistungsfähigkeit einer zeitweise unterkapitalisierten Stiftung wiederherzustellen, dem (mutmaßlichen) Stifterwillen entsprechen kann, die Stiftung zu beenden und das verbleibende Vermögen den Anfallberechtigten auszukehren, insbesondere, wenn sich der Stifter ersichtlich Gedanken über die Anfallberechtigung gemacht hat; ähnlich *Blydt-Hansen*, Rechtsstellung der Destinatäre, 143, für die Aufhebung als einzig zulässiges Mittel, wenn einer Fortführung der Stiftung mit einer geänderten Satzung der Wille des Stifters entgegensteht.

1219 Vgl. *G. Roth*, in: MHdB GesR VII, § 102 Rn. 20.

werden.[1220] Diese kann erneut nur eine verwaltungsgerichtlich nicht überprüfbare, reflexhafte Wirkung für die Rechtsstellung der Destinatäre zeitigen. Darin ist keine Preisgabe des Schutzes der Destinatärsrechte zu sehen, die die Schaffung eines prozessualen Korrektivs notwendig machen würde. Zwar entfällt bei einem Vorgehen gegen eine repressive Aufsichtsmaßnahme – anders als etwa bei einer behördlichen Genehmigung als präventive Aufsichtsmaßnahme – die Möglichkeit der Inanspruchnahme von Rechtsschutz gegen den genehmigten organschaftlichen Beschluss vor den ordentlichen Gerichten.[1221] Der Verweis dieser Ansicht auf eine damit verbundene Verkürzung wirksamen Rechtsschutzes für die Stiftungsbegünstigten verkennt jedoch, dass die Inanspruchnahme von Rechtsschutz von vornherein nur im Rahmen der gesetzgeberischen Systementscheidungen in Betracht kommt. Eine materiell-zivilrechtliche Position der Destinatäre zur Begründung ihrer verwaltungsgerichtlichen Klagebefugnis heranzuziehen, liefe darauf hinaus, das Erfordernis einer Betroffenheit in individualrechtsschützenden subjektiv-öffentlichen Rechtspositionen unzulässigerweise zu unterlaufen. Eine auf ihrem Leistungsrecht fußende Rechtsbetroffenheit der Destinatäre i.S.d. § 42 Abs. 2 VwGO für die Anfechtung einer behördlichen Aufhebungsverfügung ist nach dem vorstehend Gesagten konsequenterweise abzulehnen.

Bestehen nach den bisherigen Ausführungen für ein gerichtliches Vorgehen gegen eine behördliche Aufhebungsverfügung keine eigenen subjektiv-öffentlichen Rechte der Stiftungsbeteiligten, die ihnen für eine Anfechtungsklage die notwendige Klagebefugnis vermitteln könnten, bleibt zu untersuchen, ob eine Stärkung des auf Bestand gerichteten Rechtsschutzes bei der rechtsbetroffenen Stiftung selbst ansetzen kann. Da der verwaltungsgerichtliche Rechtsschutz keiner privatautonomen Ausgestaltungsmöglichkeit unterliegt, ist in diesem Kontext insbesondere an die Möglichkeit einer durch richterliche Rechtsfortbildung geschaffenen öffentlich-rechtlichen Prozessstandschaft zu denken, also an die Geltendmachung für die Stiftungsbeteiligten fremder Stiftungsrechte im eigenen Namen. Die rechtliche Zulässigkeit einer solchen gesetzlichen Prozessstandschaft wurde nicht nur von Klägerseite in dem eingangs geschilderten Verfahren um die

---

1220 *G. Roth*, in: MHdB GesR VII, § 102 Rn. 19; vgl. OVG Münster BeckRS 1995, 20835, für einen im konkreten Fall nicht leistungsberechtigten Stiftungsdestinatär als Kläger gegen die Aufhebung der Stiftung.

1221 *Blydt-Hansen*, Rechtsstellung der Destinatäre, 154 f., der die Notwendigkeit der Bejahung einer Klagebefugnis i.S.d. § 42 Abs. 2 VwGO im Falle einer behördlichen Aufhebung deshalb auch auf Art. 19 Abs. 4 Satz 1 GG stützt, weil den Destinatären abseits des Verwaltungsrechtswegs kein anderer Gerichtszweig zur Verfügung stünde, um eine mögliche Verletzung ihrer Rechte geltend zu machen.

Restitution der Zeppelin-Stiftung behauptet, sondern wird auch von Stimmen in der Literatur in Form einer actio pro fundatione für Organmitglieder und für stiftungsinteressierte Dritte jedenfalls bei existenzvernichtenden Eingriffen durch die Stiftungsbehörden bejaht.[1222]

Diesem dogmatischen Ansatz ist jedoch entgegenzutreten. Zuzugestehen ist der vorgenannten Ansicht zunächst, dass die Begründung der erforderlichen öffentlich-rechtlichen Prozessführungsbefugnis für ein Vorgehen gegenüber dem Träger der Stiftungsbehörde im Wege einer externen actio pro fundatione ebenso wie für die Geltendmachung innerorganisatorischer Stiftungsansprüche nur im Wege einer Rechtsfortbildung in Betracht kommen kann. Voraussetzung einer Rechtsfortbildung[1223] ist insbesondere das Bestehen eines aufzulösenden Wertungswiderspruchs oder einer zu schließenden Gesetzeslücke, wobei die Befugnis zur schöpferischen Rechtsfindung und Rechtsfortbildung ihre Schranken in den rechtsstaatlichen Grundsätzen der Gesetzesbindung der Rechtsprechung aus Art. 20 Abs. 3 GG und der Gewaltenteilung aus Art. 20 Abs. 2 GG findet.[1224]

Unter Zugrundelegung dieser rechtsgestaltenden Grenzen ergibt sich die Möglichkeit einer rechtsfortbildenden gesetzlichen Prozessstandschaft der Stiftungsbeteiligten für Rechte der Stiftung gegenüber der Aufsichtsbehörde weder aus einfachgesetzlichen noch aus verfassungsrechtlichen Anknüpfungspunkten. Einer Rechtsfortbildung aufgrund planwidriger Rechtsschutzlücke steht zunächst nicht der dem Stiftungsrecht zugrundeliegende Primat des Stifterwillens entgegen, weil sich ein „Notklagerecht“ bei existenzvernichtenden Eingriffen der Stiftungsaufsicht bereits ergebe, wenn der Stifterwille klare Zeichen für den Wunsch des Stifters zeigt, dass die handelnden Stiftungsinteressierten für einen Schutz der Stiftung sorgen sollen.[1225] Da eigene Klagebefugnisse der Stiftungsbeteiligten gegen die behördliche Stiftungsaufhebung wie dargestellt nicht bestehen und die Anordnung einer gewillkürten Prozessstandschaft in verwaltungsgerichtlichen

---

1222 Änderungsantrag BÜNDNIS 90/DIE GRÜNEN, Protokoll-Nr. 19/150, 104, 104 f.; Bundesverband Deutscher Stiftungen, Stellungnahme, 45, 62; *Godron/Gollan*, in: Richter, Stiftungsrecht, § 6 Rn. 351 f.; *Gollan*, ErbR 2020, 700, 703; *Kämmerer/Weitemeyer*, in: FS K. Schmidt, 601, 619; *Weitemeyer*, Stellungnahme, 81, 88, jeweils in Ergänzung der Regelung des § 83 BGB-neu (G. vom 16. Juli 2021, BGBl. I S. 2947); *dies.*, in: MüKo-BGB, § 85 Rn. 31 f.

1223 Zur Rechtsfortbildung, s. nur *Bydlinski*, Methodenlehre, 472 ff.; *Larenz/Canaris*, Methodenlehre, 187 ff.; *Wank*, Juristische Methodenlehre, § 15 Rn. 22 ff.

1224 BVerfGE 49, 304, 318 = NJW 1979, 305; BVerfGE 65, 182, 190 f. = NJW 1984, 475.

1225 Vgl. VGH Mannheim BeckRS 2022, 15469 Rn. 20; *Jakob/Picht/Kopp*, in: BeckOGK-BGB, Stand: 01.12.2023, § 83 Rn. 64.8.

Verfahren von vornherein nicht in Betracht kommt[1226], verbleibt für eine willensgestützte Stärkung gerichtlicher Rechtsschutzmöglichkeiten zugunsten der Stiftung nur die Annahme eines Notvertretungsrechts zur Geltendmachung eines fremden Rechts im fremden Namen. Sie ist unter Berücksichtigung der nach hier vertretener Ansicht nicht gegebenen privatautonomen Ausgestaltungsmöglichkeit des Stifters in Bezug auf den Rechtsschutz gegenüber behördlichen Maßnahmen allerdings abzulehnen.[1227] Zwar könnte für eine divergierende Beurteilung der Streitgegenstände „behördliche Aufhebungsverfügung" einerseits und „behördliche Satzungsänderungsgenehmigung" andererseits sprechen, dass bei ersterem der Verweis auf eine Vermengung ordentlicher und verwaltungsgerichtlicher Rechtsschutzmöglichkeiten fehl geht, weil keine den ordentlichen Gerichten zugewiesene innerorganisatorisch-organschaftliche Betroffenheit etwa durch einen Organbeschluss in Rede steht. Gleichwohl ist die Annahme einer durch den Stifterwillen begründeten Notvertretungsmacht in diesen Fällen abzulehnen. Das gilt nicht nur für eine etwaige ausdrückliche Vertretungsberechtigung, sondern auch für die Herleitung einer Vertretungsmacht durch Auslegung einer organschaftlichen Kontroll- und Überwachungskompetenz.[1228] Eine solche Kompetenz kann nur in Bezug auf die Tätigkeit des Vorstands begründet werden, jedoch nicht in Bezug auf Handlungen der Stiftungsaufsicht bestehen. Eine Kontrolle der Stiftungsaufsicht durch die Organe außerhalb des gesetzlich vorgegebenen Rahmens zu ermöglichen, hieße, privatautonom auf das Rechtsverhältnis von Stiftung und Aufsicht Einfluss nehmen zu können. Ist deshalb eine Notzuständigkeit zur Vertretung der Stiftung abzulehnen, kann aufgrund einer entsprechenden Auslegung der Satzung ausschließlich eine Vertretungsbefugnis von Stiftungsorganen für die Vertretung in Streitfällen vor den ordentlichen Gerichten hergeleitet werden.[1229]

Steht somit zwar der Primat des Stifterwillens der Annahme einer planwidrigen Regelungslücke nicht entgegen, lässt sich gleichwohl aus den einfachgesetzlichen Bestimmungen kein Bedarf für eine rechtsfortbildende actio pro fundatione von stiftungsinteressierten Dritten zur Geltendmachung subjektiv-öffentlicher Stif-

1226 S. dazu die Nachweise in Fn. 1044.

1227 So bereits ausführlich unter Teil 2.§ 2.B.II.3.a).

1228 So etwa für die Durchsetzung von Schadensersatzansprüchen der Stiftung durch Mitglieder des Kontrollorgans vor den ordentlichen Gerichten, s. Teil 2.§ 2.A.II.2.b) bb)(2)(a)(aa)(β).

1229 Vgl. VGH Mannheim BeckRS 2022, 15469 Rn. 96, wonach es im Einzelfall möglich sein kann, durch eine entsprechende Auslegung der Satzung (zivilrechtliche) Vertretungsbefugnisse von Stiftungsorganen anzuerkennen, die es diesen ermöglicht, im Namen der Stiftung Klage zu erheben.

tungsrechte ableiten.[1230] Das deutsche Stiftungsrecht ist darauf ausgelegt, dass der Vollzug des in Stiftungsgeschäft und Stiftungssatzung niedergelegten Stifterwillens durch die Organe und eine flankierende öffentlich-rechtliche Stiftungsaufsicht zur Kompensation des Ausfalls von natürlichen Eigeninteressensträgern mit entsprechender Kontroll- und Regulierungsfunktion sichergestellt wird. Anhaltspunkte für eine Erweiterung des geltenden Stiftungsrechts durch Elemente eines privatisierten Kontrollsystems gegenüber der Aufsicht selbst ergeben sich dabei insbesondere nicht aus dem landesstiftungsgesetzlich normierten Schutzauftrag der Stiftungsbehörden.[1231]

Ebenfalls zu verneinen ist eine verfassungsrechtlich begründete Rechtsfortbildung im Falle konsensualer Bewertung der Rechtmäßigkeit einer Stiftungsbeendigung seitens der die Verfügung erlassenden Stiftungsaufsicht und des gesetzlichen Vertretungsorgans.[1232] Zwar entkräftet der Hinweis, einer weiteren Kontrollebene bedürfe es deshalb nicht zwingend, weil der Stifter durch Satzung zusätzliche Kontroll- und Einflussmöglichkeiten schaffen kann, für sich nicht das Bestehen eines verfassungsrechtlichen Gebots zur Anerkennung einer öffentlich-rechtlichen actio pro fundatione.[1233] Dabei kann es nämlich nur um die Stärkung zivilrechtlicher Rechtsschutzmöglichkeiten vor den ordentlichen Gerichten, nicht um die Durchsetzung subjektiv-öffentlicher Rechte vor den Verwaltungsgerichten gehen.[1234] Richtig ist allerdings, dass aufgrund der Gesetzmäßigkeit der Verwaltung (Art. 20 Abs. 3 GG) die Aufsichtsbehörde der Staatshaftung unterliegt, ebenso wie deren Amtswalter der strafrechtlichen Verantwortung, sodass unter verfassungsrechtlichen Aspekten ein Gebot zur rechtsfortbildenden Stärkung des Stiftungsschutzes gegenüber einer behördlichen Aufhebungsverfügung grundsätzlich nicht abgeleitet werden kann.[1235] Nichts anderes ergibt sich aus der Rechtsweggarantie des Art. 19 Abs. 4 Satz 1 GG, die jedermann den Rechtsweg eröffnet, der eine Verletzung eigener Rechte durch die öffentliche Gewalt geltend macht. Dabei bedarf der den Rechtsuchenden grundgesetzlich gewährleistete Rechtsweg

---

1230 VGH Mannheim BeckRS 2022, 15469 Rn. 93 ff.; VG Sigmaringen npoR 2021, 208, 216 Rn. 137.

1231 Ähnlich VGH Mannheim BeckRS 2022, 15469 Rn. 93; VG Sigmaringen npoR 2021, 208, 216 Rn. 137.

1232 VG Sigmaringen npoR 2021, 208, 217 Rn. 140.

1233 In diese Richtung das erstinstanzlich mit dem Rechtsstreit der Zeppelin-Stiftung betraute VG Sigmaringen npoR 2021, 208, 217 Rn. 140.

1234 Diese Einschränkung macht auch das VG Sigmaringen npoR 2021, 208, 217 Rn. 140.

1235 VG Sigmaringen npoR 2021, 208, 217 Rn. 140.

der einfachgesetzlichen Ausgestaltung.[1236] Die in Umsetzung dieser Vorgabe einer subjektiv-öffentlichen Rechtsbetroffenheit geschaffene Klagebefugnis gem. § 42 Abs. 2 VwGO gebietet gerade nicht eine Erweiterung verwaltungsprozessualer Klagemöglichkeiten in Form gesetzlicher Prozessstandschaft für Dritte bei bloßen wirtschaftlichen oder ideellen Interessen, sondern beschränkt die Gewähr effektiven Rechtsschutzes in zulässiger Weise auf die Geltendmachung eigener Rechtsverletzung durch den Betroffenen selbst.[1237] Auch wenn im Ergebnis die gerichtliche Durchsetzung des Existenzrechts der rechtsbetroffenen Stiftung aufgrund organschaftlicher Untätigkeit unterbleibt, kann effektiver Rechtsschutz grundsätzlich durch die (in Anfechtungsverfahren gegen eine behördliche Aufhebungsverfügung auch weiterhin beteiligtenfähige) Stiftung selbst ersucht werden, sodass eine aus Art. 19 Abs. 4 Satz 1 GG abgeleitete verfassungsrechtliche Notwendigkeit zur Anerkennung einer actio pro fundatione für Rechte der Stiftung nicht begründet wird.[1238]

Ist somit schon das Bestehen einer durch richterliche Rechtsfortbildung auszufüllenden Lücke zweifelhaft, stößt die Begründung einer gesetzlichen Prozessstandschaft für Stiftungsbeteiligte oder stiftungsinteressierte Dritte darüber hinaus an die Grenzen richterlicher Rechtsfortbildung, weil sie den klaren Wortlaut des Gesetzes hintanstellt und keinen Widerhall im Gesetz findet.[1239] Bedenken begegnet zunächst die mögliche Umgehung der innerorganisatorischen Geschäftsführungs- und Vertretungsordnung.[1240] Auch wenn in der hier zu untersuchenden Rechtsschutzkonstellation ein Unterlaufen der gesetzlich bzw. satzungsmäßig vorgesehenen Vertretungsberechtigung des Vorstands deshalb nicht zu befürchten ist, weil das zuständige Stiftungsorgan tatsächlich nicht ge-

---

1236 BVerfGE 101, 106, 123, wonach Art. 19 Abs. 4 Satz 1 GG dem Gesetzgeber nur die Zielrichtung und die Grundzüge der Regelung vorgibt, im Übrigen aber einen beträchtlichen Gestaltungsspielraum belässt.

1237 Vgl. VGH Mannheim BeckRS 2022, 15469 Rn. 100, das auch einem freien Wahlrecht zwischen einem Rechtsbehelf des Betroffenen und dem Rechtsbehelf eines Dritten im Wege der gesetzlichen Prozessstandschaft eine Absage erteilt; VG Sigmaringen npoR 2021, 208, 217 Rn. 141, wonach Art. 19 Abs. 4 Satz 1 GG nicht den Bestand oder den Inhalt einer als verletzt behaupteten Rechtsstellung gewährleistet, sondern deren Einräumung durch den einfachen Gesetzgeber voraussetzt.

1238 Im Ergebnis ebenso VGH Mannheim BeckRS 2022, 15469 Rn. 101; VG Sigmaringen npoR 2021, 208, 217 Rn. 141.

1239 Zu diesen Grenzen schöpferischer Rechtsfindung und Rechtsfortbildung BVerfGE 128, 193, 209 ff. = MDR 2011, 424.

1240 Vgl. *Keller*, ZJS 2022, 469, 473, für die Ablehnung einer Übertragung der für die actio pro socio entwickelten Grundsätze auf das Außenverhältnis im Gesellschaftsrecht.

gen die Aufsichtsmaßnahme der Stiftungsbehörde gerichtlich vorgeht, kann auf das Erfordernis der Subsidiarität zur Herleitung einer stiftungsexternen actio pro fundatione nicht verzichtet werden.[1241] Auch sind die landesstiftungsgesetzlichen Anordnungen der Stiftungsaufsicht einer Rechtsfortbildung nicht zugänglich.[1242] Dagegen sprechen sowohl Regelungswortlaut als auch Regelungszweck: Wenn etwa § 4 Abs. 1 Satz 2 NStiftG hinsichtlich des Maßstabs der Stiftungsaufsicht auf die Sicherstellung der Stiftungsverwaltung im Einklang mit den Gesetzen und der Stiftungsverfassung abstellt,[1243] geht es nach dem Wortlaut ausschließlich um eine gesetzliche Aufgabenbeschreibung.[1244] Weil nach der Schutznormtheorie eine Rechtsvorschrift nur dann ein subjektiv-öffentliches Recht statuiert, wenn sie nach dem gesetzgeberischen Willen nicht bloß den Interessen der Allgemeinheit, sondern nach ihrer Zweckbestimmung den Individualinteressen Einzelner zu dienen bestimmt ist, lässt sich den stiftungsaufsichtlichen Zuweisungsnormen weder ein subjektiv-öffentlicher Regelungsgehalt im Allgemeinen noch die explizite Anordnung von Klagebefugnissen im Besonderen entnehmen.[1245] Kann für Organmitglieder, Destinatäre oder außenstehende Dritte aus diesen Bestimmungen kein eigenes Recht in Bezug auf Maßnahmen der Stiftungsaufsicht abgeleitet werden,[1246] überschreitet die Anerkennung einer rechtsfortbil-

---

1241 Für die Subsidiarität der actio pro socio im Gesellschaftsrecht schon bisher die wohl h.M.: BGH NJW 1974, 1555, 1556; *Geibel*, in: BeckOGK-BGB, Stand: 01.12.2019, § 709 Rn. 58; *Hadding/Kießling*, in: Soergel, BGB, § 705 Rn. 50; *Schäfer*, in: MüKo-BGB, 8. Aufl. 2020, § 705 Rn. 216; *Schwab*, Prozeßrecht, 109; *Westermann*, in: Erman, BGB, 16. Aufl. 2020, § 709 Rn. 59. Seit der ab 1.1.2024 geltenden Rechtslage wird die Subsidiarität der Gesellschafterklage in § 715b Abs. 1 Satz 1 BGB gesetzlich kodifiziert (vgl. BT-Drs. 19/27635, 176): Danach ist jeder Gesellschafter (nur) befugt, einen auf dem Gesellschaftsverhältnis beruhenden Anspruch der Gesellschaft gegen einen anderen Gesellschafter im eigenen Namen gerichtlich geltend zu machen, wenn der dazu berufene geschäftsführungsbefugte Gesellschafter dies pflichtwidrig unterlässt.

1242 Ebenso VGH Mannheim BeckRS 2022, 15469 Rn. 87 ff.; zustimmend *Philippi*, npoR 2023, 86, 89.

1243 Zu vergleichbaren (teilweise wortlautgleichen) Regelungen anderer Landesstiftungsgesetze sowie zu deren kompetenzrechtlicher Zulässigkeit *Orth*, ZStV 2024, 3, 16 f.

1244 Vgl. VGH Mannheim BeckRS 2022, 15469 Rn. 90.

1245 VGH Mannheim BeckRS 2022, 15469 Rn. 90, wonach auch die Klagebefugnis der Stiftung selbst im Falle einer auf ihre Rechtsstellung zielenden behördlichen Maßnahme sich nicht aus der (neben den Interessen der Allgemeinheit den Stiftungsinteressen dienenden) Anordnung der Stiftungsaufsicht ergibt, sondern aus einer Beeinträchtigung grundrechtlich geschützter Positionen durch eine an sie gerichtete belastende Verfügung.

1246 Dazu bereits ausführlich unter Teil 2.§ 2.B.II.3.a)bb).

denden öffentlich-rechtlichen Prozessführungsbefugnis in Form gesetzlicher Prozessstandschaft ebenfalls den Regelungsgehalt des Gesetzes. Hinzu kommt, dass bereits für stiftungsinterne Streitigkeiten die Anerkennung einer an die Grundsätze der Gesellschafterklage angelehnten actio pro fundatione grundlegenden dogmatischen Bedenken unterliegt und nach hier vertretener Ansicht deshalb abzulehnen ist.[1247] Die damit verbundenen Rechtsunsicherheiten gelten erst recht für die sachfernere prozessstandschaftliche Durchsetzung eines außerhalb des Binnenverhältnisses bestehenden Anspruchs der Stiftung gegenüber der Aufsichtsbehörde.[1248]

Überschreitet die rechtsfortbildende Anerkennung einer gerichtlichen Klagemöglichkeit Stiftungsbeteiligter oder interessierter Dritter die gesetzlich vorgegebenen Grenzen, ist zur Verhinderung einer verfassungsrechtlich unzulässigen Ersatzgesetzgebung durch die Judikative ein gesetzgeberisches Tätigwerden zu fordern.[1249] Da sich der Gesetzgeber im Zuge der kürzlich in Kraft getretenen Stiftungsrechtsreform (nochmals) gegen eine Kodifizierung diesbezüglicher Instrumentarien zur Stärkung des Rechtsschutzes der Stiftung entschieden hat,[1250] ist auch der Anerkennung einer öffentlich-rechtlichen actio pro fundatione für ein gerichtliches Vorgehen gegen eine Aufhebungsverfügung im Ergebnis eine Absage zu erteilen.

dd) Gesamtergebnis

Es bleibt festzuhalten, dass die Inanspruchnahme des auf Restitution bzw. Stiftungsfortbestand gerichteten verwaltungsgerichtlichen Rechtsschutzes gegenüber einer behördlichen Aufhebungsentscheidung denselben Maßstäben folgt wie ein gerichtliches Vorgehen gegen sonstige hoheitliche Maßnahmen. Insbesondere rechtfertigt der bloße Verweis auf den existenzvernichtenden Charakter der ulti-

---

1247 Dazu im Kontext einer gerichtlichen Durchsetzung von Stiftungsinteressen infolge von Pflichtverletzungen durch den Stiftungsvorstand vor den ordentlichen Gerichten ausführlich unter Teil 2.§ 2.A.II.2.b)bb)(3)(a).

1248 VGH Mannheim BeckRS 2022, 15469 Rn. 95; VG Sigmaringen npoR 2021, 208, 216 Rn. 134; VG München BeckRS 2024, 3870 Rn. 71; *Muscheler*, JZ 2024, 322, 331; *Philippi*, npoR 2023, 86, 89.

1249 Ebenso VGH Mannheim BeckRS 2022, 15469 Rn. 89, 91; VG Sigmaringen npoR 2021, 208, 216 Rn. 137.

1250 *Philippi*, npoR 2023, 86, wonach der Reformgesetzgeber von 2021 diese Frage dadurch mit einem mehr oder minder schweigenden „Nein“ beantwortet hat, dass er keine Notwendigkeit zur Verankerung entsprechender Regelungen im Gesetz sah.

ma ratio der aufsichtsrechtlichen Maßnahmen[1251] für sich allein nicht eine Abkehr von den herausgearbeiteten verwaltungsprozessualen Grundsätzen zur notwendigen subjektiv-öffentlichen Rechtsbetroffenheit i.S.d. § 42 Abs. 2 VwGO. Auch eine Aufhebungsverfügung kann verwaltungsgerichtlich nur von der Stiftung selbst angegriffen werden. Eine Erweiterung der Klagebefugnisse im Falle der Untätigkeit des für die gerichtliche Vertretung zuständigen Stiftungsorgans zum Schutz der Stiftung und zur Stärkung des historischen Stifterwillens kommt de lege lata weder für die Stiftungsbeteiligten noch für sonstige Dritte in Betracht. Dasselbe gilt für die Geltendmachung der Stiftungsrechte durch die genannten Personenkreise im Wege der rechtsfortbildenden Anerkennung einer als actio pro fundatione klassifizierten gesetzlichen Prozessstandschaft. Als unzulässig zur Überwindung eines Schutzdefizits bezüglich einer unrechtmäßigen behördlichen Aufhebung sind schließlich die bereits im zivilprozessualen Kontext[1252] thematisierten gesetzlichen Lösungsansätze in Form einer Stiftungsaufsichtsbeschwerde sowie der Bestellung von Vorstandsmitgliedern als Notmaßnahme gem. § 84c Abs. 1 BGB (§§ 86 Satz 1 a.F., 29 BGB) zu beurteilen. Ersterer passt unabhängig seiner Übertragbarkeit auf das deutsche Stiftungsrecht schon von seinem sachlichen Anwendungsbereich her nicht, da es in der vorliegenden Rechtsschutzkonstellation nicht um einen Anspruch auf ein Einschreiten der Stiftungsbehörde gegen einen pflichtwidrig handelnden Vorstand oder ein sonstiges Stiftungsorgan geht, sondern um ein gerichtliches Vorgehen gegenüber einer rechtswidrigen Maßnahme der Stiftungsbehörde selbst. Die Notbestellung von Vorstandsmitgliedern scheidet aus, weil die bloß partielle Untätigkeit der zuständigen Organmitglieder in Bezug auf die gerichtliche Durchsetzung der Stiftungsrechte auch bei einer drohenden organisatorischen Existenzbeendigung kein Fehlen dieser Organmitglieder i.S.d. § 84c Abs. 1 Satz 1 BGB (§§ 86 Satz 1 a.F., 29 BGB) begründet.[1253]

1251 S. nur *Ellenberger*, in: Grüneberg, BGB, § 87 Rn. 2; *Schlüter/Stolte*, Stiftungsrecht, Kap. 3 Rn. 40.

1252 S. unter Teil 2.§ 2.A.II.2.b)bb)(3)(b) und (c).

1253 Etwas anderes gilt auch hier, wenn es um die (Wieder-)Herstellung einer Handlungsfähigkeit der Stiftung infolge einer tatsächlichen oder rechtlichen Verhinderung des erforderlichen Organmitglieds geht. So hat das VGH Mannheim in seinem Urteil zur Zeppelin-Stiftung angenommen, dass die Stiftung selbst verwaltungsgerichtlichen Rechtsschutz in Form wirksamer Klageerhebung gegenüber der Stiftungsaufsicht in Anspruch nehmen kann, weil in Bezug auf den wegen fehlender Mitglieder temporär handlungsunfähigen Vorstand die Bestellung eines Notvorstands in Betracht komme, BeckRS 2022, 15469 Rn. 105 ff.

Ist nach der geltenden Rechtslage eine Erweiterung der Rechtsschutzmöglichkeiten zugunsten der Stiftung nicht möglich, bleibt es letztlich dem Gesetzgeber vorbehalten, durch eine Regelung de lege ferenda für Abhilfe zu sorgen. Ob der Stifter hingegen über die satzungsmäßige Einsetzung eines Schiedsgerichts den verwaltungsgerichtlichen Rechtsschutz gegenüber einer behördlichen Aufhebungsverfügung stärken kann, soll nachfolgend untersucht werden.

Teil 3: Außergerichtliche Verfahren zur Streitbeilegung: Schiedsgerichtliche Klärung stiftungsrechtlicher Streitigkeiten

§ 1. Allgemeines zu schiedsrichterlichen Verfahren

Die Auflösung innerorganisatorischer Konflikte und Streitigkeiten kommt im Grundsatz nicht nur unter Einschaltung staatlicher Gerichte, sondern als Ausfluss privatautonomer Gestaltungsfreiheit ebenso in Form von nicht-staatlichen Schiedsgerichten i.S.d. §§ 1025 ff. ZPO in Betracht, die mit entsprechenden Entscheidungskompetenzen zur verbindlichen Klärung von Rechtsstreitigkeiten unter Ausschluss der staatlichen Gerichtsbarkeit ausgestattet werden.[1254]

Vorteile der Einrichtung einer Schiedsgerichtsbarkeit, die auch für Stiftungen fruchtbar gemacht werden können, ergeben sich aus der Vertraulichkeit des Schiedsverfahrens hinsichtlich einer diskreten Konfliktlösung, weiterhin aus Gründen der Effektivität aufgrund einer kostengünstigeren sowie unkomplizierteren Streitbeilegung, die aus der Sachnähe und dem daraus erwachsenden, zumeist größeren Sachverstand der Schiedsrichter resultiert.[1255] Schließlich ist

---

1254 *Anders*, in: Anders/Gehle, ZPO, Vor § 1025 Rn. 5; *Benedict/Gehle/Schmidt*, in: MHdB GesR VII, § 133 Rn. 1, 6; *Prütting*, in: Prütting/Gehrlein, ZPO, § 1025 Rn. 1; *Schlosser*, in: Stein/Jonas, ZPO, Vor § 1025 Rn. 11; *Voit*, in: Musielak/Voit, ZPO, § 1029 Rn. 2. Abzugrenzen sind die vorstehend dargestellten „echten" Schiedsgerichte von den (teilweise so bezeichneten) „unechten" Schiedsgerichten, die den Weg zu den staatlichen Gerichten nicht versperren und etwa im Falle einer bloßen, bei Organen, Organmitgliedern oder sonstigen Personen angesiedelten außergerichtlichen Streitschlichtungsstelle, die nur über einzelne Tatsachen oder Rechtsfragen entscheidet, anzunehmen sind; dazu *Anders*, in: Anders/Gehle, ZPO, Vor § 1025 Rn. 5 f.; *Godron/Gollan*, in: Richter, Stiftungsrecht, § 6 Rn. 383; *K. W. Lange*, in: BeckOGK-BGB, Stand: 01.01.2024, § 81 Rn. 148; *G. Roth*, in: MHdB GesR VII, § 96 Rn. 12; *Stumpf*, SchiedsVZ 2009, 266, 267, mit weiteren Abgrenzungskriterien.

1255 *Anders*, in: Anders/Gehle, ZPO, Vor § 1025 Rn. 8; *Habersack/Wasserbäch*, AG 2016, 2; *Herresthal*, ZIP 2014, 345; *Prantl/Bretscher/Gabriel-Oiwoh/Reich*, SchiedsVZ 2023, 309, 310; *Prütting*, in: Prütting/Gehrlein, ZPO, § 1025 Rn. 25; *G. Roth*, in: MHdB GesR VII, § 96 Rn. 12; *Schlosser*, in: Stein/Jonas, ZPO, Vor § 1025 Rn. 1; vgl. *Benedict/Gehle/Schmidt*, in: MHdB GesR VII, § 133 Rn. 132, die allgemein in der Freiheit bei

zu bedenken, dass möglicherweise die Durchsetzbarkeit von innerorganisationsrechtlichen Befugnissen und Rechtspositionen vor Schiedsgerichten als zulässig zu beurteilen ist, für die eine Inanspruchnahme von Rechtsschutz vor den staatlichen Gerichten aufgrund fehlenden Klagerechts bzw. fehlender Klagebefugnis der jeweiligen Stiftungsbeteiligten nicht in Betracht kommt.[1256] Die Konsequenzen eines aus der Schiedsfähigkeit derartiger stiftungsrechtlicher Streitigkeiten resultierenden erweiterten Konfliktlösungspotentials könnten letztlich der Durchsetzung des Stifterwillens und dem Schutz der Stiftung vor Rechtsschutzlücken zuträglich sein.

§ 2. Schiedsverfügung als Anknüpfungspunkt schiedsgerichtlicher Einsetzung im Stiftungsrecht

Ob und wenn ja, in welcher Form der Stifter eine Stiftungsschiedsgerichtsbarkeit im Stiftungsgeschäft anordnen und inhaltlich ausgestalten muss, soll in den folgenden Ausführungen untersucht werden. Dabei wird insbesondere der Frage nach den Möglichkeiten und Grenzen der Schiedsfähigkeit stiftungsrechtlicher Streitigkeiten nachgegangen.

A. Gesetzliche Grundlagen: Form, Inhalt und Wirkungen einer Stiftungsschiedsverfügung

Der für die Einsetzung eines Schiedsgerichts gem. § 1029 Abs. 1 ZPO vorgesehenen Schiedsvereinbarung in Form einer nach Abs. 2 als Schiedsabrede definierten selbständigen Vereinbarung der Parteien oder als Vertragsteil formulierten Schiedsklausel kommt im Stiftungsrecht mangels vertraglicher Grundlage keine Relevanz zu. Vielmehr bildet die Bestimmung des § 1066 ZPO mit der dort vorgesehenen Schiedsverfügung den gesetzlichen Anknüpfungspunkt der Etablierung

---

der Wahl und Bestellung der Schiedsrichter einen der großen Vorteile der Schiedsgerichtsbarkeit erblicken. Speziell mit dem Argument einer stärker ausgeprägten Kenntnis der stiftungsspezifischen Bedürfnisse wurde auch die Zuständigkeit für die Bestellung fehlender Vorstands- oder anderer Organmitglieder im Zuge der Novellierung des Stiftungsrechts von den Amtsgerichten auf die Stiftungsaufsichtsbehörden als Stiftungsbeteiligte verlagert (vgl. § 84c Abs. 1 Satz 1 BGB im Gegensatz zu §§ 86 Satz 1 a.F., 29 BGB), da diese nach der Gesetzesbegründung die Stiftungen kennen und besser entscheiden können, welche Maßnahmen getroffen werden sollten, BT-Drs. 19/28173, 63.

1256 Vgl. *Godron/Gollan*, in: Richter, Stiftungsrecht, § 6 Rn. 380; *G. Roth*, in: MHdB GesR VII, § 96 Rn. 12; *Stumpf*, SchiedsVZ 2009, 266, 269.

einer Schiedsgerichtsbarkeit für rechtsfähige Stiftungen bürgerlichen Rechts.[1257] Hiernach gelten die Vorschriften des 10. Buches entsprechend für Schiedsgerichte, die in gesetzlich statthafter Weise durch letztwillige oder andere nicht auf Vereinbarung beruhende Verfügungen angeordnet werden. Da es sich bei dem Stiftungsgeschäft um ein einseitiges Rechtsgeschäft in Form nicht-empfangsbedürftiger Willenserklärung handelt,[1258] ist der nichtvertragliche Charakter schiedsgerichtlicher Anordnung sowohl für den Fall eines durch das Stiftungsgeschäft selbst vorgesehenen Schiedsgerichts als auch in der Konstellation einer im Stiftungsgeschäft enthaltenen oder dem Stiftungsgeschäft beigefügten satzungsmäßigen Schiedsklausel gegeben.[1259]

Zunächst muss die Anordnung der Stiftungsschiedsgerichtsbarkeit in einer Schiedsverfügung gem. § 1066 ZPO in gesetzlich statthafter Weise erfolgen, womit die materiell-rechtlichen Wirksamkeitsvoraussetzungen der §§ 80 ff. BGB in Bezug genommen werden.[1260] Dazu zählt insbesondere die Formwirksamkeit der Stiftungsschiedsverfügung, die sich bei einer Stiftungserrichtung unter Lebenden nach der stiftungsrechtlichen Formvorschrift des § 81 Abs. 3 Hs. 1 BGB (§ 81 Abs. 1 Satz 1 BGB a.F.) bemisst, sodass Schriftform gem. § 126 BGB, hilfsweise (s. § 126 Abs. 3 BGB) elektronische Form gem. § 126a BGB vorausgesetzt wird.[1261] Bei einer

1257 H.M.: *Anders*, in: Anders/Gehle, ZPO, § 1066 Rn. 9; *Geimer*, in: Zöller, ZPO, § 1066 Rn. 2; *Godron/Gollan*, in: Richter, Stiftungsrecht, § 6 Rn. 381; *K. W. Lange*, in: BeckOGK-BGB, Stand: 01.01.2024, § 81 Rn. 148; *Münch*, in: MüKo-ZPO, § 1066 Rn. 3; *Nordmeier*, in: Thomas/Putzo, ZPO, § 1066 Rn. 1; *Prantl/Bretscher/Gabriel-Oiwoh/Reich*, SchiedsVZ 2023, 309, 312; *G. Roth*, in: MHdB GesR VII, § 96 Rn. 13; *Schlosser*, in: Stein/Jonas, ZPO, § 1066 Rn. 4; *Stumpf*, SchiedsVZ 2009, 266; *Voit*, in: Musielak/Voit, ZPO, § 1066 Rn. 6.

1258 *Hof*, in: Stiftungsrecht in Europa, 311; *Hüttemann/Rawert*, in: Staudinger, BGB, § 81 Rn. 2; *Meyn*, in: Meyn/Richter/Koss/Gollan, Die Stiftung, Rn. 134; *Schlüter/Stolte*, Stiftungsrecht, Kap. 2 Rn. 35; *Stumpf*, in: Richter, Stiftungsrecht, § 4 Rn. 10; *Weitemeyer*, in: MüKo-BGB, § 81 Rn. 4.

1259 *Münch*, in: MüKo-ZPO, § 1066 Rn. 11. Die Streitfrage, ob statutarische Schiedsklauseln in den Satzungen von körperschaftlich verfassten Vereinigungen, die auf einem Gründungsvertrag beruhen, und insbesondere, ob statutarische Schiedsklauseln in Personengesellschaftsverträgen Schiedsklauseln i.S.d § 1029 Abs. 2 ZPO sind oder dem Anwendungsbereich des § 1066 ZPO unterfallen (zum Streitstand, s. nur *Benedict/Gehle/Schmidt*, in: MHdB GesR VII, § 133 Rn. 41 ff.; *Voit*, in: Musielak/Voit, ZPO, § 1066 Rn. 7), stellt sich im Stiftungsrecht nicht, da der nichtvertragliche Charakter schiedsgerichtlicher Anordnung auch in Form statutarischer Schiedsklauseln unzweifelhaft ist.

1260 *Stumpf*, SchiedsVZ 2009, 266, 266 f.

1261 *Burgard*, in: Burgard, Stiftungsrecht, § 81 Rn. 113; *Stumpf*, SchiedsVZ 2009, 266, 267.

Stiftungserrichtung von Todes wegen erfolgt die Anordnung eines Schiedsgerichts in gesetzlich statthafter Weise, wenn neben den stiftungsrechtlichen auch die erbrechtlichen Wirksamkeitsvoraussetzungen erfüllt werden und zwar unabhängig von der Frage, ob die Anordnung in einer jenseits des Stiftungsgeschäfts getroffenen letztwilligen Verfügung enthalten ist oder nicht.[1262] Vorauszusetzen ist somit, dass das die Schiedsverfügung statuierende Stiftungsgeschäft von Todes wegen höchstpersönlich vorgenommen wurde (§§ 2064 f., 2274 BGB) und im Falle der Stiftungserrichtung durch (gemeinschaftliches) Testament (§ 1937 BGB) den erbrechtlichen Vorschriften der §§ 2247 ff., 2265 ff. BGB, im Falle der Stiftungserrichtung durch Erbvertrag (§ 1941 BGB) den Vorschriften der §§ 2274 ff. BGB genügt.[1263]

Die weiteren prozessrechtlichen Vorgaben für die Wirksamkeit einer Schiedsverfügung in Stiftungsgeschäft oder Stiftungssatzung ergeben sich qua Verweis des § 1066 ZPO aus den §§ 1029–1031 ZPO, wobei mit der nur entsprechenden Inbezugnahme die Notwendigkeit einer Anwendbarkeit der Vorschriften auf einseitige schiedsgerichtliche Anordnungen impliziert wird.[1264] Das gilt insbesondere für die Formvorschrift des § 1031 ZPO, die aufgrund des im Formerfordernis der Norm angelegten Vertragscharakters der Schiedsgerichtsanordnung deshalb von § 1066 ZPO verdrängt wird.[1265]

In inhaltlicher Hinsicht ist zunächst zu fordern, dass der Stifter durch die Schiedsverfügung tatsächlich eine Schiedsgerichtsbarkeit im Sinne der unter § 1. dargestellten Kriterien anordnet. Es ist mithin notwendig, dass eine Entscheidungsinstanz vorgesehen wird, die bei Ausschluss staatlicher Instanzen über Rechtsstreitigkeiten verbindlich und abschließend entscheidet.[1266]

1262 A.A. *Stumpf*, SchiedsVZ 2009, 266, 267.

1263 *Burgard*, in: Burgard, Stiftungsrecht, § 81 Rn. 116; *Muscheler*, ZEV 2003, 41; *Schlüter/Stolte*, Stiftungsrecht, Kap. 2 Rn. 142, 145.

1264 Vgl. *Anders*, in: Anders/Gehle, ZPO, § 1066 Rn. 1; *Münch*, in: MüKo-ZPO, § 1066 Rn. 15; *Nordmeier*, in: Thomas/Putzo, ZPO, § 1066 Rn. 3; *Schlosser*, in: Stein/Jonas, ZPO, § 1066 Rn. 6; *Stumpf*, SchiedsVZ 2009, 266, 267.

1265 *Anders*, in: Anders/Gehle, ZPO, § 1066 Rn. 1; *Benedict/Gehle/Schmidt*, in: MHdB GesR VII, § 133 Rn. 75; *Geimer*, in: Zöller, ZPO, § 1066 Rn. 31; *Haas*, SchiedsVZ 2007, 1, 3; *Münch*, in: MüKo-ZPO, § 1066 Rn. 17; *Nordmeier*, in: Thomas/Putzo, ZPO, § 1066 Rn. 3; *Prantl/Bretscher/Gabriel-Oiwoh/Reich*, SchiedsVZ 2023, 309, 313; *Schlosser*, in: Stein/Jonas, ZPO, § 1066 Rn. 6; *Voit*, in: Musielak/Voit, ZPO, § 1066 Rn. 7; *Wolf/Eslami*, in: BeckOK-ZPO, § 1066 Rn. 5. Damit wird die von § 1031 ZPO normierte prozessuale Formvorgabe über § 1066 ZPO durch die materiell-rechtliche Formvorschrift des BGB als Wirksamkeitsvoraussetzung ersetzt.

1266 RG JW 1897, 306; *Anders*, in: Anders/Gehle, ZPO, § 1066 Rn. 8; *Godron/Gollan*, in: Richter, Stiftungsrecht, § 6 Rn. 381; *Münch*, in: MüKo-ZPO, § 1066 Rn. 14;

Des Weiteren muss die stiftungsgeschäftliche oder statutarische Schiedsklausel hinreichend bestimmt verfasst sein.[1267] Das bedeutet zweierlei: Zum einen muss die Schiedsverfügung ihren Geltungsbereich vorgeben, weil von der Reichweite der von ihr umfassten Streitigkeiten die konkrete Schiedsbindung abhängt, der sich die Stiftungsbeteiligten unterwerfen. Innerhalb der zulässigen Grenzen persönlicher und sachlicher Schiedsbindung[1268] dürfte eine Schiedsverfügung, die für „alle aus dem Stiftungsgeschäft erwachsenden Streitigkeiten" oder „sämtliche, den innerorganisatorischen Bereich der Stiftung betreffenden Rechtsstreitigkeiten" eine schiedsgerichtliche Klärung vorsieht, hinreichend bestimmt sein.[1269] Zum anderen ist erforderlich, dass die vom Stifter in Stiftungsgeschäft oder Stiftungssatzung vorgesehene Schiedsverfügung i.S.d. § 1066 ZPO selbst die Einrichtung eines Schiedsgerichts anordnet und den wesentlichen Inhalt des schiedsgerichtlichen Verfahrens bestimmt.[1270] Umstritten ist die konkrete Bedeutung dieser Voraussetzung. Zu sachgerechten Ergebnissen dürfte man im stiftungsrechtlichen Kontext gelangen, wenn sie im Lichte der Geltung des Primats des Stifterwillens verstanden wird. In Ermangelung körperschaftlicher Strukturen muss der Stifter selbst die organisationsrechtlichen Grundlagen seiner Stiftung festlegen. Dazu zählen konsequenterweise auch Regelungen über die Anordnung und Ausgestaltung einer Stiftungsschiedsgerichtsbarkeit, da wegen der grundsätzlichen Rechtsverbindlichkeit des Schiedsspruches gem. § 1055 ZPO, der unter den Parteien die Wirkungen eines rechtskräftigen gerichtlichen Urteils hat, ein ggf. nicht unerheblicher Einfluss auf die Stiftungstätigkeit ausgeübt wird. Vor diesem

---

Raeschke-Kessler, in: Prütting/Gehrlein, ZPO, § 1066 Rn. 4; *Stumpf*, SchiedsVZ 2009, 266, 267.

1267 *Godron/Gollan*, in: Richter, Stiftungsrecht, § 6 Rn. 381; *Münch*, in: MüKo-ZPO, § 1066 Rn. 16, vgl. *Schlosser*, in: Stein/Jonas, ZPO, § 1029 Rn. 27.

1268 Dazu unter Teil 3.§ 2.B.

1269 Vergleichbar wird im Rahmen der Anordnung einer Vereinsschiedsgerichtsbarkeit eine Schiedsklausel mit der Formulierung „für alle Streitigkeiten aus dem Vereinsverhältnis" als hinreichend bestimmt angesehen, *Münch*, in: MüKo-ZPO, § 1066 Rn. 16; *Schlosser*, in: Stein/Jonas, ZPO, § 1066 Rn. 25; *Voit*, in: Musielak/Voit, ZPO, § 1066 Rn. 9.

1270 Normativ ergibt sich das aus dem Wortlaut des § 1066 ZPO, wonach „…Schiedsgerichte (…) durch letztwillige oder andere nicht auf Vereinbarung beruhende Verfügungen…" angeordnet werden müssen; s. zudem BGHZ 88, 314, 316 = NJW 1984, 1355; OLG Hamm NJW-RR 1993, 1536, jeweils für Schiedsklauseln in Vereinssatzungen; *Anders*, in: Anders/Gehle, ZPO, § 1066 Rn. 15; *Godron/Gollan*, in: Richter, Stiftungsrecht, § 6 Rn. 381; *Nordmeier*, in: Thomas/Putzo, ZPO, § 1066 Rn. 1; *Stumpf*, SchiedsVZ 2009, 266, 267.

Hintergrund wird der Primat des Stifterwillens dann nicht unterlaufen, wenn sich die Durchführung des schiedsrichterlichen Verfahrens als Vollzug des in Stiftungsgeschäft und Stiftungssatzung zum Ausdruck gekommenen historischen Stifterwillens begreifen lässt. Dem widerspricht die Einräumung eines freien Ermessens für die Stiftungsorgane oder sogar außenstehende Dritte hinsichtlich der Einzelheiten des Ob und Wie des Schiedsgerichts.[1271] Die Bezugnahme auf eine anderweitige, externe Schiedsordnung zur Ausgestaltung des stiftungsrechtlichen Schiedsverfahrens (vgl. § 1042 Abs. 3 ZPO) ist demgegenüber als zulässig zu beurteilen, soweit der Stifter die Bezugnahme selbst hinsichtlich der anzuwendenden Verfahrensregelungen hinreichend bestimmt gefasst hat.[1272]

Eine Regelungsnotwendigkeit in Bezug auf die inhaltliche Ausgestaltung eines stiftungsschiedsrichterlichen Verfahrens, der der Stifter durch originäre Anordnung in der Schiedsverfügung oder nach hier vertretener Ansicht hinreichend bestimmt gefasste Inbezugnahme institutioneller Schiedsordnungen nachkommen kann, besteht im Ergebnis nicht nur, wie bereits dargestellt, für die sachliche Zuständigkeit des Schiedsgerichts in Bezug auf die der Schiedsgerichtsbarkeit unterworfenen Rechtsfragen, sondern auch für die Zusammensetzung des Schiedsgerichts, dessen Bestellungs- und Abberufungsverfahren und den konkreten Ablauf des Schiedsverfahrens.[1273]

1271 *Stumpf*, SchiedsVZ 2009, 266, 267; vgl. BGHZ 88, 314, 316 = NJW 1984, 1355; *Godron/Gollan*, in: Richter, Stiftungsrecht, § 6 Rn. 381; *Münch*, in: MüKo-ZPO, § 1066 Rn. 13. Parallelen bestehen zu den Voraussetzungen für Satzungsänderungen gem. § 85 BGB, nach dessen Abs. 4 Satz 2 der Stifter Erleichterungen von Satzungsänderungen im Stiftungsgeschäft zwar vorsehen kann, eine derartige Satzungsbestimmung nach Satz 3 jedoch nur Wirksamkeit entfaltet, wenn der Stifter Inhalt und Ausmaß der Änderungsermächtigung hinreichend bestimmt festlegt. Vor diesem Hintergrund sind Pauschalermächtigungen als Einfallstor autonomer Willensbildungsmöglichkeiten stiftungsrechtlich als unzulässig zu beurteilen, BT-Drs. 19/28173, 68; vgl. *Burgard*, in: Burgard, Stiftungsrecht, § 85 BGB Rn. 113 ff.

1272 *Stumpf*, SchiedsVZ 2009, 266, 267; ähnlich *Münch*, in: MüKo-ZPO, § 1066 Rn. 13, wonach eine fremde Schiedsordnung mittels Verweisung zum wesentlichen Satzungsbestandteil gemacht werden muss; vgl. OLG München NZG 1999, 780, 781; a.A. BGHZ 88, 314, 316 = NJW 1984, 1355. Eine Übersicht gängiger und etablierter Schiedsordnungen findet sich bei *Benedict/Gehle/Schmidt*, in: MHdB GesR VII, § 133 Rn. 126.

1273 Vgl. BGHZ 88, 314, 316 = NJW 1984, 1355; *Anders*, in: Anders/Gehle, ZPO, § 1066 Rn. 15; *Münch*, in: MüKo-ZPO, § 1066 Rn. 13; *Nordmeier*, in: Thomas/Putzo, ZPO, § 1066 Rn. 1; *Wolf/Eslami*, in: BeckOK-ZPO, § 1066 Rn. 5. Fraglich ist die Auflösung möglicher Lücken oder Unklarheiten innerhalb der sich aus der Schieds-

Ähnlich wie bei der Berufung des Stiftungsvorstands im Stiftungsgeschäft oder in der Satzung kann der Stifter darüber hinaus bereits in der Schiedsverfügung für bestimmte Streitigkeiten ein Stiftungsschiedsgericht durch Nennung konkreter einzelner stiftungsinterner oder -externer Schiedsrichter oder einer für die Bestellung vorauszusetzenden amtlichen bzw. beruflichen Funktion der Schiedsrichter festlegen, oder die Wahl der Besetzung in das pflichtgemäße Ermessen eines Stiftungsorgans stellen.[1274]

Gesetzlichen Restriktionen im Hinblick auf die Bestellung der Schiedsrichter unterliegt der Stifter bzw. der qua Schiedsverfügung dazu berufene Stiftungsbeteiligte zum einen durch die Regelung des § 1036 ZPO, die nach überwiegender Ansicht auf Schiedsverfügungen i.S.d. § 1066 ZPO Anwendung findet.[1275] Zur Schaffung schiedsrichterlicher Neutralität verlangt sie Unparteilichkeit und Unabhängigkeit der Schiedsrichter und soll sicherstellen, dass niemand über ei-

---

verfügung ergebenden Verfahrensregeln. Für Schiedsvereinbarungen i.S.d. § 1029 Abs. 1 ZPO sieht § 1042 Abs. 4 Satz 1 ZPO vor, dass beim Fehlen vertraglicher oder gesetzlicher Festlegungen die Verfahrensregeln vom Schiedsgericht nach freiem Ermessen bestimmt werden. Diese Vorschrift ist auf die Stiftungsschiedsgerichtsbarkeit nicht anwendbar. Dabei ergibt sich die Unanwendbarkeit nicht aufgrund der von § 1066 ZPO für eine entsprechende Anwendung der §§ 1025 ff. ZPO auf Schiedsverfügungen geforderten Abstinenz tatbestandlich verankerter Vertragsgrundlage (s. für die Anwendbarkeit der §§ 1042 ff. ZPO auf Schiedsverfügungen nur *Münch*, in: MüKo-ZPO, § 1066 Rn. 29). Sie ergibt sich vielmehr aus dem Primat des Stifterwillens, der es gebietet, etwaige Lücken im Wege der Auslegung (§ 133 BGB) zur Ermittlung des tatsächlichen, hilfsweise des hypothetischen Stifterwillens zu schließen; ein freies Ermessen des Schiedsgerichts wäre damit unvereinbar.

1274 *Münch*, in: MüKo-ZPO, § 1034 Rn. 6, wonach im Fall namentlicher Bezeichnung der Schiedsrichter die Anordnung einer Schiedsgerichtsbarkeit in Form der Schiedsvereinbarung bzw. (für Stiftungen) der Schiedsverfügung und die Bestellung der Schiedsrichter uno actu zusammenfallen; *Stumpf*, SchiedsVZ 2009, 266, 271; *Voit*, in: Musielak/Voit, ZPO, § 1035 Rn. 3; für die satzungsmäßige Anordnung einer Vereinsschiedsgerichtsbarkeit deutlich enger BGHZ 88, 314, 316 = NJW 1984, 1355, nach dessen Ausführungen auch die Auswahl der Schiedsrichter eine Grundentscheidung ist, die nicht einem beliebigen Organ überlassen bleiben kann. – Die Zulässigkeit eines Besetzungsrechts für stiftungsexterne Dritte ist aufgrund der zu wahrenden Stiftungsautonomie hingegen zurückhaltend zu beurteilen, vgl. dazu bereits die Ausführungen unter Teil 2.§ 2.A.II.3.b)bb)(4)(b); a.A. *Stumpf*, SchiedsVZ 2009, 266, 271.

1275 *Münch*, in: MüKo-ZPO, § 1066 Rn. 18; *Raeschke-Kessler*, in: Prütting/Gehrlein, ZPO, § 1066 Rn. 4; *Stumpf*, SchiedsVZ 2009, 266, 271; *Voit*, in: Musielak/Voit, ZPO, § 1066 Rn. 10; einschränkend *Schlosser*, in: Stein/Jonas, ZPO, § 1066 Rn. 6.

gene Sachen richten darf.[1276] Dabei ist die Einsetzung von Stiftungsbeteiligten als Schiedsrichter nicht bereits aufgrund ihrer Verpflichtung zur Beachtung des Stifterwillens ausgeschlossen, weil dem durch Stiftungsgeschäft bzw. Stiftungssatzung angeordneten Schiedsverfahren die Geltung des Stifterwillens für jedwede schiedsgerichtliche Tätigkeit und Entscheidungsfindung immanent ist.[1277] Zweifel an ihrer Unparteilichkeit bzw. Unabhängigkeit (s. § 1036 Abs. 1 Satz 1 ZPO) werden hierdurch noch nicht begründet. Etwas anderes gilt für die schiedsgerichtliche Klärung von Rechtsstreitigkeiten durch Organe, Organmitglieder oder leistungsberechtigte Destinatäre der Stiftung, an denen sie unmittelbar organisationsrechtlich beteiligt sind, oder wenn das Schiedsverfahren Auswirkungen auf die Rechtsstellung der Schiedsrichter zeitigen kann, wobei schon die Möglichkeit einer Interessenkollision die Annahme einer Befangenheit begründet.[1278] Dasselbe gilt im Falle der Streitbeteiligung der Stiftung für die Bestellung des zur Vertretung der Stiftung berufenen Organs allein aufgrund dieser organisatorischen Kompetenz.[1279] Da in Streitigkeiten, an denen die Stiftung beteiligt ist, generell die Besorgnis der Befangenheit besteht, sollte in diesen Konstellationen konsequent auf die Bestellung stiftungsbeteiligter Personen oder Gremien verzichtet werden.[1280] Als zulässig im Hinblick auf die Unparteilichkeit und Unabhängigkeit des Schiedsgerichts zu beurteilen ist hingegen die Bestellung eines Schiedsorgans für die Klärung einer Streitigkeit zwischen zwei anderen Stiftungsorganen, soweit es sich nach objektiver Würdigung der Verhältnisse bei der dem Schiedsverfahren

---

1276 BGH NJW 1976, 109, 110; *Anders*, in: Anders/Gehle, ZPO, § 1036 Rn. 1; *Benedict/Gehle/Schmidt*, in: MHdB GesR VII, § 133 Rn. 81; *Münch*, in: MüKo-ZPO, § 1036 Rn. 1; *Prütting*, in: Prütting/Gehrlein, ZPO, § 1036 Rn. 1; *Saenger*, in: Saenger, ZPO, § 1036 Rn. 1; *Voit*, in: Musielak/Voit, § 1036 Rn. 1; *Wolf/Eslami*, in: BeckOK-ZPO, § 1036 Rn. 2.

1277 *Stumpf*, SchiedsVZ 2009, 266, 271.

1278 *Stumpf*, SchiedsVZ 2009, 266, 271. Das gilt etwa für die schiedsgerichtliche Klärung von innerorganisatorischen Streitigkeiten von zwei Mitgliedern verschiedener Stiftungsorgane um satzungsmäßige Rechte durch eines der Organe oder eine Streitigkeit um die wirksame Beschlussfassung bezüglich einer Vermögensanlageentscheidung durch einen leistungsberechtigten Destinatär, wenn die Entscheidung Konsequenzen für die Höhe seines Leistungsanspruchs haben kann.

1279 *Anders*, in: Anders/Gehle, ZPO, § 1036 Rn. 8; *Münch*, in: MüKo-ZPO, § 1066 Rn. 18; *Schlosser*, in: Stein/Jonas, ZPO, § 1036 Rn. 12, wonach es unerheblich ist, ob die vertretungsberechtigten Organe nur einen oder mehrere Schiedsrichterposten besetzen; *Stumpf*, SchiedsVZ 2009, 266, 271.

1280 Vgl. *Benedict/Gehle/Schmidt*, in: MHdB GesR VII, § 133 Rn. 82; a.A. wohl *Stumpf*, SchiedsVZ 2009, 266, 271.

unterworfenen stiftungsrechtlichen Streitigkeit für das Stiftungsorgan tatsächlich um eine fremde Angelegenheit handelt.[1281]

Zum anderen ist bei der Besetzung des stiftungsrechtlichen Schiedsgerichts § 1034 Abs. 2 ZPO zu beachten.[1282] Nach § 1066 ZPO i.V.m. § 1034 Abs. 2 Satz 1 ZPO kann eine Partei die gerichtliche Bestellung eines Schiedsrichters beantragen, wenn die Schiedsverfügung einer Partei bei der Zusammensetzung des Schiedsgerichts ein Übergewicht gibt, das die andere Partei benachteiligt.[1283] Ein benachteiligendes Übergewicht könnte insbesondere durch die vom Stifter in der Schiedsverfügung getroffenen Anordnungen begründet werden. Das käme etwa in Betracht, wenn in Streitigkeiten, an denen der Stifter selbst als Partei beteiligt ist,[1284] der oder die Schiedsrichter aus einem den Stifter privilegierenden Personenkreis auszuwählen sind, oder wenn dieser den Alleinschiedsrichter oder bei einem Kollegialschiedsgericht die mehrheitliche Anzahl der Schiedsrichter festlegen dürfte.[1285] In diesen Konstellationen sollte zur Verhinderung der von § 1034 Abs. 2 Satz 1 ZPO vorgeschriebenen Rechtsfolge in der Schiedsverfügung eine klarstellende Regelung aufgenommen werden, nach der den Parteien eines solchen schiedsgerichtlichen Verfahrens ein paritätisches Gewicht bei der Zusammensetzung des Schiedsgerichts eingeräumt wird.[1286] Selbiges gilt für ein Übergewicht der Organe bei der Besetzung des Schiedsgerichts in Streitigkeiten,

---

1281 Vgl. *Schlosser*, in: Stein/Jonas, ZPO, § 1066 Rn. 26; *Stumpf*, SchiedsVZ 2009, 266, 271.

1282 Für dessen Anwendbarkeit auf einseitig angeordnete Schiedsgerichte *Anders*, in: Anders/Gehle, ZPO, § 1066 Rn. 1; *Geimer*, in: Zöller, ZPO, § 1066 Rn. 2; *Münch*, in: MüKo-ZPO, § 1066 Rn. 18; *Nordmeier*, in: Thomas/Putzo, ZPO, § 1066 Rn. 3; *Raeschke-Kessler*, in: Prütting/Gehrlein, ZPO, § 1066 Rn. 4; *Reichold*, in: Thomas/Putzo, ZPO, § 1066 Rn. 3; *Stumpf*, SchiedsVZ 2009, 266, 271; *Voit*, in: Musielak/Voit, ZPO, § 1066 Rn. 1.

1283 Zwar teilt § 1034 Abs. 2 ZPO mit § 1036 Abs. 1 Satz 1 ZPO die ratio der Unparteilichkeit und Unabhängigkeit der Schiedsrichter, s. statt aller *Saenger*, in: Saenger, ZPO, § 1034 Rn. 1. Anders als bei den Regeln über die Ablehnung oder den Ausschluss eines Schiedsrichters nach § 1036 ZPO geht es im Falle eines fehlenden Gleichgewichts bei der Besetzung des Schiedsgerichts um die Beseitigung der strukturellen Gefährdung einer neutralen Entscheidung vor Beginn des Verfahrens, *Voit*, in: Musielak/Voit, ZPO, § 1034 Rn. 3.

1284 Zu deren Schiedsfähigkeit, s. die Ausführungen unter Teil 3.§ 2.B.II.

1285 Vgl. *Anders*, in: Anders/Gehle, ZPO, § 1034 Rn. 8; *Nordmeier*, in: Thomas/Putzo, ZPO, § 1034 Rn. 3; *Raeschke-Kessler*, in: Prütting/Gehrlein, ZPO, § 1066 Rn. 4; *Schlosser*, in: Stein/Jonas, ZPO, § 1034 Rn. 5; *Voit*, in: Musielak/Voit, ZPO, § 1034 Rn. 3.

1286 Vgl. *Stumpf*, SchiedsVZ 2009, 266, 271.

an denen diese als Partei beteiligt sind. In den übrigen Fällen kommt der Stifter mit der Festlegung zur Zusammensetzung des Schiedsgerichts seinem obenstehend skizzierten Regelungsauftrag nach. Da er mit Anerkennung der Stiftung als rechtsfähig zudem seine persönlichen Einflussmöglichkeiten auf die Stiftung verliert, ist die Annahme eines Übergewichts des Stifters i.S.d. § 1034 Abs. 2 Satz 1 ZPO zu verneinen, sodass Benachteiligungen im Kontext der Besetzung von Stiftungsschiedsgerichten allenfalls noch eine Parteilichkeit begründen können, die nach § 1036 ZPO zu beurteilen ist.

Liegt eine wirksame Schiedsverfügung vor, folgt daraus im Verhältnis zur staatlichen Gerichtsbarkeit gem. § 1032 ZPO die ausschließliche Zuständigkeit des Schiedsgerichts für die Entscheidung aller Rechtsfragen, die sich aus den der Schiedsverfügung unterworfenen stiftungsrechtlichen Streitigkeiten ergeben.[1287]

B. Möglichkeiten und Grenzen der Bindungswirkung einer Stiftungsschiedsverfügung

Effektive Wirksamkeit kann ein im Stiftungsbereich eingesetztes Schiedsgericht nur entfalten, wenn sich die vom Stifter vorgesehene Schiedsverfügung innerhalb der gesetzlich zulässigen Grenzen persönlicher und sachlicher Schiedsbindung bewegt. Von besonderer Relevanz für die Etablierung einer Stiftungsschiedsgerichtsbarkeit ist deshalb die Frage nach den Möglichkeiten der Reichweite einer Schiedsverfügung i.S.d. § 1066 ZPO.

I. Personale Reichweite

Die personale Reichweite einer schiedsgerichtlichen Anordnung gibt vor, welcher Personenkreis der Streitentscheidung durch ein Schiedsgericht unterworfen wird.[1288] Infolge des Umstandes, dass die staatliche Gerichtsbarkeit privatautonom von der Streitentscheidung ausgeschlossen werden soll, hat sich die personale Reichweite im Grundsatz auf die an der schiedsgerichtlichen Etablierung Beteiligten zu beschränken.[1289] Unproblematisch gestaltet sich die Bestimmung der persönlichen Zuständigkeit somit, wenn es um die schiedsgerichtliche Anordnung in Form einer Schiedsvereinbarung i.S.d. § 1029 ZPO geht, weil die Vereinbarung

---

1287 Vgl. *Benedict/Gehle/Schmidt*, in: MHdB GesR VII, § 133 Rn. 90.

1288 *Nordmeier*, in: Thomas/Putzo, ZPO, § 1029 Rn. 14; vgl. *Stumpf*, SchiedsVZ 2009, 266, 267.

1289 Vgl. *Benedict/Gehle/Schmidt*, in: MHdB GesR VII, § 133 Rn. 18.

dann (nur) zwischen den Vertragsparteien und ihren Rechtsnachfolgern gilt.[1290] Dieser Zuschnitt bietet somit zwar für durch Schiedsvereinbarung eingesetzte Schiedsgerichte eine sachgerechte Begrenzung personaler Schiedsbindung.[1291] Er versagt allerdings, wenn es sich, wie im Stiftungsbereich, um einseitig angeordnete Schiedsgerichte ohne Vertragsgrundlage handelt.

Fraglich ist, wie die personale Reichweite in diesen Konstellationen bestimmt werden kann. Aufgrund der strukturellen Besonderheiten der Stiftung nur bedingt Abhilfe schafft der Vergleich mit den weiteren unter § 1066 ZPO zu fassenden Fällen statutarischer Schiedsgerichtsanordnung. Für die Schiedsklauseln in den Satzungen der sonstigen juristischen Personen des Privatrechts, etwa von Vereinen, GmbHs oder AGs, kann für die persönliche Reichweite der Schiedsbindung an das personale Substrat dieser Körperschaften angeknüpft werden.[1292] Auch ohne Billigung der statutarischen Schiedsgerichtsanordnung ergibt sich die Bindung in persönlicher Hinsicht von Beginn an oder mit späterem Beitritt in den Verein oder die Kapitalgesellschaft allein aufgrund der Eigenschaft und Stellung als Vereinsmitglied bzw. Gesellschafter.[1293]

Da dieser Anknüpfungspunkt für die Stiftung mangels personaler Struktur entfällt, erscheint es sachgerecht, für die persönliche Reichweite einer Stiftungsschiedsverfügung stattdessen auf das organisationsrechtliche Substrat der Stiftung, nämlich auf das Stiftungsgeschäft und die Stiftungssatzung abzustellen.[1294] Vergleichbar mit der sich unmittelbar aus der Verbandsmitgliedschaft ergebenden Bindungswirkung in Vereinen und Kapitalgesellschaften entfaltet sich die personale Bindungswirkung für jeden durch Stiftungsgeschäft und -satzung an der Stiftung organisationsrechtlich Beteiligten. Die personale Reichweite umfasst damit die Stiftung selbst, deren wirksame Errichtung auf ebenjenem Stiftungsgeschäft

---

1290 *Anders*, in: Anders/Gehle, ZPO, § 1029 Rn. 39 f.; *Benedict/Gehle/Schmidt*, in: MHdB GesR VII, § 133 Rn. 103; *Geimer*, in: Zöller, ZPO, § 1029 Rn. 63; *Münch*, in: MüKo-ZPO, § 1029 Rn. 63; *Nordmeier*, in: Thomas/Putzo, ZPO, § 1029 Rn. 14; *Prütting*, in: Prütting/Gehrlein, ZPO, § 1029 Rn. 8; *Voit*, in: Musielak/Voit, ZPO, § 1029 Rn. 9.

1291 Hierzu zählen vor allem Schiedsvereinbarungen in den Gesellschaftsverträgen von Personen(handels)gesellschaften, die die an dem Gesellschaftsvertrag beteiligten (Gründungs-)Gesellschafter binden, *Benedict/Gehle/Schmidt*, in: MHdB GesR VII, § 133 Rn. 103.

1292 *Münch*, in: MüKo-ZPO, § 1066 Rn. 19; vgl. *Raeschke-Kessler*, in: Prütting/Gehrlein, ZPO, § 1066 Rn. 6.

1293 *Münch*, in: MüKo-ZPO, § 1066 Rn. 19; vgl. *G. Roth*, in: MHdB GesR VII, § 96 Rn. 14.

1294 Ähnlich *Godron/Gollan*, in: Richter, Stiftungsrecht, § 6 Rn. 384; *Stumpf*, SchiedsVZ 2009, 266, 267.

(und der Anerkennung der zuständigen Stiftungsbehörde) beruht.[1295] Weiterhin entfaltet die Schiedsverfügung Geltung sowohl gegenüber den Stiftungsorganen als auch ihren Organmitgliedern. Begründen lässt sich das mit ihrer Funktion zur Herstellung von Handlungsfähigkeit für die im Grundsatz handlungsunfähige Stiftung: Bestehen die jeweiligen Rechtsstellungen demnach nicht aus sich heraus, sondern zweckgebunden in dem Rahmen, den das Stiftungsgeschäft und die Stiftungssatzung vorgeben, gelangen diese von Anfang an nur unter Geltung der Stiftungsschiedsgerichtsbarkeit zur Entstehung. Im Falle des Erwerbs der Rechtsstellung durch Bestellung als Organ bzw. Organmitglied werden diese folglich automatisch der Bindungswirkung der Schiedsverfügung unterworfen.[1296] Mit derselben Argumentation lässt sich die personale Reichweite einer Schiedsverfügung für die unmittelbar oder mittelbar satzungsmäßig leistungsberechtigten Destinatäre[1297] sowie die Anfallberechtigten der Stiftung begründen, deren jeweilige aus der Stiftungsverfassung abgeleitete Eigenschaft sie in persönlicher Hinsicht der Zuständigkeit des Schiedsgerichts unterwirft.[1298]

Fraglich ist, inwiefern die übrigen Stiftungsbeteiligten, namentlich der Stifter sowie die zuständigen Stiftungsbehörden, und außenstehende Dritte der personalen Bindungswirkung einer Schiedsverfügung unterfallen können. In Bezug auf die Stiftungsbehörden lässt sich eine die Bindung begründende Billigung der Schiedsgerichtsbarkeit zwar nicht aus der hoheitlichen Anerkennung der Stiftung als rechtsfähig herleiten. Deren Rechtsinhalt beschränkt sich vielmehr auf die Feststellung, dass die gesetzlichen Anerkennungsvoraussetzungen eingehalten sind.[1299] Da die Stiftungsaufsicht aber nicht autonom besteht, sondern als Rechtsaufsicht über die Stiftungsverwaltung ausgestaltet und insbesondere auf die Durchsetzung des in Stiftungsgeschäft und Stiftungssatzung zum Ausdruck gekommenen Stifterwillens bezogen ist, erscheint es jedenfalls aus personeller Sicht nicht von vornherein ausgeschlossen, Stiftungsbehörden der Bindungswirkung einer Schiedsverfügung zu unterwerfen.[1300]

1295 *Godron/Gollan*, in: Richter, Stiftungsrecht, § 6 Rn. 384; *Stumpf*, SchiedsVZ 2009, 266, 268.

1296 *G. Roth*, in: MHdB GesR VII, § 96 Rn. 14; *Stumpf*, SchiedsVZ 2009, 266, 269; vgl. *Benedict/Gehle/Schmidt*, in: MHdB GesR VII, § 133 Rn. 55.

1297 Zu diesen Kategorien, s. die Ausführungen unter Teil 2.§ 2.A.II.2.a).

1298 Plastisch *G. Roth*, in: MHdB GesR VII, § 96 Rn. 14, nach dem die Rechtsstellung der Destinatäre und Anfallberechtigten mit der Schiedsklausel „vorbelastet" ist; *Godron/Gollan*, in: Richter, Stiftungsrecht, § 6 Rn. 384; *Stumpf*, SchiedsVZ 2009, 266, 268.

1299 *Stumpf*, SchiedsVZ 2009, 266, 270.

1300 Nur in Ausnahmefällen eine personelle Bindung der Stiftungsbehörden annehmend *Prantl/Bretscher/Gabriel-Oiwoh/Reich*, SchiedsVZ 2023, 309, 312. Inwiefern auf-

In Bezug auf die Person des Stifters wird man die Möglichkeit einer Bindungswirkung durch statutarische Schiedsgerichtsanordnung i.S.d. § 1066 ZPO hingegen zu verneinen haben.[1301] Zwar kommt der Stiftereigenschaft aufgrund der stiftungsgeschäftlichen Vermögenzuwendung und Zweckwidmung für die Errichtung der Stiftung maßgebliche Bedeutung zu.[1302] Der Umstand, dass sich die Stiftung mit ihrer Anerkennung rechtlich verselbständigt und von der Person des Stifters emanzipiert, sodass dieser organisationsrechtlich nicht mehr beteiligt ist, muss konsequenterweise auch für schiedsgerichtliche Anordnungen im Stiftungsbereich gelten. Setzt sich der Stifter im Stiftungsgeschäft in rechtlich zulässiger Weise etwa als Stiftungsvorstand ein und wird er dadurch einer Stiftungsschiedsverfügung unterworfen, ergibt sich die personale Bindungswirkung aus der organschaftlichen Stellung, jedoch gerade nicht aus der Eigenschaft als Stifter.[1303]

Der Stifter selbst ebenso wie Destinatäre mit vertraglich begründeten Leistungsansprüchen und sonstige außenstehende Dritte könnten somit für stiftungsrechtliche Streitigkeiten allenfalls über eine Schiedsabrede bzw. Schiedsklausel i.S.d. § 1029 Abs. 2 ZPO eine schiedsgerichtliche Streitbeilegung vereinbaren. Selbiges gilt für die Unterwerfung unter eine Stiftungsschiedsgerichtsbarkeit durch den Abschluss eines Anstellungsvertrags mit Schiedsklausel i.S.d. § 1029 Abs. 2 Alt. 2 ZPO, wenn das Organmitglied nicht in dieser Position, sondern als außerhalb der Stiftungsorganisation stehende natürliche Person auftritt. Die Zulässigkeit des Abschlusses einer Schiedsvereinbarung zwischen der durch den Vorstand vertretenen Stiftung und einem anderen Rechtssubjekt beurteilt sich als Vertretungsmaßnahme insbesondere nach dem Umfang der Vertretungsmacht, die im Falle ihrer Unbeschränktheit (vgl. § 84 Abs. 3 Hs. 2 BGB [§§ 86 Satz 1 a.F., 26 Abs. 1 Satz 3 BGB]) nach allgemeinen Grundsätzen so weit wie die Rechtsfähigkeit der Stiftung reicht und alles umfasst, was die Verwirklichung des Stiftungszwecks mit sich bringt.[1304] Eine Schiedsvereinbarung als ökonomische

---

sichtliche Streitigkeiten in gegenständlicher Hinsicht einer statutarischen Schiedsgerichtsanordnung unterfallen können, ist unter Teil 3.§ 2.B.II.2. zu erörtern.

1301 A.A. *Stumpf*, SchiedsVZ 2009, 266, 268.

1302 *O. Werner*, in: Werner/Saenger/Fischer, Die Stiftung, § 11 Rn. 2.

1303 *Godron/Gollan*, in: Richter, Stiftungsrecht, § 6 Rn. 384.

1304 *Backert*, in: BeckOK-BGB, § 86 Rn. 3; *Jakob/Picht*, in: BeckOGK-BGB, Stand: 01.02.2021, § 86 Rn. 20. Macht der Stifter in der Satzung hingegen Vorgaben für den Abschluss einer Schiedsvereinbarung oder schließt diese sogar aus, ist zu beachten, dass aufgrund dieser Einschränkung für abweichende Regelungen dem zuständigen Stiftungsorgan die Vertretungsmacht fehlen kann (§ 84 Abs. 3 Hs. 2 BGB [§§ 86 Satz 1 a.F., 26 Abs. 1 Satz 3 BGB]), vgl. *Weitemeyer*, in: MüKo-BGB, § 86 Rn. 7.

und zeitsparende Möglichkeit zur Bewältigung von u.U. die Stiftungstätigkeit lähmenden Rechtsstreitigkeiten kommt jedenfalls mittelbar Stiftung und Stiftungszweckerfüllung zugute, sodass man deren Abschluss als vom Umfang der Vertretungsmacht erfasst anzusehen haben wird.[1305]

II. Gegenständliche Reichweite

Neben der persönlichen Reichweite bemisst sich die Effektivität einer angeordneten Schiedsgerichtsbarkeit zur außergerichtlichen Klärung stiftungsrechtlicher Konfliktfälle nach der gegenständlichen Reichweite einer solchen Schiedsverfügung. Die privatautonomen Anordnungen des Stifters zur Zuständigkeit eines Schiedsgerichts werden maßgeblich von dem Umstand determiniert, welche Streitigkeiten und daraus erwachsenden Rechtsfragen überhaupt zulässigerweise der Entscheidung einer solchen Streitentscheidungsinstanz unterworfen werden können.[1306] Damit angesprochen ist die objektive Schiedsfähigkeit,[1307] die im Folgenden insbesondere unter Bezugnahme auf die Streitgegenstände des „Besonderen Teils" zur Überwindung möglicher Rechtsschutzdefizite vor den staatlichen Gerichten dargestellt werden soll. Differenziert wird zwischen innerorganisatorischen und außenrechtlichen Streitigkeiten sowie solchen unter Beteiligung von Stiftungsaufsichtsbehörden.

1. Innerorganisatorische und außenrechtliche Streitigkeiten

Wurden in persönlicher Hinsicht die durch das Stiftungsgeschäft organisationsrechtlich Beteiligten der Bindungswirkung einer Schiedsverfügung unterworfen, erscheint es sachgerecht, zur Herstellung von Kohärenz daran anzuknüpfen und dieselben Maßstäbe zur Bestimmung der gegenständlichen Reichweite anzulegen.

Der objektiven Schiedsfähigkeit unterliegen damit zunächst solche stiftungsrechtlichen Streitigkeiten, welche die auf Grundlage des Stiftungsgeschäfts geschaffenen Innenrechtsbeziehungen der Organisation selbst, also der juristischen Person Stiftung, zu den einzelnen Organmitgliedern sowie der letztgenannten

---

1305 Zu beachten ist, dass sich die Wirksamkeit einer solchen Vereinbarung nicht nach den für Schiedsverfügungen gem. § 1066 ZPO geltenden Voraussetzungen, sondern nach denjenigen der §§ 1029–1031 ZPO richtet.

1306 Zu dieser Differenzierung *Nordmeier*, in: Thomas/Putzo, ZPO, § 1030 Rn. 1.

1307 Dazu *Anders*, in: Anders/Gehle, ZPO, § 1030 Rn. 1; *Benedict/Gehle/Schmidt*, in: MHdB GesR VII, § 133 Rn. 148; *Prütting*, in: Prütting/Gehrlein, ZPO, § 1030 Rn. 2.

untereinander zum Gegenstand haben.[1308] Es handelt sich um Streitgegenstände, für die innerhalb der staatlichen Gerichtsbarkeit die ordentlichen Gerichte zur Streitentscheidung berufen sind. Die sachliche Reichweite einer Stiftungsschiedsverfügung umfasst jedenfalls Streitigkeiten um Rechte und Pflichten aus dem organisationsrechtlichen Bestellungsverhältnis, etwa organschaftliche Mitwirkungsrechte in Form von Verwaltungsrechten, Bestellungs- und Abberufungsbefugnissen sowie Auskunfts- und Einsichtsrechten, ebenso wie satzungsmäßige Kontroll- und Aufsichtsrechte. Die Zulässigkeit einer Schiedsgerichtsanordnung ist gleichfalls für Streitigkeiten um die ordnungsgemäße Bestellung als Organmitglied oder andere statusrechtliche Streitfragen zwischen Stiftungsbeteiligten zu bejahen. Dasselbe gilt für die Ansprüche von Destinatären auf Stiftungsleistungen oder solche von Anfallberechtigten auf Auskehrung des Vermögensüberschusses, soweit diese deshalb einer Schiedsbindung unterfallen können, weil ihre satzungsmäßige Berechtigung in den Anordnungen des Stifters aus Stiftungsgeschäft und Stiftungssatzung wurzelt.[1309]

Richtigerweise unterliegen nicht nur die vorstehend dargestellten Streitgegenstände der objektiven Schiedsfähigkeit, sondern die sachliche Zuständigkeit eines Stiftungsschiedsgerichts kann zulässigerweise ebenso für Interorganstreitigkeiten zwischen zwei Stiftungsorganen und Intraorganstreitigkeiten innerhalb eines Stiftungsorgans begründet werden.[1310] Die für Verfahren vor den staatlichen Gerichten dargestellten Vorbehalte hinsichtlich der Anerkennung einer Rechtssubjektivität von Organen juristischer Personen greifen schiedsgerichtlich nicht durch: Die Notwendigkeit der Trägerschaft eines auf dem Klageweg durchsetzbaren subjektiven Rechts zur Begründung einer Aktiv- bzw. Passivlegitimation des jeweiligen Organs ist ebenso wenig Anforderung für die schiedsverfahrensrechtliche Einbeziehung eines Streitgegenstands wie die Erfüllung der parteibezogenen Prozessvoraussetzungen der ZPO. Entscheidend für die Beteiligtenstellung der

---

1308 Zu vergleichbaren Überlegungen in der Verbandsschiedsgerichtsbarkeit, die gegenständliche Reichweite statutarischer Schiedsverfügungen für Streitigkeiten über die Rechte und Pflichten aus der Mitgliedschaft als Gegenstand statutarischer Bindung einzugrenzen, s. *Anders*, in: Anders/Gehle, ZPO, § 1066 Rn. 9; *Benedict/Gehle/Schmidt*, in: MHdB GesR VII, § 133 Rn. 93; *Münch*, in: MüKo-ZPO, § 1066 Rn. 22; *Schlosser*, in: Stein/Jonas, ZPO, § 1066 Rn. 12 f.; *Voit*, in: Musielak/Voit, ZPO, § 1066 Rn. 9; *Wolf/Eslami*, in: BeckOK-ZPO, § 1066 Rn. 6.

1309 *K. W. Lange*, in: BeckOGK-BGB, Stand: 01.01.2024, § 81 Rn. 148; *G. Roth*, in: MHdB GesR VII, § 96 Rn. 15; *Stumpf*, SchiedsVZ 2009, 266, 267.

1310 *Godron/Gollan*, in: Richter, Stiftungsrecht, § 6 Rn. 380; *K. W. Lange*, in: BeckOGK-BGB, Stand: 01.01.2024, § 81 Rn. 148; *Stumpf*, SchiedsVZ 2009, 266, 269.

Organe vor dem Stiftungsschiedsgericht ist einzig, dass die Schiedsverfügung in Stiftungsgeschäft bzw. Stiftungssatzung den durch § 1066 ZPO gestellten Anforderungen genügt, insbesondere hinsichtlich einer Bestimmtheit der sachlichen Zuständigkeit des Schiedsgerichts. Ist das der Fall, können die Organe und Organmitglieder die ihnen durch das Stiftungsgeschäft verliehenen Befugnisse als eigene Rechte geltend machen.[1311] Die anders als vor staatlichen Gerichten nicht zwingende Beteiligung der Gesamtorganisation Stiftung am gerichtlichen Verfahren ermöglicht es dem Stifter, durch entsprechende Anordnungen insbesondere innerorganisatorische Kompetenzstreitigkeiten einer schiedsgerichtlichen Klärung zuzuführen und damit den Rechtsschutz zugunsten der Stiftung zu effektivieren und zu stärken. Das gilt auch für die im Rahmen des „Besonderen Teils“ untersuchten Streitigkeiten aufgrund eines nach hier vertretener Ansicht im Stiftungsrecht zu bejahenden allgemeinen Verhaltenskontrollrechts. Die Anerkennung einer objektiven Schiedsfähigkeit dieser Streitgegenstände ist als niedrigschwelliges Vehikel einer stiftungsinternen Konfliktlösung praktikabel, weil derartige Auseinandersetzungen auf Grundlage der durch die Stiftungsverfassung geschaffenen Kompetenzen von den Stiftungsorganen selbst geklärt werden können.

Darüber hinaus kann ein Interesse des Stifters an der Anordnung einer schiedsgerichtlichen Zuständigkeit in Bezug auf stiftungsrechtliche Beschlussmängelstreitigkeiten, insbesondere für die Geltendmachung einer Beschlussnichtigkeit bestehen, damit die Klärung der Rechtmäßigkeit der organschaftlichen Willensbildung als Grundlage der Stiftungstätigkeit zügig und rechtssicher erfolgt. Die objektive Schiedsfähigkeit dieser Streitgegenstände ist umstritten. Insbesondere im Recht der AG wird die Unterwerfung von Beschlussmängelstreitigkeiten unter ein Schiedsgericht durch Schiedsverfügung i.S.d. § 1066 ZPO kritisch gesehen.[1312] Gestützt wird dies auf den durch § 246 Abs. 3 Satz 1 AktG vermittelten

---

1311 Ebenso *Stumpf*, SchiedsVZ 2009, 266, 269; vgl. *Benedict/Gehle/Schmidt*, in: MHdB GesR VII, § 133 Rn. 55, wonach auch für Organe von Kapitalgesellschaften die aus der Organstellung resultierenden Rechte und Pflichten in gegenständlicher Hinsicht einer statutarischen Schiedsklausel unterfallen können.

1312 So etwa *Henze*, ZIP 2002, 97, 99 f.; *Heskamp*, RNotZ 2012, 415, 424; *Koch*, AktG, § 246 Rn. 18; *K. Schmidt*, in: GK-AktG, § 246 Rn. 121; *ders.*, AG 1995, 551, 553; *Vatter*, in: BeckOGK-AktG, Stand: 01.02.2024, § 246 Rn. 12; *Voit*, in: Musielak/Voit, ZPO, § 1066 Rn. 8. Generell Beschlussmängelstreitigkeiten für nicht schiedsfähig und damit auch entsprechende einzelvertragliche Schiedsvereinbarungen für unzulässig hielt der BGH im GmbH-Recht zunächst aufgrund der fehlenden analogen Anwendbarkeit der §§ 248 Abs. 1 Satz 1, 249 Abs. 1 Satz 1 AktG auf private Schiedsgerichte,

Rechtsschutz vor den staatlichen Gerichten, der aufgrund des aktienrechtlichen Grundsatzes der Satzungsstrenge aus § 23 Abs. 5 AktG nicht durch statutarische Schiedsgerichtsanordnung unterlaufen werden dürfe.[1313] Jedenfalls für das Stiftungsrecht greifen diese Bedenken nicht durch. Unabhängig von der rechtlichen Qualifikation des § 246 Abs. 3 Satz 1 AktG als gesetzliche Regelung i.S.d. § 23 Abs. 5 Satz 1 AktG[1314] ergibt sich das bereits aus der nach hier vertretener Ansicht zu verneinenden analogen Anwendung der §§ 241 ff. AktG auf das stiftungsrechtliche Beschlussmängelrecht. Vor allem fehlt es an einem gesetzlich anzuknüpfenden Grundsatz der Satzungsstrenge im Stiftungsrecht: Dieser lässt sich weder unmittelbar aus dem stiftungsrechtlichen Normengefüge[1315] noch analog aus § 23 Abs. 5 AktG herleiten, dessen Anwendung schon für die nicht vom AktG erfassten Gesellschaftsformen ausgeschlossen ist, und als Argument gegen eine objektive Schiedsfähigkeit von Beschlussmängelstreitigkeiten nach einer im Vordringen befindlichen Ansicht selbst im Recht der AG mangels normativ ausdrücklich vorgeschriebenen Ausschlusses schiedsgerichtlicher Streitbeilegung häufig verneint wird.[1316]

Zu untersuchen bleibt, ob die in dieser Bearbeitung bejahte parteiübergreifende Rechtskrafterstreckung staatlicher Urteile analog §§ 248 Abs. 1 Satz 1, 249 Abs. 1 Satz 1 AktG in Beschlussmängelstreitigkeiten aufgrund fehlender gesetz-

---

BGHZ 132, 278, 285 ff. = NJW 1996, 1753; ferner aus Praktikabilitätserwägungen *Hauschild/Böttcher*, DNotZ 2012, 577, 586 f.; *Reichert*, in: FS Ulmer, 511, 531 f.; *Wilk*, in: MHdB GesR VII, § 29 Rn. 24.

1313 *Drescher*, in: Henssler/Strohn, GesR, § 246 AktG Rn. 33; *Henze*, ZIP 2002, 97, 99; *Vatter*, in: BeckOGK-AktG, Stand: 01.02.2024, § 246 Rn. 12; dagegen *Benedict/Gehle/Schmidt*, in: MHdB GesR VII, § 133 Rn. 156 f.; unschlüssig *Umbeck*, SchiedsVZ 2009, 143, 146 f.

1314 Dafür wegen des Rechtsschutzkonzepts der §§ 243 ff. AktG und des zwischen §§ 246, 247, 248 AktG bestehenden Sachzusammenhangs *Reichert*, in: FS Ulmer, 511, 531; für bloße sachliche und örtliche Zuständigkeitsregelung des § 246 Abs. 3 Satz 1 AktG in Fällen der zulässigen Anrufung staatlicher Gerichte hingegen BGHZ 132, 278, 281 = NJW 1996, 1753; *Benedict/Gehle/Schmidt*, in: MHdB GesR VII, § 133 Rn. 156 f.; *K. Schmidt*, AG 1995, 551, 553.

1315 Im Gegenteil wurde die im Zuge der Stiftungsrechtsreform im Referentenentwurf des Bundesministeriums der Justiz und für Verbraucherschutz noch vorgesehene Einführung einer stiftungsrechtlichen Satzungsstrenge (vgl. § 83 Abs. 2 BGB-RefE) im weiteren Gesetzgebungsverfahren wieder aufgegeben; zur Bedeutung des ausdrücklich erklärten, hilfsweise des mutmaßlichen Stifterwillens für die Stiftungstätigkeit und die Aufsicht über die Stiftungen explizit BT-Drs. 19/28173, 52.

1316 So etwa *Benedict/Gehle/Schmidt*, in: MHdB GesR VII, § 133 Rn. 156 f.; *Borris*, NZG 2010, 481, 482 f.

licher Anordnung dieser Wirkungen für Schiedssprüche einer Schiedsverfügung entgegensteht. Das betrifft die Frage, auf welche Weise die notwendige Rechtskrafterstreckung im schiedsgerichtlichen Verfahren auf die übrigen Stiftungsbeteiligten legitimiert werden kann.

In Bezug auf die durch Schiedsabrede i.S.d. § 1029 Abs. 2 Alt. 1 ZPO vereinbarte Einsetzung eines privaten Schiedsgerichts hat der BGH in Abkehr von seiner früher vertretenen Ansicht[1317] für die GmbH entschieden, dass Beschlussmängelstreitigkeiten aufgrund einer die Wirkungen der §§ 248 Abs. 1 Satz 1, 249 Abs. 1 Satz 1 AktG analog festschreibenden Schiedsvereinbarung grundsätzlich schiedsfähig sind, sofern und soweit das schiedsgerichtliche Verfahren in einer dem Rechtsschutz durch staatliche Gerichte gleichwertigen Weise ausgestaltet ist.[1318] Die Einhaltung eines aus dem Rechtsstaatsprinzip folgenden Mindeststandards an Mitwirkungsrechten und damit an Rechtsschutzgewährung für die unterworfenen Gesellschafter soll erfüllt sein, wenn sich alle Gesellschafter der Schiedsgerichtsbarkeit durch Zustimmung zur Schiedsvereinbarung unterworfen haben, alle Gesellschafter über die Einleitung und den Verlauf des schiedsgerichtlichen Verfahrens informiert werden, die am Schiedsverfahren beteiligten Gesellschafter die Möglichkeit haben, an der Auswahl und Bestellung der Schiedsrichter mitzuwirken, und wenn sämtliche denselben Gesellschafterbeschluss betreffenden Klagen bei einem Schiedsgericht konzentriert werden.[1319]

Auf das Stiftungsrecht sind diese Grundsätze nur eingeschränkt übertragbar. Aufgrund fehlender gesetzlicher Regelung ist dem Stifter in jedem Fall zu raten, die Reichweite der Rechtskrafterstreckung von Schiedssprüchen in Beschlussmängelstreitigkeiten analog §§ 248 Abs. 1 Satz 1, 249 Abs. 1 Satz 1 AktG aus Klarstellungsgründen in der Schiedsverfügung ausdrücklich anzuordnen. Aus verfahrensrechtlicher Sicht unterliegt er dabei keinen gesteigerten Legitimationsanforderungen. Erfolgt die Anordnung der Schiedsgerichtsbarkeit wie im Stiftungsrecht durch Schiedsverfügung i.S.d. § 1066 ZPO, kann die Rechtskrafterstreckung zulässigerweise so weit gehen, wie der Stifter die Stiftungsbeteiligten in der im Stiftungsgeschäft bzw. in der Stiftungssatzung enthaltenen Schiedsverfügung unter Berücksichtigung der normativen Wirksamkeitsanforderungen einer Bindungswirkung unterstellen darf. Fallen nach hier vertretener Ansicht

---

1317 BGHZ 132, 278 = NJW 1996, 1753.

1318 BGHZ 180, 221, 224 f. Rn. 10 = NJW 2009, 1962.

1319 BGHZ 180, 221, 228 f. Rn. 20 = NJW 2009, 1962; darauf Bezug nehmend *Borris*, NZG 2010, 481, 484; *Koch*, AktG, § 246 Rn. 19; *Vatter*, in: BeckOGK-AktG, Stand: 01.02.2024, § 246 Rn. 11 ff.; *Voit*, in: Musielak/Voit, ZPO, § 1030 Rn. 2; *Wilk*, in: MHdB GesR VII, § 29 Rn. 23.

darunter alle innerorganisatorischen Beziehungen und daraus erwachsenden Rechtspositionen der Stiftungsverfassung, weil diese von Anfang an nur in der dem Stiftungsschiedsgericht unterworfenen Form zur Entstehung gelangen,[1320] ist nicht ersichtlich, warum für Beschlussmängelstreitigkeiten als originär innerorganisatorische Auseinandersetzung in Bezug auf die Durchbrechung des § 325 Abs. 1 ZPO und damit prozessrechtlich andere Maßstäbe angelegt werden sollten. Die gegenteilige Auffassung liefe vielmehr auf eine unzulässige Verkürzung des Primats des Stifterwillens hinaus. Dass die Reichweite der Rechtskrafterstreckung analog §§ 248 Abs. 1 Satz 1, 249 Abs. 1 Satz 1 AktG für Verfahren vor den staatlichen Gerichten und vor Schiedsgerichten parallel ausgestaltet wird, ist aufgrund des mit der gerichtlichen Beschlusskontrolle verfolgten Zwecks nur folgerichtig.[1321] Weil sich die Rechtskrafterstreckung des Schiedsspruchs bereits aufgrund der vom Stifter in der Schiedsverfügung angeordneten Bindungswirkung legitimieren lässt, ist die objektive Schiedsfähigkeit von Beschlussmängelstreitigkeiten im Stiftungsrecht im Ergebnis zu bejahen.[1322]

Fraglich ist, ob über innerorganisatorische Rechtsstreitigkeiten hinaus Außenrechtsbeziehungen der Organmitglieder mit der Stiftung in gegenständlicher Hinsicht der Bindungswirkung einer statutarischen Schiedsklausel i.S.d. § 1066 ZPO unterfallen können. Hier ist insbesondere an Ansprüche aus Haftungstatbeständen oder aus einem schuldrechtlichen Anstellungsverhältnis zu denken. Dagegen könnte sprechen, dass der sachlich rechtfertigende Grund, der Anordnung einer Stiftungsschiedsgerichtsbarkeit unterworfen zu werden, fehlt, wenn es nicht um aus der Organstellung abgeleitete Rechte und Pflichten, sondern um schuldrechtliche Beziehungen geht, in denen die Organwalter nicht in dieser Funktion, sondern als natürliche Personen der Stiftung gegenüber auftreten.[1323] Speziell in Bezug auf Schadensersatzansprüche der Stiftung ließe sich darüber hinaus mit einer eingeschränkten Dispositionsfähigkeit der Stiftungsbeteiligten hinsichtlich derartiger Ansprüche argumentieren, da Entlastung und Verzicht ebenfalls nur unter engen Voraussetzungen möglich sind.[1324]

Diese Einwände überzeugen nur teilweise. Soweit es um die objektive Schiedsfähigkeit von Organhaftungsansprüchen geht, ist diese als zulässig zu beurteilen.

1320 Vgl. *Stumpf*, SchiedsVZ 2009, 266, 267.

1321 S. dazu bereits unter Teil 2.§ 2.A.II.3.c).

1322 Ebenso *Burgard*, Gestaltungsfreiheit, 291; *Hoffmann*, in: FG Kreutz, 29, 44; *Stallmann*, Fehlerhafte Beschlüsse, 191; ablehnend *Prantl/Bretscher/Gabriel-Oiwoh/Reich*, SchiedsVZ 2023, 309, 315 f.

1323 Vgl. *Bork*, ZGR 1989, 1, 3.

1324 Dazu *G. Roth*, in: MHdB GesR VII, § 98 Rn. 25 ff.

Dafür spricht bereits, dass durch eine statutarische Schiedsverfügung der Stiftung ihre Schadensersatzforderung nicht entzogen, sondern nur das für die Geltendmachung notwendige Verfahren geändert wird, sodass damit kein Eingriff in die Stiftungsautonomie durch einen Dispositionsunbefugten verbunden ist.[1325] Auch die Einordnung der Unzulässigkeit einer Schiedsverfügung für Organhaftungsansprüche aufgrund ihres fremdbestimmenden Charakters für die betroffenen Organmitglieder verfängt nicht. Zwar haben solche Streitigkeiten nicht originär die durch die Organstellung vermittelten innerorganisatorischen Rechtsbeziehungen zum Gegenstand. Die infolge der Verletzung einer organschaftlichen Pflicht entstehenden Sekundärrechte sind allerdings so eng mit dem organschaftlichen Status verbunden und durch diesen gleichermaßen „vorgezeichnet", dass die Möglichkeit der Einbeziehung derartiger Ansprüche in statutarische Schiedsklauseln stiftungsrechtlich zu bejahen ist.[1326]

Etwas anderes gilt für Streitigkeiten aufgrund eines schuldrechtlichen Anstellungsverhältnisses. Auch für den Fall, dass dessen Abschluss auf satzungsmäßiger Grundlage beruht, und damit ein Anknüpfungspunkt für die gegenständliche Bindungswirkung bestünde, ist nicht zu verkennen, dass solche vertraglichen Rechte und Pflichten nur das Außenverhältnis berühren und deshalb individualrechtlich, nicht organschaftlich geprägt sind, sodass auf einem Anstellungsvertrag beruhende Rechtsbeziehungen auch nicht durch Schiedsverfügung i.S.d. § 1066 ZPO einem Stiftungsschiedsgericht unterworfen werden können.[1327] Die objektive Schiedsfähigkeit kann sich in diesen Konstellationen aber jenseits der im Stiftungsgeschäft vorgesehenen Schiedsverfügung aus dem Abschluss einer Schiedsvereinbarung gem. § 1029 ZPO zwischen Stiftung und Organmitglied als natürlicher Person ergeben.[1328] Dafür spricht bereits, dass § 1030 Abs. 1 Satz 1 ZPO

1325 *G. Roth*, in: MHdB GesR VII, § 96 Rn. 15.

1326 Ebenso im Gesellschaftsrecht *Benedict/Gehle/Schmidt*, in: MHdB GesR VII, § 133 Rn. 56; *Habersack*, in: MüKo-AktG, § 116 Rn. 4; *Habersack/Wasserbäch*, AG 2016, 2, 12; *Herresthal*, ZIP 2014, 345, 347; *Umbeck*, SchiedsVZ 2009, 143, 146; unklar hinsichtlich der anzuwendenden Rechtsvorschriften auf die schiedsgerichtliche Anordnung *Stumpf*, SchiedsVZ 2009, 266, 269.

1327 *Stumpf*, SchiedsVZ 2009, 266, 269, mit dem Beispiel eines Erstattungsanspruchs für durch die Amtsführung angefallene Kosten als Streitgegenstand; vgl. *Benedict/Gehle/Schmidt*, in: MHdB GesR VII, § 133 Rn. 55; *Habersack/Wasserbäch*, AG 2016, 2, 13; *Herresthal*, ZIP 2014, 345, 347; *Umbeck*, SchiedsVZ 2009, 143, 146.

1328 Die gleichfalls vorauszusetzende subjektive Schiedsfähigkeit als Fähigkeit der Vertragsparteien, über einen Gegenstand eine Schiedsvereinbarung zu treffen (s. nur *Benedict/Gehle/Schmidt*, in: MHdB GesR VII, § 133 Rn. 148; *Geimer*, in: Zöller, ZPO, § 1029 Rn. 19; *Voit*, in: Musielak/Voit, ZPO, § 1030 Rn. 3), ist, sofern man die

für die generelle Unterwerfung einer Streitigkeit unter eine Schiedsgerichtsbarkeit nur den vermögensrechtlichen Charakter des streitentscheidenden Anspruchs voraussetzt.[1329] Sind als vermögensrechtlich alle auf einem vermögensrechtlichen Rechtsverhältnis beruhenden oder auf Geld oder geldwerte Sachen und Rechte gerichteten prozessualen Ansprüche zu qualifizieren,[1330] genügen auf einem Anstellungsvertrag fußende Streitgegenstände diesem normativen Kriterium. Da die schiedsgerichtliche Klärung von Streitigkeiten in Außenrechtsverhältnissen unter Beteiligung natürlicher Personen nach hier vertretener Ansicht somit immer den Abschluss einer Schiedsvereinbarung unter Anwendung der §§ 1029–1031 ZPO voraussetzt und damit ein Gleichlauf von persönlicher und gegenständlicher Reichweite der schiedsgerichtlichen Anordnung besteht, erscheint diese Lösung stimmig.

Schließlich kommen in Bezug auf diejenigen Streitgegenstände, für die nach den vorstehenden Ausführungen eine generelle objektive Schiedsfähigkeit bejaht wurde und für die der Stifter im Stiftungsgeschäft bzw. in der Satzung tatsächlich die sachliche Zuständigkeit eines Schiedsgerichts begründet hat, im Bedarfsfall ebenfalls Maßnahmen des einstweiligen Rechtsschutzes in Betracht. Vorläufige oder sichernde Maßnahmen in Bezug auf den Streitgegenstand des schiedsrichterlichen Verfahrens sind nach Maßgabe der §§ 1066, 1041 ZPO nicht nur durch das Schiedsgericht selbst, sondern nach dem klaren Wortlaut des § 1033 ZPO und der Formulierung des § 1041 Abs. 2 ZPO, die nach § 1066 ZPO auf Schiedsver-

---

Schiedsvereinbarung aufgrund der prozessualen Wirkungen ihrer Rechtsnatur nach als Unterfall des Prozessvertrags qualifiziert (ebenfalls BGHZ 99, 143, 147 = NJW 1987, 651; *Anders*, in: Anders/Gehle, ZPO, § 1029 Rn. 16; *Geimer*, in: Zöller, ZPO, § 1029 Rn. 15; *Münch*, in: MüKo-ZPO, § 1029 Rn. 13; *Prütting*, in: Prütting/Gehrlein, ZPO, § 1029 Rn. 7; *Schlosser*, in: Stein/Jonas, ZPO, § 1029 Rn. 2; *Wolf/Eslami*, in: BeckOK-ZPO, § 1029 Rn. 5; sehr streitig; zu den Streitständen, s. ausführlich *Münch*, in: MüKo-ZPO, § 1029 Rn. 12 ff.; *Schlosser*, in: Stein/Jonas, ZPO, § 1029 Rn. 1 ff.), wegen dieser Einordnung bei Vorliegen von Partei- und Prozessfähigkeit (§§ 50 ff. ZPO), mithin von Rechtsfähigkeit und Geschäftsfähigkeit zu bejahen. Für die juristische Person Stiftung, vertreten durch ihren Vorstand, und die Organmitglieder als natürliche Personen unter den Voraussetzungen der §§ 104 ff. BGB ist dies jedenfalls erfüllt.

1329 S. zu diesem Argument im aktienrechtlichen Kontext *Umbeck*, SchiedsVZ 2009, 143, 144.

1330 RGZ 88, 332, 333; BGHZ 13, 5, 7 f. = NJW 1954, 833; *Anders*, in: Anders/Gehle, ZPO, § 1030 Rn. 4; *Benedict/Gehle/Schmidt*, in: MHdB GesR VII, § 133 Rn. 147; *Geimer*, in: Zöller, ZPO, § 1030 Rn. 1; *Münch*, in: MüKo-ZPO, § 1030 Rn. 13; *Prütting*, in: Prütting/Gehrlein, ZPO, § 1030 Rn. 3; *Saenger*, in: Saenger, ZPO, § 1030 Rn. 2.

fügungen entsprechende Anwendung finden, sowie der in dem Rechtscharakter einstweiliger Rechtsschutzmaßnahmen angelegten Vorläufigkeit, die eine Hauptsacheentscheidung des Schiedsgerichts nicht vorwegnimmt, auch durch staatliche Gerichte möglich.[1331]

2. *Rechtsstreitigkeiten mit der Stiftungsbehörde*

Schließlich bleibt zu untersuchen, ob Rechtsstreitigkeiten mit den Stiftungsbehörden einer schiedsgerichtlichen Klärung zugänglich sind, weil rechtsaufsichtliches Handeln in Form stiftungsrechtlich relevanter hoheitlicher Maßnahmen zulässigerweise der Zuständigkeit eines privaten Schiedsgerichts übertragen werden darf. Hierunter fallen sämtliche Streitgegenstände, für die im „Besonderen Teil" die Eröffnung des Verwaltungsrechtswegs bejaht wurde.[1332]

Anhaltspunkte für die Möglichkeit der Etablierung einer verwaltungsrechtlichen Schiedsgerichtsbarkeit bietet mangels eigenständiger schiedsverfahrensrechtlicher Regelungen im Verwaltungsprozessrecht die Regelung des § 173 VwGO, die in Satz 1 u.a. Vorschriften der ZPO für entsprechend anwendbar erklärt, soweit die VwGO selbst keine Bestimmungen über das Verfahren enthält, und wenn die grundsätzlichen Unterschiede der beiden Verfahrensarten dies nicht ausschließen. Damit ist prinzipiell die entsprechende Anwendbarkeit der §§ 1025 ff. ZPO zu bejahen.[1333] Hinweise auf die Anerkennung eines Verwaltungsschiedsverfahrens ergeben sich zudem aus den Regelungen der § 168 Abs. 1 Nr. 5 VwGO und § 173 Satz 3 VwGO. Wenn § 173 Satz 3 VwGO u.a. in Bezug auf die Feststellung der Zulässigkeit oder Unzulässigkeit eines schiedsrichterlichen Verfahrens oder in Bezug auf die Vollstreckbarerklärung eines Schiedsspruchs die Zuständigkeiten des VG und des OVG an die Stelle der zivilprozessual gem. §§ 1062, 1065 ZPO zuständigen OLG und BGH treten lässt, setzt der Gesetzgeber offenbar die Möglichkeit einer Streitbeilegung durch eine Verwaltungsschiedsgerichtsbarkeit voraus.[1334] Dasselbe gilt arg. e contrario, wenn § 168 Abs. 1 Nr. 5

1331 *Benedict/Gehle/Schmidt*, in: MHdB GesR VII, § 133 Rn. 199.

1332 S. unter Teil 2.§ 2.B.

1333 *Braun Binder*, in: Sodan/Ziekow, VwGO, § 173 Rn. 18; *Kraft*, in: Eyermann, VwGO, § 173 Rn. 5; *Meissner/Steinbeiß-Winkelmann*, in: Schoch/Schneider, VwGO, § 173 Rn. 316 f.; *Möller*, Schiedsgerichtsbarkeit, 135; *G. Roth*, in: MHdB GesR VII, § 96 Rn. 16; *W.-R. Schenke*, in: Kopp/Schenke, VwGO, § 173 Rn. 4; *Stumpf*, Alternative Streitbeilegung, 55 f.; *ders.*, SchiedsVZ 2009, 266, 270; vgl. BT-Drs. 13/5274, 35.

1334 Ähnlich *Braun Binder*, in: Sodan/Ziekow, VwGO, § 173 Rn. 32; *Meissner/Steinbeiß-Winkelmann*, in: Schoch/Schneider, VwGO, § 173 Rn. 316; *Münch*, in: MüKo-ZPO, § 1029 Rn. 97; *Stumpf*, Alternative Streitbeilegung, 56.

VwGO das Bestehen eines für vollstreckbar erklärten Schiedsspruchs in einer Verwaltungsrechtsstreitigkeit als Vollstreckungstitel bejaht.[1335]

Auch verfassungsrechtliche Erwägungen schließen die schiedsgerichtliche Streitbeilegung von dem Verwaltungsrecht unterfallenden Streitgegenständen nicht aus. Zwar ist die rechtsprechende Gewalt gem. Art. 92 Hs. 1 GG den Richtern anvertraut, und einem solchen Rechtsprechungsmonopol des Staates könnte die Anerkennung eines mit nicht-staatlichen Schiedsrichtern besetzten Schiedsgerichts widersprechen.[1336] Begreift man den grundgesetzlichen Begriff der Rechtsprechung aber als bloßes, aus dem Rechtstaatsprinzip folgendes verfassungsrechtlich gewährleistetes Angebot des Staates zur Beschreitung des staatlichen Rechtswegs und damit in einem funktionalen Sinne, besteht außerhalb des obligatorischen Kernbereichs materieller Rechtsprechungsaufgaben gerade kein Rechtsprechungsvorbehalt im Sinne einer Exklusivität staatlicher Gerichtsbarkeit, sondern die Betroffenen können sich in den zulässigen Grenzen frei zwischen staatlicher und privater Gerichtsbarkeit entscheiden.[1337] Sie sind trotz des staatlichen Rechtsprechungsmonopols nicht zu einer Inanspruchnahme der erstgenannten verpflichtet, sondern können ebenso Schiedsgerichte zur Streitentscheidung berufen. Das gilt auch für den Staat selbst in Bezug auf ein hoheitliches Tätigwerden und damit für die Subordinationsverhältnisse des öffentlichen Rechts.[1338] Unterwirft er sich in Rechtsstreitigkeiten mit Privatpersonen einer Schiedsgerichtsbarkeit, besteht dann trotz des materiell-rechtlichen Über-/Unterordnungsverhältnisses in prozessualer Hinsicht ein koordinationsrechtliches

---

1335 *Münch*, in: MüKo-ZPO, § 1029 Rn. 97; *Pietzner/Möller*, in: Schoch/Schneider, VwGO, § 168 Rn. 32.

1336 Dazu ausführlich *Detterbeck*, in: Sachs, GG, Art. 92 Rn. 28 ff.; *Hillgruber*, in: Dürig/Herzog/Scholz, GG, Art. 92 Rn. 90 ff.; *Meyer*, in: von Münch/Kunig, GG, Art. 92 Rn. 10 ff.; *Möller*, Schiedsgerichtsbarkeit, 65 ff.; *Stumpf*, Alternative Streitbeilegung, 28 ff.

1337 *Hillgruber*, in: Dürig/Herzog/Scholz, GG, Art. 92 Rn. 90; *Schulze-Fielitz*, in: Dreier, GG, Art. 92 Rn. 50 ff.; *Stumpf*, Alternative Streitbeilegung, 34 f.; kritisch *Classen*, in: Huber/Voßkuhle, GG, Art. 92 Rn. 41 ff.; *Detterbeck*, in: Sachs, GG, Art. 92 Rn. 29; vgl. *Möller*, Schiedsgerichtsbarkeit, 43.

1338 *Classen*, in: Huber/Voßkuhle, GG, Art. 92 Rn. 43a; *Stumpf*, Alternative Streitbeilegung, 35, wonach die besondere Natur verwaltungsrechtlicher Rechtsstreitigkeiten allein in der besonderen Bindung der ausführenden Gewalt an Recht und Gesetz gem. Art. 20 Abs. 1 GG liege, wodurch sich jedoch keine grundsätzliche Verpflichtung des Staates ergebe, sein Handeln durch staatliche Gerichte überprüfen zu lassen; a.A. wohl *Hillgruber*, in: Dürig/Herzog/Scholz, GG, Art. 92 Rn. 92.

Verhältnis, dessen verfassungsrechtliche Zulässigkeit jedenfalls unter dem Aspekt des staatlichen Rechtsprechungsmonopols aus Art. 92 Hs. 1 GG zu bejahen ist.

Zu einer verfassungsrechtlich begründeten Unzulässigkeit der schiedsgerichtlichen Klärung öffentlich-rechtlicher Streitigkeiten wird man auch nicht unter Heranziehung der Rechtsweggarantie aus Art. 19 Abs. 4 Satz 1 GG kommen. Hiernach steht Privatpersonen in Form von natürlichen und juristischen Personen des Privatrechts der staatliche Rechtsweg gegenüber Rechtsverletzungen durch die öffentliche Gewalt offen. Weder in ihrer Wirkungsrichtung als Grundrecht auf Individualrechtsschutz noch als objektive Wertentscheidung oder als institutionelle Garantie[1339] wird eine Verwaltungsschiedsgerichtsbarkeit zwischen Privaten und Trägern öffentlich-rechtlicher Gewalt durch diese Rechtsweggarantie ausgeschlossen. In ihrer Ausprägung als subjektives Recht auf Rechtsschutz könnte Art. 19 Abs. 4 Satz 1 GG zwar der Zulässigkeit einer verwaltungsrechtlichen Schiedsgerichtsbarkeit entgegenstehen, weil durch die verfassungsrechtlich relevante prozessuale Gleichstellung schiedsgerichtlicher Entscheidungen mit den Entscheidungen staatlicher Gerichte das Grundrecht auf Rechtsschutz vor den staatlichen Gerichten beschnitten wird.[1340] Richtigerweise kann auf das Grundrecht und den dadurch vermittelten Schutz jedoch verzichtet werden, soweit eine bewusste, die Konsequenzen überschauende und nicht durch Täuschung oder Zwang erwirkte Unterwerfung des Grundrechtsträgers unter die Rechtsfolgen schiedsgerichtlicher Streitbeilegung erfolgt.[1341] Die Möglichkeit des Rechtsverzichts ergibt sich im Umkehrschluss aus dem Wortlaut der Vorschrift, die nur ein Recht, aber keine Pflicht zur Beschreitung des staatlichen Rechtswegs statuiert.[1342]

1339 Zu diesen drei Garantieebenen des Art. 19 Abs. 4 Satz 1 GG, s. nur *Ernst*, in: von Münch/Kunig, GG, Art. 19 Rn. 141 ff.; *Huber*, in: Huber/Voßkuhle, GG, Art. 19 Rn. 367 ff.; *Schmidt-Aßmann*, in: Dürig/Herzog/Scholz, GG, Art. 19 Abs. 4 Rn. 6.

1340 Vgl. zum Problemaufriss *Stumpf*, Alternative Streitbeilegung, 37 f.

1341 Ausführlich *Stumpf*, Alternative Streitbeilegung, 38 f.; zudem *Sauer*, in: Dreier, GG, Vorb. Art. 1 Rn. 154; *Schmidt-Aßmann*, in: Dürig/Herzog/Scholz, GG, Art. 19 Abs. 4 Rn. 247. Aus den Grundrechten und dem Rechtsstaatsprinzip des Art. 20 Abs. 1 GG folgt, dass die Anerkennung der schiedsgerichtlichen Entscheidungen als bindend von staatlicher Seite nur erfolgen darf, wenn sie sich in den zulässigen Grenzen privater Gerichtsbarkeit bewegen, was neben der Freiwilligkeit der Unterwerfung die Sicherstellung eines Mindestmaßes an Rechtsstaatlichkeit während des Schiedsverfahrens voraussetzt, etwa die Unabhängigkeit und Neutralität der Richter sowie die Gewährung rechtlichen Gehörs; dazu *Classen*, in: Huber/Voßkuhle, GG, Art. 92 Rn. 44; *Hillgruber*, in: Dürig/Herzog/Scholz, GG, Art. 92 Rn. 91; *Meyer*, in: von Münch/Kunig, GG, Art. 92 Rn. 16; *Stumpf*, Alternative Streitbeilegung, 42 ff.

1342 *Stumpf*, Alternative Streitbeilegung, 38.

In seiner Ausprägung als objektive Wertentscheidung schließt Art. 19 Abs. 4 Satz 1 GG eine verwaltungsrechtliche Schiedsgerichtsbarkeit bereits deshalb nicht aus, weil sich der Aussagegehalt diesbezüglich auf die Begründung einer gerichtsgeprägten Gewaltenteilung beschränkt,[1343] hingegen subjektiv keine tatsächliche Beschreitung eines obligatorischen staatlichen Rechtswegs vorgeschrieben wird. Verfassungsrechtliche Bedenken ergeben sich schließlich nicht aus der institutionellen Garantie eines staatlichen Rechtswegs gegenüber Rechtsverletzungen durch die öffentliche Gewalt, da diese Garantie des Art. 19 Abs. 4 Satz 1 GG durch eine Verwaltungsschiedsgerichtsbarkeit nicht berührt oder gar beeinträchtigt wird.[1344]

Ist die generelle Zulässigkeit einer Verwaltungsschiedsgerichtsbarkeit unter verfassungsrechtlichen Gesichtspunkten nach den vorstehenden Ausführungen zu bejahen, ist weiterhin zu untersuchen, ob diese auch den einfachgesetzlichen Anforderungen der von § 173 Satz 1 VwGO in Bezug genommenen prozessualen Vorgaben der ZPO genügt. Hier ist insbesondere nach der objektiven Schiedsfähigkeit verwaltungsrechtlicher Streitgegenstände zu fragen.

Unabhängig von der Eignung bestimmter konkreter Streitgegenstände zur Einbeziehung in ein schiedsgerichtliches Verfahren ist bereits fraglich, ob der Stifter über diese Streitgegenstände überhaupt eine Schiedsverfügung i.S.d. § 1066 ZPO treffen darf. Gegen die Anerkennung objektiver Schiedsfähigkeit in Bezug auf öffentlich-rechtliche Streitigkeiten spricht, dass es dem Stifter als Privatperson andernfalls möglich wäre, Träger hoheitlicher Gewalt, insbesondere Stiftungsbehörden, in ein schiedsgerichtliches Verfahren zu zwingen und damit einseitig über verwaltungsrechtliches Handeln und hinsichtlich der prozessrechtlichen Wirkungen über die Entstehung koordinationsrechtlicher Verhältnisse zu disponieren.[1345] Im Gegenteil ist dem Begriff des öffentlichen Rechts gerade immanent, dass die staatliche Entgegennahme und Befolgung der Direktiven von Privatpersonen ohne nähere Begründung eines besonderen Rechtsverhältnisses zwischen diesen und dem Staat ausgeschlossen sind.[1346] Für die staatliche Unterwerfung unter eine schiedsverfahrensrechtliche Streitbeilegung kann insoweit nichts anderes gelten.

1343 Dazu BVerwGE 112, 373, 381 f. = NVwZ 2001, 1035; *Schmidt-Aßmann*, in: Dürig/Herzog/Scholz, GG, Art. 19 Abs. 4 Rn. 10; *Schmidt-Aßmann/Schenk*, in: Schoch/Schneider, VwGO, Einl. Rn. 59.

1344 *Stumpf*, Alternative Streitbeilegung, 40 f.

1345 Mit vergleichbarer Argumentation wurde bereits die privatautonome Ausgestaltungsmöglichkeit der Inanspruchnahme verwaltungsgerichtlichen Rechtsschutzes durch den Stifter verneint. Konsequenterweise kann für schiedsgerichtliche Verfahren unter Beteiligung von Hoheitsträgern nichts anderes gelten.

1346 *Stumpf*, Alternative Streitbeilegung, 32 f.

Zu keinem anderen Ergebnis kommt man schließlich mit Hinweis auf die Anerkennung einer etwaigen im Stiftungsgeschäft enthaltenen Schiedsverfügung im Rahmen des Anerkennungsverfahrens und damit verbundenen Billigung eines Stiftungsschiedsgerichts. Da sich die im Interesse des Rechtsverkehrs erfolgende behördliche Prüfung auf die Erfüllung der gesetzlichen Anerkennungsvoraussetzungen beschränkt (vgl. § 82 Satz 1 BGB [§ 80 Abs. 2 Satz 1 BGB a.F.]), kommt hierin kein Wille der Behörden zum Ausdruck, sich darüber hinaus einer Schiedsverfügung des Stifters zu unterwerfen.[1347] Die entsprechende Anwendbarkeit des § 1066 ZPO im Rahmen der Verwaltungsschiedsgerichtsbarkeit über § 173 Satz 1 VwGO ist daher zu verneinen.

Die Zulässigkeit verwaltungsrechtlicher Schiedsverfahren zur außergerichtlichen Klärung aufsichtlicher Streitgegenstände könnte stattdessen als Schiedsvereinbarung in Form einer Schiedsabrede gem. § 173 Satz 1 VwGO i.V.m. § 1029 Abs. 2 Alt. 1 ZPO vornehmlich zwischen der Stiftung als Schiedsklägerin und dem Rechtsträger der zuständigen Stiftungsbehörde als Schiedsbeklagter in Betracht kommen.[1348] Eine solche Vereinbarung müsste sowohl den materiell-rechtlichen Vorgaben des Schiedsverfahrensrechts als auch denjenigen des Stiftungsrechts genügen.

Für den von § 173 Satz 1 VwGO in Bezug genommenen § 1030 ZPO steht die bereits erwähnte Frage der objektiven Schiedsfähigkeit im Mittelpunkt.[1349] Diesbezüglich ist zwischen vermögensrechtlichen (Abs. 1 Satz 1) und nichtvermögensrechtlichen Streitigkeiten (Abs. 1 Satz 2) zu differenzieren. Vermögensrechtliche Ansprüche, zu denen im Rahmen der hoheitlichen, stiftungsbehördlichen Tätigkeit etwa Amtshaftungsansprüche der Stiftung aus § 839 Abs. 1 Satz 1 BGB i.V.m. Art. 34 Satz 1 GG zu zählen sind, sind auch im Falle ihrer öffentlich-rechtlichen Natur als Streitgegenstände uneingeschränkt zur Einbeziehung in ein Schiedsverfahren geeignet.[1350] Die objektive Schiedsfähigkeit nichtvermögensrechtlicher Ansprüche ist hingegen nur zu bejahen, wenn die Parteien berechtigt sind, über den Gegenstand des Streits einen Vergleich zu schließen.[1351]

1347 *Stumpf*, SchiedsVZ 2009, 266, 270.

1348 Vgl. *Stumpf*, SchiedsVZ 2009, 266, 270.

1349 Die subjektive Schiedsfähigkeit als Fähigkeit, rechtswirksam eine Schiedsvereinbarung zu schließen, richtet sich erneut (s. Fn. 1328) nach den §§ 50 ff. ZPO, sodass sie beim Vorliegen von Partei- und Prozessfähigkeit der Parteien der Schiedsvereinbarung zu bejahen ist.

1350 BT-Drs. 13/5274, 35.

1351 *Möller*, Schiedsgerichtsbarkeit, 145, misst der Vorschrift des § 1030 Abs. 1 Satz 2 ZPO und der damit einhergehenden Frage nach der objektiven Schiedsfähigkeit

Die Vergleichsfähigkeit in objektiver Hinsicht bemisst sich richtigerweise nach dem in § 106 VwGO für gerichtliche Vergleiche vorausgesetzten Verständnis einer Vergleichsbefugnis als objektive Verfügbarkeit des Rechtsverhältnisses und damit in einem prozessualen Sinne.[1352] Gegen einen materiell-rechtlichen Ansatz, der die Schiedsfähigkeit danach beurteilt, ob das Ergebnis des Schiedsverfahrens möglicherweise gegen zwingendes Recht verstoßen könnte, spricht zum einen die in dieser Ausarbeitung vertretene, rein prozessuale Qualifikation der Schiedsvereinbarung. Aufgrund der insoweit maßgeblichen Rechtswirkung in Form der Gleichstellung von schiedsrichterlicher Entscheidung mit einer staatlichen Gerichtsentscheidung richtet sich die Frage der objektiven Schiedsfähigkeit nichtvermögensrechtlicher Ansprüche i.S.d. § 1030 Abs. 1 Satz 2 ZPO ebenfalls nach Prozessrecht. Zum anderen bezeugt die im Vergleich zur Kodifikation der §§ 1025 ff. ZPO a.F. schiedsfreundlichere Einstellung des Gesetzgebers die rechtspolitische Intention, Schiedsvereinbarungen im größeren Umfang zuzulassen.[1353] Dem ist durch ein erweitertes Verständnis der Vergleichsfähigkeit Rechnung zu tragen. Diesen liberaleren Maßstab zugrunde gelegt ist die Vergleichsbefugnis und damit die objektive Schiedsfähigkeit nichtvermögensrechtlicher, öffentlich-rechtlicher Ansprüche aufgrund ihrer Unverfügbarkeit nur dann ausgeschlossen, wenn sich der Staat im Interesse besonders schutzwürdiger, der Verfügungsmacht privater Personen entzogener Rechtsgüter ein Entscheidungsmonopol vorbehalten hat.[1354] Dass ein angestrebter Rechtszustand allein durch staatliche Entscheidung herbeigeführt werden kann, gilt insbesondere, wenn durch den Streit wesentliche Interessen der Allgemeinheit oder von am Streit unbeteiligten Dritten berührt werden.[1355] Da die schiedsgerichtliche Streitbeilegung zwischen Stiftung und Stiftungsbehörde nicht das Institut der Rechtsaufsicht als solches, sondern im

---

nichtvermögensrechtlicher Ansprüche im Verwaltungsrecht eine höhere praktische Relevanz zu, da hier eine Vielzahl von denkbaren Verfahren ohne vermögensrechtlichen Charakter existierten.

1352 Ebenso *Anders*, in: Anders/Gehle, ZPO, § 1030 Rn. 9; *Geimer*, in: Zöller, ZPO, § 1030 Rn. 1; *Kornmeier*, Vergleichsbefugnis, 55; *Saenger*, in: Saenger, ZPO, § 1030 Rn. 5; *Wolf/Eslami*, in: BeckOK-ZPO, § 1030 Rn. 7.

1353 Vgl. BT-Drs. 13/5274, 1, wodurch zum einen eine zügige, die staatliche Justiz entlastende Durchführung von Schiedsverfahren bewirkt und zum anderen das Ansehen der Schiedsgerichtsbarkeit als Alternative zur staatlichen Justiz gestärkt werde; zudem *Prütting*, in: Prütting/Gehrlein, ZPO, § 1030 Rn. 1; *Saenger*, in: Saenger, ZPO, § 1030 Rn. 1; *Wolf/Eslami*, in: BeckOK-ZPO, § 1030 Rn. 7.

1354 BT-Drs. 13/5274, 34; *Geimer*, in: Zöller, ZPO, § 1030 Rn. 1; *Saenger*, in: Saenger, ZPO, § 1030 Rn. 5; *Wolf/Eslami*, in: BeckOK-ZPO, § 1030 Rn. 7.

1355 *Stumpf*, Alternative Streitbeilegung, 62.

Regelfall einzelne Aufsichtsmaßnahmen zum Gegenstand hat, ist eine stiftungsrechtlich begründete Unverfügbarkeit dieses Rechtsverhältnisses zu verneinen, sodass aufsichtliche Streitigkeiten grundsätzlich objektiv schiedsfähig sind. Etwas anderes wird man nur bei Auseinandersetzungen um existenzbegründende oder -vernichtende Maßnahmen der Stiftungsbehörde, insbesondere um die staatliche Anerkennung oder Aufhebung der Stiftung anzunehmen haben. In diesen Fällen scheint es geboten, wegen der konstituierenden Wirkung der hoheitlichen Maßnahmen und der über die individuelle Beziehung zwischen den Stiftungsbeteiligten hinausgehenden Bedeutung für den Rechtsverkehr aus Gründen der Rechtssicherheit die Vergleichsfähigkeit dieser Streitgegenstände und damit die Möglichkeit der Einbeziehung in ein schiedsgerichtliches Verfahren zu verneinen. In den übrigen Konstellationen können aufsichtsrechtliche Streitigkeiten als zulässige Vertretungsmaßnahme durch Schiedsvereinbarung der Zuständigkeit eines Schiedsgerichts unterworfen werden, um sich auch im Bereich der hoheitlichen Stiftungsaufsicht die Vorteile einer Schiedsgerichtsbarkeit zunutze zu machen.

Teil 4: Zusammenfassung der Ergebnisse

Die vorliegende Bearbeitung hat gezeigt, dass die in der Einleitung aufgeworfene Frage nach der prozessualen Abbildung der Stiftung bürgerlichen Rechts im Sinne einer kohärenten „foundation litigation" maßgeblich durch zwei Faktoren determiniert wird, nämlich einerseits durch die Würdigung der strukturellen Besonderheiten der Stiftung als mitglieder- und eigentümerlose verselbständigte Vermögensmasse und andererseits durch die Ausformung der Stiftungsorganisation mittels gesetzlicher Vorgaben und insbesondere der Anordnungen des Stifters in Stiftungsgeschäft und Stiftungssatzung. Zu dieser Erkenntnis führen sowohl die Analyse der im „Allgemeinen Teil" dargestellten generellen Voraussetzungen für die gerichtliche Klärung von Rechtsstreitigkeiten als auch die dem „Besonderen Teil" vorbehaltene Untersuchung von typisierten stiftungsrechtlichen Rechtsschutzbegehren vor den ordentlichen Gerichten bzw. den Verwaltungsgerichten.

Zunächst erfüllt die Stiftung bürgerlichen Rechts in jeder Phase ihres Bestehens die wesentlichen parteibezogenen Sachentscheidungsvoraussetzungen für eine Klage vor den staatlichen Gerichten, sodass nicht nur die als rechtsfähig anerkannte Stiftung, sondern auch die beendete oder noch nicht anerkannte Stiftung als Klägerin oder Beklagte vor Gericht auftreten kann. Letzteres ergibt sich für die Parteifähigkeit nach hier vertretener Ansicht aufgrund einer vergleichenden Betrachtung mit den Bestimmungen über den nasciturus und für die Prozessfähigkeit infolge des § 1960 Abs. 1 Satz 2 BGB.

Im Kontext der Zuständigkeitsregelungen zur Bestimmung des Gerichts für die Klageerhebung ist besonderes Augenmerk auf die Rechtswegzuständigkeit zu legen. Das Spannungsfeld von privatem und öffentlichem Recht, innerhalb dessen sich das Stiftungsrecht bewegt, verlangt eine sorgfältige Prüfung, ob eine stiftungsrechtliche Streitigkeit vor ein ordentliches Gericht oder vor ein Verwaltungsgericht gehört. In Rechtsschutzkonstellationen, bei denen der Gegenstand eines Rechtsverhältnisses sowohl privatrechtliche als auch öffentlich-rechtliche Berührungspunkte besitzt, bestehen ordentlicher und verwaltungsgerichtlicher Rechtsschutz nebeneinander, wobei ein zivilgerichtliches Urteil für den Verwaltungsrechtsstreit vorgreiflich sein kann. Anders als auf die Festlegung der sachlichen Zuständigkeit kann der Stifter auf den Gerichtsstand für die Passivprozesse der Stiftung vor den ordentlichen Gerichten dadurch mittelbar Einfluss nehmen, dass er den gem. § 17 Abs. 1 Satz 1 ZPO maßgeblichen statutarischen Sitz ohne einschränkende Vorgaben frei festlegen darf. Grenzen findet diese Rechtsfreiheit bei der Festlegung von Doppelsitzen, deren Zulässigkeit nach hier vertretener

Ansicht aufgrund der Gefahr damit verbundener unklarer Kompetenzverhältnisse zu verneinen ist.

Der Disposition des Stifters ebenfalls entzogen sind die gesetzlichen Voraussetzungen des § 116 Satz 1 Nr. 2 ZPO, falls die Stiftung für ein von ihr angestrebtes gerichtliches Verfahren die Bewilligung von Prozesskostenhilfe begehrt. Nichts anderes ergibt sich aus den stiftungsrechtlichen Prinzipien des Vermögenserhaltungsrundsatzes und des Mittelverwendungsgebots, sodass grundsätzlich alle Vermögenswerte der Stiftung zur Prozessfinanzierung einzusetzen sind.

Besondere Bedeutung kommt den privatautonomen Anordnungen des Stifters in Bezug auf die gerichtliche Klärung solcher Rechtsschutzbegehren zu, in denen sich das strukturell bedingte Kontrolldefizit der Stiftung verwirklicht. Das gilt vor allem für Rechtsstreitigkeiten vor den ordentlichen Gerichten, bei denen der Stiftungsvorstand gegen sich selbst vorgehen müsste, und die Stiftungsaufsicht zulasten der Stiftung nicht einschreitet. Da in diesen Konstellationen gesetzliche Lösungsansätze, sei es die rechtsfortbildende Anerkennung einer actio pro fundatione, sei es die Anknüpfung an eine Stiftungsaufsichtsbeschwerde in der lex lata oder der lex ferenda oder die befristete Bestellung von Vorstandsmitgliedern als Notmaßnahme gem. § 84c Abs. 1 BGB (§§ 86 Satz 1 a.F., 29 BGB) einer defizitären prozessualen Durchsetzung nicht abhelfen, wird der durch die Anerkennung perpetuierte Stifterwille selbst zum entscheidenden Steuerungsinstrument für die gerichtlichen Klagemöglichkeiten der Stiftungsbeteiligten im Allgemeinen und die Etablierung eines robusten Rechtsschutzsystems zur Durchsetzung der Interessen der Stiftung im Speziellen. Nach hier vertretener Ansicht ist dafür die satzungsmäßige Schaffung kontrollierender Rechtspositionen, die nötigenfalls die prozessuale Durchsetzungsbefugnis für Ansprüche der Stiftung vermitteln können, zugunsten der Mitglieder eines satzungsmäßig einzurichtenden Kuratoriums oder der leistungsberechtigten Destinatäre ein probates Mittel. Dazu kann auch ein allgemeines Verhaltenskontrollrecht als Klagerecht gehören, das im Stiftungsrecht ein präventives Einschreiten gegen pflichtwidrige Organtätigkeiten ermöglicht.

In gleicher Weise kann der Stifter die Rechtsschutzmöglichkeiten für andere Rechtsstreitigkeiten in der Stiftung durch Einräumung von Klagerechten ausformen und dadurch effektivieren. Einschränkungen unterliegt er dabei aufgrund prozessrechtlicher Grundsätze mit Blick auf innerorganisatorische Rechtsstreitigkeiten: So sind kompetenzgestützte Klagen, etwa Leistungsklagen auf Unterlassung pflichtwidrigen Vorstandsverhaltens, weder durch einzelne Organmitglieder noch durch die betreffenden Stiftungsorgane selbst aufgrund der hier vertretenen Unzulässigkeit von Interorganstreitigkeiten zu bewirken, sondern stellen sich prozessual als Klagen der Stiftung, vertreten durch ein am Streitgegenstand nicht beteiligtes Stiftungsorgan, gegen die pflichtwidrig handelnden Organmitglieder dar.

Gezeigt wurde schließlich, dass eine Erweiterung der Klagebefugnis für verwaltungsprozessuale Rechtsstreitigkeiten gegen Maßnahmen der Stiftungsbehörden über eine subjektiv-öffentliche Betroffenheit des konkreten Stiftungsbeteiligten hinaus ausgeschlossen ist, da das Verwaltungsprozessrecht einer privatautonomen Gestaltungsmöglichkeit durch den Stifter entzogen ist.

Für diese Rechtsschutzkonstellationen, in denen die Klagemöglichkeiten vor den ordentlichen Gerichten oder den Verwaltungsgerichten jenseits der klagebefugten bzw. sachlegitimierten Stiftung häufig eingeschränkt oder ausgeschlossen sind, sollte der Stifter bei der Formulierung von Stiftungsgeschäft und Stiftungssatzung ernsthaft die Aufnahme einer Schiedsverfügung in Erwägung ziehen, die unter Berücksichtigung der gesetzlichen Anforderungen des § 1066 ZPO und der allgemeinen schiedsverfahrensrechtlichen Grundsätze in Betracht kommt. Im Zusammenspiel von zulässigerweise satzungsmäßig angeordneter Stärkung der Durchsetzungsmöglichkeiten materieller Stiftungsrechte vor den staatlichen Gerichten einerseits und der Etablierung einer Stiftungsschiedsgerichtsbarkeit anderseits können strukturbedingte Rechtsschutzdefizite kompensiert und die „foundation litigation" zwecks Stiftungsschutzes und Durchsetzung des Stifterwillens insgesamt verbessert werden.

Literaturverzeichnis

Aigner, Pia Maria: Der Schutz der Stiftung vor Einflußnahme Dritter. Rechtsvergleichung im deutschsprachigen Rechtsraum, zugleich Diss. iur., Frankfurt a.M. 2000

Altmeppen, Holger: Gesetz betreffend die Gesellschaften mit beschränkter Haftung. Kommentar, 11. Aufl., München 2023 (zit.: *Altmeppen*, GmbHG)

Anders, Monika / Gehle, Burkhard (Hrsg.): Zivilprozessordnung mit GVG und anderen Nebengesetzen, 82. Aufl., München 2024 (zit.: *Bearbeiter*, in: Anders/Gehle, ZPO)

Andrick, Bernd: Stellungnahme zum Entwurf eines Gesetzes zur Vereinheitlichung des Stiftungsrechts (BT-Drucksache 19/28173) im Rahmen der Öffentlichen Anhörung des Ausschusses für Recht und Verbraucherschutz am 5. Mai 2021, Protokoll-Nr. 19/150, 34-44 (zit.: *Andrick*, Stellungnahme)

Andrick, Bernd: Aktuelle Rechtsprechung zur Stiftung, in: Andrick, Bernd / Gantenbrink, Matthias / Janitzki, Axel / Muscheler, Karlheinz / Schewe, Markus / Trappe, Sebastian (Hrsg.), Die Stiftung – Jahreshefte zum Stiftungswesen, 12. Jahrgang (2018), Frankfurt a.M. 2018, 67-79 (zit.: *Andrick*, in: Die Stiftung – Jahreshefte zum Stiftungswesen 12 (2018))

Andrick, Bernd: Beteiligungsrechte und -pflichten im Stiftungsrecht, in: Andrick, Bernd / Gantenbrink, Matthias / Hellmig, Gerd / Janitzki, Axel / Muscheler, Karlheinz / Schewe, Markus (Hrsg.), Die Stiftung – Jahreshefte zum Stiftungswesen, 9. Jahrgang (2015), Frankfurt a.M. 2016, 85-109 (zit.: *Andrick*, in: Die Stiftung – Jahreshefte zum Stiftungswesen 9 (2015))

Andrick, Bernd: Das modernisierte Stiftungsrecht, in: Rheinische Notar-Zeitschrift (RNotZ) 2002, 441-444

Andrick, Bernd: Sachentscheidungsvoraussetzungen im stiftungsrechtlichen Verwaltungsprozeß, in: von Campenhausen, Axel Freiherr / Kronke, Herbert / Werner, Olaf (Hrsg.), Stiftungen in Deutschland und Europa, Düsseldorf 1998, 281-301 (zit.: *Andrick*, in: Stiftungen in Deutschland und Europa)

Andrick, Bernd / Suerbaum, Joachim: Stiftungsgesetz Nordrhein-Westfalen, München 2016 (zit.: *Bearbeiter*, in: Andrick/Suerbaum, StiftG NRW)

Andrick, Bernd / Suerbaum, Joachim: Das Gesetz zur Modernisierung des Stiftungsrechts, in: Neue Juristische Wochenschrift (NJW) 2002, 2905-2910

Andrick, Bernd / Suerbaum, Joachim: Stiftung und Aufsicht. Dogmatik – Stiftungspraxis – Reformbestrebungen, München 2001 (zit.: *Andrick/Suerbaum*, Stiftung und Aufsicht)

Andrick, Bernd / Muscheler, Karlheinz / Uffmann, Katharina (Hrsg.): Bochumer Kommentar zum Stiftungsrecht. §§ 80 bis 88 BGB und StiftRG, Baden-Baden 2023 (zit.: *Bearbeiter*, in: Andrick/Muscheler/Uffmann, Stiftungsrecht)

Arnold, Arnd / Burgard, Ulrich / Droege, Michael / Hüttemann, Rainer / Jakob, Dominique / Leuschner, Lars / Rawert, Peter / Roth, Gregor / Schauhoff, Stephan / Segna, Ulrich / Weitemeyer, Birgit: Professorenentwurf zur Stiftungsrechtsreform 2020, in: Beilage zur Zeitschrift für Wirtschaftsrecht (ZIP) 10/2020, 3-19

Bahrenfuss, Dirk (Hrsg): FamFG. Gesetz über das Verfahren in Familiensachen und in den Angelegenheiten der freiwilligen Gerichtsbarkeit. Kommentar., 3. Aufl., Berlin 2017 (zit.: *Bearbeiter*, in: Bahrenfuss, FamFG)

Barfuß, Werner: Die Stellung besonderer Vertreter gem. § 30 BGB in der zivilprozessualen Beweisaufnahme, in: Neue Juristische Wochenschrift (NJW) 1977, 1273-1274

Bartholomeyczik, Horst: Die Kunst der Gesetzesauslegung. Eine wissenschaftliche Hilfe zur praktischen Rechtsanwendung, Frankfurt a.M. 1951

Barzen, Erich Theodor / Fritz, Stefan / Leininger, Leon: Gebühren als Wettbewerbsfaktor der Stiftungsstandorte, in: Zeitschrift für das Recht der Non Profit Organisationen (npoR) 2024, 16-21

Bauer, Ulrich: Organklagen zwischen Vorstand und Aufsichtsrat der Aktiengesellschaft: ein Beitrag zu den Grundlagen des aktienrechtlichen Organstreits, Köln u.a. 1986

Baumann Lorant, Roman: Die Stiftungsaufsichtsbeschwerde, in: Schweizerische Juristen-Zeitung (SJZ) 109 (2013), 517-523

Baumbach, Adolf (Begr.): Zivilprozeßordnung in Fassung der ZustellungsVdg v. 17. Juni 1933 mit Gerichtsverfassungsgesetz und den wichtigsten Nebengesetzen, 7. Aufl., Berlin 1933

beck-online.GROSSKOMMENTAR für das Handels- und Gesellschaftsrecht, Henssler, Martin (GesamtHrsg.), Kommentierung zum AktG, hrsg. v. Gerald Spindler und Eberhard Stilz, München 2024 (zit.: *Bearbeiter*, in: BeckOGK-AktG, Bearbeitungsstand)

beck-online.GROSSKOMMENTAR zum Zivilrecht, Gsell, Beate / Krüger, Wolfgang / Lorenz, Stephan / Reymann, Christoph (GesamtHrsg.), Kommentierung zum BGB, hrsg. v. Markus Artz u.a., München 2024 (zit.: *Bearbeiter*, in: BeckOGK-BGB, Bearbeitungsstand)

Beck'scher Online-Kommentar zum BGB, hrsg. v. Wolfgang Hau und Roman Poseck, 69. Edition, Stand: 01.02.2024 / 01.11.2023 / 01.05.2022, München 2024 (zit.: *Bearbeiter*, in: BeckOK-BGB)

Beck'scher Online-Kommentar zum GmbHG, hrsg. v. Hildegard Ziemons, Carsten Jaeger und Moritz Pöschke, 59. Edition, Stand: 01.02.2024 / 01.08.2023, München 2024 (zit.: *Bearbeiter,* in: BeckOK-GmbHG)

Beck'scher Online-Kommentar zum GVG, hrsg. v. Jürgen Graf, 22. Edition, Stand: 15.02.2024, München 2024 (zit.: *Bearbeiter,* in: BeckOK-GVG)

Beck'scher Online-Kommentar zur VwGO, hrsg. v. Herbert Posser, Heinrich Amadeus Wolff und Andreas Decker, 68. Edition, Stand: 01.01.2024 / 01.01.2023, München 2024 (zit.: *Bearbeiter,* in: BeckOK-VwGO)

Beck'scher Online-Kommentar zum VwVfG, hrsg. v. Johann Bader und Michael Ronellenfitsch, 62. Edition, Stand: 01.01.2024 / 01.04.2023, München 2024 (zit.: *Bearbeiter,* in: BeckOK-VwVfG)

Beck'scher Online-Kommentar zur ZPO, hrsg. v. Volkert Vorwerk und Christian Wolf, 52. Edition, Stand: 01.03.2024 / 01.09.2022, München 2024 (zit.: *Bearbeiter,* in: BeckOK-ZPO)

Behr, Volker / Kindl, Johann: Zur Vertretung der Aktiengesellschaft gegenüber ehemaligen Vorstandsmitgliedern, in: Deutsches Steuerrecht (DStR) 1999, 119-126

Beuthien, Volker: Gibt es eine organschaftliche Stellvertretung?, in: Neue Juristische Wochenschrift (NJW) 1999, 1142-1146

Blydt-Hansen, Kristoffer: Die Rechtsstellung der Destinatäre der rechtsfähigen Stiftung Bürgerlichen Rechts, zugleich Diss. iur., Frankfurt a.M. 1998

Bork, Reinhard: Die als vermögenslos gelöschte GmbH im Prozeß, in: Juristen-Zeitung (JZ) 1991, 841-850

Bork, Reinhard: Passivlegitimation und gesetzliche Vertretung der AG bei Klagen einzelner Aufsichtsratsmitglieder, in: Zeitschrift für Wirtschaftsrecht (ZIP) 1991, 137-147

Bork, Reinhard: Materiell-rechtliche und prozeßrechtliche Probleme des Organstreits zwischen Vorstand und Aufsichtsrat einer Aktiengesellschaft, in: Zeitschrift für Unternehmens- und Gesellschaftsrecht (ZGR) 1989, 1-43

Borris, Christian: Die Schiedsfähigkeit gesellschaftsrechtlicher Streitigkeiten in der Aktiengesellschaft, in: Neue Zeitschrift für Gesellschaftsrecht (NZG) 2010, 481-486

Brückner, Christian: Das Personenrecht des ZGB (ohne Beurkundung des Personenstandes), Zürich 2000

Bundesministerium der Justiz und für Verbraucherschutz: Bericht der Bund-Länder-Arbeitsgruppe „Stiftungsrecht" an die Ständige Konferenz der Innenminister und -senatoren der Länder vom 9. September 2016

Bundesministerium der Justiz und für Verbraucherschutz: Anlage zum Zweiten Bericht der Bund-Länder-Arbeitsgruppe „Stiftungsrecht" vom 27. Februar 2018. Diskussionsentwurf der Bund-Länder-Arbeitsgruppe „Stiftungsrecht" für ein Gesetz zur Vereinheitlichung des Stiftungsrechts

Bundesverband Deutscher Stiftungen: Pressemitteilung: Bundesverband veröffentlicht Jahreszahlen 2023 – Beliebtheit des Stiftens ungebrochen (Stand: 16.04.2024), https://www.stiftungen.org/aktuelles/pressemitteilungen/mitteilung/bundesverband-veroeffentlicht-jahreszahlen-2023-beliebtheit-des-stiftens-ungebrochen-13483.html, zuletzt besucht am 01.05.2024

Bundesverband Deutscher Stiftungen: Stellungnahme zum Entwurf eines Gesetzes zur Vereinheitlichung des Stiftungsrechts (BT-Drucksache 19/28173) im Rahmen der Öffentlichen Anhörung des Ausschusses für Recht und Verbraucherschutz am 5. Mai 2021, Protokoll-Nr. 19/150, 45-62 (zit.: Bundesverband Deutscher Stiftungen, Stellungnahme)

Burgard, Ulrich: Die Änderung prägender und sonstiger Satzungsbestimmungen gemäß § 85 Abs. 2 und 3 BGB, in: Zeitschrift für Stiftungs- und Vereinswesen (ZStV) 2024, 39-50

Burgard, Ulrich (Hrsg.): Stiftungsrecht. Kommentierung der §§ 80-88 BGB, Berlin/Boston 2023 (zit.: *Bearbeiter*, in: Burgard, Stiftungsrecht)

Burgard, Ulrich: Foundation Governance, in: Zeitschrift für Stiftungs- und Vereinsweisen (ZStV) 2015, 1-9

Burgard, Ulrich: Gestaltungsfreiheit im Stiftungsrecht. Zur Einführung korporativer Strukturen bei der Stiftung, zugleich Habilitationsschrift, Köln 2006 (zit.: *Burgard*, Gestaltungsfreiheit)

Bydlinski, Franz: Grundzüge der juristischen Methodenlehre, 4. Aufl., Wien 2023

von Campenhausen, Axel Freiherr / Richter, Andreas (Hrsg.): Stiftungsrechts-Handbuch, 4. Aufl., München 2014 (zit.: *Bearbeiter*, in: von Campenhausen/Richter, Stiftungsrechts-Handbuch)

Damrau, Jürgen: Vor-Stiftung und Pflichtteilsanspruch sowie dessen Verjährung, in: Zeitschrift für Erbrecht und Vermögensnachfolge (ZEV) 2010, 12-17

Deckert, Martina R.: Klagemöglichkeiten einzelner Aufsichtsratsmitglieder, in: Die Aktiengesellschaft (AG) 1994, 457-465

Denecke, Heiko: Die vermögensrechtliche Anspruchsberechtigung der selbständigen privatrechtlichen Stiftung, zugleich Diss. iur., Berlin 2004

Detterbeck, Steffen: Allgemeines Verwaltungsrecht mit Verwaltungsprozessrecht, 21. Aufl., München 2023

Dreier, Horst: Grundgesetz-Kommentar (zit.: *Bearbeiter*, in: Dreier, GG):

- Band I: Präambel, Vorbemerkungen, Artikel 1-19, hrsg. v. Frauke Brosius-Gersdorf, 4. Aufl., Tübingen 2023
- Band III: Artikel 83-146, hrsg. v. Horst Dreier, 3. Aufl., Tübingen 2018

Dürig, Günter / Herzog, Roman / Scholz, Rupert: Grundgesetz. Kommentar, hrsg. v. Roman Herzog, Rupert Scholz, Matthias Herdegen und Hans H. Klein, 104. Ergänzungslieferung April 2024, München 2024 (zit.: *Bearbeiter*, in: Dürig/Herzog/Scholz, GG)

Ebersbach, Harry: Handbuch des deutschen Stiftungsrechts, Göttingen 1972

Eder, Florian: Die „Vor-Stiftung", in: Zeitschrift für Stiftungs- und Vereinswesen (ZStV) 2013, 52-55

Enneccerus, Ludwig / Nipperdey, Hans Carl: Allgemeiner Teil des Bürgerlichen Rechts. Ein Lehrbuch, Erster Halbband: Allgemeine Lehren, Personen, Rechtsobjekte, 15. Aufl., Tübingen 1959

Erman, Walter (Begr.): Bürgerliches Gesetzbuch. Handkommentar mit AGG, EGBGB (Auszug), ErbbauRG, LPartG, ProdHaftG, VBVG, VersAusglG und WEG, hrsg. v. Harm Peter Westermann, Barbara Grunewald und Georg Maier-Reimer, Band I (§§ 1-778, AGG), 17. Aufl., Köln 2023 (zit.: *Bearbeiter*, in: Erman, BGB)

Erman, Walter (Begr.): Bürgerliches Gesetzbuch. Handkommentar mit AGG, EGBGB (Auszug), ErbbauRG, LPartG, ProdHaftG, VBVG, VersAusglG und WEG, hrsg. v. Harm Peter Westermann, Barbara Grunewald und Georg Maier-Reimer, Band I (§§ 1-778, AGG), 16. Aufl., Köln 2020 (zit.: *Bearbeiter*, in: Erman, BGB, 16. Aufl. 2020)

Eyermann, Erich (Begr.): Verwaltungsgerichtsordnung. Kommentar, 16. Aufl., München 2022 (zit.: *Bearbeiter*, in: Eyermann, VwGO)

Feick, Martin / Fischer, Kristian: Verwaltungsgerichtlicher Rechtsschutz von Stiftungsorganen gegenüber Maßnahmen der Stiftungsaufsicht, in: Zeitschrift für Stiftungs- und Vereinswesen (ZStV) 2017, 27-30

Flume, Werner: Allgemeiner Teil des Bürgerlichen Rechts, Erster Band/Erster Teil: Die Personengesellschaft, Berlin/Heidelberg 1977 (zit.: *Flume*, BGB AT I/1)

Flume, Werner: Allgemeiner Teil des Bürgerlichen Rechts, Erster Band/Zweiter Teil: Die juristische Person, Berlin u.a. 1983 (zit.: *Flume*, BGB AT I/2)

Förster, Adolf / Kann, Richard: Die Zivilprozeßordnung für das Deutsche Reich, Erster Band, 3. Aufl., Berlin 1913

Francke (ohne Vornamen): Das Armenrecht ist nach der deutschen Civilprozessordnung nur einzelnen Menschen zu bewilligen, in: Zeitschrift für deutschen Civilprozess, Band 6, Berlin 1883, 91-96

Frese, Yorck: Partei- und Prozessfähigkeit von Organen und Organmitgliedern beim Interorganstreit in der Stiftung. Anm. zu OLG Frankfurt a.M., Urt. v. 25.9.2018 – 5 U 130/18, in: Entscheidungen zum Wirtschaftsrecht (EWiR) 2019, 39-40

Fritsche, Stefan: Zivilrechtlich begründete Verbindlichkeiten der Stiftung, in: Zeitschrift zum Stiftungswesen (ZSt) 2003, 113-121

Gantenbrink, Matthias: Aktuelle Rechtsprechung zum Stiftungsrecht, in: Andrick, Bernd / Gantenbrink, Matthias / Janitzki, Axel / Muscheler, Karlheinz / Schewe, Markus / Trappe, Sebastian (Hrsg.), Die Stiftung – Jahreshefte zum Stiftungswesen, 13. Jahrgang (2019), Berlin 2020, 77-89 (zit.: *Gantenbrink*, in: Die Stiftung – Jahreshefte zum Stiftungswesen 13 (2019))

Gantenbrink, Matthias: Zum Doppelsitz von Stiftungen, in: Andrick, Bernd / Gantenbrink, Matthias / Hellmig, Gerd / Janitzki, Axel / Muscheler, Karlheinz / Schewe, Markus (Hrsg.), Die Stiftung – Jahreshefte zum Stiftungswesen, 5. Jahrgang (2011), Frankfurt am Main 2011, 137-142 (zit.: *Gantenbrink*, in: Die Stiftung – Jahreshefte zum Stiftungswesen 5 (2011))

Gantenbrink, Matthias: Die hoheitliche Beendigung der Stiftung durch die Stiftungsbehörde. Zur Aufhebung und Zusammenführung von Stiftungen, zugleich Diss. iur., Frankfurt am Main 2011

Gaupp, Ludwig: Die Civilprozeßordnung für das Deutsche Reich nebst den auf den Civilprozeß bezüglichen Bestimmungen des Gerichtsverfassungsgesetzes und den Einführungsgesetzen, Erster Band, 1. Aufl., Freiburg/Tübingen 1879 (zit.: *Gaupp*, Civilprozeßordnung, 1. Aufl. 1879)

Gaupp, Ludwig / Stein, Friedrich: Die Civilprozeßordnung für das Deutsche Reich nebst den auf den Civilprozeß bezüglichen Bestimmungen des Gerichtsverfassungsgesetzes und den Einführungsgesetzen, Erster Band, 3. Aufl., Freiburg u.a. 1897 (zit.: *Gaupp/Stein*, Civilprozeßordnung, 3. Aufl. 1897)

von Gierke, Otto: Deutsches Privatrecht, Erster Band: Allgemeiner Teil und Personenrecht, Leipzig 1895 (zit.: *von Gierke,* Deutsches Privatrecht I)

von Gierke, Otto: Die Genossenschaftstheorie und die Deutsche Rechtsprechung, Berlin 1887 (zit.: *von Gierke,* Genossenschaftstheorie)

Gollan, Katharina: Wer ist Anwalt der Stiftung? Zur Klagebefugnis eines Stifter-Abkömmlings und möglichen geborenen Organmitglieds gegen die Aufhebung einer Stiftung – zugleich Anm. zu VG Sigmaringen Urt. v. 22.1.2020 – 6 K 300/17, in: Zeitschrift für die gesamte erbrechtliche Praxis (ErbR) 2020, 700-704

Gollan, Anna Katharina: Vorstandshaftung in der Stiftung. Eine Untersuchung zur Anwendbarkeit der Business Judgment Rule, zugleich Diss. iur., Köln/München 2009 (zit.: *Gollan*, Vorstandshaftung)

Grobe, Tony: Inter- und Intraorganklagen in der Aktiengesellschaft, zugleich Diss. iur., Berlin 2020

Großkommentar zum Aktiengesetz (zit.: *Bearbeiter*, in: GK-AktG):

- Band 4/1: §§ 76-91, hrsg. v. Heribert Hirte, Peter O. Mülbert und Markus Roth, 5. Aufl., Berlin u.a. 2015
- Band 7/2: §§ 241-277, hrsg. v. Klaus J. Hopt und Herbert Wiedemann, 4. Aufl., Berlin/Boston 2013

Grüneberg, Christian (Hrsg.): Bürgerliches Gesetzbuch mit Nebengesetzen, 83. Aufl., München 2024 (zit.: *Bearbeiter*, in: Grüneberg, BGB)

Grüneberg, Christian (Hrsg.): Bürgerliches Gesetzbuch mit Nebengesetzen, 82. Aufl., München 2023 (zit.: *Bearbeiter*, in: Grüneberg, BGB, 82. Aufl. 2023)

Grunewald, Barbara: Die Gesellschafterklage in der Personengesellschaft und der GmbH, Tübingen 1990

Habersack, Mathias / Wasserbäch, Elena: Organhandeln vor Schiedsgerichten, in: Die Aktiengesellschaft (AG) 2016, 2-15

Hadding, Walther: Zur Rechtsfähigkeit und Parteifähigkeit der (Außen-)Gesellschaft bürgerlichen Rechts sowie zur Haftung ihrer Gesellschafter für Gesellschaftsverbindlichkeiten. Zugleich Besprechung des Urteils BGH WM 2001, 408, in: Zeitschrift für Unternehmens- und Gesellschaftsrecht (ZGR) 2001, 712-743

Häsemeyer, Ludwig: Der interne Rechtsschutz zwischen Organen, Organmitgliedern und Mitgliedern der Kapitalgesellschaft als Problem der Prozeßführungsbefugnis, in: Zeitschrift für das gesamte Handelsrecht und Wirtschaftsrecht (ZHR) 144 (1980), 265-288

Hahn, Carl: Die gesammelten Materialien zu den Reichs-Justizgesetzen. Auf Veranlassung des Kaiserlichen Reichs-Justizamts, Zweiter Band. Materialien zur Civilprozeßordnung, Berlin 1880

von Harder, Stephan: Anm. zu OLG Frankfurt a.M., Urt. v. 25.9.2018 – 5 U 130/18, in: Zeitschrift zum Stiftungs- und Vereinswesen (ZStV) 2019, 146-148

Hassold, Gerhard: Actio pro socio, in: Juristische Schulung (JuS) 1980, 32-35

Hauschild, Armin / Böttcher, Leif: Schiedsvereinbarungen in Gesellschaftsverträgen, in: Deutsche Notar-Zeitschrift (DNotZ) 2012, 577-597

Held, Jürgen: Individualrechtsschutz bei fehlerhaftem Verwaltungsverfahren, in: Neue Zeitschrift für Verwaltungsrecht (NVwZ) 2012, 461-468

Hellwig, Konrad: System des Deutschen Zivilprozeßrechts, Erster Teil: Ordentliches Verfahren, ausschließlich besondere Prozeßarten und Zwangsvollstreckung, Leipzig 1912

Hennerkes, Brun-Hagen / Binz, Mark K. / Sorg, Martin H.: Die Stiftung als Rechtsform für Familienunternehmen (II) – Die unternehmensverbundene Stiftung unter besonderer Berücksichtigung der Stiftung & Co. KG –, in: Der Betrieb (DB) 1986, 2269-2274

Henssler, Martin / Strohn, Lutz (Hrsg.): Gesellschaftsrecht. BGB, HGB, PartGG, GmbHG, AktG, GenG, UmwG, InsO, AnfG, IntGesR, 6. Aufl., München 2024 (zit.: *Bearbeiter*, in: Henssler/Strohn, GesR)

Henze, Hartwig: Aspekte und Entwicklungstendenzen der aktienrechtlichen Anfechtungsklage in der Rechtsprechung des BGH, in: Zeitschrift für Wirtschaftsrecht (ZIP) 2002, 97-108

Herresthal, Carsten: Die Wirksamkeit von Schiedsabreden mit Vorständen und Geschäftsführern bei Organhaftungsstreitigkeiten, in: Zeitschrift für Wirtschaftsrecht (ZIP) 2014, 345-353

Heskamp, Jan: Schiedsvereinbarungen in Gesellschaftsverträgen, in: Rheinische Notar-Zeitschrift (RNotZ) 2012, 415-435

Hof, Hagen: Stiftungen im deutschen Recht, in: Hopt, Klaus J. / Reuter, Dieter (Hrsg.), Stiftungsrecht in Europa: Stiftungsrecht und Stiftungsrechtsreform in Deutschland, den Mitgliedstaaten der Europäischen Union, der Schweiz, Liechtenstein und den USA, Köln u.a. 2001, 301-341 (zit.: *Hof*, in: Stiftungsrecht in Europa)

Hoffmann, Jakob: Beschlussmängel in der rechtsfähigen Stiftung bürgerlichen Rechts, in: Hoffmann, Jakob / Schubert, Claudia (Hrsg.), Entwicklungen im Arbeits- und Wirtschaftsrecht. Festgabe für Peter Kreutz zum 70. Geburtstag, Frankfurt a.M. 2009, 29-45 (zit.: *Hoffmann*, in: FG Kreutz)

Hommelhoff, Peter: Der aktienrechtliche Organstreit – Vorüberlegungen zu den Organkompetenzen und ihrer gerichtlichen Durchsetzbarkeit –, in: Zeitschrift für das gesamte Handelsrecht und Wirtschaftsrecht (ZHR) 143 (1979), 288-316

Hommelhoff, Peter / Timm, Wolfram: Zur Zulässigkeit von Beiräten bei Aktiengesellschaften. Anmerkung zum Urteil des Landgerichts Köln vom 13.7.1976 – 3 0 121/76, in: Die Aktiengesellschaft (AG) 1976, 330-334

Hoppe, Werner: Organstreitigkeiten vor den Verwaltungs- und Sozialgerichten. Zum organisationsrechtlichen subjektiv-öffentlichen Recht innerhalb rechtsfähiger Verwaltungseinheiten, zugleich Habilitationsschrift, Siegburg 1970 (zit.: *Hoppe*, Organstreitigkeiten)

Hoppe, Werner: Organstreitigkeiten und organisationsrechtliche subjektiv-öffentliche Rechte, in: Deutsches Verwaltungsblatt (DVBl.) 1970, 845-850

Huber, Peter M. / Voßkuhle, Andreas (Hrsg.): Grundgesetz. Kommentar (zit.: *Bearbeiter*, in: Huber/Voßkuhle, GG):

- Band 1: Präambel, Artikel 1-19, 8. Aufl., München 2024
- Band 3: Artikel 83-146, 8. Aufl., München 2024

Hüttemann, Rainer: Stellungnahme zum Entwurf eines Gesetzes zur Vereinheitlichung des Stiftungsrechts (BT-Drucksache 19/28173) im Rahmen der Öffentlichen Anhörung des Ausschusses für Recht und Verbraucherschutz am 5. Mai 2021, Protokoll-Nr. 19/150, 63-68 (zit.: *Hüttemann*, Stellungnahme)

Hüttemann, Rainer: Die Vor-Stiftung – ein zivil- und steuerrechtliches Phantom, in: Wachter, Thomas (Hrsg.), Festschrift für Sebastian Spiegelberger zum 70. Geburtstag. Vertragsgestaltung im Zivil- und Steuerrecht, Bonn 2009, 1292-1300 (zit.: *Hüttemann*, in: FS Spiegelberger)

Hüttemann, Rainer: Der Grundsatz der Vermögenserhaltung im Stiftungsrecht, in: Jakobs, Horst Heinrich / Picker, Eduard / Wilhelm, Jan / Ernst, Wolfgang / Hüttemann, Rainer / Schön, Wolfgang (Hrsg.), Festgabe für Werner Flume zum 90. Geburtstag, Berlin/Heidelberg 1998, 59-98 (zit.: *Hüttemann*, in: FG Flume)

Hüttemann, Rainer / Rawert, Peter: Das neue Bundesstiftungsrecht – Darstellung und Analyse sowie Vorschläge für notwendige Reformen der Landesstiftungsgesetze, in: Beilage zur Zeitschrift für Wirtschaftsrecht (ZIP) 33/2021, 3-44

Hüttemann, Rainer / Richter, Andreas / Weitemeyer, Birgit (Hrsg.): Landesstiftungsrecht, Köln 2011 (zit.: *Bearbeiter*, in: Hüttemann/Richter/Weitemeyer, Landesstiftungsrecht)

Huh, Yun: Verfassung und Binnenhaftung der Stiftung, zugleich Diss. iur., Frankfurt a.M. 2017 (zit.: *Huh*, Verfassung und Binnenhaftung)

Huh, Yun: Die Vorstiftung. Ein juristisches Phantom oder doch eine reale Erscheinung?, in: Andrick, Bernd / Gantenbrink, Matthias / Hellmig, Gerd / Janitzki, Axel / Muscheler, Karlheinz / Schewe, Markus (Hrsg.), Die Stiftung – Jahreshefte zum Stiftungswesen, 8. Jahrgang (2014), Frankfurt a.M. 2014, 139-159 (zit.: *Huh*, in: Die Stiftung – Jahreshefte zum Stiftungswesen 8 (2014))

Jacobi (ohne Vornamen): Armenrechtsfragen, in: Juristische Wochenschrift (JW) 1930, 751

Jakob, Dominique: Die Reform des Stiftungsrechts ist beschlossen – was ist gewonnen, was ist verloren, was bleibt?, in: Der Schweizer Stiftungsreport 2022, 20-22

Jakob, Dominique: Reformen im Stiftungsrecht – eine Agenda. Zugleich ein Beitrag des Zentrums für Stiftungsrecht an der Universität Zürich zum Vernehmlassungsverfahren der parlamentarischen Initiative Luginbühl (14.470), in: Jusletter vom 20. April 2020, 1-34

Jakob, Dominique: Reformen im Schweizer Stiftungsrecht – eine Agenda. Zugleich ein Beitrag des Zentrums für Stiftungsrecht an der Universität Zürich zum Vernehmlassungsverfahren der parlamentarischen Initiative Luginbühl

(14.470), in: Zeitschrift für das Recht der Non Profit Organisationen (npoR) 2020, 239-251

Jakob, Dominique: Ein Stiftungsbegriff für die Schweiz, in: Zeitschrift für Schweizerisches Recht (ZSR) Band 132 (2013) II, 185-340

Jakob, Dominique: Das Stiftungsrecht der Schweiz zwischen Tradition und Funktionalismus, in: Zeitschrift für Erbrecht und Vermögensnachfolge (ZEV) 2009, 165-170

Jakob, Dominique: Das Stiftungsrecht der Schweiz im Europa des dritten Jahrtausends, in: Schweizerische Juristen-Zeitung (SJZ) 104 (2008), 533-542

Jakob, Dominique: Schutz der Stiftung. Die Stiftung und ihre Rechtverhältnisse im Widerstreit der Interessen, zugleich Habilitationsschrift, Tübingen 2006 (zit.: *Jakob*, Schutz der Stiftung)

Jakobs, Horst Heinrich / Schubert, Werner (Hrsg.): Die Beratung des Bürgerlichen Gesetzbuchs in systematischer Zusammenstellung der unveröffentlichten Quellen, Allgemeiner Teil, §§ 1-240, 1. Teilband, Berlin/New York 1985

Jauernig, Othmar (Hrsg.): Bürgerlichen Gesetzbuch mit Rom-I-VO, Rom-II-VO, Rom-III-VO, EG-UnthVO/HUntProt und EuErbVO, hrsg. v. Rolf Stürner, 19. Aufl., München 2023 (zit.: *Bearbeiter*, in: Jauernig, BGB)

Jauernig, Othmar: Zur Rechts- und Parteifähigkeit der Gesellschaft bürgerlichen Rechts, in: Neue Juristische Wochenschrift (NJW) 2001, 2231-2232

Jeß, Kay: Das Verhältnis des lebenden Stifters zur Stiftung unter besonderer Berücksichtigung der Gestaltungsmöglichkeiten der Stiftungsverfassung und des Rechtsschutzes der Stiftung vor Übergriffen des Stifters, zugleich Diss. iur., Hamburg 1991

juris PraxisKommentar: BGB, Band 1: Allgemeiner Teil, hrsg. v. Klaus Vieweg, 10. Aufl., Saarbrücken 2023 (zit.: *Bearbeiter*, in: jurisPK-BGB)

Kämmerer, Jörn Axel / Weitemeyer, Birgit: Die Zeppelin-Stiftung: Ein staats- und stiftungsrechtliches Drama im Lichte der jüngeren deutschen Geschichte, in: Boele-Woelki, Katharina / Faust, Florian / Jacobs, Matthias / Kuntz, Thilo / Röthel, Anne / Thron, Karsten / Weitemeyer, Birgit (Hrsg.), Festschrift für Karsten Schmidt zum 80. Geburtstag, Band I, München 2019, 601-623 (zit.: *Kämmerer/Weitemeyer*, in: FS K. Schmidt)

Keller, Christoph: Die Zulässigkeit der Gesellschafterklage bei der Personengesellschaft, in: Zeitschrift für das Juristische Studium (ZJS) 2022, 469-475

Kersting, Christian: Die Kontrolle des Stiftungsvorstands durch Stifter und Destinatäre, in: Walz, W. Rainer / Hüttemann, Rainer / Rawert, Peter / Schmidt, Karsten (Hrsg.), Non Profit Law Yearbook 2006, Köln u.a. 2007, 57-74 (zit.: *Kersting*, in: NPLY 2006)

Kiethe, Kurt: Die Haftung des Stiftungsvorstands, in: Neue Zeitschrift für Gesellschaftsrecht (NZG) 2007, 810-814

Kilian, Dirk: Die Stiftung als Ausnahme von der Regel im PKH-Verfahren, in: Hanna, Jörg / Roos, Elke / Saenger, Ingo (Hrsg.), Juristenausbildung aus Leidenschaft. Festgabe für Olaf Werner zum 65. Geburtstag, Jena 2004, 85-95 (zit.: *Kilian*, in: FG Werner)

Kilian, Dirk: Prozesskostenhilfe für Stiftungen? Anmerkung zum Beschluss des OLG Dresden vom 10.02.2004, Az 8 U 2225/03, in: Zeitschrift zum Stiftungswesen (ZSt) 2004, 170-172

Kilian, Ulrike: Die Stellung des Beirates in der Stiftung, zugleich Diss. iur., Frankfurt a.M. u.a. 2002 (zit.: *Kilian*, Stellung des Beirates)

Kingreen, Thorsten: Die Bedeutung der gemeinderechtlichen Beanstandung für die Zulässigkeit des Kommunalverfassungsstreitverfahrens, in: Deutsches Verwaltungsblatt (DVBl.) 1995, 1337-1343

Kissel, Otto Rudolf: 125 Jahre Reichsjustizgesetze, in: Neue Juristische Wochenschrift (NJW) 2004, 2872-2876

Klinger, Hans: Das Klagerecht des Stiftungsinteressenten, zugleich Diss. iur., Köln 1914

Koch, Jens: Aktiengesetz, 18. Aufl., München 2024 (zit.: *Koch*, AktG)

Kölner Kommentar zum Aktiengesetz (zit.: *Bearbeiter*, in: KK-AktG):

- Band 5 – 3. Teillieferung: §§ 241-249 und 253-261a AktG, hrsg. v. Wolfgang Zöllner und Ulrich Noack, 3. Aufl., Köln 2017
- Band 7: §§ 76-94 AktG, hrsg. v. Ulrich Noack und Dirk Zetzsche, 4. Aufl., Köln 2022

Kopp, Ferdinand / Schenke, Wolf-Rüdiger (Hrsg.): Verwaltungsgerichtsordnung. Kommentar, 29. Aufl., München 2023 (zit.: *Bearbeiter*, in: Kopp/Schenke, VwGO)

Kort, Michael: Anm. zu OLG Frankfurt, Urt. v. 22.01.1988 – 24 U 217/86, in: Computer und Recht (CR) 1988, 289

Kort, Michael: Die Klagebefugnis der Arbeitnehmervertreter im Aufsichtsrat der AG, in: Die Aktiengesellschaft (AG) 1987, 193-200

Kraus, Eva-Maria: Wirksame Foundation Governance: Innere Aufsicht und Rechtsschutz, in: Zeitschrift für das Recht der Non Profit Organisationen (npoR) 2024, 63-68

Krebs, Walter: Grundfragen des verwaltungsrechtlichen Organstreits, in: Juristische Ausbildung (JURA) 1981, 569-580

Krezer, Caroline: Die Stiftung von Todes wegen im erbrechtlichen Konfliktfall, zugleich Diss. iur., Frankfurt a.M. 2021

Krüger, Herbert: Rechtsverordnung und Verwaltungsanweisung, in: Rechtsprobleme in Staat und Kirche. Festschrift für Rudolf Smend zum 70. Geburtstag 15. Januar 1952, Göttingen 1952, 211-241 (zit.: *Krüger*, in: FS Smend)

Laband, Paul: Zum zweiten Buch des Entwurfes eines Bürgerlichen Gesetzbuches für das deutsche Reich. I. Abschnitt. Titel 1-3, in: Archiv für die civilistische Praxis (AcP) 73 (1888), 161-208

Larenz, Karl / Canaris, Claus-Wilhelm: Methodenlehre der Rechtswissenschaft, 3. Aufl., Berlin 1995

Lewerenz, Karl-Jochen: Leistungsklagen zwischen Organen und Organmitgliedern der Aktiengesellschaft, zugleich Diss. iur., Berlin 1977

Liver, Peter: Die privatrechtliche Rechtsprechung des Bundesgerichts im Jahre 1981: Personenrecht, in: Zeitschrift des Bernischen Juristenvereins (ZBJV) 119 (1983), 57-63

Lorenz, Karsten / Mehren, Judith: Das neue Stiftungsrecht ist da – Kernpunkte der gesetzlichen Neuregelungen und deren Bedeutung für bestehende und noch zu errichtende Stiftungen, in: Deutsches Steuerrecht (DStR) 2021, 1774-1780

Lorenz, Karsten / Meyers, Nina: Die Wahl des Stiftungssitzes: Weiterhin beachtliche Unterschiede nach Inkrafttreten der Stiftungsrechtsreform und der neuen Landesstiftungsgesetze, insbes. für Familienstiftungen, in: Deutsches Steuerrecht (DStR) 2023, 2013-2018

Lunk, Stefan / Rawert, Peter: Bestellung, Abberufung, Anstellung und Kündigung von Stiftungsvorständen, in: Kötz, Hein / Rawert, Peter / Schmidt, Karsten / Walz, Rainer (Hrsg.), Non Profit Law Yearbook 2001, Köln u.a. 2002, 91-106 (zit.: *Lunk/Rawert*, in: NPLY 2001)

Mankowski, Peter: Rechtsstellung von Destinatären einer Stiftung und Auslegung eines Alt-Hamburger Testaments – Anmerkung zu OLG Hamburg, Urteil v. 31.8.1994 – 13 U 33/93 –, in: Zeitschrift für das gesamte Familienrecht (FamRZ) 1995, 851-854

Markworth, David: Das Stiftungsrecht am Scheideweg. Der Entwurf eines Gesetzes zur Vereinheitlichung des Stiftungsrechts aus unternehmensrechtlicher Perspektive, in: Neue Zeitschrift für Gesellschaftsrecht (NZG) 2021, 100-110

Mecking, Christoph: Die Wahl des Stiftungssitzes. Ein Ausdruck von Stifterfreiheit, in: Stiftung&Sponsoring (S&S) 2023, 30-31

Mecking, Christoph: Der Sitz der Stiftung, in: Zeitschrift zum Stiftungswesen (ZSt) 2004, 199-203

Mehrbrey, Kim Lars (Hrsg.): Handbuch Gesellschaftsrechtliche Streitigkeiten, 3. Aufl., Köln 2020 (zit.: *Bearbeiter*, in: Mehrbrey, Hd-Buch Ges. Streitigkeiten)

Mertens, Hans-Joachim: Organstreit in der Aktiengesellschaft? Eine rechtspolitische Kritik, in: Zeitschrift für das gesamte Handelsrecht und Wirtschaftsrecht (ZHR) 154 (1990), 24-38

Meyn, Christian / Richter, Andreas / Koss, Claus / Gollan, Katharina: Die Stiftung. Umfassende Erläuterungen, Beispiele und Musterformulare für die Rechtspraxis, 3. Aufl., Freiburg u.a. 2013

Möller, Kaspar Henrik: Echte Schiedsgerichtsbarkeit im Verwaltungsrecht. Eine Studie zu Rechtsrahmen und Kontrolle nichtstaatlicher Streitentscheidung im Verwaltungsrecht, zugleich Diss. iur., Berlin 2014

Motive zu dem Entwurfe eines Bürgerlichen Gesetzbuches für das Deutsche Reich, Band I. Allgemeiner Theil, Berlin/Leipzig 1888

Mühl-Jäckel, Margarete: Binnenstreitigkeiten innerhalb der Kommune: Rechtliche Voraussetzungen und praktische Anwendungsprobleme, in: Deutsches Verwaltungsblatt (DVBl.) 2018, 1042-1050

von Münch, Ingo / Kunig, Philip (Begr.): Grundgesetz. Kommentar (zit.: *Bearbeiter*, in: von Münch/Kunig, GG):

- Band 1: Präambel bis Art. 69, hrsg. v. Jörn-Axel Kämmerer und Markus Kotzur, 7. Aufl., München 2021
- Band 2: Art. 70 bis 146, hrsg. v. Jörn-Axel Kämmerer und Markus Kotzur, 7. Aufl., München 2021

Münchener Handbuch des Gesellschaftsrechts:

- Band 1: BGB-Gesellschaft, OHG, PartG, EWIV, hrsg. v. Hans Gummert und Lutz Weipert, 5. Aufl., München 2019 (zit.: *Bearbeiter*, in: MHdB GesR I)
- Band 5: Verein, Stiftung bürgerlichen Rechts, hrsg. v. Volker Beuthien, Hans Gummert und Martin Schöpflin, 5. Aufl., München 2021 (zit.: *Bearbeiter*, in: MHdB GesR V)
- Band 7: Gesellschaftsrechtliche Streitigkeiten (Corporate Litigation), hrsg. v. Manfred Born, Nima Ghassemi-Tabar und Burkhard Gehle, 6. Aufl., München 2020 (zit.: *Bearbeiter*, in: MHdB GesR VII)

Münchener Kommentar zum Aktiengesetz (zit.: *Bearbeiter*, in: MüKo-AktG):

- Band 2: §§ 76-117, MitbestG, DrittelbG, hrsg. v. Wulf Goette und Mathias Habersack, 6. Aufl., München 2023
- Band 4: §§ 179-277, hrsg. v. Wulf Goette und Mathias Habersack, 5. Aufl., München 2021

Münchener Kommentar zum Bürgerlichen Gesetzbuch (zit.: *Bearbeiter*, in: MüKo-BGB):

- Band 1: Allgemeiner Teil (§§ 1-240, AllgPersönIR, ProstG, AGG), hrsg. v. Franz Jürgen Säcker, Roland Rixecker, Hartmut Oetker und Bettina Limperg, 9. Aufl., München 2021
- Band 7: Schuldrecht – Besonderer Teil IV (§§ 705-853, Partnerschaftsgesellschaftsgesetz, Produkthaftungsgesetz), hrsg. v. Franz Jürgen Säcker, Roland Rixecker, Hartmut Oetker und Bettina Limperg, 9. Aufl., München 2024
- Band 10: Familienrecht II (§§ 1589-1921, RelKErzG, VBVG, SGB VIII, SaRegG), hrsg. v. Franz Jürgen Säcker, Roland Rixecker, Hartmut Oetker und Bettina Limperg, 9. Aufl., München 2024
- Band 11: Erbrecht (§§ 1922-2385, §§ 27-35 BeurkG), hrsg. v. Franz Jürgen Säcker, Roland Rixecker, Hartmut Oetker und Bettina Limperg, 9. Aufl., München 2022

Münchener Kommentar zum Bürgerlichen Gesetzbuch, hrsg. v. Franz Jürgen Säcker, Roland Rixecker, Hartmut Oetker und Bettina Limperg, Band 7: Schuldrecht – Besonderer Teil IV (§§ 705-853, Partnerschaftsgesellschaftsgesetz, Produkthaftungsgesetz), 8. Aufl., München 2020 (zit.: *Bearbeiter*, in: MüKo-BGB, 8. Aufl. 2020)

Münchener Kommentar zum Bürgerlichen Gesetzbuch, hrsg. v. Franz Jürgen Säcker, Roland Rixecker, Hartmut Oetker und Bettina Limperg, Band 1: Allgemeiner Teil (§§ 1-240, ProstG, AGG), 7. Aufl., München 2015 (zit.: *Bearbeiter*, in: MüKo-BGB, 7. Aufl. 2015)

Münchener Kommentar zur Zivilprozessordnung mit Gerichtsverfassungsgesetz und Nebengesetzen (zit.: *Bearbeiter*, in: MüKo-ZPO):

- Band 1: §§ 1-354, hrsg. v. Wolfgang Krüger und Thomas Rauscher, 6. Aufl., München 2020
- Band 3: §§ 946-1120, EGZPO, GVG, EGGVG, UKlaG, Internationales und Europäisches Zivilprozessrecht, hrsg. v. Wolfgang Krüger und Thomas Rauscher, 6. Aufl., München 2022

Muscheler, Karlheinz: Auflösung und Aufhebung der Stiftung, in: JuristenZeitung (JZ) 2024, 322-332

Muscheler, Karlheinz: Familienstiftungen (unter besonderer Berücksichtigung der unternehmensverbundenen Stiftungen), in: Muscheler, Karlheinz (Hrsg.), Stiftungsrecht – Gesammelte Beiträge, 2. Aufl., Baden-Baden 2011, 317-378 (zit.: *Muscheler*, in: Stiftungsrecht)

Muscheler, Karlheinz: Der Notvorstand in Verein und Stiftung, in: Martinek, Michael / Rawert, Peter / Weitemeyer, Birgit (Hrsg.), Festschrift für Dieter Reuter zum 70. Geburtstag am 16. Oktober 2010, Berlin/New York 2010, 225-244 (zit.: *Muscheler*, in: FS Reuter)

Muscheler, Karlheinz: Der Zuwendungsvertrag zwischen Stiftung und Destinatär, in: Neue Juristische Wochenschrift (NJW) 2010, 341-344

Muscheler, Karlheinz: Satzungsdurchbrechung in der Stiftung, in: Kohl, Helmut / Kühler, Friedrich / Ott, Claus / Schmidt, Karsten (Hrsg.), Zwischen Markt und Staat. Gedächtnisschrift für Rainer Walz, Köln 2008, 451-464 (zit.: *Muscheler*, in: GS Walz)

Muscheler, Karlheinz: Bundesrechtliche Vorgaben und Grenzen für eine Reform der Landesstiftungsrechte, in: Zeitschrift zum Stiftungswesen (ZSt) 2004, 3-10

Muscheler, Karlheinz: § 84 BGB und die lebzeitige Stiftungsgründung, in: Deutsche Notar-Zeitschrift (DNotZ) 2003, 661-687

Muscheler, Karlheinz: Anm. zu OLG Koblenz, Urt. v. 17.12.2001 – 12 U 1334/01, in: Juristische Rundschau (JR) 2003, 23-24

Muscheler, Karlheinz: Die Rechtsstellung der Stiftungsdestinatäre, in: Zeitschrift für Wirtschafts- und Bankrecht (WM) 2003, 2213-2221

Muscheler, Karlheinz: Das vertragliche Stiftungsgeschäft, in: Zeitschrift für Erbrecht und Vermögensnachfolge (ZEV) 2003, 41-49

Musielak, Hans-Joachim / Voit, Wolfgang (Hrsg.): Zivilprozessordnung mit Gerichtsverfassungsgesetz. Kommentar, 21. Aufl., München 2024 (zit.: *Bearbeiter*, in: Musielak/Voit, ZPO)

Musielak, Hans-Joachim / Voit, Wolfgang: Grundkurs ZPO, 16. Aufl., München 2022 (zit.: *Musielak/Voit*, Grundkurs ZPO)

Nerius, Claudia: Prozesskostenhilfe für Stiftungen – Anmerkung zum Beschluss des LG Leipzig v. 22. April 2003 (04 O 971/03), in: Zeitschrift zum Stiftungswesen (ZSt) 2003, 167-168

Neuner, Jörg: Allgemeiner Teil des Bürgerlichen Rechts, 13. Aufl., München 2023

Nomos Kommentar: Bürgerliches Gesetzbuch, hrsg. v. Thomas Heidel, Rainer Hüßtege, Heinz-Peter Mansel und Ulrich Noack, Band 1: Allgemeiner Teil, EGBGB, 4. Aufl., Baden-Baden 2021 (zit.: *Bearbeiter*, in: NK-BGB)

Orth, Manfred: Reform der Landesstiftungsgesetze 2023, in: Zeitschrift für Stiftungs- und Vereinswesen (ZStV) 2024, 3-36

Orth, Manfred: Stiftungsrechtsreform 2021 – Neuregelungen der Stiftungsorganisation, Satzungsänderungen, Vermögensübertragung und Beendigung einer Stiftung, in: Monatsschrift für Deutsches Recht (MDR) 2021, 1304-1311

Orth, Manfred / Uhl, Matthias: Stiftungsrechtsreform 2021, Köln 2021 (zit.: *Bearbeiter*, in: Orth/Uhl, Stiftungsrechtsreform)

Pflugradt, Michael: Leistungsklagen zur Erzwingung rechtmäßigen Vorstandsverhaltens in der Aktiengesellschaft, zugleich Diss. iur., München 1990

Philippi, Jasper: Anm. zu VGH Baden-Württemberg, Urt. v. 21.6.2022 – 1 S 1865/20, in: Zeitschrift für das Recht der Non Profit Organisationen (npoR) 2023, 86-90

Planck, Julius Wilhelm: Lehrbücher des Deutschen Rechts, Band I: Lehrbuch des Deutschen Civilprozessrechts, Erster Band: Allgemeiner Theil, Nördlingen 1887

Plottek, Pierre: Vermögensanfall bei Verein und Stiftung. Zivil- und Gemeinnützigkeitsrecht, zugleich Diss. iur., Frankfurt a.M. 2014

Prantl, Désirée / Bretscher, Fabienne / Gabriel-Oiwoh, Brian / Reich, Isabell: Privatstiftung und Schiedsrecht – Ausgewählte Problemfelder in Deutschland, Liechtenstein, Österreich und der Schweiz, in: Zeitschrift für Schiedsverfahren (SchiedsVZ) 2023, 309-316

Protokolle der Kommission für die zweite Lesung des Entwurfs des Bürgerlichen Gesetzbuchs, Band I: Allgemeiner Theil und Recht der Schuldverhältnisse Abschn. I, Abschn. II Tit. I, bearb. v. Achilles, Alexander / Gerhard, Albert / Spahn, Peter, Berlin 1897

Prütting, Hanns / Gehrlein, Markus (Hrsg.): Zivilprozessordnung. Kommentar, 15. Aufl., Köln 2023 (zit.: *Bearbeiter*, in: Prütting/Gehrlein, ZPO)

Raiser, Thomas: Klagebefugnisse einzelner Aufsichtsratsmitglieder, in: Zeitschrift für Unternehmens- und Gesellschaftsrecht (ZGR) 1989, 44-70

Rawert, Peter: Beschlussfassung und Beschlussmängel im Stiftungsrecht, in: Weitemeyer, Birgit / Hüttemann, Rainer / Rawert, Peter / Schmidt, Karsten (Hrsg.), Non Profit Law Yearbook 2019, Köln 2020, 97-117 (zit.: *Rawert*, in: NPLY 2019)

Rawert, Peter: Anm. zu BVerwG, Urt. v. 9.4.2014 – 8 C 23.12, in: Zeitschrift für das Recht der Non Profit Organisationen (npoR) 2014, 245

Rawert, Peter: Anm. zu OLG Hamburg, Urt. v. 31.8.1994 – 13 U 33/93, in: Zeitschrift für Wirtschaftsrecht (ZIP) 1994, 1952-1953

Redeker, Martin / von Oertzen, Hans-Joachim (Begr.): Verwaltungsgerichtsordnung, fortgeführt von Martin Redeker, Peter Kothe und Helmuth von Nicolai, 17. Aufl., Stuttgart 2021 (zit.: *Bearbeiter*, in: Redeker/von Oertzen, VwGO)

Regierer, Christoph / Ruhlmann, Marcel: Geld borgen, um Geld einzutreiben, in: DIE STIFTUNG 6/2016, 22-23

Reichert, Jochem: Beschlussmängelstreitigkeiten und Schiedsgerichtsbarkeit. Gestaltungs- und Reaktionsmöglichkeiten, in: Habersack, Mathias / Hommelhoff, Peter / Hüffer, Uwe / Schmidt, Karsten (Hrsg.), Festschrift für Peter

Ulmer zum 70. Geburtstag am 2. Januar 2003, Berlin 2003, 511-542 (zit.: *Reichert*, in: FS Ulmer)

Reichsgerichtsrätekommentar: Das Bürgerliche Gesetzbuch mit besonderer Berücksichtigung der Rechtsprechung des Reichsgerichts und des Bundesgerichtshofes, hrsg. v. Mitgliedern des Bundesgerichtshofes, Band I (§§ 1-240), 12. Aufl., Berlin/New York 1982 (zit.: *Bearbeiter*, in: RGRK-BGB)

Reimer, Eduard: Zur Bewilligung des Armenrechts an juristische Personen, in: Gewerblicher Rechtsschutz und Urheberrecht (GRUR) 1930, 1089-1092

Reincke, Otto: Die Deutsche Civilprozeßordnung, 3. Aufl., Berlin 1896 (zit.: *Reincke*, Die Deutsche Civilprozeßordnung, 3. Aufl. 1896)

Reincke, Otto / Wienstein, Richard: Die Zivilprozeßordnung, 6. Aufl., Berlin 1910 (zit.: *Reincke/Wienstein*, Zivilprozeßordnung, 6. Aufl. 1910)

Reinhardt, Julia: Das Auseinanderfallen von Verwaltungssitz- und Satzungssitz bei Stiftungen, in: Neue Zeitschrift für Verwaltungsrecht (NVwZ) 2019, 1090-1093

Reuter, Dieter: Die Haftung des Stiftungsvorstands gegenüber der Stiftung, Dritten und dem Fiskus, in: Kötz, Hein / Rawert, Peter / Schmidt, Karsten / Walz, W. Rainer (Hrsg.), Non Profit Law Yearbook 2002, Köln u.a. 2003, 157-178 (zit.: *Reuter*, in: NPLY 2002)

Richter, Andreas (Hrsg.): Stiftungsrecht, 2. Aufl., München 2023 (zit.: *Bearbeiter*, in: Richter, Stiftungsrecht)

Richter, Andreas: Rechtsfähige Stiftung und Charitable Corporation. Überlegungen zur Reform des deutschen Stiftungsrechts auf der Grundlage einer historisch-rechtsvergleichenden Untersuchung der Entstehung des modernen deutschen und amerikanischen Stiftungsmodells, zugleich Diss. iur., Berlin 2001

Rosenberg, Leo: Lehrbuch des Deutschen Zivilprozeßrechts, 3. Aufl., Berlin 1931 (zit.: *Rosenberg*, Zivilprozeßrecht, 3. Aufl. 1931)

Rosenberg, Leo / Schwab, Karl Heinz / Gottwald, Peter: Zivilprozessrecht, 18. Aufl., München 2018 (zit.: *Rosenberg/Schwab/Gottwald*, Zivilprozessrecht)

Roth, Wolfgang: Verwaltungsrechtliche Organstreitigkeiten. Das subjektive Recht im innerorganisatorischen Verwaltungsrechtskreis und seine verwaltungsgerichtliche Geltendmachung, zugleich Habilitationsschrift, Berlin 2001

Sachs, Michael (Hrsg.): Grundgesetz. Kommentar, 9. Aufl., München 2021 (zit.: *Bearbeiter*, in: Sachs, GG)

Saenger, Ingo (Hrsg.): Zivilprozessordnung. Familienverfahren, Gerichtsverfassung, Europäisches Verfahrensrecht, 10. Aufl., Baden-Baden 2023 (zit.: *Bearbeiter*, in: Saenger, ZPO)

Sandhaus, Daniel: Rechtsschutz gegen Beschlüsse bei Personengesellschaften, zugleich Diss. iur., Aachen 2011

Schauhoff, Stephan / Kirchhain, Christian (Hrsg.): Handbuch der Gemeinnützigkeit. Verein, Stiftung, GmbH. Recht, Steuern, Personal, 4. Aufl., München 2023 (zit.: *Bearbeiter*, in: Schauhoff/Kirchhain, Hd-Buch Gemeinnützigkeit)

Schauhoff, Stephan / Mehren, Judith (Hrsg.): Stiftungsrecht nach der Reform, München 2022 (zit.: *Bearbeiter*, in: Schauhoff/Mehren, Stiftungsrecht)

Scherer, Martin Georg Viktor: Das Rheinische Recht und die Reichs- und Landesgesetzgebung, Zweiter Band, 2. Aufl., Mannheim 1890

Schiffer, Jan / Pruns, Matthias: Höchstrichterlicher Abschied von der Vorstellung einer Vorstiftung. Zugleich Anmerkung zu BFH-Urteil vom 11.2.2015 – X R 36/11, in: Betriebs-Berater (BB) 2015, 1756-1759

Schiffer, K. Jan / Pruns, Matthias / Schürmann, Christoph J.: Die Reform des Stiftungsrechts, Bonn 2022 (zit.: *Schiffer/Pruns/Schürmann*, Reform des Stiftungsrechts)

Schlüter, Andreas: Stiftungsrecht zwischen Privatautonomie und Gemeinwohlbindung. Ein Rechtsvergleich Deutschland, Frankreich, Italien, England, USA, zugleich Habilitationsschrift, München 2004

Schlüter, Andreas / Stolte, Stefan: Stiftungsrecht, 3. Aufl., München 2016

Schmidt, Hubert: Zur Vollbeendigung juristischer Personen, zugleich Diss. iur., Bielefeld 1989 (zit.: *H. Schmidt*, Vollbeendigung)

Schmidt, Karsten: Gesellschaftsrecht, 4. Aufl., Köln u.a. 2002 (zit.: *K. Schmidt*, Gesellschaftsrecht)

Schmidt, Karsten: Die BGB-Außengesellschaft: rechts- und parteifähig, in: Neue Juristische Wochenschrift (NJW) 2001, 993-1003

Schmidt, Karsten: Schiedsklagen gegen Hauptversammlungsbeschlüsse?, in: Die Aktiengesellschaft (AG) 1995, 551-554

Schmidt, Karsten: Löschung und Beendigung der GmbH. Grundfragen der Vermögenslosigkeit, Vollbeendigung und Nachtragsliquidation, in: GmbH-Rundschau (GmbHR) 1988, 209-213

Schmidt, Karsten: Ultra-vires-Doktrin: tot oder lebendig? – Bemerkungen zur Organvertretungsmacht –, in: Archiv für die civilistische Praxis (AcP) 184 (1984), 529-540

Schmidt, Karsten: „Insichprozesse" durch Leistungsklagen in der Aktiengesellschaft?, in: Zeitschrift für Zivilprozess (ZZP) 92 (1979), 212-237

Schmidt, Karsten: Liquidationszweck und Vertretungsmacht der Liquidatoren, in: Archiv für die civilistische Praxis (AcP) 174 (1974), 55-77

Schmidt, Richard: Lehrbuch des Deutschen Zivilprozessrechts, 2. Aufl., Leipzig 1906

Schneider, Egon: Kurzkommentar zu OLG Hamburg, Beschl. v. 3.2.1987 – 5 W 2/87, in: Entscheidungen zum Wirtschaftsrecht (EWiR) 1987, 301-302

Schneider, Egon: Prozeßkostenhilfe, in: Monatsschrift für Deutsches Recht (MDR) 1981, 1-7

Schneider, Egon: Der Durchgriff auf vermögende Personen im Armenrechtsverfahren, in: Der Betrieb (DB) 1978, 287-289

Schoch, Friedrich / Schneider, Jens-Peter (Hrsg.): Verwaltungsrecht. VwGO, Band 1. Kommentar, 45. Ergänzungslieferung Januar 2024, München 2024 (zit.: *Bearbeiter*, in: Schoch/Schneider, VwGO)

Schöpflin, Martin: Der Verein ohne Rechtspersönlichkeit nach neuem Recht, in: Zeitschrift für Stiftungs- und Vereinswesen (ZStV) 2024, 95-102

Schott, Richard: Das Armenrecht der deutschen Civilprozeßordnung, Jena 1900

Schreiber, Eva: Die Unwirksamkeit des Stiftungsgeschäfts, zugleich Diss. iur., Frankfurt a.M. 2015

Schwab, Martin: Das Prozeßrecht gesellschaftsinterner Streitigkeiten, zugleich Habilitationsschrift, Tübingen 2005

Schwalm, Julian: Die „werdende" Stiftung von Todes wegen als rechtspraktisches und rechtstheoretisches Problem – Zugleich Anmerkung zu *OLG Braunschweig*, Beschluss vom 8.7.2020 – 3 W 19/20, in: Zeitschrift für Stiftungs- und Vereinswesen (ZStV) 2021, 10-24

Schwarz, Günter Christian: Die Stiftung als Instrument für die mittelständische Unternehmensnachfolge, in: Betriebs-Berater (BB) 2001, 2381-2390

Schwinge, Erich: Die Stiftung im Errichtungsstadium, in: Betriebs-Berater (BB) 1978, 527-528

Schwintek, Sebastian: Vorstandskontrolle in rechtsfähigen Stiftungen bürgerlichen Rechts. Eine Untersuchung zu Pflichten und Kontrolle von Leistungsorganen im Stiftungsrecht – insbesondere in Unternehmensträgerstiftungen, zugleich Diss. iur., Baden-Baden 2001

Servatius, Wolfgang (Hrsg.): Corporate Litigation, 2. Aufl., Köln 2021

Seuffert, Lothar: Kommentar zur Civilprozessordnung in der Fassung der Bekanntmachung vom 20. Mai 1898 nebst den Einführungsgesetzen, Erster Band, 8. Aufl., München 1902 (zit.: *Seuffert*, Civilprozessordnung, 8. Aufl. 1902)

Seuffert, Lothar: Kommentar zur Civilprozeßordnung für das Deutsche Reich und zum Einführungsgesetze vom 30. Januar 1877, 7. Aufl., München 1895 (zit.: *Seuffert*, Civilprozeßordnung, 7. Aufl. 1895)

Sieger, Jürgen / Bank, Stephan: Erhalt von Einflussmöglichkeiten des Stifters auf die Geschäftstätigkeit einer zivilrechtlichen Stiftung, in: Neue Zeitschrift für Gesellschaftsrecht (NZG) 2010, 641-646

Sodan, Helge / Ziekow, Jan (Hrsg.): Verwaltungsgerichtsordnung. Großkommentar, 5. Aufl., Baden-Baden 2018 (zit.: *Bearbeiter*, in: Sodan/Ziekow, VwGO)

Soergel, Hans-Theodor (Begr.): Bürgerliches Gesetzbuch mit Einführungsgesetz und Nebengesetzen (zit.: *Bearbeiter*, in: Soergel, BGB):

- Band 1: Allgemeiner Teil (§§ 1-103), 13. Aufl., Stuttgart u.a. 2000
- Band 11/1: Schuldrecht 9/1 (§§ 705-758), 13. Aufl., Stuttgart u.a. 2011

Stackmann, Nikolaus: Prozesskostenhilfe im Zivilprozess, in: Juristische Schulung (JuS) 2006, 233-236

Stallmann, Jasper: Anm. zu OLG Frankfurt a.M., Urt. v. 25.9.2018 – 5 U 130/18, in: Zeitschrift für das Recht der Non Profit Organisationen (npoR) 2019, 79-81

Stallmann, Jasper: Beschlussfehler in Stiftungsorganen: Fallstricke und Gestaltungsaufgaben, in: Zeitschrift für Erbrecht und Vermögensnachfolge (ZEV) 2017, 607-613

Stallmann, Jasper: Fehlerhafte Beschlüsse in der Stiftung bürgerlichen Rechts, zugleich Diss. iur., Hamburg 2014 (zit.: *Stallmann*, Fehlerhafte Beschlüsse)

von Staudinger, Julius (Begr.): J. von Staudingers Kommentar zum Bürgerlichen Gesetzbuch mit Einführungsgesetz und Nebengesetzen, Berlin (zit.: *Bearbeiter*, in: Staudinger, BGB):

- Buch 1: Allgemeiner Teil: Einleitung zum BGB; §§ 1-14; VerschG (Natürliche Personen, Verbraucher, Unternehmer), Neubearbeitung 2024
- Buch 1: Allgemeiner Teil: §§ 21-79 (Vereine), Neubearbeitung 2023
- Buch 1: Allgemeiner Teil: §§ 80-89 (Stiftungsrecht), Neubearbeitung 2017
- Buch 2: Recht der Schuldverhältnisse: §§ 705-740 (Gesellschaftsrecht), Neubearbeitung 2003
- Buch 5: Erbrecht: Einleitung zum Erbrecht; §§ 1922-1966 (Erbfolge), Neubearbeitung 2017

von Staudinger, Julius (Begr.): J. von Staudingers Kommentar zum Bürgerlichen Gesetzbuch mit Einführungsgesetz und Nebengesetzen, Buch 1: Allgemeiner Teil: §§ 21-79 (Vereine), Neubearbeitung 2019, Berlin 2019 (zit.: *Bearbeiter*, in: Staudinger, BGB, Neubearbeitung 2019)

Stein, Friedrich / Jonas, Martin (Hrsg.): Kommentar zur Zivilprozessordnung (zit.: *Bearbeiter*, in: Stein/Jonas, ZPO):

- Band 1: Einleitung, §§ 1–77, 23. Aufl., Tübingen 2014
- Band 2: §§ 78-147, 23. Aufl., Tübingen 2017
- Band 3: §§ 148-270, 23. Aufl., Tübingen 2016
- Band 10: §§ 1025-1066, 23. Aufl., Tübingen 2014

Stein, Friedrich / Jonas, Martin: Die Zivilprozeßordnung für das Deutsche Reich, Erster Band, 14. Aufl., Tübingen 1928 (zit.: *Stein/Jonas*, Zivilprozeßordnung, 14. Aufl. 1928)

Stelkens, Paul / Bonk, Heinz Joachim / Sachs, Michael: Verwaltungsverfahrensgesetz. Kommentar, hrsg. v. Michael Sachs, Heribert Schmitz und Ulrich Stelkens, 10. Aufl., München 2023 (zit.: *Bearbeiter*, in: Stelkens/Bonk/Sachs, VwVfG)

Stiftungen in der Rechtsprechung, hrsg. v. der Arbeitsgemeinschaft Deutscher Stiftungen:

- Band I: bearb. v. Walter Leisner, Heidelberg/Karlsruhe 1980 (zit.: StiftRspr. I)
- Band II: bearb. v. Walter Leisner, Heidelberg 1982 (zit.: StiftRspr. II)
- Band III: bearb. v. Walter Leisner, Heidelberg 1985 (zit.: StiftRspr. III)

Stodolkowitz, Heinz Dieter: Gerichtliche Durchsetzung von Organpflichten in der Aktiengesellschaft, in: Zeitschrift für das gesamte Handelsrecht und Wirtschaftsrecht (ZHR) 154 (1990), 1-23

Struckmann, Johannes / Koch, Richard: Die Zivilprozeßordnung für das Deutsche Reich nebst den auf den Zivilprozeß bezüglichen Bestimmungen des Gerichtsverfassungsgesetzes und den Einführungsgesetzen. In der Fassung vom 20. Mai 1898 und den Novellen von 1905 und 1909, 9. Aufl., Berlin 1910 (zit.: *Struckmann/Koch*, Zivilprozeßordnung, 9. Aufl. 1910)

Struckmann, Johannes / Koch, Richard: Die Civilprozeßordnung für das Deutsche Reich nebst den auf den Civilprozeß bezüglichen Bestimmungen des Gerichtsverfassungsgesetzes und den Einführungsgesetzen, 6. Aufl., Berlin 1895 (zit.: *Struckmann/Koch*, Civilprozeßordnung, 6. Aufl. 1895)

Stumpf, Christoph: Schiedsgerichtsbarkeit in Stiftungen, in: Zeitschrift für Schiedsverfahren (SchiedsVZ) 2009, 266-272

Stumpf, Christoph A.: Alternative Streitbeilegung im Verwaltungsrecht. Schiedsgerichtsbarkeit – Schiedsgutachten – Mediation – Schlichtung, zugleich Habilitationsschrift, Tübingen 2006 (zit.: *Stumpf*, Alternative Streitbeilegung)

Stumpf, Christoph / Suerbaum, Joachim / Schulte, Martin / Pauli, Rudolf: Stiftungsrecht. BGB-Stiftungsrecht, Landesstiftungsgesetze, Stiftungssteuerrecht, 3. Aufl., München 2018 (zit.: *Bearbeiter*, in: Stumpf/Suerbaum/Schulte/Pauli, StiftR)

Sturm (ohne Vornamen): Haben nicht-physische Personen das Armenrecht?, in: Rassow, Friedrich / Küntzel, Oskar (Hrsg.), Beiträge zur Erläuterung des Deutschen Rechts, in besonderer Beziehung auf das Preußische Recht mit Einschluß des Handels- und Wechselrechts, 30. Jahrgang, Berlin 1886, 829-834 (zit.: *Sturm*, in: Beiträge 1886)

Suerbaum, Joachim: Prozessuale Probleme der Stiftungsaufsicht, in: Neue Zeitschrift für Verwaltungsrecht (NVwZ) 2005, 160-163

Suerbaum, Joachim: Satzungsänderungen im unechten Dreieck – Anmerkungen zum Beschluss des OVG Berlin vom 01.11.2002 (2 S 29.02), in: Zeitschrift zum Stiftungswesen (ZSt) 2004, 34-40

Teichmann, Arndt: Strukturüberlegungen zum Streit zwischen Organen in der Aktiengesellschaft, in: Damrau, Jürgen / Kraft, Alfons / Fürst, Walther (Hrsg.), Festschrift für Otto Mühl zum 70. Geburtstag 10. Oktober 1981, Stuttgart u.a. 1981, 663-686 (zit.: *Teichmann*, in: FS Mühl)

Theil, Clemens: Anm. zu BAG, Urt. v. 9.7.1981 – 2 AZR 329/79, in: JuristenZeitung (JZ) 1982, 373-374

Theil, Clemens: Anm. zu BGH, Urt. v. 5.4.1979 – II ZR 73/78, in: JuristenZeitung (JZ) 1979, 567-568

Theuffel-Werhahn, Berthold: Anm. zu VG München (7. Kammer), Beschl. v. 16.2.2024 – M 7 SN 23.2209, in: Zeitschrift für Stiftungs- und Vereinswesen (ZStV) 2024, 148-150

Theuffel-Werhahn, Berthold: Forum Shopping: Ein Mangel des Stiftungsgeschäfts, mit welchen Auswirkungen?, in: Zeitschrift für Stiftungs- und Vereinswesen (ZStV) 2018, 132-142

Theuffel-Werhahn, Berthold: Stiftungssitz: „Bedenke in allem vorher Zeit und Ort" – ein Plädoyer für die freie Wahl des Stiftungssitzes, in: StiftungsBrief (SB) 2018, 137-140

Thole, Larissa: Die Stiftung in Gründung, zugleich Diss. iur., Berlin 2009

Thomas, Heinz / Putzo, Hans (Begr.): ZPO. Zivilprozessordnung, FamFG (Verfahren in Familiensachen), EGZPO, GVG, EGGVG, EU-Zivilverfahrensrecht, fortgeführt von Rainer Hüßtege, Christian Seiler und Carl Friedrich Nordmeier, 45. Aufl., München 2024 (zit.: *Bearbeiter*, in: Thomas/Putzo, ZPO)

von Thunen, Sebastian / Möller, Lukas: Notmaßnahmen bei fehlenden Organmitgliedern gemäß § 84c BGB, in: Zeitschrift für Stiftungs- und Vereinswesen (ZStV) 2024, 83-94

Thymm, Niels: Das Kontrollproblem der Stiftung und die Rechtsstellung der Destinatäre, zugleich Diss. iur., Köln u.a. 2007

Trajkova, Renata: Die Stiftungsaufsichtsbeschwerde nach altem und neuem Recht – eine Dauerbaustelle, in: Aktuelle Juristische Praxis (AJP) 2023, 547-559

von Tuhr, Andreas: Der Allgemeine Teil des Deutschen Bürgerlichen Rechts, Zweiter Band. Erste Hälfte: Die rechtserheblichen Tatsachen, insbesondere das Rechtsgeschäft, München/Leipzig 1914

Udwari, René / Hertel, Laura / Heinrich, Timon (Hrsg.): Handbuch Stiftungspraxis. Recht, Steuern, Vermögen, Management, Stuttgart 2024 (zit.: *Bearbeiter*, in: Udwari/Hertel/Heinrich, Stiftungspraxis)

Uffmann, Katharina: Die Haftung des Stiftungsvorstands – auch nach der geplanten Stiftungsrechtsreform herausfordernd, in: Zeitschrift für Wirtschaftsrecht (ZIP) 2021, 1251-1261

Uhl, Matthias: Vertretung: Auch für Stiftungen relevant: Im Rechtsstreit stets das zuständige Vertretungsorgan benennen, in: StiftungsBrief (SB) 2023, 3-4

Uhl, Matthias: Foundation Governance: VGH Mannheim: Mitglied des Aufsichtsrats einer Stiftung ist nicht klagebefugt, in: StiftungsBrief (SB) 2022, 193-195

Uhl, Matthias: Unzulässigkeit der Klagen auf Restituierung der Zeppelin-Stiftung. Anm. zu VG Sigmaringen, Urt. v. 22.1.2020 – 6 K 300/17, in: Entscheidungen zum Wirtschaftsrecht (EWiR) 2020, 683-684

Umbeck, Elke: Managerhaftung als Gegenstand schiedsgerichtlicher Verfahren, in: Zeitschrift für Schiedsverfahren (SchiedsVZ) 2009, 143-149

Wachter, Thomas: Steuerliche Behandlung von Stiftungen zwischen Errichtung und Anerkennung, in: Zeitschrift für Erbrecht und Vermögensnachfolge (ZEV) 2003, 445-449

Waclawik, Erich: Prozessführung im Gesellschaftsrecht. Corporate Litigation, 2. Aufl., München 2013

Walsmann, Hans: Kommentar zur Zivilprozeßordnung von Lothar von Seuffert, Erster Band, 12. Aufl., München 1932

Wank, Rolf: Juristische Methodenlehre. Eine Anleitung für Wissenschaft und Praxis, München 2020 (zit.: *Wank*, Juristische Methodenlehre)

Wank, Rolf / Maties, Martin: Die Auslegung von Gesetzen, 7. Aufl., München 2023 (zit.: *Wank/Maties*, Auslegung von Gesetzen)

Weitemeyer, Birgit: Anm. zu VG Sigmaringen, Urt. v. 22.1.2020 – 6 K 300/17, in: Zeitschrift für das Recht der Non Profit Organisationen (npoR) 2021, 219-224

Weitemeyer, Birgit: Stellungnahme zum Entwurf eines Gesetzes zur Vereinheitlichung des Stiftungsrechts (BT-Drucksache 19/28173) im Rahmen der Öffentlichen Anhörung des Ausschusses für Recht und Verbraucherschutz am 5. Mai 2021, Protokoll-Nr. 19/150, 81-90 (zit.: *Weitemeyer*, Stellungnahme)

Weitemeyer, Birgit: Professorenentwurf zur Stiftungsrechtsreform 2020, in: Neue Zeitschrift für Gesellschaftsrecht (NZG) 2020, 569-580

Weitemeyer, Birgit: Impulse der Stiftungsrechtsreform zur Governance und Transparenz von Stiftungen?, in: Zeitschrift für Unternehmens- und Gesellschaftsrecht (ZGR) 2019, 238-270

Weitemeyer, Birgit: Reformbedarf im Stiftungsrecht aus rechtsvergleichender Perspektive. Stellungnahme zum Bericht der Bund-Länder-Arbeitsgruppe „Stiftungsrecht“ an die Ständige Konferenz der Innenminister und -senatoren der Länder, in: Archiv für die civilistische Praxis (AcP) 217 (2017), 431-491

Werner, Olaf / Saenger, Ingo (Hrsg.): Die Stiftung. Recht, Steuern, Wirtschaft. Stiftungsrecht, 1. Aufl., Berlin 2008 (zit.: *Bearbeiter*, in: Werner/Saenger, Die Stiftung, 1. Aufl. 2008)

Werner, Olaf / Saenger, Ingo / Fischer, Christian (Hrsg.): Die Stiftung. Recht, Steuern, Wirtschaft, 2. Aufl., Baden-Baden 2019 (zit.: *Bearbeiter*, in: Werner/Saenger/Fischer, Die Stiftung)

Werner, Rüdiger: Gibt es ein allgemeines Notklagerecht des Stiftungsinteressierten? Zugleich Bespr. von VGH Mannheim 21.6.2022 – 1 S 1865/20, NZG 2022, 1489, in: Neue Zeitschrift für Gesellschaftsrecht (NZG) 2022, 1479-1483

Werner, Rüdiger: Die Haftung des Stiftungsvorstands, in: Zeitschrift für Erbrecht und Vermögensnachfolge (ZEV) 2009, 366-371

Wernicke, Thomas: Vorstandskontrolle in der Stiftung, in: Zeitschrift für Erbrecht und Vermögensnachfolge (ZEV) 2003, 301-306

Westermann, Harry: Rechtsstreitigkeiten um die Rechte aus § 90 AktG, in: Bettermann, Karl August / Zeuner, Albrecht (Hrsg.), Festschrift für Eduard Bötticher zum 70. Geburtstag am 29. Dezember 1969, Berlin 1969, 369-381 (zit.: *Westermann*, in: FS Bötticher)

Wetzell, Georg Wilhelm: System des ordentlichen Civilprocesses, 3. Aufl., Leipzig 1878

Winkler, Angelo: Das Fünf-Stufen-System der §§ 85 bis 87d BGB-neu. Die Änderung der Stiftungsverfassung im künftigen Recht, in: Andrick, Bernd / Gantenbrink, Matthias / Janitzki, Axel / Muscheler, Karlheinz / Schewe, Markus / Trappe, Sebastian / Uffmann, Katharina / Unger, Sebastian (Hrsg.), Die Stiftung – Jahreshefte zum Stiftungswesen, 15./16. Jahrgang (2021/2022), Berlin 2023, 71-147 (zit.: *Winkler*, in: Die Stiftung – Jahreshefte zum Stiftungswesen 15/16 (2021/2022))

Winkler, Angelo: Wie will sich die Stiftungsaufsicht in der Zukunft ändern? Drei Thesen für ein künftiges Landesstiftungsrecht, in: Andrick, Bernd / Gantenbrink, Matthias / Janitzki, Axel / Muscheler, Karlheinz / Schewe, Markus (Hrsg.), Die Stiftung – Jahreshefte zum Stiftungswesen, 10. Jahrgang (2016), Frankfurt a.M. 2017, 79-126 (zit.: *Winkler*, in: Die Stiftung – Jahreshefte zum Stiftungswesen 10 (2016))

Wissenschaftliche Dienste des Deutschen Bundestages: Sachstand Informationen zur Enteignung und Restitution von Stiftungen, WD 1 - 3000 - 019/20, 15. Juni 2020

Zöller, Richard (Begr.): Zivilprozessordnung mit FamFG (§§ 1-185, 200-270) und Gerichtsverfassungsgesetz, den Einführungsgesetzen, mit Internationalem Zivilprozessrecht, EuGVVO und weiteren EU-Verordnungen, Kostenanmerkungen, 35. Aufl., Köln 2024 (zit.: *Bearbeiter*, in: Zöller, ZPO)

www.ingramcontent.com/pod-product-compliance
Ingram Content Group UK Ltd.
Pitfield, Milton Keynes, MK11 3LW, UK
UKHW021830290926
8980IPUK00004B/367

9 783631 932803